KB146660

성공을 꿈꾸는
스타트업
사업화 전략

Research to Revenue: A Practical Guide to University Start-Ups
by Don Rose and Cam Patterson © 2016 by the University of North Carolina Press

Published in the Korean language by arrangement with the University of North Carolina Press, Chapel Hill, North Carolina, 27514 USA www.uncpress.unc.edu

RESEARCH *to* REVENUE

캠퍼스 스타트업 사례 중심 *from A to Z*

성공을 꿈꾸는 스타트업 사업화 전략

돈 로저·캠 패터슨 지음   손봉균 옮김

A Practical Guide to University Start-Ups

지은이

돈 로저

노스캐롤라이나대학교 채플힐 캠퍼스 경영대학원 교수로서

캘로라이나 킥-스타트 센터장(Director)이다.

캠 패터슨

뉴욕 장로 병원 웨일코넬메디칼 센터 교수로서 최고업무책임자(COO)이며

부병원장(Vice President)으로 재직하고 있다.

옮긴이

손봉균

경성대학교 산학협력단 교수로서 '스타트업의 지식재산 전략'을 강의하고 있다.

다른 역서로 『글로벌 지식재산 전략(ISBN 978-89-6421-131-1)』(한티미디어)이 있다.

성공을 꿈꾸는 스타트업 사업화 전략:

캠퍼스 스타트업 사례 중심 from A to Z

펴낸날 2018년 1월 20일

지은이 돈 로저, 캠 패터슨　**옮긴이** 손봉균

만들어 펴낸이 오성준　**펴낸곳** 카오스북

디자인 Moon & Park　**인쇄** 이산문화사　**출판등록** 제406-2510020120000111호

주소 경기도 파주시 광인사길 121　**전화** 031-947-1961, 1962　**팩스** 031-947-1966

웹사이트 www.chaosbook.co.kr

ISBN 979-11-87486-17-6 93320

정가 27,000원

대학의 패러다임이 변화하고 있다

대학은 전문화된 전공 교육을 통한 인재 양성이라는 교육 기관으로서의 고유한 사명과 역할을 넘어 이제 지역의 혁신 주체로서 새로운 성장 동력 제공을 통한 일자리 창출이라는 또 다른 시대적 요구에도 강력히 직면하고 있다.

대학 캠퍼스는 수세기 동안 이어져온 전문 지식의 가르침과 배움이라는 전통적인 교육과 연구 활동 공간에서 탈피하면서 이제 스스로 사회가 요구하는 이노베이션의 창출과 확산을 위한 창의 활동과 현장 프로젝트 중심의 협업 활동의 공간으로 탈바꿈하고 있는 것이다.

선진 대학들은 4차 산업혁명에 적극적으로 대응하고 미래 생존을 위해 기업과의 벽을 과감히 허물고 있다. 산학협력의 시대에서 한걸음 더 나아가 산학융합의 시대로 급속히 진화하고 있는 것이다. 다양한 신기술과 문화가 융합되는 신산업 시대에 대학과 기업들이 함께 사회가 요구하는 새로운 가치 제공과 혁신 제품 서비스 창출을 위해 대학은 또 다른 방식으로 전공 교육과 융합 연구를 시도하고 있다.

이러한 변화와 혁신을 추구하는 산학융합 시대의 대학의 위상과 역할은 어떻게 변화할 것인가?

새로운 산업 혁명을 선도하고 미래의 지식 사회를 이끌어 갈 변화된 대학 모습이 어떠할 것인 지는 아직 누구도 단언할 수 없다. 하지만 분명한 사실은 미래 신산업을 선도하는 대학은 혁신적인 캠퍼스 스타트업들을 지속적으로 창출하고 육성하는 산파로서의 역할을 얼마나 충실히 잘하는가에 따라 대학의 존재

가치와 더불어 미래 경쟁력을 좌우할 것이다.

이러한 관점에서 이 책은 독자들에게 시사하는 점이 매우 크다고 할 수 있다.

대학 공공연의 연구 성과물을 캠퍼스 스타트업의 설립과 육성을 통해 기업 가치로 향상시키며 궁극적으로 출구 전략에 이르도록 하는 사업화 전 과정을 고찰함으로써, 창업주, 경영진 그리고 투자자로서 어떻게 스타트업을 돕고 함께 할 수 있을 것인지 고민해야 한다. 대학 공공연의 연구 성과물의 사업화는 일자리 창출과 국가 경쟁력 확보라는 차원에서 더 이상 선택의 문제가 아니라 생존과 번영을 위한 필수적 과제로 다가왔기 때문이다.

세계 혁신을 선도하고 있는 미국을 스타트업의 나라, 즉 '창업 국가'라고도 한다. 세계 어느 나라보다 사회가 필요로 하는 이노베이션을 창출하고 확산시키는 도전 정신은 수많은 캠퍼스 스타트업에 내재되어 있다. 실리콘 밸리로 대표되는 캠퍼스 스타트업 육성을 위한 창업 생태계는 늘 변화와 이노베이션의 중심에서 화제가 되어 왔다.

이 책은 미국 대학에서 스타트업이 창업에서 성공에 이르기까지 경험하게 되는 사업화 전 과정에서의 실무 이슈들은 물론 캠퍼스 스타트업의 성장 육성을 지원하는 창업 생태계에 관해 상술하고 있다. 아울러 다양한 스타트업의 사례 연구를 통해 독자들로 하여금 현장 중심의 실질적인 사업화 성공 전략을 탐구할 수 있도록 한다. 이 책을 정독한 독자들은 글로벌 스타트업과 비교하여 '현재 우리의 스타트업 생태계는 어디쯤 위치해 있고, 어디로 가야 하는가'라는 질문을 통해 스타트업 생태계의 발전을 위해 앞으로 해야 할 일에 대한 다양한 관점을 확보할 수 있으리라 생각한다.

특히 글로벌 시장에 진출하려는 예비 창업자나 기존 스타트업들은 미국에서의 선진 스타트업들의 성장 과정과 사업화 전략들을 면밀히 검토함으로써 적지 않은 교훈을 얻을 수 있을 것이다. 비록 대학 또는 공공연의 연구 성과물뿐 아니라 독자의 기술이나 아이디어를 사업화한다 할지라도 이 책에서 제시하는 스타트업의 사업화 전략이라는 큰 스펙트럼 내에 포함될 것이므로 다양한 환경에서 성공을 위해 노력하는 모든 스타트업에게 이 책은 유용한 실무 가이드로 활용될 수 있을 것이라 생각한다.

한국어판이 나오기까지 번역을 흔쾌히 허락하고 현지 출판사에 합리적인 라이선스 조건을 제시해 준 원저자 노스캐롤라이나대학 킥–스타터 센터의 돈 로즈 교수께 진심으로 감사드린다. 아울러 이 책의 가치를 인지하고 직접 교정은 물론 출판에 이르는 전 과정에서 도움을 준 카오스북 오성준 대표, 그리고 디자인과 편집을 위해 많은 수고를 아끼지 않은 박혜정님께 감사드린다.

손봉균

그리스 철학자 데모크리토스Democritis는 "우주 만물의 모든 것은 우연과 필연chance and necessity의 산물이다"라고 했다. 1965년 노벨 의학상 수상자인 프랑스 생화학자 자크 모노Jacques Lucien Monod는 진화론의 현대적 관점을 묘사한 그의 책 『우연과 필연Chance and Necessity』의 제목으로 데모크리토스의 경구를 채택했다. 그는 무작위적인 돌연변이 현상을 '우연한' 화학적 물질로 묘사하고, '필연성'을 돌연변이로 발생하는 새로운 생명체에 대해 끊임없이 변화하는 환경의 자연 선택으로 설명하였다.

로버트 스완슨과 내가 제넨텍Genentech을 설립한 지 몇 년이 지난 1976년, 우리는 회사의 성공을 이끈 몇 가지 요인에 대한 토론을 요청받았다. 이런 경우 나는 모노의 도서명을 조금 수정하여 "우연chance과 필연necessith…그리고, 음,…순진함naïveté"을 토론의 요점으로 인용하고는 하였다. 스완슨과 나는 각자의 비즈니스와 과학 기술 영역에서 안정적인 삶을 유지하고 있었음에도 불구하고, 곧 예상치 못한 (적어도 우리에게는)도전을 요구하는 새로운 유형의 사업화의 길에 뛰어들었다. 따라서 새로운 형태의 생물학적 의약품의 요구라는 당시로서의 '필연'과, 새로운 벤처기업을 통해 대담하게 위험을 감수하더라도 기회를 잡을 수 있는 몇 가지 '우연'한 기술의 융합을 주제로 토론을 이어갔다. 사업화에 접어든 지 얼마 안 되어 우리는 우리를 기다리고 있는 광범위한 문제를 매우 '순진'하게 생각했다는 것을 깨달을 수 있었다. 그리고 사전에 이러한 함정을 알았더라면 아마도 위험을 감수하진 않았을지도 모를 일이었다. 어쨌건 우리는 재정적 후원자들이 불안해하고, 결론적으로 말하자면 무엇보다 우리 자신이 젊고 순진했기에 이러한 사실을 인정하지 않았다.

앞으로는 제넨텍이 마주쳐야만 했던 수많은 함정들을 일일이 열거하지 않을 작정이다. 우리가 마주쳤던 대부분의 경우들이 이 책에 명확하고 체계적으로 제시되어 있기 때문이다. 연구 과제를 사업화하는 데 관심 있는 연구자는 돈 로즈와 캠 패터슨이 이 책을 통해 체계적으로 정리하여 제시한 경험으로부터 조언을 구하라. 지식재산에서 펀드 유치, 비즈니스 모델 개발, 회사명 짓기에 이르기까지 성공을 위해 상상할 수 있는 주제들이 빠짐없이 언급되어 있다. 특히 흥미로운 것은 저자들이 대학 생태계에 대해 언급한 내용이다. 35년 전의 의학 연구 분위기와는 대조적으로 오늘날 대학들은 대학 스스로는 물론 사회적으로 기초학문과 임상연구를 연계하는 중개연구transitional research에 능동적이다. 이 시점에서 대학 창업 생태계에 대한 논의는 매우 고려할 만한 가치가 있다.

이 책은 대학 캠퍼스 기반의 기술사업화에 관심 있는 독자라면 누구에게나 (학자 및 연구자뿐만 아니라) 성공을 위한 소중한 가이드가 될 것이라고 확신한다. 1976년에 이 책을 가이드 삼을 수 있는 행운이 있었다면, 우리의 순진함의 대부분을 해결할 수 있었을 텐데…

허버트 W. 보이어
제넨텍 창업주
캘리포니아대학 샌프란시스코 캠퍼스(UCSF) 명예교수

차_례_

캠퍼스 보유 기술 사업화와 스타트업

캠퍼스 스타트업의 특성과 생태계

02

 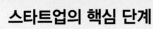

스타트업의 핵심 단계

03

사례 연구

04

이해관계자 관점의 스타트업

캠퍼스 스타트업의 한 사례를 살펴보면서…

우드핀대학 암연구센터의 존 킨저 박사와 린다 그랙슨 박사는 암 치료제 개발 연구를 수행하던 중에 아주 획기적인 발견을 하게 된다. 연구 협력 관계에 있는 두 사람은 사업화 가능성이 아주 높은 암 치료 복합체 성분을 확인하게 된 것이다. 실험용 쥐를 대상으로 한 악성 종양 시험을 통해 밝혀진 바에 의하면, 이들이 발견한 복합체 성분은 혈관 신생(악성 종양에서의 혈관 성장)을 완전히 차단하여 악성 종양 성장을 멈추게 하는 것이었다. 연구에 참여했던 한 대학원생이 미주 학회 세미나에서 해당 연구실험 결과를 포스트 발표하였을 때 그 반응은 실로 폭발적이었다. 이 소식을 접한 기업인 출신의 마이클 트록셔는 킨저 박사와 그랙슨 박사에게 이들이 발견한 복합체 성분에 대하여 사업화를 제의하였다.

대학 연구자들은 스타트업 설립을 통한 기술 사업화에 관해 긍정적이었으나 연구 성과물을 사업화하는 데 있어 전혀 관련 지식이 없는 문외한들이었다. 그들은 사업화 경험이 있는 동료 교수의 도움을 받아 해당 연구 결과를 사업화하고자 하였으나 매우 낙담할 수밖에 없었다. 왜냐하면 그들이 보유하고 있는 연구 성과물을 사업화하기 위해 대학 전담조직센터TLO를 찾아 상담한 결과, 학회에서의 포스트 발표(공공장소에서의 정보 공개)는 신규성 상실에 해당되어 특허를 받을 수 없다는 사실을 알게 된 것이다. 하지만 이들 연구자들은 여기서 좌절하지 않고 관련 연구를 지속적으로 진행하여 개량된 복합체 유효 성분들을 개발하고 이를 학교 규정에 따라 대학 **TLO**Technology License Office에 직무 발명 신고

하였다. 대학 TLO에서는 신고 발명을 심의하여 특허를 받을 수 있도록 출원 절차를 진행하였다. 이에 힘입어 기업가인 트록셔를 다시 만난 연구자들은 의기투합하여 '엔지오–스타틱스'라는 캠퍼스 스타트업을 설립하였다.

하지만 스타트업 설립 초기의 열정은 회사 지분의 배분 논란에 직면하여 위기에 처하게 되었다. 트록셔는 자신이 스타트업의 최고경영자CEO가 되기를 원했고 세 명이 균등한 주식 지분을 가질 것을 주장했다. 이러한 요구에 대해 킨저 박사는 창업주 연구자와 동일한 지분을 공유하는 것에 대해 공정하지 않다고 생각했다. 왜냐하면 그는 암 치료제 연구 분야에서 20년 이상의 연구를 주도적으로 진행해 왔으며 공동 연구자인 그랙슨 박사와도 발명자 지분이 달라야 한다고 주장하였다. 하지만 이러한 반대에도 불구하고 결과적으로 CEO 의견에 따라 회사 지분을 균일하게 3등분하여 소유하는 데 최종 합의하였다.

회사 설립 이후 트록셔가 맨 처음한 일은 대학 전담조직센터로부터 특허 출원 기술을 라이선싱 받는 일이었다. 대학과의 라이선스 계약 체결과 관련하여 많은 논의가 이루어졌다. 계약 협상을 위해 변호사를 선임하고 창업주 지분의 희석 방지에 대한 계약 조항 합의와 함께 대학에 지불하는 주식 지분에 합의할 수 있게 되었다. 하지만 대학 TLO와의 협상 과정에서 회사 보유 자금이 변호사 비용으로 거의 소진되었다.

킨저와 그렉슨 박사는 트록셔가 주도한 대학과의 협상에 처음에는 만족하였으나, 궁극적으로 체결한 여러 가지 불리한 조항을 확인하고 추가 협상에 개입해야 했다. 회사 자금이 고갈되자 CEO인 트록셔는 자금 유치를 위해 벤처 캐피탈과 접촉을 시도하였으나 보유 기술이 벤처 캐피탈로부터 자금을 유치하기에는 아직은 이른 상태였다. 발명자이자 창업주인 킨저와 그렉슨 박사는 트록셔의 독단적인 업무 진행에 불만을 가졌고 아울러 그의 경영 능력에 의문을 제기하기 시작하였다. 특히 발명자 교수들은 트록셔가 벤처 캐피탈에 기술 소개하는 과정에서 사업화하고자 하는 자사 기술의 이해도가 많이 떨어진다는 사실을 인식하고 그를 해고하기로 결정하였다.

하지만 트록셔는 스타트업 설립 당시에 주주로서 주식 지분을 확보하였고, 회사 근속 기한에 의해 지분 귀속이 제한되는 베스팅 옵션Vesting Option과는 무관하게 창업주로서 주식 지분을 일시에 확보한 것이므로 퇴사 이후에도 지속하여 지분을 소유할 수 있게 되었다.

이듬해 엔지오-스타틱스의 창업주이자 연구 교수들은 그들이 발명한 복합체에 대한 사전 임상시험을 위해 SBIR 정부 지원 과제를 신청하였다. 하지만 신청한 연구 과제가 탈락하였는데, 연구 과제 책임자가 대학원생으로서 사업화 연구 경험과 역량이 부족하다는 것이 주된 이유였다. 1차 도전 실패 이후 창업주 교수들은 대형 제약 회사에서 다년간 연구 개발 경력이 있는 임상 병리 분야의 전문가를 과제 책임자로 영입하여 SBIR 과제 제안서를 작성할 수 있었다.

그 결과 스타트업은 SBIR 정부 지원 과제를 수주하여 1단계와 2단계 연구비로 약 1백만 달러 규모의 자금을 확보하였다. 하지만 SBIR 2단계가 끝나갈 무렵 연구비 사용이 잘못되었다는 사실이 국립보건원NIH의 감사를 통해 지적되었다.

이러는 와중에 대학 당국이 비용이 많이 소요되는 국제특허 출원을 하지 않고 국내에만 우선적으로 특허 가출원 신청서를 접수한 사실을 알게 되었다. 창업주 교수들은 연구 과제 책임자인 임상 병리 분야 전문가를 임시 CEO로 선임하고자 하였다. 하지만 전임 CEO이자 회사 주식 지분을 보유한 트록셔의 반발로 벽에 부닥쳤고, 연구 과제 책임자인 임상 병리 전문가도 CEO 직책은 부담으로 작용되었다.

고민 끝에 창업주 교수들은 외부 자금 유치를 위해 바이오 업계에서 다양한 경험을 갖고 있었던 마리 파커를 전문 경영인으로 영입하였다. 그녀는 투자자가 아주 관심을 가질 만한 SBIR 연구 과제 데이터를 기반으로 초기 단계 스타트업에 투자하는 벤처 캐피탈VC들과 접촉하여 투자 유치를 위한 본격적인 활동을 시작했다. 스타트업을 면밀히 검토한 해당 벤처 캐피탈들은 하기와 같은 문제점들을 제기하였다. 일부는 그다지 중요한 문제가 되지 않았으나 일부는 지속적인 투자 유치에 상당한 문제로 부각되었다.

- 보유 기술에 관한 특허 보호 범위가 미국 국내에만 한정되어 있음
- 국립보건원NIH의 감사 결과 지적된 사항에 문제가 있음
- 대학과 체결한 라이선스 계약을 검토한 바에 의하면 라이선스 분야가 폐암 치료제 부문에만 국한되어 있고, 대학의 지분은 외부 투자에 의해 희석되지 않는다는 비희석화 조항이 있음. 투자자의 입장에서는 대학과 두 가지 모두에 관해 재협상이 필요할 것으로 판단함
- 전임 CEO가 회사로부터의 해고를 수용하지 않고 법적 소송을 준비하고 있음
- 창업주 교수들도 전임 CEO의 회사 지분을 회수하기 위해 법적 소송을 고려하고 있음
- 스타트업의 법인 형태를 유한 책임회사로 변경하였으나 이는 그다지 큰 문제가 없음

상기에 제기된 문제에도 불구하고 벤처 캐피탈은 2백만 달러 규모의 투자를 결정하여 35%의 주식 지분을 취득함과 동시에 임시 CEO를 보좌하며 회사의 이사회 멤버로 자리를 확보하였다. 임시 CEO 마리 파커의 주도하에 벤처 캐피탈로부터 자금 투자를 받은 회사는 또 다른 내부 논란에 휩싸였다. 연구자 교수들은 주식 지분 희석화에 따른 불만과 더불어 향후 회사를 통제할 수 있는 자신들의 권한 축소에 대해 강력한 우려를 표시하였다. 임시 CEO 마리 파커는 투자를 성공적으로 이끌었지만, 이러한 내부 주주들의 반발로 인해 추가 펀딩이 어렵다는 사실을 인식하면서 심적으로 회사 경영에 흥미를 잃었다.

회사는 지속적인 펀드 유치에 실패하고 또다시 자금난을 겪으며 다른 투자자를 찾는 데 2년이라는 시간을 허비하였다. 결국 스타트업의 창업주 교수들도 열정을 잃고 임시 CEO마저 다른 회사로 자리를 옮기게 되면서 엔지오-스타틱스의 꿈도 사라지고 말았다.

위에 언급한 '엔지오-스타틱스'라는 캠퍼스 스타트업의 설립과 성장 과정에 관한 가상의 스토리는 대학에서 창출되는 연구 성과물의 사업화가 얼마나 많은

험난한 과정을 거쳐야 하는지 잘 보여주는 예시라 할 수 있다. 또한 언급한 사례와 같이 창업주들이 스타트업의 설립 보육 과정에서 부닥칠 수 있는 상황들은 마치 롤러코스터를 타는 것과 같이 극단적일 수도 있음을 잘 설명해 준다. 캠퍼스 스타트업의 성장 과정에서 창업주들은 중대한 의사결정 상황에 마주하게 되는데, 이러한 의사결정들을 내리기 위한 필요한 지식을 충분히 갖추지 않았거나 경영진의 의사결정을 제대로 판단할 수 있는 지식 역량을 갖추지 못한 것이 현실이다.

창업주 연구자들에게 있어서 이러한 사업화에 관한 실무 지식의 부재는 충분히 이해할 수 있다. 왜냐하면 그들은 기업 활동을 실질적으로 해본 경험이 거의 없으며 비즈니스 거래 경험도 부족하기 때문이다. 그동안 자신의 전공 분야인 과학 또는 기술 영역에서 새로운 연구 성과를 창출하는 데에 지대한 관심을 가졌을 뿐이었기 때문이다. 캠퍼스 스타트업의 사업화 성공을 위해서는 창업주 연구자들에게 기술 사업화 전략에 관한 유관 지식이나 노하우를 전수하는 등 사업화 추진 과정에 이들을 도와줄 수 있는 전문 인력의 지원이 중요한 이유이다.

한편 비록 가상의 사례이지만 위의 경우에서 알 수 있듯이 아무리 경험 많고 노련한 기업가 출신 전문 CEO라 할지라도 초기 단계에서의 캠퍼스 기술 사업화 경험이 없거나 또는 대학의 연구자나 대학과 함께 일을 했던 경험이 없다면 마찬가지로 실패할 가능성이 크다는 사실을 인지해야 한다.

> 캠퍼스 스타트업이 원활하게 설립되고 성장하기 위해서 창업주 연구자와 스타트업의 경영진, 그리고 대학 TLO와 벤처 캐피탈 투자자 등과 같이 스타트업의 상호 주체들의 관점 차이에서 발생되는 간극들을 잘 극복하고 넘어가는 것은 무엇보다 중요한 사안이다.

이러한 관점에서 이 책이 캠퍼스 스타트업의 생태계를 가동하는 다양한 주체들 사이에 발생할 수 있는 간극들을 극복할 수 있는 브리지 역할을 할 수 있기를 희망한다.

이 책은 기업 생태계의 관점에서 캠퍼스 스타트업을 설립하고 기술 사업화 과정을 통해 이를 성장시켜 출구 전략으로 이어지게 하는 일련의 과정에 대해 실무적으로 필요한 제반 사항들에 관해 설명하고 있다.

이 책의 공동 저자 캠 패터슨은 대학에서 교수 창업주로서 다년간 캠퍼스 스타트업을 설립하고 추진해 본 경험을 가지고 있으며, 또 다른 공동 저자 돈 로즈는 대학에 근무하기 이전에 민간 분야에서 벤처 캐피탈 펀딩 업무 경험이 있으며 대학에서는 캠퍼스 스타트업의 사업화 지원과 창업보육에 관한 프로그램 개발과 실무책임자로 활동하고 있다. 이 책은 이러한 공동 저자들의 경험을 바탕으로 균형적인 시각이 함께 반영되어 집필되었다.

책의 개요

제1장은 캠퍼스 보유 기술 사업화와 스타트업이라는 주제하에 대학의 보유 기술을 사업화하는 데 있어 캠퍼스 스타트업의 중요성과 그 역할에 관해서 개괄적으로 살펴본다. 여기서는 특히 캠퍼스 스타트업과 연관되어 사회적으로 제기되고 있는 다양한 이슈와 함께 기업으로 성장하기 위해 필요한 사안들에 관해 알아본다.

제2장에는 캠퍼스 스타트업의 특성과 내용이라는 주제하에 대학의 보유 기술을 사업화하는 스타트업의 생태계 전반에 관해 다양하고 역동적인 관점에서 논의한다. 이를 위해 먼저 대학 연구 성과물의 사업화를 위한 비즈니스 모델에서 기술 개발과 제품 개발을 통해 마케팅 판매에 이르는 일련의 과정을 개괄적으로 살펴보고, 아울러 캠퍼스 스타트업이라는 생태계를 구성하고 이를 작동하게 하는 3대 핵심 구성요소로서 '대학', '인력' 그리고 '자금'이라는 개별 관점에서 논의한다. 특히 캠퍼스 스타트업의 생태계를 가동하는 상기 핵심 구성 요소

들과 연관되어 있는 세부 주제들에 관해 알아본다.

　제3장은 스타트업의 성장 단계별 핵심 과정에 관한 주제 아래 캠퍼스 스타트업을 준비하고 이를 기업체로 출범시켜 성장토록 함에 있어서 필요한 과정과 절차를 19가지 순차적 단계로 구분하여 설명한다. 먼저 캠퍼스 스타트업이 사업화 기회를 포착하고 지식재산 라이선스를 대학으로부터 확보한 이후, 어드바이저와 멘토 그리고 경영진 채용을 통해 비즈니스 케이스business case, 비즈니스 모델business model과 사업 계획서business plan를 작성하고 투자자로부터 자금을 유치하여 기술 및 제품 개발에 이르는 과정의 각각의 세부 단계에 관해서 서술한다. 이 장에서 설명하는 스타트업의 기술 사업화 단계들은 일반적인 기술 사업화 논리에 따라 순차적이고 시계열적인 과정으로 서술되어 있지만, 현실적으로 스타트업이 반드시 이러한 순서에 맞추어 진행될 이유는 없다. 캠퍼스 스타트업의 특성이나 사업화 환경 여건에 따라 이 장에서 제시하는 기술 사업화 절차와 단계들이 일부 생략될 수 있으며 또한 일부는 순서가 바뀔 수도 있다. 예를 들어 자금 유치 과정은 반드시 제품 개발 이전 단계에 이루어지는 것이 아니라 제품 개발 이후 단계인 마케팅과 판매를 위한 사전 단계에서도 이루어질 수 있다.

　제4장에서는 캠퍼스 스타트업의 사례 세 가지를 소개하고 이를 중심으로 보다 현실적인 문제에 대해 논의한다. 사례연구에 소개되는 스타트업은 대학의 보유 기술을 사업화한 예들로서 먼저 암 치료 기술을 사업화한 온코티카와 대기 모니터링을 위한 감지 센서 기술을 사업화한 센서로직스, 그리고 웹 서버 최적화 소프트웨어 보유 기술을 사업화한 스타트업인 사이렌트에 관한 스토리를 차례로 소개한다.

　제5장에는 캠퍼스 스타트업의 주식 지분을 확보하고 대학의 보유 기술을 사업화하고자 하는 핵심 주주들로서 창업주와 기업인 그리고 대학 당국이 가지는 서로 다른 세 가지 관점에 관해 설명한다. 우선 첫 번째 창업주의 관점에서 스타트업 활성화를 위해 연구자가 동기 부여받을 수 있는 상황에 관해 살펴본다. 캠퍼스 스타트업 창업 과정에서 대학 연구자이면서 동시에 한 기업의 창업주로

서 부딪힐 수 있는 이해 상충 관계에 관해 알아보고 이를 극복하기 위한 바람직한 대학 연구실과 회사 운영 방안에 관해 살펴본다. 아울러 창업주들의 조언과 각종 경험담을 중심으로 캠퍼스 스타트업 주주로서 창업주 연구자의 입장에 대한 다양한 시각을 피력하고자 한다. 둘째로 창업주를 도와 스타트업을 설립하거나 또는 경영 인력으로서 스타트업을 성장시키는 역할을 하는 핵심 주주로서 기업인의 관점에 관해 설명한다. 기업인 관점에서 대학과 함께 일을 추진하는 과정에서 발생할 수 있는 다양한 상황에 대해 살펴본다. 예를 들어 대학 TLO와 기술 사업화를 위한 라이선싱 계약을 추진하는 과정에서 스타트업에 근무한 기업인들의 경험담과 조언에 관해 알아본다. 마지막으로 캠퍼스 스타트업을 보육하고 성장하도록 지원하는 대학 당국의 관점과 다양한 정책에 관해 알아 본다. 대학이 캠퍼스 스타트업 육성을 위해 지역 사회에서 존립해야 하는 합리적 근거와 함께 교수와 학생을 위한 창업 교육, 외부 기업과의 소통 강화, 스타트업 보육 및 사업화 지원 프로그램 등 광범위한 분야에서 기술 창업 활성화와 스타트업 육성을 위해 대학 당국에서 시행하고 있는 각종 정책사안들에 관해 살펴본다.

01

캠퍼스 보유 기술 사업화와
스타트업

1.1
대학 보유 기술 사업화의 의의

대학 캠퍼스는 광범위한 지식 자원이 축적되고, 이를 바탕으로 새로운 현상을 발견하고 이노베이션을 창출하는 근원지이다. 대학의 사회적 책임과 역할은 보유하고 있는 가치 있는 지식과 혁신 자원들을 사회로 확산 적용시킴으로써 사회에 유용한 파급 효과를 제공함에 있다. 전통적인 대학의 역할은 학생에게 지식을 교육하여 사회로 배출하거나 또는 교수 연구자들이 연구 성과물을 일반 대중에 공표함으로써 사회적 역할과 책임을 해왔다. 하지만 대학은 본연의 교육과 연구 기능에만 머물지 않고 고도 산업화 사회가 요구하는 연구 개발 니즈에 적극적으로 대응하고 있으며, 수십 년 전부터 대학 스스로 연구 개발R&D의 결과물로 확보한 논문 결과나 연구 발명들을 직접 사업화하는 방식으로 새롭게 진화하고 있다. 비록 대학에서의 연구 성과물에 관한 간접 방식의 사업화는 수세기 전부터 지속되어 왔지만, 대학이 직접 사업화하는 형태로 진화하기 시작한 것은 1950년대 현대적 개념의 연구 중심 대학이 설립된 이후라고 할 수 있다.

미국 사회에서 대학의 역할은 1980년 '베이-돌 법Bayh-Dole Act'에 의해 미연방 특허상표법이 개정되면서 새로운 전기를 맞았다. 정부 자금을 지원받아 수행한 연구 성과물에 관한 특허를 대학이 소유하도록 함으로써 대학이 주도하는 기술 사업화에 관한 중요성이 부각되기 시작한 것이다. 특히 오늘날 대학 캠퍼스의 연구 성과물의 사업화는 기업가적 도전 정신이 더욱 강조되는 방향으로 진화하고 있다.

대학이 연구 개발한 성과물로부터 기술 사업화에 성공한 혁신 제품에 관해서 몇 가지 사례를 소개하면 다음과 같다.

인슐린: 프리드릭 밴팅은 캐나다 토론토대학의 외과 교수로서 연구 조교 '찰스 베스트'와 함께 1922년에 인슐린을 발견하였다. 실험용 개 췌장의 인슐린을 분비하는 세포군(랑게르한스)에서 확보한 추출물을 당뇨병을 앓는 다른 실험용 개에게 주사한 결과, 당뇨병을 가지고 있는 실험용 개의 혈당 수치가 감소하는 사실을 확인하였다. 밴팅은 인슐린에 관한 특허를 토론토대학에 단돈 1달러에 양도하였고, 1923년에 이르러 제약회사 엘리-릴리사가 인슐린 약품을 대량 생산함에 따라 대학은 인슐린 제품의 판매 수입을 통하여 새로운 연구 자금을 확보하였다. 프리드릭 밴팅과 제임스 리카드는 제품 판매가 시작된 1923년에 인슐린 발견에 관한 공로로 노벨상을 수상하였다.

게토레이: 1965년 플로리다 게이트 축구단의 코치 드웨인 더글라스의 요청에 의해 플로리다 의과대학의 신장 전해질 연구소장 로버트 케이드 박사가 과도한 땀을 배출한 운동선수의 신체 대사에 관한 연구를 시작했다. 케이드 박사는 동료 다나 시레스, 짐 프리, 그리고 쾌사다와 함께 소금, 설탕 및 레몬 쥬스 성분을 함유하는 스포츠 음료를 연구 개발하여 '게토레이'라고 명명한 시제품을 출시하였다. 1967년 플로리다대학의 케이드 박사와 개발자들은 게토레이 판매 수입에 관한 로열티 지분을 확보하고 대량생산을 추진하고자 하는 스토캐리 밴-캠프사에 모든 권리를 양도하였다. 1983년에 이르러 스토캐리 밴-캠프사가 쿼커 오츠사에 인수합병되어 '게토레이'는 세계 시장에 더욱 공격적인 판매를 하고 인지도를 확보하였다. 이후 2001년 펩시콜라에서 쿼커 오츠사를 인수하였다. 플로리다대학은 게토레이 판매 로열티 수입금을 통해 의료 생명 및 인체 생리 연구 분야의 추가 자금을 확보하였다.

DNA 재조합 기술: 1972년 스탠포드대 의과대학 교수 스탠리 코헨과 캘리포니아 주립대 생화학자 허버트 보이어는 분자생물학 연구 분야에서 각각의 기술 개발을 통해 재조합 DNA 합성에 관한 기술을 세계 최초로 발표하였다. 이 기술은 세포 내 플라스미드Plasmid로부터 추출한 서로 다른 DNA 유전자를 합성하여 만든 하이브리드 DNA 기술로 현대 생명공학의 탄생이자 시발점이라고도 말할 수 있다. 1976년 발명자 허버트 보이어는 벤처 캐피탈 투자자 로버트 스완슨과 함께 세계 최초로 바이오 생명공학 기업 제넨텍Genentech를 설립하였다. 스탠포드대학과 캘리포니아대학은 DNA 재조합에 관한 특허 라이선스를 통해 약 2억 5천5백만 달러의 수입을 확보하였다. 이 수익금은 대학 캠퍼스에 유입되어 연구 개발 자금으로 재투자되었다. 재조합 DNA에 관한 특허는 전 세계적으로 468개 회사에 라이선싱이 이루어졌으며 약 2,400가지 이상의 신기술을 창출하는 결과를 가져왔다.

하이퍼텍스트 검색 기술: 구글은 1996년 스탠포드대학 박사과정 대학원생 세르게이 브린과 레리 페이지가 설립하였다. 당시 두 대학원생은 스탠포드대학 캠퍼스에서 추진 중인 디지털 도서관 프로젝트에 참여하고 있었다. 페이지는 자신의 박사학위 연구논문 과제의 일환으로 '백럽BackRub'이라는 웹 검색 엔진을 개발하였는데, 이는 최초 특정 웹사이트와 해당 사이트에 연관된 모든 링크들과의 연계성을 탐색하도록 설계된 것이었다. 페이지와 브린은 검색엔진을 통해 최초 웹사이트와의 중요도에 따라 연계되는 링크 사이트들을 확인하는 기법을 사용하였다. 도메인으로 'google.stanford.edu'를 사용하였는데, 이는 기존의 대학 캠퍼스의 공식 웹사이트를 몰아내고 새롭게 스탠포드를 대표하는 포털 사이트로 자리하게 되었다. 1977년 페이지와 브린은 'google.com' 도메인을 등록하고 1998년에 구글을 창업하였다. 2004년에 이르러 구글이 대중에 널리 알려지고, 페이지와 브린은 인터넷 사용자들에게 효율적이고 혁신적인 방법으로 정보검색을 가능케 하는 하이퍼-텍스트 검색 기술들을 지속적으로 선보였다. 구글의 알고리즘은 스탠포드대학에게 약 3억3천만 달러 이상의 수익금을 가져다주었으며, 이는 대학 캠퍼스 발전을 위한 각종 프로그램 또는 기금으로 활용되었다.

액정 디스플레이: 물리학자 제임스 퍼거슨은 피츠버그에 위치한 웨스팅하우스사

의 연구 개발실에서 액체 상태의 결정 구조체에 관한 연구를 통해 액정 디스플레이Liquid Crystal Display, LCD 현상을 최초로 발견한 발명가이다. 웨스팅하우스는 열 감지용 센서 개발에 있어서 액체 상태 결정체에 관해 관심이 있었는데, 퍼거슨은 액체 상태 결정체를 디스플레이 소자로 개발하는 데 더 많은 흥미를 가지고 있었다. 이러한 관심 때문에 퍼거슨은 오하이오주에 위치한 켄트주립대학교에서 새로이 설립한 액정연구소로 자리를 옮겼다. 이곳 켄트주립대학 연구소에서 퍼거슨은 막대 모양의 액정 분자들이 서로 엇갈려 층상 구조가 보이지 않게 되는 '트위스트 네마틱Twisted Nematic, TN' LCD 구조 원리에 관해 발견하였다. 이는 이후 LCD 응용 제품의 핵심 부품이 되었다. 1970년 퍼거슨은 기술 사업화를 위해 켄트대학에서 나와 ILIXCO를 창업하였다. 하지만 그는 1970년 12월에 스위스 바젤에 위치한 호프만 로체사의 연구원 마틴 슈다트와 볼프강 헬프리히가 TN LCD에 관한 논문을 발표하고 이미 특허 출원되어 있음을 확인하였다. TN LCD 기술의 특허권을 주장하는 켄트주립대학교와 퍼거슨의 ILIXCO사는 호프만 로체사를 상대로 소송을 제기하여 지루한 법정 공방을 벌인 끝에 결국 호프만 로체사가 퍼거슨의 특허를 매입하게 되었다.

심박 조절기: 1952년 보스턴에 위치한 베스 이스라엘 병원의 파울 졸 박사는 심장 블록 증상이 있는 환자들의 심폐 소생을 위해 전기 부가 충격 원리를 이용한 심박 조절기pacemaker를 개발했다. 하지만 졸 박사의 심박 조절기는 대형 사이즈로 부피가 클 뿐만 아니라 환자를 감전사시킬 수 있는 위험성을 가지고 있었다. 1958년 미네소타대학 전기공학과 대학원생 이얼 바켄은 심장 근육을 통해 심장에 외부의 전기 충격 신호를 전달할 수 있는 휴대용 심박 조절기를 개발하고 기술 사업화를 위해 메드트로닉스라는 회사를 설립하였다. 이러한 형태의 휴대용 심박 조절기는 배터리 전원에 의한 작동 방식으로 감전사의 위험을 감소시킬 뿐 아니라 환자 이송 중에도 심박 조절을 위한 응급 처치가 가능하다는 장점이 있었다. 같은 해 휴대용 심박 조절기는 뉴욕의 전기공학도 윌슨 글레이트 바크에 의해 환자의 심장 부위에 이식 부착 가능한 방식으로 개선되었다. 1960년 글

레이트 바크는 바켄이 설립한 회사 메디트로닉스와 기술 라이선스 계약을 체결하였다. 이후 글레이트 바크와 이얼 바켄은 공동의 노력을 통해 심박 조절기의 안전성과 내구성을 지속적으로 향상시켰다.

↑ START UP 1.2
대학 보유 기술 사업화의 필요성

앞서 제시한 사례들에서 알 수 있듯 대학 캠퍼스에서의 기술 사업화 과정은 연구 개발을 위해 정부자금 투입이라는 공공 영역과 사적 영역으로서 비즈니스 주체인 기업 또는 시장 투자자가 복합적으로 연관되어 있으므로 매우 독특하다고 할 수 있다. 대학 캠퍼스에서 연구 개발을 통해 창출한 발명과 혁신들은 기술 사업화라는 과정을 통해 사회에 아주 큰 파급효과를 가져온다는 사실을 알 수 있다. 언급한 바와 같이 미국에서 대학 캠퍼스 보유 기술의 사업화는 베이-돌 법의 시행과 아주 밀접하게 연관되어 있다. 1980년 미 의회에서 승인된 이 법률은 미연방국립보건원, 국방부 및 국립과학연구재단 등 미국 정부로부터 연구 개발 자금을 지원받아 창출한 발명이나 혁신 등 연구 개발 성과물에 대한 소유 권리를 대학에서 보유하도록 한 법이다.

즉, 이 법률의 시행을 통해 정부 자금을 받아 창출한 대학의 연구 성과물들을 정부 부처에 보고하고 특허 등과 같은 지식재산권으로 보호하여 이를 대학이 소유하게 되었다. 아울러 대학에서는 확보된 지식재산권의 사업화 촉진을 위해 보다 적극적으로 노력하고 대학이 지식재산권의 사업화를 통해 확보한 라이선스 수입을 발명자와 함께 공유하게 되었다. 베이-돌 법의 시행은 대부분의 미국 대학에 기술이전 전담조직인 TLO Technology License Office 또는 Technology Transfer Office[1]

---

1   대학 캠퍼스의 기술이전 전담조직인 기술이전센터를 미국에서는 주로 TTO(Technology Transfer Office)라고도 하고, 한국 또는 유럽 등지에서는 TLO(Technology License Office)라고 약칭한다.

를 설립하게 하여, 1980년 법 제정 당시에 열 개 내외이던 대학 기술이전센터의 숫자는 오늘날 수백 개에 이르게 되었다.

대학 캠퍼스의 기술 사업화의 필요성과 목적은 상기한 베이-돌 법의 입법 취지에 부합해야 하는 것은 물론이지만, 대학의 입장과 상황에 따라 다양할 수 있다. 대학 캠퍼스에서 기술 사업화가 필요한 일반적인 목적은 다음과 같다.

교원 임용과 유지: 기술 사업화에 관해 우수한 프로그램을 보유한 대학은 연구 인력을 지속적으로 확보하고자 하며 신규 교수 임용과 유지에 더욱 적극적이다. 특히 우수한 신진 연구자들은 향후 그들의 연구 결과물의 사회적 기여 및 파급효과와 함께 기술 사업화를 통한 경제적 보상에 주된 관심을 두고 대학을 선택한다. 이러한 사실 때문에 대학에서는 우수한 교원 채용과 유지를 위해서도 기술 사업화에 관한 투자와 활성화가 적극적으로 요구된다.

이노베이션의 창출: 캠퍼스 기술 사업화의 목적은 예를 들어, 대학에서 연구한 질병 치료 기술, 무공해 식품 기술 또는 폐기물 감소 기술 등과 같이 우리 사회 전반에 큰 이익을 가져올 수 있는 연구 성과물들이 혁신 제품이나 서비스 창출로 이어지게 하는 데 있다. 즉 대학은 기술 사업화를 통해 이노베이션을 지속적으로 창출함으로써 그 사회적 책임과 역할을 다한다고 할 수 있다.

투자 회수: 재정적인 측면에서 기술 사업화는 대학에서 투자한 연구 개발 자금을 사업화 매출을 통해 회수하는 과정이다. 즉 학교에서는 연구 수행을 위한 건물, 장비 및 지원 인력 등 인프라 투자와 함께 연구 개발 자금의 투입, 특허 출원 및 관리비용 등 투자가 이루어진다. 대학 발전을 위해 투자 비용 회수와 회수 비용의 연구비 재투자라는 선순환적인 기술 사업화 모델이 요구된다고 할 수 있다. 즉, 적극적인 투자 회수는 캠퍼스 기술 사업화의 목적이라 할 수 있다.

학생 교육: 대학이 연구 성과물의 기술 사업화를 위해 유관 세미나 및 교육 프로그램 개최 등 실질적인 노력을 함에 있어서, 이를 통해 얻을 수 있는 부가적인

큰 효과 중의 하나는 어떻게 연구 개발 성과가 사업화 제품으로 이어지는지에 관해 학생들이 교육 받을 수 있다는 것이다. 기술 사업화 과정에 관한 교육 프로그램들은 과학 기술에 대해 시장성 또는 비즈니스적인 관점에서 이해하는 데 도움을 주며 향후 연구 개발 과제를 이해하고 준비하는 데 필요하다. 특히 기업가 정신 교육을 통해 학생들은 대학이나 대학원을 졸업한 이후 자신의 전공 분야에서 기업가 정신을 발휘할 수 있도록 한다.

지역 경제 발전: 캠퍼스 보유 기술 사업화를 통한 스타트업의 창업은 캠퍼스가 위치하고 있는 지역에서 비즈니스를 시작하여 해당 지역에서 성장하게 된다. 즉 캠퍼스 기술 사업화는 캠퍼스가 위치한 지역에서 혁신이 일어나도록 함으로써 해당 지역의 고용 창출과 함께 생산 및 소비를 유발하고 지역의 경제 성장을 견인하는 핵심적인 역할을 한다.

대학 캠퍼스의 기술 사업화 활동에 관해 100여 개 이상의 미국 대학 기술이전센터를 대상으로 한 설문조사는 다음과 같은 사실을 확인시켜 준다. 대학 기술이전센터에서 기술 사업화 활성화를 위해서 가장 필요한 항목이 무엇인가에 대한 질문에 연구자의 비즈니스 참여 39%, 연구 성과물의 제품화 35%, 생산 매출의 극대화 12%, 기타 12%, 그리고 연구 개발 활동 지원 3%로 파악되었다. 저자가 판단하기로는 '향후 시장 경제 전망' 등이 설문조사 항목에 없는 것으로 확인되는데, 이는 아마도 기타 항목이 높은 비율을 차지하고 있는 이유 중 하나일 것으로 추정된다.

---

2   I. Abrams, G. Leung, and A. Stevens, "How Are U.S. Technology Transfer Offices Tasked and Motivated— Is It All About the Money?," *Research Management Review* 17(1)(Fall/Winter 2009), http://www.bu .edu/ otd/files/2011/02/How-are-US-Tech.-Transfer-Offices-Tasked-and-Motivated.pdf(accessed 14 July 2015).

1.3
캠퍼스 기술 사업화 방식(기존 일반 기업 Vs. 스타트업 설립)

대학 캠퍼스의 연구 개발 결과물을 시장에서 요구하는 혁신 제품으로 이어지게
하는 기술 사업화 방식은 크게 두 가지 형태로 생각해 볼 수 있다(그림 1.1). 첫
번째 과정은 대학이 기존에 설립되어 있는 일반 기업에게 보유하고 있는 연구
성과물의 지식재산 권리를 기술이전 계약을 통해 라이선싱하고 제품 개발, 공
정 개선 및 제조 판매 등으로 이어질 수 있도록 기존 기업과 기술 사업화 과정
에 협력하는 것이다. 두 번째는 대학이 보유하고 있는 연구 결과물을 사업화하
기 위해 캠퍼스 스타트업을 신규 설립하고, 이를 통해 기술 사업화를 추진하는
과정이다. 후자와 같이 스타트업 설립과 보육을 통해 기술 사업화를 추진하는
경우에는 해당 사업화 기술을 창출한 대학의 연구 교수진들이 캠퍼스 스타트업
에 직접 몸담고 있기 때문에 기존 기업으로 기술이전되는 경우보다 더욱 긴밀
한 유대 관계를 가지게 된다. 또한 대학에서 스타트업 설립을 통해 캠퍼스 기술
을 사업화하고자 하는 경우, 대학은 스타트업 설립이 완료된 이후에도 스타트
업의 보육과 성장을 위해 보다 적극적으로 일련의 기술 사업화 프로그램을 지
원하게 된다.

그러면 어떠한 요인들이 앞서 서술한 대학 캠퍼스 기술 사업화의 두 가지 형

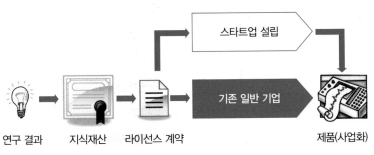

스타트업 설립

기존 일반 기업

연구 결과　　지식재산　　라이선스 계약　　　　　　　　제품(사업화)

그림 1.1_ 캠퍼스 기술 사업화의 두 가지 경로

태 중 하나를 선택하게 하는 것인가? 스콧 세인Scott Shane의 『대학의 기업가 정신 Academic Entrepreneurship』이라는 저서에 따르면 대학이 보유하고 있는 기술 특성에 따라 어떠한 형태의 기술 사업화가 적합한지 알 수 있다(표 1.1).

표 1.1_ 기존의 일반 기업 라이선스와 스타트업 설립을 통한 기술 사업화 비교

분류 특성	스타트업 설립	기존 일반 기업
기술 유형	급진적(radical)	개량적(incremental)
지식 유형	암묵적(tacit) 지식	명시적(codified) 지식
사업화 단계	초기 단계	성숙 단계
제품화 목표	일반적	구체적
고객 가치	중요	보통
IP 보호	강함	보통

출처: 스콧 세인의 저서 『대학의 기업가 정신(Academic Entrepreneurship)』에서 인용

스콧 세인은 그의 저서에서 대학이 스타트업을 통해 기술 사업화를 추진함에 있어 적합한 기술 특징을 다음과 같이 설명한다.

급진적 기술: 전혀 새로운 분야의 제품군 또는 새로운 방식의 작업을 가능하게 하는 패러다임 전환 또는 게임의 룰을 바꾸는 기술이다. 기존 기업들은 급진적 인 혁신 기술보다는 점차 개선하는 개량 기술incremental technology을 선호하는데, 이 는 1) 기존 시장에서 자사의 점유율을 확대하고, 2) 기존 기업의 역량과 기술 경 쟁력을 강화시키고, 기술이전을 통해 개량된 자사 기술 경쟁력을 확보하고자 하며, 3) 자사의 기술이 연관되지 않은 신규 분야의 기술은 불신과 회의적 시각 을 가지고 접근하기 때문이다.

노하우: 노하우know-how 또는 암묵적 기술tacit technology은 외부로 구현하여 체계화 하거나 또는 다른 사람이 승계하기 어려운 것으로서 연구 개발자만이 효과적으

로 활용할 수 있는 지식재산이라 할 수 있다. 이러한 특성을 가지는 지식재산은 대학의 연구 개발자가 스타트업 창업의 형태로 소유 지분을 가지고 기업을 설립하여 직접 기술 사업화하는 것이 바람직하다. 해당 분야에서 추가적인 기술 개발과 제품 개발에 도움이 될 뿐만 아니라 응용 가능한 시장 제품 개발에 유용하다고 할 수 있다. 이러한 노하우 또는 암묵 지식이 만약에 기존 기업에 기술 이전된다면 대학의 연구 개발자는 해당 기업에서 기술 고문 또는 컨설턴트 등을 통해 별도의 기술 지도를 하여야 할 것이다.

초기 단계 기술: 사업화 초기 단계early stage에 있는 기술은 기존 기업으로의 기술 이전이 어렵다. 기존 기업은 기술 사업화 단계에서 보다 높은 수준에 있는 성숙 기술에 관심이 있다. 왜냐하면 사업화 초기 단계에 있는 기술은 사업화 위험도가 높으며, 또한 매출 발생 시점도 성숙 단계에 있는 기술보다 상당히 늦어지기 때문이다. 더욱이 초기 단계의 기술은 라이선싱을 위해 요구되는 기술 가치의 평가 및 산정도 어렵다고 할 수 있다.

플랫폼 기술: 일반적으로 플랫폼 기술platform technology이라고 불리는 공통 기반 기술은 다양한 시장 분야에 기술 적용이 가능하다는 이점이 있는 기술이라 하겠다. 대부분의 경우 실제로 이러한 공통 기반 기술의 특징을 처음부터 확실하게 파악하기는 어렵다. 기존 기업의 경우는 자신의 주력 시장 분야 이외에서의 사업화 추진이 힘들지만 스타트업의 경우에는 플랫폼 기술과 연관된 다양한 기능 중 가장 유망한 시장 분야에 대해 사업화를 우선적으로 추진할 수 있는 선택권이 있다. 이러한 선택권은 만일 스타트업 창업을 통해 선택 분야에서 제품 개발이나 시장 형성 미비 등으로 인해 불만족스런 사업화 결과가 나오면 다른 대안을 제시해준다. 그러므로 플랫폼 기술은 기존 기업으로의 기술이전보다는 스타트업 창업 방식으로 기술 사업화를 추진하는 것이 적합하다고 하겠다.

고부가 기술: 캠퍼스 스타트업 설립을 통한 기술 사업화의 경우 대다수가 열악한 사업 환경에서 출발하여 제품을 개발하고 시장을 개척하기 때문에 상당한 규모

의 인력, 자금 및 시간적으로도 많은 투자가 필요하다. 그러므로 스타트업 투자에 대한 상당한 대가를 회수하기 위해서는 제품에 대한 고객 부가가치도 상당히 높아야 할 것이다. 즉 캠퍼스 스타트업에 의한 기술 사업화에는 높은 고객 가치high customer value를 창출할 수 있는 기술이 필요하다. 이와는 달리 기존 일반 기업은 그들이 현재 보유하고 있는 사업 인프라를 적극 활용하므로 제품 개발, 제조 및 마케팅을 위해 그다지 많은 투자를 하지 않는다. 이러한 사실 때문에 기존 기업들의 경우에는 투자 회수율이 그다지 높지 않아도 되는 것이다.

지식재산 보호 기술: 지식재산 권리는 제품을 시장에 출시하기 위한 하나의 보호 수단이며 방편이라 할 수 있다. 기존 기업들은 제품을 개발하고 출시함에 있어 사전에 특허권 확보와 더불어 또 다른 무형 자산들을 많이 보유하고 있다. 즉 연구 설비, 기술 노하우, 인적 자산, 그리고 유통 채널 등을 보유하지만, 스타트업 창업의 경우에는 유일하게 강력한 지식재산 권리가 회사의 무형 자산이 될 수 있다. 따라서 강력한 특허 포트폴리오에 의해 스타트업의 보유 기술을 보호해야 할 필요가 있으며, 또한 강력한 지식재산 포트폴리오 확보를 통해 연구 인력, 경영진 및 자본 등을 유치할 수 있을 것이다[3].

START UP **1.4** 캠퍼스 기술 사업화의 활성화 방안

대부분의 대학들은 물리, 생물, 화학, 소재 및 소프트웨어 분야에서 기초 원천 연구를 수행하고 있으며 연구 교수진들이 특허 또는 논문 이외에도 관련 노하우를 보유하고 있으므로 대학 캠퍼스에서 연구 성과로 창출되는 대부분의 보유

---

3   Scott Shane, *Academic Entrepreneurship: University Spinoffs and Wealth Creation* (Cheltenham, UK: Edward Elgar, 2004).

기술들은 스타트업 창업에 적합하다고 할 수 있다. 하지만 왜 미국 국내 대학에서 창출되는 이노베이션의 약 3분의 1만이 스타트업 창업을 통해 시장에 출시되고 나머지는 왜 사장될까?[4]

이는 기술 고유의 특성 이외에도 스타트업 창업에 영향을 끼치는 주요한 요인들이 있다는 것을 반증한다. 단테 그레고리와 스콧 세인은 1994년부터 1998년 사이에 많은 대학들을 대상으로 실제로 스타트업의 창업률(성공률이 아님)을 조사 분석하여 스타트업 창업률이 어떠한 요인에 의해 영향 받는지에 관해 보고하였다. 보고서에 따르면 1) 벤처 캐피탈 자금의 접근성 2) 사업화 연구 편향도 3) 대학 캠퍼스의 대중 인지도 4) 대학의 기술 사업화 정책 등 네 가지 요인에 의해 결정된다고 파악하고 다음과 같은 결론을 내렸다.

지역 벤처 캐피탈과의 연계성: 지역 벤처 캐피탈의 활동은 해당 지역의 캠퍼스 스타트업 창업률과는 무관함을 확인하였다. 그 이유는 벤처 캐피탈의 투자는 주로 회사 창업 단계에서 진행되지 않으며, 또한 벤처 캐피탈 투자는 지역에 국한되는 것이 아니라 전국 관점에서 진행되므로 지역 벤처 캐피탈과의 연계성은 스타트업 창업 초기에는 그다지 중요하지 않다고 판단하였다.

기업 투자 자금과의 연계성: 기업 투자 자금은 캠퍼스 스타트업 창업률에 그리 영향을 미치지 않는 것으로 판단하였다. 하지만 대학 연구 과제가 기업체와 연계된 경우에는 주로 대학 캠퍼스에서 사업화 기술 개발로 이어질 확률이 높으며, 특히 기업체로부터 자금을 받아 대학이 수행한 연구 과제인 경우 스타트업 창업보다는 주로 기존 기업에 기술이전 방식으로 기술 사업화가 이루어짐을 확인하였다.

캠퍼스 인지도와의 연계성: 대학 캠퍼스 인지도는 스타트업 창업 활동에 있어 중

---

4 Dante Di Gregorio and Scott Shane, "Why Do Some Universities Generate More Start-Ups Than Others," *Research Policy* 32 (2003): 209–27.

요한 요인으로 작용함을 확인하였다. 대학의 인지도가 높을수록 스타트업 창업 초기에 필요한 경영진과 유무형의 자산을 확보하는 데 유리하기 때문이다.

대학 캠퍼스의 기술 사업화 정책: 대학의 기술 사업화 정책은 스타트업 창업 활동에 무엇보다 중요한 영향을 미친다. 특히, 대학의 로열티 분배 정책은 스타트업 창업 활동에 아주 큰 영향을 미친다. 예를 들어, 로열티 분배 비율에서 대학 지분이 연구 발명자 지분보다 크면 클수록 스타트업 창업률은 낮고, 반대로 연구자 지분이 대학의 로열티 지분보다 상대적으로 큰 대학일수록 창업률이 높아짐을 알 수 있었다. 또한 스타트업 창업 시 적극적으로 지분 투자에 참여하는 대학일수록 높은 스타트업 창업률을 보이고 있다.

대학 창업보육센터와의 연계성: 대학의 창업보육센터와 캠퍼스 스타트업의 창업률과 어떠한 상관관계를 가지는가에 관한 조사 분석 결과, 흥미로운 결론은 캠퍼스의 스타트업 창업률과 연계성이 크지 않은 것으로 분석되었다. 대학 창업보육센터의 존재는 스타트업 창업 결정에는 그다지 영향을 주지 않아 캠퍼스 스타트업 창업률과는 무관하였다. 다만 스타트업 창업 이후 성공 가능성을 높이는 데는 도움 되는 것으로 확인되었다.

대학 캠퍼스 보유 펀드와의 연계성: 대학 캠퍼스 자체의 스타트업 투자 자금의 존재 유무가 캠퍼스 스타트업의 창업률과 어떠한 관련성이 있는지 조사한 결과에 의하면, 대학이 자체적으로 보유하고 있는 스타트업 투자 펀드도 앞서 설명한 지역 벤처 캐피탈이 스타트업 창업률에 영향을 미치지 못하는 이유와 마찬가지로 스타트업 창업률과는 그다지 연관성이 없음을 확인할 수 있었다.

1.4.1 캠퍼스 스타트업 창업률의 영향 요인

캠퍼스 스타트업의 활성화에 영향을 주는 또 다른 요인들을 요약하면 다음과 같다.

조직 문화: 큰 관점에서 보면 스타트업을 주도하는 대학 연구자는 캠퍼스 문화에 의해 좌우된다고 볼 수 있다. 긍정적인 기업 실무 경험을 가진 연구 중심 교수를 많이 보유한 대학에서는 캠퍼스 스타트업에 의한 창업이 상대적으로 활발하게 일어나며, 최초로 스타트업 창업을 고민하는 다른 연구자에게도 긍정적인 영향을 미친다. 자넷 베르코비츠와 마리안 벨드만의 저서에 의하면 기술 사업화 활동 경험이 많은 연구자와 상대적으로 적은 연구자가 상호 교류하면 확산 교육이 이루어진다고 하였다. 그들은 "국지적 환경에서 기술이전에 적극적인 연구자가 책임을 맡는 경우 나머지 구성원들은 단순히 상징적으로 참여할 가능성이 있다는 것을 확인했다. 한편 기술이전 행위가 집단적 경험에 의해 조정되는 것을 확인할 수 있었다. 만일 구성원 중 일부가 새로운 이니셔티브에 확실히 관여하는 다른 구성원들을 확인한다면, 구성원 모두가 실질적으로 참여하고 따르게 될 가능성이 더 높다"[5]라고 구체적으로 서술하고 있다.

기업 네트워크: 대학의 스타트업 설립자들 대다수는 회사 설립 경험이나 사업 전략을 수립하고 이를 추진해본 경험이 없으며, 회사 운영에 필요한 자금의 투자 유치에는 더욱 문외한이다. 그러므로 스타트업 창업을 위해서는 외부 기업가와의 파트너십 구축을 통한 교류 활동과 네트워크 강화가 매우 중요하다. 외부 기업가들과 많은 유대 관계를 가지면 가질수록 스타트업을 시작할 가능성은 높아진다. 기업가와 대학 캠퍼스 연구자들 사이의 상호 교류의 출발은 주로 심포지엄이나 기술 상담을 통해 먼저 대학 기술 소개 자료를 접한 기업가의 요청에 의하거나 또는 대학 기술이전센터를 통해서 희망 기술 상담을 요청하는 경우가 많다.

사업화 지원 인력: 많은 대학들은 스타트업 초기 단계에 적극적으로 창업을 지원할 수 있는 인력 자원을 충분히 확보하지 못하고 있다. 대부분의 기술이전 또는

---

5   Janet Bercovitz and Maryann Feldman, "Academic Entrepreneurs: Organizational Change at the
     Individual Level," *Organizational Science* 19 (2008): 69–89.

사업화 전담조직 인력은 통상적으로 기술과 법을 전공하여 지식재산 보호와 라이선스 협상에만 능통한 전문 인력 등으로 구성된다. 즉 스타트업 창업을 통한 기술 사업화를 적극 지원할 수 있는 상시 전문인력이 부족하다. 대학의 기술이전 전담조직에서는 캠퍼스 스타트업 활성화와 연관하여 불합리한 문제점들을 파악하고 복합적인 상황을 체계적으로 관리 지원할 수 있는 전문 인력이 필요하다.

1.4.2 대학 기술이전센터의 구조와 라이선스 유형

2005년에 지단 마크만 등은 미국 대학 기술이전센터(TLO)의 조직 구성과 라이선싱 전략에 관해 인터뷰하고 라이선싱 방식과 전략들이 어떻게 대학의 기업가 문화에 영향을 미치는가에 관해 연구했다.[6] 그는 7개 대학의 TLO 책임자들을 우선 대상으로 심층 인터뷰를 진행하고 121개 대학의 TLO 책임자들을 대상으로 추가 설문조사를 수행하였다. 총 128개 기관을 대상으로 한 인터뷰 결과에 따르면 이들의 92%가 미국 대학기술이전협회 소속 회원이며 아울러 이들의 60%는 5년 전까지 미 연방정부 또는 산업체에서 연구 자금을 받은 경험이 있는 연구원 출신으로 분석되었다.

인터뷰 결과 분석을 통해 미국 대학 TLO의 조직 구성을 다음 세 가지 형태로 파악하였는데, 조사 분석 대상 128개 대학 TLO의 52%는 전통적 대학 행정부서 조직 형태, 41%는 독립된 비영리 공익 법인 형태, 나머지 7%는 대학 TLO가 수익 법인인 스타트업 형태로 운영되고 있었다. 아울러 대학 TLO의 라이선싱 전략을 세 가지로 확인하였다. 먼저 대학이 라이선스의 대가로 연구 스폰서를 제공받는 방식이고, 다음으로는 현금을 제공받는 방식, 끝으로 주식 지분을 제공

---

6   5. Gideon D. Markman, Phillip H. Phan, David B. Balkin, and Peter T. Gianiodis, "Entrepreneurship and University-Based Technology Transfer," *Journal of Business Venturing* 20 (2005): 241–63.

받는 방식으로 주로 세 가지 형태의 라이선싱 전략이 활용되고 있음을 확인하였다.

대부분의 대학의 라이선싱 정책은 특정 방식에 국한되는 것이 아니라 서술한 세 가지 방식을 혼용한다. 예를 들면 스타트업 창업을 통한 기술 사업화의 경우, 라이선스 대금의 일시불 수령과 주식 지분 확보가 혼합된 형태의 라이선싱 전략이 가능할 것이다. 마크만은 대학 TLO에서 활용하고 있는 위의 세 가지 라이선싱 방식이 어떠한 통계 분포를 보이는가에 관해 조사하였다.

각각의 라이선싱 방식이 전체 실무에서 차지하는 비율이 얼마인가를 백분율로 분석한 결과, 11%가 연구 스폰서의 확보, 17%는 라이선스를 통한 주식 지분의 확보, 나머지 대다수인 72%는 현금 확보 방식으로 라이선싱 전략을 추진한다고 보고하였다.

대학 TLO와 스타트업과의 상관관계

캠퍼스 스타트업 활성화와 대학 TLO 구조와의 상관관계를 분석한 바에 의하면, 대학의 TLO가 독자적인 수익 법인 형태로 운영되는 대학이 스타트업 창업 활성화에 가장 긍정적인 효과를 나타내고 있음이 확인되었다. 왜냐하면 이러한 독립적인 수익 법인 형태의 전담조직은 창업 보육 사업과 스타트업 투자 연계 등을 기업 관점에서 적극적이고 유연성 있게 대처할 뿐만 아니라, 대학 스타트업 창업 활성화를 설립 목적으로 표방하고 있기 때문이다. 앞서 살펴본 바와 같이 또 다른 기술이전 전담조직으로서의 대학 행정부서 또는 공익 법인 형태의 경우 조직 형태와 스타트업 활성화의 긍정적 상관관계는 확인할 수 없었다.

다음으로, 대학의 스타트업 창업과 전담조직의 라이선싱 전략과의 상관관계 분석에서는 다음과 같은 결론이 도출되었다. 대학 TLO 라이선싱 전략이 연구비 스폰서에 치중하는 경우 대부분 대기업을 그 대상으로 하기 때문에 스타트업 창업 활동에 부정적 영향을 주는 것으로 확인되었다.

예상하는 바와 같이 대학 전담조직의 라이선싱 전략이 주식 지분 확보를 목표로 하는 경우 스타트업의 활성화에 상당히 긍정적 상관관계를 가졌다. 하지만 현금 확보에 라이선싱 방식과 전략을 목표로 하는 경우 스타트업 활성화에는 부정적 연계성이 확인되었는데, 이는 대다수 캠퍼스 스타트업들이 현금 보유 능력이 없는 반면 기존 기업들은 현금 지급을 통한 기술이전에 관심을 두기 때문이다.[7]

결론적으로 대다수 대학은 단기적 관점에서의 지식재산 권리의 라이선싱을 통한 현금 확보 전략과 장기적인 관점에서의 스타트업 창업을 통해 주식 지분의 확보 전략을 추구한다는 분석 결과가 확인되었다. 아울러 조사 대상의 약 3분의 2 이상의 대학이 지역 발전을 위한 창업 보육에 적극적 투자를 하고 있으며 스타트업 창업에 열정적 의사를 표현하고 있는 것으로 보고되었다. 대부분 지역의 경제 발전을 위한 성장동력 창출과 성장 거점으로서의 존재 이유를 들어 캠퍼스 스타트업 활성화에 적극적이었음에도 불구하고, 이들 대부분의 대학들은 기술이전 전담조직이 보유하고 있는 라이선싱 전략과 연계되지 않은 채 단절되거나 조직의 미션에 반영되어 있지 않은 것으로 분석되었다.[8] 이러한 단절 현상은 대학의 창업 보육 기능이 지역 경제 성장에 주도적 역할을 하지 못하게 하는 한 원인이 되었다.

1.4.3 캠퍼스 스타트업을 통한 기술 사업화 성공 요인

캠퍼스 스타트업에 의한 보유 기술 사업화를 성공적으로 이끌 수 있는 요인들은 무엇인가에 관한 집중 연구가 있다. 크리스토퍼 헤이터는 대학의 보유 기술을 이전받아 사업화를 추진한 117개의 캠퍼스 스타트업을 대상으로 캠퍼스 스

---

7   5. Gideon D. Markman, Phillip H. Phan, David B. Balkin, and Peter T. Gianiodis, "Entrepreneurship and University-Based Technology Transfer," *Journal of Business Venturing* 20 (2005): 241–63.

8   Ibid., 258.

타트업을 통한 성공적인 기술 사업화에 영향을 미치는 중요한 요인들을 조사하여 다음과 같이 분석하였다.[9]

캠퍼스 기술 사업화에 긍정적으로 작용하는 요인

- 대학 연구자가 조인트 벤처 방식으로 캠퍼스 스타트업에 지속 참여
- 스타트업 보유 기술이 다양하거나 외주 개발이 용이한 기술
- 벤처 캐피탈로부터 자금 투자를 받는 경우에는 유리함(하지만 영향은 미약함)
- 스타트업 창업주의 기업 공동 연구 과제에 대한 참여 경험
- 사업화 대상 기술이 의료생명 분야(임상시험 등 사업화 장벽이 높음) 이외의 기술
- 스타트업의 최고경영자(CEO)가 교수 또는 연구자가 아닌 경우

반면에 놀랍게도 캠퍼스 스타트업의 성공적인 사업화에 그다지 영향을 미치지 않은 사항들은 다음과 같이 분석되었다.

대학 캠퍼스 기술 사업화에 그다지 영향을 미치지 않는 요인

- 창업자의 기존 사업 경험
- 대학 TLO의 지원 정책
- 스타트업의 대학 지분 비율
- 동료의 사업화 가치관(일부 도움은 되지만 중요하지는 않음)
- 대학의 기업 지원 프로그램 및 서비스
- 중소기업 개발 지원 자금 또는 정부로부터의 과제 지원

통계 조사 분석을 기반으로 도출한 상기 결론들에 대해 헤이터는 다음과 같은 이유로 인해 분명한 한계점이 있다는 것을 지적하였다. 첫째, 가장 중요한

---

9 Christopher S. Hayter, "Harnessing University Entrepreneurship for Economic Growth: Factors of Success Among University Spin-offs," *Economic Development Quarterly* 27 (1) (2013): 18–28.

것은 조사 대상의 샘플 숫자가 그다지 크지 않다는 것이다. 조사 분석의 대상이 된 스타트업 데이터베이스는 1980년 이후 대학에서 설립한 193개를 대상으로 하였으나, 실제 조사 분석에 활용된 캠퍼스 스타트업의 숫자는 117개였다. 실제 1980년 이후 미국에서 캠퍼스 스타트업은 약 3,000개 이상 창업되었기 때문에 헤이터의 추론과 결론의 오류 가능성을 배제할 수 없다. 둘째, 많은 캠퍼스 스타트업 회사들이 최초 대학으로부터 받은 라이선스 기술을 사업화하기보다 창업 이후 외부로부터 인수하거나 자체 개발한 기술을 사업화하는 경우가 많다는 사실이다. 즉 스타트업 기업의 최초 사업화 방향이 완전히 변화되거나 또는 최초 대학 소유 기술을 개량하여 사업화하는 경우가 많은데, 이 경우 스타트업 창업 통계 분석을 위한 기초 자료로 활용하기 곤란하거나 또는 이에 대한 해석이 어렵기 때문이다. 셋째, 여기서 헤이터가 정의하는 사업화는 이분법에 의한 단순 정의로서 평점이 '1'인 경우 어느 특정 수준의 사업화에 도달한 것을 의미하고, '0'인 경우 창업 초기 단계로 기술 사업화가 이루어지지 않은 것을 의미한다. 이러한 정의는 아주 애매모호하여 그리 정교하지 않은 것으로 판단된다. 스타트업 창업을 통한 사업화 성공의 기준은 예컨대 '매출이 발생하는가?', '기업 합병 또는 인수를 하였는가?', '주식 시장에 기업공개(IPO)를 하였는가?' 등과 같은 실제적이고 다양한 형태로 측정할 수 있을 것이다.

끝으로 대학의 기업 친화적 환경은 지난 수십 년간 많은 변화를 거쳐 현재 많은 대학들이 스타트업 프로그램 개발 및 정책 지원, 그리고 자금 지원을 통해 노력하고 있다. 헤이터의 조사 분석 대상이 된 스타트업 기업들은 오늘날 이렇게 변화된 대학의 기업 친화적 환경이 적용되지 않았을 가능성이 매우 높기 때문에 상기한 성공 요인 분석에 중요한 의미를 부여하기는 어려울 것이다.

1.5
캠퍼스 스타트업의 유형

캠퍼스 스타트업의 창업 형태는 아주 다양하게 존재할 수 있는데, 다음 두 가지 중요한 핵심 사안에 관한 질문을 통해 대학의 스타트업 창업 유형을 분류해 볼 수 있다.

첫 번째 질문, "캠퍼스 스타트업 설립의 기초가 되는 아이디어, 발명 또는 이노베이션의 본질은 무엇인가?"
두 번째 질문, "캠퍼스 스타트업 설립에 참여하는 사람들은 누구인가?"

그림 1.2에서 예시한 유형들과 같이 대학에서 스타트업 창업을 추진하는 데 있어 위의 두 가지 질문과 연관된 핵심 요소들이 어떠한 사업화 영역에 연계되어 있는가에 따라 대학의 스타트업 창업 유형이 결정되는 것을 알 수 있다.[10]

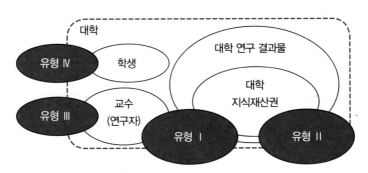

그림 1.2_ 캠퍼스 스타트업의 유형

---

10 캠퍼스 기술 사업화에 있어서 '스핀아웃(spin-out)과 스타트업(start-up)"의 용어 차이를 구분하는 기준을 대학 교수 또는 연구자인 창업주의 회사 경영 참여 여부에 의해 구분할 수 있지만 이를 구분할 수 있도록 정립된 확고한 기준은 없다. 이 책에서 스타트업은 대학에서 연구를 통해 확보한 디스커버리, 인벤션 또는 이노베이션과 관련된 기술 창업을 포괄적으로 의미한다.

유형 I: 대학 연구 결과물 또는 대학 소유 지식재산(IP)이 사업화 프로젝트에 투자되어 있으며 대학 교수(연구자)가 참여하고 있는 경우이다. 이러한 경우 대학 교수 또는 연구자는 스타트업에 기술 자문 또는 컨설턴트로서 활동할 가능성은 높으나 대학을 사직하고 스타트업의 경영에 합류할 가능성은 낮다.

유형 II: 대학 소유의 지식재산(IP)이 스타트업에 활용되어 투자되어 있으나 대학 교수 또는 연구자가 스타트업에는 연계되지 않은 경우이다. 이러한 유형의 캠퍼스 스타트업 창업은 통상적으로 드문 경우이다. 왜냐하면 대부분의 대학 소유 지식재산(IP)은 기술 성숙도가 낮기 때문에 연구자의 지원 없이는 대학의 기술 사업화가 어렵기 때문이다.

유형 III: 기업 친화적인 대학 교수 또는 연구자가 스타트업을 설립하는 경우이다. 사업화 아이디어가 대학 연구자와 연관되거나 그렇지 않을 수도 있지만 중요한 것은 대학의 지식재산(특허 또는 저작권 등)으로 보호받지 못하고 있는 경우이다. 예를 들면, 영문학 교수가 맥주 사업에 관한 열정을 가지고 소규모 맥주 양조 사업을 시작한다거나, 교육학 교수가 학습 시스템에 관한 컨설팅 교육 사업을 시작하는 경우이다.

유형 IV: 대학 캠퍼스 내에서 학생이 주도하여 스타트업 창업을 하는 경우이다 (예를 들어 페이스북 창업). 대학생으로 재학 기간이 그다지 길지 않으므로 이러한 유형의 스타트업들은 대학으로부터 상당히 빠른 기간 내에 독립하여 사회로 진출한다.

이러한 유형에서 중요시되는 사안은 학생 스타트업에 대해 대학에서는 어떠한 권리를 요구할 수 있는가 하는 것이다. 학생이 대학에서 제공한 자원(예를 들어 도서관, 컴퓨터시스템, 분석 설비 등)을 활용하여 사업을 시작한 경우 대학이 권리를 주장할 수 있는가? 일반적으로 대학에서는 학생, 직원 또는 교수가 대학이 보유하고 있는 인프라 자원을 활용하여 교육, 연구 또는 직무 수행 과정을 통해 창출한 발명에 관해서 대학이 권리를 보유한다는 직무 발명에 관한 규정을 가지고 있다. 하지만 예외적으로 학생의 경우 해당 발명이 교과 과정의 프로젝트 수행 또는 기업 현장실습 활동의 일환으로 창출된 경우에는 대학이 그 발명에 관한 소유 권리를 주장하지 않는다는 규정을 두고 있다.

1.6
기술 기반의 캠퍼스 스타트업의 특징

그림 1.2에서 유형 I과 유형 II의 일부 영역이 캠퍼스 기술 기반의 스타트업과 연관되어 기술 사업화가 이루어지는 분야로 이 책에서 다룰 주요 내용이다. 대학 보유 기술 기반의 캠퍼스 스타트업은 다음과 같은 특징이 있다.

지식재산 라이선스: 대학의 연구 성과물은 주로 새로운 발견이나 발명으로 창출되며 이는 지식재산 권리인 저작권 또는 특허권으로 확보하여 대학이 소유 관리하고 있다. 대학 기술 사업화의 핵심적인 특징이라 함은 대학에서 지식재산 권리 라이선싱을 통해 스타트업을 창업하는 형태로 이루어진다. 스타트업이 라이선싱 받은 대학의 지식재산 권리는 스타트업의 성장에 가장 중요한 자산이며 사업화를 위한 활용 수단이 된다. 대학 관점에서 볼 때 스타트업 창업을 통한 라이선싱은 기존 기업에 기술이전하는 라이선싱 방식과 비교하면 다음과 같은 특이점이 있다. 첫째, 스타트업 창업을 통한 기술 사업화 과정에서 협상은 초기 스타트업의 비즈니스 리더 또는 경영진 구성이 약하므로 각종 협상이 지연되기도 하고, 초기 실무 경영에 교수 창업자 참여가 적극적으로 이루어진다. 둘째, 창업한 스타트업에서 주식 지분의 미래 가치산정은 어렵지만 라이선스 또는 특허 비용을 대학에 지불하기 위한 현금 자산이 부족하므로 스타트업의 주식 지분을 대학에 제공하는 특징을 갖는다.

교수 창업자: 대학 캠퍼스에서 기술 기반 창업의 대부분은 교수 창업자가 핵심 자원으로 포진되어 있다는 특징이 있다. 앞서 설명한 바와 같이 교수 창업자는 사업화 기술의 약점이나 응용 분야, 그리고 활용 잠재성 등에 관한 기술 노하우를 보유하고 있다. 사업화 성공을 위해서 교수 창업자의 스타트업 참여는 필수적이며 아주 중대한 사안이다. 즉 캠퍼스 스타트업의 성공을 위해 교수 창업자는 스타트업에 참여하여 아주 다양한 역할을 수행해야 한다. 그중 초기 설립 단계에 있는 스타트업의 입장에서 볼 때 교수 창업자는 회사 소유자와 기술이사 또는 경영자 등의 역할을 해야 한다. 이와는 상충되는 입장인 대학 입장에서 보면 교수 창업자는 대학에 고용된 피고용자와 연구자로서의 본연의 역할에 충실해야 한다. 교수 창업자가 스타트업의 창업 성공을 위해 이렇게 상충되는 일을 수행하는 것은 매우 어려운 일로서 극복해야 할 과제이다. 특히 교수 창업자는 스타트업의 지분을 소유하고 경제적 이윤 창출에 관심이 있으므로 대학의 교원 또는 연구자로서의 공익적 입장과는 이해상충COI: Conflicts of Interest이라는 현상을 겪을 수밖에 없다. 즉, 교수 창업자가 대학의 피고용인으로서 스타트업에 얼마만큼의 시간 투자와 노력을 할 수 있는가에 대한 합의는 앞서 언급한 이해상충에 대해 사회적 통념상 어느 정도까지 인정하고 양해할 수 있는가에 대한 중요한 이슈로 대두된다.

높은 위험성: 캠퍼스 스타트업의 사업화 대상 기술은 혁신적이며 미성숙 단계에 있는 기술이 대부분이다. 즉 기술 사업화에 있어 기존 기업으로의 기술이전 방식보다 높은 위험성을 가지는 특징이 있다. 여기서 위험성이란 다음과 같은 리스크를 의미한다.

기술 리스크	대상 기술이 제품 또는 서비스 개발로 이어질 수 있는가?
스케일업(scale-up) 리스크	개발된 시제품이 대량 생산으로 이어질 수 있는가?
시장 리스크	시장 소비자가 새로운 제품을 구매할 수 있는가?
경영 리스크	효율적으로 회사를 관리 운영할 수 있는가?

자금 유치: IT 소프트웨어 기술 일부를 제외한 스타트업 기술 사업화는 시장 제품의 출시에 많은 자금이 필요하다는 특징이 있다. 특히 의료 바이오(BT) 기술의 경우는 까다로운 승인 절차를 받아야 하며 에너지, 환경 및 나노(NT) 신기술 제품도 각종 안전성 규제를 통과해야 제품 출시가 가능하기 때문이다. 스타트업들은 기술 사업화 리스크가 크며 많은 자금이 필요하기 때문에 외부에서 자금 투자를 받을 때 강력한 도전에 직면하게 된다는 특징이 있다.

대학 개입: 대학은 성공적인 스타트업 창업과 육성을 통한 기술 라이선스 비용 회수에 관심이 크다. 캠퍼스 스타트업은 사업화 성공에 기여한 대학과 교수 창업자에게 그 대가로 라이선스 비용을 지급하기 때문이다. 그러므로 대학은 보육 공간 제공, 사업화 개발 과제 알선 및 투자 자금과 경영 인력 알선 등을 통해 대학의 스타트업의 사업화 성공을 제고시키고자 적극적으로 노력하는 특징이 있다.

START UP 1.7 캠퍼스 기술 창업의 증가 요인

1990년 이후 미국에서는 대학 보유 기술을 사업화하는 스타트업 창업이 꾸준히 증가 추세에 있다. 대학 기술이전협회 통계 조사에 의하면 1998년에는 그 성장 속도가 두 배에 이르렀으며 2010년까지 연간 최소 150개에서 최대 300개에 달하는 캠퍼스 스타트업, 즉 기술 창업에 의한 신생 기업들이 탄생하였다. 이러한 증가 추세의 배경에는 다음과 같은 주된 요인들이 있다.

대학 정책과 기술 사업화 프로그램: 대학은 사회로부터 연구 개발 자금과 우수 연구 인력을 유치하고 지역의 경제 성장을 견인하기 위해 대학의 기술이전과 기술 사업화 프로그램을 활성화시키고 있다. 즉 캠퍼스 존재에 관한 사회적 책임과 미션으로 기업 친화적인 대학 정책을 강력히 표방하고 있다. 이러한 추세 속에서 오늘날 대학은 대학 TLO의 미션을 더욱 확대 보완하여 자체적으로 벤처 투자 펀드를 조성하거나 교수 창업자의 스타트업 지원 프로그램을 통해 지원하고 있다. 많은 대학에서 교수 창업 프로그램과 규정에 대한 제도 정비를 통해 대학의 스타트업 창업을 저해하는 상충적 규제를 제거하거나 보완하여 대학 캠퍼스 기술 사업화를 정책적으로 활성화하고 있다.

정부 정책과 사업화 지원 프로그램: 정부 입장에서는 대학의 보유 기술 사업화와 캠퍼스 스타트업 육성은 해당 대학 지역의 경제 발전은 물론 국가 성장 동력 창출을 위한 아주 중요한 과제로 인식된다. 이러한 관점에서 정부는 스타트업에 의한 기술 창업 활성화를 위해 사업화 연계 과제 지원, 스타트업 창업과 성장을 위한 많은 정책 프로그램을 개발하고 적극적으로 지원하고 있다. 그러므로 정부 정책과 사업화 지원 프로그램은 캠퍼스 스타트업을 활성화하는 데 있어 핵심 요인으로 작용하고 있다.

대학 교수 연구자의 관점 변화: 많은 대학 교수 연구자 특히 젊은 연령대의 연구자들은 기술 사업화가 자신들이 대학에서 부여받은 고유의 업무 영역으로 생각하고 있다. 이러한 관점 변화는 교수 연구자가 자신의 경제적 부를 희망하는 목적으로 비칠 수 있으나, 또 다른 측면에서는 자신의 연구 성과를 사업화를 통해 현실 세계로 도출하고자 하는 욕망의 표현으로 볼 수 있다. 이러한 대학의 관점 변화는 산업체와 대학의 경계를 허물고 또한 산학 협력의 접점을 더욱 확대하는 긍정적인 변화로서 대학 기술 사업화의 또 다른 중요한 요인으로 작용하고 있다.

대학의 기업가 정신 확산: 오늘날 많은 대학에서는 이노베이션과 기업가 정신을 대학이 추구해야 할 최고의 가치로 정하고 인식 제고를 위한 각종 캠퍼스 프로그램을 가동하고 있다. 거의 대부분의 대학에서 주요 학부 교과과정에 '기업가 정신Entrepreneurship'에 관한 강좌를 개설하여 이노베이션의 중요성과 기업가적 도전 정신을 교육하고 있다. 또한 대학의 실무 교육 프로그램으로서 예를 들어 '메이커 스페이스Maker Space'라는 프로그램을 통해 학생들이 자신의 아이디어를 시제품으로 직접 제작해볼 수 있도록 하거나, '해커톤Hackathons' 프로그램을 통해 대학생들이 어플리케이션 또는 소프트웨어와 연관된 아이디어를 새로운 사업화 아이템으로 개발하기 위해 1일~1주 정도 함께 모여 아이디어를 도출하고 신제품 개발을 위해 협력한다. 아울러 대학의 '스타트업 돔Start-up dorms' 프로그램은 대학생 주도의 스타트업 창업 과정을 지원하고 육성한다. 이러한 대학 캠퍼스 내의 스타트업 프로그램 활성화와 학생들의 참여는 대학 교수 연구자와 기술이 전 전담조직의 구성원들에게 영향을 미치며, 아울러 대학의 연구 성과물을 기반으로 하는 스타트업 활성화에 밑거름이 되고 있다.

START UP 1.8 요약

대학 캠퍼스 연구의 기술 사업화 증가 추세에 관해 비판적인 시각이 없는 것은 아니다. 다니엘 그린버그는 이러한 사회적 경향은 바람직하지 못하며 대학의 기업 친화적 흐름에 제동을 걸어야 하고 정부에 대해 공공 정책의 변화를 주장한다. 그는 오늘날의 자본주의가 대학의 순수 학문 연구와 설립 목적에 반하는 부정적인 영향에 관해 우려를 표한다. 대학 캠퍼스 기술 사업화를 통해서 스타트업 창업을 추진하고자 하는 이에게 그는 다음과 같은 질문을 던진다.

"사업화 명제가 대학의 순수 연구 기능을 오염시키고, 이윤 추구를 목적으로 하는 기업 고용인으로서 변질되고 있지는 않은가? 대학에서 과학기술 연구와 시장 재화를 눈에 띄게 더욱 결속함에 있어서 우리가 얻고자 하는 것과 잃는 것은 무엇인가? 또한 어떤 결과가 우리에게 이익이 될 것이며 손해로 남을 것인가? 재화

탐욕에 눈이 먼 대학이 과연 과학 정신을 훼손하지 않고 가치 있는 지식의 사업화를 통해 제품을 판매하여 재정적인 이익을 확보할 수 있을 것인가?"[11]

대학의 기술 사업화와 연관된 배금주의 철학은 대학 본연의 미션인 순수 학문 연구에 바람직하지 못한 결과를 초래한다는 사실은 분명하다. 하지만 오늘날 대부분의 대학에서는 이러한 부작용에 관해 잘 인지하고 있으며, 이를 최소화하기 위해 대학과 사적 기업의 관계 정립을 위한 가이드라인 또는 자체 규정들을 보유하고 있다.

이 책에서는 대학의 기술 사업화를 통한 긍정적인 사회적 효과를 부각시키고자 한다. 대학과 기업과의 상호 교류는 기관 차원에서 또한 경영진 사이에서는 물론 연구 사업화를 추진하는 연구자를 통해 지속적으로 이루어져 왔다. 오늘날에는 지식 자체의 습득을 목적으로 하는 지식 탐구에서 벗어나 지식이 사회에 어떠한 이익을 가져올 수 있는가에 대한 관심이 부각되어야 할 것이다. 홀든 돌프와 버크 골드스타인은 그들의 저서 『이노베이션의 엔진: 21세기의 기업 친화 대학』에서 대학에 연구 자금을 투자하거나 대학 캠퍼스 스타트업을 지원하는 사람은 반드시 그 투자에 대한 보상을 기대한다고 적시한다.

이노베이션 창출과 육성에 대한 바람이 대학 캠퍼스 자체에서만 요구되는 것은 아니다. 이제는 국가 경쟁력 확보 차원에서 정부에서 최우선적으로 요구하고 있다. 오랜 시간 공공의 지원과 혜택을 받아 성장해온 대학은 위기의 시기에 앞장서서 세계 상황을 직면하고 현안을 주도적으로 인지하며 마땅히 새로운 해법과 패러다임을 제시할 수 있는 성장 동력 엔진으로서의 역할을 해야 할 것이다.[12]

---

11 Daniel S. Greenberg, *Science for Sale: The Perils, Rewards, and Delusions of Campus Capitalism* (Chicago: University of Chicago Press, 2007), 2.

12 Holden Thorp and Buck Goldstein, *Engines of Innovation: The Entrepreneurial University of the Twenty-First Century* (Chapel Hill: University of North Carolina Press, 2010), 3.

이 책을 통해 독자들은 캠퍼스 스타트업의 역할과 스타트업 생태계에 관해 이해하고 오늘날 급변하는 사회 패러다임 변화를 기반으로 대학에서 창출된 이노베이션이 사회가 요구하는 혁신 제품으로 변화되어 시장 매출로 이어질 수 있도록 실무적인 방법들을 학습하게 될 것이다.

02

캠퍼스 스타트업의
특성과 생태계

일반적으로 창업 대상이 되는 업종은 레스토랑에서부터 인터넷 쇼핑몰, 그리고 컨설팅업에서 제조업에 이르기까지 매우 광범위하며 모든 제조 및 서비스 업종을 다양하게 포함한다. 대학의 스타트업도 일반적인 창업과 그리 다르지 않으며 이에 속하는 하나의 형태라고 할 수 있다. 다른 창업과 마찬가지로 캠퍼스 스타트업 역시 회사 성장을 위한 투자 자금이 필요하고, 사업 추진 과정에서 중대 결정을 내리기 위한 현명한 인력들도 필요하다. 그럼에도 불구하고 캠퍼스 스타트업만이 갖는 다음의 특징으로 일반 창업과 구분할 수 있는데, 캠퍼스 스타트업 창업의 경우 대학 연구자들이 자신의 연구 결과를 창업 아이템으로 사업화함으로써 다른 창업 유형과는 구분되는 특별한 형태의 '관리와 보육'이 필요하다.

이 장에서는 이러한 캠퍼스 스타트업에 관한 독특한 특성과 기업 생태계 내에서 캠퍼스 스타트업의 위상에 관해 살펴본다.

START UP 2.1 캠퍼스 스타트업의 구조적 특성

스타트업은 대학 캠퍼스에서 새롭게 발견하거나 도출한 연구 성과물을 사회에 필요한 그 무엇으로 바꿔주는 일종의 '변환 엔진translation engine'과 같은 역할을 한다. 캠퍼스 스타트업을 통해 변환된 제품이나 서비스는 시장 고객이 직면하는 기존의 문제를 해결해주거나 불만족한 시장 니즈를 충족해주는 솔루션을 제시한다.

여기서 '스타트업'을 '변환 엔진'이라는 모델로 확장하여 비유하면, 엔진을 가

동시키는 연료는 스타트업 운영에 필요한 소요 인력, 자금 등 스타트업에 투자되는 자산이 될 것이다. 한편 엔진에 투입되는 원자재는 대학의 연구 성과물로서, 엔진을 가동하여 새로운 제품을 개발 생산하고 마케팅을 통해 고객에게 판매하는 일련의 사업화 과정이라 할 수 있을 것이다.

캠퍼스 스타트업의 중요한 단계별 특성에 관해 이 장에서 설명하고 보다 구체적인 세부 내용에 대해서는 3장에서 살펴보기로 한다. 그림 2.1은 일반적으로 캠퍼스 스타트업 창업에 관한 단계별 과정을 보여주는 개괄도이다. 먼저 '기술 개발' 단계는 사업화 초기 단계로서 연구와 실험에 집중하여 기술 실현 가능

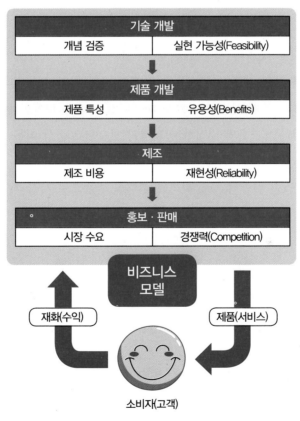

그림 2.1_ 대학 기술이 시장으로 사업화되는 개괄 과정

성을 가시적으로 입증하는 과정이다. '제품 개발' 단계는 개발 기술의 중요 속성들을 제품 유용성으로 변환하는 과정이다. '제조' 단계는 품질과 비용이 조화를 이루는 재현성 있는 제품을 제조하는 과정이며, '홍보 판매' 단계는 경쟁 제품과 비교하여 고객 만족의 주요 특성과 시장 경쟁력 확보와 함께 수요를 창출하는 과정이다. 마지막 순서로서 회사는 비즈니스 모델을 통해 시장 고객들과 접점을 형성하고 서비스 또는 제품의 대가로서 재화를 확보하게 된다.

2.1.1 비즈니스 모델 수립

어떠한 비즈니스라도 이를 성공시키기 위해서는 비즈니스 모델을 보유하고 있어야 하며, 이는 스타트업 과정에도 예외는 아니다. 스타트업 초기 단계에서의 비즈니스 모델 수립이 성급해 보일 수 있으나, 이는 회사를 어떻게 설립하고 향후 자금 확보와 제품 서비스를 어떻게 개발할 것인지에 대해 지대한 영향을 미칠 수 있다. 초기 시점에 반드시 비즈니스 모델을 확정할 필요는 없지만, 제품 개발 과정과 불가분의 밀접한 연관성이 있으므로 항상 이를 염두에 두어야 한다.

비즈니스 모델은 일반적으로 '회사가 어떠한 방법으로 시장 가치를 창출해서 투자 대가를 확보할 것인지 알려주는 로드맵'이라고 정의할 수 있다. 즉 기업과 고객 사이에서 이루어지는 상호 계약에 관한 본질을 예측할 수 있는 수단으로, 달리 말하면 '매출 발생에 관한 모델'이라고 할 수 있다. 따라서 비즈니스 모델에는 고객이 무엇을 어떻게 구매할 것인가에 관한 핵심 내용이 담겨야 한다.

캠퍼스 스타트업에게 적용 가능한 비즈니스 모델을 살펴보면 다음과 같다.

직접 판매direct sales **모델:** 가장 단순화된 비즈니스 모델로서 스타트업 기업이 자체적인 판매 인력과 조직을 통해 고객을 대상으로 제품을 직접 판매하는 방식이라 할 수 있다. 비록 가장 단순한 모델이지만 직접 판매 방식은 매우 다양한 영역에 대한 개발이 요구되므로 제품 개발은 물론 생산, 홍보 및 판매, 그리고 고객 지원 영역까지 모두 갖추어야 한다. 따라서 스타트업 기업이 직접 판매 방식의 비즈니스 모델을 채택하는 경우 많은 시간과 자금이 요구된다.

유통 판매distributor 모델: 제조 기업이 자사 제품을 소비자에게 직접 판매하는 비용과 시간이 엄두도 못 낼 정도로 높다고 판단되는 경우 시장 유통업자를 통해 유통 판매할 수 있다. 판매 이윤을 유통업자와 공유하므로 제조 기업의 이윤은 낮아지겠지만 고객에게 보다 더 신속하고 효율적으로 제품을 판매할 수 있다는 장점이 있다. 일반적으로 대부분의 유통업자들은 다수의 고객들을 대상으로 저렴한 비용으로 신속하게 접근할 수 있을 뿐만 아니라 세계 시장으로 제품을 공급할 수 있는 유통 채널을 확보하고 있다. 겉으로 이해하기에는 제품 시장이 아직 성숙되지 않은 초기 단계의 기술, 즉 기술 기반형 제품으로 시장을 확보하고자 할 때에 이러한 유통 판매 모델이 유리할 것으로 보이지만 사실은 그렇지 않다. 기술 기반 캠퍼스 스타트업의 경우 이러한 유통 판매형 비즈니스 모델이 반드시 바람직하지만은 않은데, 직접 판매를 해야 소비자와의 소통이 강화되며 제품 응용 방안 또는 후속 개발에 관한 이해의 폭이 넓어질 뿐 아니라, 제품에 추가적인 문제가 발생하는 경우 해결책이 쉽게 제시되기 때문이다. 이러한 관점에서 볼 때, 유통업자가 제품에 관한 정확한 이해가 없거나 또는 고객 소통이 원활하지 않은 경우 고객 만족에 관한 문제가 발생한다는 사실을 유념해야 한다.

라이선싱/파트너링 모델: 기술 유형에 따라 사업화 기간이 길거나 비용이 많이 들고 아주 복잡 난해한 경우가 있다. 이러한 기술 유형의 사업화 경우 이미 잘 준비되어 있는 파트너를 찾아 추진하는 것이 아주 중요하다. 그 하나의 방법이 파트너에게 기술 라이선싱을 통해(대학의 TLO로부터 허여받은 라이선스를 파트너에게 다시 라이선싱함—이를 '서브라이선싱'이라고 한다) 제품 사업화를 추진하는 방식이 있다. 이 경우 파트너사가 시장에 제품 출시를 위한 거의 모든 일을 담당하고 이를 통해 얻은 대부분의 사업화 성과를 소유한다. 극단적으로 생각하면 스타트업의 경우 제품 개발을 위해 내부적으로 파트너사와 소통 협력할 수 있을 정도의 역량만 보유하면 된다고 할 수 있다. 예를 들어 신약 개발을 위한 소요 비용이 특정된 경우에 제약업계에서 이러한 비즈니스 모델이 주로 활용된다. 즉, 복합 약제 성분에 관해 특허 기술을 보유한 캠퍼스 스타트업에서 시장과 양산 기술을 보유한 파트너 제약사와 (서브)라이선싱 계약을 통해 공동으로 시간, 자금 및 전문성을 투입하여 기술 사업화를 추진하는 비즈니스 모델이라고 할 수 있다.

서비스 모델: 서비스 모델이란 회사가 고객에게 직접 특별한 형태의 서비스를 제공함으로써 매출을 발생시키는 비즈니스 모델이라 할 수 있다. 즉 기술 기반 기업이 고객으로부터 비용을 받고 시료 분석이나 데이터 측정 등 기술 서비스를 제공하는 형태라고 할 수 있다. 예를 들어 시중의 어떤 기업체에서 새롭게 개발한 폴리머 소재의 물질 성분 분석을 위해 캠퍼스 스타트업에 비용을 지불하고 시료를 보내서 성분을 의뢰하는 경우가 있다. 이 경우 캠퍼스 스타트업은 성분을 분석하여 고객 업체에게 서비스를 제공할 뿐만 아니라, 예컨대 기업체에서 요구하는 소재 성분과 소재의 광학적인 활용에 적합한 새로운 사양의 폴리머 물질을 개발할 수도 있다. 이러한 경우 당사자 간 상호 계약을 통해 소재 개발 비용과 대가를 고객인 화학업체가 캠퍼스 스타트업에게 지불하고, 캠퍼스 스타트업이 개발한 신규 물질에 관한 소유권은 기업체가 확보하는 비즈니스 모델이 가능하다.

회원제subscription **모델:** 회원제 모델(가입 모델)은 소프트웨어와 웹 기반 회사의 경우 주로 적용되는 비즈니스 모델이라 할 수 있다. 고객이 회사로부터 웹사이트 활용 또는 소프트웨어 서비스를 받을 수 있는 회원 자격의 유지 대가로서 연간 사용료를 지불하는 경우이다. 고객이 누리는 장점은 '사용자 부담'이라는 비즈니스 접근 방식이라 할 수 있다. 고객 입장에서는 만일 시간이 지나 해당 소프트웨어 또는 서비스가 필요가 없다면 회원 갱신을 하지 않으면 된다. 특히, 캠퍼스 스타트업의 경우 회원제 모델에 의한 비즈니스는 매출 발생을 증대시키며 또한 서비스 제품의 수정 보완을 도와줄 고객에 대한 접점을 확대시키는 유용한 비즈니스 모델이라 할 수 있다.

소프트웨어 서비스(사스) 모델: 소프트웨어 서비스 SAAS: Software as a Service는 앞서 설명한 회원제 모델과 서비스 모델을 혼용한 형태로서 Salesforce.com사에서 비즈니스 모델로 적용하면서 대중화되었다. 이 모델의 경우 고객사 서버에 소프트웨어 프로그램을 개발 설치하는 것이 아니라 고객이 소프트웨어 업체의 프로그램 서버에 회원 가입하여 유관 서비스를 받는 형태이다. 고객들로 하여금 전산 인프라 구축 및 프로그램 개발 설치에 관한 투자 비용을 낮추게 하고 소프트웨어 프로그램 접근성을 강화시키는 장점이 있다.

면도기(날)razors & razor blade **모델:** 앞서 설명한 모델들을 혼용한 하나의 비즈니스 형태이다. 고객이 완제품을 구매하여 지속적으로 사용하는 경우 완제품을 구성하는 소모성 품목이 지속적으로 공급이 필요한 경우에 주로 활용되는 비즈니스 모델이다. 이 모델이 적용되는 주요 사례로 잉크젯 프린터를 들 수 있다. 프린터(면도기)는 상대적으로 가격이 싸지만 주기적으로 소모되는 프린터 카트리지(면도날)가 필요한 경우이다. 기술 기반의 스타트업은 소비자가 소모성 부품(면도날 또는 카트리지)을 주기적으로 구매함으로써 매출이 발생되는 이러한 비즈니스 모델에 주목할 필요가 있다.

위에서 설명한 비즈니스 모델을 함께 사용함으로써 새로운 비즈니스 모델을 만들 수 있다. 비즈니스 모델들은 서로 배타적이지 않기 때문에 복합적으로 활용하여 새로운 비즈니스 모델을 개발할 수도 있다. 특히 신제품 개발과 생산 시스템에 범용으로 활용되는 원천 또는 표준 기술인 '플랫폼 기술platform technology'을 보유한 업체는 앞서 설명한 비즈니스 모델을 다양하게 조합하여 활용할 수 있다. 독자 개발을 원하는 제3자에게 플랫폼 기술의 한 응용 분야에 라이선싱을 허여하는 방식의 비즈니스 모델로 사업을 추진할 수도 있으며, 플랫폼 기술의 또 다른 응용 분야에서 공동 개발을 희망하는 파트너사와 함께 제품을 개발 판매할 수도 있을 것이다. 물론 플랫폼 기술 보유 회사가 내부 개발을 통해 자체적으로 생산 판매하는 등 다양한 비즈니스 모델이 가능하다. 예를 들어 통증에 따른 다양한 유형의 통증 치료약이 개발될 수 있으므로 통증 치료 약제의 핵심 기술을 보유한 스타트업은 대형 제약사와의 파트너 라이선싱 계약을 통해 기존의 대규모 시장에서 비즈니스를 추진하는 동시에 환자 수가 상대적으로 적은 시장을 대상으로 자체 신약을 개발하여 판매할 수도 있다.

한편 시간의 경과에 따라 기업의 비즈니스 모델은 변화될 수도 있다. 즉 비즈니스 모델의 변화는 사전 기획된 기업의 비즈니스 전략 차원에서 의도적으로 변화시킬 수 있고, 현재 진행 중에 있는 비즈니스 모델이 제자리를 잡지 못하여 예상 성과를 달성하지 못하는 경우 새로운 대안으로 변화할 수도 있는데, 이를 비즈니스 모델의 피버팅pivoting이라고 한다.

예컨대 생분해성 폴리머 합성 기술을 보유한 스타트업 기업이 있었다. 이 스타트업의 초기 비즈니스 모델은 앞서 설명한 유형 중 '서비스형 모델'에 해당되는 것으로, 고객 기업을 대상으로 생분해성 폴리머 합성 샘플을 제공하여 수익을 창출하는 비즈니스로 출발하였다. 사업 기간 동안 해당 분야에서의 매출이 상승하여 생산 라인을 구축하고 시장 전문성을 확보하는 등 유관 인프라가 더욱 확대되면서 소비자에게 제품(생분해성 쓰레기봉투)을 직접 판매하는 '직접 판매형 모델'로 피버팅할 수 있었다.

상기 사례는 비즈니스 모델의 변화에 따라 시장에서 기업의 존재 가치가 어떻게 달라지는지 잘 보여준다. 스타트업이 최초 시장 진입 단계에서의 폴리머 합성 서비스의 제공만으로는 시장에서 그리 큰 부가가치를 창출하지 못하였으나, 변화된 비즈니스 모델을 통해 시장 소비자들을 대상으로 완제품을 대량 생산하여 직접 판매함으로써 보다 큰 부가가치를 창출하였을 뿐만 아니라, 자사 제품으로 폴리머 소재 응용 시장을 더욱 확대시킴으로써 시장 주도적인 비즈니스 모델로 피버팅할 수 있었다.[1]

2.1.2 기술 개발 단계

대학에서 창업한 스타트업이 가장 먼저 해야 할 중요한 일 중 하나는 바로 기술 개발이라 할 수 있다. 대부분 대학에 기반을 둔 스타트업의 핵심 기술은 대학의 연구 결과물로부터 도출된 것으로, 연구 개발을 통해 확보한 성과물은 추가적인 기술 개발과 제품 개발을 거쳐야 본격적인 사업화에 도달할 수 있다. 기술 사업화를 위한 개발 단계를 세분하면 연구 개발, 기술 개발 및 제품 개발 단계 등으로 시계열적 구분이 가능하겠지만, 실질적으로 그 경계 구분이 애매모호할 뿐만 아니라 사업화하고자 하는 기술 분야에 따라 많이 달라질 수 있다. 캠퍼스 스타트업 창업이라는 큰 맥락에서 고려할 때 사업화 단계를 연구 개발과 기술 개발이라는 2단계로 구분 짓는 것은 의미가 있으며 중요한 사안이라 할 수 있다.

　대학에서의 연구 개발이라 함은 어떠한 가정을 세우고 이 가설에 관한 의문점들을 제기하고 실험과 논의를 통해 해소하는 과정이라고 할 수 있다. 연구 결과 또는 연구 성과물이란 연구 과제에 대한 해법을 제공하는 지식뿐 아니라 아직 해결되지 않은 추가 또는 부가의 문제를 포함하고 있다. 대학에서의 연구 활동의 산물인 지식 정보는 논문이나 특허 정보 등으로 일반 대중에 공개되어 또 다른 연구 과제의 주제로 채택되거나 기술 사업화 과정을 통한 수익 창출의 밑거름이 된다.

　하지만 기술 개발은 연구 활동과는 매우 다른 다음과 같은 특이점을 가진다. 첫째, 기술 개발은 연구 활동과는 달리 제기된 질문에 대한 해석과 답변보다 광

1　한편 이 사례는 스타트업에서의 비즈니스 모델 변화가 어렵다는 사실을 암시한다. 왜냐하면 서비스 모델에서 제조 판매 모델로 변화됨에 따라 해당 스타트업은 현재 서비스하고 있는 고객과 경쟁자 관계를 형성하게 되기 때문이다.

범위하게 더 많은 가능성에 관해 해답을 제시해야 하며, 둘째, 제시된 질문의
해답은 제품 개발과 완성에 연관되어야 하며 지적 호기심 충족이나 학문적 성
과와는 거리가 멀다.

그러므로 기술 개발을 '개념검증proof of concept' 또는 '원리의 증명proof of principle'이
라고 한다. 일반적으로 연구 개발 또는 제품 개발과 구분 짓는 기술 개발 활동
의 예로 다음과 같은 일련의 활동이 있을 수 있다.

응용 시연demonstration of application: 대학에서 연구 개발을 통해 도출된 기술은 당해
기술의 기본 원리에 관해서는 잘 설명하지만 기술의 상업적 응용과 개발 가능
성은 잘 보여주지 못한다. 왜냐하면 대학 캠퍼스 연구자들이 기술 개발 응용 과
정에서 발생하는 각종 문제점들을 잘 이해하지 못하거나 기술 상용화가 난해하
고 고비용이 요구되기 때문이다. 예컨대 어느 한 대학의 실험실에서 소재 표면
에 해조류의 기생 성장을 방지할 수 있는 오염 방지용 폴리머 코팅 물질을 새롭
게 연구 개발하였는데, 이를 산업용 배관 파이프, 선박 동체 또는 부두 방파제
등 현실 응용 시장에 어떻게 적용하여 제품화할 것인가는 새로운 기술 개발의
영역이라 할 수 있다. 이를 위해서는 해당 응용 분야의 폴리머 기술 응용과 그
가능성에 대한 기술 시연이 필요하다.

기술 검증validation: 새로운 기술은 처음에는 통상적으로 샘플의 크기가 작거나 소
량으로 실제와는 다른 미흡한 샘플 형태로 시연된다. 연구 개발을 통해 제시된
샘플은 기술 검증을 통해 실제 상황에 적합한 샘플인지 여부를 확인해야 한다.
이를 위해 테스트 샘플은 가능한 대량 제작되어야 하며 또한 샘플 사이즈와 테
스트 시간 등이 충분히 실제 상황에 부합되어야 한다. 예를 들어 연구를 통해
발견한 바이오 마커는 처음에는 소수의 환자를 대상으로 한 임상실험이 이루어
진다. 하지만 실제 기술 개발 과정에서의 바이오 마커 검증은 오랜 시간의 반복
측정을 통한 임상실험이 필요할 뿐만 아니라 수많은 환자를 대상으로 민감도와
적합도 검사가 진행되어 실제 활용에 있어 문제가 없도록 하여야 한다.

시제품prototype: 대학 실험실 수준에서의 기술의 핵심 원리 또는 과학적 효과는 어느 정도 확인 가능하지만, 이를 보다 구체화하는 사업화 가능성은 기술 개발의 한 과정인 시험 모형의 제작 또는 시제품 시연을 통해 검증된다. 예를 들어 파장 변화에 따른 광 감지 현상은 광학 레이저 벤치 형태의 연구 개발을 통해 알 수 있지만 보다 현실적인 사업화를 위해서는 기술 개발 과정을 통해 고객의 수요와 제조 공정에 보다 적합한 형태의 시험 모형의 제작이나 시제품 시연이 필요하다.

스케일 업scale-up: 대학의 연구자들은 종종 새로운 물질 또는 소재 특성을 가진 분자, 화합물 또는 폴리머 등 놀라운 발견을 한다. 하지만 이러한 신규 물질의 기술 개발 과정에서 직면하는 여러 중요한 문제점들은 연구실lab. 시연 수준이 아닌 스케일업scale-up, 즉 대량 생산화 과정에서 발생한다. 제조 생산과 연관되어 스케일업 과정에서 발생하는 제품의 재현성 및 신뢰성 문제들을 효과적으로 해결해야 시장 제품으로서의 경쟁력을 확보할 수 있는데, 이러한 새로운 연구 성과물의 스케일업 과정은 기술 개발을 통해 반드시 극복해야 할 영역이다.

효용성 및 안전성efficacy and safety: 예를 들어 질병의 원인이 학문적 연구를 통해 규명되어 신약이 개발되더라도 동물 실험을 통해 그 효용성과 안정성이 입증되어야만 상용화 첫 단계를 통과할 수 있다. 이후에도 인체를 대상으로 신약의 효용성과 안전성 검증에 관해 추가적인 임상시험을 통한 기술 개발을 거쳐야 비로소 시장에서 필요한 사업화에 이를 수 있다.

기술 개발에는 언제나 위험 부담이 따른다. 기술 유형에 따라 다르겠지만 제일 먼저 위험 부담을 감수해야 하는 것은 기술의 사업화 응용 분야를 선택하는 것이다. 상업적으로 다수의 응용 분야를 가지는 플랫폼 기술인 경우 특히 기술 개발 분야를 선택하기 어려운 이유는 해당 응용 분야의 미래 잠재성을 예견하기 어렵고, 응용 분야에 해당 기술이 실질적으로 적합한가가 문제될 수 있으며, 또한 대부분 기술 개발 당시에는 숙련된 기술 경영 전문가들이 개발 프로젝트에 가담하지 않기 때문이다. 일단 사업화 분야가 선택되고 기술 개발이 시작되면 기술 개발의 자금 투자 활동에 관한 위험성이 고조된다. 기술 개발을 위한 자금 투자는 주로 외부 민간단체, 즉 벤처 캐피탈, 엔젤 투자자 등에 의한 지분 투자 형태로 이루어지는데, 이는 매우 위험성이 크기 때문에 투자받기가 쉽지 않다. 또한 사업화 기술 개발 영역은 주로 대학의 연구 범위를 벗어나기 때문에 국가 연구 개발 자금의 확보가 어려울 수 있다.

2.1.3 ▶ 제품 개발 단계

기술 개발 활동은 자연스럽게 그 다음 단계인 제품 개발 활동으로 이어진다. 제품 개발 단계는 앞서의 기술 개발 단계보다 한층 가시적이며 정형적인 단계로, 경영진과 투자자가 함께 해당 기술의 사업화 가치 창출에 관한 마일스톤을 확인할 수 있는 기술 사업화 마무리 과정이라 할 수 있다. 제품 개발 단계에서 요구되는 활동의 본질은 상품의 종류와 리스크 관점에서 파악할 수 있다.

리스크의 종류에 따른 제품 개발의 활동은 크게 기술 리스크와 시장 리스크의 두 가지 형태이다. 우선 기술 리스크의 예를 들면 다음과 같다.

개발된 제품이 기술적으로 하자 없이 작동할 것인가?
개발 제품이 기술적 효과가 있으며 또한 안전할 것인가?

이러한 기술 리스크를 염두에 두고 제품 개발에 착수해야 한다. 의료 분야의 제품 개발을 한 예로 들면, FDA 규제에 따라 신약의 제조 방법과 진단 방법, 그리고 의료 기기를 개발하는 일련의 과정은 동물을 대상으로 하는 전 임상시험은 물론 인체 임상시험을 통과해야 하는 기술 리스크를 가진다. 제품 개발 활동과 연관된 또 하나의 리스크로 다음과 같이 시장에서의 불확실성과 연관된 '시장 리스크'가 있을 수 있다.

개발된 제품에 관한 수요 시장이 형성되어 있는가?
고객이 제품을 진정으로 구매할 의사가 있는가?

제품 개발 단계에서 이러한 시장 리스크를 해소하기 위해서는 초도 출시 제품을 시장에 선보인 후, 시장으로부터 호응도 등을 피드백하여 제품의 적합성을 증가할 수 있도록 수정 개발해야 한다. 앞서 제품 개발 활동을 이해함에 있어 기술 리스크와 시장 리스크를 분리하여 설명하였지만, 현실적으로 이를 분리하는 것은 큰 의미가 없으며 대다수의 제품 개발은 두 가지 리스크가 혼재되어 있다. 실제 제품 개발을 추진하는 데 있어 구체적인 리스크의 관점에서 제품 개발 과정은 다음과 같다.

기술 및 규제 리스크 관점

제품의 기술 사양서technical specification에서 요구하는 재현성, 효용성, 정확도, 안전성, 견고성, 강도 또는 원가 등의 각종 요건에 부합하도록 제품이 개발된다면 기술 완성으로 성공적이라 할 수 있다. 기술 및 규제 리스크 관점에서 제품 개발을 위한 기술 사양서는 다음의 세 가지 기준에서 검토되어야 한다.

시장 수요성: 기술 사양서는 고객 관점 또는 시장 수요에 근거하여 도출되어야 한다. 즉 제품 개발을 위한 기술 사양서에는 기술 활용 및 응용 분야가 명확하게 명시되어야 하며, 이를 통해 어떠한 기술적 과제가 해결되어야 하는지 알 수 있어야 한다. 아울러 이러한 기술 과제는 고객의 관점에서 해결되어야 한다.

정량 평가성: 당연한 사실 같지만 기술 사양서는 정량적으로 측정 가능하고 객관적으로 검증 가능한 항목들로 구성되어야 한다. 그렇지 않으면 기술 완성도를 정확히 이해하고 확인할 수 있는 방법이 없다. 예를 들어 일산화탄소 함량에 대

해 최소 100ppm 감지 센서라고 기술 사양서에 기재하면 하면 고객의 입장에서 해당 제품의 기술 완성도를 확인할 수 있다.

가치 창출성: 기술 사양서를 설계할 때에는 새로운 기술 가치가 부각되도록 하여야 한다. 현재 수준보다 진일보된 기술 완성도를 제시함으로써 고객에게 개발 제품의 우수성을 확인시키고, 또한 투자자와 회사 경영진이 함께 기술 사양서에서 암묵적으로 합의한 바와 같이 해당 제품의 새로운 기술 가치에 관한 마일스톤을 기술 사양서를 통해 확인할 수 있도록 해야 한다.

상기한 시장의 수요성, 정량적 평가성 및 가치의 창출성이 확보된 기술사양서를 근거로 제품 개발에 대한 세부 일정이 수립되면 각 세부 일정에 부합하는 별도 제품 개발 계획이 수립되어야 한다. 즉 제품 개발을 위한 마일스톤에는 각 세부 기술 스펙의 목표 달성을 위해 각종 시험 및 개발 활동에 필요한 장비, 인력, 자금 등을 고려한 구체적인 추진 일정이 포함되어야 한다.

시장 위험성 관점

일반적으로 신규 제품을 개발하고자 할 때에는 해당 제품이 출시하고자 하는 시장에서 꼭 필요한 것인지, 또는 소비자가 그 제품을 구매할 의사가 있는지 등 반드시 시장 위험성 관점에서 접근해야 한다. 스티브 블랭크는 그의 저서 『4단계 에피파니Four Steps to Epiphany』에서 이러한 수요자 관점에서의 제품 개발의 중요성을 역설하고 이를 실무 가이드로 제시하고 있다. 그는 통상적으로 수많은 제품들이 소비자 시각과 관점을 등한시한 채 제품 개발이 이루어진다고 하며, 이러한 하향식 제품 개발 방식은 시장에서의 생존 실패로 귀결될 확률이 높다고 하였다. 이를 방지하기 위한 대안으로서 최초 제품 이미지 또는 컨셉이 소비자 수요에 의해 우선적으로 검증되어야 함을 강조하고, 또한 수요자 관점의 '고객 개발' 방식을 제시하고 있다.

블랭크는 스타트업이 외부 고객에게 비전 제시를 할 수 있어야 하며 이는 모든 스타트업 비즈니스의 출발점이라고 한다. 즉, 스타트업은 항상 새로운 제품 또는 서비스에 관한 비전, 고객 만족에 관한 비전 또는 구매 사유에 관한 비전 등을 소비자에게 지속적으로 제시해야 한다고 역설한다. 하지만 현실에서 대부분 스타트업 창업주들은 제품 시장과 잠재 고객에 관한 비전은 단지 그들이 예리하게 추측할 수 있는 것에 지나지 않으며, 이를 가시적으로 현실화하는 것은 어렵다고 생각한다. 스타트업의 비전이 시장에서 현실화되어 수익 기업으로 성장하기 위해서는 창업주들이 최초에 예측하였거나 가정한 사안들이 옳았다는 것이 증명되어야 한다. 그러므로 일반적으로 고객을 확보하는 절차는 다음과 같다. 먼저 창업주가 시장과 고객에 관해서 최초로 가정하였거나 또는 예측한 사안들은 가능한 구체적으로 현실화하는 것이 중요하다. 왜냐하면 현실화를 통해 회사 밖 고객들에게 살아있는 메시지를 전할 수 있으며 고객과의 접점을 위한 중요한 활동들을 펼칠 수 있기 때문이다.[2]

스티브 블랭크가 주장하는 '고객 개발customer development'을 위한 4단계는 다음과 같다.

1단계: 고객 발견(customer discovery)

추론할 수 있듯이 이 단계에서는 고객이 누구이며, 고객을 위해 어떻게 문제를 해결할 것인가를 찾는 과정이다. 나아가 이 단계에서는 개발하고자 하는 제품에 관해 수많은 가설들이 새롭게 만들어지고 이렇게 생성된 가설들을 고객 관점에서 시험하는 일들이 이루어진다.

2단계: 고객 검증(customer validation)

이 단계에서는 제품의 보유 가치를 고객으로부터 테스트하고 잠재 고객을 현실 고객으로 확보할 수 있는 방안과 함께 제품을 판매할 수 있는 비즈니스 모델을 개발한다. 이 단계는 "고객이 제품 대가를 지불하고 구매할 것인가?"라는 관점에서 '구매 검증' 단계라고도 하며 '고객 발견' 단계와 더불어 성공적으로 기업이 성장하기 위한 핵심 단계이다.

2 Stephen G. Blank, *The Four Steps to Epiphany: Successful Strategies for Products That Win* (cafe press.com, 2006), 33.

3단계: 고객 창출(customer creation)

최초에 제품 판매가 이루어졌다면 다음 단계는 효과적인 마케팅을 통해 제품 수요가 더욱 활성화되도록 새로운 고객들을 창출하는 단계이다.

4단계: 회사 설립(company building)

이 단계에서는 주요 고객이 제품 구매를 시작함으로써 회사 형태가 이루어지기 시작하는 단계이다. 회사 미션을 수행할 수 있는 내부 부서들이 형성되는 단계이다. [3]

'고객 개발'에 관한 세부 절차는 3장에 더욱 자세히 설명할 예정이다.

식품 의약 분야의 제품 개발 과정

식품 의약 분야의 캠퍼스 스타트업 사례를 살펴보면 제품 개발 과정에 있어서 종종 FDA 승인 절차에 직면한다. FDA 승인은 식품 의약 및 진단기기 등에 관해 수요 환자 또는 소비자들에게 제기될 수 있는 위험성을 제거하고 안전성을 확보하기 위해 승인을 거쳐야 하는 과정이다. 의료 생명 분야의 거의 모든 스타트업은 자사 제품의 안전성 확보를 위해서 FDA 승인을 받아야 한다. 표 2.1은 식품, 의약 및 진단 기기에 관한 FDA 승인 절차를 요약한 표이다.

신약 치료제 개발에 있어 거의 전 과정은 FDA 승인 절차에 따라 이루어진다. 신약 개발 회사는 먼저 동물 실험을 통해 시판하고자 하는 개발 치료제의 효용성과 안전성을 입증해야 한다. 즉, 인체 적용 실험을 대신하여 실험용 쥐 등 동물을 대상으로 효능성 및 안전성 시험을 신약 치료제의 광범위한 복용 영역에서 테스트한다. 추가적으로 동물 기관 내부에서 신약이 얼마나 오래 잔류하는지, 또는 어떻게 분해 작용하는지 등 약물 생체 반응과 약리학적인 현상에 관한 연구를 진행한다. 이러한 전 임상 동물 시험은 IND Investigational New Drun(치험 신

---

3   Stephen G. Blank, The Four Steps to Epiphany: Successful Strategies for Products That Win (cafe press. com, 2006), 33.

표 2.1_ 식품 의약 및 진단 기기에 관한 FDA 승인 절차

대상	승인 방법	소요 시간 및 경비	절차 및 요구 사항
신약*	IND/NDA**	5~10년 5천만~3억 달러	1. 사전(동물) 임상시험 2. FDA의 '치험 신약(IND) 승인' 3. 임상(인체) 시험(임상 I, II, 및 III 단계) 4. '신약 승인 신청(NDA)'
의료기기 (진단 시스템)	프리마켓 통지 (Pre-market Notification)	N/A	클래스 I 장비(장갑, 붕대, 수술용 도구) PDA 검토 불요
		2년 이내 10만~1백만 달러	클래스 II/III 장비(시장에서 이미 유통되는 동등 의료기) 1. PMA와의 사전 IDE 회의 2. 현재 시장에서 사용되는 동등 의료기기임을 입증하는 시험 3. 승인 신청 510K 제출
	프리마켓 승인 (PMA)***	3~5년 2백만~1천만 달러	클래스 II/III 장비(동등 의료기기에 해당되지 않는 의료기) 1. 사전 IDE 회의 2. 시제품 단계: 100명 환자를 상대로 3~6개월 안전성과 효능성 검사 3. 적용 단계: 1,000명 이상의 환자를 대상으로 시험 장소를 달리하여 1~2년 동안 안전성과 효능성 검사 4. 프리마켓 승인(PMA) 신청(신청 제출 후 승인까지 180일 소요)

* FDA 신약 승인(IND/NDA)에 있어 개발 신약이 환자 생명에 상대적으로 높은 부작용 위험성이 있거나(fast track) 또는 적은 수의 환자를 대상으로 개발된 희귀 의약품(orphan drug)에는 별도의 다른 승인 절차가 적용됨

** IND(Investigational New Drug—치험 신약)/NDA(New Drug Application—신약 승인 신청)

*** 시장에 출시된 신규 의료기의 2%만이 PMA(Premarket Approval) 승인 절차를 통하고 있음

약)의 일환으로 수행되며 반드시 그 결과보고서를 FDA에 제출해야 한다.[4]

IND 승인 신청에는 인체 적용 임상시험이 개시되었을 때 신약이 인체에 돌발적인 위험 상황을 초래하지 않는다는 것을 입증할 수 있는 전 임상 동물 시험

4 연구자인 의사 또는 의료진도 개발 신약에 대하여 IND 승인 신청을 할 수 있다. 하지만 이 경우 연구자인 의사는 신청서를 제출하고나면 승인 시험에 관한 모든 것으로부터 배제된다. 신약 승인 과정은 스타트업의 업무 영역이 아니지만 미승인 신약의 임상 결과나 승인 신약의 새로운 약리 기전 또는 신약의 환자 대상 정보 등은 향후 신약 제품 개발과 사업화에 있어 아주 중요한 정보가 된다.

에 관한 데이터들이 포함되어야 한다. 즉 최종적인 인체 임상시험 승인과 예정된 신약 임상 과정에서의 위험성 제거를 위해 IND 보고서에 동물 전 임상시험을 통한 신약 독성 연구와 병리학적 연구 데이터들을 제공함으로써 인체 임상시험 단계에서 병 치료에 효과적이며 인체에 무해한 신약 치료제를 개발한다.

FDA로부터 IND 보고서가 승인되면 신약 개발 회사는 인체 임상시험에 착수한다. I단계 임상시험에서는 소수(약 100명 미만)의 건강한 사람을 대상으로 신약 복용량에 따른 안전성 검사를 실시한다. I단계에서 인체 부작용이 보고되지 않으면 II단계 임상시험에서는 보다 많은 다수(약 1,000명)의 환자를 대상으로 우선 해당 질병에 대한 치료제의 효능 시험을 하고, 그 다음에 신약의 안전성에 대한 검증을 실시한다. 즉 II단계는 핵심적 임상시험 단계로서 질병 치료 효능에 대해 검증하는 단계이다. 끝으로 III단계 임상시험은 보다 다양한 연령 계층에서 많은 수의 환자(수천 명)를 대상으로 신약의 효능성과 안전성을 최종 검증하는 단계이다.

의료기기 또는 의료 진단 시험 방법도 FDA의 승인을 받아야 한다.[5] 승인 과정은 의료기기 또는 의료 진단 시스템이 인체 적용 시험 시 발생할 수 있는 위험성을 줄이는 측면에서 전 임상시험을 먼저 실시하는 과정이 신약 개발 승인 과정과 비슷하다. 의료 진단 시스템이나 의료 기기가 환자에 부가할 수 있는 리스크(위험성) 관점에서 세 가지 등급으로 분류하여 승인 절차가 진행된다. 우선 첫 번째로 FDA는 의료기기 또는 진단 시스템이 인체에 미치는 위험도에 따라 낮음(클래스 I), 중간(클래스 II), 높음(클래스 III)으로 구분하여 제품 개발에 관한 안전성 검증을 실시한다. 이러한 제품 위험도는 환자가 의료기기를 사용하거나 또는 환자의 질병을 진단하여 정보를 제공하는 일과 연관된다. 예를 들어

---

5   FDA 승인을 위한 의료 진단시험 관한 참고: Elizabeth Mansfield, Timothy J. O'Leary, and Steven I. Gutman, "Food and Drug Administration Regulation of *in vitro* Diagnostic Devices," *Journal of Medical Diagnostics* 7 (2005): 2–7., FDA 승인을 위한 의료기기에 관한 참고: John B. Reiss, ed., *Bringing Your Medical Device to Market* (Washington, D.C.: Food and Drug Law Institute, 2013).

환자에 시술하는 임플란트 제품 등 의료기기나 진단 검사를 통해 각종 암을 판정하는 인체 진단 장비는 FDA 안전성 검증을 통과해야 한다. 두 번째로 FDA에서 고려하는 요소 역시 안전성과 연관되어 있는데 이는 시장에서 '유사 제품'이 승인되어 시판되고 있는지 여부이다. 즉 시장에서 기존 상품과의 '유사 제품' 즉 종래 상품으로부터 유추할 수 있는 '예상 제품'의 존재는 해당 제품의 안전성 수준과 연관되기 때문이다. 가장 잠재 위험성이 높은 단계(클래스 III) 제품의 경우 FDA 시장 진입을 위한 '프리마켓 승인PMA: Pre-market Approval'이라는 신청 절차가 필요하며 이를 위해 FDA에서는 합리적인 수준에서 제품 안전성과 효능을 뒷받침할 수 있는 연구 결과물의 제출을 요구한다. 이보다 낮은 단계(클래스 I/II)의 경우 FDA는 시장 진입을 위한 '프리마켓 통지Pre-market Notification'로서 510[k] 양식을 요구한다. 의료기기 또는 진단 장비 분야의 제품이 출시되면 FDA는 기존 시장 제품과 완연히 다른 '신규 제품'인지, 또는 '동등 제품'인지, 아니면 기존 제품으로부터 예견되는 '예상 제품' 및 '유사 제품'인지 등을 비교 분석하여, 출시 제품이 기존 시장 제품과는 완전히 다른 형태의 '신규 제품'인 경우 위험도가 높은 단계인 '사전 승인(PMA)' 절차를 수행하도록 하고, 앞서 설명한 바와 같이 예상 제품 또는 유사 제품의 경우에는 위험도가 경감된 '사전 통지' 단계로 구분하여 510[k] 양식의 제출에 의한 승인 절차가 진행된다.

예외적으로 FDA 인증 절차를 받지 않아도 되는 경우가 있다. 임상시험 연구실에서 자체적으로 개발한 진단 장비인 LDTLaboratory Developed Tests의 경우에는 주 정부 차원의 CLIAClinical Laboratory Improvement Amendment 제품 인증을 받게 함으로써 저가의 비용으로 보다 빠르게 시장에 출시할 수 있도록 한다.[6]

---

6   Peter M. Kazon, "Laboratory Developed Tests," in *In Vitro Diagnostics: The Complete Regulatory Guide*, edited by Kenneth R. Pina and Wayne L. Pines (Washington, D.C.: Food and Drug Law Institute, 2012).

2.1.4 제품 생산 단계

제품 개발이 완료되면 생산을 위한 제품 생산 단계에 돌입한다. 제품 개발이 완료될 시점에 한정 물량으로 '초도 제품' 또는 '베타 버전 제품'을 출시한다. 이러한 알파 또는 베타 버전의 시제품들은 주로 시장 고객을 대상으로 한 제품 테스트에 활용된다. 출시 예정 제품의 효용성, 기능성 그리고 신뢰성 시험을 위해 사전에 선택한 소비자 집단을 대상으로 고객 테스트를 진행한다. 이와 같은 시제품들의 시험 및 검증 절차를 통해 출시 제품에 관한 제조 공정을 완성하고, 또한 완제품 생산을 위한 소재, 부품 및 조립품 등 유관 제품을 발주할 수 있도록 하여 최종 완제품에 관한 대량 생산 체제를 구축한다.

비즈니스 모델은 제품의 제조 방식과도 밀접한 연관을 가진다. 반드시 생산 제품의 제조 공정 과정에서 여러 옵션들을 고려하여 비즈니스 모델을 개발하여야 한다. 제품을 내부에서 자체적으로 제조할 것인지 또는 외부에 주문 조달할 것인지, 아니면 자가 제조와 외주 조달이 혼합된 방식으로 생산할 것인지 등에 관해 결정해야 한다. 제품 제조 방식에 관한 중대 결정은 항상 투자 자금과 소요 시간에 밀접히 연계되어 있다. 제품 생산을 자체적으로 하고자 하면 공장 설립을 위한 자금과 시간의 투자 등 제반 문제들이 발생하므로 특히 스타트업의 경우는 제품을 외부에서 주문 조달하는 방식으로 비즈니스를 시작하는 것이 바람직하다.

2.1.5 마케팅 판매 단계

시장에서 비즈니스 모델을 완전하게 시행한다는 것은 제품 판매와 마케팅 활동을 활발하게 추진한다는 것을 의미한다. 이 단계는 고객이 실제로 제품을 구매하는지 여부와 회사가 제품 판매를 통해 지속적으로 성장 가능한지 등을 확인하는 실제적인 과정이다. "마케팅으로 구매력Appeal을 창출하고, 판매로 거래Deal

를 마무리한다"는 말이 있다. 마케팅은 전시회, 웹 사이트, 이메일, 방송 광고 등 각종 홍보 채널을 이용하여 제품의 주요 특성과 장점을 부각시키는 활동으로서, 시장에서의 잠재 고객을 이끌어내고 판매 활동으로 이어질 수 있도록 하는 주도적인 활동을 의미한다. 일부 기업에서는 마케팅 활동을 보다 광범위한 관점에서 사전 구매에 대한 고객 지원뿐만 아니라 사후 고객 지원 및 수리 보상 서비스 활동 등이 포함되는 고객 관리의 전반적인 영역으로 확장하고 있다. 한편, 판매 활동은 주로 제품을 재화로 교환하는 거래 계약에 집중되어 있다. 기업의 환경 여건에 적합한 비즈니스 모델에 따라 회사별로 다양한 형태의 판매 활동이 이루어진다. 앞 장에서 설명한 바와 같이, 판매 활동은 해당 기업이 직접 추진하기도 하지만 전문 유통 업체를 통해 간접 판매 방식으로 할 수도 있다.

2.2
캠퍼스 스타트업의 생태계

캠퍼스 스타트업은 수많은 역동적 부분들이 결속된 복합 생태계 시스템의 한 유형이라 할 수 있다. 캠퍼스 스타트업 생태계는 '대학', '인력', '자금'의 세 가지 핵심 구성 요소로 이루어져 있다. 첫 번째 구성 요소로서 대학은 스타트업에 기술이전 라이선싱, 기술 지도 및 전문 인력 수급 등 스타트업 경영에 있어 핵심적인 역할을 담당한다. 두 번째 구성 요소로서의 인력에는 과학자, 엔지니어 또는 경영인 등 내부 인력과 컨설턴트, 각종 서비스를 제공하는 외부 지원 인력 등이 있다. 마지막 구성 요소로서의 자금은 기업이 제품과 서비스 생산 활동이라는 엔진을 원활히 구동하게 하는 에너지 연료와 같다. 스타트업에 대한 자금 투자의 형태는 투자 주체에 따라 여러 가지로 분류될 수 있다. 정부 또는 공공 기관이 투자자가 될 수 있으며 개인 엔젤 투자가 있을 수 있다. 투자자는 벤처 캐피탈 등과 같은 민간 투자 기관이 될 수도 있다. 또한 해당 기업의 파트너

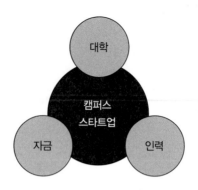

사, 경쟁사 등 다양한 투자 주체들이 있을 수 있다. 스타트업의 자금 투자 시 종종 전문가가 개입되어 투자자로 하여금 해당 스타트업에서 핵심적인 역할을 주도하게 하거나 또는 스타트업의 구조 조정을 추진하기도 한다.

2.2.1 대학의 역할과 기능

대학은 스타트업 창업 생태계에 있어서 중요하고 다양한 역할을 수행한다. 특히 스타트업의 기술 창업에 있어 핵심이라 할 수 있는 지식재산 권리를 라이선싱하고 보호하는 활동을 한다. 또한 대학은 캠퍼스 스타트업을 설립하고 자금투자와 인력 지원을 하는 대학의 연구 교수진을 고용하고 있다. 아울러, 창업 공간의 제공과 더불어 자금 투자와 사업화 연구 개발 과제를 지원한다. 이러한 핵심 역할 외에도 대학은 자체 전담조직의 사업화 인력을 통해 스타트업의 마케팅과 경영 컨설팅 및 비즈니스 활동 지원은 물론 구성원들의 역량 강화 교육 및 인력 채용 업무 등을 지원한다. 이러한 대학의 스타트업 지원 활동에 관해 상세히 살펴보자.

대학의 지식재산 보호 활동

대학 캠퍼스 연구자의 발명과 연관되어 창출된 지식재산은 대학이 이를 소유하고 보호하며 아울러 기술이전 또는 사업화를 위한 라이선싱에 활용한다. 1980년 베이–돌 법의 시행으로 대학은 정부 자금을 지원받아 확보한 지식재산 권리를 소유하게 되었으며, 아울러 앞서 책의 도입부에서 언급한 바와 같이 지식재산 소유에 따른 여러 가지 의무 사항들을 함께 부담하게 되었다.[7]

지식재산의 유형은 구체적으로 저작권, 상표권, 특허권, 디자인 권리 및 영업비밀[8] 등으로 나눌 수 있는데 대부분의 대학에서는 저작권과 특허권에 관심을 가진다. 저작권은 소프트웨어 보호에 있어 핵심 역할을 하지만 침해 소송을 통한 권리 구제에 있어서는 어려움이 많다. 특허는 지식재산 중 가장 핵심 권리로 이를 확보하고 사후 관리함에 있어 가장 많은 비용을 필요로 한다. 대학의 특허 소유주는 대학의 기술이전 전담조직이 되며 발명자는 해당 연구 성과물을 창출한 교수, 직원 또는 학생이 된다. 특허의 배타적 소유 권리는 출원일로부터 20년간 부여된다. 특허 소유권자는 정당한 근원이나 허가 없이 특허 받은 발명을 생산, 사용, 판매 또는 대여 등의 침해 행위를 하는 자를 대상으로 법원을 통해 제재할 수 있는 권리가 있다. 이러한 배타적 독점 권리를 부여받는 대가로 발명자는 특허 발명을 공공 영역에 공개하여 누구든지 이를 활용할 수 있도록 해야 한다. 미국 특허를 대상으로 살펴보면 디자인 특허Design Pat., 식물 특허Plant Pat. 그리고 실용 특허Utility Pat.가 있다. 이 중에서 실용 특허가 통상적으로 널리 활용되고 있는 전형적인 특허의 형태라 할 수 있다.

그림 2.2는 일반적으로 미국 내 특허 권리를 획득하는 과정을 보여주는 것으

---

7 "Chapter 18—Patent Rights in Inventions Made with Federal Assistance," Title 35 of the United States Code—Patents, http://www .gpo .gov/fdsys/pkg/USCODE-2011-title35/pdf/USCODE-2011–title35–partII- chap18 .pdf (accessed 10 December 2014).

8 대학의 공익적 특성과 사회 공헌에 관한 고유 책무 때문에 영업비밀(Trade Secret)은 대학 지식재산에 있어서 그다지 많은 부분을 차지하지 못한다. 하지만 대학에서 과학기술 분야의 연구 개발은 그 자체적으로 난해성과 고도성이 내재되어 있고, 또한 성공과 실패에 관한 연구 노하우들은 대부분이 공개되지 않고 대학 연구자 교수의 지식재산으로 축적되어 있다. 이러한 이유 때문에 대학의 연구 성과의 사업화 과정에서는 교수가 사업화 기술과 관련하여 보유하고 있는 영업비밀이나 노하우의 전수 또는 기술이전이 사업 성공에 중요한 요인으로 작용한다.

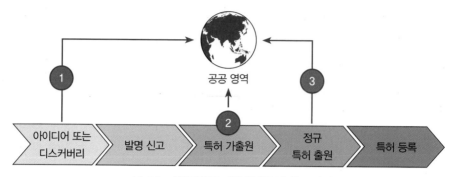

그림 2.2_ 대학에서의 지식재산(특허) 확보 과정

로서 이 과정에 발명 공개 단계가 포함되어 있음을 알 수 있다. 대학의 대부분 연구 성과물은 그림 2.2의 경로①과 같이 특허 출원을 통한 발명 공개 과정을 거치지 않고 논문이나 학회 세미나 등을 통해 일반 대중에게 직접 공개된다.[9] 이러한 논문이나 학회 발표 경로를 통해 공개되는 지식 정보 중의 일부는 산업 현장의 애로 기술 해결에 도움이 되거나 사업화에 유용한 숨겨진 기술도 많이 있다. 이러한 아이디어 또는 기술적 발견이 만일 특허로 보호되어 있다면 사업 화를 추진하는 데 있어 아주 중요한 가치를 지닌다고 하겠다.

대학의 연구 성과물이 특허로 보호받기 위해서는 우선 이러한 발견이나 아이 디어를 구체화하여 기술이전 전담조직에 발명 신고해야 한다. 대학의 기술이전 전담조직에서는 연구자의 발명을 접수하여 발명의 본질과 범위를 파악하고 특 허 출원 여부를 결정한다(이에 관한 보다 자세한 사항은 3장에서 추가 논의한 다). 특허청에 발명을 가출원의 형태로 접수하면 해당 발명이 특허 심사 과정을 통해 등록되어 보호받지 못하고 공지 영역으로 공개될 수 있다(그림 2.2의 경로 ②). 가출원이 특허 등록을 통해 보호받기 위해서는 반드시 출원일로부터 12개

---

9 만일 발명이 가출원 이전에 일반 공중에게 공개되었다 하더라도 만일 해당 발명이 국내에서 이루어졌다면 특 허 보호 받을 수 있다. 하지만 발명이 일반 대중에 공개된 날로부터 1년 이내에 특허 출원하여야 한다. 이를 특허의 신규성 상실 유예라고 하는 데, 이는 각 국가별로 인정 여부와 인정 요건 및 기간들이 다르므로 유의 해야 한다.

월 이내에 정규 출원으로 변경 출원해야 한다. 가출원 형태가 아닌 정규 출원은 출원 접수일로부터 18개월 지난 이후에 그 발명 내용이 공개된다(그림 2.2의 경로③). 특허청에서 심사관은 정규 출원으로 접수된 발명에 관해 심사하여 심사결과 통지Office Action로서 의견제출통지서(예를 들어, 특허 분할, 일부 특허 청구범위 거절) 또는 거절결정서 등을 발송한다. 궁극적으로 특허청은 출원된 발명을 심사하여 특허 등록하거나 거절 결정을 통해 특허 등록하지 않는 역할을 한다.

표 2.2_ 특허 보호 범위와 비용 예시

특허 유형 및 보호 범위	개괄 특허 비용
광범위한 해외 보호(14개국 기준)	특허 등록까지 27만 달러 + 연간 등록료 2만 달러
광범위한 해외 보호(23개국 기준)	특허 등록까지 52만 달러 + 연간 등록료 6만 달러
특정 국가 보호(미국 및 유럽 3개국)	특허 등록까지 13만 달러 + 연간 등록료 5천 달러
미국(PCT 출원 제외) 보호-특별 보호	특허 등록까지 2만 7천 달러 + 유지 비용(3, 7, 11년차)
미국(PCT 출원 제외) 보호-일반 보호	특허 등록까지 1만 3천 달러 + 유지 비용(3, 7, 11년차)

출처: 노스캐롤라이나대학 기술이전센터의 예시

특허 권리를 보호받고자 하는 경우 많은 비용이 소요된다. 대학 교수 연구자들이 연구 개발 활동을 통해 매년 많은 양의 발명 신고를 하므로 한정된 예산을 갖고 있는 대학의 특허 관리 담당 부서로서는 어떠한 발명을 출원할 것인가에 관해 고민한다. 왜냐하면 대학에서 신고되는 많은 수의 발명 내용이 제품 개발이나 기술 사업화에 관한 정보가 부족하기 때문이다. 표 2.2를 통해 해외 특허 보호와 관련하여 개괄적으로 소요되는 비용을 추정할 수 있다.

대학의 지식재산 라이선스

대학의 기술 사업화는 보유 지식재산을 라이선싱하거나 또는 라이선싱 절차 없이 단순히 기술 제공을 통해 이루어진다. 대학에서는 일반적으로 특허라는 지식재산 권리를 소유하고 기업에게 라이선싱 계약을 통해 특허 제품을 제조 생산하거나 판매 유통하는 실시 권리를 허여한다. 라이선싱 계약에는 일반적으로 다음 사항이 포함된다.

효력 범위scope: 보유 특허권의 배타적 권리가 유효하게 작동하는 지역적 효력 범위(예를 들어 미국, 한국, 아시아 또는 전 세계 등)를 설정하여 라이선싱하거나 또는 해당 특허 기술이 적용될 수 있는 제품 분야(예를 들어 가전제품 분야, 의료기기 분야 또는 군수품 분야 등)를 효력 범위로 설정하여 라이선싱한다. 만일 특허 기술을 지역적 범위 또는 제품 분야별로 나누어 효력 범위를 정하고, 이를 다수 기업체에 라이선싱할 수 있다면 보유 특허는 원천성 권리를 확보한 핵심 특허라 할 수 있다.

마일스톤milestone: 보유 특허 기술 제품 개발과 연관되어 마일스톤(추진 일정)에 관해 합의하는 조항으로서, 예를 들어 만일 라이선스 특허가 약학 조성물에 관한 것이라고 한다면 신약 개발을 위한 인증 절차 단계(IND, 임상 1, 2 및 3단계, NDA)에 의한 기술료 계약을 추진할 수 있을 것이다. 이러한 제품 개발 일정에 관한 계약 체결을 통해 대학은 라이선싱 받는 기업이 임의적으로 기술 사업화를 추진하는 것을 사전에 통제할 수 있다. 마일스톤에 관한 협정은 라이선스 기업의 성장 과정(예를 들어 법인 설립, 사업 계획서 작성, 투자 자금 확보, 기기 및 설비 설치 운영, 시제품 생산 등)에 맞추어 기술료 계약을 추진할 수 있다.

대금 지급payment: 라이선싱 대가로 기업은 대학에 대금을 지불하는데 상호 계약에 의해 다음과 같이 여러 가지 형태로 지급할 수 있다.

선급금 (initial payment)	라이선스 대가로서 계약 체결과 함께 일시금 방식으로 지급하는 비용으로, 금액은 통상적으로 당해 특허의 취득 및 유지 관리에 소요되는 비용 규모로 산정한다.

마일스톤 납부 (milestone payment)	계약 당사자가 사전에 상호 협의한 제품의 개발 일정 또는 특정 시점에 맞추어서 라이선스 대금을 순차적으로 지급하는 방식이다.
경상기술료 (running royalty)	지식재산(특허) 보호된 해당 제품의 매출액 또는 수익금에 대해 백분율을 적용하여(통상적으로 10% 미만) 지급하는 방식이다.

캠퍼스 스타트업의 경우에는 자금이 부족하기 때문에 대금 지급 시기를 가급적 미루고자 한다. 즉 선급금을 최소화하거나 지급하지 않고 제품 판매량에 비례하여 지급되는 경상기술료(로열티) 지급 방식을 선호한다

주식 지분equity: 캠퍼스 기술을 사업화하는 스타트업은 재정적 한계 또는 대학과의 제휴 협력 등의 이유로 계약 체결 시 스타트업의 주식 지분을 라이선싱 대가로 대학에 지급하는 경우가 많다. 주식 지분은 회사의 주주로서 권리 행사하는 것을 의미한다. 대학이 보유한 주식 지분이 50% 이상인 경우 대학 캠퍼스 소유기업으로 대학이 핵심적인 역할을 하고 있다. 하지만 대부분의 대학이 보유하는 스타트업의 주식 지분은 한 자릿수 퍼센티지(%) 또는 낮은 두 자릿수 퍼센티지(%)가 대부분이다. 주식 지분 확보를 통한 라이선스 계약 체결 시 대학은 종종 '지분 희석 방지' 조항을 삽입하는데, 이는 대학의 주식 지분이 다른 투자자의 투자 자금으로 인해 상대적으로 축소되는 것을 방지하고자 하는 것이다. 하지만 이러한 방식은 상호 협의를 통해 투자 자금의 수준을 설정하고 그 이하에만 한정하여 지분 희석 방지 조항을 적용하는 경우가 일반적이다(예를 들어, 대학 소유 주식 지분은 1백만 달러 이상의 투자인 경우에는 지분 희석이 이루어지는 것으로 합의한다). 마리안 펠드만은 대학이 스타트업과 주식 지분 확보 방식을 통해 라이선싱 계약 추진 시 대학에서 누릴 수 있는 장점을 다음 세 가지로 정리하였다.

"첫째, 대학의 주식 지분 확보 방식은 스타트업의 미래 수익 발생 시점에 배당을 통한 재정적 이익을 사전에 확보할 수 있는 장점이 있다. 이러한 매력적인 옵션

은 대학 보유 특허의 기술성과 시장성이 라이선싱 시점에서 불확실한 경우 유용한 방법으로, 주식 지분 산정 시에는 일반적으로 라이선싱 대금 또는 로열티 수입에 따른 기회비용과 비교 분석하는 것이 필요하다.

둘째, 스타트업의 지분 일부가 대학 소유로 됨으로써 대학 연구 성과 사업화라는 공동 목표 달성을 위해 함께 매진할 수 있는 이점이 있다.

셋째, 대학이 스타트업의 지분 확보를 통해 기술 사업화를 추진하고 있다는 시그널은 해당 기업에 대한 신뢰도를 높여줄 뿐만 아니라 대학의 보유 기술 사업화 의지를 반영한다. 즉, 스타트업이 대학과 함께 기술 사업화를 함께 추진한다는 것은 향후 기업의 외부 투자 유치 활동에 많은 도움이 된다."[10]

첫 번째 장점에서 언급한 바와 같이 대학의 주식 지분 확보는 캠퍼스 기술의 라이선싱 수익에 대한 리스크를 어느 정도 감소시킨다. 왜냐하면 스타트업의 성장 과정에서 비즈니스 전략은 시장 상황에 따라 변화된다. 최초에 대학 보유 기술의 라이선싱을 통해 사업화를 추진하였으나, 시장 변화에 의해 이를 포기하고 자체 개발 기술이나 외부 기술의 라이선싱을 통한 사업화를 지속하는 경우가 있는데, 이러한 경우에도 대학은 기업의 성공과 사업화 수익을 공유할 수 있기 때문이다. 즉, 대학이 기업에 확보하고 있는 주식 지분은 라이선스의 종료 여부와 무관하게 유지되는 것이 일반적이다.

대학 책무: 대학은 라이선싱 특허 권리가 유지될 수 있도록 연차 등록료 납부는 물론 해당 특허를 침해하는 행위 시 권리 구제와 함께 방어 활동을 지속적으로 해야 한다. 대학은 침해로부터 방어할 특허권을 보유하지만, 적절한 특허 방어력을 갖추기 위한 재정이 마련되어 있어야 한다.

만일 대학 보유 특허를 라이선싱 또는 매각 등의 방법에 의해 제3자에게 허여

---

10 Maryann Feldman, Irwin Feller, Janet Bercovitz, and Richard Burton, "Equity and the Technology Transfer Strategies of American Research Universities," *Management Science* 48 (1) (2002): 106–7.

하지 않거나 연구자가 특허 신청한 발명을 대학이 승계하지 않기로 결정한 경우, 해당 특허 또는 발명을 연구자에게 양도하여 이를 연구자 개인이 직접 사업화하거나 활용할 수 있도록 한다. 이러한 경우는 드물지만 1) 정부 또는 학교로부터 R&D 자금 또는 연구 시설을 지원받지 않고 연구자 개인이 개발한 '자유 발명', 2) 대학이 기술이전 또는 사업화 가능성이 희박하다고 판단하여 불승계한 발명, 3) 대학이 보유하고 있는 휴면 특허를 해당 발명자에게 양도한 경우로서 대학 연구자가 직접 사업화하는 경우이다. 이러한 대학의 불승계 발명, 자유 발명 또는 특허 양도 규정들은 대학의 지식재산 관리 정책에 따라 다르다. 특히, 대학이 자체적으로 관리하고 있는 보유 특허를 기술 시장에 양도하는 경우 대학 연구자의 전공 연구 분야와 상충되어 종종 갈등의 소지가 있으므로 유의해야 한다.

창업주로서의 대학 연구자

스타트업 창업과 대학 기술 사업화에 있어 대학의 연구자는 스타트업 창업주로서 또는 스타트업 경영진으로서 겸직하는 경우가 많다. 이러한 경우 여러 가지 복잡한 문제가 발생할 소지가 있으므로 유의해야 하는데, 대학 연구자의 고용 주체가 대학과 기업 모두에 해당되어 이중 신분이 될 수 있기 때문이다. 이런 경우 종종 대학과 기업이 상충하는 사안에 관련된 의사결정이나 행동 범위에 있어 곤란한 상황에 직면할 수 있다. 캠퍼스 스타트업은 학교 조직의 일부가 아니며 독자 경영을 통해 이윤 창출을 추구하므로 대학 기술의 사업화 과정에서 대학 정책과의 의견 조율이 필요하다. 대학은 스타트업과의 의견 조율을 위해 내부 심의위원회를 통해 의사결정을 추진하는데 주로 소속 대학에서 자율적으로 운영한다. 대학과 스타트업이 상충하는 대부분의 문제들은 실험실 연구 성과물의 활용 방안이나 기술 사업화 승인 시점에서 주로 발생한다. 예를 들어 스타트업의 창업주로 겸직하는 연구자의 실험실 연구 성과물을 연구실의 대학원생과 연관된 논문으로 발표할 것인지, 아니면 스타트업의 내부 연구 자료로 활용할 것인지 결정해야 한다. 이 경우 종종 교수와 대학원생의 연구 지도에 관련한 상충이 발생한다. 가장 심각한 유형의 충돌은 교수가 스타트업의 창업주로서 자신이 상용화한 제품(예컨대 의약품, 의료기, 의료 진단)을 임상시험하는 경우에 발생한다. 임상시험의 결과에 따른 기술 사업화의 성공이 엄청난 재정적 영향을 가져올 수 있으므로 객관성이 결여될 가능성이 높기 때문이다.

한편, 스타트업 창업주로서의 대학 교수는 교수로서의 강의와 연구 활동은 물론 스타트업 창업주로서의 컨설팅과 자금 확보 등의 업무에 종사한다. 일부 대학에서는 교수들이 스타트업 활동에 의해 대학 교수로서의 본연의 의무에 소홀함을 방지하기 위해 스타트업 컨설팅 활동을 주당 1일 이내로 제한하거나 스타트업 겸직에 관한 직무 가이드라인을 제정하여 소속 학과장으로 하여금 이를 모니터링하도록 하고 있다.

또 다른 이슈는 대학의 연구 시설이나 공용 장비를 스타트업이 활용할 수 있는가에 있다. 일부 대학에서는 대학 연구 시설이나 공용 장비에 대해 교육이나 연구 목적 이외의 사용을 엄격히 제한한다. 하지만 현실적으로 대학 연구자의 스타트업은 캠퍼스 내에 존재하거나 심지어 연구실 자체를 활용한다. 또 다른 관점에서 일부 대학에서는 캠퍼스 내부에서의 스타트업 창업 활동을 장려하고 대학 기술 사업화를 위한 캠퍼스 창업 공간을 지원하며 연구 시설과 공용 장비를 활용하게 한다. 이는 고도의 산업화 과정에서 대학의 사회적 책무가 교육과 연구라는 본연의 임무를 벗어나 지역의 성장 동력 제공을 위한 기술 사업화 지원이나 대학의 기업가적 역할을 통해 보다 유연성 있는 사회 구성 조직으로 바뀌어가는 한 과정으로 볼 수 있다.

대학의 스타트업 지원 정책

대학이 스타트업에 대한 보유 특허의 라이선싱과 특허 관리 이외에 라이선싱 기술의 사업화 성공을 위한 스타트업 보육과 성장을 지원할 때 대학의 사회적 역할은 더욱 중요시된다. 극단적 사례로서 일부 대학은 단순히 라이선싱 계약의 체결로 그 역할을 마무리하는 경우가 있으나, 이와 달리 일부 대학에서는 자체적으로 확보한 기술 사업화 펀드와 스타트업 창업 보육을 육성하는 다양한 프로그램을 구비하고 전담조직을 통해 지원하는 경우도 있다.

대학별로 스타트업 창업 육성에 관한 동기도 다양하다. 대학 입장에서 교수의 스타트업 창업은 무엇보다 대학 교수의 고용을 촉진시키고 신분 유지에도 많은 도움이 된다. 또한 많은 대학에서 교수들의 연구 경력과 사업화 실적 확보가 교수 평가는 물론 대학 평가에 매우 중요시됨에 따라 대학 교수의 스타트업 창업은 이젠 일반화되는 추세이다. 캠퍼스 스타트업 창업은 지역의 일자리 창출과 지역 경제 활성화를 통한 성장 동력을 제공하는 핵심적인 역할을 한다. 또다른 관점에서 스타트업 창업은 대학의 기초 원천 기술을 산업화할 수 있는 연결 고리라고 할 수 있다. 즉 캠퍼스 스타트업은 대학에서의 기초 연구를 곧 바로 기술 사업화될 수 있도록 하는 중요한 가교 역할을 한다. 하나의 예로 미국립보건원(NIH)에서는 수백만 달러의 임상 중개 연구CTSA: Clinical and Translational Science Award 프로그램을 통해 대학이 보유한 기초 기술의 사업화를 지원하고 있다.

통상적으로 대학에서 스타트업 창업과 보육을 위해 지원하는 프로그램은 다음과 같다.

창업 교육 프로그램: 대학의 창업 교육 관련 프로그램은 온라인 교육 프로그램, 워크숍, 세미나 및 단기 코스, 그리고 경영대학의 정규 강좌 등 교육 대상과 목적에 따라 다양하게 구성된다. 이러한 창업 교육 프로그램의 내용은 일반적으로 창업 과정에 필요한 전문 용어, 사업 계획서 작성법, 제품 개발 계획, 시장조사 분석, 재무 계획 수립, 가치 창출 및 선점, 그리고 시장 전략 등으로 구성된다.

외부 연계 네트워크: 캠퍼스 스타트업의 성공을 위한 또 하나의 중요한 요소로 캠퍼스 외부에 있는 기업이나 전문 인력들과의 네트워크 강화가 포함된다. 대학 캠퍼스 내 스타트업들의 외부 네트워크는 금융, 회계, 법률 자문 또는 제품 개발 등 스타트업 경영 전반에 걸쳐 필요하다. 대부분은 대학 캠퍼스 창업 교

수 또는 기술이전 전담조직으로부터의 비공식 추천 또는 알선 소개에 의해 구축된다. 이렇듯 네트워크 연계 구축은 대부분 비공식 채널로 이루어지지만 대개는 공식 경로를 통해 연계 네트워크를 구축하는 것이 바람직하다. 예를 들어 대학의 연구 발명자와 기업 경영진과의 상호 친선 또는 정보 교류 모임을 전략적으로 추진하는 포럼 등에 대한 적극적 참여는 특히 유용한 방법이라 할 수 있다.

자금 지원: 일반적으로 캠퍼스 스타트업에 대한 자금 투자는 주로 엔젤 투자와 벤처 캐피탈에 의해 이루어진다. 최근 들어 엔젤 투자자들의 투자 자금 회수 기한(3년 이내)이 보다 짧아지고 있는데, 이는 기술 창업형 스타트업들이 극복해야 할 과제이다. 더욱이 벤처 캐피탈이 보수적 투자 경향을 보이면서 스타트업이 위치한 해당 업계의 최고 신기술이 아니면 투자 유치가 어려운 것이 현실이다. 그러므로 캠퍼스 스타트업이 겪는 초기의 자금 공백을 메우기 위해 많은 대학에서는 자체 벤처 자금 지원 프로그램을 보유하거나 준비하고 있다. 대학이 가지는 스타트업 자금 지원은 크게 연구비 지원에서 대학의 지분 투자로 분류할 수 있다. 대학에서는 연구비 지급을 통해 대학 연구진으로 하여금 기술 개발 또는 제품 개발을 지원한다. 더불어 초기 자금이 필요한 스타트업에 대한 대학의 지분 투자를 통해 향후 스타트업이 성공했을 때 해당 지분에 상당하는 효과적인 투자 자금 회수도 기대할 수 있다.

스타트업 보육(공간/설비): 캠퍼스 스타트업은 대학으로부터 자금 지원과 더불어 창업에 필요한 공간과 각종 시설을 지원받을 수 있다. 민간 영역에서도 창업 보육을 위한 공간을 제공하지만 대학은 각종 창업 보육 프로그램 제공을 포함해 창업을 위한 공간과 시설을 제공하고 있다. 일부 대학에서는 대학 실험실을 창업 보육 공간으로 지정하여 활용할 수 있도록 하거나, 대학의 일부 건물을 내부 창업자들을 위한 인-하우스 공간으로 활용하게 하여 기술 사업화를 지원한다. 대학에서 스타트업 창업 보육은 단순히 창업 공간을 제공하는 서비스를 넘어, 예컨대 스타트업의 성장 보육에 필요한 회계, 경영 교육 지원, 창업 로드쇼 지원 또는 투자 유치 설명회 등 일련의 통합 프로그램을 갖추고 있는 경우가 많다. 기술 기반형 스타트업 창업 보육의 경우 가장 중요한 요소 중 하나는 시험 설비 또는 고가의 공동 활용 장비에 대한 접근성으로, 이러한 측면에서 특히 대학 창업보육센터의 활성화는 해당 지역의 신기술 사업화 및 이를 통한 일자리 창출에 아주 중요한 의미를 가진다. 특히, 대학에서 연구 개발 성과물을 사업화하려는 창업자들은 해당 대학의 창업보육센터에 입주하여 기술 사업화에 필요한 고가의 시험 검사 설비, 시제품 제조 장치 및 공용 장비 등에 용이하게 접근하여 경제적으로 활용할 수 있기 때문에 시장 경쟁력과 사업 성공 가능성을 높일 수 있다.

대학에서의 스타트업 지원과 스타트업 생태계 구축에 관한 보다 자세한 사항은 5장에서 추가 설명한다.

2.2.2 캠퍼스 스타트업의 인력 유형

캠퍼스 창업 생태계에 있어 앞서 언급한 대학에 이어 두 번째 중요한 구성 요소는 스타트업에 종사하는 구성원과 이를 지원하는 인력들이라 할 수 있다. 이는 대학 구성원으로서의 연구자, 학생, 그리고 교수 등 스타트업 종사 인력과 더불어 캠퍼스 외부에서 고용된 경영진 및 관리자 등을 포함하여 각종 전문 컨설팅 인력 등을 의미한다.

교수진

대학에서 연구를 수행하는 교수진들이 연구 성과물을 사업화하는 캠퍼스 스타트업에서 하는 역할은 매우 중요하며, 여러 형태로 다양하게 존재한다. 하지만 스타트업 창업 후 시간이 경과하면서 이들의 역할 또한 많이 변화된다. 앞서 언급한 바와 같이 캠퍼스 스타트업 창업은 일반적으로 과학기술 분야 연구자 중심으로 대학 교수들의 마음속에 이미 자리 잡은 것으로 볼 수 있다. 따라서 스타트업 창업 초기 단계에서의 교수진의 역할은 아주 중요하며 핵심적인 사안이다. 일부 기술 분야는 대학 연구 교수진들에 의해 사업화에 대한 사전 검증과 사업화 성공 가능성이 바로 제시되기도 한다. 캠퍼스 스타트업 창업주로서 교수진은 스타트업과 상호 계약을 체결하여 주로 창업 초기 단계에 직접적으로 관여한다. 왜냐하면 연구 성과물이 초기 캠퍼스 스타트업의 핵심 자산이기 때문이다. 굳이 캠퍼스 스타트업의 창업주 지위가 아니더라도 교수진은 초기 기술 자문역 또는 컨설턴트로서 중요한 역할을 한다. 대학 교수진으로 스타트업의 과학기술자문위원회SAB, Sciencentic Advisory Board 를 구성하여 보다 적극적으로 스타트업을 지원한다. 비록 그다지 흔한 경우는 아니지만 가장 적극적인 지원 활동은 대학 교수진이 대학을 사직하고 스타트업의 기술개발이사CTO, Chief Technoloy Officer 또는 연구개발이사CSO, Chief Science Officer 등의 직책을 가지고 스타트업의 상임 구성원으로 근무하는 경우이다. 일부 대학은 1년 또는 2년 휴직 제도를 마련하여 교수진이 대학을 떠나 스타트업에서 근무할 수 있도록 하고 있다. 스타트업에서의 대학 교수진의 자세한 역할에 관해서는 5장에서 더욱 상세하게 알아본다.

연구실 학생

스타트업 창업주로서 대학 교수진은 연구 개발 성과물의 기술 사업화에 대한 기술 노하우의 전수 또는 기술 지도의 요구를 감당해야 하지만, 이를 위해 소속 대학을 떠나 전적으로 스타트업에 종사하는 경우는 거의 드물다. 스타트업은 필요한 전문 기술 분야의 공백을 채우기 위해 해당 분야의 전문 과학 기술인을 고용해야 하지만 과학 기술이 고도로 전문화되어 있는 오늘날에도 해당 분야에 적합한 전문 인력의 확보는 쉽지 않은 일이다. 이러한 캠퍼스 스타트업의 현실적 수요와 기술 공백을 충족하기 위해 대학 연구실의 석·박사 학생들이 대안이 될 수 있다. 대학 실험실에서 근무하는 석·박사 연구 인력들은 다음과 같은 이유로 스타트업에 필요한 이상적인 전문 인력이라 할 수 있다.

연관성: 스타트업의 기술 사업화 분야에서 연구 개발 경험이 있는 숙련된 실무 인력으로서 해당 분야와 직접적인 기술 연관성이 있다.

적합성: 해당 창업 기술의 사업화 분야에서 오랜 시간 과정 이수를 위한 연구 개발 업무를 수행한 경험이 있기 때문에 무엇이 중요하고 무엇을 해야 하는지에 관해 알고 있다.

경쟁력: 이들 연구원들은 연구 개발 성과물인 논문 저자 또는 발명자로서 활동하고 있으며, 해당 기술 분야에 어떠한 연구그룹 또는 기업이 활동을 하고 있는지에 관해 잘 알고 있다.

리스크: 경력적인 측면에서 대학원생들은 아직 젊고 열정적이기 때문에 많은 인력들이 스타트업의 리스크 위험을 기꺼이 감수하고 성공에 도전하고자 한다.

접근성: 스타트업 창업 교수는 지도교수로서 대학원생들과 밀접하다. 그러므로 대학원 연구생이 스타트업 전문 인력으로 근무한다면 핵심 기술에 대한 접근성 확보를 통한 노하우 전수가 용이하다. 대학원생 출신의 전문 연구원은 창업주 교수와 큰 신뢰를 구축한다. 이는 스타트업의 신뢰성 확보와 함께 노하우 기술 접근성에도 많은 도움이 된다.

확장성: 대학원생 또는 박사 후postdoc 과정의 연구원으로 받는 보수는 대부분 낮다. 하지만 스타트업에서 일함으로써 보다 높은 보수와 함께 향후 주식 지분 확보 등이 가능하여 주인의식을 가지고 스타트업의 기술 사업화를 주도할 수 있다.

요약하면, 대학원생들은 스타트업에서 창업주인 대학 교수의 대리인으로서 대학 교수진과 스타트업 경영진의 적절한 가이드와 조언을 받아 스타트업에서 핵심적인 역할을 수행할 수 있다. 이들의 역할에는 구체적으로 사업화 기술 분야의 내용에서 사업 설명회를 위한 기술 발표 자료 작성은 물론 스타트업이 주관하는 사업화 연구 개발 과제 수주를 위한 사업 계획서 작성 등 중요한 일들이 포함된다. 대학원생들의 스타트업 근무를 촉진하기 위해 일부 대학에서는 장학금 제도를 실시한다. 이는 '사업화 장학금commercialization fellowship'이라는 제도로 대학원생이 스타트업에서 CEO 또는 어드바이저의 지도 감독하에 전일제 근무를 하는 경우 지급하고 있다.

좋은 사례로 바실 다히야트라는 대학원생은 바이오 스타트업 '젠코'의 CEO가 되었다. 그는 회고록 『이상한 나라의 이방인 Stranger in a Strange Land』에서 대학 연구원에서 스타트업 경영인으로 변신하는 과정에서 얻은 교훈과 경험을 공유하고 있다.

어드바이저와 멘토

교수가 창업한 대부분의 캠퍼스 스타트업의 초기 단계는 경영진을 정상적으로 갖추지 못하므로 경영에 관한 주요 의사결정이 쉽지 않다. 이러한 경우 어드바이저 또는 멘토가 회사 경영 전반에 관한 의사결정에 도움을 준다. 경영에 관한 조언은 가급적 다양한 분야의 사람들로부터 청취하는 것이 바람직하다. 손쉬운 방법으로 이미 스타트업 창업을 경험한 캠퍼스 내의 동료 교수진으로부터 조언을 받을 수 있다.[11]

경영에 관한 조언뿐 아니라 창업에 필요한 핵심 인력들을 소개받을 수도 있다. 젠코의 CEO 다히야트는 회고록에서 다음과 같이 말한다.

"만약 대학 연구원이 캠퍼스 스타트업 창업을 통해 자신의 연구 성과를 사업화하고 싶다면 주위의 사업화 경험이 있는 교수나 동료들을 적극적으로 찾아 조언을

---

11 스타트업을 M&A 또는 IPO를 통해 성공적인 출구전략을 경험한 창업주 교수와 스타트업을 도중에 포기하거나 폐업한 창업주 교수는 서로 다른 관점을 가지고 조언할 것이므로 가능한 두 부류의 동료 교수 의견을 모두 참고하는 것이 바람직함

들는 것이 중요하다. 시장에서 기술 사업화 아이디어의 판매를 원한다면 무엇보다 먼저 연구자 이외에 사업화 영역에 있는 사람들과 네트워크를 구축하고 먼저 한발 다가감으로써 사업화 세계의 문을 생각보다 쉽게 열 수 있다."[12]

또 다른 조언자들이 상존하는 곳은 지역에 자리하는 기업들이다. 통상적으로 대학 교수진들은 지역 기업과 그다지 활발한 네트워크를 가지고 있지 않기 때문에 주로 대학 기술이전센터의 도움을 받을 수 있다. 대학 기술이전센터나 사업화센터는 유관 기술 산업 분야의 지역 기업에 관한 정보를 확보하고 있으며 종종 대학 연구 교수진에게 공동 연구, 기술이전 및 기술 사업화 등에 필요한 기업 인력들과 공식 또는 비공식적으로 네트워크 구축을 지원한다.

또 다른 조언을 받아야 할 사안은 각종 법률 관련 자문이다. 스타트업에 고문 변호사를 선임하여 공식 또는 비공식적 조언이나 자문을 받을 수 있음에도 창업주의 입장에서 경비 절감을 이유로 온라인 웹사이트 등을 통해 자문을 받곤 한다. 이는 매우 근시적인 시각으로 바람직하지 않다. 전반적인 시장 제품화를 위한 투자 비용과 법률 리스크 해소 또는 사전 예방 효과 등을 고려하면 고문 변호사 자문 비용은 실은 아주 미미한 수준이다. 고문 변호사의 자문을 통해 회사의 경영 체제 정비, 주식 지분 분배, 고용 계약, 증자, 그리고 인수합병 등 경영 전반에 걸쳐 체계적으로 많은 도움을 구할 수 있다.

스타트업 이사회와 경영 조직

스타트업 설립을 통한 연구 성과 사업화를 위해서는 각종 사업을 기획 관리하며 이를 수행하기 위한 대학의 인력과 내부 조직이 필요하다. 다음은 스타트업에 필요한 전형적인 내부 인력 조직에 관한 설명이다.

---

12 Bassil Dahiyat, "Stranger in a Strange Land?," *Nature Biotechnology*, 23 August 2012, http:// www .nature .com/bioent/2012/120801/full/bioe .2012 .8 .html (accessed 13 June 2014).

이사회: 이사회BOD, Board of Directors는 회사의 법적 요건에 따라 가능한 다양한 인력으로 구성하는데, 회사가 성장함에 따라 향후 그 구성이 바뀔 수도 있다. 창업 초기 시점에는 창업주와 대학 캠퍼스 외부의 경험 있는 전문가(변호사 또는 경험 많은 기업가 등)를 초빙하여 구성할 수 있다. 사외 이사들은 회사 성장 과정에서 중대한 사안에 관해 결정을 내릴 때에 균형 있는 판단을 할 수 있도록 도움을 줄 수 있다. 스타트업이 성장하면 기업의 CEO, 투자자 또는 해당 산업 분야에 관한 전문적 식견을 바탕으로 적절한 조언을 얻을 수 있는 전문가 등을 포함해서 확대 구성하는 것이 바람직하다. 이사회는 스타트업의 최고 의사결정 기구로 CEO 선임 및 해임, 투자 유치, 지분 분배, 근로자 보상 그리고 인수합병 등 중대한 사안들을 결정한다.

과학기술자문위원회: 과학기술자문위원회SAB, Scientific Advisory Board 멤버들은 캠퍼스 스타트업 회사의 기술을 간파하고 통찰적인 식견으로 회사의 원천 기술 및 응용 분야에 관해 다양한 조언을 해줄 수 있는 과학기술 전문가이다. SAB 운영을 통해 스타트업은 여러 가지 목적을 달성할 수 있다. 그중 한 가지로 해당 스타트업이 전략적으로 새로운 연구 개발과 사업화 방향을 설정할 때 유용하다. 특히 그 방향이 기업 외부에 기술 장벽이 높거나 또는 교수 창업주의 전공 영역 밖인 경우 자문위원회로부터 많은 도움을 받을 수 있다. 또 다른 목적으로 SAB는 스타트업의 홍보 대사 역할을 한다. 대부분 SAB 자문위원들은 관련 부문 각종 수상자 또는 국립과학원 연구원 등 해당 과학기술 분야의 탁월한 연구 실적과 실무 경험을 가진 이들을 위촉하여 구성한다. 이러한 저명인사들을 스타트업의 자문위원으로 활용함으로써 투자자 또는 초기 고객들의 신뢰를 확보할 수 있다. 물론 자문위원들 중 아주 저명한 과학자는 스타트업의 세부적인 전략적 방향 결정에 관여하여 자문할 정도의 시간이 없거나 또는 관여를 원치 않을 수 있다. 하지만 대다수의 자문위원들은 스타트업에서 현실적으로 필요한 연구 개발 수준과 방향에 관해 전략적으로 면밀히 검토하고 평가하는 자문 역할을 성실히 수행한다.

CEO와 경영팀: CEO는 기업 경영의 전반에 관해 이사회에 보고해야 할 의무를 가진 자로 회사 내에서는 마치 미식축구 팀의 쿼터백과 같은 주장 역할을 한다. 초기 캠퍼스 스타트업에서의 CEO 역할은 사업 계획을 수립하고 투자 자금을 유치하는 일이다. 두말 할 나위 없이 스타트업 CEO의 역할은 아주 중요하며 이러한 업무를 원활하게 잘 수행할 수 있는 자를 현명하게 판단하여 임용해야 한다(이에 관한 사항은 3장 참조). 최고경영책임자인 CEO와 함께 일을 하는 회사의 책임자들은 최고재무책임자CFO, Chief Financial Officer, 최고기술책임자CTO, Chief Technology Officer, 최고영업책임자CBO, Chief Business Officer 등이 있으며 이러한 책임자에게 업무 보고를 하는 부사장VP, Vice President 직함을 가진 인력들이 있다. 예를 들어 영업 및 마케팅부사장VP of Sale and Marketing, 사업개발부사장VP of Business Development 또는 인사 관리부사장VP of Human Resource 등이 있다.

스타트업 인력 구성은 회사의 성공과 실패를 결정짓는 가장 중요한 요소 중 하나이다. 아무리 세계가 놀랄 만한 혁신적인 기술을 개발하여 명확한 사업화 로드맵을 확보하였더라도 경영 인력이 잘못되어 문제가 지속된다면 시장에서 결코 성공할 수 없다. 경영팀과 인력의 중요성에 관해 3장에서 보다 상세히 설명하겠지만, 여기서는 두 가지만 우선 언급하고자 한다. 첫째, 인력 융화가 가장 중요한 사안이라 할 수 있다. 내부 인력들이 화학적으로 융합하여 상호 생산적이고 협조적이지 못하면 스타트업의 앞날은 암울하고 험난한 길이 될 것이다. 독선과 고집으로 인해 내부 분란이 발생한다면 이는 단순한 의견 불일치에서 끝나지 않고 결국에는 함께 일을 진행할 수 없게 된다. 둘째, 조직의 리더십이 중요하다. 설정한 목표를 달성하기 위해서 리더는 반드시 앞장서서 내부 인력들을 이끌어가야 하며 리더가 인력들을 이끌어가도록 권한을 부여해야 한다. 이러한 리더십에 관한 개념은 스타트업의 대학 연구자 창업주들에게는 낯선 것이다. 왜냐하면 그들은 대학 캠퍼스 조직 내의 의사결정 과정에서 위원회Committee 또는 과업 추진팀Task Force Team을 구성하여 합의consensus를 통해 결정을 도출하는 방식에 익숙한데, 기업 경영에서는 책임자인 리더가 의사결정을 하고 이에 상응하는 책임을 감수하기 때문이다.

2.2.3 캠퍼스 스타트업의 자금 조달

대학의 스타트업 창업 생태계를 구성하는 마지막 세 번째 핵심 요소로서 대학, 인력 외에 펀딩funding, 즉 자금 조달이 있다. 자금 조달은 스타트업을 설립하고 성장시키는 데 있어 필요한 에너지 공급원인 연료와도 같은 중요한 요소이다. 스타트업의 펀딩은 기업의 성장 과정 단계에 따라 다양한 형태로 지원된다. 이를 '성장 단계 맞춤형 자금'이라고 하는데, 주로 펀딩은 제품 개발을 위한 마일스톤(시제품 개발, 시제품 테스트 및 최적화, 신뢰성 검증) 시점, 그리고 회사의 사업 운영(제조 설비 가동, 신규 사업 개발, 마케팅 자금 또는 임금) 단계에서 수시로 이루어진다.

스타트업이 자금을 조달하는 방식에는 기본적으로 지분 희석 방식과 비희석 방식의 두 가지 형태가 있다. 지분 희석 방식은 투자자를 대상으로 지분 매각을 통해 자금을 조달하는 방식이다. 이러한 지분 희석 방식의 자금 조달은 스타트업이 주식 발행을 통해 해당되는 자금을 확보한다. 이 경우 기존의 주주들은 상대적으로 초과 발행된 주식에 의해 보유 지분이 상대적으로 줄어들게 되는데, 이를 지분 희석equity dilution이라고 한다. 스타트업의 지분 희석 효과와 사례에 관해서는 앞으로 보다 구체적으로 살펴보기로 한다. 지분 비희석 방식의 자금 조달은 의미하는 바와 같이 주식 소유 지분과는 전혀 무관하게 자금을 조달하는 방식을 말한다. 이는 투자자들로부터 조달되는 투자 자금이 아니라 대부분 스타트업의 신기술 사업화를 통해 성장 동력 창출과 신산업 파급 효과에 관심이 있는 정부가 과제 형태로 지원하는 연구 개발 자금 또는 대출loan 형식으로 금융권에서 자금을 차용 조달하는 방식이다.

펀딩은 스타트업의 성장 과정에 밀접하게 연관되어 있다. 먼저 스타트업 창업을 위한 펀딩은 대학에서 개념 증명proof of concept 과제 지원을 통해 이루어진다. 스타트업 창업이 이루어지면 정부 과제(비희석형) 또는 민간 과제(비희석형)를 신청하거나 엔젤 투자(희석형) 또는 벤처 캐피탈(희석형)을 통해 자금을 조달할 수 있다. 창업 이전 단계의 펀딩과 스타트업의 성장 과정에 따른 지분 투자의 유형과 특징에 관해 보다 상세히 살펴본다.

스타트업 창업 이전 단계의 펀딩

대부분의 캠퍼스 스타트업들은 대학의 연구 개발 성과물을 사업화하기 때문에 초기 단계에서의 펀딩이 어떻게 이루어지는지, 조달된 자금이 어떻게 창업을 활성화시키고 사업화 리스크를 줄이는지 살펴보는 것은 매우 중요하다. 앞서 서술한 바와 같이 캠퍼스에서 연구 개발을 통해 창출된 이노베이션은 기술 개발을 통해 사업화 가능성을 타진하고 제품 개발을 통해 제품의 출시, 판매 그리고 마케팅 시점까지 순차적으로 이루어진다.

캠퍼스 창업의 경우 어떠한 기술 개발 과정을 통해 사업화가 진행되며 이 과정에서 창업을 위한 펀딩이 어떻게 이루어지는지 이해하는 것이 중요하다. 기술 사업화를 위한 기술 개발 과정은 연구 개발의 성과물인 이노베이션이 '비-가설 기반non-hypothesis driven'의 결과물이라는 사실을 검증하는 과정이다. 이는 어떤 추론이나 가설에 의해 도출된 성과물이 아니라는 사실을 입증하는 과정으로, 창출된 이노베이션이 기술적 원리에 잘 부합함으로써 개념 검증이 이루어지거나 또는 타당성validation이 입증되어야 한다는 의미이다.

이러한 기술 개발 과정에 관한 실증 연구는 이노베이션의 사업화 가능성을 검증하는 데 있어 객관적 자료를 확보하는 과정이므로 매우 중요하다. 하지만 창업 이전 기술 개발 단계에서 캠퍼스 스타트업의 자금 조달은 다음과 같은 이유로 매우 어렵다.

연구 접근법의 상이성: 대부분의 대학 연구자들은 주로 '가설 또는 추론 기반hypothesis-driven'의 연구 개발에 익숙하기 때문에 '비−가설 기반'의 기술 개발 접근 방법에는 전문성을 갖추고 있지 않다(예를 들어, 바이오 마커를 발견하기 위한 연구 개발 과정은 '바이오 어세이'를 개발하고 이를 검증하는 기술 개발 과정과는 확연히 다른 과정이다).

연구 주제와 비정합성: 정부의 기술 개발 과제는 SBIR과 STTR 같은 일부 특정 연구 보조금을 제외하면 주로 '비−가설 기반' 연구를 대상으로 지원한다. 따라서 특히 대학 실험실에서 연구 성과물에 대해 기술 개발하고자 하는 대부분의 과제와는 성격상 부합되지 않는다. 더욱이 대학 연구실에서도 이러한 유형의 기술 개발 과제 수행을 원하지 않는 경우가 많은데, 대학원생들이 연구 주제로 삼는 원천적 과학기술 원리 탐구에 부합하지 않고 학위 논문의 주제와도 맞지 않기 때문이다.

사업화 리스크 증대: 창업 이전 단계에 외부 투자자로부터 자금을 조달하는 것은 아주 드문 일인데, 1) 투자자 입장에서는 투자 가능한 회사가 이 단계에서는 설립되어 있지 않고, 2) 회사가 있다 하더라도 리스크가 너무 크기 때문이다.

연구 성과물의 사업화를 위한 펀딩 과정에는 분명히 이러한 간극gap이 존재하므로 이를 정확하게 진단하고 해결책을 찾는 일은 성공적 캠퍼스 스타트업 육성에 있어 아주 중요한 사안이다.

예컨대, 이러한 펀딩 간극funding gap은 효능성 입증을 위한 동물 실험에서 대상물을 테스트하기 위한 자금을 확보하고자 하는 경우에 발생할 수 있다. 더욱이 연구 개발 자금의 추가 확보가 어려운 경우는 약품의 잠재적 치료법에 대한 추가적 안전성 시험에 관한 연구 개발 부문이다. 이러한 효능성 및 안전성에 관한 연구는 상대적으로 이노베이션 파급 효과가 거의 없으며 또한 연구 논문 성과로도 인정되지 않는 경우이지만 스타트업 투자자 또는 기업 파트너를 끌어들이기 위한 필수 요소이다.

하지만 예를 들어, 정부 출연 기관인 NIH(국립보건원)에서는 질병의 생리학적 메커니즘, 원인 물질의 규명 연구 및 질병 연구를 위한 동물 실험 등에 자금을 지원하는데, 이러한 동물 시험 연구를 통해 어떠한 유사체analog 또는 자연 발생 리간드ligand가 질병 변위에 관여한다는 것을 밝힐 수 있다. 어떤 경우에는 리간드가 포함된 분석법을 사용하여 합성물 라이브러리library를 검사함으로써 질병 조절에 관여하거나 적어도 대상을 변조시키는 화학 물질을 발견할 수도 있다.

스타트업 창업을 위한 펀딩

앞서 언급한 창업 이전 단계 펀딩의 어려움에도 불구하고 많은 대학에서는 창업 전 단계에서의 기술 개발 자금을 여러 방식으로 지원하는데, 주로 대학의 기술이전 전담조직에서 사업화 기술로서의 유용성 확보와 기술 라이선싱 가능성 제고를 위해 실행하고 있다.

통상적으로 대학 내 전담조직은 1만~5만 달러 정도의 기술 사업화 자금을 연구자들에게 지원함으로써 외부 투자자들로 하여금 해당 기술에 신뢰와 관심을 가지도록 한다. 주로 대학에서 창업 전에 확보할 수 있는 기술 개발 자금과 관련된 출처는 다음과 같다.

개념검증센터 Proof of Concept Center: 많은 대학들이 스타트업 활성화를 위해 창업 교육 과정과 시제품 제작 설비 등 공용 시설 인프라를 갖춘 통합지원시스템을 갖추고 있다. 스타트업 창업을 지원하기 위한 통합지원시스템에는 '개념검증센터'를 중심으로 창업 전 기술 개발 자금과 시제품 제작 지원 등을 통해 기술의 효능성과 안전성을 검증한다. 미국 내 저명한 '개념검증센터' 중 하나로 MIT의 '데시판드Deshpande센터'와 캘리포니아대학 샌디에이고 캠퍼스(UCSD)의 '리비히Liebig센터'가 있다. 이들 개념검증센터에서는 지식재산 전략과 사업화 분야에 전문성을 갖춘 어드바이저들이 상주하며 창업에 관한 교육 프로그램은 물론 시제품 제작을 위한 개발 자금 지원 등 캠퍼스 스타트업 창업 활성화를 위한 인적 및 물적 인프라를 갖추고 있다.[13] 샌디에이고 리비히센터는 스타트업 창업을 위한 초기 개발 자금으로 1만 5천~7만 5천 달러를 제공하고 센터에 여섯 명의 어드바이저가 상주하며, 네트워킹 행사를 위해 오픈-하우스 및 런치-학습 프로그램 등을 운영한다. 또한 스타트업 창업 교육 과정으로 '벤처 창업'과 '기업가 정신Entrepreneurship Dynamics'을 개설하고 있다. 지난 5년간 예순 여섯 개의 창업 프로젝트에 280만 달러의 창업 자금을 지원하였으며 열여섯 개의 스타트업을 설립하고 네 건의 라이선스를 확보하였다. 창업한 스타트업들은 7,100만 달러의 투자 유치를 하였는데, 스타트업 투입 자금 대비 유치 자금의 레버리지 비율이 25:1에 이르는 규모이다. 같은 기간 MIT 데시판드센터에서는 총 예순네 개의 프로젝트 지원을 위해 700만 달러가 창업 자금으로 지원되었다. 이를 통해 열 개의 스타트업이 설립되었고, 약 9,000만 달러의 외부 자금 투자 유치에 성공했는데, 이는 레버리지 비율 약 13:1에 이르는 규모이다.

쿨터재단Coulter Foundation: 쿨터재단은 생명공학 분야에서 쿨터 파트너십 경진대회를 개최하여 수상자를 대상으로 자금을 지원한다. 현재까지 열여섯 개 대학에 개념 실증을 위한 기술 개발 자금을 지원하였다. 통상적으로 프로젝트당 개발 자금 지원 규모는 약 5~50만 달러 정도로 1년간 약 10만 달러를 지원한다. 필요한 경우 제품 개발 일정에 맞추어 추가 지원도 가능하다.

국립보건원 혁신촉진센터NCAI, NIH Centers for Accelerated Innovation: 미국 국립보건원 심혈관연구소(NHLBI)는 대학 연구 개발 지원을 위한 파일럿 프로그램을 추진하고 있다. 이 프로그램은 선정된 대학에 혁신촉진센터Center for Accelerated Innovations 설립을 통해 연구 개발 자금을 지원하는 방식이다. 각 대학 혁신센터는 외부 어드바

---

13 C. A. Gulbranson and D. B. Audretsch, "Proof of Concept Centers: Accelerating the Commercialization of University Innovation," 2008, Kauffman Foundation, http://sites .kauffman .org/ pdf/poc centers 01242008 .pdf (accessed 14 July 2015).

이저(기업가, 비즈니스 리더)로 구성된 팀을 구성하여 NHLBI의 특화된 미션에 부합되는 사업화 유망 기술(신약, 의료 장비, 검진 방법 등)을 선정하도록 한다. 선정된 프로젝트별로 약 20만~50만 달러의 자금이 지원되는데, 이는 해당 유망 기술의 사업화 리스크를 감소시키고 스타트업 창업이나 기술 라이선싱을 위한 기술 개발 자금으로 활용된다. 2013년에 최초로 세 개의 혁신센터 컨소시움에 3,100만 달러의 정부 자금이 지원되었다. NCAI의 기술 사업화 지원 모델은 최근 REACH 프로그램으로 국립보건원(NIH) 전 영역으로 확대 시행되고 있는데, 생명공학에서의 혁신적 연구 성과는 대학에서 이러한 소규모 센터의 운영을 통해 사업화 전 단계에서의 안전성과 효능성 중심의 사업화 기술 개발을 지원한다.

NSF 이노베이션 기업I-Corps: I-Corp 프로그램은 NSF(미 국립과학재단)에서 연구 성과물의 사업화를 위해 지원하는 펀드로 리스크를 제거하고 경쟁 시장에서 적용 가능한 유망 기술 사업화를 육성하기 위한 기술 개발 지원 프로그램이다. 이는 스타트업 창업을 준비 중인 대학 연구자, 사업화 전문 인력 및 멘토로 구성된 팀에 기술 개발을 통한 사업화 자금을 지원하는 프로그램이다. 선정된 팀은 '스티브 블랑크의 제품 및 고객 개발 원리'에 기초한 커리큘럼에 맞추어 프로그램이 진행되고, 약 6개월간의 사업화 기술 개발을 위한 '개념 검증' 연구를 수행하며 통상적으로 5만 달러 정도의 자금을 지원받는다. 연구 개발 자금은 예비 창업팀에게 직접 지원되는데, 이를 통해 많은 수의 스타트업들이 설립된다.

임상 중개 과학 연구 프로그램 Clinical and Translational Scientic Award: NIH는 인류 건강 증진을 위한 의료 혁신을 위해 미국 내 약 예순 개 이상의 병의원 의료센터를 대상으로 연구 개발 인프라를 구축하였다. 의료 연구 개발 인프라 구축을 위한 정부 자금은 의료센터에서 임상 중개 과학 연구 활성화를 위한 핵심 연구 설비 구축, 연구 인력 지원 및 연구 개발 프로그램 지원에 활용된다. 이러한 생명공학 분야의 정부 지원 프로그램의 일환으로 임상 중개 연구와 사업화 기술 개발을 위한 과제를 지원하고 있다.

위에 예시한 프로그램 등을 활용하여 창업 전 펀딩을 받아 대학에서 스타트업 창업이 이루어지더라도 추가 기술과 제품 개발을 위한 자금 투자와 함께 특허와 같은 지식재산도 전략적으로 확보되어야 한다.

스타트업의 펀딩 유형 1: 연구 과제 지원금

요약하자면 스타트업 창업 생태계에서 주요한 핵심 요소인 자금 조달 방식은 크게 두 가지 형태로 구분되는데, 먼저 기업의 지분 변동과는 무관하게 자금이 조달되는 연구 과제 지원과 기업의 소유 지분에 변동을 가져오는 주식 지분 투자 방식으로 나눌 수 있다.

스타트업은 민간 또는 공공에서 지원하는 다양한 유형의 개발 과제 지원금을 신청할 수 있다. 설립이 오래지 않은 초창기 캠퍼스 스타트업을 육성하기 위한 과제 지원금이 있으며 지원금 지원 주체에 따른 구체적인 예를 들어 살펴본다.

정부 및 지자체: 정부와 지자체는 해당 지역에서 성공한 스타트업이 가져오는 경제적 파급 효과에 관해 잘 인식하고 있다. 대부분의 스타트업은 지역을 기반으로 성장하고 경제 활동을 하며 새로운 일자리를 창출한다. 이러한 이유 때문에 지자체 또는 정부는 스타트업 창업의 성장 단계에 적합한 연구 개발, 기술 개발 또는 제품 개발 과제를 지원함으로써 특히 대학의 신기술 스타트업 육성에 노력한다. 정부 또는 지자체에서는 세금 수입 또는 채권 발행을 통해 확보한 재원을 이러한 스타트업 창업과 육성을 위해 사용한다. 예를 들어 미국 코네티컷 주 정부는 '코네티컷 이노베이션'이라는 펀드를 운영하면서 코네티컷 주에서 창업한 스타트업을 대상으로 창업 전 자금으로 15만 달러까지 지원하고 창업 이후에도 약 1백만 달러까지 지원하고 있다.[14]

---

14 웹사이트 http://ctinnovations.com 참고

재단: 대부분 재단Foundation은 대학 또는 연구소에 재단의 미션에 부합하는 연구 과제들을 지원하고 있다. 질병 예방 및 퇴치를 목적으로 설립된 재단의 경우 암, 파키슨병, 에이즈 등 난치 질병의 연구 개발에 지원하며, 글로벌 환경 이슈에 관한 재단의 경우 지구온난화, 수질 및 대기 오염 문제 해결 등에 관한 연구 개발 자금을 지원한다. 많이 설립되어 운영 중인 재단들 중 벤처 기술 사업화 육성을 목적으로 하는 재단들이 있으며, 이러한 재단들을 통해 제품 개발 연구 과제 자금을 지원받을 수 있다.

미 정부 출연기관 지원 과제: 정부 출연기관에서 지원하는 기술 개발 및 제품 개발 자금 지원은 비−희석 펀딩 방식들 중 가장 큰 규모라 할 수 있다. 약 1억 달러 이상 예산을 확보한 정부 출연기관은 대학의 순수 연구 명목의 자금 지원을 하고 있으며 반드시 약 2.6% 이상은 SBIRSmall Business Innovation Research(중소기업 혁신 연구) 프로그램 자금으로 사용하도록 하고 있다. 한편 정부 출연기관이 연구 개발 자금으로 약 10억 달러 이상을 확보한 경우는 R&D 자금의 약 0.3% 이상은 STTRSmall Business Technology Transfer Program(중소기업 기술이전) 프로그램 자금으로

표 2.3_ 2009년도 SBIR/STTR 정부 과제 지원 현황

정부 사업화 지원 과제		SBIR	STTR
I−단계 과제신청	접수 과제(건수)	22,444	2,804
	선정 과제(건수)	4,008	592
	선정 비율(%)	18	21
I−단계 지원 금액		25만 달러	25만 달러
II−단계 과제신청	접수 과제(건수)	3,352	467
	선정 과제(건수)	1,801	251
	선정 비율(%)	54	54
II−단계 지원 금액		45만~100만 달러(총 2개년)	

표 2.4_ SBIR과 STTR 과제 수행을 위한 적격성 비교

과제 요건	SBIR	STTR
과제 책임자	과제 수행 기간 동안에 중소기업에 51% 이상 고용 형태로 근무하여야 함	대학 또는 중소기업 모두 가능하며 최소한 해당 과제 참여율이 10% 이상 되어야 함
대학과 기업의 산학협력 연구	가능	필수
위탁 연구	I-단계 : 33%까지 가능 II-단계 : 50%까지 가능	최소 대학에 30% 이상 위탁 연구를 해야 하며 총 위탁 연구는 60%가 넘지 않아야 함

의무적으로 사용하도록 하고 있다. 이를 통해 연간 SBIR 연구 과제 자금으로 약 20억 달러, STTR 연구 과제 자금으로 2억5천만 달러를 지원한다. 표 2.3은 이러한 체계에 따라 해당 과제의 지원 금액과 선정 비율을 보여주는 통계 수치이다. SBIR 또는 STTR 과제에 선정되면 시장성 관점에서 제품을 개발하고 투자자 또는 기업 파트너사가 호감을 가질 수 있도록 리스크를 제거하는 데 있어 충분한 자금 지원이 이루어진다. 두 개의 프로그램 모두 2단계에 걸쳐 자금 지원이 이루어진다. 먼저 첫 번째 단계에는 개념 검증과 실현성 제고에 역점을 두고 자금 지원이 되며, 두 번째 단계에서는 제품 개발과 사업화에 역점을 둔다. 표 2.4는 SBIR과 STTR 프로그램의 상호 차이점을 비교 정리한 내용이다. 가장 큰 차이점은 과제 책임자의 적격성과 지원금의 사용 용도이다. 여기서 유의할 점은 STTR 과제의 경우 정부 출연 전문기관에 따라 과제 지원 요건과 방식이 각각 다를 수 있다. 예를 들어 미 국립보건원의 경우 STTR 과제는 세부 유형별로 나뉘어 있어 신청자가 자신에 가장 적합한 형태를 선택하여 지원할 수 있다. 이외에도 미 국립과학재단(NSF)의 경우 특정 연구 주제 분야에는 STTR 과제를 지원하지 않는다. 또한 예산이 부족한 경우 일부 정부 출연 전문기관은 STTR 과제를 지원하지 않기도 한다. 스타트업 육성을 위한 SBIR과 STTR 정부 과제에 어떻게 제안서를 준비하고 제출할 것인가에 관해서는 이 책 3장에서 보다 상

세히 다루기로 한다. 한편, SBIR 연구 주제 지정 방식의 과제는 SBIR 프로그램을 운영하는 정부 출연 전문기관에서 또 다른 형태로 연구 개발 자금을 지원하는 방식이다. 일반적으로 연구자가 개발하고자 하는 분야에 연구 제안서를 접수하여 이를 지원하는 SBIR 과제 공모 방식과는 달리, 정부 출연 전문기관에서 연구 개발 주제와 요구 사항들을 구체적으로 적시하여 과제 공고를 한다. 즉, 1년에 최소 한 개 과제 이상의 SBIR 자금 지원을 하는 정부 출연 전문기관이 소관 분야에 적합한 연구 개발 주제를 사전에 지정 공고하는 방식이다. 지정 공고 방식의 연구 개발 과제는 해당 전문기관 웹사이트에 공고되며 연구 개발 주제와 성과 목표들을 매우 구체적으로 제시한다. 예를 들어, '군사용 경량 배터리' 또는 '약리 작용을 위한 나노입자' 등과 같이 구체적으로 연구 주제를 지정하여 과제를 공고하는 방식이다. 지정 공고 과제를 통해 기업은 정부 출연 전문기관과 정부 산하 기관에서 필요로 하는 수요 기술 또는 제품 사양에 부합하는 과제 계약을 체결할 수 있다. 만일 기업이 해당 전문기관이 필요로 하는 기술을 보유하고 있다면, 과제 계약을 통해 해당 기술을 더욱 발전시킬 수 있을 것이다. 이러한 경우 때로는 정부가 해당 기업의 첫 번째 고객이 될 수 있다. 일반적인 공고 과제 방식과 마찬가지로 지정 연구 과제도 1, 2단계로 나누어 자금을 지원하되 2단계의 지원은 1단계 지원 목표를 성공적으로 수행해야만 가능하다.

기타 정부 펀딩 프로그램: SBIR/STTR 공모 과제와 지정 과제 외에도 다수의 정부 출연 전문기관들이 혁신 기술과 제품 개발을 위해 자금을 지원한다. 예를 들어, 미 국방부 산하 전문기관에서 스타트업을 대상으로 연구 개발 과제를 지원하는데, 여기에는 국방첨단연구프로젝트에이전시(DARPA), 국방위험예방에이전시(DITRA), 미해군연구소Office of Navy Research, 그리고 미육군연구소Army Research Office 등이 있다. 이 외에도 일부 전문기관에서는 스타트업에게 직접적인 연구 과제 지원을 통한 자금 지원보다 연구 개발 서비스를 활용할 수 있는 프로그램을 제공기도 한다. 예를 들어, 미 국립보건원(NIH)의 국가첨단전이과학센터National Center for Advancing Translational Science는 '브릿지Bridging Interventional Development Gaps, BrIDGs' 프로그램을 제공하고 있다. 이는 국립보건원의 지정 공고 과제 프로그램으로 연구자가 아무런 비용 부담 없이 임상 전 단계 연구를 수행할 수 있도록 지원한다.

연구 과제 수주에 의한 자금 조달 방법은 특히 기술 개발에 유용하지만 여러 측면에서 자금 조달에 따르는 한계와 애로사항에 직면한다. 무엇보다 우선 과제 신청에서 수주를 통한 자금 확보까지 소요 시간이 많다. 일반적으로 SBIR 과제의 경우 과제 신청일로부터 9~12개월이 지난 이후에나 집행 가능하다. 또한 정부 지원 과제는 신청 경쟁이 치열하여 과제 수주가 어려운데, 평균 4:1 이상의 경쟁률을 기록한다. 그러므로 기술 개발이나 제품 개발을 위한 정부 과제 자금 확보를 위해 수년 동안 지속적으로 신청서를 제출하기도 한다. 무엇보다 정부의 연구 지원 과제는 해당 전문기관이 기관의 정책 목표에 적합하게 지원 분야를 관리하기 때문에 스타트업에서 희망하는 기술 개발 목표와 사업 방향에 맞지 않는 경우가 많다. 예를 들어, 인체 조직공학 분야에 대한 연구 개발에 집중하는 스타트업이 약물 투여를 위한 하이드로 겔 개발을 위한 SBIR 연구 과제 자금을 지원받을 수 있다. 하지만 이런 경우 연구 과제 응용 분야는 기업이 개발을 목표로 하고 있는 분야와는 다를 수 있다. 즉 인체 독성 분야와 연관된 일부 데이터를 제외하고 SBIR 펀딩을 통해 확보한 전반적인 연구 성과는 해당 스타트업이 최초에 사업화하고자 했던 분야와는 다른 것이다. 두 번째, 연구 과제 수주에 의한 펀딩은 자금의 활용 분야가 아주 제한적이다. 대부분의 연구 과제 지원을 통해 확보되는 자금은 연구 활동 또는 기술 개발 분야가 아니면 사용할 수 없다. 즉 대부분이 시제품 제작 또는 사업화를 위한 신뢰성 검증과 연구 개발 비용으로 사용되며 아주 예외적으로 생산 설비 라인 구축 등 스타트업의 사업화 활동 자금에 활용될 수 있다. 끝으로 중요한 사실은 연구 과제 수주에 의한 자금은 특허 관리 비용, 각종 규제 관련 컨설팅 비용 또는 CEO를 포함한 임직원의 급여, 판공비 등과 같이 연구 활동 또는 기술 개발과 무관한 비용으로는 사용할 수 없다는 점을 유의해야 한다.

스타트업의 펀딩 유형 2: 지분 투자

스타트업은 앞서 설명한 과제 수주에 의한 자금 조달이 여러 가지 문제점으로 인해 여의치 않은 경우 주식 지분 매각을 통해 자금을 확보할 수 있다. 주식 거래 시장에서 상장 기업들이 주식 매매 거래를 통해 자금을 확보하는 것과 같이 스타트업도 회사의 주식 지분의 매각을 통해서 필요한 자금을 확보할 수 있다. 스타트업의 주식 지분 가액이 미래 시점에 회사 가치가 반영되어 상승할 수

표 2.5_ 스타트업의 성장 과정에 따른 지분 투자 유형과 규모

단계	금액 (달러)	투자자	자금 용도
프리시드	1천~5만	지인 가족 개인 자금 대학 벤처 펀드	스타트업 설립 (법무 비용)
시드	1십만~5십만	엔젤 투자자 벤처 캐피탈(VC) 대기업 VC(Corporate Venture Capital)	기술 개발 CEO 고용 비즈니스 플랜
시리즈 A, B	A: 1백만~5백만 B: 6백만~1천만	벤처 캐피탈(VC) 대기업 VC(Corporate Venture Capital)	경영팀 구성 회사 설비 제품 개발 제품 출시
시리즈 D, C	1천5백만~5천만	벤처 캐피탈(VC) 대기업 VC(Corporate Venture Capital) 사모 펀드	제품 개발 제품 인증 대량 생산 제조 설비 파트너링
메자닌[15](전환사채)	2천만~ 5천만	사모 펀드	기업 성장 글로벌 시장

---

15 메자닌(Mezzanine)이란 이탈리아어로서 1층과 2층 사이에 있는 라운지 등과 같은 공간을 의미하며 메자닌 펀드란 부채와 자본 사이 영역에서 운영되는 자금을 말한다. 메자닌 금융에 의한 자금 조달 방식에는 전환사채(CB), 신주인수권부 사채(BW), 후순위 부채 및 상환 우선주 형태가 있으며 이를 통해 발행되는 증권은 자기 자본적 요소와 부채적 요소가 필요에 따라 다양하게 결합되어 차입자 상황에 따라 유연한 형태로 자금을 조달할 수 있다.

있기 때문에 투자자들은 수익 가치를 예상하고 지분 매입을 통해 투자한다.

비상장 스타트업에 대한 지분 투자는 스타트업의 성장 단계에 따라 다양한 형태의 투자 주체와 투자 유형이 있다.

표 2.5는 스타트업의 성장 단계에 따른 지분 투자 유형과 규모를 보여준다. 일반적으로 초기 단계에서는 투자 규모가 상대적으로 작고 후속 단계로 진행됨에 따라 상대적으로 큰 규모의 자금 투자가 이루진다. 스타트업의 지분 투자가 성장 단계별로 이러한 경향을 보이는 이유는 첫째, 스타트업의 초기 시점은 사업 실패로 귀결될 확률이 높기 때문에 투자자들은 상대적으로 적은 자금으로 보수적인 투자를 한다. 둘째, 스타트업이 단계별로 성장함에 따라 투자 자금의 내부 수요가 급격히 증가하며, 또한 앞서 말한 투자 리스크 관점에서 볼 때에도 후단 시점에서는 제품의 시장 출시 등으로 스타트업의 생존 위험도가 줄어들기 때문에 상대적으로 투자 규모가 늘어난다.

스타트업의 설립 초기 자금은 대부분 창업주 또는 창업주와 연관된 가족, 친인척 또는 지인들의 개인 자금이다. 이 단계에서 투자되는 자금은 통상적으로 수천 달러 정도의 소액으로, 주로 특허 경비 또는 회사 설립에 필요한 비용 등으로 사용된다. 스타트업 창업 초기의 투자 자금은 스타트업에 공식적 또는 비공식적 경로를 통해 유입될 수 있는데, 비공식적 경로란 회사 지분 변동과는 무관하게 창업주가 회사에 필요한 자금을 투입하는 것으로 주로 투자 자금에 공식 명분이나 비목이 확실하지 않은 경우이다.[16]

스타트업 창업에 창업주들이 개인 자금을 회사에 투자하는 경우 투자 금액에 상당하는 주식 지분을 확보하게 되고, 향후 회계 결산 시 수익이 발생하면 해당 지분에 상당하는 수익금을 회수할 수 있다. 스타트업 창업주들이 자신의 개인 자금을 스타트업에 투자하는 것은 스스로가 창업을 선언하고 사업을 개시한다

---

16 스타트업 설립 초기 시점에 운영 경비 등을 초기 주주들이 회사에 투입하는 경우 이를 굳이 주식 발행을 고려하지는 않는다. 왜냐하면 주당 가액이 기업 가치를 결정(기업 가치=주당 가격×총 발행 주식)하게 되어 향후 본격적인 자금 유치 시 저평가된 기업 가치가 문제가 될 수 있기 때문이다.

는 의미로 해석된다. 통상적으로 창업주가 스타트업의 초기 자금을 위해 최소 수천 달러 이상의 현금 투자를 하지 않은 상황에서는 외부 투자자들도 지분 투자를 꺼린다.

스타트업에 대한 지분 투자 리스크

스타트업 지분 투자에 있어 외부 투자자들은 크게 두 가지 요소로서 위험(리스크) 요인과 보상(리워드) 요인을 고려하는데, 이에 대한 논의는 스타트업 지분 투자자 사고방식을 이해하는 데 도움이 된다. 리스크 요인이란 사업 실패와 직접 관련되거나 또는 최소한 사업 성공에 있어 장애가 되는 요소와 연관된 것을 의미한다. 투자자는 스타트업의 리스크를 그들 나름의 기준에 의해 정량적으로 평가한다. 즉 투자자들은 이러한 리스크를 극복하기 위해 필요한 투자 자금을 심의하고 자신이 통제할 수 있는 리스크와 통제 불가능한 리스크를 결정한다. 스타트업의 성장 단계에서 아주 다양한 형태로 발생하는 리스크의 유형을 구분하여 설명하면 다음과 같다.

기술 리스크: 기술 리스크 technical risk란 다음의 질문과 연관되어 있다. 제품이 실제로 작동할 것인가? 이는 특히 기술 기반의 스타트업에게는 아주 중요한 사안으로서 신규 개발 제품이 시장 출시로 이어져 그 특성이 구현될 것인지와 밀접하게 연관되어 있다. 기술 리스크의 극복을 위해서는 해당 시장의 제품 개발과 연관해서 소프트웨어가 정상적으로 작동하는지, 제품의 구성 부품이나 모듈이 신뢰성을 가지고 동작하는지, 또한 제품의 안전성과 관련하여 이상이 없으며 아울러 제품의 기술적 효과가 있는지에 관해 검증해야 한다. 투자자 입장에서는 이러한 기술 리스크에 대한 접근이 어려우며 이러한 기술 위험성을 감소시키기는 쉽지 않다. 그러므로 주로 투자자는 먼저 투자를 진행한 후 기술 리스크 감소를 위해 개발 일정에 따른 순차 목표나 기술 개발이 괄목하게 구현되는 성장 시점들을 설정하여 관리한다. 의약 분야의 예를 들면 제품 출시를 위한 시제품

105

제작, 분석 검증, 파일롯 제조, 임상시험 및 FDA 승인 등과 같이 순차적으로 개발 일정을 관리한다.

IP 리스크: IP 리스크는 통상적으로 권리 범위를 결정하는 특허 청구범위claim와 주로 연관되어 있다. 스타트업들은 특허 출원을 많이 하지만 등록 특허의 보유 건수는 상대적으로 미비하다. 투자자는 반드시 출원 특허가 심사 과정에서 등록 거절될 수 있다는 IP 리스크를 고려해야 한다. 또한 등록 특허일지라도 특허 클레임, 즉 특허 청구범위에 의한 보호 범위가 협소하거나 또는 IP 소송에 의해 등록 특허가 무효화될 수 있다는 사실도 인지해야 한다. 이 외에도 IP 리스크로서 자유실시freedom to operate 항변 주장이 있는데, 이는 침해자가 이를 통해 IP 보유자의 특허 권리 침해를 회피할 수 있기 때문이다. IP 리스크는 경험이 많고 유능한 IP 변호사를 활용하여 자유실시 항변 또는 특허 등록 가능성 등에 관해 전문가 자문을 통해 감소시킬 수 있다. 또한 스타트업의 경우에는 사업화 기술과 연관된 응용 분야에 다양한 특허 출원을 통해 특허 포트폴리오를 형성하여 IP 리스크를 감소시킬 수 있다.

규제 리스크: 개발 완료된 신제품은 일반적으로 시장에 출시되기 전에 해당 산업 분야에서 정부가 규제하고 있는 기술 인증 또는 안전성 관련 승인을 받아야 하는데, 이를 규제 리스크regulatory risk라고 한다. 이는 기술 리스크와도 밀접하게 연관되어 있지만 대부분 규제 리스크의 경우 행정적인 절차에 의한 규제가 수반된다는 점에서 차이가 있다고 할 수 있다. 예를 들어 의료산업 분야의 경우 FDA 승인은 대표적인 규제 리스크로서 임상시험 계획서, 유관 제품의 승인 여부 그리고 임상시험 결과의 도출 과정 등을 FDA 인증기관에 각종 보고서로 제출하고 승인을 위한 심의를 받아야 한다. 투자자는 전문 컨설턴트를 활용하여 각종 규제 과정에 존재하고 있는 다양한 장애물들을 면밀히 분석함으로써 규제 리스크를 감소시킬 수 있다.

시장 리스크: 시장 리스크를 쉽게 설명하기 위해서 투자자인 벤처 캐피탈들은

"강아지가 이 사료를 먹을 것인가?"라는 표현을 종종 사용한다. 즉 시장 리스크market risk란 소비자가 시장에서 해당 제품을 외면하고 구매하지 않을 위험성을 의미한다. 특히 기술 집약형 기업의 경우 시장 리스크는 극복해야 할 아주 큰 과제이다. 기술적 난제를 해결하고 출시된 제품이 시장에서 적응하고 확산되기까지는 오랜 시간이 필요한데, 이는 종종 투자자들이 자금 회수를 위해 설정한 마감 기한을 넘어서는 경우도 있다. 시장 리스크는 소비자가 출시 제품에 대한 필요성, 즉 제품 수요에 의해 주로 결정되겠지만 타사의 경쟁 제품이 동일한 수요 계층에 있는 소비자의 구매 요구를 충족시킬 때에도 발생한다. 시장 리스크를 경감시키기 위해서는 시장 분석 데이터, 시장조사 보고서와 함께 고객이 인지하는 제품 가치, 잠재 고객에 대한 정보, 특화 고객에 대한 관리 전략, 그리고 미래 시장의 로드맵 등 시장 정보를 분석하고 이를 바탕으로 고객 확보를 추진하여야 한다.

배상 리스크: 배상 리스크reimbursement risk는 시장 리스크의 한 형태이다. 예를 들어 시장 제품에 중대한 배상 문제가 발생하는 경우 제3자인 보험회사 등이 해당 제품에 관해 손해배상을 해줄 수 있는지에 관한 리스크이다. 보험회사 또는 유관 기관이 시장 제품의 배상 책임에 대해 관리한다면 업체로서는 손해배상에 따른 별다른 문제가 발생할 소지가 없으므로 배상 리스크 또한 거의 없다고 볼 수 있다. 규제 리스크와 마찬가지로 스타트업 투자자는 전문 컨설턴트들과 상담을 통해 보험회사가 손해 배상 위험성을 관리하게 함으로써 배상 리스크를 경감시킬 수 있다.

경영 리스크: 경영 리스크management risk는 사업 전략을 수행하는 인력과 연관된다. 기업이 성장함에 따라 올바른 결정을 내릴 수 있는 기술 인력과 경영 인력이 필요하다. 회사 경영에 있어서 만일 어떠한 일이 계획한 대로 진행되지 않아 중대 결정을 내려야 한다면 경험 많고 숙련된 인력들이 필요하다. 투자자는 해당 산업 분야에서 경륜이 많은 기술 인력의 채용과 더불어 스타트업들을 성장시킨

경험이 있는 경영 인력에 투자하게 함으로써 경영 리스크를 감소시킬 수 있다. 즉 "사람은 사람에게 투자한다"라는 슬로건과 함께 스타트업 투자자들은 우선적으로 스타트업 경영진에 가장 큰 관심을 가지고 투자함으로써 경영 리스크를 감소시키고자 한다.

운영 리스크: 기업의 사업 추진 과정에서 여러 방면에 걸쳐 다양하게 발생하는 리스크를 운영 리스크operation risk라고 한다. 예를 들어 제품의 생산량을 증가시킬 때 발생하는 리스크, 가장 적합한 비즈니스 모델을 확보할 때 발생하는 리스크, 가장 효율적인 유통 채널을 확보하고자 할 때 발생하는 리스크 등이 있다. 투자자는 기업이 추구하는 비즈니스 모델과 기업이 제품을 판매하고자 하는 시장에 대한 분석을 통해 이러한 운영 리스크를 감소시킬 수 있다.

포트폴리오 리스크: 포트폴리오 리스크portfolio risk는 단일 투자로 진행하는 경우에는 상관이 없으며 투자자가 리스크 분산을 위해 투자 대상인 포트폴리오 기업군에 어떻게 투자를 진행하는가와 연관된다. 이는 현재의 투자 현황과 향후 잠재 투자 모두를 포함하는 축적된 리스크cumulative risk로서 복합 리스크compound risk를 의미한다. 포트폴리오 리스크는 기업 리스크와 미묘한 방식으로 연관되어 있다. 즉 어떤 스타트업이 투자자의 포트폴리오 기업에 포함되어 추가 투자를 받게 된다면 투자자에게는 복합 리스크가 증가하게 된다. 예를 들어 스타트업이 최초로 받은 투자가 실패하여 추가 제품 개발을 위해 투자 받기로 결정되었다고 가정하면 스타트업 입장에서 리스크는 감소되었지만 투자자 입장에서는 포트폴리오 기업군에서 복합 리스크가 증가한다고 볼 수 있다.

스타트업의 지분 투자 회수와 보상

'리워드reward' 또는 '업사이드upside'란 스타트업이 사업 수행을 통해 시장에서 가치를 창출하고 지분을 소유한 주주에게 수익 대가를 지급하는 것을 말한다. 주주는 회계 결산을 통해 당기이익금을 주주 배당금 형태로 지급받거나 또는 주식 가치가 최초 매입 시보다 추가 상승된 지분 매각을 통해 투자 자금을 보상받는다.

스타트업의 경우 매출 증대를 통해 수익이 발생(예를 들어 매출액이 전년도 3백만 달러에서 1천만 달러로 증가)하거나 또는 회사의 리스크(예를 들어 FDA 승인 등 각종 규제)를 극복하고 사업성이 확보되는 경우에 기업의 지분 가치는 상승한다. 만일 투자자가 기업 가치 상승 이전에 주식 지분을 확보했다면, 투자 회수가 가능하게 된다. 일반적으로 스타트업에 대한 투자 회수ROI, Return of Investment는 주식거래소 상장, 즉 기업공개IPO, Initial Public Offering를 통해 이루어진다. 투자자들은 자신들이 보유하고 있는 스타트업이 주식 거래 시장에 상장되거나 주식 가치가 상승하면 적절한 시점에 투자 자금을 회수하게 된다.

스타트업 투자자들의 투자 자금 회수 전략을 파악하는 것은 투자 자금 유치를 위한 사업 계획 수립에 많은 도움이 된다. 스타트업 투자자는 두 가지 요인을 투자 회수에 있어 중요한 고려 사안으로 하는데, 그 첫 번째가 ROI의 횟수로서 투자자가 ROI를 몇 회에 걸쳐 희망하는지 알 필요가 있다. 예를 들어 1~2회에 걸쳐 투자 자금 회수를 예상하는지, 아니면 5~6회에 걸쳐서 고려하고 있는지 등을 알 필요가 있다. 두 번째는 투자자의 관점에서 희망하는 투자 자금 회수를 위한 총 소요 기간을 파악하는 것이다. 예를 들어 투자자 입장에서 동일한 투자 자금의 회수를 가정한다면 장기적인 10년보다 가급적 단기적인 2년 기간 내의 투자 자금 회수를 희망할 것이다.

앞서 표 2.5에서 살펴본 바와 같이 스타트업의 지분 투자에 있어 '시드seed' 단계 이후부터는 본격적으로 두 가지 유형의 투자자인 엔젤 투자자Angel Investor와 벤처 캐피탈(VC)에 의한 지분 투자가 진행된다.

엔젤 투자자와 벤처 캐피탈

엔젤 투자자는 자체 보유 자금을 벤처 스타트업에 투자하는 개인 또는 그룹(엔젤 네트워크)을 말한다. 엔젤 투자는 통상적으로 벤처 캐피탈(VC) 자금에 비해 상대적으로 적은 규모로 투자되므로 전문가를 통해 광범위한 기업 실사 과정을

거치지 않고 신속하게 이루어진다.[17]

엔젤 투자의 경우 대부분의 기업 실사는 투자자 스스로가 직접 진행한다. 이러한 방식은 기업의 실사 경비가 절감되고 또한 투자 결정에 소요되는 시간을 단축하게 한다. 엔젤 투자자들은 일반적으로 제품의 시장 출시까지의 소요 기간을 3~4년 정도로 예견하고 이후 수익 발생이 예상되는 스타트업에 투자한다. 엔젤 투자자는 기업이 필요로 하는 자금이 종종 자신들의 투자 능력을 초과하는 경우가 있으므로 자본 집약적인 큰 스타트업에는 투자하지 않는다. 이러한 스타트업에 대한 자금 투자는 주로 벤처 캐피탈에서 진행하는데, 이 경우 초기 투자한 엔젤 투자자의 스타트업 지분이 심각한 수준으로 희석될 수 있다. 따라서 향후 제품 사업화 과정에서 상대적으로 대규모 자금이 필요한 바이오 관련 약품 제조, 의료 장비 또는 진단기기 등의 스타트업에는 엔젤 투자가 거의 없다.

벤처 캐피탈은 엔젤 투자자와 마찬가지로 유망 스타트업을 발굴하고 지분 투자를 통해 수익을 창출하지만 엔젤 투자자와는 다음과 같은 이유로 구분된다. 첫째, 엔젤 투자자는 자기 자본을 투자하지만 벤처 캐피탈은 타인 자본을 확보하여 스타트업에 투자한다. 둘째, 벤처 캐피탈은 스타트업 투자의 적격성과 수익성을 심의 결정하기 위해 투자 전문가를 고용하고 있다. 셋째, 벤처 캐피탈의 투자 심사 및 평가는 엔젤 투자자의 투자 결정 방식보다 더 엄격하며 공식적인 절차를 거친다. 하지만 엔젤 투자자와 마찬가지로 벤처 캐피탈도 투자한 스타트업의 경영에 많은 관심을 가지고 적극적으로 개입하기를 희망하고 아울러 스타트업이 전략적 의사결정을 하는 데 도움을 주고자 한다.

---

17 VC가 스타트업에 투자하는 자금은 주로 선행 투자를 진행하는 VC 파트너들이 확보하고 있는 펀드 규모에 의해 결정된다. 벤처 캐피탈은 회사 투자 자금에서 일부분을 오버헤드 비용으로 가져가며 이 비용은 주로 VC 파트너들의 급여 또는 활동비가 된다. 하지만 이와는 달리 대부분의 엔젤 투자자나 투자 그룹들은 양 당사자 간의 투자 거래 계약을 기반으로 투자 자금과 방법이 결정된다.

2.2.4 벤처 캐피탈 펀드의 이해

벤처 캐피탈(VC)은 스타트업의 초기 사업화 시드 단계에서부터 성숙 단계에 이르기까지 기업 성장 과정의 전 영역에서 투자를 진행한다. 일반적으로 스타트업 초기 단계에는 주로 100만 달러 미만의 규모로 투자가 이루어지며 이보다 큰 규모의 투자는 주로 후기 성숙 단계에 이루어진다. 일부 벤처 캐피탈사의 대형 펀드들은 초기 단계 투자 자금으로 일부 할당하고 일련의 연속 투자 형태로 진행하는 경우가 있다. 특히 아주 각광받는 신기술을 보유한 스타트업이거나 또는 과거에 성공 경험이 있는 기업가에 의해 경영되고 있는 후속 스타트업의 경우가 이에 해당한다. 대부분 투자에 성공한 벤처 캐피탈의 펀드 투자는 일회성으로 종결되는 것이 아니라 순차적으로 연속하여 진행된다. 예컨대 성공적인 벤처 캐피탈사는 '레드 크리크 펀드Red Creek Fund I, II, III'과 같이 펀드 명 뒤에 로마자로 표기하여 연속 투자를 진행한다. 펀드를 공모하여 스타트업에 투자를 진행하는데, 통상 6년에서 8년 정도 소요되며 이러한 투자를 통해 자금 회수에 이르는 시간은 무려 10년 이상 걸리기도 한다.

　벤처 캐피탈사들의 운영 펀드와 경영 현황 등을 파악할 때 종종 여러 개의 숫자를 확인할 수 있다. '캐피탈 운영 자금Capital under Management'은 캐피탈 사가 공모하여 운영 중에 있는 총 자금 현황을 말하지만, 종종 I, II, III 등으로 표기된 세부 펀드 유형으로 나눠 운영되기도 한다. 캐피탈 총 운영 자금 중 일부는 이미 투자되어 운영 중에 있으므로, 현재 운영 중인 자금 규모와 그중 투자된 규모가 얼마인지를 확인하는 것이 더 중요하다. 이렇게 현재 운영 중인 자금과 투자 규모에 관한 정확한 내역은 오직 벤처 캐피탈사 파트너와의 대화를 통해서만 알 수 있는 정보이다. 마지막이자 가장 중요한 벤처 캐피탈과 연관된 숫자는 전형적인 '투자 규모investment size'로, '바이트 사이즈bite size' 또는 '청크 사이즈chunk size'라고 한다. 이 숫자는 현장 실무에서 혼돈이 있을 수 있는데, 벤처 캐피탈이 기업에 대한 초기 투자 금액을 의미할 수도 있지만 때로는 수차례에 걸쳐 투자된 총금액을 지칭하기 때문이다.

　벤처 캐피탈들은 주로 합자 펀드 공모를 통해 유한 책임 파트너LP, Limited Partner
와 함께 제휴하여 스타트업이 필요로 하는 성장 자금에 지분 투자하는 비즈니
스 모델을 가지고 있다. 벤처 캐피탈은 이러한 유한 책임 투자 파트너들과 함께
경험을 바탕으로 성공 가능성이 있는 유망 기업을 선정하고 투자 인센티브 확
보를 위한 투자를 진행한다. 벤처 캐피탈의 유한 책임 파트너는 연기금 투자자
와 기업 펀드 투자자, 그리고 개인 투자자에 이르기까지 다양한 형태로 존재한
다. 벤처 캐피탈이 스타트업에 지분 투자하는 투자 펀드는 주로 이러한 유한 책
임 파트너들의 자금이 혼합된 합자 펀드 형태로 되어 있다. 유한 책임 파트너들
이 모여 형성된 합자 투자 펀드는 파트너의 기금 운영 목적에 따라 별도의 특성
을 가지고 있다. 예를 들어 생명과학 분야에 투자하는 전문 펀드라거나, 또는
스타트업 성장 단계의 후기 시점에 투자하는 펀드 등과 같이 통상적으로 해당
펀드의 운영 성격에 따라 구분된다.

벤처 캐피탈 펀드의 투자 심의와 결정

벤처 캐피탈은 여러 차례 투자 기회를 탐색하여 심사숙고하고, 심의와 실사 과
정을 거쳐 투자를 진행한다. 해당 스타트업에 몇 차례의 투자가 이루어진 후,
스타트업에서 진행하는 출구전략으로서의 유동성 이벤트liquidity event, 즉 '기업
공개(IPO)' 또는 '기업 인수acquisition' 시점에 벤처 캐피탈은 자사 보유 지분 매각
을 통한 현금 회수가 가능해진다. 이렇게 지분 매각으로 확보한 현금은 파트너
들에게 배분된다. 순조롭게 투자가 진행되었다면 벤처 캐피탈은 최초 투자 금
액에 비해 상당히 큰 액수의 자금을 회수하게 되며, 투자 자금에 지분을 가지고
있는 합자펀드의 유한 책임 파트너(LP)들의 투자 수익률도 커진다. 정리하면
벤처 캐피탈과 파트너들은 다음 두 가지 방법으로 수익을 창출한다. 첫째, 이들
은 투자한 펀드의 운영 수수료를 투자 기업으로부터 받는다. 이는 펀드 규모 대
비 약 2% 정도에 해당되는 금액으로 주로 인건비와 간접비로 사용한다. 둘째,

앞서 설명한 바와 같이 지분 투자한 스타트업이 유동성을 확보하게 되면 지분 매각을 통한 출구전략을 통해 수익을 창출한다.

벤처 캐피탈(VC)들의 펀드 운영은 해당 펀드의 존속 기한 내 여러 기업을 대상으로 수차례에 걸쳐 분산 투자하는 것이 일반적 관행이다. 일반적인 예를 들면, 5억 달러 규모의 펀드는 약 열다섯 내지 스무 개 정도의 스타트업에 기업당 약 2,500만~3,000만 달러의 지분 투자를 한다. 상대적으로 펀드 규모가 작은 1억 달러 펀드가 동일한 수의 스타트업 기업에 투자된다면 기업당 약 500만 ~700만 달러 정도의 지분 투자를 할 수 있게 된다.[18]

경우에 따라 초기 사업화 자금으로 약 50만 달러 정도를 투자한 후 점차적으로 투자 금액을 늘리기도 한다. 만일 스타트업이 VC 투자 유치 과정에 소요되는 기간이 꽤 걸리고 면밀한 기업 실사가 진행 중에 있다면 투자 규모는 당초 예상한 자금 규모와 비슷한 수준에 육박하게 될 가능성이 크다. 실제 5억 달러 정도의 대형 펀드를 운영하는 VC 투자자들은 일회성 투자를 거의 하지 않으며, 일반적으로 스타트업의 초기 자금seed fund 10만 달러 정도를 투자하고 나서 스타트업의 성장 단계에 500만 달러 정도의 자금을 수차례 나누어 투자를 진행한다.

벤처 캐피탈도 여타 기업들과 마찬가지로 내부적으로 계층적 조직 구조를 가진다. 최상부에는 '파트너partner', '제너럴 파트너general partner' 또는 '상무이사managing director' 직함을 갖는 임원들이 있어서 이들이 회사 경영을 한다. 이들은 투자 기회를 포착하고 다른 파트너들과의 협의를 통해 투자를 결정하고 투자한 스타트업의 이사회 임원으로 활동하기도 하며, 아울러 투자 자금 회수 업무를 맡는다. 이들의 업무를 하부에서 지원하고 돕는 인력들은 '벤처 파트너venture partner'라고 하는데, 주로 스타트업 투자 업계에서 '파트너'로서의 경험이 아직 부

---

18 특정 스타트업에 수차례에 걸쳐 투자함으로써 투자 자금을 고갈시킬 수 있으며 문제 상황을 유발할 수 있다. 한정된 펀드 규모를 기준으로 투자 대상 기업의 수를 적게 하면 투자 실패 시 손실을 만회하기 어려울 수 있으며, 그만큼 투자 성공 확률이 감소하는 결과를 초래한다. 하지만 이러한 리스크를 감소하기 위해 보다 많은 스타트업에 투자하면 각각의 투자 규모가 크지 않아 스타트업 성공에 충분하지 않을 수도 있다. 따라서 벤처 캐피탈의 일반적 투자 방식은 15~20개 정도의 스타트업으로 제한하여 투자한다.

족하거나 특정 산업 분야의 경륜을 갖춘 인력이다. 이들은 '파트너'의 책임 아래 투자 프로젝트 업무를 함께 공유하고 스타트업 투자 관련 정보를 제공하며, 파트너의 의사결정에 있어 중요한 역할을 담당한다. '팀장principal' 또는 '대리associate' 급 직무자들은 '파트너' 업무를 보좌하여 유관 자료를 검토하고, 아울러 투자심의자문위원회를 구성하여 투자 실무를 진행하는 인력이다. 한편 투자 심의를 위한 자문위원회는 스타트업의 과학기술자문위원회(SAB)와 유사하게 구성되어 운영되는데, 주로 과학기술 분야 또는 유관 신산업 분야의 전문가들이 향후 투자하고자 하는 대상 기술을 심의 검토하는 자문 기구이다.

벤처 캐피탈 펀드의 유형

벤처 캐피탈의 펀드들은 다양한 형태로 시장에 존재한다. 산업 분야별, 해당 지역별 또는 투자 자금 규모 등에 의해 여러 형태로 특화된 벤처 캐피탈이 있다. 벤처 캐피탈의 다양한 특징들은 주로 벤처 캐피탈사의 경영진인 '제너럴 파트너' 또는 '유한 책임 파트너'의 출신 배경이나 경력 또는 투자 자금 회수 방식 등에 의해 결정된다. 벤처 캐피탈에서 일반적으로 운영하고 있는 여러 형태의 펀드에 관해 살펴보자.

전통 벤처 캐피탈 펀드traditional venture capital fund: 벤처 캐피탈의 유형은 시대의 흐름에 따라 수시로 변화하기 때문에 전통적 벤처 캐피탈의 형태로서 정의하기는 쉽지 않다. 그럼에도 불구하고 전통 벤처 캐피탈이 가지고 있는 전형적인 몇 가지 특징이 있다. 먼저 벤처 캐피탈을 구성하는 투자 자금은 주관 캐피탈 회사 이외에 외부 투자자들인 유한 책임 파트너들이 참여하여 복합적인 투자 자금을 구성한다. 즉 외부 투자 파트너로서 유한 책임 파트너들이 스타트업 펀드 구성에 참여한다. 유한 책임 파트너에는 투자 포트폴리오를 다양하게 구성하고자 하는 벤처 캐피탈의 제너럴 파트너에서부터 자금력 있는 개인, 그리고 연기금 펀드와 같은 특별 펀드들이 있으며, 이들 유한 책임 파트너들이 공동 참여하는 것은 전통 벤처 펀드의 가장 큰 특징이라 할 수 있다. 또 다른 특징으로 전통적인 벤처 펀드는 자신이 거주하고 있는 해당 지역 또는 인근 지역에 있는 스타트업에 주로 투자한다. 대다수의 벤처 캐피탈(VC)들이 클러스터를 형성하고 있는 보스턴 또는 실리콘 밸리는 스타트업의 요람이라고도 볼 수 있다.

통상적으로 벤처 캐피탈이 자신이 위치하고 있는 지역을 기반으로 투자를 진행하는 이유는 1) 벤처 캐피탈사의 경영팀, 컨설턴트 그리고 어드바이저 등 전문 인력이 지역에서 거주하고 가까이 위치한 투자 기업과 함께 일하기를 희망하고, 2) 벤처 캐피탈사의 파트너들도 투자 회사 방문 편리성과 더불어 인접 관리가 용이하기 때문이다. 이러한 이유로 벤처 캐피탈은 자신이 위치한 지역에서 멀리 떨어져 있는 스타트업에 투자하는 경우에는, 해당 스타트업이 위치한 지역의 다른 벤처 캐피탈과 연합하여 유한 책임 파트너로서 공동 투자한다.

전통 캐피탈 펀드를 운영하는 일부 VC들은 산업 분야 전 영역에 걸쳐 투자하는 경우도 있지만, 특정 산업 분야(예를 들어, IT, 의료 건강, 환경산업 등)에만 전문성을 가지고 투자하는 VC들이 있다. 이들은 투자하고자 하는 특화된 산업 분야 외에도 투자 시점을 전략적으로 선택하기도 한다. 즉, 초기 단계 투자와 후기 단계 투자로 구분하거나 또는 제품 개발 및 사업화 마일스톤을 설정하여 투자 전략을 부각시키기도 한다.

마지막으로 전통 VC들은 자신들이 관리하는 스타트업 투자 기업들과 함께 일을 할 때, 서로 다른 접근 방법을 가진다. 일부 VC들은 투자 기업의 이사회 임원으로 참석하기도 하고 일부 VC들은 투자 스타트업의 경영팀 실무자로 참여하여 경영 인력의 채용을 주도하기도 한다. 여기서 투자 유치를 희망하는 스타트업이 명심하고 기억해야 할 중요한 사항은 다음과 같다. 전통적인 벤처 캐피탈은 앞서 살펴본 바와 같이 스타트업 투자에 대한 다양한 비즈니스 모델을 가지므로 자신에게 적합한 투자 모델을 확인하고 유치하는 전략을 가지고 있어야 한다. 그렇지 않으면 벤처 캐피탈이 요구하는 업무에 피동적으로 많은 시간을 소모하게 되고 결국에는 투자도 받지 못하는 결과를 초래할 수 있기 때문이다.

대기업 벤처 캐피탈 펀드corporative venture capital funds: 자금력을 갖춘 기업들은 출자를 통해 벤처 캐피탈 펀드를 조성하고 이를 전략적으로 운영한다. 이러한 출자 모기업들은 캐피탈 펀드의 전략 투자를 통해 신생 스타트업의 혁신 제품을 초기 단계에 접근하여 투자 수익과 함께 시장 지배력을 강화하고자 한다. 전통의 VC 펀드들이 다양한 유한 책임 파트너와 함께 캐피탈 펀드를 구성하여 기업에 투자하는 방식과 달리, 대기업 펀드는 단 하나의 유한 책임 파트너만이 존재하는데, 이는 기업 벤처 캐피탈 펀드의 출자 모기업이 된다. 대기업 펀드의 특징은 모기업의 미션에 부합하는 산업 분야의 신생 기업에 투자하며 국내 기업뿐 아니라 전 세계를 대상으로 투자하는 경향이 있다.

대기업 펀드도 전통 VC와 마찬가지로 투자를 통한 자금 회수를 예상하겠지만 기대수익은 모기업의 기술 개발과 제품 개발을 통한 시장 지배력 강화라는 전략적 목표에 의해 조정된다. 어떤 대기업 펀드 캐피탈의 관계자에 의하면 "우리는 전략 투자를 통해 자금의 회수도 기대하지만 무엇보다 중요한 것은 투자를 통한 모기업의 이윤 창출에 있다"라고 대기업 펀드 투자의 전략적 목표에 관한 중요성을 강조했다. 대기업 운영 펀드 중에서도 일부는 모기업 경영 방침과 무관하게 투자 결정과 현금 회수를 위한 독립적인 펀드를 운영한다. 이러한 펀드들은 전통 VC 펀드와 마찬가지로 단독 투자는 물론 유한 책임 파트너 방식을 통해 공동 투자를 하기도 한다.

전통 VC와 함께 투자하는 대기업 펀드에 관한 효과 확인을 위해 진행한 의료생명 분야 투자그룹 브릴Burrill사의 연구 조사는 다음의 결과를 확인하였다. 약 2,900개 이상의 의료분야 창업 스타트업에 대한 2000년에서 2011년까지의 조사 결과에 의하면, 약 10%인 286개 기업이 대기업 펀드가 포함된 합자 투자 형태로 벤처 캐피탈 투자를 받았다.[19] 대기업 펀드가 포함된 합자 투자 형태로 투자

---

19 Burrill Report, June 2012, http://www .burrillreport .com/content/BR June 2012 .pdf (accessed 14 July 2015).

받은 스타트업은 전통적 벤처 캐피탈 펀드에 의해 VC들이 투자한 스타트업보다 상대적으로 성공 확률이 높다는 사실을 확인하였다.

조사 분석 자료에 의하면 대기업 펀드 합자 투자를 받은 스타트업들 중 약 48%는 외부 수요자와 파트너십 구축과 함께 협력 체계를 갖추었으며, 반면에 합자 투자를 받지 않은 스타트업들은 약 30%만이 구매자와의 협력 체계를 구축하였다. 또한 대기업 펀드 합자 투자를 받은 스타트업의 24%가 추가 투자를 받았지만, 대기업 펀드 합자 투자를 받지 않은 스타트업은 14%만 추가 투자를 받았다. 흥미로운 사실은 추가 투자를 받은 스타트업을 분석한 자료에 의하면 단 9%만 대기업 펀드를 통해 추가 투자를 확보한 것으로 나타났다.

결론적으로 대기업 펀드의 투자를 받은 스타트업의 약 12%가 기업공개에 이르는 반면에 대기업 펀드 투자를 받지 않은 스타트업의 경우는 약 8%가 기업공개에 이르는 것으로 분석되었다.

공익 벤처 캐피탈 펀드philanthropic venture capital funds: 공익재단이 출자를 통해 또 다른 형태의 벤처 캐피탈 펀드를 조성하여 공익적 목적으로 운영하는 펀드를 말한다. 공익재단의 벤처 펀드는 펀드 운영에 있어서 재단의 미션에 부합하도록 전략적 투자를 한다는 점에서 기업이 운영하는 벤처 펀드와 유사하다고 볼 수 있다. 비록 다른 벤처 펀드에 비해 일반적이지 않지만, 특히 생명의료 분야에 연관된 공익재단들이 점점 더 만들어지고 있으며, 이들 재단들은 질병 치료를 목적으로 시장에 제품을 출시하는 스타트업에 투자하고 있다. 최근의 한 예로 시스틱 파이브로시스Cystic Fibrosis 재단은 7,500만 달러를 버텍스Vertex 사에 투자하여 낭포성 섬유증 치료제인 **Kakydeco**를 출시했다.[20] 이러한 사례가 고무적이기는 하지만 공익재단이 초기 단계 스타트업에 얼마나 많은 리스크를 감수하고 투자를 지속할 것인지에 관해서는 의문의 여지가 있다.

---

20 "Ivacaftor," Cystic Fibrosis Foundation website, http://www .cff .org/treatments/therapies/ kalydeco/ (accessed 23 July 2014).

대학 벤처 펀드university venture fund: 앞서 설명한 바와 같이 대학은 출자를 통해 펀드를 조성하고 주로 창업 초기 단계에 겪게 되는 '펀딩 간극funding gap'의 해소를 위해 스타트업에 투자하며 이를 통해 스타트업의 생존 가능성을 높이고 있다. 많은 대학에서는 캠퍼스 자체 스타트업의 육성을 위해 연구 과제 자금 지원과는 별도로 공식적으로 지분 투자를 위한 펀드를 운영한다. 대학 투자자문위원회는 투자 예정 스타트업으로부터 약 7~10년 이후 대학 투자 자금의 현금 회수 가능성과 투자 거래 조건 등에 관해 심의한다. 아주 좋은 예로 헬스케어 분야에 투자하는 '파트너 이노베이션 펀드'가 있다. 이 펀드는 하버드 의대 메사추세츠병원Mass General Hospital과 브리검 여성병원Brigham and Women's Hospital의 연구실에서 창업한 스타트업에게만 지분을 투자하는 대학 벤처 펀드이다. 대학 벤처 펀드와 전통 벤처 캐피탈 펀드와의 가장 중요한 차이점은 투자 회수에 대한 기대치이다. 대학 벤처 펀드는 통상적인 VC 펀드에 비해 높은 위험을 감수하고 투자 회수 기대치가 저조하더라도 캠퍼스 스타트업의 육성을 위해 투자한다. 대학 벤처 펀드들은 주로 '에버그린evergreen' 방식으로 운영되는데, 이는 펀드가 수익을 창출하더라도 대학의 수익금으로 지출하지 않고 펀드 기금으로 적립하는 방식이다. 대학은 '에버그린' 방식 펀드 운영을 통해 대학 벤처 펀드가 계속 유지될 수 있도록 하여 캠퍼스 스타트업의 육성과 투자를 지속하게 한다.

어떤 유형이든 상관없이 캐피탈 펀드는 다수의 자금원으로 구성된다. 또한 벤처 캐피탈 회사의 인력 구성도 경험 많은 투자자와 기업가 출신, 해당 산업 분야 전문가, 유관 분야 과학 기술자 등 다양하게 구성된다. 벤처 캐피탈을 구성하는 전문 인력들은 참신한 아이디어와 혁신 제품의 사업화를 통해 수익을 창출하는 스타트업으로 육성하는 데 있어서 경험이 많은 자원들이다. 더불어 스타트업의 성공에 많은 도움을 줄 수 있는 인적 네트워크를 가지고 있다. 이들의 축적된 경험과 인적 네트워크는 스타트업 입장에서는 투자 자금 이상으로 소중할 수 있다.

벤처 캐피탈들은 냉혹하고 무자비한 것으로 악명이 높다. VC들의 이러한 평판은 만일 투자받은 스타트업이 사전 계획에 의한 중대한 성과 목표를 달성하지 못하는 경우, 예컨대 CEO를 해임하는 등 가차 없이 특단의 실질적 조치를 내리기 때문이다. 또한 스타트업 창업주나 경영진이 전혀 투자 회수를 예상하지 않는 시점임에도 불구하고 그들의 판단에 의해 자금을 회수하기도 하는데, 이러한 방식도 이런 평판의 한 원인이라 할 수 있다. 왜냐하면 스타트업의 입장에서는 미래 시점에서 기업 인수 또는 기업공개를 위해 지속적으로 현재 기업 가치를 창출할 수 있는 옵션을 취할 수 있기 때문이다. 이와는 별개로 장기적으로 기다리면 자금 회수 금액은 증대하겠지만 벤처 캐피탈이 다른 유형의 투자를 위해 현재 투자한 자금을 회수하고자 하는 경우도 있다. 이러한 단기적인 투자 자금 회수는 스타트업의 창업주 또는 경영진에게 바람직하지 않다.

한편, 벤처 캐피탈 산업은 지난 수십 년 동안 몇 차례의 경기 사이클을 거치면서 급격한 변화를 경험하였다. 지난 2000년 무렵에 닷컴.com 기업의 넘쳐난 증가세와 이로 인한 스타트업 거품은 벤처 캐피탈 산업을 고도로 성장시킨 이후 급격히 축소되었다. 이로 인해 많은 벤처 캐피탈과 유한 책임 파트너들이 시장에서 사라졌는데, 표 2.6의 통계 현황은 이를 잘 보여주고 있다.

표 2.6_ 벤처 캐피탈 현황, 출처: 미국 벤처캐피탈협회

	1993년	2003년	2013년
벤처 캐피탈 회사 숫자	370	951	874
벤처 캐피탈 펀드 숫자	613	1,788	1,331
벤처 캐피탈 업계 전문가 숫자	5,217	14,777	5,891
연간 투자한 벤처 캐피탈 숫자	93	160	187
연간 투자된 펀드 규모(10억 달러)	4.5	9.1	16.8
평균 단위 벤처 캐피탈당 펀드 규모(백만 달러)	79.2	277.5	220.7
평균 벤처 캐피탈 펀드 투자 규모(백만 달러)	40.2	94.4	110.3

거시 경제 사이클과 스타트업 투자는 어떠한 상관관계에 있는가? 불경기에 스타트업들은 수익성 악화로 인해 기업공개를 하지 않으려 한다. 이는 벤처 캐피탈들의 현금 유동성 확보를 어렵게 하는데, 이러한 상황에 이르면 벤처 캐피탈의 기업 투자가 유보된다. 또한 경기 하락은 벤처 캐피탈의 입장에서 아주 고난의 시기일 수밖에 없다. 유한 책임 파트너들이 리스크 부담에 보수적이며 또한 자산 가치의 하락에 따라 투자하지 않기 때문이다.

지분, 가치 평가 및 지분 희석

고부가가치 스타트업으로 성장하기 위해서는 경영 인력과 운영 자금 모두 필요하다. 초기 스타트업의 경우 아직 가치가 미미하므로 혁신 기술과 성장 가능성을 바탕으로 인력과 자금을 끌어모아야 한다. 혁신 제품, 새로운 시장 기회, 현명한 경영진과 열정적 인력들에 더불어 캐피탈 투자 자금이라는, 기업을 달리게 하는 연료가 전격적으로 투입될 때 스타트업은 큰 가치를 창출할 수 있다. 경영진과 투자자는 스타트업이 성장하여 회사의 시장 가치가 증가하면 보유 지분의 매각을 통해 금전적 보상을 받을 수 있기 때문에 시간과 자금을 투자한다. 스타트업이 성장하여 기업공개와 더불어 보유 주식이 거래 시장에 상장되면 주주들은 자신의 보유 주식 매각을 통해 성장된 가치만큼의 자금을 회수할 수 있다.

스타트업 창업주와 경영진들은 스타트업 성장 과정에서 각각 다른 시기에 주식 지분을 확보하게 된다. 창업주는 창업 관련 현재 가치 및 성장에 따른 미래 가치가 반영된 주식 지분을 창업 시점에 확보한다. 스타트업 경영진도 기업 가치 성장에 기여할 대가로 주식 지분을 입사 시점에 배당받아 회사에 합류한다. 투자자는 투자 자금의 대가로서 투자 시점에 스타트업의 지분을 배당받는다.[21]

---

21 스타트업 지분의 가치는 여러 가지가 있을 수 있다. 종종 스타트업의 지분은 보상금의 차원을 의미하기도 한다. 현재까지 투자한 시간과 노력에 대한 대가로서 개인에게 고려될 수 있다. 또한 향후 회사의 미래 가치를

스타트업 투자자는 개인 투자자로서 엔젤 투자자, 그룹으로서 엔젤 그룹, 또는 벤처 캐피탈 회사일 수 있다. 투자자들의 연합체인 신디케이터 Syndicator일 수도 있다. 연합투자 회사인 신디케이터의 경우에도 스타트업 경영진을 상대로 투자를 협상하고 기업 평가를 통해 투자를 이끌어가는 '리더 투자자'가 있으며, 그를 통해 캐피탈 자금 투자에 따른 지분 배당 협상도 함께 진행한다.[22]

통상적으로 스타트업에 대한 펀딩은(예컨대, 초기 시드 seed 투자 이후 시리즈 A, B, C, D 등과 같이) 일련의 순서로 이루어지는데, 이상적으로는 각 단계에서의 기업 가치가 이전 단계에서의 기업 가치를 대체로 상회하는 수준에서 이루어지지만 현실적으로 기업 가치의 증식이 기대에 못 미치는 경우가 많다.

투자자의 지분율은 투자 시점에서의 기업 가치를 기준으로 투자 자금에 비례하여 안분 결정되며 투자자는 지분 확보율에 의해 주당 가액이 명기된 발행 주식을 보유하게 된다. 투자자가 확보하는 보유 주식으로서의 기업 지분은 투자 시점에서의 기업 가치를 반영하여 산정하게 된다. 투자자는 향후 스타트업이 성장하면 보유 주식 지분을 매각 또는 양도함으로써 투자 자금을 회수한다. 벤처 캐피탈은 종종 순차적인 펀딩 단계에서 투자 규모를 축소하거나 보류하기도 한다. 스타트업이 협상을 통해 설정한 일련의 사업 목표를 도달하지 못한 경우 투자자는 이를 충족한 이후 투자하고자 하기 때문이다.

펀딩을 받는 시점에 스타트업은 투자자에게 그 대가로 추가의 신규 주식을 발행하여 양도하게 되는데, 이 경우 해당 시점에서 타 주주들이 보유하고 있는 소유 지분이 희석된다. 지분 희석이 이루어지는 경우는 일반적으로 회사의 가

더욱 향상시킬 수 있도록 동기부여하는 인센티브로도 가치를 발휘할 수 있다. 일반적으로는 두 가지 모두 포함된 가치를 의미한다.

22 벤처 캐피탈로부터 투자를 유치하고자 하는 스타트업이 겪게 되는 고초 중 하나가 투자를 이끌어가는 '리더 투자자'를 찾기 어렵다는 점이다. 실상 많은 벤처 캐피탈 회사들이 투자 기회가 좋다는 말은 하지만 본인들이 직접 해당 스타트업에 대한 투자는 꺼려한다는 점이다. 대부분의 VC 투자자는 스타트업의 투자 검토 이후 "좋은 기회라 생각하지만 이번 투자를 이끌 수 있는 자원이 없다"라든지 "투자 기회가 좋으나 다른 투자자들이 거래를 진행하면 함께 하겠다"라는 의사를 표시한다.

치가 상승한 시점이므로 상승된 회사의 가치만큼 주당 가치가 상승하게 되므로 희석 지분의 주주들은 실질적으로는 손해를 입지 않는다.

사례로 본 지분 희석의 실제와 의의

'벨로스티 시스템'이라는 회사는 '스미스'와 '존' 교수가 공동 창업한 캠퍼스 스타트업이다. 창업주들은 캠퍼스 기술 창업 시점에서 주식 3백만 주를 발행하였으며, 이들 창업주의 지분은 창업 기술의 연구 개발 기여도를 근거로 각각 60:40으로 배분하였다. 창업주는 스타트업 로드쇼를 통해 4년 이상 근무하는 조건으로 CEO를 채용하고 그 대가로 주식 1백만 주를 발행하여 지급하였다. 채용된 CEO는 대학 소유 기술을 라이선싱 받고 대학에 그 대가로 50만 주의 주식 발행을 결정하였다. 스타트업 임직원인 CFO, 부사장 등에게도 인센티브로 스톡옵

표 2.7_ '벨로스티 시스템' 소유 지분의 희석 과정에 관한 시나리오

이벤트	소유 지분
스타트업 설립 • 스미스 교수 180만 주 • 존 교수 120만 주	스미스 교수: 60%, 존 교수: 40%
CEO 고용 • CEO 1백만 주	스미스 교수: 45%, 존 교수: 30%, CEO: 25%
대학과의 라이선싱 체결 • 대학 50만 주	스미스 교수: 40%, 존 교수: 27%, CEO: 22%, 대학: 11%
시드 투자 및 종업원 지분 • 시드 투자자 1,833,330주 • 종업원 1백만 주	스미스 교수: 24%, 존 교수: 16%, CEO: 14%, 대학: 7%, 스톡옵션: 14%, 시드 투자자: 22%
시리즈 A 투자 • 시리즈 A 투자자 3,666,667주	스미스 교수: 16%, 존 교수: 11%, CEO: 9%, 대학: 5%, 스톡옵션: 9%, 시드 투자자: 17%, 시리즈 A 투자자: 33%
시리즈 B 투자 • 시리즈 B 투자자 5,500,000주	스미스 교수: 11%, 존 교수: 7%, CEO: 6%, 대학: 3%, 스톡옵션: 6%, 시드 투자자: 11%, 시리즈 A 투자자: 22% 시리즈 B 투자자: 34%

션stock option 1백만 주를 발행하였다. 이후 벤처 캐피탈 투자자의 초기 사업화 시드seed 자금 유치 시점에 약 180만 주의 주식을 발행하였고, 경영 실적이 지속적으로 호전되면서 투자 시리즈 A 및 B 단계의 펀딩을 연속적으로 받았다.

표 2.7은 캠퍼스 스타트업이 일련의 펀딩을 통한 성장 과정에서 소유 지분이 어떻게 희석되는지 보여준다. 소유 지분의 희석은 간단한 수식을 통해 쉽게 파악할 수 있다. 소유 지분의 희석 과정에서 무엇보다 중요한 사실은 지분 희석 시점에서의 미래의 기업 가치 산정이다. 주식 발행 시 투자된 대금에 기초하여 주식 가액을 산정하는 것은 간단한 일이지만 해당 주식이 회사에 투자된 이후 미래의 기업 가치를 평가 추정하는 일은 아주 어려운 일이다.

예컨대, CEO 영입을 통해 실제로 4년 후에 회사의 가치가 25% 증가할 수 있는가? 대학에 라이선싱 대가로 회사 지분 11%를 지급할 가치가 있는가? 현재의 주주들이 150만 달러의 펀드 유입을 위해 지분의 1/3을 포기할 수 있는가? 대부분의 창업주와 경영진은 지분 희석을 통한 투자 자금 유치에 긍정적이지만, 일부 주주는 자신 소유 지분의 희석에 반대하거나 경계하며 지분을 확고히 지키고자 노력하기도 한다.

스타트업의 성장 과정에서 지분 희석은 필요악 같은 존재라 할 수 있다. 소유 지분의 희석 없는 스타트업의 성장은 이론상 가능하지만 현실적으로는 제품을 개발하고 출시까지 많은 자금이 필요하므로 거의 불가능하다고 할 수 있다. 기존 주주들이 가지는 지분 희석에 관한 부정적 경계심은 다음 두 가지 사유에 근거한다. 첫째, 이들은 지분이 희석되면 단기적 관점에서는 기업 경영에 대한 통제권을 상실하게 된다고 생각한다. 둘째, 지분이 희석되면 장기적인 관점에서 지분 매각 또는 이익 배당을 통한 금전적 보상이 감소한다고 생각하기 때문이다. 단기 관점에서의 기업 경영 통제권 상실은 일반적으로 잘못된 생각으로 판명된다. 대부분의 지분 희석이 이루어진 스타트업에서도 실제로 창업주와 기업 경영인으로서의 역할은 지속되어 이들이 채용한 임직원들과 함께 책임 경영을 하며, 투자한 VC의 전문 인력 또한 회사의 자문 역할을 통해 기업 성장에 도움을 준다. 두 번째 이유인 장기 관점에서의 지분 희석을 통한 금전적 보상의 감소는 보다 현실적인 우려일 수 있다. 하지만 장기적으로 금전적 보상이 감소한다고 예견하기에는 무리가 있다. 예컨대 지분 희석을 통해 쪼개지는 피자 조각의 비율은 작아지지만 파이(기업 가치)가 상대적으로 커지기 때문이다. 구체적인 사례를 통한 상세 내용은 4장에서 살펴보기로 한다.

스타트업의 기업 가치와 투자 라운드

일반적으로 기업 가치란 해당 기업이 속해 있는 산업 특성에 따라 달라지며 시장에서의 유사 기업의 사례 또는 향후 기업이 미래에 창출할 것으로 기대하는 현금 가치에 근거하여 추정한다. 예컨대 서비스 기업의 경우 연간 매출액의 약 2/3 정도로 해당 기업의 가치를 어림 추정할 수 있다. 하지만 스타트업의 경우 아직 매출이 발생하지 않기 때문에 기업 가치 산정은 매우 어려운 일이다. 기업 가치 평가를 위한 미래의 예상 매출에 관한 추정은 마치 공상 과학 소설을 쓰는 것 같이 상당한 허구성을 내포하며, 또한 스타트업의 성장 과정에 예상치 못한 리스크들이 존재하므로 이를 추정하는 것은 매우 어려운 일이다. 그러므로 대부분의 투자자들은 시작 시점에서 그들 나름의 셈법에 의해 설정한 스타트업의 가치와 상대적으로 비교하면서 펀딩을 위한 투자 협상을 개시하는 것이 일반적인 관례이다.

예를 들어 벤처 캐피탈이 IT 업종 스타트업에 투자하는 경우 어림셈법으로 3백만 달러 기업 가치를 기준으로 투자 라운드를 시작한다. 스타트업의 창업주/경영진과 벤처 캐피탈 투자자 사이에는 이러한 기업 가치 산정을 두고 팽팽한 신경전이 벌어진다. 스타트업 창업주/경영진의 입장에서는 기업 가치를 보다 높게 평가하는데, 투자에 따른 지분 희석이 상대적으로 적게 발생하기 때문이다. 하지만 투자자 입장에서는 적은 투자로 많은 지분의 확보를 희망하기 때문에 상대적으로 기업 가치를 저평가하고자 한다.

표 2.8은 '벨로스터 시스템'의 사례로 단계별 자금 투자를 통해 기업 가치가

표 2.8_ 투자 라운드에 따른 '벨로스티 시스템'의 기업 가치 변화

이벤트	사전 가치	투자 금액	주당 가액	발행 주식	사후 가치
설립	–	$3,000	$0.001	3,000,000	–
CEO 고용	–	$1,000	$0.001	1,000,000	–
라이선스 계약	–		–	500,000	–
옵션 풀	–		–	1,000,000	–
시드 라운드	$1.5(백만)	$5(십만)	$ 0.27	1,833,333	$2(백만)
시리즈 A	$3(백만)	$1.5(백만)	$ 0.41	3,666,667	$4.5(백만)
시리즈 B	$6(백만)	$3(백만)	$ 0.55	5,500,000	$9(백만)
시리즈 C	$15(백만)	$5(백만)	$ 0.91	5,500,000	$20(백만)

어떻게 변화되었는지를 보여준다. '투자 전 기업가치pre-money valuation'는 벤처 캐피탈이 투자하기 이전에 실사 과정을 통해 기업의 가치를 산정한 금액이며, '투자 후 기업가치post-money valuation'는 투자 이전의 기업 가치에 투자자가 회사에 투자한 금액을 산술적으로 합산한 금액이다.

캠퍼스 스타트업의 통상적인 성장 과정에 있어서 회사 지분의 변동과 함께 자금 투자가 발생하게 되는 주요 시점을 살펴보면 다음과 같다.

스타트업 설립: 회사 설립을 위해 창업주들이 주식을 발행하고 납부한 주식 지분에 해당하는 자금이 설립 자본금이 된다. 스타트업 설립을 위한 주식 발행 '액면가액par value'은 임의로 결정할 수 있으며 창업주가 주식 대금을 납부하였다는 표시가 된다. 하지만 창업 시점에서의 주식의 가치, 즉 기업 가치는 거의 없다고 볼 수 있다. 설립자 주주들이 회사에 주금으로 납입한 설립 자본금의 사용처는 회사 환경에 따라 아주 다양하며 주로 법인 설립을 위한 초기 비용과 특허 출원 비용 등으로 활용된다.

CEO 채용: 캠퍼스 스타트업의 CEO는 또 다른 설립자 자격으로 주식 지분을 취득하고 회사에 고용된다. 창업자들이 CEO에게 회사의 설립자 자격으로 주식을 취득하게 하는 것은 스타트업의 가치 증대를 위해 오랫동안 함께 일을 하도록 인센티브를 지급하는 것과도 같다. 일반적으로 CEO는 4년 이상의 근무 조건으로 고용하는데 주식 지분 전부를 일시에 취득하게 하지 않고, 주식의 1/4을 1년 근무가 종료되는 시점에 취득하고 나머지 1/36의 지분은 남은 3년의 기간 동안 매달 말일에 취득하는 것으로 계약한다.[23] 회사 설립 초기 CEO의 지분 취득의 인센티브는 세금 혜택이라는 인센티브도 함께 수반된다. 스타트업 설립 초기의 주식 대금은 그다지 큰 액수가 아니어서 세금도 적지만 시간이 흘러 기업이 성장한 이후 인센티브로 받는 주식 배당 또는 스톡옵션의 취득 가액과 세금은 상대적으로 많다.

라이선스 및 옵션 풀: 라이선스 및 옵션 풀option pool[24]은 스타트업에 대한 자금 투자가 이루어지지 않은 채 주식을 발행하여 지분을 공유하는 경우이다. 대학은 스타트업과 라이선싱 계약에 근거하여 기업의 지분을 확보한다. 옵션 풀은 기업에서 인재 영입과 종업원들에 대한 인센티브인 스톡옵션을 발행하기 위한 주식 지분이다. 옵션 풀은 통상적으로 투자 이전 단계의 주식 가액을 행사 가격strike price으로 하여 회사 종업원에 공급하는 스톡옵션으로 기업공개 또는 주식

---

23 CEO가 주식 지분을 취득하는 베스팅 스케줄(Vesting Schedule)은 4년이 일반적인 관례이다. 어떤 창업주는 이를 2년 또는 3년 기한으로 줄이기도 한다. 한편 어떤 경우는 기한으로 정하지 않고 목표 달성, 즉 마일스톤 (사업 계획서 완료 시점, 자금 투자 종결 시점, 시제품 제작 완성 시점)을 기반으로 주식 지분을 취득하기도 한다. 하지만 특정 마일스톤이 비록 달성되었다 하더라도 실제로 현실 상황에서 이루어졌는지 또는 문서상으로 달성되었는지 판별하기에는 애로점이 있으며, 또한 기대하지 않은 마일스톤(예를 들어 VC 투자자 확보 대신으로 기업 파트너를 확보)을 달성할 수 있을 것이며 마일스톤이 달성되더라도 장기 관점에서 회사에는 도움이 되지 않을 수 있기 때문에 유의해야 할 부분이다.

24 옵션 풀(option pool)과 통상적으로 사용하는 스톡옵션(stock option)에는 일부 다른 점이 있음으로 유의해야 한다. 옵션 풀은 투자자 펀딩 이전에 투자 대상 기업의 투자 전 기업가치(프리머니)에 포함되므로 스톡옵션을 시행하더라도 투자자들의 지분 희석과는 무관하지만, 이러한 옵션 풀 확보 없이 회사가 향후 인재 영입을 위해 스톡옵션 풀(stock option pool)을 진행하는 경우 기존 투자자의 지분이 희석될 수 있다.

상장이 되면 종업원은 보유 주식의 판매 가격selling price과 행사 가격strike price의 시세 차익을 인센티브로 확보하게 된다.[25]

시드 투자: 최초로 외부 자금이 스타트업에 투자되는 자금을 시드seed라고 하며 통상적으로는 한두 개의 투자자(엔젤 투자자 또는 초기 투자 전문 벤처 캐피탈)가 지분 투자를 한다. 투자 협상의 출발점은 투자전 기업 가치로 '프리머니 밸류pre-money valuation', 또는 간단히 프리pre라고 한다. 기업의 '투자 전 기업 가치'와 '기존 발행 주식 수No. of issued shares'가 확인되면 신주 발행 가액stock price가 결정되고 시드 자금 투자seed investment 금액에 따른 주식 소유 지분도 다음과 같이 결정된다.

신주 발행 가액 = 투자 전 기업가치(프리머니 밸류)/기존 발행 주식 수
투자자 보유 주식 수 = 당회 투자 금액/신주 발행 가액

그러므로 표 2.8의 경우,

신주 발행 가액 = 150만 달러/550만 주 = 주당 0.27달러
투자자 보유 주식 수 = 50만 달러/주당 0.27달러 = 1,833,333주

투자 후 기업가치post-money valuation는 단순하게 투자 전 기업가치pre-money valuation에 투자 금액이 합산된 금액이며, 사례에서는 '프리머니 밸류' 150만 달러에 투자 금액 50만 달러를 합한 2백만 달러가 '포스트머니 밸류'가 된다. 앞서 언급한 바와 같이 창업 초기에 있는 기업은 제품을 개발 중에 있고 아직 매출이 발생하

---

25 만일 예상보다 회사 경영 실적이 저조하거나 시장 환경이 나빠져 보유 주식의 판매 가격(selling price)이 행사 가격(strike price)보다 낮아진다면 이러한 옵션 주식은 가치 없는 주식으로 '언더워터(underwater)' 상태가 되어 종업원들로 하여금 회사를 떠나게 하는 요인이 될 수 있다. 이러한 경우 행사 가격을 보다 낮게 책정하여 새로운 스톡옵션을 부여해야 하는 상황에 직면할 수 있다.

지 않고 있기 때문에 기업 가치 평가는 매우 어렵다. 또한 기업 가치 산정 시 창업주와 스타트업 경영진은 높게 평가 받으려 하는 반면 투자자는 가급적 낮게 평가하려고 한다. 양자의 입장 차이로 인해 기업 가치 산정에 합의하지 못하고 지연되는 경우가 많다. 이러한 딜레마를 해결할 수 있는 하나의 해법으로서 '전환사채convertible note' 방식을 활용할 수 있다. 이는 투자 받고자 하는 스타트업에게 사채 형식으로 자금을 대출한 후 투자 라운드(예를 들어 시리즈 A)에서 지분 투자로 전환하는 방식이다.

투자 라운드 A, B 및 C: '벨로스티 시스템'의 사례에서 최초의 시드 자금으로 50만 달러를 투자 받은 후 투자자와 협의한 마일스톤 목표를 달성하였으며 사업 추진 과정에서 일부 사업 리스크도 제거되었다. 하지만 제품 출시를 통한 기업의 본격적인 수익 모델을 실현하기 위한 추가 자금의 필요에 따라 다음 단계 투자 유치를 위한 자산 실사를 통해 기업의 프리머니를 산정하였다. 산정된 프리머니 밸류에 기초하여 투자자는 시리즈 A 투자 라운드에서 신주 발행과 함께 주식 지분 취득을 위한 자금을 투자하였다. 시리즈 투자 라운드 결정에 힘입어 시드seed 투자자도 라운드 A에 동참하였고 아울러 연속된 B 및 C 라운드에 라운드 A 투자자도 참여하였다. 초기 단계에 투자한 시드 투자자 또는 라운드 A 투자자는 연속되는 기업의 투자 과정에서 자신들이 보유하고 있는 지분 희석을 방지하기 위해 스타트업 이사회에 지속적으로 참여하였다. 각 라운드에서 투자 전 기업가치 평가는 지분 희석과 밀접한 관련이 있으며, 창업 기업이 리스크를 얼마나 해소하고 마일스톤 목표를 달성하였는지, 그리고 스타트업이 속해 있는 시장 환경이 어떻게 변화하고 있는지 등을 종합적인 관점에서 면밀하게 판단하여 신중히 산정한다.

기업 가치 변화에 따른 투자 라운드-업, 플랫 또는 다운 라운드

만일 사업이 순조로이 진행되었다면 현재 투자 라운드에서 산정하는 '프리머니'

는 앞선 투자 라운드에서 산정한 '포스트머니'보다 높아야 하는데, 이를 '업 라 운드up-round'라고 한다. 이는 기업이 투자 라운드를 통해서 받은 금액 이상의 현금 가치를 창출하였으며 이를 통해 기업 가치가 증가되었음을 의미한다. 업 라 운드는 투자자나 스타트업 모두에게 바람직하겠지만 투자 라운드를 통한 기업 가치 증가가 언제나 발생되는 현상은 아니다. 종종 투자 전 기업가치가 투자 후 기업가치와 거의 동일한 수준으로 평가되어 '플랫 라운드flat round'에 머물거나 오히려 평가 절하되어 '다운 라운드down dound'로 되는 경우가 있다.

플랫 또는 다운 라운드의 발생 이유는 내부적 요인과 외부적 요인으로 구분할 수 있다. 내부적 요인은 예컨대 투자 받은 기업이 제품 개발에 난제가 있거나, 목표 매출을 달성하지 못하였거나, 내부 경영 전략 변화로 인해 제품 개발이 지연되어 앞선 투자 라운드에서 설정한 마일스톤 목표를 달성하지 못한 경우에 주로 발생한다. 외부 요인으로 전반적인 경기 쇠퇴 또는 해당 산업 분야의 심각한 침체기의 경우가 원인으로 작용한다. 이러한 외부 요인이 발생하는 경우 투자자는 매우 신중하게 되며 유동성 확보를 위한 자금 투자에 보수적인 입장을 취한다. 2008년의 글로벌 경기 하락과 2000년대의 기술 창업 버블로 인해 아주 많은 스타트업에 다운 라운드가 발생하였다. 주식 시장의 주가가 폭락하였으며 기업공개에 이르는 스타트업 숫자가 급격히 감소하였고 벤처 사모펀드private equity fund의 가치도 하락하였다.

다운 라운드가 일어나면 창업주와 경영진 그리고 앞선 투자 라운드에서는 참여하였지만 현재 라운드에 참여하지 않고 있는 투자자에게는 아주 큰 고통이 될 수 있다. 기업 가치의 하락으로 인한 낮은 주가는 상대적으로 보다 많은 주식을 발행해야 동일한 금액의 투자 자금을 유치할 수 있기 때문이다.

그림 2.3a는 이상적인 투자 시나리오인 업 라운드를 보여주는 그래프로 투자 전 기업가치가 상승하는 것을 알 수 있다. 업 라운드에서는 기업 가치 창출을 위한 마일스톤인 제품 개발, 출시 그리고 매출 증대 및 제휴 협력 등이 순차적으로 순조롭게 진행되고 있음을 보여 준다. 그림 2.3b는 이상적인 투자 시나리

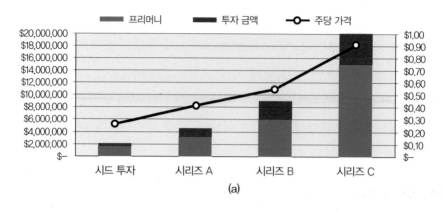

(a)

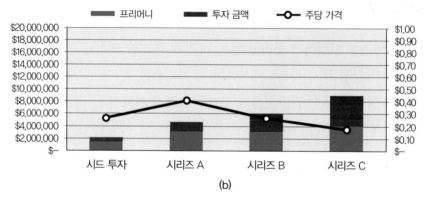

(b)

그림 2.3_ 시리즈 투자 라운드 (A, B 및 C)에 있어서 프리머니, 투자 금액 및 주당 가격을 보여주는 그래프. 업 라운드(a)와 다운 라운드(b)를 보여준다.

오와는 거리가 있어 보인다. 라운드 A에서 일부 가치 상승이 있었으나 점차적으로 B 및 C 시리즈 투자 시점에서 다운 라운드를 보이고 있음을 알 수 있다.

스타트업의 출구 전략과 수익률

엔젤이나 벤처 캐피탈과 같은 지분 투자자는 오로지 단 한 가지 목적, 즉 투자한 자금과 시간으로 최대한의 수익을 창출하여 현금을 회수하는 것이다.[26] 스타

---

26 투자자들 외의 창업주 또는 경영진과 같은 다른 주주들 또한 현금 회수에 관심을 갖지만, 이들은 제품 개발과

트업에 투자한 투자자와 주주들의 유일한 자금 회수 가능성은 주식을 현금으로 매각할 수 있는 유동성 이벤트가 시행될 때이다.[27]

스타트업 투자에 대한 출구exit 전략으로서의 현금 유동화 이벤트는 주로 두 가지 형태로 이루어진다. 스타트업이 인수합병(M&A) 절차를 통한 기업 매각 또는 보유 주식이 거래소 상장을 통해 공개 매도가 가능한 기업공개(IPO)가 이루어지는 경우이다.

인수합병(M&A): 다른 기업에 스타트업이 매각되는 경우 인수 기업으로부터 매각 자금을 현금화하여 투자 지분을 회수할 수 있다. 만일 거래 시장에서 스타트업이 인수합병을 통해 매각이 이루어진다면 현금 또는 인수 기업의 주식 지분을 함께 취득할 수도 있다.

기업공개(IPO): 또 다른 경로의 현금 유동화 이벤트로서 기업 가치가 상승된 스타트업을 주식 거래 시장에 상장하여 공개함으로써 사적 거래를 통한 보유 지분을 공적 거래를 통해 현금화하여 회수할 수 있다. 스타트업의 투자자는 현금 유동성 확보를 위해 시장 거래소에서 제한 조건하에 소유 지분의 매각을 통해 출구 전략을 구사할 수 있다.

위와 같은 출구 전략을 통해 엔젤 투자자나 벤처 캐피탈은 그들이 투자한 현금 자산에 대한 수익을 창출할 수 있으며 또한 창업주나 경영진은 스타트업에 투자한 노력과 시간을 현금으로 보상받을 수 있다.

고객 수요의 충족, 자아실현 또는 일자리 창출 등 다양한 요소와 결부되어 있다. 투자자들은 이러한 요소에 관심을 두기도 하지만 최우선 순위는 재정적 이익이다.

27 투자자들은 엑시트(Exit)를 통해 수익을 창출할 기회가 없는 기업에게는 투자하지 않는다. 이렇듯 뚜렷한 출구 전략이 없는 스타트업을 '라이프스타일' 기업이라고 분류하여 경멸하는데, 이러한 기업들은 성공 가능성이 없지는 않지만 개인 자금이나 금융 대출, 부츠스랩 등 다른 방식으로 기업 성장에 필요한 자금을 확보해야 할 것이다.

   모든 투자자가 매번의 투자를 통해 성공을 얻을 수는 없다. 만일 열 개의 스타트업에 대한 지분 투자를 가정하면 일반적으로 투자자의 성공 확률은 다음과 같다.

- 4개 기업 실패
- 2개 기업 투자 원금 회수
- 2~3개 기업 투자 대비 2배~5배 수익
- 1~2개 기업 투자 대비 10배 이상 수익

이러한 지분 투자의 성공 확률은 투자자로 하여금 어떻게 투자 기업의 포트폴리오를 구축하고 관리할 것인지를 숙고하게 한다. 한두 개 기업에서의 예외적인 투자 성공이 다른 투자 기업에서의 손실을 만회하는 데 충분하다고 판단할 수 있다. 그러므로 투자자는 투자 대상 기업을 사전에 면밀히 분석하여 현명하게 선택하는 것도 중요하지만, 충분한 자금과 시간을 확보하여 통계적 확률 게임에서 성공을 거두어야 한다.

2.2.5 기타 펀딩 유형

최근 매년 동안 전문적인 벤처 캐피탈 업계는 축소되고 있으며 스타트업들은 투자 유치를 위한 다른 경로를 모색하고 있다.

기업 파트너십을 통한 펀딩

스타트업과 대기업의 상호 교류는 다음 두 가지 방식으로 이루어진다. 앞서 언급한 바와 같이 일부 대기업은 펀드를 운영하는데 스타트업에 대한 지분 투자를 통해 전략적으로 교류한다. 다른 형태의 교류로 대기업과 스타트업이 공식적인 파트너십을 구축하여 상호 교류하는 형태가 있다.[28] 스타트업은 대기업과의 파트너 관계 맺기를 다음과 같은 이유에서 선호한다.

첫째, 벤처 캐피탈의 자금 여력이 감소하고 투자 유치 경쟁이 치열하며 앞으로 더욱 심화될 것으로 예상하기 때문이다. 둘째, 글로벌 제약회사를 포함한 많은 대기업들이 자체 운영하고 있는 R&D 부서 또는 연구그룹을 축소하거나 해체하고 외부 기관에 이노베이션을 아웃소싱하는 추세이기 때문이다.

대기업이 외부로부터 이노베이션을 획득하는 것은 여러 장점을 가진다. 특히 기술 수명이 짧고 빠르게 변화하는 소셜미디어, 나노기술 또는 정보통신 등 첨단 기술에 보다 유연성을 가지고 접근할 수 있도록 한다. 대기업과의 파트너 관계를 통해 초기 단계의 스타트업은 여러 형태의 협력을 추진할 수 있다. 일부 스타트업은 대기업으로부터 연구 개발 과제 또는 기술 개발 자금을 지원받아 함께 협력하고, 대기업은 스타트업의 기술 사업화 마일스톤 달성을 위한 개발 업무를 지원하기도 한다.

예를 들어 의약품의 기술 사업화 마일스톤에 있어서 대기업은 스타트업이 추진하기 어려운 임상시험, 엔지니어링 또는 시장조사 등을 지원함으로써 상호 협력을 추진한다. 스타트업은 대기업과의 상호 협력을 통해 특정 제품 개발에 필요한 요소 기술을 개발할 수도 있으며, 나아가 대기업은 스타트업이 개발한 사업화 기술을 라이선싱받아 활용하거나 향후 스타트업을 인수할 수도 있다.

스타트업이 제품 개발을 완료하였다면 대기업의 유통 채널을 활용하여 판매와 마케팅에 협력할 수 있다. 대기업과 스타트업의 상호 협력에 관한 비즈니스 모델은 다양한 방법과 옵션들이 있을 수 있다. 이는 양쪽 기업이 가지고 있는 전문성과 자원을 근거로 협의될 수 있는 사안으로 스타트업이 추구하고자 하는 전략적 방향에 적합해야 할 것이다.

---

28 두 가지 형태의 교류 방식이 상호 배타적일 필요는 없다. 대기업이 스타트업에 지분을 투자하고 투자 받은 스타트업이 대기업과 파트너십을 형성하여 비즈니스를 할 수 있다. 또 다른 제3의 간접 교류 방식으로 기업 파트너가 스타트업의 창업주 연구실에 대한 스폰서 역할을 통해 간접 투자하는 방식이 있다.

'알레지스 캐피탈'의 설립자이자 상무이사 '로버트 아크만'은 대기업과의 파트너십으로 함께 일하고자 하는 스타트업에게 다음과 같이 조언한다.

경험과 목표의 공유: 모든 관계가 그러하듯 양 당사자 사이에 서로 공감하고 공유할 수 있는 공통점이 많을수록 좋은 관계가 형성된다. 양 당사자는 동일한 산업 분야에서 경험과 목표를 공유하고 상호 소통을 잘할 수 있어야 한다. 또한 양 당사자는 호혜give-and-take 정신에 충실해야 하고, 불협화음이 불가피할 수 있으므로 항상 인내하는 마음으로 문제를 우호적으로 해결하려고 노력해야 한다.

시너지 문화의 추구: 대기업 문화는 현실에 안주하고 변화를 거부하는 경향성을 보인다. 스타트업은 이와는 완전히 다른 경향으로, 구속되지 않으며 신속성과 효율성에 바탕을 둔 역동성이 발휘된다. 예상할 수 있듯이 이렇게 서로 다른 기업 문화를 가진 파트너십은 때론 큰 불만에 직면할 수 있다. 이질적인 기업 문회기 합쳐질 때 양 당사자 간에 서로 어떠한 것을 잘하고 어떠한 것을 잘못하는지에 대해 인정하는 자세가 반드시 필요하다. 상호 협력을 촉진하기 위해 스타트업은 내부 챔피언을 보유해야 한다. 대기업과의 토론에서 항상 이길 수 있는 것은 아니므로, 대기업 파트너와의 유익한 대화를 통해 좋은 결실을 가질 수 있다고 긍정적으로 생각하는 것이 좋다.

강한 협상 기술의 개발: 대기업이 스타트업과 협력하는 것은 주로 다음의 두 가지 이유 때문이다. 자사 제품 개발에 있어서의 기술 공백을 스타트업으로부터 채우려고 하거나, 향후 유용한 스타트업의 이노베이션을 사전에 확실하게 확보하기 위한 것이다. 달리 말하면 대기업은 그들 나름의 이윤 추구를 위해 협력을 추진하는데, 이는 스타트업의 입장에서도 마찬가지이다. 대기업은 규모가 상대적으로 작은 스타트업의 자원을 쉽게 압도할 수 있다. 대기업 입장에서는 협력이 무산되더라도 그다지 큰 상처를 입지 않지만 스타트업의 경우에는 아주 심각한 피해를 입을 수 있다. 그러므로 스타트업의 경우 대기업과의 파트너 관계가 무산될 것을 대비해 자신을 보호하고 빠져나올 수 있는 전략을 수립하고 대비책을 확고히 해두어야 한다.

확고한 의사 표명: 상호 동등한 파트너십 관계를 항상 유지하도록 노력해야 한다. 예를 들어 기술 개발의 마일스톤과 벤치마킹에 관한 정보를 상호 공유하고 인정하도록 해야 한다. 만일 대기업 파트너가 스타트업에게 회사 재무 자료의 제출을 한두 번 이상 요구한다면 이를 거부해야 한다. 이러한 행위는 동등한 파트너 관계를 벗어나 우월적 지위를 이용하여 스타트업을 무시하는 처사이기 때문이다. 파트너로서 대기업이 모든 카드를 가지고 있다면 협상은 불가하기 때문이다.[29]

금융권 대출을 통한 펀딩

스타트업 펀딩의 또 다른 방안으로 담보 저당권 설정을 통한 금융권 대출로 자금을 확보하고, 이자를 포함한 대출금을 상환하는 방법이 있다. 전통적 은행은 기업이 소유한 기기 설비, 건물 또는 사무 집기 등 동산, 부동산을 담보로 자금을 대출해준다. 즉, 스타트업이 수익 창출을 위해 필요한 기기 장치를 구매하기 위한 대출을 희망한다면 은행은 창업주 또는 경영진의 개인 소유 집 또는 부동산을 담보로 대출을 실행한다.

하지만 많은 캠퍼스 스타트업의 경우 이러한 동산 또는 부동산의 담보 제공을 통한 대출이 현실적으로 어렵다. 이러한 경우를 위해 고위험성 대출 담보를 실행하는 은행이 있다. 예를 들어 실리콘밸리뱅크 같은 벤처 전문 은행이 있는데, 이들 벤처 은행은 스타트업에게 PC 서버 또는 기기, 장비 등 회사에 필요한 유형 자산을 구매하도록 자금을 대출해준다. 벤처 캐피탈은 자신들의 투자 자금이 스타트업의 자본재 구매에 사용하는 것을 원하지 않기 때문에 벤처 은행

---

29 Robert R. Ackerman Jr., "The Most Unlikely Place to Find Startup Funding,VB News website, venturebeat. com 2010/08/03/ the-most-unlikely-place-to-find-start-up-funding/(accessed 31 July 2013).

의 담보 대출은 주로 벤처 캐피탈사와 연계하여 이루어진다. 벤처 은행들은 벤처 캐피탈에 의해 스타트업의 자산 실사가 이루어지는 시점이 상대적으로 리스크가 적다고 판단하고 스타트업이 필요한 자금 대출에 나선다. 벤처 은행이 대출하는 이자율은 통상적으로 12~15%의 고금리 대출 상품에 해당된다. 대출은 통상적으로 벌룬 모기지ballon mortgage 방식으로서 담보 물권은 스타트업의 무형 자산인 특허권, 자본재, 그리고 부동산 등을 설정하며, 아울러 대출금에 대한 이자 수익과 함께 스타트업의 지분을 확보할 수 있는 '주식 첨가제equity kicker' 방식이 적용되고 있다.[30]

부트스트랩

지금까지 대부분의 캠퍼스 스타트업 기업의 펀딩에 관한 논의는 기술 혁신 기반 스타트업에 관한 것이다. 즉 스타트업 창업은 연구 개발 과제의 성과물인 사업화 기술 또는 제품에 관한 지식재산 권리를 보유하고 이를 기반으로 신제품 개발 및 출시에 필요한 투자 자금을 유치하고자 하는 경우이다. 하지만 어떤 경우에는 지식재산 권리가 기술 혁신 기반의 특허 권리가 아닌 비즈니스 아이디어, 저작권 소프트웨어 또는 브랜드를 기반으로 스타트업을 창업하는 경우도 있다. 통상적으로 이러한 창업은 제조업 기반이 아니라 유통 또는 서비스 기반 창업으로 기술 혁신형 스타트업에 비교하여 상대적으로 회사 설립 비용이나 운영 자금이 적게 소요된다. 예를 들어 대학 연구자가 대학으로부터 소프트웨어 권리를 라이선싱 받아 창업할 수 있다. 대학 연구자가 일정 수의 고객을 확보한 후 서비스를 제공함으로써 초기 수익을 창출하고, 이를 기반으로 캠퍼스 내 보육 시설에 사무 공간을 확보하여 프로그램 개발자를 추가 고용하여 매출을 증

---

30 주식 첨가제를 확보한 은행은 일반적으로 일정 수의 보통주를 일정 가격에 살 수 있는 신주 인수 권한인 '워런트(Warrant)'로서 대출 가액의 5~20% 정도를 확보한다. 이는 '스톡옵션'과 유사한 방식으로서 '워런트'를 사전에 합의한 기간이나 가액을 기준으로 주식 지분으로 전환하여 확보하는 방식이다. 대부분의 '워런트'는 M&A 시점이나 기업공개를 통한 출구 전략 시행 시점에서 행사된다.

대시키는 사례이다. 이러한 캠퍼스 스타트업은 엔젤 투자자, 벤처 캐피탈 또는 은행으로부터의 자금 지원 없이 스스로의 힘으로 스타트업을 운영하는 경우이다. 이렇게 외부 자금의 공급 없이도 일련의 과정을 자력으로 운영하는 방식을 부트스트랩bootstrap이라고 한다.

또 다른 부트스트랩 사례로 대학 연구실에서의 전문 서비스 제공과 연관된 비즈니스 모델이 있다. 소재의 특성 분석과 검사 성적서 제공에 전문성을 가지는 연구자가 이를 기반으로 하는 연구 개발 분석 서비스를 제공하였다. 초기에는 대학의 연구자를 대상으로 시료 분석 서비스를 제공하였으나 점차 입소문을 타면서 이러한 전문 서비스를 찾는 기업 고객들에게 확산되었다. 결국 해당 연구자는 외부 기업 고객의 확보를 통해 시료 분석 전문 서비스를 기반으로 하는 비즈니스 모델을 구현할 수 있는데, 이미 확보된 기업 고객들과의 서비스 제공 계약을 바탕으로 한 스핀 아웃spin-out을 통해 회사를 부트스트랩할 수 있다.[31]

크라우드 펀딩

최근 새롭게 부각되고 있는 방식으로 KickStarter.com과 Indiegogo.com의 사이트에 의해 유명세를 타고 알려진 펀딩 방식이다. 애초에는 영화 또는 비영리 프로그램 제작 등에 필요한 자금을 기부받고자 하는 이들이 자신이 기획한 독창적인 프로젝트의 세부 내용을 해당 사이트에 공개 게재함으로써 불특정 다수로부터 프로젝트 수행에 필요한 자금을 모금하였다. 클라우드 펀딩의 범위가 점차 확대되면서 스타트업이 특정 제품을 개발하는 데 소요되는 자금을 모금하는 방식에도 활용된다.

예를 들어 태양 에너지 전동차의 시제품과 초기 모델 제품을 만드는 프로젝트를 기획하는 스타트업이 이를 클라우드 펀딩 사이트에 게재함으로써 개발 자

---

31 캠퍼스 연구 시설을 활용하여 스타트업이 산업계가 필요한 핵심적 서비스를 제공하는 혁신적 방법이다. 대학의 연구 설비를 활용하여 기업이 필요한 서비스를 제공함으로써 스타트업은 자금을 확보하고, 이러한 자금을 바탕으로 캠퍼스 외부에 공간과 설비를 확보하여 스타트업을 성장시킬 수 있다.

금을 모금할 수 있다. 기부자들은 자선 기부를 통해 제품 개발자를 도울 수 있으며, 기부의 대가로 제품 개발이 완료되면 개발자로부터 초기 제품을 제공받을 수도 있다.

최근 들어 미국 정부는 기존의 클라우드 방식과는 달리 지분 투자가 가능한 새로운 방식의 클라우드 펀딩에 관한 법률을 제정하였다. 스타트업과 같은 영리업체들은 최근까지 공공 투자 로드쇼, 공공기관 웹 사이트 또는 소셜미디어 등 공익 채널을 원활하게 활용한 투자 유치에 애로가 있었다. 이들 영리 사기업들은 투자 유치를 위해 투자자와 특별한 인맥을 구축하거나 많은 면담을 통해 친분을 쌓아야만 했다. 'JOBS Jumpstar Our Business Startup Title II' 법이 통과됨으로써 투자 유치를 희망하는 많은 스타트업들은 공식 홍보 수단을 확보하게 되었다. 이법의 유일한 규제는 공인 투자자의 조건이다. 공인 투자자는 거주 주택과 부채를 제외하고 배우자와의 합산 재산 또는 개인 순수 재산이 1백만 달러 이상이거나, 투자자 개인의 최근 2년간 연 소득이 20만 달러 이상(배우자와의 합산 연 소득의 경우는 30만 달러 이상)이어야 하며 앞으로도 동일한 수준의 소득이 예상되어야 한다는 조건이 전제된다.[32]

미국 정부는 현재 상기 클라우드 펀딩 지분 투자법인 'JOBS Title II'를 'Title III/IV of JOBS'로 개정 중에 있다. 초보 투자자들이 고위험군 스타트업에 대한 지분 투자로 말미암아 재산을 탕진하는 것을 방지하고 공인 투자자를 보호하기 위한 규제 방안이 논의되고 있다. 하나의 방법은 개인 투자자의 투자 자금 규모를 제한함으로써 투자자를 보호하는 것으로, 이는 투자자의 소득이나 순자산의 적정 비율에 대해서만 지분 투자할 수 있도록 규제하는 것이다.

---

32 "Eliminating the Prohibition on General Solicitation and General Advertising in Certain Offerings," Fact Sheet, 10 July 2013, U.S. Securities and Exchange Commission, http://www .sec .gov/news/press/2013/2013-124-item1 .htm (accessed 8 October 2014).

03

스타트업의 핵심 단계

앞 장에서 캠퍼스 스타트업 창업 생태계를 대학, 펀드(자금) 그리고 인력이라는 관점에서 살펴보았다. 이 장에서는 스타트업 창업을 통해 연구 개발 성과물이 성공적인 기술 사업화로 이어지기 위해 캠퍼스 스타트업과 연관된 사업화 인력들이 숙지해야 할 내용을 살펴본다. 스타트업 창업주가 사업화 기회를 포착하여 스타트업을 설립하고 기업공개를 통한 수익 창출에 이르기까지 스타트업 창업과 성장 과정에 관한 절차를 시계열적 관점에서 열아홉 개의 핵심 단계로 구분하고 각 단계에서 숙지해야 할 내용을 실무 중심으로 설명한다.

이 장에서 다루는 캠퍼스 스타트업은 일반적으로 대학 연구자가 연구 개발 과제 수행을 통해 창출한 기술 혁신을 기반으로 한 스타트업으로서, 지식재산 권리인 특허는 대학이 보유하며 대학으로부터 라이선싱 받은 보유 기술을 중심으로 혁신 제품을 개발하여 기술 사업화하고자 하는 스타트업을 말한다. 또한 제품 출시 단계까지 수차례의 투자 라운드를 거쳐 자금 유치를 하는 등, 남다른 열정을 가지며 기술 사업화 성공을 위해 어려움을 기꺼이 감수하는 캠퍼스 스타트업을 대상으로 한다.

START UP 3.1 핵심 단계의 개요

캠퍼스 스타트업의 창업 보육 과정은 일반적으로 시간 경과에 따라 순차적인 핵심 단계를 거쳐 진행된다. 하지만 모든 스타트업이 이 책에서 제시하는 바와 같이 순차적으로 모든 핵심 단계들을 거쳐서 성장하는 것은 아니다. 개별 스타트업이 처한 외부 상황이나 내부 여건에 따라 어떤 핵심 단계는 생략되거나 순서가 바뀌어 진행되기도 한다.

또한 캠퍼스 스타트업이 경험하는 일부 핵심 단계의 특징은 '기업 설립 단계'
나 '대학과의 라이선싱 체결 단계' 등과 같이 행정 절차에 의해 단기간에 종료되
기도 하지만, 예컨대 '사업 계획서 작성'이나 '투자 유치'와 같은 핵심 단계는 스
타트업의 내부 여건이나 처한 시장 상황에 따라 아주 유동적이어서 명확한 종
료 시점이 특정되지 않고 장기적으로 진행되는 경우가 많다. 또한 어떠한 핵심
단계들은 그 특성상 진행 순서가 반드시 정해지는 경우가 있는데, 예컨대 '라
이선싱 체결 단계' 이전의 '회사 설립 단계'와 '투자 유치 단계' 이전의 '라이선싱
체결 단계', 또는 '투자 유치 단계' 이전의 '제품 개발 단계' 등과 같이 각 핵심 단
계의 순서가 반드시 지켜져야 하는 경우도 있다.

표 3.1은 이러한 핵심 단계를 설명한 요약이다.

표 3.1_ 캠퍼스 스타트업의 핵심 단계

단계	내용
1단계 사업화 기회의 포착	스타트업 창업을 위한 첫 단계로 대학에서의 연구 개발을 통해 확보한 성과물에서 사업화 기회를 포착하는 단계이다. 연구 성과물의 시장 수요에 관한 분석과 함께 사업화 가능성을 검증해보아야 한다. 사업화 기회의 포착은 주로 대학에서 연구 과제를 수행하는 교수, 연구원 또는 동료가 주축이 되겠지만 종종 공동 과제를 수행하거나 상호 협력 관계에 있는 외부 기업인에 의해 사업화 기회가 포착되어 대학 연구자에게 제안되기도 한다.
2단계 직무 발명의 신고	대학 연구원 또는 교수는 연구 개발을 통해 확보한 성과물을 대학 TLO에 직무 발명으로 신고해야 하며 직무 발명 신고 시에는 별도로 구비된 양식에 발명에 관한 상세 설명을 기재하여 제출해야 한다. 직무 발명 신고는 지식재산권 확보와 보호를 위해 반드시 해야 할 공식적인 첫 절차적 단계이다.
3단계 지식재산권의 확보	대학 TLO는 직무 발명 신고를 검토하여 대학의 지식재산(IP)으로 보호할 가치가 있다고 판단되면 특허 출원 또는 저작권 확보 등을 통해 IP로 보호된다. 만일 대학이 발명 심의를 통해 IP 보호 가치가 없다고 판단되면 일반적으로 이를 '자유 발명'으로 분류하고 연구 발명자에게 돌려준다.
4단계 어드바이저 및 멘토 확보	대학에 직무 발명 신고를 하고 스타트업 창업을 준비하는 창업주는 초기에 자신이 보유한 직무 발명의 기술 사업화에 필요한 회사 설립과 사업 추진 전략 등을 자문받기 위해 어드바이저와 멘토를 확보해야 한다.

5단계 비즈니스 케이스 작성	IP 핵심 기술을 중심으로 응용 기술 분야 및 고객 수요와 연결된 비즈니스 케이스를 수립하여 향후 스타트업의 사업 계획서 작성에 기초가 되도록 한다.
6단계 회사 설립	회사 설립 결정에 있어 스타트업의 '비즈니스 케이스'는 중요한 고려 요인이 되며 아울러 대학 TLO와 어드바이저의 자문을 거치는 것이 바람직하다. 회사 설립은 스타트업의 공식적 출발을 의미한다. 스타트업 설립을 위한 이사회를 구성하고 창업주가 포함된 주주 명단이 확정되면 주식 지분을 결정 분배한다.
7단계 경영팀의 구축	경영팀은 핵심 리더인 CEO 또는 대표를 중심으로 실무 이사(예, 회계이사, 사업 개발이사, 기술이사 등)들로 구성되며 회사의 공식 제품 개발 업무와 자금 투자 유치 업무를 시작하게 된다.
8단계 지식재산의 라이선싱	직무 발명 신고를 통해 대학이 배타적인 IP 권리를 확보하고 있는 대상 기술에 관해 스타트업은 대학과 라이선싱 계약을 체결해야 한다. 지식재산 라이선싱 계약을 통해 스타트업은 특허 등 지식재산권으로 보호된 기술 제품을 개발하고 이를 제조하여 시장에 판매할 수 있는 정당한 권리를 확보할 수 있다.
9단계 시장 정보 입수	시장 규모와 성장률, 제품 활용 방안 및 고객 수요 등을 기초로 자사 제품 판매와 서비스 제공을 위한 목표 시장이 명확하게 확인되어야 하며, 이에 관한 시장 정보를 입수해야 한다.
10단계 비즈니스 모델 수립	모든 비즈니스에는 수익 창출을 위한 추진 방안과 전략이 담겨진 사업 모형이 있어야 한다. 즉, 제품이나 서비스를 어떻게 목표 시장의 고객들에게 제공하고 이윤을 창출할 것인지에 관한 구체적인 계획과 구현 전략을 수립하는 과정이다.
11단계 초기 단계의 마케팅	우량의 투자 파트너를 만나 좋은 조건으로 자금을 유치하고 회사의 생존 경쟁력을 확보하기 위해서는 초기 단계의 홍보 마케팅이 중요하다. 즉 스타트업의 보유 기술과 시제품을 목표 시장에 대한 기본적 마케팅 활동을 통해 스타트업의 이미지 구축과 고객 확보를 위한 사전 활동을 해야 한다.
12단계 사업 계획서의 작성	비즈니스 케이스를 세부적으로 분석하여 시장의 경쟁 상황, 예상 성장률 및 시장 규모 등을 분석하고 캐피탈 펀드 유치를 통한 회사의 재무 계획 수립과 함께 제품 개발, 판매 및 마케팅에 관한 세부 사업 전략을 사업 계획서를 통해 수립한다.
13단계 초기 자금 유치	프리시드(pre-seed) 또는 시드(seed) 자금으로 최초로 스타트업에 투자되는 자금은 개념 검증 시험 비용, 법률 자문 비용, 기술 개발 비용 또는 컨설팅 비용으로 사용되며, 이들 초기 자금은 지분의 희석과는 상관없는 순수 과제 지원 비용 또는 외부 투자자의 지분 투자 방식으로 유치된다.
14단계 비즈니스 공간의 확보	초기 투자 자금으로 연구 개발, 직원 사무와 업무 미팅 등을 할 수 있는 회사의 비즈니스 공간을 확보한다.
15단계 성장 자금 유치	기술 개발과 제품 개발, 경영진 채용, 그리고 제품 생산에 성장 자금이 필요하다. 통상적으로 스타트업의 추가 투자 자금은 벤처 캐피탈의 수차례에 걸친 투자 라운드를 통해 진행되며 기업과 투자자가 합의한 마일스톤에 의한 목표 달성에 의해 지원받게 된다.

16단계 제품 개발	성장 자금의 유입을 통해 정식 제품 개발이 시작된다. 제품의 안전성을 위해 FDA 승인 등 인증이 필요한 제품은 관련 절차에 의해 순차적으로 진행되며, 그렇지 않은 제품은 시장 고객에게 직접 전달되어 고객의 평가가 시작된다.
17단계 제품 생산	제품은 회사 내에 제조 설비를 구축하여 직접 생산하거나 제3자 외주를 통해 생산한다. 자체 생산과 외주 생산을 혼합하는 경우도 있다.
18단계 고객 확보	제품이 개발됨에 따라 회사는 초기 고객 또는 비즈니스 파트너와의 관계가 시작된다. 초기 고객은 제품의 판매와 마케팅으로 이어지고, 비즈니스 파트너는 제품 개발 완료 및 판매 유통을 위한 파트너십으로 이어진다.
19단계 출구 전략의 시행	창출된 기업 가치가 증대됨에 따라 투자자 및 주주들은 기업공개 등 현금 유동성 확보를 위한 출구 전략을 통해 수익을 확보한다.

START UP 3.2
핵심 단계 1: 사업화 기회의 포착

대학의 보유 기술 사업화를 위한 첫 번째 단계는 연구 개발 과정을 통해 기술적 과제나 문제를 해결하고 확보한 지식재산 권리, 즉 특허, 노하우, 저작권 또는 상표 등 대학 연구 성과물로부터 기술 사업화 기회를 포착하는 것이다. 그림 3.1은 과학 발견이 기술 개발을 통해 제품과 서비스로 진화하는 개괄적 과정을

과학(Science): 발견 및 탐구	
자연 현상에 대한 가설의 증명 또는 반증을 추구	이 과정은 지속적으로 새로운 지식과 새로운 탐구 영역을 제시

기술(Technology): 응용 및 문제 해결	
해결해야 할 문제에 과학 원리를 적용	비가설 기반의 문제 해결책 개발

제품과 서비스: 사업화 및 비즈니스	
기술이 판매 가능한 형태로 구현됨	고객이 필요로 해서 기꺼이 구매할 수 있는 형태

그림 3.1_ 연구 성과물의 제품화 절차

보여준다. 기초 과학 연구는 새로운 발명의 원천이 되는 것으로 이로부터 도출되는 이노베이션은 문제 해결의 기초가 되는 중요한 영역이다. 이러한 이노베이션은 신규 제품 또는 서비스 형태로 소비자 시장에서 구현되며 연구 성과물의 기술 사업화가 이루어지는 근원적인 동력이다. 기회 포착 단계에서 창업주는 창출된 이노베이션의 본질을 정확히 파악하고, 이노베이션이 현실 시장에서 어떠한 기술적 과제 또는 문제를 해결하고자 하는지 이해하는 것이 중요하다. 아울러 창업 분야에서 어떠한 기술적 과제와 난제들이 존재하며 이를 해결하는 것이 얼마나 중요한 사안인지를 창업주가 확신해야 하며, 시장에서 소비자들이 종래의 경쟁 제품과 비교해 새로운 이노베이션이 얼마나 진일보한 가치가 있는지 인식하는 것이 중요하다.

기술 사업화 가능성 검토

과학 기술 분야에서 연구 개발을 통해 확보한 결과물에 대해 기술 사업화 가능성을 진단 또는 평가하고자 할 때 다양한 관점들이 있겠지만 그중 몇 가지 중요한 측면을 살펴본다.

사업화 가능성 검토를 위해 아래에 제시하는 진단 항목들은 사업 이전 단계 또는 사업 초기 단계에서의 모든 질문에 답을 제시해주거나 사업화 가능성을 확실하게 판단할 수는 없지만, 캠퍼스 스타트업의 시작으로서 사업화 기회 포착 단계에서 보다 신중히 고려해야 할 중요한 사안이다. 아래 제시한 가능성 진단 항목들은 투자자들이 스타트업을 대상으로 투자 의사결정 시 고려하는 관점이기도 하다.

기술 특이성 및 응용 가능성 진단

- 종래의 과학 기술에 비교하여 연구 개발된 성과물이 독창적인 기술 특성을 가지며 유관 시장을 선도할 수 있는 가능성이 충분한가?
- 종래의 기술적 과제를 해결함으로써 괄목할 만한 개선을 가져올 것인가, 또

는 단순히 진일보한 수준에 그친 것인가?

- 연구 개발된 기술에 신규성과 비자명성(진보성)이 내재되어 있어 특허권으로 보호받을 수 있는 충분한 수준인가?

제시한 진단 항목은 기술 사업화 대상 기술이 주로 종래 기술과 비교하여 충분한 기술적 차별성이 있는지 확인하고 이러한 기술적 차별성이 사업화 경쟁력을 가지고 있는지 확인하는 데 있다.

또한 이렇게 신규하고 진보한 기술적 차별성이 특허 등 지식재산 권리로 확보되어 법적 보호를 받을 수 있는지를 사업화 초기 단계에서 확인할 필요가 있다. 왜냐하면 특허는 배타적 권리로서 타 경쟁자들이 진입하기 어려운 시장 장벽을 형성하여 독점적 지위와 시장 경쟁력을 강화시켜 주므로 신생 캠퍼스 스타트업으로서는 핵심적인 시장 확보 수단으로 활용할 수 있기 때문이다.

시장 수요에 관한 진단

- 사업화 제품이 시장에서 요구하는 과제들을 해결하고 시장에서 필요로 하는 요구를 충족시킬 것인가?
- 소비자가 종래의 문제를 해결하고자 당해 사업화 제품을 기꺼이 해당 가격을 지불하고 구입할 것인가?
- 기술 사업화 제품을 구매하고 활용하고자 하는 소비자가 목표 시장에 충분히 존재하고 있는가?

상기 시장 수요에 관한 진단 항목들은 기존 시장 제품의 문제 해결을 위해 새로운 제품을 사용하고자 하는 소비자들에 관한 질문이다. 이러한 시장 고객 소비자 집단을 일괄해서 '시장 수요'라고 하는데, 시장 수요에 관한 규모를 사업화 이전 초기 단계 시점에서 고려해야 한다. 즉 기술 사업화 제품이 목표로 하는 시장 수요에 관한 사이즈를 어떻게 추정하고 평가 진단하는가는 사업화를 위한 기회 포착의 중요한 출발점이 된다.

기술의 특성과 응용 분야 검토

기술의 독특한 특성과 응용 분야를 검토하는 것은 개발 제품의 사업화 기회를 포착하는 중요한 일이다. 기술 특성과 응용 분야 사이에서 상관관계를 분석하는 데는 여러 가지 방법이 있다. 특정 분야에서 하나의 응용 제품을 위해 독특한 다수의 기술 특성들이 결합되어 존재하기도 한다. 반면에 하나의 독특한 기술 특성이 다수의 응용 분야에 활용되기도 한다. 결론적으로 기술은 다수의 독특한 특성을 보유하기도 하고, 각각의 기술 특성이 또한 독특한 응용 분야를 갖기도 한다.

그림 3.2는 사업화 기회 포착을 위한 분석 맵의 예시로 그림 3.2a에서 새롭게 확보한 연구 성과물인 뉴 하이드로젤은 다양한 기술 특성을 보유하고, 이러한 기술적 특성은 별개의 독특한 응용 분야가 있다. 응용 분야들은 예를 들어 연관 시장 영역인 외부 제어 방식의 이중 약물 전달 시스템two drug delivery 시장에

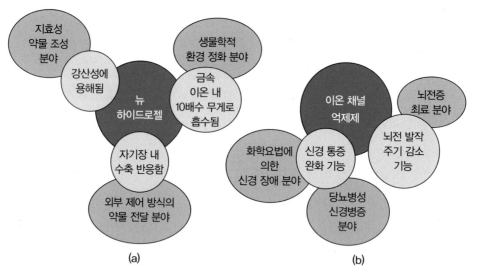

(a)   (b)

그림 3.2_ (a) 뉴 하이드로젤 및 (b) 이온 채널 억제제에 대한 제품 기회 맵

있거나 별도 시장 영역인 생물학적 환경 정화bioremediation 시장에도 있음을 알 수 있다.

두 번째 예시인 그림 3.2b는 세포 내의 이온 채널 억제제로 신경 통증 치료에 주로 사용되지만 통증 치료제로서의 별도 시장 영역과 더불어 다양한 응용 분야에 연관 시장 영역이 존재함을 알 수 있다. 물론 이러한 연관 시장과 별도 시장에서의 의약품 개발에는 특별히 임상시험과 함께 규제 승인도 함께 받아야 한다.

개발된 기술에 관해 사업화 초기 단계에서 모든 응용 분야 가능성을 고려하되 다음을 이해하는 것이 중요하다. 기술 사업화를 추진하는 과정에서 어떤 기술 특성은 불필요하여 제거될 수 있으며, 어떤 기술 특성은 더욱 강조될 수 있다. 물론 기술 사업화 진행 과정 중에도 추가적인 기술 특성이 발견되기도 한다. 사업화 기술 특성의 발견과 더불어 응용 분야를 결정하는 데에는 여러 요인들이 작용한다.

발명자의 전문성이 발휘되는 전공 분야와 관련된 특정 응용 분야를 강조할 수 있을 것이다.[1] 아울러 현재의 기술 개발 수준과 향후 기술 개발 가능성에 대한 검토를 통해 여타의 응용 분야에 비해 특정 응용 분야가 경쟁력을 가질 수 있다는 것을 확인함으로써 사업화 분야를 결정할 수 있다. 기술 사업화에 있어 하나의 특정 응용 분야에 관해 보다 확실하고 객관적인 자료를 자신 있게 확보하여 이를 제시하는 것은 다른 응용 분야에 대한 여러 가지 가능성을 확인하느라 시간을 소모하고 리스크를 갖는 것보다 훨씬 중요한 일이다.

목표 시장의 시장성 검토

시장 수요에 관한 본격적인 진단 또는 평가를 위해서도 여러 가지 사항들이 고려되어야 한다. 우선 수요 시장의 성장률과 시장 규모가 검토되어야 하며 기존

---

1   이러한 관점은 캠퍼스 기술 사업화의 애로 사항을 의미한다. 발명자는 자신이 창출한 연구 성과물의 사업화에 있어 자신의 전공 분야의 응용 기술이나 제품 분야로 한정하여 편향된 관점을 가지는 것이 일반적이다. 하지만 자신의 전공 분야와 다른 시장 분야에서 사업화하고자 하는 기업가 입장에서는 발명자 연구자의 도움을 받기 어려우므로 사업화에 대한 위험 부담이 증가할 수밖에 없는 상황이 된다.

시장에서 해결해야 할 기술적 과제를 파악하여 문제 해결을 위한 구체적인 방법을 모색하고, 해법으로 제시된 새로운 가치도 함께 검토되어야 한다. 이러한 접근 과정에서 기술 사업화 주체들은 주로 다음과 같은 공통적인 딜레마에 빠지게 된다.

"협소한 시장 규모와 단순하고 미미한 기술 진보임에도 불구하고 기술의 응용 가능성과 새로운 제품의 가치를 보고 사업화 구현을 지속적으로 추진해야 하는가?"

"날로 증가하는 고객 수요 불일치로 인해 아직 검증되지 않은 '미래 시장'이라는 경기장에서 '기술'이라는 배트를 들고 홈런 볼을 치기 위해 비장한 각오로 타석에 임하고 있는 것은 아닌가?"

이 질문에 쉬운 해답은 달리 존재하지 않는다. 일부 특별한 창업주를 제외하고는 상기한 질문에 답변할 수 있는 현실적인 경험을 가진 이는 거의 없다고 해도 과언이 아닐 것이다. 그러므로 캠퍼스 창업주들이 기술 사업화에 성공하도록 유도하고 지원하는 정책이 필요하며, 스타트업 생태계에 존재하는 오피니언 리더 또는 기업가 정신을 가진 이들이 이러한 연구 성과물의 사업화 기회를 포착하고 시장성과 함께 사업화 가능성을 스스로 진단 평가해보는 것은 매우 중요하다.

기술 사업화 접근 방식: 테크 푸시 vs 마켓 풀

기술 사업화 기회를 포착하는 접근 방식에는 두 가지의 서로 다른 패러다임이 존재한다. 공급자 관점에서 기술 중심의 밀어내기 전략인 '테크 푸시tech. push' 방식과 수요자 관점에서 시장 중심의 끌어당기기 전략인 '마켓 풀market pull' 방식이 있다. 양자의 차이점은 기술 사업화를 위한 제품 기회를 진단 평가함으로써 확연하게 이해할 수 있다.

테크 푸시(기술 중심): 이 방식은 기술 중심으로 그 응용 분야가 확보되는 방식이다. 예컨대 기술로서 하나의 '큰 망치'를 확보하고 있다고 가정하면 그 응용 분야로 '벽걸이용 못'이라는 시장 수요를 창출할 수 있다. 이 경우 시장 수요에 의해 요구 기술이 창출된 것이 아니라 창출 기술에 적합한 응용 분야가 발생하는 경우라 할 수 있다. 테크 푸시 방식은 주로 기초 연구 또는 핵심 개발을 통해 확보된 원천 기술을 중심으로 다양한 산업 분야 또는 융ㆍ복합 분야로 응용함으로써 기술 사업화가 가능한 경우이다. 비즈니스 전략 측면에서 고려하면 이러한 테크 푸시 사업화 전략은 '마켓 풀' 방식에 비교해 상대적으로 사업 리스크가 크다고 할 수 있다. 왜냐하면 기술 중심의 사업화 방식은 제품 출시가 이루어지더라도 제품 마케팅에 관한 구체적 전략이 필요하기 때문이다. 즉 시장 고객들의 수요에 근거하여 제품이 개발되지 않았으므로 해당 제품이 어떻게 고객의 욕구를 충족시켜 줄 수 있는지에 대한 별도의 교육이 필요하며, 시장 고객 확보에 상당한 시간이 필요할 수 있다.

마켓 풀(시장 중심): 이 방식은 시장 중심의 기술 사업화 전략으로 테크 푸시 방식과 대조적이다. 소비자에 의해 수요가 먼저 정의되고 이에 상응하는 제품 기술을 확보하는 방식이다. 유념할 사안은 사업 기회 포착 단계에서 제품에 대한 시장의 요구나 문제에 대한 해결책이 잘못 정의될 수 있다. 시장의 제품 수요를 확보하는 첫 단계는 기존 시장에 존재하는 문제 해결을 위해 수요 기술이 어떻게 적용될 것인지 그 기술의 응용 분야를 확인하는 것이 중요하다. 마켓 풀 방식의 사업화 전략은 기존 시장의 기술 수요가 연구 개발과 제품 개발에 직접적인 영향을 주는 방식이다. 즉 기존의 시장 중심의 수요 기술은 종래 기술의 문제점이나 과제 해결을 통해 확보된 개량 기술이 주로 중심이 된다. 시장 고객의 수요에 근거하여 제품이 개발되므로 사업화 리스크가 상대적으로 테크 푸시 방식보다 작고 해당 제품에 대한 시장 확산이 쉽게 이루어진다. 아울러 비교적 짧은 시간 내에 시장 고객을 확보할 수 있다.

기술 사업화를 추진함에 있어 쉽게 빠질 수 있는 함정 중 하나가 원천 기술이나 플랫폼 기술들이 산업 파급 효과가 클 수 있다는 것이다. 하지만 해당 기술의 특성상 응용 분야가 이미 확고히 결정되어 있거나 유관 시장이 형성되지 않은 경우가 대부분이다. 혁신 기술의 사업화에 있어서 해당 기술의 세부 응용 분야와 고객 시장에 대한 면밀한 조사 없이 기술 공급자 중심의 '테크 푸시' 방식으로 사업화를 추진하고자 하는 유혹에 빠질 수 있으므로 유의해야 한다.

대학의 원천 기술 연구를 통해 많은 혁신 기술들이 개발되었지만 실제적으로 그다지 많지 않은 원천 기술들만이 자체 시장 확보에 성공하였고(예를 들어, DNA 재조합, PCR 유전자 증폭기, LED 발광체, 레이저 등), 대부분의 혁신 기술들은 시장 수요와 관련해 앞으로도 더 많은 개발이 필요하다는 것을 알 수 있다.

3.3
핵심 단계 2: 직무 발명의 신고

연구자가 캠퍼스의 연구 시설과 인력 등을 활용하여 창출한 연구 개발 성과물이 산업적 활용 가치가 있다고 판단되면 행정 절차를 통해 대학 TLO에 직무 발명 신고를 해야 한다. 대학에 발명 신고를 함에 있어서 다음 질문에 관해 명확하게 이해하고 진행하는 것이 바람직하다.

연구자의 발명은 누구의 소유인가?

대학의 연구자가 발명 신고하여 확보한 지식재산 권리에 관해서는 대학이 소유권을 갖는 것이 일반적이다. 부연하자면 일반적으로 대학에서의 발명은 대학 소속 인력으로서의 연구자가 캠퍼스 연구 시설을 활용하여 학생 교육 이외의 대학의 또 다른 미션이며 직무라고 할 수 있는 연구 업무를 통해 창출된 것이므로, 그 성과물은 직무 발명으로 사용자인 대학이 소유한다. 하지만 대학 연구자의 발명이 자신의 전공 분야 연구 개발 업무와 무관하게 창출되었다면 이는 자유 발명으로 연구자 소유이다.

그러므로 대학의 직무 발명과 자유 발명을 구분하는 기준에 관해 명확하게 인식할 필요성이 있다. 대학의 직무 발명이란 발명 내용이 사용자 대학의 업무 범위에 해당되며 대학의 자금, 시설, 장비 또는 인력 등을 활용하여 종업원인 대학 연구자가 창출한 것을 말하며, 해당 직무 발명의 소유권은 사용자인 대학이 갖는다. 자유 발명은 대학 연구 시설이나 인력, 자금 등 아무런 지원 없이 연구자 스스로 창출한 발명으로 연구자의 전공 분야 또는 업무 범위와 무관한 발명은 연구자의 개인 소유가 된다.

연구 개발 자금 지원에 의한 소유권: 대학 연구자에 의한 연구 개발 성과물에 관한 소유권은 연구 개발 자금이 누구로부터 지원되었는지에 따라 달라진다. 미국의 경우 대학 연구자가 연방정부의 연구 개발 자금을 지원받아 그 성과물로 창출한 발명은 베이–돌 법에 의해 대학이 소유한다. 대학 TLO는 신고된 직무 발명을 지식재산 권리인 특허권 등으로 확보하여 해당 지식재산의 기술이전 또는 기술 사업화에 활용한다. 하지만 기업이나 재단에서 사적으로 연구자에게 자금을 지원하여 얻은 연구 성과물로서 발명이 창출된 경우에는 주로 연구 개발 협약 내용에 따른다. 연구 자금 후원자와 대학 사이에서 체결된 연구 개발 계약을 통해 지식재산 관리 방안과 소유권 귀속 등은 사전 합의된다. 일반적으로 연구 자금 후원자인 기업체 입장에서는 연구 개발 결과로 창출된 신규 발명의 활용을 위해 지식재산에 관한 공동 권리를 주장하거나 최소한 지식재산 라이선싱을 통해 사용권을 확보하는 조건으로 계약을 체결한다.

발명자 권리와 발명 소유권: 발명의 소유권과 발명자의 권리는 유사하지만 차별적 개념으로서 종종 혼돈이 발생하기도 한다. 발명한 자는 발명자 권리에 속하는 발명 인격권과 함께 해당 발명에 관해 특허를 받을 수 있는 발명 소유권도 원시적으로 취득하게 된다. 즉 특허 받을 수 있는 권리인 발명 소유권은 발명자가 인력, 자금 또는 시설 등의 지원을 받지 않고 스스로 창출한 경우에만 발명자에게 귀속되지만, 직무 발명 또는 연구 지원 계약에 의한 발명 등은 해당 계약이나 법령에 의해 발명의 소유권이 제한받는다. 발명자의 또 다른 권리로서 발명 인격권은 발명 소유권의 이전과는 무관하게 발명자에게 전적으로 귀속되는 명예권과 같은 권리이다. 부연하자면 과학기술자가 회사 또는 대학에 고용되어 사용자 연구 시설 또는 인력 등을 이용하여 발명하였다면 이는 발명 소유권이 제한받게 되는 경우이다. 이런 경우 직무 발명에 해당되어 발명 소유권인 특허 받을 수 있는 권리를 고용주인 사용자에게 양도하여야 한다. 한편 별도로 기업의 스폰서 계약에 의해 연구 자금을 지원받아 발명이 창출된 경우 주로 스폰서 기업과 대학이 특허 받을 수 있는 권리를 공유하게 된다.

발명자 보상 제도: 대학에서 직무 발명 신고를 통해 확보된 지식재산 권리가 라이선스 계약 또는 IP 권리 양도를 통해 수익금이 발생하는 경우, 발명자는 대학으로부터 수익금에 비례하여 일정 비율로 분배받을 받을 수 있다. 대학이 연구자들의 연구 개발을 통한 직무 발명 창출을 장려하고 기술이전을 활성화시키기 위한 발명자 보상 제도로서 대학이 확보한 라이선스 수익금의 일정 비율을 발명자인 대학 연구자에게 인센티브로 지급하고 있다.

대학에 발명을 신고해야 할 의무가 있는가?

일부 대학에서는 발명 신고에 관한 의무 규정을 보유하지 않고 연구자들에게 잠재적으로 사업화 가능성이 높은 연구 성과물인 경우에는 이를 발명 신고하도록 독려하고 있다. 이와 달리 대부분의 대학에서는 연구자들이 대학 기술이전 전담조직에 발명 신고를 하도록 의무 규정화하고 있지만, 현실적으로 발명 신고를 하지 않아도 별다른 불이익이나 문제가 없기 때문에 발명 신고에 관한 의무 규정은 대학의 연구자 입장에서 볼 때 그다지 강압적이지 않은 것이 현실이다.

발명 신고를 하지 않고 대학 캠퍼스 외부에서 기술 사업화를 추진한다는 것은 아주 심각한 법적 문제를 야기할 수 있다는 사실에 유의해야 한다. "대학에 발명 신고를 의무적으로 해야 하는가?"에 답하기 이전에 더 근본적인 의문 사항은 "대학에 왜 발명 신고를 해야 하는가?"에 있다. 기술 사업화에 그다지 관심이 없는 대학 교수들은 대학이 연구자의 발명 신고를 통한 대학 소유의 '지식재산 권리화' 자체에 부정적인 견해를 가지고 있다. 이들은 대학의 연구 개발 성과물인 발명 내용은 누구나가 접근 가능한 공공 영역에 공개함으로써 일반 공중이 기술 사업화에 활용할 수 있어야 한다고 주장한다. 하지만 사업화 가능성이 높은 기술을 보유하고 있는 대학 연구자는 가능한 빠른 시일 내에 발명 신고하고, 발명의 내용이 일반 공중에 공개되기 이전에 대학에서 지식재산 권리인 특허 또는 저작권 등을 확보하게 함으로써 기술 사업화 가능성을 강화하고자 한다.

발명 신고는 어떻게 진행되는가?

발명 신고 시점은 빠를수록 유리하다. 발명이 완성되면 가능한 빠른 시간 내에 발명 신고를 함으로써 대학 TLO가 지식재산권 확보를 위한 특허 출원 또는 사업화 가능성 검토를 통해 라이선싱 추진 등 원활한 업무를 추진할 수 있다.

연구 성과물인 발명 내용이 특허 출원 이전에 일반 공중에 공개된다면 신규성 상실에 의해 특허 받을 수 없게 된다.[2] 그러므로 발명 신고를 세미나를 통한 공개 또는 논문 발표 시점에 임박해 하는 것은 아주 위험한 일이다. 대학 TLO는 시간적으로 촉박한 상황이 발생하면 통상적으로 가출원 provisional patent 제도를 활용하여 특허 출원한다.

---

2   한국과 미국의 경우 만일 연구 논문 발표일로부터 12개월 이내(단, 디자인의 경우 6개월)에 출원하지 않으면 한국과 미국에 특허 받을 수 있는 권리가 소멸된다. 하지만 유럽이나 중국은 신규성 상실에 대한 유예 기간이 없으므로 만일 논문으로 연구 성과물이 발표되어 일반 공중에 공지된다면 특허를 받을 수 없으므로 유의해야 한다. 한편 일본과 러시아는 논문 발표 공지 이후 6개월이라는 신규성 상실 유예 기한을 두고 있다.

발명 신고 양식은 발명자가 직접 작성해 제출하여야 한다. 발명 양식에는 다음에 설명하는 내용을 기재하게 되는데, 이러한 정보는 대학 기술이전 전담조직에서 지식재산권 확보와 기술이전 또는 기술 사업화를 위한 업무 추진에 활용된다. 발명 신고서에는 연구 활동을 통해 발명 창출에 기여한 인력 정보를 기재하도록 되어 있다.

발명 신고 시에는 발명의 신규성과 비자명성(진보성), 효과성 등이 상세히 기재된 명세서를 제출해야 한다. 대학 TLO는 발명 신고 명세서를 검토하여 특허 출원에 관한 여부를 판단하며, 또한 이는 특허 출원 제출 서류에 포함되는 특허 청구범위가 포함된 특허 명세서를 작성하는 기초 자료가 된다. 발명의 상세한 설명이 기재된 특허 명세서는 특허 출원 및 등록 과정에서 심사 대상이 되는 핵심 서류로서 향후 일반 대중에게 공개되어 당해 발명을 이해하고 이를 기반으로 새로운 발명을 창출하는 데 많은 도움을 준다.

신고 발명의 인터뷰: 대학 TLO는 발명이 외부에 공개된 경우 신규성 상실에 의해 특허 받을 수 없기 때문에 발명자에게 이를 확인하는 절차를 갖는다. 당해 발명이 세미나 발표 또는 논문 게재 등의 사유로써 일반 공중에 공개된 경우 대학 TLO는 발명의 어떠한 부분이 외부 공개되었는지 검토한다. 일부 핵심 부분이 공개되지 않았다면 이는 특허로서 보호될 수 있기 때문이다. 또한 발명 공개가 공공 장소에서 일반 대중에게 발표하거나 전시 게재된 형태가 아니라 단순히 사적인 장소에서 개인에게 공개한 경우에는 신규성 상실에 해당되지 않기 때문이다.

발명 신고 심의: 대학 TLO는 지식재산심의위원회를 내·외부 전문가로 구성하여 신고 발명을 심의하고 특허 출원 여부와 발명자 리스트를 확정한다. 베이-돌 법에 의해 대학은 발명자에게 라이선스 수익금을 일정 비율로 분배해야 하므로, 만일 기술 라이선싱을 통해 대학이 수익금을 확보하고 있다면 대학의 입장에서는 발명자 확정이 긴요한 사안이 아닐 수 없다.

발명 소유권의 귀속: 발명 신고서에는 연구 개발 자금원에 관한 정보를 기재하도록 하고 있다. 앞서 언급한 바와 같이 대학에서는 대부분 연구 개발 자금 출처에 관련되어 지식재산 권리 귀속이 결정된다. 정부의 연구 개발 펀드를 지원받은 연구 성과물로서의 발명은 베이-돌 법에 의해 대학 소유로 된다. 하지만 산업체 기업 등이 개별 목적에 의해 대학 연구자에게 연구 자금을 지원하여 발명이 창출된 경우 연구 협약서 내용에 의해 당해 발명의 소유권과 지식재산 권리가 귀속된다.

많은 캠퍼스 연구자들은 연구실 공간 밖의 세상과 긴밀한 관계를 구축하고 있다. 예를 들면 연구자의 전공 분야에 있는 기업체 또는 연구소와 다양한 자문 활동을 하고 있는 경우가 많다. 연구자의 발명 권리가 외부 업체와 체결한 자문 계약에 의해 제한받고 있지 않은지 검토할 필요성이 있다.[3] 자문 계약에 명기된 발명 소유권과 관련된 제한 규정은 자문 계약의 종류나 상호 사전 협의에 의해 다양하게 존재할 수 있기 때문이다. 앞서 언급한 바와 같이 연구자의 발명 권리는 기업체의 연구 개발 스폰서 계약에 의해서도 제한될 수 있다.

대학 발명자는 신고 발명에 관해 어떻게 금전적 보상을 받는가?

대학 발명자가 연구 개발 성과물을 대학에 발명 신고하면 대학은 이를 지식재산권으로 확보하여 기술이전 사업화에 활용한다. 대학이 지식재산 권리로서 확보하고 있는 발명 기술을 외부 기업이 활용하여 사업화하고자 하면 대학과 라이선싱 계약을 체결하고 협의된 로열티를 대학에 납부한다. 라이선싱 대금으로

---

3 2011년 대법원 판례 '스탠포드 Vs. 로체'에 의하면 대학과 직무 발명에 관한 계약을 체결한 스탠포드대학의 한 연구 교수가 임상 진단 장비 업체인 '바이오 테크'와 공동 연구 개발 협약을 체결한 후, 연구 발명을 '바이오 테크'에게 양도하였고 '바이오 테크'는 이를 최종적으로 '로체'사에 양도하였다. 공동 연구 개발이 종료된 이후 '바이오 테크'는 시험 방법에 관한 특허를 출원했고 대학으로 복귀한 연구 교수도 시험 방법에 관해 대학에 발명 신고하고 특허 출원하였다. 대법원은 스탠포드대학의 입장을 지지하였다. 그 근거는 '베이돌 법'에 의해 정부 연구 개발 과제에 의해 지원을 받아 창출된 연구 성과물은 주관 기관인 스탠포드대학에 귀속되어야 한다는 것이었다.

대학에 입금된 로열티는 일반적으로 대학과 발명자에게 일정 비율로 분배된다.

대학의 발명자가 자신의 소속 대학에 발명 신고한 기술을 직접 사업화하기 위해 캠퍼스 내에 스타트업을 설립하여 창업주가 되는 경우에 발명자는 해당 스타트업의 주주로서 주식 지분을 확보한다. 스타트업의 성장 과정에서 창업주 보유 지분은 자금 유치 과정에서 지분 희석 과정을 거치지만 스타트업의 기업 가치가 증가하여 기업공개 또는 인수합병이 이루어진다면 대학 발명자는 상당한 금전적 보상을 확보할 수 있다.

일부 대학에서는 대학 발명자가 스타트업의 지분 확보를 통한 수익금과 스타트업으로부터 라이선싱 수익금을 함께 지급받는 이중적 특혜double-dipping를 방지하기 위한 대책을 수립하는 경우도 있다.

START UP 3.4
핵심 단계 3: 지식재산권의 확보

발명자가 대학 TLO에 발명 신고하면 TLO는 내부 심의를 통해 직무 발명의 수리 여부를 검토한다. 만일 신고 발명을 대학에서 수리하고 이를 보호하기로 결정하였다면 기술이전 또는 사업화 전략에 의해 노하우 보호, 특허 출원 등 보호 방법과 시기에 관해 대학 TLO는 보다 면밀한 검토를 한다.

대학 TLO는 소프트웨어 보호를 위한 저작권 등록과 신고 발명을 지식재산 권리로 확보하고 이를 관리한다. 신고 발명이 사업화 가능성이 거의 없거나 명백하게 특허성이 없는 경우를 제외한 대다수는 보호 비용이 상대적으로 적게 지출되는 가출원provisional application 제도를 통해 특허 출원한다.

미국의 경우 가출원 제도를 활용하면 초기 비용 수천 달러 정도의 비용으로 진행 가능하며, 가출원 이후 연구 발명자는 자유롭게 해당 발명에 관한 기술 내용을 공개할 수 있다. 또한 1년 이내에 유관 데이터를 추가 확보하여 정규 출원할 수 있다. 또한 가출원 이후 TLO는 자유로이 라이선싱을 위한 기술 마케팅 활동을 진행할 수 있다.[4]

미국 대학기술이전매니저협회AUTM, Association of University Technology Manager의 조사 결과에 의하면 전체 발명 신고의 절반에 약간 못 미치는 건수가 가출원에 의한 특허 출원인 것으로 나타나고 있다. 만일 신고 발명을 대학 내부 심의를 통해 보호하지 않기로 판단하였다면 해당 발명은 연구 발명자에게 반환해주든지 폐기처분하게 된다.[5]

만일 가출원이 아닌 정규 특허 출원으로 진행하기로 한다면 보다 신중한 접근이 필요하다. 정규 출원인 경우 특허 비용이 약 수십만 달러에 이르는 등 많은 경비가 소요되기 때문이다. 그러므로 특허 출원 이전에 다음 두 가지 중요한 기본적인 질문에 대해 명쾌한 답변을 할 수 있어야 한다.

"보호받고자 하는 발명이 사업화 가능성이 충분히 있는가?"
"신고 발명이 특허 등록받을 가능성을 충분히 가지고 있는가?"

발명의 사업화 가능성을 평가하는 일은 대학 TLO에서 해당 발명에 관한 시장조사와 함께 라이선싱 가능성, 시장 반응 등을 시장 전문가 또는 업계 종사자와의 면담 또는 설문조사를 통해 파악한다.

특허 등록 가능성과 등록 시기의 검토

신고 발명에 관한 특허 등록 가능성은 특허 대리인 또는 IP 변호사들과의 자문을 통해 주로 다음 네 가지 관점에서 검토한다.

---

4   미국 특허제도의 근간을 이루어 왔던 '선 발명주의'가 최근에는 '선 출원주의'로 변경되었으며 이는 대학 TLO의 특허 전략에도 많은 변화를 가져왔다. 가출원 특허에 보다 많은 발명 정보를 포함시키고자 하며, 또한 특허 청구범위 작성의 중요성이 강조되고 있다 .

5   대학 TLO가 만일 연방정부 연구 개발 자금을 지원받은 발명을 반환하고자 하는 경우에는 이를 연방 정부에게 반환하여야 한다. 발명자에게 직접 반환할 수 있는 권리가 없으며 발명자는 연방정부로부터 발명을 반환받을 수 있다.

특허 보호의 대상 관점: 특허 보호의 대상이 되는 발명이란 자연법칙을 이용한 기술적 사상을 말하며, 일반적으로 과학 원리 또는 추상적 아이디어, 수학 공식 또는 자연 그 자체로 존재하는 것이나 의료 행위 등은 특허 받을 수 없는 대상이다. 최근 특허 등록 가능한 대상과 관련한 대법원 판례들을 주목해 볼 필요가 있다. '알리스사 Vs. CLS 은행' 판례에서 연방 대법원은 소프트웨어 알고리즘은 추상적인 아이디어로서 이는 특허 받을 수 없다고 판시하였다. 분자병리학협회와 미리아드제네틱스Myriad Genetics사의 특허 분쟁과 관련해 미 연방대법원이 유전체의 특허 가능성에 관해 판시한 바 있다.[6] 이 사건의 주요 논점은 DNA의 본질로서 DNA 자체는 자연에 존재하는 물질로 비록 이를 격리시켰다고 하더라도 특허 받을 수 없다고 결정하였다. 하지만 인위적인 합성을 통해 생성된 cDNA의 경우는 자연 자체에 존재하는 물질이 아니므로 특허 받을 수 있다고 하였다. 상기 대법원 판례에 의한 여파는 아직도 생명공학 분야에서 진행 중에 있다.

발명의 신규성 관점: 특허 출원 이전에 공공 영역에서 이미 공지된 사실은 신규성이 없으므로 특허 받을 수 없다. 특허 신규성은 공공 영역에 공지된 특허 문서나 논문자료의 게재 또는 박람회, 세미나 등 공공장소에서의 기술 발표 또는 전시 행위 등의 확인을 통해 알 수 있다. 발명자는 특허 출원 이전에 자신의 발명이 공지되었는지 여부를 확인하여야 하며, 예외적으로 공지된 날로부터 1년 이내에 특허 출원하면 이를 신규성 상실로 보지 않는 규정이 있다. 만일 특허 받고자하는 발명의 내용이 특허 출원 이전에 논문 발표, 포스트 게재 또는 세미나 발표 등으로 공공 영역에 공개[7]되었다며 신규성 상실로 인해 특허 받을 수 없지만 예외적으로 공개된 날로부터 1년 이내에 가출원 또는 정규 특허 출원한

---

6   "Opinion of the Court, *Association for Molecular Pathology v. Myriad Genetics*," http://www.supremecourt .gov/opinions/12pdf/12-398 1b7d .pdf (accessed 10 December 2014).

7   일반 대중의 접근이 자유롭지 않은 심사를 위한 논문 투고나 서류 제출은 신규성 상실 공지로 보지 않는다. 초록이나 강의록 또는 프리젠테이션 자료도 공개의 수준에 따라 신규성 상실 공지로 판단될 수 있다. 신규성 상실에 의한 공지에 관한 기준은 당업자 수준에서 동일한 발명을 재현할 수 있을 정도로 공개된 정보를 의미한다.

다면 특허 받을 수 있다.

발명의 비자명성(진보성) 관점: 신고 발명이 속하는 산업 분야의 일반적 수준에서 볼 때 특허받고자 하는 발명이 공공 영역에 있는 선행 기술prior art에 비하여 목적의 특이성, 구성의 곤란성 및 효과의 현저성이 있는지 당업자skilled in the art 수준에서 검토하고 이를 통해 발명의 비자명성(진보성) 여부를 판단한다.

발명의 산업상 이용 가능성 관점: 발명은 구체적이며 신뢰성 있게 현실에서 구현될 수 있어야 하며 산업 발전에 활용될 수 있어야 한다. 이론이나 아이디어 자체로는 보호 대상이 아니다. 산업적인 이용 가능성은 대학 연구실에서 도출되는 발명에는 그다지 큰 이슈가 되지 않는다. 왜냐하면 연구 개발 과정에서 사업화 가능성에 관한 예시들을 통해 거의 검증이 이루어지기 때문이다. 특허 가능성을 사전 검토함에 있어 무엇보다 가장 예견하기 어려운 것은 비자명성(진보성)에 관한 것이다. 왜냐하면 비자명성(진보성) 판단은 심사관이 선행 기술과 비교하여 주관적 관점에서 판단하기 때문이다.

대학 발명 신고를 통해 추진되는 특허 비용과 소요 기간에 관해 캠퍼스 스타트업을 설립하고자 하는 발명자와 대학 TLO 담당자 사이에 다음과 같은 이유로 종종 이견이 발생된다.

산업계 기업 관점의 특허 등록 시기: 산업계에 있는 기존 기업의 특허 출원 기술은 주로 자사 보유의 기존 특허 기술을 기반으로 개량하거나 파생된 사업화 기술로서 이러한 출원 특허는 다음과 같은 이유로 가능한 늦게 특허 등록되기를 희망한다. 첫째, 특허 비용이 본격적으로 발생하기 전에 기업의 개발자가 추가의 연구 개발을 통해 사업화 가능성과 유용성을 강화할 수 있기 때문이다. 둘째, 특허 출원 과정이 개시되어 특허 출원 일자가 확정되면 그날로부터 특허 보호 기간 20년이 시작되는데, 만일 제품 출시가 1년 늦어지면 특허 수명이 1년 단축되는 결과가 초래되고, 특허 등록에 관한 압박이 그다지 크지 않기 때문이다.

대학 연구자 관점의 특허 등록 시기: 대학의 입장에서는 통상적으로 가능한 빠른 시간 내에 특허 등록되기를 희망하며 또한 상대적으로 특허 등록에 관한 압박이 크게 작용한다. 대학의 연구자는 사업화 연구 개발 펀딩을 받거나 연구 실적 평가에 특허 등록이 중요한 요소로 작용되기 때문에 가급적 빠른 시일 내에 특허 등록되기를 희망한다. 아울러 대학 연구실에서 연구 개발 업무를 추진하는 대학원 학생의 취업이나 학위 수여에도 특허 등록이 중요한 사안이므로 이에 관한 압박이 기업의 특허 등록에 비교하여 상대적으로 크다고 볼 수 있다.

시간과 비용에 따른 특허 출원 전략

지식재산(영업비밀, 저작권, 특허 및 상표) 확보와 보호 절차는 해당 지식재산의 유형에 따라 다르겠지만 특허 권리에 관한 일반적인 절차를 표 3.2(미국 기준)에 요약하였다.

특허 출원 시 많은 예산이 소요되기 때문에 대부분의 대학은 예산 부족으로 인해 라이선싱 계약이나 기술 사업화가 이루어지지 않은 상황에서는 해외 개별 국가들을 대상으로 특허 출원을 진행하지 않는다. 하지만 잠재적으로 특허 라이선싱 또는 직접 사업화 가능성이 있는 경우에는 PCT 특허 출원 시 대상 국가를 국내단계 진입 예정 국가로 사전 지정함으로써 개별 국가 진입 시한을 연장할 수 있다. PCT 출원의 국내단계 진입기한은 우선일로부터 30개월이다. 시장 개발 또는 기술 마케팅을 통해 라이선싱 또는 사업화 가능성이 확보된 경우 국내단계 진입 절차를 통해 개별 국가에 특허 받을 수 있다.

PCT 출원에 의한 국제특허 출원은 개별 국가 특허청에 직접 해외 특허 출원하는 절차에 비해 보다 적은 비용으로 진행할 수 있으며, 아울러 PCT 특허의 국제단계에서는 해당 특허에 관해 선행기술 조사보고서search report와 예비심사 preliminary examination 보고서를 받아 볼 수 있으므로 사전에 특허 등록 가능성을 알아 볼 수 있다.

표 3.2_ 미국 특허 출원과 등록 단계에 따른 절차

단계	소요 시간	비용
연구 성과 창출	가변(상황에 따라 다름)	0

- 대학 연구자(교수, 학생 및 스텝)가 사업화 가능성이 있는 창의적인 연구 성과물을 창출
- 발명은 대학이 소유하고 연구자는 발명자가 됨

발명 신고 접수	가변(상황에 따라 다름)	0

- 발명자 교수가 대학 TLO에 직무 발명 신고

발명 소유(출원인) 결정	가변(상황에 따라 다름)	0

- 연구 과제 수행의 결과물로 신고된 발명은 대학 TLO에서 연구 과제 자금원과 과제 계약서, 그리고 유관 협약 내용 등을 검토하여 대학의 발명 승계 여부를 결정하고 소유권을 확보

특허 출원 결정	가변(상황에 따라 다름)	0

- 대학 TLO는 외부 전문가와 어드바이저 등으로 구성된 심의위원회를 구성하고 특허 출원 여부를 결정
- 특허 출원을 위한 발명 심의의 두 가지 관점은 특허 등록 가능성과 기술이전 가능성임

가출원 접수	가변(상황에 따라 다름)	3천~5천 달러 (건당 출원 비용)

- 대학 TLO는 가출원에 의한 특허 출원을 우선적으로 진행
- 특허 출원 비용이 저렴할 뿐 아니라 단순 절차를 통해 신속하게 특허 받을 수 있는 권리 확보가 가능
- 가출원 일자(우선일)로부터 12개월 이내에 정규 특허 출원할지 대학 TLO에서 판단
- 대학 TLO는 발명자 지분과 외부와의 공동 특허 출원 여부에 관해 심의

정규 출원 또는 PCT 국제특허 출원(동시 가능)	가출원 이후 12개월 이내	5천~2만 달러

- 정규 특허 출원 시 특허 등록에 필요한 명세서 내용으로 발명의 상세설명과 특허 청구범위에 관한 내용을 포함하여 제출
- 가출원에 기초하여 정규 특허 출원하거나 또는 국제특허 출원하고자 하는 경우 아래 사항 참고
  1. 가출원 이전에 발명이 공지되었다면 신규성 상실에 의해 보호받을 수 없음
  2. 해외에 특허 출원하는 경우에는 해당 국가에서 기술 사업화가 진행되어야 함
  3. PCT 국내단계 진입까지 최장 18개월의 추가 시간이 확보됨

최초 심사통지서 수령과 특허 출원의 공고	가출원 이후 30개월 이후	의견서 제출 건당 3천~5천 달러

- 특허청 심사관은 정규 출원 접수일로부터 12~18개월에 최초 심사통지서 발송함
- 정규 특허 출원일 또는 PCT 국제특허 출원일로부터 18개월 이후에 특허 출원 명세서가 공개됨
- PCT 국제특허 출원이 가출원 특허에 기초한 우선권 주장 출원이라면 PCT 출원일로부터 6개월 이후에 공개됨(우선권 주장 출원은 최초 출원 이후 12개월 이내에 할 수 있음)

국내단계 진입	가출원 이후 12~30개월	1만~10만 달러 (진입 국가 수에 따라 차이)

- 가출원의 경우 1년 이내에 개별 국가로 해외 특허 출원하거나 PCT 국제특허 출원의 경우 우선일로부터 30개월 이내 국내단계에 진입함으로써 개별 국가의 보호를 받을 수 있음
- 특허 비용은 각 국가에 별도의 특허 출원 비용에 추가하여 번역료가 포함됨

특허 등록 및 공고	가출원 이후 3~5년 소요	1만~5만 달러 (출원에서 등록까지 총비용)

- 만일 특허 등록된다면 특허 기간은 출원일(우선일)로부터 20년

만일 사업성이 없어 해당 국가로 진출하지 않으려면 국내단계에서 특허 출원을 포기할 수 있다. 실제적으로 PCT 특허 출원의 경우 국내단계 진입 시기부터 많은 특허 경비들이 소요된다. 만일에 미국 또는 대상 국가 한 국가만을 특허 출원하는 경우 특허 비용이 급격하게 감소하겠지만 의약품과 같이 전 세계적으로 제품 판매와 글로벌 라이선싱 계획이 있는 경우에는 기술 사업화에 아주 제한적 요인으로 작용하게 된다.

특허 출원 명세서

특허 출원 명세서는 아래 기술하는 바와 같이 '발명의 제목', '배경 기술'과 함께 발명을 설명하는 상세 내용을 포함해야 한다. '발명의 상세 설명'에는 당해 기술 분야의 통상적인 기술 수준을 가진 자가 이해하고 발명을 재현할 수 있을 정도로 서술하고 또한 발명을 구현할 수 있는 적합한 실시 예들을 포함하며, 명세서에 기재된 발명의 실시 예를 통해 구현할 수 없는 경우는 특허 등록되더라도 무효 사유가 될 수 있다. 특허 명세서에는 '도면'과 함께 '특허 청구범위'를 기재하는데, 특허 청구범위는 특허로 보호받고자 하는 발명의 구성이나 물질 또는 방법 등에 관해 종래 기술과의 경계 영역을 명확하게 부각시킴으로써 특허 발명에 관한 배타적인 권리 범위를 설정한다.

일반적으로 특허를 출원하면 심사 과정에서 특허 대리인과 특허청 심사관은

특허 명세서에 기재된 특허 청구범위(클레임)를 넓게 설정할 것인지, 협소하게 부여할 것인지에 관해 의견서 제출 통지서와 답변서를 통해 다툼을 한다.

발명의 제목: 간략 명료하게 작성하되 발명의 핵심 내용을 정확하게 내포하여야 한다.

배경 기술(선행 기술): 발명이 속하는 기술 분야에 관한 설명과 함께 선행 기술에서 해결해야 할 기술적 과제와 연관하여 배경 기술을 간략하게 설명한다.

요약서(초록): 발명에 관한 전반적인 내용을 요약하여 서술하되 선행 기술로부터 해결해야 할 기술적 과제를 당해 발명을 통해 해결한 내용을 중점적으로 부각하여 요약한다.

발명의 상세 설명: 발명 내용에 관해 실시 예를 중심으로 상세하게 서술하되 목적의 특이성, 구성의 곤란성 및 효과의 현저성을 당해 분야에서 통상적인 기술 수준을 가진 자가 쉽게 파악할 수 있도록 서술한다.

도면: 발명 내용을 용이하게 파악할 수 있도록 구성 요소를 상세히 도식화하여 제시한다.

특허 청구범위(클레임): 특허 청구범위는 특허 출원 명세서에 있어 가장 핵심적이고 중요한 항목으로, 발명의 구성 요소와 결합 관계를 구체적으로 기재하여 특허로서 보호받고자 하는 권리 범위로서 설정하는 부분이다. 특허 대리인은 가급적 특허 청구범위를 넓게 확보하여 배타적인 권리를 강화하고자 하며 특허 심사관은 가급적 특허 권리를 협소하게 부여하고자 한다.

- **독립 청구항과 종속 청구항:** 특허 청구범위, 즉 클레임은 전체적으로 일련의 독립 청구항과 일련의 종속 청구항의 조합으로 구성된다. 종속 청구항은 독립 청구항에 항상 종속되어 권리 범위가 한정되거나 또는 구성 요소를 독립 청구항에 추가로 부가하여 권리 범위를 설정하기 때문에 독립 청구항에 비해

권리 범위가 협소하게 설정된다. 즉, 특허 심사 과정에서 독립 청구항의 권리 범위가 과도하게 넓게 설정되어 있다고 판단된다면 독립 청구항의 권리 범위를 포기하고 종속 청구항을 통해 권리 범위를 축소하여 특허 권리를 확보할 수 있다. 그러므로 특허 청구범위를 작성하는 경우 먼저 일련의 독립 청구항을 작성한 이후 각 독립 청구항을 기초로 종속 청구항을 작성한다.

- **특허 청구항의 작성 방법:** 예를 들어 신규한 폴리머를 발명하고 이에 관한 클레임을 작성한다고 가정하자. 먼저 두 개의 독립 청구항으로 작성하되 하나는 폴리머의 조성 성분에 관한 독립 청구항과 또 다른 하나는 폴리머의 제조 공법에 관한 독립 청구항으로 작성한다. 먼저 폴리머 성분에 관한 독립 청구항에 연계되는 종속 청구항은 다양한 모노머 종류와 그 조합으로서의 종속 청구항을 작성하거나 또는 폴리머를 구성하는 모노머의 배합 비율로 권리 범위를 청구하는 종속 청구항으로 작성할 수 있다. 이와 유사하게 폴리머 제조 공법에 연계되는 독립 청구항은 폴리머 제조 시의 적정한 합성 온도에 관한 종속 청구항 또는 모노머 배합 순서와 제조 공정에 관한 내용으로 종속 청구항을 작성하여 폴리머 발명에 관한 배타적 특허 권리를 확보할 수 있을 것이다. 광범위한 권리로 설정된 독립 청구항의 조합으로 작성된 클레임은 발명의 보호에 있어 가장 이상적인 형태이다. 특허 심사관과의 심사 과정에서 일부 청구항이 삭제된다 하더라도 권리 유지된 잔류 청구항에 의해 발명이 일정 부분은 보호받을 수 있기 때문이다. 더욱이 특허 소송에 의해 일부 독립 청구항이 공지된 선행 기술과의 동일 유사성 등의 사유로 인해 무효가 된다 하더라도 독립 청구항보다 권리 범위가 협소한 종속 청구항이 유효하게 존속될 수 있기 때문이다.

특허 출원 절차에 따른 유의 사항

대학 TLO가 연구자의 신고 발명을 특허 출원하기로 결정하였다면 특허 대리인과 발명자가 참석하는 일련의 회의를 갖는데, 종종 TLO의 기술이전 매니저가 참석한다.[8] 최초 출원을 가출원으로 진행하는 경우 특허 대리인과의 공식 미팅이 생략되기도 한다. 가출원한 날로부터 1년이 도래하면 TLO는 해당 출원을 정규 특허로 출원할 것인지 그 여부를 결정해야 한다. 1년이 경과되어도 정규 출원되지 않은 가출원은 특허 출원을 취하한 것으로 간주하기 때문이다. 만일 TLO에서 정규 특허 출원을 결정하였다면 이 시점에서 특허 대리인과 발명자가 함께 출원 명세서 작성에 관한 세부적 논의가 필요하다.

대부분 대학의 전담 특허 대리인들은 이공계 학위를 보유하고 과학기술 이해도가 높은 법률 전문가이다. 하지만 이들은 대학에서 특허 발명을 창출한 연구자의 전공 분야와는 다른 분야의 전문가이므로 발명자로부터 기술적인 해결 과제와 발명을 통한 해결 방법에 관해 충분하게 설명을 듣고 이해하여야 한다.

발명자는 자신이 창출한 발명에 관해 전담 특허 대리인 및 TLO 매니저와 적극적으로 항상 긴밀하게 소통할 수 있어야 한다. 전담 특허 대리인은 발명에 관한 전문적인 내용과 상세 기술 정보를 바탕으로 보다 강한 특허 권리를 충분히 확보하도록 도움을 주며, TLO 매니저는 사업화 가능성을 포착하고 이를 기업체를 대상으로 하는 기술이전이나 사업화를 위한 스타트업 창업에 도움을 줄 수 있기 때문이다.

특허 출원 시점에서 발명자 인터뷰 시 요구하는 주요 내용은 다음과 같다.

- 해결하고자 하는 과제와 이를 어떤 방법으로 해결하였는지에 대한 간략한 설명
- 당해 발명과 연관하여 공공 영역에 존재하는 모든 선행 기술에 관한 리스트 제출
- 각 선행 기술의 핵심 내용과 당해 발명을 비교하여 어떤 차별성이 있는지 설명

8　대학 TLO는 주로 자체 예산으로 특허 대리인을 고용하고 있지만 대부분의 명세서 작성과 특허 출원 업무는 외부 전문가들에게 위임한다. 왜냐하면 특허 출원하고자 하는 기술 분야에 특화된 대리인의 도움이 필요하며 특히 화합물 합성이나 유전자 발명 관련 특허는 고도의 전문성을 필요로 하기 때문이다.

- 당해 발명의 어떤 부분에 차별성이 있는지 구체적 용어로 보다 명확하게 설명
- 당해 발명의 독특한 장점과 가치에 관해서 간략하게 설명
- 시장 고객의 관점에서 당해 발명의 가치는 무엇인지 설명(기존 제품보다 얼마나 저렴하며, 편리하고 좋은 장점이 있는가)
- 발명자로 등재 가능성 있는 모든 연구자들을 취합하여 리스트로 제출(최종 발명자는 TLO와 특허 대리인이 심의 결정하는 것이 바람직함)
- 당해 발명과 연관되어 출원 중이거나 또는 등록된 모든 특허 리스트를 제출

통상적으로 특허 명세서는 출원 접수 이전에 몇 번의 수정과 보완 절차를 통해 완성된다. 가출원이 아닌 정규 출원으로 특허청에 접수되면 특허 심사관이 특허 명세서를 심사하고 최초 심사 통지서를 발송하기까지 통상 출원일로부터 6~18개월 정도 소요된다. 최초 심사 통지서 발송을 시작으로 심사관과 특허 대리인 사이에는 보다 많은 정보 교류가 이루어지고, 최종 심사 통지서를 획득하기까지 특허 등록 결정 여부와 함께 특허 청구범위에 관한 다툼이 본격적으로 진행된다. 궁극적으로 심사관은 최종 심사 통지서에 특허 등록 결정 또는 거절 결정을 하게 된다.

소프트웨어 저작권의 보호

교수 또는 대학 소속 연구원이 개발한 독창적인 소프트웨어는 상당한 사업화 가치가 있을 수 있으므로 지식재산으로 보호받아야 할 필요성이 있는데, 소프트웨어는 저작권에 의한 보호 대상이다. 저작권법은 저작물을 최초로 창작한 자에게 그 저작물의 소유권을 부여한다.

저작권의 보호 대상: 저작권은 주로 인간의 문화 예술 영역에서 독창적인 표현에 기초한 이노베이션을 보호하기 위한 지식재산 법률로서 보호 대상이 되는 영역은 주로 학술 논문, 문학, 도서, 음반, 컴퓨터 프로그램과 비디오, 사진 등의 영

상물과 그림, 조각 등이 포함된다. 인간의 창의성을 보호하는 관점에서 지식재산 제도를 크게 고찰하면 특허는 신규성 있는 아이디어를 보호하는 반면 저작권은 독창성 있는 표현을 보호한다고 할 수 있다. 대학 TLO는 특허 발명과 연관된 지식재산 포트폴리오로서 소프트웨어 프로그램 저작권을 국한하여 관리하는 것이 일반적이다.

소프트웨어 보호의 문제점: 저작권에 의한 소프트웨어의 보호에 취약점이 있을 수 있는데, 다수의 소프트웨어 개발자가 독창적인 방식으로 각각 종래의 문제를 해결하기 위해 유사한 수단을 개발하였다고 하면, 후에 개발된 기술이 원작 기술과 거의 유사하더라도 이를 권리 침해로 판단할 수 없기 때문이다. 더욱이 소프트웨어 저작권 침해 소송에 있어 근본적 유사성에 관한 판단에는 프로그램 기술의 노하우에 관한 심층적 이해가 필요하고 이러한 컴퓨터 코드와 알고리즘을 평가하고 전문적으로 판단할 수 있는 법관은 거의 드물다.

특허에 의한 소프트웨어의 보호: 저작권으로 소프트웨어를 보호하는 것이 충분하지 않기 때문에 특허에 의한 소프트웨어 보호 이슈들이 지속적으로 제기되어 왔다. 1995년에 등록된 미국 특허 중 약 400건이 소프트웨어를 포함하고 있었으며 2010년에 이르러서는 그 숫자가 6,000건으로 대폭 증가하였다. 소프트웨어 자체는 수학적인 알고리즘이므로 특허 등록 대상이 아니다. 하지만 소프트웨어가 기기장치 또는 컴퓨터 프로세서 등 하드웨어에 연동되어 독창적이며 구체적으로 작용하는 경우에는 특허 등록이 가능하다. 미국 대법원의 소프트웨어 특허에 관한 판례는 사안에 따라 인정 기준이 다소 보수적이거나 또는 관용적인 판결이 혼재해 있다. 그러므로 소프트웨어 특허에 관한 정형화된 기준은 아직은 불확실하며 향후 추가적인 판례에 의해 정립될 과제로 남아 있다.

영업비밀, 기술 노하우 등에 의한 보호

대학에서 IP 관리와 연관해 영업비밀에 관한 이슈가 종종 제기가 된다.[9] 대학의 미션은 교육 및 연구를 통해 창의적 발명과 새로운 지식을 사회로 확산 전파하는 데 있기 때문에 영업비밀 또는 기밀 정보에 의한 대학의 IP 관리는 부적합하게 보인다. 하지만 대학에서의 연구 성과 발명이 특허 출원 계류 중에 있는 경우 기술 정보들은 등록 절차를 통해 공개되기 전까지는 모두 영업비밀 또는 기밀 정보에 해당된다. 일반적으로 특허 출원인 경우 특허 공개되기까지는 출원일로부터 약 18개월이 소요된다.

연구노트 관리를 통한 영업비밀 보호: 대학 연구자가 자신의 연구 성과를 특허 권리로 확보하기전에 기술 노하우를 영업비밀이라는 지식재산으로 보호하기 위해 어떤 일들을 해야 하는가는 중요한 이슈이다. 연구 개발 과제를 수행하는 대학 연구원이 연구노트를 어떻게 작성하고 관리하는가는 대학의 지식재산 전략을 어떻게 수행하는가를 보여주는 중요한 사안이다. 이에 관해 보다 구체적인 지침과 관리 방안은 대학 TLO 또는 대학의 IP 전문가와 상의하는 것이 바람직하다.

NDA 협약을 통한 상호 협력: 당사자 상호간의 기밀 정보를 유지하고 이를 제3자에게 공개하는 것을 방지하기 위해 주로 비밀유지협약 NDA, Non-Disclosure Agreement을 체결한다. 대학과 이러한 협약을 체결하는 대상은 주로 대학 기술을 이전받거나 사업화하고자 하는 개인 사업자 또는 기업이다.[10] 여기서 이해 충돌의 이슈가 되는 사안은 자신의 연구 성과를 기초로 연구자가 직접 스타트업을 설립하여 사업화하고자 하는 경우이다.

---

9   대학 IP로서 영업비밀은 주로 실험실 연구노트를 통해 관리가 이루어지며 연구실의 노하우가 아닌 영업비밀로서는 대학 병원의 환자 데이터 또는 학생 기록 정보 등이 있을 수 있다.

10 대기업으로부터 대학이 연구 개발 자금을 지원받아 연구를 수행하는 경우, 대학은 연구 후원 기업과의 비밀유지협약과는 별개로 기술 사업화 대상인 스타트업과 비밀유지협약을 체결하는 것이 일반적이다.

스타트업과 대학과의 NDA 협약 체결: 대학 연구자가 어드바이저 또는 외부 사업가 등을 만나 자신이 보유하고 있는 연구 성과를 스타트업 사업화하는 것에 대해 협의하는 경우, 보유 기술과 관련하여 기밀 누출이 우려되는 상황이 발생한다. 스타트업이 대학의 TLO로부터 기술 라이선싱 계약을 체결하기 전까지는 대학과 스타트업 사이에 NDA 협약 체결을 통해 비밀 유지를 강제할 필요성이 있다.

NDA 협약을 통한 정보 공유: 대학의 기술이전 또는 사업화 초기 단계에서 외부에는 공개된 자료만을 제공하는 것이 바람직하다. 향후 상호 검토를 통해 외부 기업과 대학이 사업화 또는 기술이전에 긴밀히 협의하기로 하고 라이선싱 계약이 체결된다면 비밀유지협약을 통해 특허 계류 중인 명세서를 포함하여 연구 성과를 공유할 수 있다. 마찬가지로 대학도 외부 기업과의 비밀유지협약인 NDA 또는 CDA Confidentiality Disclosure Agreement 협약 체결을 통해 사업 계획서 또는 재무 현황 등을 공유할 수 있다.[11]

3.5
핵심 단계 4: 어드바이저 및 멘토 확보

대학의 연구 성과물에 대한 사업화 가능성이 포착되면, 스타트업 창업을 계획하는 연구자는 사업화 기술을 보호하기 위해 대학으로부터 IP 라이선스를 확보해야 한다. 다음 단계로 스타트업 설립 및 투자 유치와 제품 개발, 그리고 매출 증대를 통해 기업공개라는 출구전략 달성과 사업 추진을 위해 전문 인력을 확보하는 일이다.[12]

---

11 일부의 경우 3자 간의 비밀유지협약을 체결하는데, 대학과 스타트업, 스타트업의 협력 파트너사 3자 간의 경우로 투자자인 벤처 캐피탈 등은 NDA 계약의 당사자가 되지 않는 것이 일반적이다.

12 대학 보유 기술 사업화 방식은 기존 기업에 대한 기술이전을 통한 방식보다 스타트업 설립을 통한 방식이 산업 파급 효과 등의 측면 등에서 보다 유리한데, 이는 지역의 성장 동력과 일자리 창출 등을 위한 스타트업의

캠퍼스 스타트업이 기업공개라는 궁극적 목표 달성을 위해서는 시작 단계에서 사업화 전문가의 조언을 청취하고 의견을 수렴하는 공식적 소통 채널 확보가 무엇보다 중요하다. 스타트업 초기에 필요한 전문 인력으로 어드바이저와 멘토를 활용할 수 있다. 이들은 주로 창업주인 대학 연구자와의 개별적 인맥을 통해 채용되며 사업 전략 수립, 사업화 기술 및 제품 개발, 제품 인증, 자금 유치, IP 라이선싱, 제품 판매 및 마케팅, 사업 개발 등 스타트업의 성장 과정에서 중요한 지원 역할을 수행한다.

스타트업 설립 초기 단계에서 어드바이저와 멘토를 확보해야 하는 이유는 다양하게 있을 수 있다. 그중 가장 중요한 이유는 보유 기술의 시장 제품화라 할 수 있다. 어드바이저와 멘토는 그들의 전문성을 기반으로 초기 스타트업의 요청에 따라 필요한 조언과 함께 중요한 자문 역할을 할 수 있다.[13] 다음으로 중요한 이유는 스타트업 설립 초기의 어드바이저와 멘토 채용은 향후 회사 경영을 이끌어 나갈 이사회 구성과 경영진을 확보하는 일련의 과정이기 때문이다.

스타트업 창업주는 외부와의 다양한 교류를 통해 보유 기술 사업화에 적극적 관심이 있으며 회사 경영에 참여할 의사가 있는 전문 인력을 발굴하여 스타트업 초기의 어드바이저와 멘토로 활용할 수 있다. 만일 어떤 어드바이저가 스타트업의 비즈니스 케이스를 개발하는 데 도움을 주고 실제 기업 설립에 역할을 한다면, 이는 해당 어드바이저가 경영 참여에 관심이 있다는 신호이다. 스타트업 창업주는 다양한 어드바이저들과 1:1 방식의 미팅을 통해 개별 성향과 전문성을 파악하여 회사 설립과 운영에 지속적으로 도움을 줄 수 있는 어드바이저

중요성을 전제하고 있다. 1장에서 논의한 바와 같이 스타트업 설립을 통한 기술 사업화의 대상이 되는 기술은 주로 혁신적인 원천 기술로서 다양한 산업과 시장의 여러 측면에 응용 가능한 플랫폼 기술이 적합하다고 할 수 있다. 특히 보유 기술과 관련해서는 IP 보호가 강력하게 이루어져야 하며 해당 기술에는 발명자의 정교한 지식과 노하우가 내재되어 있어야 한다.

13 어드바이저와 멘토 미팅에서는 보유 기술에 관해 충분한 이해를 전제로 사업화 기회에 관한 심도 있는 논의가 이루어져야 한다. 예를 들어 기술 응용 분야에 가장 적합한 제품 시장에 관한 검토와 사업화 펀드 유치에 관한 옵션들이 함께 논의될 수 있을 것이다.

그룹을 확보해야 할 것이다.

어드바이저 및 멘토의 발굴

어드바이저와 멘토를 물색하는 일은 상당히 어려운 일이다. 특히 창업주인 대학 연구자로서는 비즈니스 시장 영역과 기업 사회에는 그다지 강력한 연결고리가 없으므로 더욱 쉽지 않은 일이다. 스타트업이 위치하는 해당 지역과 떨어져 있는 인재를 어드바이저와 멘토로 채용할 수도 있지만 가급적 지역 내의 인재를 채용하는 것이 접근 활용성 측면에서 보다 유리하다. 일반적으로 스타트업의 어드바이저와 멘토의 채용 경로는 다음과 같이 정리할 수 있다.

지인의 추천 또는 소개: 지인의 추천이나 소개를 통해서 어드바이저와 멘토를 확보하는 것이 가장 바람직한 방법이다. 추천 과정에서 인력의 전문성이나 적합성 등에 관해 어느 정도 검증되기 때문이다. 창업주가 어떤 인재에게 도움을 요청하였으나 사정상 거절하는 경우 그를 통해 적합한 인재를 추천받을 수도 있다.

TLO 보유 전문 인력풀 활용: 대학 TLO는 일반적으로 기술 사업화 전문 인력의 리스트를 확보하고 있기 때문에 TLO를 통해 어드바이저 또는 멘토를 추천받을 수 있다. 예컨대 또 다른 캠퍼스 스타트업의 전임 CEO나 비즈니스 업계에서 은퇴한 전문 인력 또는 지역에 거주 중인 기업가 등이 해당된다.

연구자의 인적 네트워크 활용: 대학 연구자 중 과거 산업체 경력이 있는 이들은 해당 분야 인력과의 네트워크 또는 연결고리를 가지고 있다. 이들을 통해 어드바이저 또는 멘토를 추천받거나 소개받을 수 있다.

대학 내 경영대학원 활용: 대학에서 기업체 CEO 또는 임직원을 대상으로 하는 경영대학원을 운영하고 있다면 이에 관한 정보를 통해 인재를 확보하거나 추천인을 물색할 수 있다.

산업체와의 연계 행사 활용: 산업체와 연계되어 진행하는 기술 세미나, 포럼 그리고 네트워킹 행사 등에 참가하여 인재 정보를 확보할 수 있다.

소셜 네트워크 서비스 활용: 링크드 인linked-in과 같은 소셜 네트워그 서비스의 인력 정보를 통해 필요한 인력을 채용할 수 있다.

어드바이저 및 멘토의 활용

인재 리스트가 확보되어 스타트업의 어드바이저로 채용하고자 한다면 가장 먼저 해야 할 첫 단계는 사업화 대상의 기술성과 사업성에 관해 효과적으로 소통하는 것이다.

기술 사업화 제품이 아직 미성숙 단계에 있고 비즈니스 모델의 개발도 필요하지만 그럼에도 불구하고 혁신적인 보유 기술의 사업화 가능성은 많은 이들의 관심과 열정을 불러일으킬 수 있다. 일부 사람들에게는 유명 저널에 게재된 논문을 배포하는 것으로 충분하겠지만 전공 분야를 벗어나 있는 대상 인재들을 위해 보유 기술의 세부 내용과 사업화 방안을 개괄적으로 요약한 슬라이드를 작성하여 배포하는 것도 필요하다.

연구자 창업주는 기술 사업화 홍보 과정이나 지인 소개나 추천 등을 통해 발굴한 자문 인력 중 스타트업의 어드바이저 또는 멘토로 채용 가능성이 있는 이들과 식사 또는 티-타임 미팅을 통해 1:1 면담을 추진한다. 물론 이 경우에 소요되는 부대 경비는 창업주가 부담해야 한다는 것을 잊어서는 안 된다. 필요하다면 다수의 어드바이저 그룹들과 함께 식사와 차를 하면서 보유 기술 사업화에 관해 토론한다면 더욱 유익할 수 있다.

어드바이저 또는 멘토 그룹들이 스타트업의 사업화 기회에 대해 공동의 토론 기회를 갖는 것은 동기 부여의 중요한 계기가 된다. 기업 설립 이전 단계에 갖는 이러한 어드바이저 모임을 '어드바이저 이사회board of advisors' 또는 '비즈니스 어드바이저 이사회business advisory board'라고 할 수 있다. 이러한 어드바이저 이사회는 아직 스타트업이 법적으로 설립되지 않았으므로 공식적 회사 조직은 아니지만 실질적인 역할을 하는 것으로 외부에 인식된다. 회사가 정식으로 설립되면 이사회 구성원으로서 향후 회사에 실질적으로 기여할 어드바이저에게 일정 지분을 분배하는 것도 하나의 좋은 방안이다.

값진 조언을 대신할 수 있는 것은 아무것도 없지만 타인의 조언을 구하고자 할 때에는 반드시 아래에 제시한 몇 가지 격언을 참고해야 한다.

"지불한 만큼 얻는다."

기술 사업화 자문에 대한 대가로 지불하는 커피 한잔 값은 법률 상담에 대한 대가로 지불하는 변호사 비용과는 차원이 다르다. 커피 한 잔으로 얻은 기술 사업화에 관한 자문 내용이 변호사의 법률 자문 이상의 소중한 값어치가 있을 수 있지만, 중요한 것은 자문 비용으로 지불하는 대가에 상응하는 소중한 자문을 받을 수 있다는 것이다.

"누구나 의견을 갖고 있다."

어느 관점에서 연구와 기술 개발을 추구하는 세상이 흑백의 세계라면 기술 사업화를 위한 비즈니스 세계는 이와는 완전히 다른 회색의 세계가 연출된다.

비즈니스 세계에서 다섯 명의 전문가에게 사업화에 대한 동일한 질문을 던지면 다섯 개의 다른 답변을 내놓는다. 사업화의 길에 특별한 왕도와 정석은 없다는 상황을 반영하는 것으로서, "음, 당신이 …한다면,"으로 시작하는 대부분의 답변은 처한 환경과 상황에 따라 달라질 수 있는 개연성을 전제하는 것이다.

"큰 것은 큰 곳, 작은 것은 작은 곳에서"

조언을 구하고자 하는 경우 장기적인 결과에 영향을 미치고 취소가 어려운 큰 결정에 우선순위를 두어야 한다. 예를 들어 사업화 가능성을 검토하고 제품이 응용될 수 있는 사업 분야에 관한 우선순위를 결정하는 것이 회사의 로고 제작에 관한 자문보다 훨씬 중요하다.

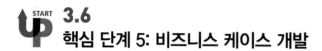

3.6
핵심 단계 5: 비즈니스 케이스 개발

일반적으로 '비즈니스 케이스business case'라고 하면, 목표하는 비즈니스 프로젝트 실현을 위해 자금, 인력 등의 자원을 어떠한 방식으로 투입하여 시장에서 비즈니스 수요를 충족시킬 것인지에 대한 계획이다. 그러므로 경영진이나 투자자는 비즈니스 케이스를 검토하여 새로운 프로젝트에 투자할 가치가 있는지 없는지를 결정한다.

창업을 통해 캠퍼스 기술 기반의 새로운 비즈니스 프로젝트를 추진하는 스타트업의 비즈니스 케이스는 보유 기술의 사업화 추진에 있어 목표하는 개발 제품의 기술 사양과 시장의 수요 정보를 명확하게 제시하는 근거로서, 스타트업 창업에 있어 기술 수요 시장 관점의 논리적 근거 제시를 위한 핵심 자료로 활용될 수 있다.

비즈니스 케이스는 사업 계획서와 달리 보유 기술의 시장 제품화 개발을 통한 기술 사업화에 초점이 맞추어져 있으며, 사업 계획서와 비교하면 보다 기술 시장의 관점에서 구체적이고 핵심적인 정보를 담고 있다. 아울러 양식 또는 형식에 구속되지 않고 보다 자유롭게 작성할 수 있다.

비즈니스 케이스 개발의 목적과 핵심 주제

비즈니스 케이스를 작성하는 핵심적 이유는 사업화 대상 기술과 연관된 고객 수요 또는 시장 규모 등과 같은 제품 시장성 조사에 있으며, 이는 스타트업의 방향 설정에 아주 중요한 요소가 된다. 비즈니스 케이스는 창업주들에게 보유 기술의 사업성 확보에 아주 중요한 근거 자료로 활용된다.

작성된 비즈니스 케이스는 대학의 TLO에서도 해당 기술의 기술이전 마케팅 또는 특허 출원 비용을 지원하는 참고 자료로 유용하게 활용된다. 또한 연구자에게는 회사 설립 여부의 판단뿐 아니라 라이선싱 계약 및 투자 유치 결정의 중요한 자료로 활용된다. 더욱이 비즈니스 케이스의 자료 및 내용은 이후 '사업계획서business plan' 작성의 핵심 기초 자료가 된다.

비즈니스 케이스를 수립하기 위한 시장성 조사에 있어 객관적 자료의 확보는 매우 중요하다. 스타트업에 의해 제시된 혁신 기술이 종래 시장을 급격히 성장시키거나 새로운 융합 시장을 견인할 수 있는지 고객 관점에서 분석하기 위해, 주관적 추론이나 선입관을 벗어난 객관적 관점에서 시장 전문가들이 작성한 자료를 활용하거나 또는 별도 자문을 통해 객관성 있는 자료를 확보해야 한다.

비즈니스 케이스의 개발과 작성 시 다음 두 가지 핵심 주제에 대해 충분한 검토가 이루어져야 한다.

판매 제품의 비전 정의: 고객은 기술을 구매하는 것이 아니라 제품을 구매한다. 제품은 기술을 활용하여 개발된다. 비즈니스 케이스의 개발과 작성의 첫 단계는 판매 제품에 관한 명확한 비전을 제시하는 것이다. 제품 판매를 위해 고객에게 전화를 건다고 상상해보자. 고객에게 어떻게 제품을 설명할 수 있을 것인가? 제품의 장점과 특성을 어떻게 부각시킬 것인가? 제품의 사용 방법은 어떻게 설명할 것인가? 기존 제품과의 차별성은 무엇이고 어떠한 문제점들을 해결하였는가? 제품 사용처를 어떻게 강조하여 설명할 것인가? 등에 관해 명확하게 설명할 수 있어야 한다. 비즈니스 케이스에는 향후 개발 제품의 사양을 확인하고 관련 정보를 보다 상세히 담아야 한다. 제품 비전은 단지 하나의 제품만을 목표하는 것이 아니다. 비전을 통해 제시되는 제품은 최종 개발된 제품뿐 아니라 기술개발에 의해 향후 지속적으로 구현되고 완성되어야 갈 이상적 제품을 의미한다.

개발 제품의 시장 수요 파악: 비즈니스 케이스 작성에 있어 가장 중요한 요소는 시장 수요의 파악이다. 하지만 기술의 종류나 출시 제품에 따라 접근 방법은 다를 수 있다. 어떻게 시장에서의 제품 수요를 파악할 수 있을 것인가? 웹사이트를 검색하거나 시장조사 보고서로부터 제품 수요에 관한 정보를 입수할 수도 있지만 가장 바람직한 방법은 수요가 예측되는 가상 제품을 개발하여 다수의 잠재 고객들을 대상으로 설문조사를 통해 파악할 수 있다. 사업 계획서 작성 단계에서의 수요 조사와는 달리 시장의 다양한 분야를 대상으로 조사를 진행하고 여러 차례 반복적으로 실시해야 한다. 또한 사업 계획서 단계에서의 시장 수요 조사와 같이 광범위한 인터뷰를 통한 조사는 필요하지 않지만, 잠재 고객들과의 면담을 통해 개발 제품에 관한 시장 수요 정보를 확보할 필요성이 있다.

비즈니스 케이스 작성 실무

앞서 서술한 핵심 주제에 대한 검토 후 비즈니스 케이스 작성을 위한 실무 절차와 비즈니스 케이스에 담겨야 할 구체적인 내용을 살펴보면 다음과 같다.

제품 소개서: 애매모호하게 정의된 제품의 비전은 시장에서 불확실한 반응을 가져올 뿐이다. 제품의 비전에는 특징, 장점 그리고 사용처 등 제품의 핵심 사항을 명확하게 요약하여 설명하되 한 페이지 정도의 분량으로 소비자와 소통하는 것이 바람직하다.

시장 수요 조사: 시장 수요 조사를 위한 다양한 잠재 고객을 찾는 데 도움받을 수 있는 지인이나 인근의 조력자들을 확보하는 것이 중요하다. 예컨대 대학 TLO, 직장 동료, 지인, 어드바이저 또는 가족 등을 활용한다. 이들의 도움을 받아 잠재 고객 리스트를 확보하고 인터뷰를 통해 요구 사항을 보다 구체적으로 파악한다. 잠재 고객과의 인터뷰를 위해서는 이메일을 통해 앞서 작성한 제품 소개서를 전달하고 면담 일정 또는 전화 상담 일정을 잡는 것이 바람직하다. 고객과의 면담 또는 유선 인터뷰는 주로 다음 세 가지 주제 영역에서 이루어진다.

1. 기존의 시장 제품과 관련한 각종 문제점
2. 종래 제품을 해결하기 위해 제시된 솔루션
3. 새로운 솔루션에 의해 개발된 신제품에 관한 고객 의견

시장 규모의 추정: 비즈니스 케이스 작성에 있어 중요한 사항은 연관 수요와 관련하여 얼마나 많은 고객들이 존재하는지 시장 규모를 계량적으로 파악하는 것이다. 시장 규모를 추정하는 방법으로 다음의 두 가지가 있다.

시장 수요 예측에 의한 추정

판매가 예상되는 목표 시장에서 수요 예측을 통해 예상 매출을 추정하는 방법이다. 목표 시장의 수요 예측 시 이를 뒷받침하는 논리적 근거가 빈약하거나 또는 추정자의 주관적인 관점에 의해 수요 예측이 크게 벗어날 수 있다는 위험성이 있다.

매출 자료 확보를 통한 추정

기존 시장에서 이미 제품을 판매하는 기업들의 매출 자료를 확보하여 목표 시장 규모를 추정하는 방식이다. 만약 매출이 공공 기업이나 대기업 주도로 발생하고 있다면 매출을 선도하는 주요 기업들의 매출 합산을 통해 어느 정도 객관성 있는 추정이 가능하지만, 개인 기업 또는 다수의 기업에 의해 시장이 세분화되어 있는 경우 시장 규모 파악이 상당히 힘들 수 있다.

두 가지 접근 방식에 의해 시장 규모가 비슷하게 추정 산출된다고 가정하면 이를 통해 신제품을 개발한 벤처 스타트업이 목표하는 시장을 비교 추론해 볼 수 있다. 예컨대 암세포 영상을 확인할 수 있는 신제품 현미경을 개발한 스타트업이 해당 제품의 가격을 75,000달러로 책정하였다고 가정하자, 시장 수요 예측 방식을 통해 예상되는 미국과 유럽의 시장 규모는 다음 페이지의 표와 같이 추정 가능하다.

또 다른 접근 방법으로 매출 자료 확보에 의해 시장 규모를 추정하는 경우, 현재 시장에 활동 중인 암 진단 현미경 제조사들을 파악하고 각 제조사별 연간 매출액을 파악한다.

암 연구 수행을 하는 연구 중심 대학 수(핵심 시장)	2,000개
연구 중심 대학 중 의과대학 보유 비율	20%
대형 의료병원 수(대학 자매 병원 제외)	300개
대형 의료병원과 의과대학의 총 수	700개
대형 의료병원과 의과대학의 암연구센터 수	210개
대형 의료병원과 의과대학의 암 연구원 평균 수	25개
암 연구실에서 현미경을 사용하는 평균 수	2개
해당 시장에 가동 중인 현미경의 총 수	10,500개
연간 암 진단 현미경 시장 증가 비율	8%
연간 암 진단 신규 현미경 구매 수	840개
연간 암 진단 현미경 교체 비율	15%
신규 교체된 암 진단 현미경 수	1,575개
매년 구매한 암 진단 현미경 수	2,514개
시장 규모의 추정 : 현미경 수 × 75,000달러	1억8천1백만 달러

만일 암 진단 현미경 시장을 선도하는 상대적으로 큰 대기업 두세 곳에 관한 매출이 확인 가능하다면 나머지 중소기업들의 매출은 앞서 수요 예측을 통해 추정한 전체 시장 규모와 비교 분석하여 추정할 수 있으므로 스타트업의 초기 시장 진입을 위한 전략 수립에 활용할 수 있다.

위에 설명한 시장 규모 추정의 두 가지 접근 방법에는 모두 가정이 전제되어 있음을 알 수 있다. 위의 예를 든 시장 수요 예측에 있어서는 '연구실에서 보유하고 있는 진단 현미경의 평균 보유 수'의 추정 시 객관적 자료가 전제되어야 한다. 또한 매출 자료 확보를 통한 추정 시 'X사의 총 매출에서 암 진단 장비 매출이 차지하고 있는 비율'에 관한 객관적 근거가 필요하다. 이러한 가정은 가급적 명확하게 제시되어야 하며 참고 자료 또는 출처 인용 등을 통해 객관적 신뢰성을 확보해야 한다. 그러므로 시장 규모의 추정에 있어 가장 중요한 것은 얼마나 객관적 신뢰성을 확보한 가정을 통해 접근하는가에 있다. 암 진단 현미경의 사례에서 보듯 연간 얼마나 많은 수량의 현미경이 교체되는가를 가정하여 시장 규모를 추정한 방법이 가장 좋은 접근 방법이라고 할 수 있다. 즉 시장 규모가 가정에 의해 추정되므로 시장 규모 파악 시 최소 추정치와 최대 추정치로 영역화하여 제시하는 것이 바람직하다. 예시에서 연간 암 진단 현미경의 교체 비율을 제시할 경우 2%~15%로 추정 제시(최소 2%, 최대 15%)할 수 있다. 이러한 접근 방법은 모의 가정에 의한 개괄적 추정 결과로 실제 이를 적용하여 계산하면 상당한 차이가 나타날 수 있다. 즉, 시장 성장률이 8%가 아닌 최소 추정치 4%인 경우 어떠한 결과가 나타날 것인가? 암 연구실에서 현미경을 사용하는 평균 숫자를 두 개가 아닌 네 개로 가정하면 시장 규모는 어떻게 달라질 것인가? 그러므로 이러한 시장 규모를 추정하는 경우 최소치와 최대치의 경우에 관한 시나리오를 함께 추정하고 그 추정 근거를 가능한 객관적 자료로 뒷받침할 수 있어야 한다.

시장 규모와 분석 내용은 시중에 유통되는 시장조사 보고서를 통해 확인할 수 있다. 이 보고서는 시장 연구를 전문으로 하는 기관 또는 기업에서 작성하여 판매하는 것으로 세부 산업 분야별 미래 시장에 대한 경쟁 요소와 시장 성장 요인들을 파악해 시장 규모를 추정 분석한 보고서이다. 이러한 시장조사 보고서를 활용하면 비즈니스 케이스 작성에 많은 시간을 절감할 수 있다. 하지만 이러한 시장조사 보고서는 수천 달러에 이르는 고가이며 질적 측면에서도 다를 수 있으므로 활용에 제약이 있을 수 있다. 만일 비즈니스 케이스 작성 시 시장조사 보고서를 활용하고자 한다면 개발 제품에 관한 목표 시장과 시장조사 보고서에서의 시장의 정의가 상호 일치하는지 반드시 확인해야 한다. 예컨대 의료과학연구 장비의 시장 규모는 현미경 시장보다 상대적으로 크며 또한 암 진단 현미경 시장의 규모는 상대적으로 현미경 시장보다 작기 때문이다.

시장 규모와 관련하여 밀접한 연관을 갖는 것이 시장의 성장률이다. 투자자의 입장에서는 시장 성장률이 클수록 좋은데, 시장 규모 및 성장률은 다음에 설명하는 두 가지 핵심 사안과 관련된다.

경쟁 제품 분석: 신규 개발 제품의 성공은 그 특성과 장점이 소비자 수요에 부합할 뿐만 아니라 제품의 특성과 장점, 가격이 기존 제품과 비교해 소비자로부터 선택받아야 한다. 그러므로 경쟁사의 제품 특성과 원가 구조를 잘 이해하는 것은 시장의 역동성에 관한 통찰력을 발휘할 수 있도록 하여 신규 개발 제품이 얼마만큼의 시장 규모를 확보할 수 있을 것인지에 대해 추정할 수 있도록 한다. 시장에서 경쟁 업체를 적으로 간주해서는 안 된다. 유사 제품을 판매하는 회사들이 시장에 존재한다는 것은 신규 제품 목표 시장의 존재를 증명하기 때문이다. 투자자 입장에서 스타트업 기업이 도전하는 목표 시장에 이미 경쟁 업체가 존재한다는 사실은 시장 리스크의 감소 요인으로 판단한다. 다수의 경쟁 업체들이 존재하는 경우 경쟁이 치열한 시장으로 인식하여 이를 회피하고자 하는 경향이 있다. 하지만 경쟁업체가 잠재적 파트너가 될 수 있을 뿐만 아니라 스타트업의 구매자가 될 수도 있다는 사실을 유념할 필요가 있다. 기존 시장 점유율이 큰 대기업 입장에서는 전체 시장 점유율의 확장 차원에서 벤처 스타트업의 시장 제품을 긍정적으로 판단할 수 있다. 왜냐하면 스타트업은 기존 시장과 연계된 인근 시장을 목표로 하기 때문이다.

기술 사업화 리스크 검토: 2장에서 우리는 대학의 스타트업에 투자하는 투자자가 직면하는 리스크 종류에 관해 살펴보고 이를 논의한 바 있다. 이와 유사하게 비즈니스 케이스 개발에 있어서도 유의해야 할 몇 가지 리스크가 존재하는데, 구체적으로는 기술 및 규제 리스크와 시장 리스크이다. 기술 및 규제 리스크는 이 제품이 제대로 작동될 것인가에 관한 리스크이며, 시장 리스크는 고객이 제품을 구매할 것인가에 관한 리스크이다. 비즈니스 케이스를 개발 작성하는 단계에서 이러한 리스크를 심도 있게 검토한다는 것이 쉽지는 않다. 하지만 제품과 연관해 중요한 리스크를 살펴보는 것은 앞에 놓여 있는 장애물을 보다 쉽게 이해하는 데 도움된다.

- **기술 및 규제 리스크:** 기술 기반형 제품의 시장 출시를 통한 사업화 과정에 있어 기술 및 규제 리스크를 진단하는 것은 쉽지 않은 일이다. 이러한 유형의 리스크를 진단하는 경우 단순하게 제품이 개발 목적에 맞게 제대로 작동하는지 생각해 보고 다음 예시와 같은 구체적인 질문을 통해 리스크를 추정하는 것이 바람직하다.

"개발된 약은 환자에게 안전하며 효능이 있는가?"
"표면 코팅은 5분 이상 지속되는가?"
"검사에서 질병은 확실하게 진단 가능한가?"
"동일한 성능으로 재현 가능한가?"

비즈니스 케이스 개발 시점에서 제품의 성패 여부를 예견하는 것은 아주 어려운 일이다. 그러므로 이 단계에서 할 수 있는 가장 바람직한 리스크 진단은 앞으로의 중요한 기술적 장애물이나 개발 목표인 마일스톤들을 보다 세부적으로 도식화하여 제시함으로써 리스크를 최소화할 수 있다. 예를 들어, 폴리머 코팅제 제조 기술 리스크 진단을 위해 먼저 다양한 화학적 성분 합성을 통해 최적화 방안을 모색할 수 있다. 또한 합성된 폴리머 코팅 물질을 서로 다른 물리적 조성 비율로 배합하며 최적의 폴리머 코팅을 위해 다양한 기판 위에 코팅하기도 한다. 보다 광범위한 테스트 진행을 위해 실제 제품이 사용되는 현장 조건에서 폴리머 코팅을 재현할 필요성이 있다.

이렇게 다양한 방식으로 기술 개발 리스크를 진단하고 마일스톤에 의한 기술 장애물 내용을 파악하고 이를 극복하기 위한 세부 계획을 수립해야 한다. 아울러 임상 안전성 또는 환경 법규 등 기술 규제 리스크가 추가로 수반되는 경우 제품 개발 마일스톤은 보다 더 세분화될 수 있다. 하지만 기술 리스크에 관한 진단은 제품의 유형과 속성에 따라 각양각색이므로 제품의 특성에 부합하도록 접근해야 한다.

- **시장 리스크**: 시장 리스크는 고객이 제품 가치를 인식하여 대금을 지불하고 해당 제품을 구매함으로써 기업이 수익을 창출할 수 있는가에 있다. 앞서 언급한 바와 같이 사전 시장조사를 통해 시장 리스크를 진단하는데, 잠재 고객과의 인터뷰를 통해 주로 설문조사가 이루어진다.

  시장 리스크 진단을 위해 인터뷰 대상 고객이 적합하게 선정되었고 또한 조사자가 제품의 특성과 효능에 관해 적절히 설명하였다고 가정하더라도 제품 출시 이전에 진행하는 설문조사를 통해 고객이 제품을 구매할 것인가? 제품이 고객 수요에 부합할 것인가? 또한 문제 해결을 통해서 제시된 제품에 만족할 것인가? 등 핵심 사안들에 대한 시장 리스크 진단에는 어려움이 따른다.

비즈니스 케이스를 개발하고 작성하는 접근 방법을 종종 '기술성 진단'이라고 표현하는데, 이 중 한 가지 방법이 NASA에서 최초로 개발하여 텍사스 오스틴 주립대학과 IC^2 연구소에서 발전시킨 'QuickLook 보고서'이다. QuickLook은 다음의 4단계 접근 방법으로 비즈니스 케이스를 개발한다.

1단계	잠재적인 목표 시장을 확인하는 단계
2단계	최종 소비자와 고객을 확인하는 단계
3단계	전문가와 유관 기업을 접촉하는 단계
4단계	장애요인과 기회요인을 파악하는 단계

〈킥룩(QuickLook)에 의한 비즈니스 케이스 개발 4단계〉

3.7
핵심 단계 6: 회사 설립

회사 법인을 설립하는 목적은 여러 가지가 있지만 가장 큰 이유 두 가지를 들면 다음과 같다. 첫째, 창업주, 경영진, 투자자 그리고 종업원 등 다양한 개인이나 그룹이 회사의 지분을 분산 소유할 수 있다는 장점이 있으며, 회사가 성장 발전하여 회사 가치가 증대되면 회사 지분의 재산적 투자 가치를 확보할 수 있다는 목적이 있다. 둘째, 법인 소유권자로서의 주주는 회사 경영을 통해 발생한 손해에 관해서는 별도의 책임을 지지 않기 때문이다. 즉 법인 지분 소유자의 개인 재산은 파산 기업의 청산이나 손해 배상 책임의 소송 대상이 아니므로 사유 재산으로 보호된다.

3.7.1 회사 법인의 설립 시점

기술 사업화 과정에서 가장 많이 하는 질문 중 하나는 "어느 시점에 회사 법인을 설립해야 할 것인가?"이다. 캠퍼스 스타트업의 법인화 시점은 주로 기술 사업화 과정에서 특정 행위가 종료되는 시점과 연계되어 있다. 아래 기술한 시점들은 일반적으로 캠퍼스 스타트업에 의한 법인 설립이 고려되는 시점으로 생각해 볼 수 있다.

스타트업 설립 마일스톤에 의한 시점: 스타트업 창업을 위해 제기된 각종 현실적 문제 해결과는 상관없이 기술 사업성 진단이나 비즈니스 모델과 비즈니스 케이스 개발이 완료되면 비즈니스 차원의 전략적인 이유 또는 사업화 추진 마일스톤에 따라 회사 설립 취지를 공식적으로 외부에 알리고 법인 설립을 추진하는 경우이다.

라이선싱 비용이 발생되는 시점: 대학 TLO로부터 기술 라이선싱을 받아 기술 사업화를 추진하고 있는 스타트업은 최소한 가출원에 의해 사업화 기술을 보호받고 있다. 하지만 특허 라이선스 비용이 주로 발생되는 시점은 특허 가출원을 정규 출원해야 하는 시점 또는 PCT 국제특허 출원인 경우 해외 각 국가로의 국내단계 진입 기한이 도래하는 시점이다. 역으로 생각하면 만일 스타트업이 라이선싱 비용을 감수하면서 추진해야 할 사업성이 없다면 회사 설립을 포기해야 할 시점이라고 할 수 있다. 그러므로 대학 TLO에서 특허 비용이 많이 부담되는 시점이 대학 보유 IP를 활용한 사업화에 있어 법인 설립 여부를 결정해야 할 시점으로 볼 수가 있다.

스타트업이 법인으로 활동해야 하는 시점: 법인 설립이 정식으로 이루어져야 실질적인 기술 사업화 과정이 원만하게 진행되는 경우가 많다. 즉, 법인 설립의 목적이 소유 지분의 분배뿐 아니라 예컨대 라이선싱 협약의 체결 또는 벤처 캐피탈로부터의 투자 유치가 필요한 경우, 또는 기술 사업화 인력을 확보하고 경영진을 채용하고자 할 때도 법인 설립이 요구되는 시기라고 할 수 있다. 특히 SBIR 과제를 비롯한 대부분의 기술 사업화 과제는 법인 사업자를 위주로 지원하므로 지속적인 정부 과제 확보를 위해서도 회사 설립이 요구된다.

스타트업 설립을 위한 팀 활동 종료 시점: 연구 성과물의 기술 사업화를 위해 창업에 동의하고 약 1~2년 기간 TF task force 팀을 구성하여 회사 설립을 추진하는 경우가 많다.[14] 여기에는 창업주 연구자가 중심이 되고 학생이나 대학 외부 기업 관계자 또는 전문가 그룹들이 참여할 수 있다. 이들은 서로 다른 권한과 책임을

---

14 캠퍼스 스타트업의 경우 종종 창업주의 적격 여부에 관해 논란의 소지가 있는 경우가 있다. 스타트업 창업주란 회사 설립 당시에 회사의 주식 지분을 확보한 주주를 말한다. 하지만 대학원생이 핵심 발명을 통해 스타트업의 주식을 확보하고 향후 몇 년 동안 스타트업과 연구실을 떠나 있다면 그를 창업주라 할 수 있는가? 어드바이저가 스타트업 설립 당시에 주식 지분을 확보하였다면 그를 창업주라고 할 수 있는가? 또 다른 예로 대학 교수가 스타트업을 설립하면서 지분을 확보하고 창업 이후 다른 사유로 스타트업 업무와 무관하게 떠나 있다면 그를 창업주라고 할 수 있는가?

가지고 팀에 참여하여 캠퍼스 기술 사업화라는 동일한 비전을 공유한다. TF 팀의 최종 활동 목표는 회사 설립에 있다.

기술 사업화 리스크의 제거 또는 감소 필요성: 초기 단계에서의 기술 개발은 주로 정부 지원 과제를 확보하거나 주위 지인으로부터 개발 자금을 투자받아 추진한다. 외부로부터의 개발 자금 유치를 위해서는 스타트업의 대외 신뢰성과 공신력 확보가 중요하다. 즉 스타트업이 가지고 있는 기술 사업화 리스크를 조기에 제거하거나 감소시키기 위해 창업주가 사업화 초기 단계에 인력 채용과 비즈니스 모델을 적극적으로 개발하고자 할 때 법인 설립이 필요한 경우이다.

전문 인력 확보 수단으로서의 법인 설립 필요성: 기술 사업화를 성공적으로 구현하기 위한 중요한 과정으로 '비즈니스 케이스'를 개발 추진하는 데 있어 광범위한 기술 시장조사와 지식재산 전략 수립 등 전문 경영 활동이 필요하다. 이러한 경우 경영진과 전문 인력을 확보하기 위한 인센티브 수단으로 법인 설립을 통해 회사 소유 지분을 지급해야 하기 때문이다.

법인을 조기에 설립하는 경우의 문제점

연구 성과물을 사업화하는 캠퍼스 스타트업이 회사 법인을 조기에 설립하는 데 따른 부정적 영향은 주로 다음 두 가지 측면에 기인한다.

사업화 부진 시 열정의 감소: 법인 설립이 이루어지고 소유 지분을 분배받게 되면 활력과 열정이 넘치지만, 이는 머지않은 장래에 사업화 성공을 통한 제품 매출과 수익 발생의 기대를 전제함으로써 가능한 것이다. 만일 법인 설립 이후 오랜 기간 사업이 지지부진하면 스타트업은 추진 동력을 잃고 인센티브 부재로 인해 구성원들의 열정이 감소되고 창업주는 심각한 문제에 직면할 수도 있다.

지분 분배로 인한 유연성 부족: 만일 회사가 비전이나 완전한 사업 전략 수립 이전에 법인을 설립하였다면 회사 설립 시의 지분 분배로 말미암아 회사가 추구하는 새로운 전략 수립을 제대로 반영하지 못할 수도 있다. 이미 회사 설립 시에 창업주들과 경영진에게 지분을 배분하였으므로 새로운 전략에 맞는 인력 유치를 위한 추가의 지분 인센티브 배분이 어렵기 때문이다. 즉, 법인 조기 설립으로 섣불리 배분한 공동 창업자들의 소유 지분은 향후 새로운 사업 추진에 장애 요인으로 작용할 수도 있다.

3.7.2 회사 명칭

공동 창업자가 있다면 지분 분배 결정과 함께 첨예하게 의견 대립하는 부분이 회사 명칭에 관한 것이다. 물론 공동 창업자들 모두가 그렇지 않을 수 있지만 어떤 이들은 회사 명칭에 사활을 걸고 자신의 뜻을 관철하고자 한다. 회사 명칭 결정에 관한 몇 가지 주요 고려사항은 다음과 같다.

사적 명칭 배제: 사적인 명칭은 삼가는 것이 좋다. 창업주 이름 등을 포함하는 것은 바람직하지 않다. 투자자들의 입장에서는 회사 명칭이 사적인 이름으로 명명되는 것을 그다지 달가워하지 않는다.

발음의 용이성: 회사 명칭은 발음하기 좋아야 한다. 예를 들어 '시즈시티카 옵틱스Syzcitika Optics'라고 하면 발음이 아주 어렵다. 또한 전화상으로 상담하는 경우 정확한 회사 이름을 전달하기 위해 매번 알파벳 스펠링을 안내해 주어야 할 것이다.

약어 구성 회피: 회사 명칭을 약어로 구성하는 것은 회피한다. 예를 들면 'MINIDA Microscopic Interrogation of Nanostructures In Drug Applications'와 같이 복잡한 사업화 기술의 명칭을 약어로 구성하여 회사 명칭으로 하는 것은 바람직하지 않다.

명칭 음절은 짧게: 회사 명칭을 3음절 이상 길게 작명하는 것은 바람직하지 않다. 예를 들어 'BioCantiNovaPlex'라고 하였다면 명칭이 너무 길어 대부분 소비자는

그냥 'BioCant'라고 줄여 부를 가능성이 많다.

부정적 의미 회피: 부정적인 문구는 피해야 한다. 예를 들어 'BioCant'는 Bio를 할 수 없다는 부정적인 의미로 받아들여질 수 있으므로 절대 사용하지 말아야 할 상호이다.

식별성 확보: 인터넷상에 독창적 웹 주소를 확보해야 한다. 즉 URL 주소와 회사 명을 정할 때에는 일반적으로 타사와 오인되거나 혼동이 발생하지 않도록 유의해야 한다. 예를 들어 'Ebuy, Macrosoft 또는 Appel' 등의 명칭은 비록 'Ebay, Microsoft 또는 Apple'과 사업 영역이 다를지라도 상표에 관한 법률 문제가 발생할 소지가 많다. 하지만 발음상 유사성이 있더라도 업종이 명확하게 구분된다면 통상적으로 회사 명칭으로 사용가능하다. 예를 들면 Cisco(유통업)와 Sysco(요식업)의 경우는 사용 가능하다. URL 주소를 확보하고자 하는 경우 통상적으로 URL에 의한 상호 명칭이 다른 업자에 의해 이미 선점되어 있다면 상호 뒤에 업종의 명칭 등 다른 이름을 부가하여 사용할 수 있다. 예를 들어 Purex.com이 이미 선점되어 있다면 Purexpharma.com, Purexbiosciences.com 또는 Purexsytems.com 등과 같이 업종을 추가하여 오인 또는 혼동되지 않도록 사용 가능하다.

포괄적 용어 사용: 가급적 일반적이고 포괄적인 용어를 사용하는 것이 바람직하다. 회사 명칭을 초기 사업 영역에 집중하여 너무 구체적으로 명명하면 향후 환경의 변화에 따른 비즈니스 변화를 꾀하는 경우 문제될 소지가 있다. 예를 들어 회사 명을 'Mohave MosFET' 이라고 했지만 시간이 지나 'MosFET' 트랜지스터를 더 이상 생산하지 않는다면 회사 명칭은 의미가 없어진다. 그러므로 'Mohave Materials' 또는 'Mohave Components' 라고 하면 보다 더 포괄적으로 인식되고 사업 영역을 확장하는 경우도 문제가 없다.

3.7.3 스타트업의 법무 자문

스타트업의 자문 인력으로 가장 중요한 인력은 법률 전문가인 자문 변호사라고 할 수 있다. 스타트업의 자문 변호사는 회사 설립 및 성장 과정에 필요한 법률 행위와 업무 수행을 위한 자문 역할을 통해 기업 경영의 법적 안정성을 지원한다. 특히, 스타트업을 전문 대상으로 자문 서비스를 하는 변호사들은 벤처 캐피탈 투자자들을 잘 알고 있으며, 투자가 진행되는 경우 창업주, 경영자 그리고 투자자와 긴밀한 관계를 유지하면서 회사 소유 지분의 변경 등에 관한 각종 법률 자문을 진행한다.

자문 변호사 고용은 회사의 중요한 사안이므로 창업주는 다수의 자문 변호사들을 추천받아 상호 협의를 통해 선임하는 것이 바람직하다. 스타트업의 자문 변호사는 스타트업과의 과거 업무 경험도 중요하지만 무엇보다 얼마나 창업주 또는 경영진과 소통을 잘 할 수 있는지도 아주 중요한 사안이기 때문이다. 그러므로 가급적 지역 내 가까운 거리에 위치하는 변호사를 선임하는 것이 바람직하다.

대부분의 로펌은 스타트업 회사 설립에 관해 패키지 방식의 업무 지원 프로그램을 보유하고 있다. 여기에는 회사 설립에 필요한 각종 문서 양식과 정부 또는 기관에 제출하는 각종 서류, 향후 지분 회수를 위한 법률 자문을 받을 경우 시간당 자문 비용(통상적으로 지분 회수되는 금액에 대한 한 자리수 퍼센트(%) 자문 비용이 책정됨) 등이 포괄적으로 준비되어 있다.

로펌이나 자문 변호사 도움을 받지 않고 법인 설립 업무를 창업자 스스로 하면 비용은 저렴하겠지만 이러한 DIYDo-It-Yourself 방식의 접근은 보다 주의를 기울여야 한다.

로펌의 자문 변호사들은 스타트업 설립과 육성 방법에 관한 오랜 노하우를 보유하고 있기 때문에 단순한 법인 설립 등록뿐 아니라 창업 출발 시점에서 기업이 올바른 방향으로 성장하도록 다양한 자문을 한다. 예를 들어 임직원 고용,

기술 라이선싱 계약 체결 등의 경우 또는 투자자와의 계약 등 여러 상황에서의 법률적 자문을 받을 수 있다.

회사 설립 초기 단계에서 회사 경비 절감을 이유로 자문 변호사 등 법률 전문가 확보를 도외시하는 것은 바람직하지 않다.

3.7.4 회사 법인 설립 절차

창업주가 로펌이나 자문 변호사를 선임하여 회사 설립을 위한 본격 준비가 완료되면 자문 변호사는 창업주에게 회사 유형 선택과 함께 구체적인 법인 설립 절차에 관해 자문하게 된다.

스타트업 법인의 유형

표 3.3은 미국에서의 세 가지 법인 유형을 요약 설명한 자료이다. 표에서 확인할 수 있듯이 미국에서 법인 유형을 선택하는 가장 일반적인 방법은 다음과 같다.[15] 만일 기업이 벤처 캐피탈과 같은 외부 투자자로부터 자금을 투자받고자 한다면 C-형 기업으로 설립되어야 할 것이다. 만일 회사가 벤처 캐피탈 등으로부터의 외부 투자를 받지 않고 조만간 수익 창출이 가능하다고 판단된다면 LLC형 기업으로 설립하는 것이 좋다. 설립 절차가 용이하기 때문에 LLC 기업으로 설립한 이후 필요하다면 C-형 기업으로 변경할 수 있다.

설립 기업의 지배 구조 제정 절차

기업 설립 시점에 법인 설립을 주관하는 회사의 자문 변호사는 창업주들로 구

---

15 미국 델라웨어 주법에 의해 법인을 설립하는 경우에는 많은 이점이 있다. 델라웨어는 미국에서 가장 법인 설립에 관해 유연성이 높은 곳이라 할 수 있다. 특히 법인의 이사 또는 관리자 정보를 개인 정보 보호 차원에서 법인 등기부에 공개하지 않아도 무방하며 주 법원은 배심원들에 의한 심리보다는 기존 판례를 중심으로 상거래 분쟁을 해결하는데, 이는 스타트업을 보호하는 정책으로 작동된다.

표 3.3_ 미국 회사 법인 유형 세 가지의 비교

	C-형 기업	S-형 기업	LLC형 기업
소유주	주주	주주	회원
소유권 형식	주식	주식	멤버십
주식의 종류	복수(보통주 또는 우선주 가능)	단수 (한 종류 주식의 원칙)	복수
주식 소유자 수 제한	제한 없음	100명	제한 없음
세금	이중 과세(법인소득세 및 주주 배당세)	소유자 과세 (법인소득을 회사 소유주 소득으로 고려함)	
지배구조	이사회	이사회	매니저
스톡옵션 발행	단순함	단순함	복잡함
판례	많이 있음	많이 있음	개발 중임
연방 세제 혜택	가능	불가	불가
VC 투자자의 선호	선호함	선호 않음	선호 않음
C-형 기업 전환	–	가능	가능

성된 이사회를 발기하여 회사의 정관과 내규를 작성한 후 이사회 승인을 거쳐 법인 설립을 위한 각종 서류들을 관할 관청에 접수한다. 이사회는 설립 초기에 발생하는 회사의 각종 문제들을 다루는 조직 내 의사결정 기구로서 법인 기업의 주식 발행, 경영진의 직무 발령, 스톡옵션 계획 수립, 이사를 포함한 임원과 설립 법인과의 면책 계약 체결 등을 공식 회의를 통해 결정한다. 다음은 법인 설립과 기업 운영에 필요한 주요 서류들에 대한 설명이다.

법인 정관: 법인 설립을 위해 법인 정관을 관할 기관에 제출하여야 한다. 기업의 명칭과 주소, 창업주의 성명과 주소, 법인 설립의 목적, 등록 대리인에 관한 사항과 함께 발행 주식 수와 주당 가액 등을 기재한다.

회사 규정: 사규란 기업이 지켜야 할 내부 규정으로 이를 통해 회사 운영을 어떻게 할 것인지 규정한다. 사규는 특히 이사회의 활동 내용과 회사 임원진과 경영진의 직책과 역할 등에 관해 규정한다. LLC형 기업의 경우 사규가 필요하지 않지만 이와 상응하는 운영 약정서가 사용되고 있다.

주식 인수 계약서: 만일 사규에 의해 주식 인수와 관련하여 내부에 규정되지 않으면 발행된 주식의 관리를 위해 별도로 주식 인수 계약서를 작성하고 이에 서명하여야 한다. 주식 인수 계약서에는 주식의 인수 일정과 인수 주식의 판매 또는 양도 제한 등을 포함하여 주식 인수와 관련된 제반 사항이 기재된다.

면책 약정서: 이사 또는 임원이 회사와 체결하는 계약으로 만일 회사를 상대로 한 배상 청구나 소송이 발생하는 경우 이사 또는 임원은 보상 책임이 없다는 취지의 면책 약정서를 체결한다.

기타 필요 서류: 상기 서류 등에 추가로 스타트업 설립을 추진하는 주체의 역할 또는 설립 시점에서의 상황에 따라 다른 유형의 계약서가 요구된다. 예를 들어 회사와 창업주 사이의 비밀유지약정서 CDA, Confidential Disclosure Agreement가 필요한 경우도 있다. 설립 회사가 대학과 라이선싱 계약을 체결하는 경우 창업주 연구자와 설립 기업 상호간의 비밀유지약정서는 매우 중요한 서류이다. 한편 회사와 창업주 연구자 사이에 체결하는 컨설팅 계약서에는 기술 자문을 통해 창출된 발명에 관해 별도의 양도 계약이 필요할 수 있다. 이러한 계약을 통해 연구자, 회사 종업원 또는 외부 전문가가 설립 회사의 업무 수행 과정에서 발생한 발명 소유권 귀속에 관한 사항을 사전에 명확히 규정할 수 있다.[16]

---

16 하지만 대학 연구자 창업주와 스타트업 회사 사이에서 체결하는 발명 양도 관련 계약은 문제의 소지가 다분히 있다. 왜냐하면 대학 연구자의 발명은 직무 발명에 의해 대학에 귀속될 가능성이 높고 특히 연방정부 과제에 의해 연구비를 지원받는다면 '베이-돌 법'에 의해 대학으로 연구 성과물의 소유권이 귀속되기 때문이다.

3.7.5 이사회 운영

스타트업 법인이 설립되면 주주총회[17]와 이사회에 의해 회사 경영이 통제받는다.

이사회는 전반적으로 회사 운영에 관한 주요 의사결정 권한을 보유한다. 이사회를 통해 이루어지는 주요 의결 사항으로는 CEO를 포함한 경영진 선임과 해임에 관한 사항, 예산 심의 및 승인에 관한 사항, 자금 유치 및 주식 발행에 관한 사항 등이 있다.

이사회는 회사 운영에 관한 중요 사항을 이사회 의장이 안건으로 상정하여 이사회 구성원들과 상호 토론을 거쳐 결정한다.

하지만 신속한 의사결정을 위해 이사회는 회사 실무 경영에 관한 사안들을 회사 경영진이 실질적인 책임을 가지고 결정하도록 위임하는 경우가 대부분이며 주요 의사결정 사항은 사후 추인하는 경우가 일반적이다.

예를 들어 임대 계약의 체결이나 부사장의 채용 등에 관한 의사결정권을 회사 CEO에게 위임하고 이사회에는 추진 사항을 보고하도록 한다.

법인 설립의 초기 단계에서 일부 창업주들은 이사회의 공식적인 운영에 관해 필요성을 크게 느끼지 못하는 경우가 많다. 하지만 이사회를 정기적으로 개최하고 회의록을 작성 관리하는 등 이사회를 공식적인 의사결정 기구로 운영하고자 하는 노력은 매우 중요하다. 왜냐하면 이사회에서의 의견 수렴과 의사결정은 회사 경영에 많은 도움을 주고, 또한 이사회 회의록은 향후 주권 발행이나 회사 경영에 있어서 주요 법적 근거 자료로 활용되기 때문이다.

이사회는 공식적으로 주주들에 의해 발기 구성되어야 하지만 현실적으로 대다수의 주식을 보유하고 있는 회사 창업주가 이사회를 구성하고 의장 역할을

---

17 주주총회는 회사의 의사를 결정하는 최고 의사결정 기관으로 회사 정관의 변경, 이사 및 감사 선임 또는 해임 등에 관해 결정한다.

맡는다. 회사 내부 조직에 전문 경영팀이 만들어지기 이전의 초기 단계에서는 주로 창업주가 이사회를 통해 경영한다. 회사 경영을 위한 설립 초기 단계의 이사회는 구성 인원을 가급적 적게 하고 표결 과정에서 동수로 인해 의사결정이 고착되는 것을 방지하기 위해 홀수로 하는 것이 바람직하다.

예컨대 스타트업 법인이 최초로 이사회를 구성할 때 공동 창업자 두 명과 회사의 자문 변호사 세 명으로 이사회를 구성할 수 있다. 이후 CEO가 임용되면 일반적으로 이사회의 구성원으로서 이사회에 참석하고 자문 변호사는 의결권이 없는 '이사회 배석' 인원이 된다.

소규모 스타트업 이사회의 초기 구성 인원이 확장되는 경우는 다음 두 가지이다. 먼저 회사의 내부 경영 인력이나 대주주가 아닌 인력이 회사 업무와 연계성이 있거나 전문성을 보유하고 있는 경우 '사외이사'로 참여하는 경우가 있다. 또 다른 한편으로 투자자들이 지분 투자를 통해 이사회 구성원으로 합류하는 경우이다. 물론 두 가지 경우가 동시 또는 순차적으로 함께 발생할 수 있으므로 회사의 성장에 따라 이사회의 구성 인력이 증가하는 것은 바람직한 일이다.

그러므로 이사회 규모가 커지면 이사회의 원활한 의사결정을 위해 더 이상 회사 경영에 참여하지 않는 초기 창업주들을 '순환이사'로 배치하거나, 초기 투자자에 대해 의결권이 없는 '배석 이사'로 운영하는 방식도 바람직하다.

3.7.6 설립 법인의 지분 분배

법인을 설립하는 과정에서 회사는 발행 예정 주식을 확인하고 주주들을 대상으로 지분 비율에 의해 주식을 발행하고 분배한다. 법인 설립 시 주주 구성원들이 보유하는 회사 지분 비율이란 회사 법인이 발행한 총 주식 수 대비 해당 주주에게 발행된 주식 수를 의미하는 것으로 백분율로 산정된다.

회사 소유 지분의 배분을 위해서 발기인 주주에게 주식을 분배하는 방식으로

는 크게 두 가지 접근 방법이 있다.[18]

첫 번째 방법은 단순히 총 발행 예정 주식을 사전에 협의된 지분 비율로 발기인 주주들에게 분배하는 방식이다. 이 경우 만일 향후에 투자자나 종업원 등에게 회사 지분을 분배해야 할 상황이 생기면 주식을 추가 발행하여 새로운 주주들에게 지급하기 때문에 최초 법인 설립 당시 창업 주주들의 소유 지분이 희석되는 방식이다.

두 번째 방식은 옵션 풀option pool에 의한 방식으로 설립 당시 발기인 주주에게 모든 지분을 배분하지 않고 향후 회사 경영진이나 종업원을 위해 스톡옵션stock option을 사전에 미리 할당해두는 방식이다. 이러한 방식을 선호하는 이유는 나중에 들어오는 주주에게 주식을 배분해도 법인 설립 시 최초 배당받은 지분은 희석되지 않기 때문이다. 이러한 지분 배분 방식을 사전 지분 희석pre-dilutes 방식이라고도 한다.

스톡옵션

일반적으로 스톡옵션에 의한 주식은 특정 조건을 전제로 제한적으로 발행한다. 이러한 제한 사항으로 주로 두 가지 제한을 두는데, 베스팅(귀속)vesting과 매각selling에 관한 제한이다. 지분이 귀속되는 시점에 제한을 두는 이유는 지분으로 인센티브를 받은 종업원이 지분 취득 이후 일정 기간 회사에 지속 근무하도록 하기 위한 장치이다.

베스팅이란 발행된 주식이 스케줄에 의해 순차적으로 귀속되는 방식을 말한다. 일반적으로 베스팅 스케줄은 대략 다음과 같이 약정한다. 스톡옵션 발행일로부터 1년 이후에 전체 지분의 1/4이 귀속되며, 나머지 3/4은 1/36씩 36개월 동안 매달 귀속되거나, 1/24씩 24개월간 매달 귀속되는 베스팅 스케줄이 일반

---

18 창업주 지분이나 발기인 주식이라는 공식적인 명칭을 가진 지분이나 주식은 존재하지 않는다. 창업주란 회사 설립 당시 보통주를 확보한 주주를 말한다. 보통주에 대비하여 '우선주(Preferred Stock)'가 있는데 이는 투자자에게 현금 투자의 대가로 발행되는 주식을 의미한다.

적이다.

근속 기간 1년은 가끔 스톡옵션을 받는 종업원의 입장에서 급격한 변화가 발생하는 클리프(절벽)diff가 형성되는 시점이다. 만일 여러 가지 사정으로 회사에서 일을 할 수 없다면 나머지 부분의 지분은 귀속되지 않는다.[19]

아울러 스톡옵션은 지분의 매각 또는 양도에 관한 제한을 두는데, 이는 주주들의 허락 없이 회사가 원하지 않는 개인이나 기관으로 이전되는 것을 방지하기 위한 장치이다.

지분 배분의 논리적 근거

스타트업의 창업주가 지분을 배분하는 경우 그 논리적 근거로서 다음 사항에 유의할 필요가 있다.

과거 보상에 대한 지분 배분: 회사 설립 시까지 개인이 공헌한 부분을 인정하고 보상 측면에서 지분 배분이 잘 이루어졌는지 검토할 필요성이 있다. 과거 기여한 부분이라 함은 기술 개발 과정에 참여하여 사업화 예정인 지식재산 권리가 창출될 수 있도록 공헌하였거나 비즈니스 케이스를 개발하고 시장조사를 하거나 기술 마케팅 자료를 작성하고 각종 미팅에 참석하거나 아울러 투자 유치를 위해 노력하는 등 일련의 기술 사업화 과정에 기여한 바를 의미한다. 이러한 과거 보상에 관한 지분들은 거의 기여자에게 귀속이 완료된 상태이며 주로 창업주인 연구자 또는 공동 창업자, 그리고 창업 과정에 조기 합류한 전문 경영인에게 배분된다. 하지만 전문 경영인에 대한 지분 배분은 과거 보상이라는 관점에서만 보자면 기여가 미미한 수준이므로 미래의 기여를 위한 지분 배분도 포함된다고

---

19 초기 스타트업의 경영팀에게 회사 지분이 지급되는 예외적인 상황이 주로 발생한다. 초기 스타트업은 자금이 부족하기 때문에 종업원의 급여를 제대로 지급할 수 없으므로 급여를 대신하여 주식 지분을 보상 지급하거나 또는 인센티브 차원에서 지급하기도 한다.

볼 수 있다.[20] 공동 창업주들의 지분 배분에 있어서 전공 분야들을 달리하는 연구자들에 대한 기술 기여도 평가는 상당히 난해한 과제이다. 왜냐하면 최종 개발 제품에 무슨 기술이 핵심적으로 포함되는지는 지분을 배분하는 시점에서 판단이 어렵기 때문이다. 기술 기여도 차별화에 관한 별도의 강력한 논리가 존재하지 않는다면 공동으로 기술 개발에 참여한 경우 동일한 지분으로 배분하는 것이 가장 쉽고 바람직한 방안일 것이다.

미래 기여를 위한 지분 배분: 회사 설립 이후에도 스타트업의 지속적인 가치 증대를 위해 지분 배분이 잘 이루어졌는지 검토할 필요성이 있다. 시간적 측면과 경제적 측면을 고려한 예상 기여도 관점에서 검토되어야 하며, 비즈니스 측면과 기술 개발 측면에서 각각 고찰되어야 한다. 예를 들어 창업주 연구실과의 추가 기술 개발 확보, 정부 과제 및 개발 자금 유치, 투자 자금의 확보, 시장조사 및 개발 제품과 연관된 기술 조언, 종업원 고용 및 회사 경영 자문 등에 대한 인센티브 배분이 합리적으로 이루어졌는지 검토할 필요가 있다. 향후 시장 매출을 통한 자구적 회사 경영 활동이 이루어지기 전까지는 지분 배분에 의한 인센티브가 회사의 성장 동력이므로 미래 기여를 위한 지분 배분에 각별히 주의해야 한다. 창업주 연구자 지분의 대부분은 과거 기여도에 대한 보상 차원으로 이는 지분 귀속 일정과는 상관없이 배분되고, 일부 지분은 미래 기여를 위한 지분 배분으로 지분 귀속 일정에 의해 배분될 수 있을 것이다. 대부분 비과학기술자로서의 창업주 또는 경영 인력들이 확보하는 주식 지분은 미래 기여를 위한 인센티브 차원의 제한적 지분 분배로 지분 귀속 일정에 의해 배분이 이루어진다.

---

20 전문 인력들은 스타트업에 합류하면서 시간 투자 또는 연구 과제 확보 등에 관한 기여 대가로서 지분을 확보하고자 하는 측면도 있다. 하지만 이를 회사의 소유 지분으로 환산하는 데에는 여러 가지 애로사항이 있으며 미래 기여를 위한 지분 배분으로서 고려하는 것이 타당할 것이다.

3.7.7 창업주에 의한 기업 통제

지분 배분과 관련하여 창업주들이 우려하는 중요한 관심사 중의 하나가 향후 회사 통제권을 지속적으로 보유할 수 있는가에 있다. 일반적으로 창업주들은 실제 우려한 바 이상으로 기업 통제권에 관한 이슈를 제기한다. 창업주 입장에서는 그들의 비전에 부합되도록 회사가 운영되게 하는 것이 매우 중요한 사안이라고 생각한다.

만일 창업주가 원한다면 이러한 경영 통제권은 다양한 방법으로 시행 가능하다. 예를 들어 과학기술자문위원회를 운영하여 경영 인력으로 참여하거나 이사회 임원으로 활동하는 등 다양하게 기업 경영에 관여할 수 있다. 그러므로 설립 기업에 통제권을 확보하고자 하는 창업주는 다음 질문에 관한 냉철한 답변을 생각해 볼 필요성이 있다.

"회사를 통제하는 자신의 역할이 얼마나 중요하다고 생각하는가?"

"소유권 행사를 통해 회사 경영 과정에서 의사결정을 통제할 수 있다고 생각하는가?"

"전문 인력에 의한 의사결정보다 어떤 부분에서 자신이 더 현명한 결정을 할 수 있다고 생각하는가?"

"창업주의 지분은 통상적으로 기업 성장과 더불어 소수 지분으로 희석되는데, 소수 지분 보유자로 자리매김할 시점은 언제라고 생각하는가?"

3.7.8 연구자 창업주의 역할

연구자 창업주들은 스타트업을 성공적으로 성장시키기 위해 중요한 역할을 수행하며 최소한 창업 초기 단계에서는 핵심적인 일을 한다. 하지만 이들의 역할은 시간의 경과에 따라 크게 변화된다. 일반적으로 연구자 창업자는 창업 초기 단계에서 제품 개발에 필수적으로 요구되는 근본적인 과학기술 원리에 근거한 해법을 제공한다. 대부분의 스타트업 회사는 그다지 잘 다듬어지지 않은 암묵적 기술을 기반으로 설립되었으며 창업주가 보유한 노하우 기술에 근거한 경우가 많다. 그러므로 제품 사업화가 완성될 때까지 창업자 연구자의 역할이 아주 중요하다. 그 역할은 스타트업 회사의 컨설턴트, SAB 의장, 이사회 멤버, CTO 그리고 CEO에 이르기까지 다양하다.

컨설턴트 역할: 먼저 설립 법인의 컨설턴트로서 역할을 하는 경우 회사의 공식 직함을 가지고 활동하는 경우가 있고 그렇지 않은 경우도 있다. 만약에 회사의 공식 직함없이 활동하는 경우 컨설턴트로서 회사 업무 영역에 참여한다는 표시로 상호 인정될 수 있다. 창업주가 컨설팅 비용을 스타트업 회사로부터 현금으로 직접 받는 경우는 거의 드물다. 하지만 스타트업이 충분히 자금을 확보하고 난 이후에 컨설팅 비용을 받거나 주식 지분으로 대신하여 받는 경우도 있다.

SAB 의장 역할: 창업주 연구자가 SAB 의장으로 활동하는 경우, 회사에 필요한 과학기술 분야의 어드바이저들을 채용하여 이들과 함께 과학기술 기반의 자사 제품 개발 업무에 관해 검토하고 자문하는 역할을 총괄한다.

이사회 멤버 역할: 대다수의 창업주 연구자는 초기의 스타트업 기업에서 BOD 직책으로 회사 업무에 관여한다. BOD는 이사회 멤버로 스타트업의 중요한 사업 추진 방향에 관한 의사결정을 한다. 흔하지는 않지만 종종 연구자가 대학을 사직하고 스타트업의 과학기술 분야 개발이사, CTO 또는 CSO로 근무하거나 흔치 않게는 CEO 직책으로 회사 경영을 직접 총괄하기도 한다.[21] 만약 많은 수의

---

21 대학 연구자 창업주가 대학을 사직하고 CEO가 되는 것은 거의 드문 일이지만 가능하다. 연구자 창업주들은 스타트업을 이끌어나갈 구심점 역할을 위해서 연구자 신분을 유지하고 스타트업 설립 초기에 CEO 또는 임시 CEO로 겸직 활동을 하는 경우가 많다. 하지만 투자자 또는 기업인들은 초기 스타트업에 CEO가 없다는 것에 관해 그다지 크게 문제삼지 않는다. 연구자 창업주는 대학을 사직하고 스타트업의 CEO가 될 의향이 없다면 스타트업 '창업주'라는 직함을 가지고 일을 하는 것이 오히려 바람직한 방향일 수 있다.

연구자들이 관여하여 스타트업을 창업하였다면 의사결정과 회의 진행을 간소화하기 위해 그중 소수의 핵심 연구자만 이사회 멤버로 활동하는 것이 바람직하다.

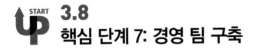

3.8
핵심 단계 7: 경영 팀 구축

논쟁의 여지는 있지만 대학이 보유하고 있는 기술 사업화를 위해 스타트업을 설립하는 데 가장 중요한 일은 아마 유능하고 적합한 경영 인력들을 채용하는 일일 것이다. 연구자 창업주는 초기 단계에 스타트업 경영에 관여하겠지만 경험 부족과 시간 제약 등으로 인해 지속적으로 경영에 참여하는 데 한계를 가질 수밖에 없다.

어드바이저와 멘토가 일정 부분 역할은 하겠지만 이들도 상당한 노력과 시간을 스타트업에 투자할 수 있는 지속적인 동기와 인센티브가 부족할 수밖에 없다. 그러므로 스타트업의 사업 전략을 개발하고 외부 자금을 유치하며 사업화 업무를 추진할 수 있는 적합한 인력으로 구성된 경영 팀을 조직해야 한다. 스타트업에서 어드바이저 또는 멘토 역할을 하던 자문 인력 중의 일부가 경영 팀에 합류하여 회사의 상근 근무자로 함께 할 수 있을 것이다. 스타트업 설립 시 연구자 창업주의 보유 기술에 관심을 가지고 사업화 네트워크를 형성하고 있던 유관 산업체의 외부 인력들은 경영 팀 유치의 주요 대상이 될 수 있다.

스타트업을 성공적인 출구 전략으로 실현시킨 기업가의 경우는 높은 평가를 받는다. 더욱이 수차례 스타트업을 성공으로 이끈 경영자를 경영 팀에 유치하고자 하는 경우, 그가 이끈 성공의 본질과 성공 과정에서의 그의 역할에 관한 면밀한 성찰이 필요하다. 성공은 적절한 타이밍의 결과이기도 하다. 내부와 외부 요인의 적절한 조합에 기인한 것이며 때로는 단순한 행운의 결과이기도 하다. 중요한 것은 이러한 성공은 매번 반복되지 않는다는 것이다. 그러므로 반복되는 성공 경험을 단순히 믿고 기대하여 CEO를 영입하는 것은 잘못된 일이다.

그럼에도 불구하고 스타트업 경영에 있어서 경험 많은 기업가들은 성공 또는 실패의 경험을 토대로 보다 현명한 의사결정이나 사업 전략을 실현한다. 때로는 실패를 경험한 기업가가 성공을 경험한 기업가보다 자신의 경험을 바탕으로 새로운 창업 기업의 가치를 획기적으로 증대시키고 성공적인 출구 전략을 완성하기도 한다.

경영 팀을 구성하는 단계는 시기적으로 자금 투자 유치 이전으로 이 시점에 대부분의 스타트업들은 '닭이 먼저인가 계란이 먼저인가'하는 난제에 직면한다. 만일 회사에 자금이 없거나 부족하다면 유능한 인력을 채용하기 어렵다. 반대로 유능한 인력이 없다면 스타트업에 절실한 사업화 자금을 유치하기 어렵다. 이러한 문제를 해결하기 위한 손쉬운 해법은 없다.

하지만 스타트업이 획기적으로 기술 개발 마일스톤에 관한 목표를 달성하였거나 고객들로부터 제품 수요에 관한 피드백을 확실하게 보장받았다면 유능한 경영 인력들을 채용하는 좋은 시점이 될 수 있다.

일부의 경우에 스타트업의 어드바이저 또는 멘토가 비상근 자문위원으로 활동하다 자금 투자가 이루어지는 시점에 경영 인력으로 입사하는 경우도 많다. 또 다른 경우 비즈니스 경험이 있는 인력이 CEO로 스타트업에 우선 합류한 후 자신의 급여나 성과에 관한 보상을 향후 스톡옵션 지분 확보 방식으로 취하는 경우도 있다.

3.8.1 경영 팀의 직무와 직책

회사가 설립되면 경영 팀은 다음과 같이 구성된다.

최고경영책임자: 최고경영책임자 CEO, Chief Executive Officer는 이사회를 통해 채용, 관리

감독, 해고될 수 있다. 회사 경영을 위한 대표자로서 CEO는 조직 운영에 관한 경험이 풍부해야 하며 다음과 같은 자질을 보유해야 한다.

- 산업체 경험이 있어야 하며 스타트업이 진입하고자 하는 비즈니스 분야 또는 연관 산업에 근무 경험이 있어야 한다.
- 원활한 회사 경영을 위해 벤처 자금 조달 경험을 갖추어야 한다. 투자 유치는 쉬운 분야가 아니므로 자금 조달 경험은 투자자와의 네트워크를 기반으로 언제 얼마만큼의 투자를 유치할 수 있을지 판단할 수 있게 한다.
- 편하게 일할 수 있는 인물이어야 한다. CEO는 결단력이 필요하고 자신감이 있어야 하지만 만일 공격적이거나 전투적 성향의 인물이라면 투자자 또는 파트너들은 함께하기 어려운 사람으로 판단하게 될 것이다.
- 긍정적이면서 현실성을 갖춘 인재여야 한다. 스타트업 창업 기업의 외부 환경은 열악하므로 낙관적 철학으로 접근할 수 있어야 한다. 즉 '하면 된다'라는 긍정적 의식으로 무장하되 무엇을 해야 하는지에 관해 현실적으로 파악하고 실행에 옮길 수 있어야 한다. 한 마디로 요약하면 스타트업 CEO는 엘러너 포터의 유명 소설『행복한 폴리애너』의 주인공이 되어야 한다.
- 가능한 광범위한 인맥 네트워크를 보유해야 한다. CEO는 다양하게 많은 사람들과 함께 일을 해야 하며 또한 그들로부터 다양한 조언을 확보할 필요가 있기 때문에 가능한 광범위한 네트워크를 형성하여야 한다. 특히 회사의 경영 실무 분야 인력들과 투자자들과 광범위한 인맥을 형성하고 있어야 한다.

최고과학책임자 또는 최고기술책임자: CEO에게 보고하는 최고과학책임자CSO 또는 최고기술책임자CTO는 스타트업 창업 기술 기반의 미래 기술 사업화 응용 분야에 관한 큰 그림을 제시하는 책무를 가진다. 이들은 회사의 연구 개발 사업화 분야의 전문 연구 경험이나 기술 개발 경험을 가진 자들로 경쟁 회사, 연구소 또는 대학의 연구 개발 동향에 관한 정보를 확보하고 자사의 연구 개발 역량 강화를 통해 경쟁력을 확보하고자 한다. 하지만 주로 초기 스타트업의 CSO,

CTO는 대학 창업주와 함께 기술이전 받은 분야의 연구 개발 상황을 확인하고 창업주의 제품 개발을 통한 기술 사업화 비전을 실현시키기 위한 현실적 노력을 하게 된다. 회사 성장에 따라 연구개발부사장VP of R&D을 제품 개발 감독을 위해 채용한다. 의약품을 제조 판매하는 스타트업의 경우 최고의료책임자CMO, Chief Medical Officer를 별도로 고용한다. CMO는 CSO/CTO 또는 CEO에게 업무 보고하며 임상시험 결과를 관리한다. 캠퍼스 스타트업은 기술 집약형 기업으로 제품 및 기술 개발에 초점이 맞추어져 있으므로 CSO/CTO의 역할이 중시된다. CSO/CTO는 CEO를 채용 후 곧바로 채용하며, 특히 CEO가 과학기술인이 아닌 경우 더욱 중요한 역할을 맡게 된다.

최고재무책임자: 직함에서 추측할 수 있듯이 최고재무책임자CFO, Chief Financial Officer는 회사의 재무를 관리 감독한다. 거의 대부분의 스타트업은 초창기에는 CFO를 두지 않는다. 초기에는 회계 장부 기장과 재무 처리가 비교적 간단하기 때문에 공인회계사CPA, Certified Public Accountant를 통해 외주 관리한다. CFO가 필요한 시점은 상당 금액의 자금 조달이 이루어지는 경우이다. 하지만 일부의 자금 조달이 이루어지는 경우라도 전일제 근무가 필요한 CFO가 아니라 파트 타임 또는 비상근 CFO로 충분할 수 있다. 투자자에 의한 펀딩 횟수가 시리즈 B, C, D로 점차 증가하면 전일제 근무가 가능한 CFO의 영입이 필요하다. 스타트업이 기업공개를 하고자 한다면 CFO의 영입은 필수적이다.

최고영업책임자: 일반적으로 스타트업의 핵심 이사 3인 중 하나가 최고영업책임자CBO, Chief Business Officer이다. 기업에서 CBO 직함은 흔하지만 그 역할은 아주 중요하다. CBO 대신 사업개발부사장Biz Dev of VP 또는 영업마케팅부사장VP of sales and marketing이라는 직함을 사용하기도 하지만 기업의 매출 생성이라는 책무에서 동일하다. 사업개발이사라는 측면에서 보면 이들의 역할은 파트너와 함께 라이선싱을 추진하거나, 공동으로 제품을 개발하고 회사 연구 자금을 조달하는 등 사업화를 촉진시키는 일련의 업무를 총괄한다는 것을 의미한다. 영업마케팅이사

는 제품 마케팅 전략을 개발하고 제품 판매를 위한 영업력을 결집하여 매출을 증대하는 역할을 맡는다. 만일 캠퍼스 스타트업의 사업 전략이 제품 개발을 위한 파트너 역할에 있고 CEO가 이 부분에 전문성이 결여되어 있다면 창업주는 사업개발이사를 조기 영입하는 것이 바람직하다.

경영 팀 고용 시의 고려 사항

캠퍼스 스타트업의 초기 단계에 CEO 아래 몇 명의 부사장vp을 두는 경우가 일부 있다. 예를 들어 회사 대표를 중심으로 연구개발부사장이나 사업개발부사장으로 구성된 경영 팀을 조직하여 창업 초기의 각종 개발 업무와 관련된 직무를 수행하고, 부사장들을 향후 성과에 따라 기술이사 또는 영업이사로 업무를 계속하게 하거나 새로운 인력을 고용할 수도 있다. 이러한 직책들은 리더십, 기술, 재무, 비즈니스 개발 등 회사가 필요로 하는 업무를 대부분 포괄한다. 직원의 추가 고용을 시도할 때 창업주는 다음 사항들을 고려해야 한다.

회사 성장에 따른 직무 수요의 변화: 회사가 성장 변화함에 따라 회사 인력들에게 요구되는 경험과 재능도 달라진다. 예컨대 창업 초기 단계는 비즈니스 계획의 실행과 회사 자금 조달 능력을 갖춘 CEO를 필요로 하지만, 시간이 경과하면 증가한 많은 수의 종업원을 원활히 통솔하고 제품 판매 및 마케팅 관련 전략적 결정을 내릴 수 있는 전문적 자질을 갖춘 CEO가 요구된다. 일부 기업가는 스스로를 스타트업 초기 단계에 요구되는 '스타트 CEO'라며 3~5년 정도의 근무 조건으로 합류한 후, 일정 시점에 다른 유형의 CEO로 교체를 희망하기도 한다. 회사 관점에서도 CEO가 보유한 능력 이상으로 기업이 성장하면 CEO를 교체할 필요가 있다. 당사자에게는 고통스러운 일이지만 회사의 성장을 위한 불가피한 조치이다.

경영 인력의 채용 순서: 신생 기업의 인력을 채용할 때는 경영을 책임지는 CEO를 우선 채용한 후 나머지 인력을 채용하는 것이 전통적인 방법이다. 하지만 이와 달리 이공계 출신 임원인 CSO/CTO 또는 연구개발부사장을 CEO보다 우선 채용하는 경우가 있다. 해당 산업 분야의 이공계 임원은 연구자 창업주와 함께 일하거나 연구 개발 과제 수주를 추진함으로써 제품 개발과 향후 응용에 있어서 스타트업에 많은 기여를 할 수 있기 때문이다. 이러한 채용 순서는 개발 제품을 시장에서 명확하게 정의하고 응용 분야가 어떻게 전개될 것이며, 또한 시장 진입을 위한 자금이 얼마나 필요한가에 관해 보다 명확하게 파악할 수 있게 함으로써 향후 영입될 CEO에게 도움을 주며 특히 기술 리스크를 감소시켜 향후 우수한 경영 인력을 유치하는 데 많은 도움이 된다.

이사회의 경영 개입: 경영 팀의 구성은 회사의 성패를 좌우하는 매우 중대한 사안이다. 창업 초기 경영 인력 채용의 성패에 따라 회사가 성공 또는 파멸로 이어질 수 있다. 따라서 이사회는 회사 설립 초기의 근간을 유지하며 경영 팀의 고용에 대해 적극적이고 비판적으로 개입하여 개별 능력을 검증할 필요가 있다. 이사회 이사들은 물론 어드바이저와 멘토들은 경영 팀 구성원을 평가하는 데 많은 도움을 줄 수 있을 것이다.

인력 성향에 따른 채용: 스타트업은 자금이 필요하며, 경영 인력도 없고 매출도 없는 상태이므로 기존의 기업과 비교하면 안정적이지 못하고 리스크가 아주 크다고 볼 수 있다. 그럼에도 불구하고 우수한 인력 채용이 가능한 것은 이른바 '길고양이 이론stray cat' 때문이다. 리스크를 감수하더라도 작은 형태의 조직에서 구속받지 않고 보다 자유롭게 일하고자 하는 성향을 가진 사람들이 있다. 이들은 조직에서 길들여진 집고양이가 아니라 보다 자유로운 삶을 희망하는 길고양이 같은 성향을 가지므로 직장을 자주 옮기며 다양한 경험을 가지는데, 대기업과 같은 조직 문화에 갇혀 일하는 것을 원하지 않기 때문이다. 이러한 성향은 스타트업 초기에 적합하여 스타트업에서 필요한 많은 유형의 과제들에 대해 유연성을 발휘하여 적극적으로 수행하려고 한다. 하지만 길고양이 성향의 인력들은 종종 스타트업이 성장하여 성과 평가 체계와 회사 규율을 강화하는 시점에서 조직 문화에 적응하지 못해 떠나는 경우가 많다. 반면에 안정적인 회사에는 보다 안정적 직장을 확보하고자 하는 성향의 인력들이 모이게 된다.

승진을 고려한 인사 정책: 창업 초기에 채용하는 경영 인력의 급여가 상대적으로 적기 때문에 이에 대한 보상 차원에서 주로 해당 분야 책임자로서 최고Chief 직함을 부여하는 것이 일반적이다. 하지만 앞서 언급한 바와 같이 시간의 경과에 따라 회사가 변화되면 보다 경험이 풍부한 인력 채용이 필요하다. 많은 사람들에게 최고경영책임자 직책을 부여하다보면 향후 보다 유능한 인력 채용 시 기존 인력을 해고해야 하는 상황에 직면할 수밖에 없다. 이러한 리스크를 방지하기 위해 최초 인력 채용 시 한 단계 또는 두 단계 직급을 낮춰 채용하는 것도 한 방법이다. 예를 들어 현재 기술 개발 분야를 이끌고 있는 전문 인력 채용 시 연구개발부사장 또는 제품개발이사로 직급을 부여한 후, 성과가 지속적으로 창출되는 경우 CTO 또는 CSO로 진급시키거나, 만일 성과가 부진한 경우를 대비하여 외부 전문 인력을 영입할 수 있도록 CTO/CBO 직책을 유보하는 것이 바람직할 것이다. 마찬가지로 비즈니스 개발 인력도 부사장 또는 이사 직급으로 채용 후 CBO로 승진할 기회를 부여할 수 있을 것이다. 이러한 인사 정책은 해당 분야에 경험이 부족한 인력 채용에 따른 회사의 리스크를 감소시킬 뿐만 아니라 승진에 대한 동기 부여를 통해 업무 능력을 향상시킬 수 있다.

직급의 차별성 부여: 향후 기업의 성장 과정에서 있을 승진을 고려하여 직급을 한 단계 또는 두 단계의 여유를 두고 책정하는 것이 좋다.[22] 하지만 직급을 너무 낮추는 것은 그리 바람직하지 않을 수 있으므로, 예컨대 부이사Associate Director 정도의 직급 하한선을 둔다. 스타트업 초기 경영 팀 구성원은 파트너, 거래처 또는 투자자와의 업무 추진 시 보다 신뢰성 있는 책임을 담보하기 위해 상대적으로

---

22 이 전략은 CEO 선임에는 그다지 바람직하지 않다. 대다수 전문 경영 인력들은 미래의 CEO 선임을 조건으로 하는 채용을 수락하지 않는다. 대안으로서 President 직함으로 채용하고 향후 회사에서 제시한 마일스톤(예를 들어 10억 원의 투자 유치)을 달성한 경우 CEO로 승진하는 조건이 있을 수도 있다.

높은 직책이 필요하기 때문이다.

3.8.2 경영 팀의 고용 계약과 보상

스타트업 창업 초기 일부 어드바이저 인력들은 지분을 배당받거나 지분 배당 없이도 경영에 비공식적으로 참여한다. 공식적으로 회사에 고용되어 일하기도 한다. 창업 초기의 이러한 인력들은 자금 조달, 제품 개발과 경영 팀 구성 등의 업무 추진에 아주 중요한 역할을 담당한다. 이런 경우 양 당사자 간 고용 계약 또는 확약 문서를 통해 상호 요구 사항과 기대 사항을 명기하여 확인 서명하는 것이 중요하다. 종업원은 고용 계약에 대한 서명과 더불어 일반적으로 몇 가지 정형화된 계약서에 서명한다. 우선 비밀유지약정은 회사 근무 중에 취득한 영업비밀과 발명에 관한 사항을 비밀 유지한다는 내용의 서약이다. 또한 논란의 소지는 있지만 부정 경쟁 행위 방지에 관한 서약은 회사를 사직한 이후 동종의 경쟁업체에 취업하지 않는다는 조항도 있으므로 유의할 필요가 있다. 예를 들어 '웹사이트 개발'이라고 규정된 경쟁 업체 취업 제한 규정을 당사자 간 협의를 통해 '의류 회사 웹사이트 개발'과 같이 범위를 한정할 수도 있다.

모든 종업원은 회사 근무를 통해 노동력을 제공하고 제공된 노동력에 따른 적정 보상을 받을 권리가 있다. 통상적으로 경영 팀은 노동력에 대한 대가로 임금을 지급받는데, 스타트업은 임금 리스크의 부담을 감소하고자 기회비용에 관한 인센티브로서 주식 지분인 스톡옵션을 지급한다.

임금

많은 스타트업들이 근무 인력들에게 급여로 지급할 수 있는 현금 보유력이 부족하기 때문에 다음과 같이 급여 지급에 관한 대안들이 존재한다.

급여 지급의 연기: 통상적으로 신생 스타트업 근무 인력의 급여 수준은 기존 기업

에 비해 상대적으로 낮으며 이마저도 회사의 자금 조달 상황과 매출을 통한 수익 상태에 따라 연기되기도 한다. 만일 자금 조달 또는 매출이 여의치 않아 임금이 장기간 체불된다면 이 자체가 회사 채무로서 상당한 부담이 될 수 있다. 이러한 부실 경영을 만회하기 위한 수단으로 종종 회사는 종업원의 채무 임금을 지분으로 환산하여 배당하기도 한다.

파트 타임 근무: 만일 대상 인력이 회사 외부에서 다른 컨설팅이나 파트 타임을 통해 금전적 수입을 확보할 수 있는 여건이라면 지분 배당을 조건으로 하는 파트 타임 형태로 근무할 수도 있다. 이 경우 해당 인력의 업무에 관한 열정과 투자 시간은 중요한 협의 사안이다.

성과 보상: 스타트업이 제품을 판매하거나 다른 기업과의 제휴 또는 라이선싱 계약을 통해 수익 창출을 기대하는 경우, 계약의 일부로 제공받는 수익금에 대해 성과 보상할 수 있다. 예를 들어 판매, 제휴 또는 라이선싱 계약의 성사를 통해 창출된 수익의 일정 부분에 대한 비율을 대가로 보상할 수 있다. 스타트업 종업원이 성사시킨 파트너 제휴 또는 라이선싱 계약의 선수금 또는 마일스톤 금액의 일정 비율을 성과 대가로 보상하는 방법이다. 하지만 이러한 방식은 종업원으로 하여금 계약 과정에서 마케팅 권한 또는 판매 로열티 비율 등과 같은 주요 항목보다 자신이 취하게 될 보상에 관여되는 선수금 또는 마일스톤 대금 등과 같은 사적 성과 요인에 비중을 두고 업무를 추진하게 할 위험성을 내포한다.

연구 과제의 수주: 연구 및 기술 개발 담당자는 본연의 업무인 각종 재단이나 정부로부터 지원되는 연구 개발 과제 수주 실적과 연동하여 대가를 보상받을 수 있다.

지분 배당

스타트업 근무 인력에 대한 근로보상의 다른 한 형태로 회사 지분 배당이 있다. 현재의 기업 가치가 미래 시점에 증가할 수 있다는 희망이 있거나 미래 시점에 지분을 매각하면 보다 많은 차익을 확보할 수 있다는 전제하에 현시점의 지분을 배당하는 것이다. 회사 가치의 증가는 곧 바로 지분 가치의 증가를 의미하므로 회사 지분을 소유한 종업원은 회사의 가치를 더욱 증가시키기 위해 열심히 일할 수 있는 동기 부여로 작용한다. 얼마나 많은 주식 지분이 종업원에게 배당될 수 있는지는 다음의 여러 가지 요인에 의해 결정된다.

역할과 책임: 일반적으로 종업원이 받는 회사 주식 지분의 양은 회사 내 직책과 연계된다. 상급자인 경우 하급자보다 상대적으로 많은 양의 지분을 확보한다. 상급자는 하급자보다 회사 가치 상승 역할에 있어 상대적으로 업무 능력이 뛰어나고 책임 또한 더 크기 때문이다. 예를 들어 CEO는 통상 CTO/CSO보다 더 많이 배당받으며 CSO/CTO는 제품개발부사장보다 더 많은 배당을 받는다.

급여와 리스크: 스타트업 종업원 임금 수준은 기존 기업 종사자들에 비해 상대적으로 낮지만 이들의 낮은 급여 수준을 미래에 보상받을 수 있는 회사 지분에 희망을 가진다. 낮은 급여 수준뿐 아니라 급여 지연과 미지급, 그리고 스타트업 실패의 경우 투자한 시간적 손실과 기회비용 등을 감수하는 리스크 부담과 보상 차원에서 종업원을 대상으로 주식 지분을 배당한다.

미래 가치와 지분 희석: "미래에 회사 주식 지분의 매각을 통해 얼마나 많은 수익이 창출될 것인가?", "그 시점에서 종업원 보유 지분은 얼마나 희석될 것인가?"에 관한 질문은 "종업원에게 얼마나 많은 지분을 배당할 것인가"를 결정하는 또 다른 고려사항이다. 그러므로 종업원 지분 배당을 결정하는 경우 개괄적으로 1) 지분 매각까지 종업원은 얼마나 많은 임금 손실을 볼 수 있는가, 2) 지분 매각 시점에서 얼마나 많은 회사 가치가 상승할 것으로 예상되는가를 추정하여 지분을 산정함이 바람직하다.

스톡옵션

주식을 발행하는 또 다른 방법으로 스톡옵션이 있는데 이를 '주식매수선택권'

이라고도 한다. 스톡옵션은 '인센티브 스톡옵션ISO, Incentive Stock Option' 또는 '종업원 스톡옵션 계획ESOP, Employee Stock Option Plan'에 의해 발행된다. 스톡옵션은 다른 모든 사항에 대해서는 신주 발행과 동일하지만 주식 양도에 관한 제한과 매수자에게 권리가 귀속되는 '베스팅 스케줄vesting schedule'에 의해 통제된다. 즉 단순 배당 주식과는 달리 종업원이 일정 기간 회사에 근무한 후 특정 가격으로 주식 매수 여부를 선택할 수 있다. 주식매수선택권Incentive stock option에 의한 주식 매수 가격exercise price을 행사 가격strike price이라고도 하는데, 스톡옵션 부여 시점의 시장 형성 가격으로 책정된다. 향후 주식 공개 시장에서 기업 가치 상승으로 인해 높은 가격이 형성되어도 스톡옵션을 부여받은 시점의 가격으로 주식을 매입할 수 있으므로 시세 차익에 의한 수익을 얻을 수 있다. 하지만 옵션을 행사할 수 있는 시점에 기업 가치가 하락하여 시세 차익에 의한 수익이 발생되지 않을 것이라고 판단되면 주식을 구매하지 않을 수 있다. 이러한 이유 때문에 스톡옵션을 주식매수선택권이라고도 한다.

일반적으로 주식은 창업 초기 회사 가치가 없거나 미미한 시점에 창업주와 초기 경영진에게 신주 발행을 통해 배당된다. 하지만 스톡옵션에 의한 주식은 장래에 회사 가치가 상승하였을 경우 주식을 액면가 또는 시세보다 훨씬 낮은 가격으로 매수할 수 있는 권리를 미리 부여하는 것이므로, 이러한 인센티브를 통해 종업원들로 하여금 회사 발전을 위한 동기 부여가 가능해진다.

3.8.3 경영 인력 채용에 관한 투자자 관점

엔젤 투자자와 벤처 캐피탈들은 기술 사업화에 기반을 둔 많은 벤처 스타트업에 투자하고 있으며 경영 팀의 중요성에 관해 잘 이해하고 있다. 생명공학 분야 벤처 투자사인 아틀라스 벤처스Atlas Ventures의 브루스 부스Bruce Booth는 많은 스타트업 경영 팀들과 함께 오랜 시간 일하면서 얻은 경험을 토대로 경영 인력 채용에 관한 몇 가지 조언을 다음과 같이 한다. 물론 제시하는 사례들이 생명공학 분야의 스타트업 경영에 관한 내용이지만 여타의 과학기술 기반 스타트업에도 공통으로 해당되는 사안이라 할 수 있다.

"기술 사업화가 진행되는 단계에 따라 해당 시점에서 요구되는 경영 팀 인력도 달라지는데, 현실적으로 시드Seed 자금 또는 초기 자금 조달 단계에서 CEO 영입은 그다지 필요하지 않다. 스타트업은 창업주인 대학 연구자가 주도적으로 초기 단계에 경영을 이끌어갈 이사회 경영 인력들을 우선 확보하는 것이 매우 중요하다. 하지만 특히 바이오 기술 사업화의 경우 초기 단계에 이러한 우수 경영 인력 확보는 쉽지 않은 일이다. 과학기술 개발에 기반을 둔 스타트업 창업인 경우, 초기에 스타트업 창업을 위한 핵심 멤버로 CSO/CTO가 스타트업의 과학기술력을 바탕으로 기업의 비전을 기획하고, CBO가 이를 도와 보다 광범위한 비전을 완성하도록 하는 것이 바람직하다. 이러한 업무 절차가 어느 정도 진행된 후 능력 있는 CEO를 영입하는 것이 좋다. CSO/CTO 영입을 차후로 미루고 과학기술 분야의 식견이 부족한 CEO를 우선 영입한다면 내부에서 회사의 비전과 경영 방침에서 불필요한 마찰이 발생할 수 있다. 또한 CEO를 영입하는 경우 먼저 영입된 CSO/CTO 또는 CBO의 사내 위상 격하에 대한 불필요한 언행이나 유언비어에 유의해야 한다. 스타트업에서 초기 영입 대상 CEO의 업무 영역을 공백으로 두거나 최소화함으로써 이에 관한 마찰을 최소화할 수 있다."

"경영진을 신속하게 교체하는 것은 대부분 언제나 올바른 결정이다. 외부 투자자는 물론 모든 스타트업 인력들이 회사 경영이 원활하게 작동하지 않는다고 느낄 때까지 최고 경영진들이 그다지 빠르게 움직이지 않는 경우가 있다. 이러한 상황은 특히 신생 스타트업의 경영에서 아주 심각한 결과들을 초래할 수 있다. 외부 투자자의 직관을 믿는 것은 아주 중요한 일 중 하나이다. 만일 직관적으로 잘못되고 있다고 판단되는 경우 십중팔구 잘못된 결과를 초래하기 때문이다. 이러한 경우 경영 팀 내부에도 최고 경영진을 보는 부정적 시각이 팽배하게 작용하고 있음은 마찬가지 상황이다. 실제로 문제가 발생하는 경우는 다음과 같은 상황이다. 새로운 투자 라운드의 진행이 완료되는 시점에 회사 경영에 심각한 문제점이 부각되고 개선될 여지가 없다고 판단되는 경우이다. 이러한 경우 기존의 경영 팀에게 자금 투자 마감일 전까지 문제 상황을 적시하여 해결 방안과 함께 실행 계획을 제출하게 하고, 해당 투자 라운드가 종료되면 이사회를 통해 즉시 CEO 해임을 결의하여 향후 회사 경영상의 문제점이 노출되지 않도록 조치하는 것이 바람직하다."

"이력서를 보고 채용하지 말고 실제 재능을 보고 채용하라. 바이오 기술 분야에서도 아주 많은 사업화 전문 인력들이 화려한 이력 사항을 가지고 있다. 하지만 이력서에 기재된 성공 신화와 관련된 내용들은 거의 과장되어 있거나 주관적 관점에서 본인에게 유리한 연관성을 강조하여 피력하기 때문에 인사권자에게 상당 부분 왜곡되어 전달될 수 있다. 그러므로 응시자 이력서에 기재된 경력들은 본인이 실제적으로 공헌한 사실에 입각하여 면밀하게 확인할 필요성이 있다. 이력서상으로는 아주 화려한 경력의 보유자이지만 실제 CEO로 채용하여 일을 추진한 결과 기대 성과를 창출하지 못하는 경우가 다반사이다. 이러한 결과는 영입된 CEO가 상장회사나 일반 기업에서의 근무 경험을 벗어나 스타트업 근무 경험이 없거나, 과거 스타트업을 성공적으로 육성한 사례가 있다 하더라도 자신의 능력이 아닌 사업 여건 및 시장 환경 등에 의한 외부적인 측면일 수 있다. 이렇게 스타트업을 성공으로 이끈 행운이 지속적으로 반복된다는 것은 그다지 설득력이 없다. 무엇보다 경영 인력 채용에 있어서 중요한 요소는 실제 어려운 스타트업 환경에 잘 적응하고 과거 축적된 실무 경험을 토대로 최선을 다해 자신의 능력을 발휘할 수 있는 사람인가를 판단하여야 할 것이다."[23]

---

23 "Lessons Learned: Reflections on Early-Stage Biotech Venture Investing," *Life Sci VC* (blog), 8 February 2013, http://lifescivc .com/2013/02/lessons-learned-reflections-on-early-stage-biotech-venture-investing/(accessed 11 February 2013).

요약하면 궁극적으로 회사의 경영 인력은 캠퍼스 스타트업의 성공에 있어 가장 중요한 자산이다. 스타트업 창업 초기 경영 팀은 소수의 인원으로 구성되므로 팀워크에 의한 효율적 경영을 위해서는 무엇보다 구성원들 사이의 화학적 결합이 필요하다. 아무리 유능한 경영 인력이 채용되더라도 팀 내부의 화학적 결합을 이루지 못하면 오래가지 못하고 사퇴하기 쉽다. 그러므로 새로운 입사자를 곧바로 공식적으로 경영 팀 업무에 투입하는 것은 바람직하지 못하다. 경영 팀 구성원 중 어드바이저 또는 컨설턴트 역할을 할 수 있는 이로 하여금 당분간 내부 적응을 위한 멘토 역할을 맡겨 적응 여부를 가름하는 것이 바람직하다. 그다지 바람직한 근무 여건이 아니더라도 새로운 인원이 잘 적응할 수 있다는 것은 본인에게는 물론 경영 팀의 다른 구성원에게도 좋은 활력을 가져오기 때문이다. 반면에 업무 능력이 월등히 탁월하고 회사에 많은 도움을 주며 정말 잘 맞을 것 같은 사람이 어드바이저의 상담 또는 컨설팅 과정에서 선택되지 못하였다면 회사는 바로 해당 인력을 신속하게 다시 채용할 필요가 있다.

START UP 3.9 핵심 단계 8: 지식재산의 라이선싱

캠퍼스 스타트업은 대학에서 지식재산 권리로 보호받고 있는 기술을 사업화하기 때문에 대학으로부터 해당 지식재산 기술을 활용할 수 있는 라이선싱 권리를 확보해야 한다. 일반적으로 계약을 통해 대학은 스타트업에게 보유 특허를 라이선싱한다. 대학 보유 특허 기술의 실시에 대한 대가로 스타트업은 이에 상응하는 로열티를 대학에 지불한다.

특허 라이선싱 계약은 양 당사자 사이에서 특허 실시와 대가 보상에 관한 책임과 권한을 규정하는 것으로 대부분의 대학에서는 스타트업과의 라이선싱 계약을 위해 정형화된 양식을 사용한다. 하지만 라이선싱 대상 특허 기술의 특성이나 라이선싱 받고자 하는 기업의 상황에 따라 계약의 내용과 방식들은 당사자 상호 협의에 의해 변경될 수 있으며, 또한 특약 사항으로 계약에 합의할 수 있다.

3.9.1 라이선싱 계약 항목과 예시

다음은 일반적으로 당사자 상호 합의를 통해 체결하는 지식재산 라이선싱 계약 내용을 예시한 것이다.[24]

라이선싱 계약의 범위

라이선싱 계약의 적용 대상이 되는 사항에 합의한다.

예시

대학은 라이선시licensee와 그 계열사들에게 대학이 소유하고 있는 기술을 [라이선스 산업 분야] 분야에 [통상 실시권 또는 전용 실시권] 라이선스를 허여함에 있어 그 실시 범위를 [라이선스 대상 지역 또는 국가]로 정하고, 본 계약 조항 제6조에 의한 서브라이선스 권한이 함께 허여됨에 있어 서브라이선스의 효력은 특허 라이선스가 허여됨과 동시에 발생하며, 만일 필요하다면 서브라이선스 계약은 본 계약의 종속된 계약으로 간주되어 모든 계약 조항과 조건들이 적용된다. 라이선시는 라이선싱 받은 동일한 기술을 한 명의 서브라이선시sublicensee에게 서브라이선싱 계약을 통해 특허 서브라이선스sublicense를 허여할 수 있다.

대학은 라이선시와 그 계열사들에게 대학이 소유하고 있는 기술을 상기 라이선스 해당 지역에 특허권에 근거한 배타적인 실시권을 허여하고 라이선싱 받은 제품을 상기 라이선스 분야에서 생산, 양도, 대여, 사용, 판매 청약과 판매하는 권리를 부여하고 본 계약 조항 제6조에 의한 서브라이선스 권한이 함께 허여되며 본 계약에 의한 모든 계약 조항과 조건들이 적용된다.

---

24 통상적으로 라이선싱 계약서 도입부에 계약 대상과 조건 그리고 방식 등에 관해 정의함으로써 계약 내용을 보다 확실히 한다. 예를 들어 라이선스 분야에 대해 '항공우주 분야'라고 사전 정의한 다음 라이선스 분야에 관해 언급하는 경우 앞서 정의한 내용을 인용하는 방식으로 기재하는 것이 일반적이다.

라이선스 대상 영역: 제품이 판매되는 지리적 영역을 정의하며 라이선스 효력이 미치는 국가들 또는 국가 내의 특정 지역으로 한정할 수도 있고 또한 전 세계 국가로 지정할 수도 있다.

라이선싱 계약의 배타성 – 전용 실시 또는 통상 실시: 라이선싱 계약에 있어 중요 사항 중 하나는 라이선싱 계약을 배타적으로 할 것인지 또는 비배타적 계약으로 할 것인지에 관한 결정이다. 대학에서 라이선스를 허여함에 있어 실시자를 단일 대상으로 특정하여 배타적 방식으로 실시권을 허여하는 것을 전용 실시 exclusive license 계약이라고 하며, 라이선싱 받는 실시자를 복수 대상으로 특정하는 비배타적 라이선싱 방식을 통상 실시 Non-Exclusive License 계약이라고 한다. 대부분의 캠퍼스 스타트업에서 라이선싱 계약을 체결하는 경우 전용 라이선싱 계약을 요구한다. 그렇지 않으면 벤처 투자자 또는 비즈니스 파트너들이 스타트업의 기술 사업화 리스크를 높게 평가하므로 원활한 사업 추진이 어렵기 때문이다.

라이선스 산업 분야: 라이선스 분야는 해당 기술 응용 제품이 판매되는 시장의 산업 분야를 정의한다. 예를 들어 '제약 제조 기술'에 관한 라이선스 분야를 특정하는 경우 '암 치료제' 분야로 지정할 수 있다. 라이선싱 받는 스타트업의 입장에서는 시간이 지나 새로운 응용 분야가 개발되거나 또는 변화될 수 있기 때문에 가능한 넓은 분야에 라이선싱 받거나 모든 시장 또는 산업 분야에 적용할 수 있도록 희망한다. 하지만 대학의 입장에서는 라이선싱 분야를 가급적 한정하고자 하는데, 이는 스타트업에서 확장하고자 하는 라이선싱 분야가 해당 기업의 사업 미션을 많이 벗어난다고 판단하거나 대학의 입장에서 새로운 분야의 다른 기업에 라이선싱할 가능성이 있기 때문이다. 그러므로 일반적으로 스타트업의 라이선싱은 배타적 전용 실시권을 보장하지만 라이선스 분야에 제한을 받는 경우가 많다. 스타트업은 대학과의 라이선싱 협상 시 제한되는 라이선싱 분야에 관한 면밀한 검토가 필요하다. 그렇지 않으면 다른 실시권자가 대학과 해당 라이선스 분야의 계약을 체결하여 시장을 확보하기 때문이다.

라이선싱 계약에 따른 반대급부

스타트업으로부터 지식재산 라이선싱에 대한 대가로 대학이 무엇을 받게 되는지를 기재한다.

예시

계약일로부터 10일 이내에 라이선시는 대학에 반환 불가한 라이선싱 착수금으로 [계약 착수금] 달러를 지급한다.

본 라이선싱 계약을 통해 라이선시에 허여된 권리에 대한 추가 대가로서 라이선시는 [대학 또는 대학소속 기관]에게 계약 발효일에 발행되었거나 발행될 총 주식 수 대비 [지분 비율] 퍼센트에 해당하는 보통주 [주식 수]를 지급한다. 만일 계약일 이후 [자금 조달 개시일] 전까지 라이선시가 주식을 추가로 발행해야 한다면 라이선시는 추가적으로 보통주를 발행하여 대학에 지급함으로써 자금 조달 이후 총 발행 주식 대비 보유 주식의 지분율 [대학의 지분율] %를 유지해야 한다. 보통주 발행에 관한 사항은 대학과 라이선시와 _____년_____일에 체결한 주주 계약서에 의한다.

계약일로부터 라이선싱 계약이 종료할 때까지 라이선시는 대학에 경상기술료로 라이선스 제품 판매의 순수 매출액 대비 [경상기술료 요율] %를 로열티로 지급한다.

본 라이선스 계약 조건에 의해서 만일 계약 기간 내의 특정 연도에 납부해야 할 총 경상기술료가 본 계약서에 첨부된 해당 연도의 최소 경상기술료 납부 금액에 미달하는 경우 라이선시는 해당 연도의 납부해야할 [최소 경상기술료] 금액을 당해 연도가 종료한 다음 30일 이내에 대학에 납부해야 하다.

라이선싱 착수금: 라이선싱 계약 시 대학은 일반적으로 착수금을 책정하여 정액 기술료를 받는데, 이는 대학에서 관리하는 특허 출원 및 등록 비용과 함께 향후 발생할 특허 유지 비용이 포함된 특허 비용을 기준으로 산정한다. 하지만 대부분의 스타트업은 현금 보유 능력이 없기 때문에 라이선싱 착수금 부담을 줄이면서 이에 상응하는 대금을 주식 지분 또는 매출액 대비 로열티 비율을 증액하는 형태로 협상한다.

대학의 지분 확보: 대부분의 대학은 라이선싱 대가로 스타트업의 주식 배당을 통

한 지분을 확보한다. 대학이 확보하는 지분은 일반적으로 5~20% 정도이다. 지분에 관한 문제는 상호 협상에 있어서 가장 어려운 부분이다. 왜냐하면 스타트업의 지분 가치를 객관적으로 평가하기 어렵기 때문이다. 대학이 기업의 지분을 확보하고자 하는 이유는 스타트업이 성공하여 기업 가치가 상승하면 확보된 지분을 통해 많은 수익을 가져올 수 있기 때문이다. 또한 대학의 입장에서는 스타트업이 외부 환경의 변화 또는 기업 내부 사업 정책의 변화에 따라 라이선싱 받은 기술을 활용하지 않음으로써 예상되는 로열티 수입 감소 등에 대비하는 관점에서도 지분 확보를 요구한다. 즉 대학은 라이선싱 기술이 비록 캠퍼스 스타트업에서 기술 사업화로 직접 활용되지 않더라도 라이선스 허여한 기술은 또 다른 기술 사업화를 위한 촉진제 역할이나 기반 기술로서의 역할을 충분히 제공한다는 입장이다. 대학은 이러한 관점에서 기술이 기업 가치를 증대시키므로 해당 기술의 사업화 성공 여부와 관계없이 스타트업의 지분 확보를 타당하다고 주장한다.

지분 희석 방지: 스타트업이 벤처 캐피탈 등으로부터 자금을 조달하거나 종업원의 스톡옵션을 위해 추가 주식을 발행함으로써 대학이 보유하고 있는 기존 주식의 소유 지분이 희석되는 것을 방지하기 위한 조항이다. 예를 들어, 회사가 대학과의 라이선싱 계약을 체결한 후 50만 달러의 시드seed 자금 조달을 위해 주식을 발행하고 이어서 본격적인 투자로 100만 달러의 자금을 조달하기로 했다면, 스타트업은 대학의 지분 희석 방지를 위해 계약서에 합의한 지분율 유지를 위해 추가 주식을 발행하여 자금 조달 개시일 전까지 대학에 지급해야 한다.

로열티와 최저 대금: 라이선싱 계약 시 통상적으로 회사는 대학에 라이선싱 받은 제품의 로열티를 매출액 대비 또는 수익금 대비 백분율로 산정하여 지급한다. 로열티 비율은 통상적으로 한 자릿수로 산정되며 시장 제품화를 위해 투자되는 자금 규모와 제품 생산 설비의 개발 상태와 더불어 해당 제품에 대한 라이선스 기술의 기여도 등을 종합적으로 고려하여 책정한다. 로열티 산정 시 고려해야

할 또 하나의 사항은 '로열티 과적royalty stacking' 방지 조항에 관한 것이다. 많은 경우 하나의 제품에 하나의 라이선스 특허만 필요한 것이 아니라 다수의 특허 실시권 확보가 필요하므로 이는 다수의 라이선싱 계약과 연관되어야 한다. 그러므로 로열티 과적 방지 조항을 통해 다수의 라이선싱 계약 체결로 인한 로열티 부담의 급격한 증가를 방지하기 위해 적정 수준으로 로열티 계약 건수를 제한할 수 있다. 한편 라이선싱 계약 체결 이후 어떤 이유로 제품 출시가 지연되거나 제품 판매가 기대 이하의 수준으로 하락하는 경우가 있다. 이러한 경우 통상적으로 대학은 매년 최소 수준의 이상의 로열티 대금을 사전에 합의한 지급 일정에 따라 최저 대금으로 납부하게 한다.

마일스톤 대금 납부

제품 개발 마일스톤 달성에 따른 로열티 대금 납부 사항을 협약하고 만일 목표 달성에 이르지 못한 경우 지식재산 소유권자는 라이선싱 계약을 취소할 수 있는 옵션을 보유할 수 있다.

> **예시**
>
> 라이선시는 본 라이선싱 계약 기간 동안에 성실히 최선을 다해 연구 개발 및 기술 사업화를 통해 라이선싱 받은 기술을 사용하여 제품을 개발하여 이를 제조 판매하고자 노력한다. 특히, 실시권자는 본 계약서 부록 B에 명기된 마일스톤에 의한 성과 목표 달성을 위해 필요한 모든 의무를 성실히 이행하고 각각의 제품 개발 성과 단계에서 목표 달성이 완료되는 날로부터 30일 이내에 마일스톤에 의한 라이선싱 대금을 지급한다.

기술 기반 제품이 시장 출시되기까지는 통상적으로 수년 이상의 시간이 소요되므로 대학은 라이선싱 계약 체결 이후 오랜 기간 라이선싱 대금을 지급받지 못한다. 하지만 대학의 기술을 활용하여 기술 개발이 이루어졌고 이를 통해 기업 가치가 상승하였다면 이에 상응하는 라이선싱 대금 지급은 필요하다. 이러한 관점에서 기업은 제품 개발 마일스톤에 의해 라이선싱 대금을 대학에 납부한다. 마일스톤 대금 납부는 주로 제품 개발 일정과 달성 여부에 의해 정해진다. 그러므로 대학은 기업이 특정 기간 이내에 기술 사업화를 위한 제품 개발의 목표 달성을 못하는 경우 라이선싱을 취소할 수 있는 옵션을 추가할 수 있다.

서브라이선싱

> **예시**
>
> 라이선시는 대학의 사전 서면 허락이 필요한 연속 서브라이선스를 제외하고는 본 계약에 의해 확보된 모든 권리에 관해 서브라이선싱할 수 있으며, 서브라이선싱 계약 체결 일자로부터 30일 이내에 대학에 라이선싱 계약에 관해 서면 통지하고 서브라이선싱 계약서 사본을 송부하여야 한다.
>
> 본 계약 6조에 의해 라이선시가 허여한 서브라이선스와 관련하여 라이선시는 서브라이선시의 제품 판매를 통해 확보한 로열티 금액은 라이선시가 제품 판매를 통해 대학에 납부하여야 할 로열티 대금에 해당하므로 이는 대학에 납부하여야 한다. 추가로 만일 서브라이선스 계약에 의해 라이선시가 로열티 대금 이외에 최소 로열티 대금, 마일스톤 대금 등 로열티 대금을 제외한 서브라이선시로부터 받은 모든 납부 대금의 _____퍼센트(%)를 라이선시가 대학에 지급하기로 한다.

서브라이선싱을 통해 라이선시(스타트업)는 허여받은 대학 지식재산을 제3자인 협력업체에게 라이선싱할 수 있다. 서브라이선싱 계약은 라이선시(스타트업)와 협력 업체 사이에 이루어지며 대학과 체결한 라이선싱 계약 조항 내용의 대다수 부분이 포함된다. 의료 분야의 경우 서브라이선싱이 아주 중요한 역할을 하는데, 이는 제품 개발에서 출시에 이르기까지 소요되는 비용이 스타트업이나 투자자가 부담하기에는 상당히 크기 때문이다. 라이선싱 계약에 포함된 서브라이선싱 조항에 의해 일정 부분 서브라이선싱 로열티가 대학으로 유입된다. 또한 서브라이선싱 형태와 여건에 따라 대학은 서브라이선싱 로열티 요율을 각각 다르게 책정하기도 한다.

특허 비용과 법적 대응

> **예시**
>
> 라이선시는 계약일 이후 미국 특허청과의 출원 준비, 특허 출원, 법적 대응, 등록 및 특허 유지 비용 등에 관한 모든 특허 비용을 부담하며, 특허 출원과 의견 제출을 위한 법적 대응을 위해 특허 법률 전문가를 위촉하는 경우 대학에서 대학의 이름으로 선임한다. 대학에서는 라이선시에게 특허 출원 심사와 관련하여 접수된 공식 문서(명세서, 심사 통지서, 의견 제출서 또는 법적 대응 서류 등) 사본을 송달하며 진행 상황을 지속적으로 안내한다. 이때 라이선시는 대학에 특허 권리의 지속적인 유효 입증을 위해 자문할 권리가 있으며, 그럼에도 불구하고 대학은 최종적으로 이러한 특허 권리의 유지 확보와 법적 대응을 위한 모든 사안에 대하여 최종적으로 결정할 수 있는 권리를 보유한다.
>
> 상기 미국 특허에 상응하는 해외 특허 권리 확보와 법적 대응에 관해 라이선시가 해외 특허 출원을 통해 보호받고자 한다면 라이선시는 해당 국가 또는 국가들을 서면으로 지정하여야 하며, 해외 특허 출원과 관련하여 지정 국가에 납부하여야 할 출원 준비, 특허 출원, 법적 대응, 등록 및 특허 유지 비용과 관련하여 라이선시가 모든 특허 비용과 법률 비용을 지불한다. 아울러 이와 연관된 모든 특허 출원은 대학의 명의로 진행한다.

대학과의 라이선싱 계약 이후 스타트업은 라이선스 선급금과 로열티 대금을 대학으로 납부해야 하며 추가적으로 국내 및 해외에 특허 비용을 납부해야 하는 금전적 부담을 안게 된다. 창업 초기의 기업에 있어서 특허 비용 부담은 해결해야 할 과제 중 하나로 특히, 해외 특허 출원과 관련된 큰 비용은 자금력이 부족한 대학의 스타트업의 경우 더욱 문제된다. 스타트업에 지원되는 SBIR과 같은 정부 과제에서도 특허 비용 지출에 대해서는 많은 제약이 있기 때문이다. 일부 대학은 이러한 문제점들을 인식하고 해결하기 위한 여러 가지 방안을 준비하고 있다.

일부 대학에서는 창업하는 스타트업의 대학 연구자를 위해 특허 비용을 대학이 먼저 지급한 후 나중에 상환받는 방식으로 지원하는 경우도 있다. 일부 대학의 TLO는 특정 기간 내에 매월 단위로 라이선싱 받은 스타트업이 부담해야 할 특허 비용에 관해 납부 일정을 수립하고 이를 매달 순차적으로 납부하게 함으로써 계류 중인 특허를 지속적으로 진행할 수 있다. 이러한 방식은 스타트업의 회계 장부상에서 특허 비용 누적으로 인한 채무 부담을 줄이고 외부로부터의 투자 자금 조달을 위한 실사 과정에서 도움이 된다.

3.9.2 라이선싱 계약 시 유의사항

앞서 예로든 라이선싱 계약서의 예시로 제시된 대부분의 계약 조항과 내용들은 당사자 상호간 협상을 통해 얼마든지 변경 가능하다. 하지만 대부분의 경우 계약 내용의 일방적 변경은 어렵고 상대적으로 이와 연관된 다른 계약 내용의 변경이 함께 수반된다. 예를 들어 라이선싱 선급 대금의 지불을 낮추고자 하면 주식 지분을 늘리거나 로열티 비율을 높게 하는 방식으로 계약하고자 한다. 추가로 유념해야 할 사항은 라이선싱 계약의 체결 서명이 이루어지면 계약 변경을 위한 추가 재협상은 거의 하지 않는 것이 통례이다.

옵션 라이선싱 계약

라이선싱의 또 다른 접근 방식으로 옵션 계약이 있다. 이러한 접근 방식은 스타트업 창업 팀과 대학 TLO가 미활용 특허에 관한 실사 진행 과정을 통해 유용할 수 있는데, 특히 대학이 해당 특허를 제3자에게 라이선싱할 가능성이 희박한 경우에 해당한다. 우선적으로 옵션 계약을 통해 스타트업을 창업하고 인력과 자금 조달에 나설 수 있다. 옵션 계약은 일정 기간(예를 들어, 6개월) 동안에 특허 실시에 관한 배타적 권리를 확보하고 기한이 만료되면 계약을 갱신하여 연장(추가 6개월)한다. 창업 예정 스타트업은 옵션 계약 체결을 위해 대학에 선납 대금을 납부해야 하며 추가의 라이선싱 대금은 협상을 통해 납부 또는 면제받을 수도 있다.

추가 개량 특허의 확보

스타트업은 대학으로부터 최초 라이선싱 받은 특허에 기반하여 성공적인 사업 수행을 위한 추가의 개량 특허를 확보할 수 있다. 스타트업의 추가 특허는 기존 특허 기술의 개량 특허이거나 종래 특허 기술과는 다른 분야에서 기업이 독자적으로 확보한 특허가 될 수 있다.

스타트업은 시드 자금을 활용한 기술 개발 또는 SBIR 정부 과제 등을 통해 자체 기술 개발과 함께 추가 특허를 확보할 수 있다. 일부 스타트업은 초기 대학으로부터 라이선싱 받은 특허에 비해 많은 수의 추가 특허 확보와 상당 수준의 특허 포트폴리오 구축을 통해 대학으로부터 라이선싱 받은 특허를 포기하고 독자적 특허 전략을 수립하여 사업 추진을 하는 경우도 있다.

스타트업이 추가 특허를 확보할 수 있는 또 다른 방법은 타 기업체, 연구소 또는 대학으로부터 라이선싱 받거나 양도받는 것이다. 제품 개발을 통해 시장이 확보될 때까지 스타트업은 가능한 추가 특허들을 확보해 경쟁 개발자들로부터의 시장 독점력을 강화하고 다양한 사업화 가능성을 제고함으로써 투자자들에게 회사의 경쟁력을 입증해야 한다. 무엇보다 기술 기반 캠퍼스 스타트업의 핵심 사업화 전략은 사업화 기술 가치가 있는 추가 특허를 많이 보유하는 것이다.

자유실시

대학으로부터 라이선싱 받은 특허를 기반으로 제품을 개발하고자 할 때 기업은 반드시 자유실시에 관해 확인해야 한다. 이는 라이선싱 받은 특허 기술을 실시하는 경우 다른 특허 권리를 침해하지 않는지에 관해 사전에 검토하는 작업이다. 예를 들어, 선행 특허 기술의 클레임이 A+B로 구성되어 있고 대학으로부터 라이선싱 받은 특허가 A+B+C로 구성된다고 가정하자. 이러한 경우 기업이 A+B+C로 구성된 제품을 제조 판매한다면 선행 기술 A+B 구성을 침해함으로써 선행 특허 소유자로부터 별도의 라이선싱을 받아야 한다.

지식재산 권리인 특허에 관해 가장 오인하고 있는 것 중 하나는 특허 등록에 근거하여 해당 제품이 독점적으로 사업화가 가능하다는 관점이다. 하지만 특허는 단지 타인이 특허 받은 제품을 생산, 사용, 양도 또는 판매 등의 실시 행위를 못하도록 금지하는 배타적인 권리에 지나지 않는다는 것이다. 그러므로 특허 받은 제품일지라도 특허권자가 사업화를 위해 실시행위를 하려고 한다면 자신의 특허가 타인의 특허를 이용하였거나 저촉되어 침해하지 않는지 조사해야 한다. 이를 자유실시FTO, Freedom to Operate 조사라고 한다.

FTO를 조사하고자 할 때는 먼저 '특허 동향 분석Patent Landscape'을 진행하거나 특허 데이터베이스 조사를 통해 실시 예정인 특허의 클레임이 중첩되는지를 클레임 차트claim chart를 통해 분석한다. 특허 조사 과정은 온라인 데이터베이스를 통해 가능하며 이를 분석하는 작업은 통상적으로 특허 변호사의 도움을 받아 진행한다. 그 다음 단계는 로펌을 통해 공식적인 FTO 보고서를 확보하는 것이다. FTO 보고서는 특허와 비특허 문서 등 광범위한 유관 자료 조사를 통해 특허 침해에 관한 리스크와 그 가능성에 관해 상세하게 분석한 것이다. 이는 전문적인 법률 소견서로 특허 침해 소송에 활용될 수 있는 공식 자료이다.

통상적으로 이러한 전문 자료를 확보하는 데 소요되는 비용은 약 5만 달러에 이르는 고가이다. 그러므로 대학 TLO에서는 대학에서 라이선싱하는 특허에 관해 FTO 조사 분석을 하지 않고 순전히 라이선시의 옵션으로 남겨둔다. 하지만 스타트업에 투자하는 투자자들은 대학으로부터 라이선싱 받은 특허 실시에 관해 심각한 리스크가 발생할 것인가를 우려하여 자금 투자 이전에 FTO 보고서 제출을 요구할 수도 있다.

3.10
핵심 단계 9: 시장 정보의 수집

회사가 비즈니스 전략을 개발하고 공식적인 사업 계획서를 준비하려 한다면 그

이전에 반드시 시장 정보를 수집해야 한다. 시장 규모와 동향, 제품의 시장 반응, 그리고 고객 수요와 요구 사항 등 시장에 관한 상세한 정보 수집은 사업 추진 전략 수립에 있어서 필수적이다.

3.10.1 1차 시장조사

1차 시장조사를 위한 사전 작업은 앞에서 설명한 '비즈니스 케이스'에 관해 보다 심도 있는 검토로부터 시작된다. 시장조사를 위한 고객 인터뷰는 '비즈니스 케이스' 검토 결과를 바탕으로 심층 분석을 진행하는 과정이다. 이러한 고객 인터뷰는 시장 고객의 니즈를 보다 더 세심하게 이해하는 데 많은 도움을 준다. 1차 시장조사를 위한 고객 인터뷰를 진행하는 목적은 다음과 같이 요약할 수 있다.

- 고객의 불만 사항이나 요구에 의해 발생되는 시장 간극 market gap의 이해
- 시장의 요구를 해결하기 위해 현재 시장에 제시된 다양한 솔루션의 이해
- 시장 문제를 해결하기 위해 제시한 솔루션에 관한 고객의 시장 반응 조사

고객 인터뷰를 통한 1차 시장조사는 고객들에게 문제 해결을 위한 하나의 완벽한 해법이나 대안을 제시할 수 있도록 하는 심층적 조사 분석을 가능하게 한다.

예를 들어 의약품에 관한 1차 시장조사 시 밀착 인터뷰를 통해 고객인 의사와 해당 질병을 치료하는 다양한 방법과 절차에 관해 상담하고 고객으로부터 현재 의료 시장의 문제점을 파악하고, 이를 해결하기 위해 제시한 의약품에 의한 문제 해결 가능성과 의사 고객 반응 등과 같은 유용한 시장 정보를 획득할 수 있을 것이다.

잠재 고객과의 인터뷰

시장 정보를 획득함에 있어 잠재 고객과의 인터뷰는 아주 유용한 수단이다. 전문적인 인터뷰 요원이 사전에 준비한 질의 사항을 가지고 고객으로부터 가치 있는 시장 정보를 현장에서 확보할 수 있다. 특히 현장에서 잠재 고객들과의 심층 인터뷰를 통해 제품 수요와 요구 등에 대한 미묘한 차이점(예를 들어 '제품이 필요하다'는 것과 '제품을 가지고 싶다')들을 보다 정확하게 파악할 수 있다. 또한 특정 주제에 관한 설문조사 또는 포커스 그룹 조사를 통해서는 파악할 수 없는 사안들에 관해서도 보다 심도 있는 시장조사를 진행할 수 있다.

사람들은 일반적으로 많은 대중들과 정보를 공유하는 공간에서는 자신의 의견을 잘 노출하지 않으려 하거나 정보 공유를 회피하려는 경향이 있다. 즉 다수 사람을 상대로 하는 토론회나 불특정 인원을 대상으로 하는 설문조사 방식보다는 1:1 대면 인터뷰 방식을 통해 자신의 진솔한 의사 표현을 하는 경향이 일반적이므로 시장조사 시 이를 염두에 두는 것이 중요하다.

잠재 고객과의 인터뷰를 시작하기 이전에 먼저 다음을 보다 명백하게 할 필요성이 있다. 먼저 대상 고객에 관해 명확하게 정의할 수 있어야 하며, 또한 제시한 제품을 보다 간결하고 정확하게 고객에게 설명할 수 있어야 한다.

만일에 대상 고객을 잘못 선택해 인터뷰를 진행한다면 불필요한 답변을 얻을 수밖에 없다. 마찬가지로 적절한 고객을 대상으로 인터뷰하였다 하더라도 자사 제품이나 인터뷰 주제에 관해 잘못 설명하였다면 이 또한 마찬가지로 부정확하고 불필요한 결과를 얻게 될 것이기 때문이다.

잠재 고객과 인터뷰를 하는 경우 무엇보다 중요한 사안은 정확한 질문과 답변을 통해 원하는 정보를 확보하는 것이다. 먼저 고객에게 질문할 때에는 고객이 해당 질문의 본질을 정확하게 이해하고 있는지 확인하는 것이 일차적으로 중요하다. 이는 잠재 고객이 인터뷰 대상으로 적합한 대상 고객이 아닐 수 있기 때문이다.

인터뷰 진행과 관련하여 또 하나 중요한 사항은 인터뷰 대상 인물에 관한 유관 정보를 확보하는 일이다. 예를 들어 조직에서 어떤 위치에 있는지, 인터뷰 당시 어떠한 상황에 있는지, 어떠한 언론 매체를 선호하는지, 그리고 어떠한 전시 박람회에 참가하는지 등 인터뷰 대상이 된 고객의 성향과 사회적 위치, 문제에 관한 인식 정도와 문제의 체험 여부 등 고객의 개별적 여건에 관한 정보를 확보해야 한다.

인터뷰를 통한 고객 반응을 확보하고자 하는 경우 잠재 고객의 성향과 계층, 그리고 문제 인식과 체험 여부 등 각 고객의 개별 여건에 따라 보다 다양한 방법과 경로를 통해 조사해야 한다. 그러므로 밀착 인터뷰를 통한 시장조사를 시행함에 있어 가장 큰 난제는 최초의 고객 리스트를 어떻게 확보할 것인가에 있다. 대다수의 경우 친구, 가족, 동료 그리고 어드바이저 등 주위 지인들로부터 잠재 고객에 관한 정보를 확보하고 최초 고객 리스트를 작성한다. 최초의 고객 리스트를 활용해 가장 먼저 해야 할 일은 직접 해당 잠재 고객에게 이메일을 전송해 접촉을 시도하는 것이다. 인터뷰 대상 고객에게 송부하는 이메일 내용에는 제품 판매를 위한 홍보용 안내라는 느낌이 들지 않도록 유의해야 한다. 인터뷰 목적이 제품 출시와 관련해 현장 고객의 의견과 반응을 청취하는 데 있다고 정확히 피력해야 한다. 또한 메일에는 보내는 사람의 연락처를 꼭 포함하며, 인터뷰 일정 수립을 위해 전화 연락을 할 것이라는 메시지 내용을 포함하거나 회신 이메일을 통해 인터뷰 일정을 정중히 요청하도록 한다. 인터뷰 방식은 전화 통화 또는 직접적인 대면 방식도 가능하다.

아래 항목은 1:1 고객 인터뷰 진행에 있어서 일반적 질의 내용이다.

해결해야 할 문제에 관련된 질의

* 지금까지 설명드린 내용이 현재 귀하의 문제에 해당된다고 생각합니까?
* 귀하의 문제들을 다시 한 번 설명해 주시겠습니까?
* 해결해야 할 문제들이 다수 존재한다고 생각합니까?
* 문제들의 우선순위를 부여한다면 그 순서를 어떻게 매길 수 있습니까?

- 문제가 얼마나 심각한지 시간과 비용 그리고 효용성 관점에서 설명해 주시겠습니까?
- 귀하의 조직 내부 및 외부에서 얼마나 많은 사람들이 유사한 문제를 경험했습니까?

현재 사용하고 있는 해결 방법에 관련된 질의

- 이러한 문제를 현재 어떠한 방법으로 해결합니까?
- 현재 사용하고 있는 해결 방법에 만족하십니까?
- 문제를 해결하기 위한 다른 방법은 없습니까?

새롭게 제시한 해결 방법과 관련된 질의

- 제시된 해결 방법과 관련하여 귀하가 받은 첫 인상은 무엇입니까?
- 해결 방법 중 어떠한 특성이 부족하다고 생각합니까?
- 이런 방식으로 문제를 해결하면 다른 문제가 발생할 수 있습니까?
- 만일 해결 방법이 지금 당장 존재한다면 이를 사용할 것입니까?
- 만일 해결 방법을 구매한다면 그 이유는 무엇입니까?
- 해결 방법의 구매를 위해 어느 정도의 대가를 지불할 수 있습니까?

잠재 고객 인터뷰 시 유의 사항

잠재 고객에게 질의한 질문이 당면문제로 동의하는지 확인할 필요가 있다. 고객과의 인터뷰 진행에 있어 질의한 문제들에 관해 매우 유연성을 가지고 접근할 필요가 있다. 왜냐하면 이러한 문제들이 잠재 고객의 관점에서는 그다지 대수롭지 않을 수 있기 때문이다. 이러한 경우 향후 제품 개발이나 시장 전략 수립에 관해 보다 더 소중한 정보를 확보할 수 있다.

현재 시점에서 제기된 문제에 관해 잠재 고객이 동의한다고 가정한다면 개발하고자 하는 제품이나 솔루션이 제기된 당면문제들을 해결할 수 있을 것인지에 관해 질문하는 것이다. 만일 문제 해결이 가능하다면 고객 관점에서 어떻게 솔루션을 활용하여 당면문제를 해결할 수 있는지에 관해 구체적으로 확인하고 이러한 고객 관점을 사업 추진 전략에 반영하는 것이다.

끝으로 잠재 고객에게 제품 또는 서비스 솔루션에 관한 브리핑과 함께 어떻게 문제를 해결하는지에 관해 소상히 설명한 다음 고객의 의견을 요청한다. 인터뷰를 진행하는 사람들은 종종 인터뷰 과정에서 자신이 모든 문제를 확실히 이해하고 있다고 생각한 나머지 고객들로부터 제기된 문제들을 소홀하게 청취하는 경우가 있다. 즉 제품에 대한 지나친 열정으로 자신의 솔루션 설명에 급급해 가장 중요하게 접근해야 할 고객들이 제시한 문제점이나 반응을 확보하는 문제에 소홀하기 쉽기 때문에 유의해야 한다.

잠재 고객과의 인터뷰를 마친 후 고객으로부터 추가 인터뷰 대상 고객을 추천받는 것이 바람직하다. 새로이 제시한 해결 방법에 관해 통찰력 있는 직관을 가지고 조언해줄 수 있는 사람을 추천받는다면 매우 바람직하다. 사실 현실적으로는 시장 정보 확보를 위한 인터뷰가 심도 있고 충분하게 이루어지지 못하고 있다.

시장조사를 위한 잠재 고객과의 인터뷰 내용은 사업 계획서에 포함하여 평가할 만큼 양적으로 충분한 수준은 아니다. 하지만 사업 계획서 내에 인터뷰를 위해 접촉을 시도하였거나 인터뷰를 진행한 고객 리스트를 공유하고 일부 인터뷰 내용을 인용함으로써 문제 해결을 위해 제시한 솔루션의 우수성을 피력할 수 있다. 고객 인터뷰를 위한 질문 구성을 보다 구체적으로 정형화한다면 실제 시장에서의 고객 반응 또한 반복적인 형태로 피드백받을 수 있을 것이다.

포커스 그룹 및 불특정 다수 대상의 설문조사

앞서 설명한 1:1 인터뷰 방식과는 또 다른 형태로도 1차 시장조사를 진행할 수 있는데, 이는 바로 포커스 그룹을 대상으로 하는 설문조사이다.

포커스 그룹이란 해당 시장 분야에서 오피니언 리더들과 같은 핵심 고객들로 구성된 고객 그룹을 지침한다. 앞서 설명한 1:1 고객 인터뷰에서도 언급한 바와 같이 포커스 그룹 인터뷰에서도 그 취지에 관해 명확하게 설명하는 것이 바람직하다. 즉 포커스 그룹의 인터뷰는 자사 제품이나 솔루션을 판매 또는 홍보하기 위한 목적이 아니라 고객들이 필요한 수요나 문제점 등을 파악하기 위한 것임을 분명히 하는 것이 중요하다.

이러한 접근 방식의 특별한 장점은 그룹 인터뷰라는 특성으로 인해 1:1 인터뷰 과정에서 볼 수 없는 고객 반응의 역동성을 확연히 보여준다. 예를 들어 다수 구성원들이 서로 문제를 심도 있게 토론하는 과정에서 문제의 본질이나 미묘한 차이점에 관해 보다 확실히 규명하게 해준다.

때때로 포커스 그룹과의 인터뷰를 통해 경쟁 제품이나 솔루션을 비교 분석하거나 어떻게 자사의 솔루션 제품이 종래의 문제점을 해결하는가에 관해 객관적 관점을 도출하는 데 유용한 도움이 된다. 하지만 이러한 그룹 토론에 의한 인터뷰 방식은 개인적으로 유용한 의견이나 소수 견해들이 묻힐 가능성이 크다는 단점이 있다. 그룹 구성원들이 내성적이거나 타인의 시선을 의식하는 경향 때문에 여러 사람이 있는 그룹 내에서 진솔한 입장 표명을 꺼려할 수 있기 때문이다.

아주 많은 사람들을 대상으로 하는 온라인 설문조사를 통해 시장 정보를 수집하는 경우가 있다. 이러한 방식은 지역 기반 인구 통계 자료에 기초하여 광범위한 고객들을 대상으로 하면서 저렴한 비용으로 시장조사를 진행할 수 있다는 장점이 있다. 비록 통계학적으로 좋은 시장조사 방법이지만 이러한 시장조사에는 현실적으로 여러 문제점들이 존재한다. 무엇보다 우선 대부분의 스타트업들은 이러한 설문조사를 제대로 수행할 수 있는 만큼의 충분한 고객 이메일 리스트를 확보하지 못하고 있다. 만일 시장에서 이메일 고객 리스트를 구한다고 하더라도 이러한 고객 리스트는 일반적인 이메일 리스트로 기업이 요구하는 특정 시장이나 고객 계층에 분류되어 있지 않기 때문에 그리 유용하지 못하다. 더욱이 이메일 조사 결과의 회수율이 아주 낮을 뿐 아니라 회수된 자료의 신빙성 또한 떨어지므로 이로부터 결론을 도출하는 것은 상당한 위험성을 내포할 수 있기 때문이다.

3.10.2 거시 관점의 2차 시장조사

2차 시장조사란 해당 목표 시장을 시장의 규모, 시장 성장률 및 시장 주도자들에 대해 보다 구체적이고 거시적 관점에서 조사하는 방식을 의미한다.

시장 규모는 다양한 방법으로 추정할 수 있다. 이에 관한 내용은 앞서 핵심 단계 다섯 번째 '비즈니스 케이스 작성'을 통해 구체적으로 설명한 바 있다.[25]

시장 성장률에 관한 추정은 더욱 접근이 어려운 분야로 주로 시장조사 보고서를 통해 정보를 확보할 수 있다. 시장조사 보고서는 시장조사 전문 업체에서 특정 산업 분야를 대상으로 시장 규모와 성장률, 그리고 시장 주도 기업과 외부 시장의 환경 요인, 시장 리더들과의 인터뷰 내용 등 시장 전망에 관한 정보를 포함하는 자료이다. 하지만 시장조사 보고서의 구입 가격은 일반적으로 수천 달러에 이르는 고가이다. 만일 고가로 구매한 시장조사 보고서가 조사를 희망하는 시장 분야에 맞게 특화되어 있다면 상당히 가치 있는 자료로 활용될 수 있지만, 그렇지 않은 경우 쓸모없는 자료로 자금의 낭비만 가져온다. 시장조사 보고서는 시장 규모와 성장률에 관한 정보는 물론 시장을 이끌어가는 주도 세력을 파악하는 데 많은 도움이 된다.

시장의 주도자 또는 영향 요인이라고 함은 현재의 시장을 형성하는 데 많은 공헌을 하였고 향후 시장의 성장에 큰 영향을 미치는 기업 또는 시장 외부의 환경 요인이 될 수 있다. 시장의 변화를 주도하는 외부 환경 요인으로는 노령화 등 인구 통계학적 변화 또는 환경오염 규제와 같은 각종 법규의 제정 및 폐지, 기술의 패러다임 변화 등 시장 제품과 연관하여 밀접한 영향을 주는 상위 기술 시스템이라 할 수 있다.

---

25 시장 규모 추정은 수요 예측에 의한 추정, 경쟁사 제품 매출 규모에 의한 추정, 전문 시장 보고서에 의한 추정 등 다양한 방법이 있으며, 이는 '비즈니스 케이스' 개발 단계에서의 시장조사 내역을 참조하는 것이 바람직하다.

3.10.3 시장 분석 맵

앞서 살펴본 바와 같이 시장조사를 통해 고객의 니즈, 제품 특성과 응용 방안, 시장의 경쟁 환경 등을 보다 면밀히 이해할 수 있으며, 아울러 사업화 단계에 있는 개발 제품을 목표 시장에서 보다 원활히 포지셔닝하고 소비자에게 확산시킬 수 있다.

이 시점에서 시장조사를 통해 확인한 기초 자료를 근거로 개발 제품의 목표 시장과 기회 요인을 보다 명확하게 확인하기 위해 시장을 전체적으로 조망할 수 있는 방법, 즉 시장 분석 맵 작성이 중요하다. 시장 분석 맵은 다양한 방법으로 작성할 수 있는데, 여기서는 그 접근 방법으로 두 가지 방법을 소개한다.

타사 제품과의 차별성에 관한 시장 분석 맵

먼저 출시 예정인 개발 제품이나 솔루션이 시장에서 타사 제품들과 어떠한 차별적 제품 특성을 보유하고 있는지에 대해 2차원으로 도식화하는 방법이다. 예를 들어 그림 3.3은 스피커 시장에서의 시장 분석 맵을 나타낸 것이다.

그림 3.3(a)는 제품의 특성으로 스피커의 가격과 연관된 고객의 구매 충성도에 관한 다이어그램이며, 그림 3.3(b)는 제품의 특성으로 스피커 크기와 관련한 고객의 구매 충성도와 규모에 관한 다이어그램이다.[26]

그림에서 풍선의 크기는 해당 제품이 시장에서 차지하는 상대적인 크기를 나타낸다. 이러한 외부 시장 분석 맵으로부터 쉽지는 않지만 회사 내부 요인을 분석한 자료에 근거하여 어느 영역에 신제품의 기회가 있는지 탐구할 수 있다. 예시에서 알 수 있듯이, 그림 3.3(a)에서의 신제품 시장의 기회는 고객 구매 충성

---

26 과학적 사고방식이나 수학적 관점에서 보면 이러한 도표 분석은 정량적이지 못하고 개괄 추론 방식에 의해 작성된 자료로 판단할 수 있으며 도식화된 풍선 표식 근거에 관해 의문점을 제기할 것이다. 하지만 이 도식들은 시장에서 제품군의 분류를 다양한 관점에서 고찰하고 시각적인 표현을 통해 '신제품의 기회(Product Opportunity)'를 이해하고자 만들어진 것이다.

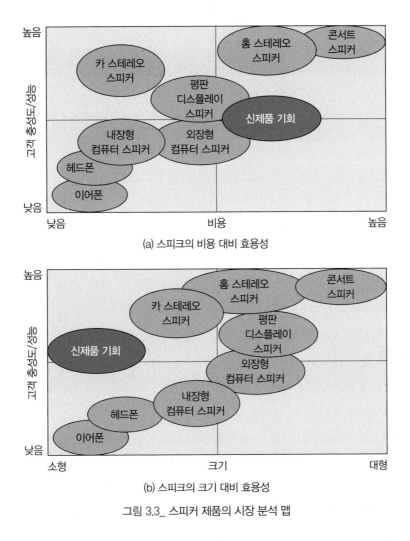

(a) 스피크의 비용 대비 효용성

(b) 스피크의 크기 대비 효용성

그림 3.3_ 스피커 제품의 시장 분석 맵

도를 보통의 수준으로 가정하였을 경우 가격 측면에서 제품이 상대적으로 고가의 제품군 영역에 있으며, 그림 3.3(b)에서는 제품의 크기 측면에서 상대적으로 작은 제품군에 있음을 알 수 있다. 또한 이러한 시장 분석 맵은 앞서 예시한 제품 가격 또는 제품 크기 이외에도 소비자 구매력을 결정하는 여러 가지 제품 특성을 파악하여 해당 특성에 부합되는 다양한 맵을 작성함으로써 목표 시장을 분석할 수 있다.

231

표 3.4_ 고음질 스피커 제품에 따른 고객 분포

고객 분류	가격	규격	성능	신뢰도
10대/청소년	+++	+++	+	+
성인	++	+	+++	++
음악가	+++	+	+++	++
군수용	+	++	+	+++

소비자 유형에 따른 제품 선호도 분석

시장 분석 맵 작성을 위해 두 번째 소개할 접근 방법은 보다 선호도 분석에 의한 심층적인 접근 방법이라 할 수 있다. 소비자 유형에 따라 제품 특성의 선호도를 알 수 있는 시장 분석 맵으로 주로 고객과의 1:1 인터뷰를 통해 제품 특성에 관한 장점과 선호도 등에 관한 조사 자료를 기초로 작성할 수 있다.

하나의 예로 헤드폰 또는 이어폰과 같은 고음질 스피커 제품에 관한 시장 분석 맵을 표 3.4에 제시하였다.

이는 스피커 제품의 특성으로 제품의 가격, 크기, 성능 그리고 신뢰성 중에서 어떠한 특성이 해당 구매 고객층의 결정에 있어서 중요한가를 한꺼번에 비교 분석하고 인지할 수 있는 자료이다. + 표시는 얼마나 중요한 제품 특성으로 판단하는지에 관한 평가 척도로 이러한 평가는 고객과의 1:1 인터뷰 자료에 의해 뒷받침되어야 한다. 이러한 자료는 스타트업 초기 창업주나 회사 경영자에게 매우 중요하고 유용한 자료이다. 목표 시장을 정의하고 이를 확장하기 위해 고객 계층이 선호하고 있는 제품 특성들을 파악하여야 하기 때문이다.

다음으로 시장조사에서 중요한 측면은 경쟁 제품의 분석이다. 특히 스타트업의 경우 신규 시장 진입과 신제품의 시장 기회 확보 측면에서 종래 시장 제품의 많은 특성들에 대한 비교 분석이 이루어져야 한다. 기존 시장 제품의 비교 분석에 관한 내용은 사업 계획서 작성 단계에서 보다 상세하게 다루고자 한다.

3.11
핵심 단계 10: 비즈니스 모델 수립

2장에서 설명한 바와 같이 비즈니스 모델이란 기업이 시장에서 가치를 포착하거나 창출하여 고객에게 제공함으로써 재화를 확보하는 방법라고 할 수 있다. 즉 비즈니스 모델이란 한마디로 기업이 시장에서 수익을 창출하는 방법이라 할 수 있다.

스타트업의 비즈니스 모델은 기업이 시장에 제공하는 가치 유형에 따라 사전에 결정되는 경우가 많다. 예를 들어 진통제 약품을 개발하는 스타트업의 경우 의약품의 시장 출시를 위해서는 많은 개발 자금과 전문성이 요구되기 때문에 다양한 비즈니스 모델 유형 중 제휴partnering 모델을 선택한다. 반면에 소프트웨어 회사는 개발 자금이 거의 들지 않기 때문에 소프트웨어 서비스 모델, 즉 SaaS software as a service 방식을 비즈니스 모델로 선택한다.

스타트업 비즈니스 모델의 경우 회사의 성장 과정에 따라 변화하는 경우가 많다. 비즈니스 모델 자체를 변화시키는 몰핑morphing 방식의 비즈니스 모델 전략은 복합적인 기술을 보유한 스타트업이 서비스 제품의 출시를 통해 기술 사업화하고자 하는 경우 가장 적합한 전략일 수 있다.

예를 들어 어떤 스타트업 기업이 저농도 오염수 감지에 사용하는 모노클론 항체를 개발한 경우, 최초에는 해당 기업으로부터 오염수 샘플을 제공받아 수행한 분석 테스트 결과를 제공하는 서비스 방식의 비즈니스 모델로 사업을 시작한다. 이후 해당 기술 서비스에 관한 시장 고객들로부터의 피드백을 통해 분석 기술과 시약 개발 기술에 반영함으로써 보다 업그레이드된 기술을 자체적으로 축적하여 기술을 더욱 보강한다면, 분석 기기와 분석 시약을 개발 판매하는 비즈니스 모델로 전환(피버팅)할 수 있다. 여기에 새로운 비즈니스 모델 개발을 위해 오염수 감지를 위한 휴대용 측정 키트를 개발하여 시장에 판매할 수도 있다.

예시를 통해 가상의 세 가지 비즈니스 모델로의 변화 가능성을 설명하였지만

233

현실적으로 이러한 비즈니스 모델의 피버팅pivoting은 매우 어려운 일이다. 기존에 구축한 사업 인프라 변화에 따른 손실을 감수하고, 이를 확연히 뛰어 넘을 수 있을 정도의 새로운 비즈니스 모델을 통해 신규 매출이 발생해야 하기 때문이다.

앞의 예시에서 분석기기와 시약 판매 모델을 휴대용 측정 키트 판매 모델로 전환한다고 가정할 때, 신제품으로서 휴대용 측정 키트 판매를 통해 매출 변화를 꾀할 수는 있으나 기존 제품의 제조 판매를 위한 회사 인프라는 무용지물이 될 가능성이 있기 때문이다. 그러므로 보다 현실적으로 비즈니스 모델 변화를 추구하는 경우 관련 시장을 대상으로 사업 초기에 다양한 비즈니스 모델을 가져가는 것이 바람직할 수 있다.

그러므로 위의 사례와 같은 경우 두 가지 비즈니스 모델을 통해 지속적이고 안정적 매출을 확보해야 하며 향후 외부 환경 요인의 변화에 대응해 적절히 비즈니스 모델을 확장 또는 축소하는 전략이 필요하다.

최근 들어 새로운 비즈니스 모델이 선보이고 있는데, 기존의 비즈니스 모델에 다른 비즈니스 요인들이 함께 고려되는 형태이다. 새로이 개발되는 비즈니스 모델에 포함되는 다른 비즈니스 요인이란 주로 고객 관점에서 필요한 요구 사항들이다.

『린 스타트업Lean Start-up』[27]의 저자이며 기업가인 에릭 리스와 『4단계 에피파니 Four Steps to Epiphany』의 저자 스티브 브랭크는 그들의 저서에서 스타트업 비즈니스 모델과 고객 중심 제품 개발의 중요성에 관해 강조한다. 또한 이들은 스타트업이 기술 사업화하고자 하는 제품을 출시하는 경우, 초기에는 최소기능 제품MVP, minimal viable product으로만 테스트 출시하는 것이 바람직하다고 한다. 테스트 출시된 MVP가 시장으로부터의 피드백을 통해 평가받은 후 이를 반영하여 비즈니스 모델을 재정립하는 것이 바람직하다고 조언한다.

---

27 Eric Ries, *The Lean Startup: How Today's Entrepreneurs Use Continuous Innovation to Create Radically Successful Businesses* (New York: Crown Business, 2011).

비즈니스 모델 캔버스 방식

비즈니스 모델을 개발하고 이를 가시화하는 또 다른 접근 방식으로 비즈니스 모델 캔버스business model canvas를 이용한 방식이 있다. 캔버스를 구성하는 블록 요소를 간단히 살펴보면 다음과 같다. 캔버스를 구성하는 아홉 가지 구성 요소에 의한 블록은 고객 분류, 가치 제안, 유통 채널, 고객 관계, 수익 흐름, 핵심 자원, 핵심 활동, 핵심 파트너, 비용 구조로 이루어져 있다. 비즈니스 모델 캔버스를 구성하는 이 아홉 가지 구성 요소는 그 특성에 따라 다음과 같이 고객 중심의 구성 요소 그룹과 인프라 구성 요소 그룹 두 가지로 크게 분류할 수 있다.[28]

고객 중심의 구성 요소 그룹: 위에 제시한 아홉 가지 구성 요소 중 비즈니스 모델 캔버스를 구성하는 고객 중심 구성 요소들로서 '고객 분류', '가치 제안' '유통 채널', '고객 관계' 및 '수익 흐름'이 여기에 해당한다. 먼저 '고객 분류'는 고객이 누구인지를 정의하고 이를 세분화하여 명기하는 항목이다. 고객들에게 어떠한 형태의 가치를 만들어 제공할 것인지 서술하는 항목으로 '가치 제안'이 있다. 고객들에게 가치를 제공할 수 있는 해당 서비스 또는 제품들을 어떠한 유통 경로를 통해 홍보하고 이를 고객에게 판매할 것인지에 관해 정의하는 '유통 채널' 항목이 있다. 이러한 '유통 채널'을 '고객 접점' 또는 '판매 모드'라고도 한다. 이러한 '유통 채널'을 통해 고객과의 관계를 지속적으로 유지할 수 있는 방법들에 관해 정의하는 '고객 관계' 항목을 기재하고 끝으로 고객에 대한 '가격 전략'을 어떻게 가져갈 것인지, 어떠한 제품 또는 서비스 분야에서 수익을 창출할 것인지에 관해서는 '수익 흐름'의 항목에서 정의한다.

인프라 구성 요소 그룹: 상기한 아홉 가지 구성 요소 중 비즈니스 모델 캔버스를 구성하는 인프라 구성 요소들로서 '핵심 자원', '핵심 활동', '핵심 파트너' 및 '비

---

28 Alexander Osterwalder and Yves Pigneur, *Business Model Generation* (Self-published, 2009), www. businessmodel generation .com (accessed 14 July 2015).

용 구조'가 여기에 해당된다. 먼저 '핵심 자원'은 사업 추진에 필요한 유무형 자산으로서 유형 자산으로 인적 자산과 물적 자산을 정의하고, 무형 자산으로 지식재산과 영업 자산 등을 파악하여 정의한다. '핵심 활동' 항목에는 상기 핵심 자원들을 기반으로 고객들에게 제품과 서비스 제공을 위해 추진하고 있는 생산 및 판매 활동과 더불어 각종 지원 활동을 정의한다. '핵심 파트너'에는 회사가 이러한 핵심 활동을 추진하는 데 있어 약점이나 부족한 부분을 보완하고 지원해줄 수 있는 비즈니스 파트너에 관해 정의한다. '비용 구조' 항목에는 회사의 제품 또는 서비스를 고객에게 제공하는 데 소요되는 예상 비용으로 직접 비용 및 간접 비용, 그리고 고정 비용과 가변 비용 등을 산정하여 정의한다.

START UP 3.12
핵심 단계 11: 초기 단계 마케팅

캠퍼스 스타트업의 초기 단계 마케팅은 판매 제품의 수요 창출에 집중하기보다 보유 기술과 개발 제품을 고객들이 보다 쉽게 이해하도록 하고 아울러 개발 제품에 내재하고 있는 이미지 홍보에 주력한다.

판매 예정인 개발 제품이나 서비스가 완성되지 않은 초기 단계에서 마케팅 활동 필요성에 공감하지 못하는 경우가 많다. 하지만 스타트업은 초기 단계 마케팅 활동을 통해 유능한 내부 임직원이나 자금 투자자 또는 비즈니스 파트너를 확보할 수 있으며, 이는 기업 성장 과정에서 반드시 해야 할 중요한 일 중의 하나이다.

초기 단계에서 마케팅 역할은 주로 캠퍼스 스타트업 창업주인 대학 연구자가 주도적으로 한다. 이를 굳이 '마케팅 활동'이라고 명명하지 않더라도 실제적으로 대부분의 창업주 연구자는 창업 초기에 이러한 마케팅 활동을 하고 있다. 창업주들은 연구 성과물의 사업화 개발 자금 조달을 위해 투자자들을 대상으로 하기도 하고 컨퍼런스 또는 학회 세미나에서 발표를 하는 등 마케팅 활동을 진행한다.

캠퍼스 스타트업 창업주 연구자들은 초기 단계 마케팅의 주체로서 자신의 대학 연구실 홈페이지를 통해서도 초기 단계의 기술 마케팅 및 홍보 활동을 한다. 이러한 사전 기술 마케팅 및 홍보 활동은 주위 동업자들 또는 잠재 고객에게 기술 사업화 아이디어와 사업 타당성을 적극적으로 이해시킴으로써 향후 사업화 출시 제품에 적극적인 관심을 확보한다.

마케팅 활동 시 특히 유의해야 할 사항은 상대방의 특성과 눈높이에 맞추어 마케팅 정보를 전달해야 한다. 쉽게 말하면 마케팅 전에 상대방에 관해 먼저 정확히 알아야 한다는 사실이다. 사전 마케팅 활동은 파악한 수요자 정보를 토대로 수요자 맞춤형으로 정보를 제공해야 하며, 이는 제공하는 정보의 수준과 난이도는 물론 공유하고자 하는 정보 범위에 있어서도 신중히 고려해야 한다.

캠퍼스 스타트업의 3단계 마케팅

캠퍼스 스타트업의 마케팅 활동은 시간의 경과에 따라 아래와 같은 3단계 과정으로 구분할 수 있다.

창업주 비전 중심의 마케팅: 첫 번째 단계에서는 회사 설립 자체가 마케팅 대상이 된다. 아직은 미성숙 단계의 회사이므로 회사의 명칭, 로고 그리고 웹사이트를 통해 제시된 창업주 비전을 중심으로 마케팅 활동이 이루어진다.

보유 기술 중심의 마케팅: 두 번째 단계에서는 스타트업 보유 기술을 개발 제품에 내재하고자 하는 단계로서 기술 개발 중심으로 마케팅 활동을 한다. 하지만 이 단계에서는 아직 제품 개발이 완료되어 출시되지 않기 때문에 제품 중심이 아니라 기술 중심의 마케팅 활동이 이루어져야 할 것이다. 스타트업 창업주가 중심이 되어 보유 기술이 어떻게 작동될 것이며 제품으로 활용될 것인지에 관해 기술의 광범위한 특성과 그 응용에 관해 주도적으로 홍보하는 단계이다. 특히 스타트업이 플랫폼 기술을 보유한 경우 이 단계에서의 활동이 매우 중요하다. 왜냐하면 플랫폼 기술은 개발 가능성이 있는 일련의 제품군의 핵심 기술이 되기 때문이다.

시장 제품 중심의 마케팅: 세 번째 단계로서는 제품 중심의 마케팅 활동이 전개되는데 이에 관한 부분은 이 책의 후반부에서 별도로 다루기로 한다.

초기 단계 마케팅 활동은 다음 사항들을 중심으로 이루어진다. 초기 단계 마케팅 활동 시 정보 제공을 하는 다양한 채널들이 있다. 보다 상세한 소통 채널과 이에 따른 마케팅 도구들은 표 3.5에 요약하여 제시하였다. 예를 들어 인터넷은 아주 효과적인 소통 채널로 웹사이트를 개설하여 마케팅 콘텐츠를 게시할 수 있으며, 또한 인터넷을 통한 소셜미디어 서비스로 블로그, 트위터 및 페이스북 등을 통해 소통할 수 있다. 동영상을 제작하여 인터넷상에 배포하거나 뉴스레터, 웹진 등의 형식을 활용한 이메일 마케팅 활동을 전개할 수 있다.

표 3.5_ 초기 마케팅 단계에서의 소통 채널

		마케팅 도구				
	인터넷	웹사이트	동영상	소셜미디어	이메일	
소통채널	저작물	사업 개요서	인트로 테크 (Intro deck)	리딩 데크 (Reading deck)	비즈 플랜 데크 (Biz plan deck)	사업 계획서
	발표	인트로 피치 (Intro pitch)	디테일 피치 (Detailed pitch)			
	미팅	엘리베이터 피치	2-페이저			

또 다른 고객과의 중요한 소통 채널로 저작물 작성 배포에 의한 방식이 있다. 스타트업 소개는 물론 회사의 보유 기술과 제품 홍보를 위한 다양한 저작물들을 작성하여 활용할 수 있다. 사업 개요서executive summary에서 사업 계획서business plan document까지 여러 형태로 초기 단계 마케팅에 활용할 수 있다. 끝으로 현장에

서의 고객 상담이나 미팅을 통해 소통하는 채널이 있다. 현장에서 부딪치는 주요 고객을 대상으로 20초 내지 3분가량의 짧은 시간에 진행하는 엘리베이터 피치elevator pitch 방식의 마케팅 및 홍보는 고객과의 직접 소통에 특히 중요한 도구가 될 수 있다.

초기 단계의 마케팅을 위해서는 다음에 제시하는 마케팅 요소들이 개발되어야 한다.

회사 로고

초기 단계에서의 회사 로고는 그다지 중요해 보이지 않을 수 있지만 로고를 통해 회사의 첫 이미지를 보다 좋게 외부에 인식시킬 수 있다. 바람직한 로고는 회사 이미지의 긍정적 강화에 도움이 되지만 좋지 않은 회사 로고는 부정적 메시지를 전파하기 때문이다. 바람직한 로고는 간결하고 단순해야 하며[29] 쉽게 인식할 수 있어야 하고, 다양한 형태로 손쉽게 활용될 수 있어야 한다. 예를 들어 회사 로고는 특유의 폰트로 명기된 회사 명칭 옆에 식별력 있는 그래픽 표장을 배치하여 함께 사용하는 것이 바람직한 형태이다. 반대로 회사 명칭을 도형화하여 로고로 변형하여 사용하는 경우 회사명을 인지하기 어렵거나 복잡해 보이므로 로고로는 바람직하지 않다. 특히 슬라이드 발표 시 활용되는 파워포인트의 발표 자료용 포맷에 들어가는 회사 로고는 단순하고 간결해야 하며 회사명이 쉽게 인지되고 아울러 회사 이미지가 잘 부각되어야 한다.

로고를 저렴하고 효과적으로 만들 수 있는 방법으로 대중 아이디어 공모 방식이나 디자인 콘테스트를 통해 선정하는 방식이 있다. 회사 설립 취지와 비전 설명과 함께 로고 가이드라인을 공고하여 디자이너들로부터 아이디어를 공모하는 것이 바람직하다. 일반적으로 회사에서 선정한 로고 디자인은 100달러에서 1,000달러 정도의 비용을 지급한다. 이러한 방식으로 회사 로고를 개발 제공

---

29 회사 로고는 해상도가 낮은 상태에서도 잘 부각되어 인식되도록 가능한 단순한 형태일수록 좋다.

하는 업체들은 예컨대, designcontest.com, logotournament.com, 99design.com 등 인터넷상에 많이 있다.

웹사이트

스타트업이 온라인상에 웹사이트를 개설하여 운영하는 것에 관해 서로 다른 시각이 존재한다. 일부 스타트업의 경우는 웹사이트를 통한 자사의 경영 인력과 어드바이저 소개 또는 보유 기술의 홍보와 개발 제품에 관한 정보 공유를 선호한다. 하지만 또 다른 일부 스타트업의 경우는 제품 판매, 투자 유치 또는 파트너 체결 등 확실한 결과가 있기 전까지는 회사의 내부 정보를 웹사이트 등 소통 채널을 통한 외부 노출을 아주 꺼려한다. 왜냐하면 보유 기술에 대한 정보가 웹사이트를 통해 외부에 노출됨으로써 도용 가능성을 우려하기 때문이다.

통상적으로 스타트업 보유 기술이 특허 등 지식재산 권리에 의해 잘 보호되어 있다면 웹사이트를 통한 초기의 기술 마케팅은 큰 문제가 없지만 지식재산권에 의한 기술적 보호가 허술하다고 판단되면 웹사이트를 통한 외부로의 기술 노출은 상당히 유의해야 할 부분일 것이다.

스타트업의 웹사이트를 개시하고자 할 때 특히 주의해야 할 점은 보안 신뢰성 있는 서버 확보와 링크 안정성 등에 관해 전문적 검증이 이루어진 이후 서비스를 개시하는 것이다. 경비 절감 등의 이유로 자체 제작 관리하는 웹사이트는 보안에 취약하거나 콘텐츠 이미지가 깨지는 등의 오류가 종종 있기 때문이다.

초기 스타트업이 웹사이트를 개설 운영하는 경우 다음 몇 가지 사항에 유념해야 한다. 먼저 웹사이트는 가급적 단순하게 만들어야 한다. 다음에 제시하는 내용만 포함해도 충분하다.

- 메인 페이지: 회사의 미션과 소개에 관한 간략한 내용 설명과 함께 시각적 강조
- 팀 또는 조직 페이지: 창업주, 경영 인력, 어드바이저에 관한 명단을 안내. 회사 설립 초기에는 직책이 없는 인력 리스트만으로 충분하며 향후 경영 팀이

구성되고 이사들이 선임된 이후 이사회가 구성되면 보다 자세한 인력 현황에 관해 소개하여도 무방함

- **기술 페이지**: 기술 명칭을 포함 보유 기술의 핵심 특성에 관한 간략 안내와 필요하다면 링크를 걸어 슬라이드 프레젠테이션 자료 또는 연구 성과 자료(논문 또는 특허)를 업로드하고, 가급적 기술 홍보 동영상의 업로드가 바람직하겠지만 이는 3분 이내의 분량으로 단순 명료해야 함
- **연락처 페이지**: 전화번호, 이메일 등 회사 컨택contact 정보 안내

웹사이트에 '제품 페이지'와 '회사 소식지' 페이지가 추가될 수도 있다. 웹사이트에 게재되는 각종 정보는 손쉽게 업데이트될 수 있어야 한다. 웹사이트 구축 시 '워드프레스WordPres'와 같은 툴을 사용하여 경영 팀이나 창업주가 전문 웹 디자이너의 도움을 받지 않고도 직접 정보의 지속적 업데이트를 가능하도록 하는 것이 바람직하다. 웹사이트 콘텐츠는 쉽고 정기적으로 업데이트가 가능해야 한다. 웹사이트 페이지 하단에 명시된 저작권 표시 연도가 2년 이상 경과하였거나, 회사 소식지 페이지에 게시된 컨텐츠 정보가 1년 이상 경과한 경우는 회사가 도산 또는 경영상의 문제가 있다는 것을 암시하는 것으로 특히 유의해야 한다. 그러므로 지속적 업데이트를 못하는 웹페이지는 차라리 없느니만 못하다.

웹사이트상의 회사 로고를 클릭하면 메인 페이지가 연결되도록 하며 보다 적극적인 회사 마케팅을 위해 필요하다면 웹사이트에서 회사 로고가 부착된 헤드 레터 또는 파워포인트 템플릿이 출력되도록 할 수 있다.

결론적으로 전문적 관점에서 완성도 높은 웹사이트 디자인은 회사의 경쟁력과 자신감 그리고 성공에 관한 긍정적 이미지를 오랫동안 부각시킨다는 것을 명심할 필요가 있다.

사업화 기술의 브랜드화

초기 단계의 마케팅을 위해 회사명과 로고에 더해 회사가 보유한 핵심 기술과

개발 제품에도 식별력 있는 명칭을 개발하여 적극적으로 홍보하는 것이 효과적이다. 보유 기술의 특징을 효과적으로 부각시키는 고유한 명칭을 개발하여 홍보하는 것은 중요한 마케팅 전략이다. 브랜드는 사업화 기술과 제품(서비스)에 정체성을 부여하고 현실로 만들어준다. 예를 들어 웹사이트 등의 마케팅 자료에 보유 기술 설명에 이어 "당사의 기술은 수술 장비에 매우 유연하게 적용할 수 있습니다"라는 문구 대신 보유 기술명을 직접 적시하여 "'Flex-Fit 테크놀로지'는 뛰어난 유연성을 제공합니다"라고 홍보하는 것이 낫다.

마찬가지로, 개발 제품에도 식별력 있는 고유 명칭이 있어야 한다. 예를 들어 "당사가 개발한 제품은 타제품에 비해 절반의 무게입니다"보다 "'OmniProbe 2000'은 타제품에 비해 두 배 이상 가볍습니다"라는 사업화 기술의 브랜드 홍보가 마케팅 관점에서 더욱 효과적으로 소비자에게 인식된다.

보유 기술명과 개발 제품명과의 상호 연계를 통한 마케팅으로 보다 효과적으로 활용할 수 있다. 예컨대 "10배 이상의 기동성을 갖는 외과용 프로브로 탄생된 새로운 OmniProbe는 우리 NewCo사의 독점적 기술인 FlexFit 테크놀로지를 통합하여 만들었습니다", 또는 "FlexFit 테크놀로지에 의해 구현된 우리 NewCo사의 OmniProbe는 기동성을 10배 이상 향상시킵니다"와 같이 기술명과 제품명을 연계한 효과적인 케치 플레이즈를 적용하여 마케팅에 활용할 수 있다.

사업 개요서와 2-페이저 자료

1-페이저one pager라고도 하는 사업 개요서executive summary는 다음 사항을 포함하는 한 페이지 텍스트 위주의 자료로 회사가 추진하고자 하는 사업 개요를 담는다.

- 사업 동기(고객 불만이나 시장 간극 등에 대한 문제 제기)
- 제시 해법(보유 기술이나 개발 제품 등을 통한 문제 해법)
- 시행 방법(시장 전략 또는 비즈니스 모델 제시)
- 인력 소개(창업주 또는 경영 팀 등에 관한 소개)

즉, 사업 개요서란 주로 잠재 고객이나 투자자들을 대상으로 이메일 또는 인쇄물 형태로 배포되는 마케팅 자료로서 회사 소개 및 사업 추진 내용에 관한 핵심 요약 사항이 기재된 자료를 말한다. 사업 개요서에는 사업에 관심 있는 고객들이 검토하여 회사와 접촉하고자 할 때 필요한 전화번호 또는 이메일 그리고 웹사이트 주소 등 회사의 연락처 정보를 기재하는 것이 바람직하다.

2-페이저two-pager는 예컨대 분석 그래프, 비교표 또는 다이어그램 등 풍부한 시각적 자료를 담은 앞뒤 두 페이지로 된 한 장짜리 마케팅 자료이다. 한쪽 면에는 주로 회사 보유 기술 또는 사업화 가능성과 기술의 파급 효과 등에 관해 보다 쉽게 이해할 수 있도록 시각 자료를 기재한다. 예컨대 시제품의 도면을 제시하거나 핵심 기술 데이터를 제시하고, 이에 대한 설명을 보충해 보유 기술에 관한 신뢰성과 기술 효과를 강조할 수 있다. 또 다른 면에는 '시장 규모'나 '성장률', '비즈니스 모델' 등과 함께 제품 및 서비스 제공에 따른 '현금의 흐름', 그리고 개발 제품이 어떤 시장 영역에 잘 부합되는지를 알려주는 '시장 분석 맵' 등과 같은 비즈니스 모델을 제시하고 설명하는 것이 좋다.

2-페이저 마케팅 자료는 고객과의 심층 상담 시 간략하게 보유 기술과 제품 시장을 효과적으로 소개할 수 있는 자료이다. 잠재 고객과의 커피숍 미팅이나 비공식 미팅 등에서 노트북 PC를 이용하는 대신 간단한 프레젠테이션 자료로 활용할 수 있다. 고객 입장에서도 상대적으로 마케팅에 대한 심적 부담을 덜 가지고 대할 수 있으므로 효과적 마케팅 방식으로 작용할 수 있다.

엘리베이터 피치[30]

'엘리베이터 피치Elevator Pitch'란 별도의 자료 없이 주어진 짧은 시간 내에 핵심 내용을 말로 설명하는 마케팅 방식으로, 앞서 설명한 2-페이저' 또는 '사업 개요

---

30 '엘리베이터 피치'라는 용어의 유래는 투자자와 함께 엘리베이터에 동승하게 된 상황을 가정하여 엘리베이터 내부에서 투자자와 함께 하는 약 60초 정도의 짧은 시간 동안 투자자에게 핵심적으로 사업을 소개함으로써 투자 관심을 유도하는 마케팅 방식의 일종이다.

서Executive Summary'를 활용한 구두 버전의 마케팅 방식이라 할 수 있다.

엘리베이터 피치는 일종의 1분 스피치라고 할 수 있는데, 짧은 시간에 고객이나 투자자의 관심을 유도하여 더 자세한 설명 또는 추가의 비즈니스 기회로 연결될 수 있도록 하는 것이 목적이다. 즉 청취자로 하여금 비즈니스에 1차적인 관심을 유발하도록 하는 것이 목적으로 이러한 관점에서 엘리베이터 피치에 포함되어야 할 사항은 다음과 같다.

간결성: 스피치 내용은 60초 이상 경과되지 않도록 150자~250자 정도의 분량이어야 한다.

명료성: 스피치 내용은 메시지를 명확하게 전달하기 위해 과장된 표현이나 수식어 사용을 가급적 회피한다.

시각적 이미지화: 회사의 미션이나 제품 그리고 전략을 청취자가 이미지로 상상할 수 있게 설명한다.

유인성: 투자자 또는 잠재 고객의 입장에서 적극적 관심을 유발할 수 있는 사례를 화두로 하여 접근한다(예를 들어, "…을 가진 아이들이 매년 1만 명 이상 탄생하고 있습니다." 또는 "왜 …하는 사람들이 2% 미만인지 궁금해 한 적이 있습니까?" 등).

연계성: 스피치가 끝나면 정중하게 다음 미팅 일정에 관해 요청하거나 명함이나 연락처를 받아둔다.

타이어 모니터링 시스템을 개발한 어느 스타트업의 엘리베이터 피치의 한 사례를 들면 다음과 같다.

"타이어 펑크가 없는 일상을 상상해보십시오. 바쁜 업무 중 눈비 오는 도로에서 타이어를 교환하는 일은 더 이상 없습니다. 타이어 수리 서비스를 받기 위해 더 이상카 서비스를 기다릴 필요도 없습니다. NovaTech사는 타이어 펑크에 대한 사람들의 생각을 FlatPal 제품을 통해 혁신적으로 바꿀 것입니다. FlatPal은 당사 특허 기술인 에어센서 기술을 채택하여 타이어 공기압을 지속적으로 모니터링하고 있습니다. 타이어 공기가 빠지면 보충해주고 갑작스런 타이어 펑크가 발생하면 타이어 충진제를 자동 분사하여 펑크에 의한 사고를 방지합니다. 무엇보다 이 모든 과정이 자동화되어 있습니다. 또한 FlatPal 제품을 장착한 고객들은 문자 메시지 또는 이메일로 타이어 공기 변화에 관한 정보를 전송받게 됩니다. 예를 들어 공항에 주차한 자동차에 타이어 손상이 있었지만 곧바로 자동 수리되었다는 메시지를 받을 수 있습니다. 당사는 1차적으로 승용차 시장을 목표로 하고 있으며 2차 시장으로 택시 영업용 차량을 목표로 하고 있으며 그 다음 트럭 등 대형 자동차 시장을 최종 목표로 하고 있습니다. 귀하께서 제너럴모터사의 R&D 책임자 팀 스미스 이사를 소개해주신다면 우리 사업에 관한 그의 고견을 듣고 싶습니다."

3.13
핵심 단계 12: 사업 계획서 작성

앞서 설명한 선행 단계들을 거쳐 파악된 시장조사 내용과 비즈니스 모델 등을 기초로 제품의 개발 계획 및 판매 마케팅 계획이 수립되면 재무계획의 추정과 함께 본격적으로 사업 계획서를 작성한다. 사업 계획서에는 사업 목표 달성을 위해 다양한 사업 전략을 제시하며 비즈니스 케이스와 비즈니스 모델에 근거하여 실행 계획을 서술한다.

앞서 설명했던 '비즈니스 케이스'의 작성은 사업 추진에 관한 합리적 근거를 제시하고 스타트업에서 함께 일할 수 있는 어드바이저 또는 경영 인력의 채용에 주목적을 두는 반면, '비즈니스 플랜', 즉 '사업 계획서' 작성은 다음의 두 가지 중요한 목적을 갖는다.

245

첫째, 사업 계획서는 구성원들에게 사업 절차와 추진 과정에 관한 로드맵을 제시한다. 여럿이 노래하는 합창단에서 각자의 세부 역할을 정확히 구현해 놓은 악보를 통해 하모니가 이루어지는 것과 같이 사업 계획서를 통해 비즈니스 로드맵을 수립하는 것이다.

둘째, 사업 계획서는 잠재적 투자자들로 하여금 회사의 미래 가치를 판단할 수 있는 정보를 제공한다. 즉 투자자들에게 사업 계획서 심의를 통해 투자 요인을 쉽게 파악할 수 있게 한다.

지난 십여 년간 사업 계획서에 대해 큰 관점의 변화가 있었다. 기존에는 통상적으로 자금 투자 유치를 목적으로 30~50페이지의 광범위한 사업 계획서를 작성하여 투자자들의 검토를 유도하기 위해 제시하였다. 오늘날 사업 계획은 몇 가지 중요한 변화를 가져왔다. 리스와 브랭크가 제시한 '린 스타트업' 방식은 보다 고객 중심적이고 비즈니스 가설 중심의 접근 방식을 취한다. 이 방식은 사업 계획을 수립하기 전에 사업화 아이디어를 기초로 린lean 버전의 최소 기능만을 가진 제품MVP, Minimum Viable Product을 개발하여 시장의 고객 반응을 테스트한다. 이러한 테스트에서 얻은 통찰력을 바탕으로 고객 니즈가 제품 및 비즈니스 모델에 신속하게 반영된다. '린 스타트업'에 의한 사업화 방식은 사업 계획서 작성에 있어 정형화된 틀에 얽매이는 대신 마케팅 노력에 의한 고객 피드백을 더 많이 포함하게 한다.

한편, 지난 수십 년 동안에 스타트업의 생태계는 급격한 성장과 변화를 경험했다. 특히 2000년과 2008년의 글로벌 경기 악화로 벤처 캐피탈이나 엔젤 투자자들이 급격하게 위축되었다. 위축된 투자 시장을 대상으로 기회를 노리는 더 많은 스타트업들이 경쟁하면서 투자자들로서는 각 스타트업의 창업 기회를 자세히 검토할 시간이 줄어들었다. 따라서 스타트업들은 벤처 캐피탈 등 투자자들에게 투자 기회를 전달할 수 있는 효율적인 방법을 제공하고자 각종 상황에 맞게 변경 가능한 유연성 있는 문서를 준비하고 있다. 표 3.6은 다양한 상황에 적용할 수 있는 이러한 파생 자료들을 보여준다.

표 3.6_ 사업 계획서 및 파생 자료

문서	주요 내용	용도
사업 계획서 (Biz. Plan)	20~50페이지 분량의 리포트 형식으로 문자와 그림을 위주로 구성하되 사업 추진 전반에 관해 세부적으로 서술	• 내부용: 사업 목표 달성을 위한 내부 직원용 • 외부용: 투자 심의를 위한 외부 투자용
리딩 데크 (Reading Deck)	참고 부록 자료를 포함하여 약 10~30장 정도의 프레젠테이션 슬라이드 형식으로 구성하되 사업 계획 내용을 요약	투자자 또는 협력자들에게 30분 이내에 사업을 설명해야 하는 상황에서 주로 사용
피치 데크 (Pitch Deck/ Intro Deck)	10~20장 정도의 프레젠테이션 슬라이드 형식으로 구성하되 그림, 도표 또는 비디오 등 시각적 자료 위주로 구성. 파워포인트 파일 형식 자료가 일반적으로 활용됨	잠재 고객이나 투자자를 대상으로 투자 유치 설명회 또는 회사 설명회, 기업 마케팅 홍보 활동에 주로 활용
사업 개요서 (Executive Summary)	1페이지의 리포트 형식으로 회사 개요와 함께 경영진 포함 핵심 제품과 보유 기술에 관해 간략히 요약	투자 유치 또는 회사 소개를 위해 우선 제공되는 문서로 다양한 용도로 사용 가능

다음은 하나의 가상의 시나리오로 사업 계획서 관련 파생 자료들이 현장에서 다양하게 활용되는 상황을 연출한 예시이다.

1 우연한 기회에 창업 분야에 연관이 있는 한 지인을 커피숍에서 만나 '2-페이저two-pager'를 이용해 설명한 후 관심 있는 투자자의 소개를 부탁했다.

2 그 지인은 투자 가능성 있는 잠재 투자자를 만나는 기회에 '1-페이저' 사업 개요서executive summary를 전달하였다.

3 관심을 보인 잠재 투자자가 추가 정보를 요구하여 '리딩 데크reading deck'를 전송하였다.

4 잠재 투자자에게 전화를 걸어 자신을 소개하고 미팅 일정을 잡아 '피치 데크pitch deck'를 활용해 투자 유치를 위한 프레젠테이션을 하였다.

5 미팅 후, 투자자에게 참고자료appendix 등이 첨부된 리딩 데크reading deck를 전송

하고 만일 투자 진행이 어려우면 다른 투자자의 추천을 요청하였다.

6 투자자 및 그의 동료들을 위해 추가의 대면 미팅을 마련하였다. 첫 번째 미팅 경험을 기초로 수정된 '피치 데크Pitch Deck'를 활용하여 질의 응답 시간을 이어나갔다.

7 공식적 투자 검토를 위해 투자자들이 추가 자료를 원하여 전체 '사업 계획서 business plan'를 전송하였다.

비록 최근 들어 앞서 설명한 바와 같은 변화로 인해 사업 계획서 중요성이 약화되는 경향에 있지만, 실제 사업 계획을 문서로 구체화하는 작업은 상당히 중요한 의미를 가지며 유용하다. 사업 계획서는 사업 추진 시 발생할 수 있는 전반적인 상황을 신중하게 고려하여 작성하기 때문에 전체적인 사업의 틀을 수립하는 데 도움을 줄 뿐만 아니라 사업 수행 전략에 있어서의 공백을 파악하는 데 유용하다.

사업 계획서의 구성과 내용

사업 계획서를 작성하는 방법과 실무에는 정석이 없다. 기업의 여건이나 사업 추진 분야 등에 따라 사업 계획서에 포함되어야 할 내용과 관점들이 크게 달라질 수 있기 때문이다. 통상적으로 사업 계획서를 일반적으로 크게 다음의 두 가지로 나누어 구성할 수 있다.

첫 번째 구성으로 '사업이 무엇What이냐?'에 관한 답변에 중점을 두고 작성하는데, 여기에는 회사 개요, 기술과 제품 소개가 포함되며 고객과 시장에 관한 사항을 요약하여 서술하되 해당 사업의 추진 목적과 기술 사업화를 추진하고자 하는 배경, 당해 시장에서의 기회 요소 등에 관해 서술한다. 두 번째 구성에서는 '사업을 어떻게How할 것인가?'에 관한 답변에 중점을 두고 작성한다. 주로 사업 추진 전략과 시행 방법, 그리고 경영진과 자문 인력 구성 및 재무 계획 등에 관해 서술한다.

사업 계획서 작성의 주된 목적 중 하나는 외부 투자자로부터 기업의 미래 성장 가치에 관해 신뢰를 갖고 투자하도록 하는 것이다. 그럼으로 무엇보다도 사업 계획서에는 회사가 시장에서 어떻게 고객이 원하는 제품을 개발하여 사업 전략을 통해 수익을 창출하고 기업 가치를 증대시켜 향후 투자자 이익을 담보할 수 있겠는가에 관해 보다 객관적이고 구체적인 자료가 포함되어야 한다.

사업 개요: 사업 개요executive summary는 논문에 있어 초록abstract과 같이 사업 계획서의 전반적인 부분을 요약한 자료이다. 만일 사업 개요가 사업 계획서 작성 이전인 사업 초기 단계에 작성되었다면 사업 계획서의 전체 내용을 요약하는 내용으로 업데이트해야 한다. 특히 투자자에게 필요한 사업 개요는 가장 최근 작성된 버전으로 전반적인 사업 내용을 함축적이고 명확하며 설득력 있는 자료가 요구된다. 왜냐하면 투자자가 사업 개요를 쉽게 파악하고 사업 투자에 보다 적극적인 관심을 유도하여 사업 계획서를 검토하게 만드는 것이 목적이기 때문이다. 사업 개요는 1페이지에서 최대 2페이지 정도의 분량으로 구성하여 사업 계획서 전체 내용을 보내기 전에 사전 검토용 자료로 활용하는 것이 바람직하다.

회사 개요: 사업 개요를 논문의 초록에 비유한다면 회사 개요company overview는 논문의 도입부introduction에 해당되는 부분이라 할 수 있다. 회사에 관한 개괄적인 소개로서 통상적으로 회사의 위치, 연락처, 사업자 형태, 종업원 숫자, 그리고 회사 연혁 등에 관한 내용이 포함된다.

3.13.1 시장과 고객 현황

사업 계획서 검토에 있어서 '사업 개요'와 '회사 개요'에 일차적으로 관심을 둔 투자자는 다음 단계로 구체적인 제품 시장과 고객 현황에 관해 확인하여 투자 가능성을 검토하기 시작한다. 시장 현황에는 시장 수요, 시장 규모와 성장률,

경쟁 구도 그리고 시장을 움직이는 각종 요인 등에 관해 서술한다.

시장 규모와 성장률 추정

사업 계획서 작성에 있어 시장 수요를 명확히 파악하고 목표 시장과 고객 정보에 관해 설명하였다면, 해당 사업을 지속적으로 뒷받침할 수 있는 시장 규모 분석과 함께 향후 성장 가능성에 관해 이해시켜야 한다. 비즈니스 케이스 개발 단계에서 작성한 보고서를 참조하여 시장 정보를 수집하고 보다 세분화된 시장 규모를 추정하여 작성한다.

시장 규모에 관한 내용들은 추정 자료이기 때문에 독자들이 신뢰할 수 있는 가설을 세우고 이러한 가설을 뒷받침할 수 있는 추정 근거를 제시하는 것이 무엇보다 중요하다. 앞 단원에서 설명한 현미경에 관한 시장 규모 사례에서 15%의 구형 현미경 교체 비율을 근거 자료로 제시한 바와 같이 추정 근거를 통계 자료로 명확히 제시하는 것이 바람직하다.

투자자의 관점에서는 사업 계획서상에 명기된 시장 규모와 성장률이 클수록 바람직하다고 판단한다. 그렇다면 일반적으로 스타트업 투자자는 최소한 어느 정도의 시장 규모와 성장률을 요구하는가? 투자자는 시장 규모가 통상적으로 5천만 달러 이하의 시장에는 그다지 매력을 갖지 않는다. 하지만 100억 달러 이상의 큰 시장 규모라고 추정하여 제시하더라도 이를 뒷받침할 수 있는 합리적인 추정 자료가 부족하다면 의문을 제기한다. 일반적으로는 10% 이상의 성장률을 바람직하게 여기지만 이 역시 합리적인 추정 자료를 제시해야 한다.

이러한 시장 규모와 성장률에 관한 추정 자료의 제시는 수치 자체의 도달 가능성 여부도 중요하지만 무엇보다 당해 기업이 목표 시장에 대해 어느 정도의 정보와 지식을 보유하는지 보여주는 잣대가 된다. 통상적으로 규모가 큰 시장은 규모가 작은 시장에 비교하여 상대적으로 느리게 성장한다. 가능한 최근의 시장 통계 자료를 바탕으로 미래의 시장 규모 및 성장률을 추정하는데, 현재 시장 규모는 예상되는 미래 시장 규모 및 성장률에 비해 상대적으로 예측이 쉽다.

시장 수요

사업 계획서 작성에 있어서 이는 가장 중심이 되는 주제로서 만일 투자자로 하여금 시장 수요에 대해 확신을 갖게 하지 못한다면 투자 유치에 심각한 문제가 발생하게 되며, 제시된 기술과 개발 제품 또한 시장 경쟁력 차원에서도 그다지 설득력을 갖지 못할 것이다.

시장 수요란 보는 관점에 따라 다양한 시각에서 고찰될 수 있다. 고객이 어떤 문제를 인식하고 있으며 기존에 없던 새로운 방식으로 문제를 해결할 필요성이 발생할 때 시장 수요가 존재한다. 사업 계획서에 시장 수요와 연관하여 구체적으로 제시해야 할 내용은 대상 고객이 누구이며 고객이 갖고 있는 문제가 어떤 것이며, 이를 해결하고자 제공되는 개발 제품이 어떤 것인가에 따라 달라진다. 만일 고객이 가격 관련 문제를 가지고 있고 개발 제품으로 가격을 낮춰 공급할 수 있다면 솔루션 제공이라는 관점에서 시장 수요를 확인할 수 있을 것이다. 물론 고객이 이러한 가격적인 문제를 인식하지 못하는 경우에도 개발 제품의 인식을 통해 기존에 안고 있던 문제와 새로운 해법을 동시에 인지할 수 있다.

예를 들어 아직까지도 많은 질병을 효과적으로 진단할 수 있는 기기나 방법들이 의료 시장에서는 충족되지 않은 시장 수요로 존재하고 있다. 현재의 질병 검사 방식보다 부작용이 감소되고 신뢰성이 향상된 검진 결과를 제공할 수 있는 새로운 진단 장비 또는 의약품을 제공한다면 이는 새로운 솔루션 제공을 통해 창출된 시장 수요로 확인될 수 있다.

명확하게 시장 수요가 보이지 않는 경우에는 개발한 신제품 자체로써 시장 수요를 창출해야 한다. 스타트업 창업주들이 "우리는 새로운 시장을 창출하고자 합니다"라고 하는 표현을 종종 쓰는 경향이 있다. 주로 캠퍼스 스타트업들은 기존 시장에서 존재하고 있는 시장 수요를 증명하기보다 혁신적인 보유 기술과 신규 개발 제품이 시장 수요를 새롭게 창출할 수 있다는 것을 투자자들에게 확신시키고자 노력한다.

예컨대 애플은 기존 시장에서 수요가 없었던 모바일 음악 재생기 i-Tune과

i-Pod을 개발해 새로운 수요를 창출하였다. 블루투스 헤드셋 역시 기존 시장에서의 고객 문제점을 해결하고자 도출된 솔루션이 아니라 신규 수요와 새로운 시장을 창출한 대표적인 제품이다.

목표 시장과 고객 정보

고객과의 인터뷰가 개시되면 고객 관련 정보를 수집하여 분석 관리한다. 가능한 고객 정보는 상세하게 수집하는 것이 좋다. 동일 시장 분야에 있는 고객들이 가지는 공통적인 문제를 해결하기 위한 솔루션 제공 방법이 사업 계획서 작성에 있어 핵심 사안이기 때문이다.

다수의 시장 분야들을 모아 하나의 시장으로 구성하고 다수의 시장을 묶어 하나의 산업 분야로 통합할 수 있다. 당해 시장과 분야를 구분하는 기준은 별도의 객관적 기준 없이 임의로 구분할 수 있다. 즉 시장 분야는 당해 시장과 연관성을 가지는 다양한 형태로 세분할 수 있다.

이러한 다양한 제품 시장의 예를 표 3.7에 나타내었다. 세부 시장 분야를 구분하고 목표 시장을 설정하는 하나의 방법은 포커스 그룹의 특성과 그룹을 구성하는 방법을 고려하는 것이다. 잠재 고객이 포함된 포커스 그룹에서 문제와 해결책에 대한 공동 논의를 어떻게 설득력 있게 진행할 수 있을까? 예컨대 약물 용출 스텐트drug-eluting stent에 대한 토론에서 심장병 전문의 그룹은 실제 스텐

표 3.7_ 세 가지 제품에 관한 시장 분류표

제품	목표 고객	시장 분야	시장	산업
스포츠용 체력 회복 초콜릿 음료	30세 이하 트라이애슬론 여성 선수	트라이애슬론	고강도 스포츠	스포츠 및 피트니스
약물 용출형 스텐트	심혈관계 외과의	외과 수술	의료 장치	보건 산업
클라우드 방식의 환자 기록 보관용 소프트웨어	최소 1,000개 이상 기록물을 보유한 병원의 IT 책임자	병원 경영 정보	보건 정보 기술	보건 산업

트를 활용하여 수술하는 심혈관계 외과의사 그룹에 비해 낮은 관심을 가지므로 언급을 회피하거나 비관론을 취할 수도 있다.

대상 고객 및 목표 시장 분야는 고유의 저널 또는 전문 컨퍼런스를 가지고 있을 만큼 충분히 구체화되어 존재해야 하고, 일반적으로 포럼, 전시회 및 포커스 그룹을 구성할 수 있을 만큼 충분해야 할 것이다.

사업 계획서 작성에 있어 기억해야 할 두 가지 중요한 사실이 있다. 먼저 기술이나 제품과 관련된 표현에 있어서 가급적이면 보다 정량적인 수치를 포함해 사용하는 것이 바람직하다. 예를 들어 "이 제품은 원가를 절감해준다"라는 표현보다는 "이 제품은 원가를 30% 절감해준다", 또는 "이 제품은 효율을 10배 증대시켜준다"라고 구체적인 개선 효과 또는 성능의 향상 등을 정량적으로 설명해야 더욱 객관적인 신뢰성을 확보할 수 있다.

둘째, '응용 분야'와 '시장 수요'를 혼동하여 서술하지 않아야 한다. 예컨대 오폐수 처리장의 '용존 산소 측정'에 사용하는 '광섬유 센서'를 개발하였다고 표현하는 것은 바람직하지 않다. 이는 개발 기술이 적용될 하나의 응용 분야이며 시장 수요를 설명하는 것이 아니다. 개발된 '광섬유 센서'의 수요 시장은 '원격 모니터링', '전송 신호 품질 개선' 또는 '측정 정밀도 향상' 분야이므로 이를 중심으로 사업 계획서의 시장 수요에 대해 명기해야 타당하다.

시장 경쟁력 분석

고객 관점에서 문제 해결을 위해 제시된 솔루션이 다른 제품들과 비교하여 어떠한 경쟁력을 가지고 있는지에 대해 분석하는 과정이다. 경쟁자란 시장에서 고객 솔루션을 동시에 제공하는 자로서 직접 경쟁자와 간접 경쟁자 두 분류로 크게 구분할 수 있다. 직접 경쟁자는 당해 제품과 비교하여 문제 해결 방식에서는 유사하지만 기능적 측면에서 보다 빠르거나 보다 저렴한 방식으로 제품을 제공하는 경쟁자이다. 간접 경쟁자는 고객 문제 해결을 위한 접근 방식 자체가 당해 제품과는 확연히 다른 경쟁자이다.

제품의 경쟁력 분석 내용은 사업 계획서 구성에서 제품 소개와 연관하여 함께 제시할 수도 있다. 제품 경쟁력에 관한 비교 분석 결과는 정량적인 결과일 수도 있고 정성적일 수도 있다. 중요한 것은 경쟁력 분석 결과가 현실적이며 신뢰성이 있어야 한다는 것이다. 경쟁력 비교 분석을 통해 모든 분야에서 압도적인 성능과 장점을 보여주면 좋겠지만 그럴 수 없다면 최소한 대부분 고객의 입장에서 당해 제품의 특성과 장점이 타사 제품에 비교하여 경쟁력을 확보하고 있다는 것을 보여주어야 한다.

경쟁력 분석과 관련하여 일반적으로 오해하고 있는 것들이 있다. 그중 가장 흔한 오해는 경쟁자가 없다고 말하는 것이다. 이러한 주장은 종종 오히려 역효과를 가져온다. 직접적인 일차 경쟁자가 없더라도 시장에서 간접 경쟁자들은 언제나 존재하기 때문이다.

사업 준비 중인 기업들이 잘 이해하지 못하고 있는 또 한 가지의 중요 사실은 잠재 경쟁자들을 협력자로 파악하지 못하는 것이다. 오늘날과 같은 무한 경쟁 시장 체제에서 기업들은 어떻게 자사 경쟁자들로부터 고객들을 확보하여 시장 점유율을 증대할 수 있는지 고민하며, 때로는 경쟁자들을 시장에서 완전 퇴출시키고자 한다. 하지만 세밀히 관찰해보면 경쟁사 제품들은 상호 보완적인 관계에 있으며 오히려 시너지 효과를 가져 오는 경우가 많다. 예를 들어 시장에 동일 제품을 판매하는 직접 경쟁 관계에 있는 경쟁사가 자사의 제품을 구매하여 판매하게 된다면 해당 제품의 시장 규모를 확대하는 계기가 될 수도 있다.

스타트업 사업 전략이 파트너 확보를 통한 시장 진입이라고 한다면 보유 기술 또는 출시 제품이 파트너사의 관점에서 경쟁력이 확보되어야 한다. 이러한 경우 파트너사가 핵심 고객이 된다. 그러므로 시장조사를 통해 확보한 경쟁자 리스트를 검토하여 제휴 가능 여부를 사전 확인하거나 향후 기업 매각 또는 인수합병 등을 통한 출구 전략 수립에 활용한다.

표 3.8은 데이터베이스 제품 OMNIDATA™에 대한 경쟁사 제품 특성과 장단점을 비교한 것으로 경쟁력 분석에 관한 좋은 사례이다. 이와 같은 경쟁력 분석

표는 경쟁 제품과의 주요 특성들을 요약 비교한 것으로 이를 뒷받침할 수 있는 객관적인 증빙 자료를 사업 계획서 말미에 추가로 첨부하는 것이 좋다.

표 3.8_ 데이터베이스 제품에 관한 경쟁력 분석

비교 항목	OMNIDATA	경쟁사 1	경쟁사 2
연간 비용(라이선스당)	500달러	1,250달러	250달러
제품 수명 비용	2,500달러	6,500달러	1,200달러
라이선스당 사용자 수	10	1	12
보유 자료 숫자	무제한	10,000	50,000
연계 활용 용이성	상	상	하
업데이트 용이성	상	중	하
고객 사양 용이성	중	상	중

3.13.2 보유 기술과 출시 제품 현황

보유 기술 현황

비록 과학기술 비전공자라 할지라도 사업 계획서의 구성 중 기술 현황이라는 제목 아래 해당 기술의 특성을 쉽게 이해하고 제품의 필요성을 충분히 공감할 수 있도록 작성해야 한다. 특히 기술 현황 설명을 위한 도입부에는 가급적 초보자도 쉽게 이해할 수 있도록 먼저 기술 개요를 설명한 후 세부 내용에서 당해 분야의 종사자가 기술 가치를 이해하고 개괄적으로나마 평가할 수 있을 정도로 기술 설명서를 작성한다.

예를 들어 기업이 보유한 핵심 기술이 질병 감지를 위한 새로운 '바이오 마커 기술'이라고 한다면, 먼저 해당 질병에 관한 내용을 서술하고 발병 원인에 대한 설명과 함께 질병 감지에 현재 활용되고 있는 바이오 마커들에 관해 서술한다. 각종 삽화, 이미지 또는 그래픽 등 시각화 자료들은 기술 특성을 쉽게 이해하게 해주는 중요한 수단이 되므로 이를 함께 삽입 활용하는 것이 좋다. 앞서 비즈니스 케이스 작성 시 설명한 바와 같이 기술의 특성을 강조하는 것은 아주 중요하다. 즉 보유 기술이 다른 기술과 어떤 차별성을 갖고 있는지, 다른 기술이 할 수 없는 어떤 특성이 있는지를 부각하고 이를 증빙할 수 있는 데이터를 제시한다.

가장 좋은 방법은 다른 유사 기술과 핵심 특성을 도표로 비교하여 제시하거나 중요한 기술 특성에 관해 정량적으로 표현하는 것이다. 예를 들어 '측정 민감도에서 3배 우수함', '절반의 분량으로 2배 이상의 효과' 등과 같이 기술 특성을 표현한다. 이러한 기술 특성과 작용 효과에 관한 정량적 수치 표현은 사업계획서를 검토하는 투자자로부터 당해 기술에 관한 객관적 신뢰성 확보에 많은 도움이 된다. 보유 기술의 특성과 작용 효과에 관련한 증빙 자료로서의 측정 데이터를 도표, 주석 또는 부록으로 제공하고 만일 관련 데이터가 과학기술 분야 학회의 연구 논문 저서로 등재되었다면 이를 강조하여 표기한다. 사업 계획서 검토자들이 해당 논문 자료를 참조할 수 있게 함으로써 당해 기술에 관한 이해도를 높일 수 있기 때문이다.

지식재산 현황

캠퍼스 스타트업의 가장 중요한 자산은 보유 기술을 보호하는 지식재산(IP)이라고 할 수 있다. 지식재산의 출원 및 등록, 라이선스 보유 현황 등을 설명하고 현재 지식재산으로 보호하고 있는 사업 범위에 관해 서술한다. 만일 특허 출원이 현재 계류 중인 상태로 특허 명세서가 공개되지 않은 경우 구체적 기술 내용은 가급적이면 비밀 유지하는 것이 바람직하다.[31]

---

31 투자자들은 스타트업과 거의 비밀유지계약(NDA)을 체결하지 않는다. 그러므로 공개되지 않은 지식재산 관련 구체적 내용은 기밀 정보로 다루는 것이 바람직하다. 특허 리스트와 지식재산 관련 일반 현황 정도로 소개하면 충분할 것이다. 투자자 특히 벤처 캐피탈들이 NDA를 체결하지 않는 중요한 이유 중 하나는 투자자가 많은 스타트업들과 투자 상담을 진행하며 투자 유치에 실패한 많은 업체들로부터 아이디어 도난에 관한 클레임을 받을 수 있기 때문이다. 그리고 NDA를 검토하고 체결하는 데는 시간이 소요되며 아울러 문제 발생 시 법적 분쟁 해결에 많은 자원이 소모된다. 사업 계획서에는 보유 기술이나 아이디어 관련 기밀성의 세부 정보들

만일 사업 계획서 검토 후 투자자가 본격적인 검토를 위해 기업 실사due diligence를 한다면 공개하지 않은 구체적인 지식재산의 내용에 관해 비밀유지계약NDA, non-disclose agreement을 체결하여 제시한다. 사업 계획서의 지식재산 항목에는 향후 지식재산 포트폴리오 확보 계획에 관해 서술한다. 현재 회사가 보유하고 있는 지식재산 현황으로부터 향후 어떤 분야를 특허 보강하며, 어떤 분야를 라이선싱 받아 보호할 것인지에 관해 설명해야 한다. 만일 향후 잠재적으로 분쟁의 소지가 될 수 있는 타사의 지식재산을 선행 기술 검색 과정이나 특허 심사 과정에서 알게 되었다면 향후에 진행될 실사 단계에서 이슈가 되기 전에 사업 계획서의 지식재산과 관련된 구체적인 대응 전략을 제시하는 것이 바람직하다.

아울러 대학으로부터 지식재산을 라이선싱 받았거나 계약을 체결하고자 하는 라이선싱 조건에 관한 내용을 기재해야 하며, 특히 대학과의 계약 내용 중 라이선싱 계약 기간과 지역 범위, 라이선싱 대금의 지급 일정과 로열티 지급 요율, 그리고 대학 지분율과 지분 비희석 조항에 관한 내용 등을 정리 요약하여 제시해야 한다.

출시 제품 설명

보유 기술에 관해 충분한 설명이 이루어지면 사업 계획서에 다음 단계로서 구체적으로 제품에 관한 내용을 담을 필요성이 있다. 보유 기술의 핵심 특성 관점에서 제품화된 주요 내용을 서술하되 고객 소비자의 수요를 어떻게 충족시킬 수 있는지에 대한 관점에서 설명하는 것이 바람직하다.

즉 고객은 제품을 구매하는 것이지 기술을 구매하는 것이 아니라는 것을 명심하여 앞서 설명한 '목표 시장과 고객 정보' 관점에서 제품 기회에 관해 상술한다. 가능하면 시제품 사진이나 제품을 모델링한 3차원 모형을 제시하는 것이 좋

을 적시할 필요 없이 개괄적인 내용 제시만으로도 충분하다. 만일 투자자가 투자 검토를 위해 추가적인 정보가 필요하다고 판단되면 투자자는 직접 문의하게 될 것이다.

다. 단순히 제품의 기능과 응용 분야를 설명하는 데서 나아가 소비자가 종래 제품으로부터 가지고 있는 문제점을 해결하고 새로운 욕구를 충족시킬 수 있는 제품 비전을 제시하고 설명하는 것이 무엇보다 중요하다. 보유 기술 특성에 의해 제품화가 어떻게 완성되는지에 대한 설명도 중요하지만, 그것보다도 보유 기술 특성이 고객 소비자에게 어떤 유익한 점을 제공하는지에 대해 상술하는 것이 핵심이다.

만일 보유 기술이 플랫폼 기술이라면 다양한 종류의 제품화와 시장 기회들이 확보될 수 있다. 플랫폼 기술이라 할지라도 일차적으로 목표하는 제품 기회에 관한 구체적인 설명이 이루어져야 한다. 다음으로 다양한 시장 분야로의 제품화 가능성 설명과 함께 제품 기회에 대한 개괄적인 내용들을 제시하는 것이 바람직하다. 플랫폼 기술의 다양한 제품화 기회에 관해서는 향후 시장조사와 함께 구체적인 제품화 전략이 필요하므로 현 단계에서 목표하는 하나의 응용 제품화 기회에 관해 집중적으로 설명하는 것이 필요하다.

신기술 기반의 출시 제품을 사업 계획서에 설명하는 데 있어 사전에 반드시 유념해야 할 사안으로 신제품 수용을 가로막는 장벽에 관해 이해할 필요가 있다.

제품 수용을 막는 장벽

대부분의 캠퍼스 스타트업들은 첨단 기술에 기반을 둔 새로운 제품을 출시한다. 혁신 제품의 시장 출시는 아주 바람직한 현상이다. 하지만 혁신 제품일수록 신제품을 수용하여 활용하는 데 익숙하지 않으므로 위험을 감수하고 제품을 구매하는 고객이 그다지 많지 않다. 그럼에도 불구하고 신규 시장을 창출하여 신제품을 수용 및 확산시키는 몇 가지 방안이 존재한다. 그러므로 출시 제품에 관해서 소비자 수용을 막는 어떠한 장벽들이 존재하는지 적시하고 해결 방안들을 사업 계획서에 제시하는 것이 바람직하다.[32]

---

32 출시 제품의 수용을 저해하는 부정적인 요인들을 사업 계획서에 적시할 필요성이 있다. 이러한 사업 리스크

고객들이 시장에서 제품 구매를 기피하는 이유가 바로 제품의 시장 수용과 확산을 막는 이유이다. 스타트업 출시 제품은 시장 경쟁이 그리 많지 않은 제품이라 하더라도 고객들은 이를 쉽게 구매하지는 않는다. 고객들은 그들이 지불한 금전적인 대가와 투자 시간에 상응하는 가치가 있는지에 관해 확신이 생길 때 비로소 신제품을 구매한다. 고객이 첨단 기술 기반의 신제품을 구매하지 않는 이유는 다음과 같다.

높은 학습 곡선: 일부 신제품은 기술적으로 복잡하고 활용하는 데 상당한 전문성을 요구하는 경우가 있다. 만일 고도의 전문성을 요구한다면 사용 고객은 많이 제한되므로 제품 수용과 활용에 큰 장벽이 된다. 또한 제품 적응을 위해 투자하는 시간이 과도하게 많이 소요된다면 고객들은 제품을 외면할 것이다.

저평가된 가치 인식: 고객들은 제품 구매 이전에 제품 가치에 대해 인식한다. 만일 신제품의 가치가 낮게 인식된다면 설령 제품 구매가 이루어져서 향후 가치에 대한 인식이 좋아진다 하더라도 제품을 수용하여 활용하는 데 소극적으로 작용한다.

제품에 대한 신뢰 결여: 대부분의 혁신 제품은 아직 검증되지 않은 신기술을 기반으로 제조되었기 때문에 고객들이 제품에 관한 품질, 성능 또는 안전에 의문을 가지는 경우가 많다. 이 경우 고객들은 신제품이 제공하는 가치에 관한 확신을 가지지 못하므로 초기 단계에서 제품 구매를 꺼린다.

신기술을 기반으로 하는 캠퍼스 스타트업이 시장에서 신속하게 고객들을 확보하고 제품 매출을 증대하고자 하는 경우 무엇보다도 제품 수용 장벽을 극복할 수 있는 전략을 숙지하는 것이 필요하다. '제프리 무어'의 저서 『캐즘 마케

를 해결하고 시장 진입과 제품 적응을 성공적으로 하기 위한 방법을 구체적으로 제시하는 것이 중요하다. 투자자의 관점에서 리스크가 감소될 수 있도록 제품의 수용 장벽을 극복할 수 있는 구체적인 전략이 사업 계획서 내용에 포함되어야 한다.

팅Crossing the Chasm』'[33]은 이러한 관점에서 기술 기반형 스타트업의 시장 전략 수립에 많은 도움을 준다. 무어는 책에서 신제품의 시장 적응에 관한 기본적인 모델로 '종 모양 곡선'을 제시하고 혁신 제품이 왜 시장에 적응이 어려운지 설명하고 있다.

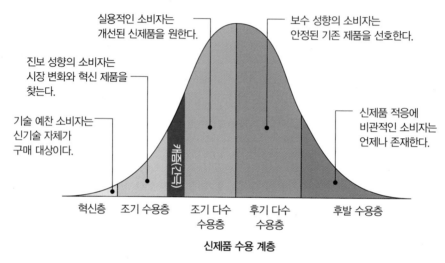

그림 3.4_ 조기 수용층과 다수 수용층 사이의 캐즘(간극)을 보여주는 신제품 수용 곡선

그림 3.4과 같이 종 모양의 곡선 영역은 고객 성향에 따라 몇 섹터로 나누어지는 것을 알 수 있다. 혁신 제품을 최초로 구매하는 '혁신층innovator'은 최초로 출시되는 신제품 구매 욕구가 강한 고객 그룹이다. 최초 고객인 이노베이터의 다음 구매력을 보여주는 고객군을 '조기 수용층early adopter'이라고 한다. 그 뒤를 이어 조기 다수 수용층early majority과 후기 다수 수용층late majority, 후발 수용층laggards으로 구분할 수 있다.

33 Geoffrey A. Moore, Crossing the Chasm: Marketing and Selling Disruptive Products to Mainstream Customers (New York: HarperCollins, 2006). 한국어 판은 『제프리 무어의 캐즘 마케팅』, 윤영호 옮김. 세종서적, 2015.

무어는 대부분의 스타트업들은 신기술 기반 제품의 판매에 있어서 조기 수용층과 조기 다수 수용층 사이에 존재하는 수용층 간극chasm을 넘어가지 못해 실패한다고 주장한다. 신제품 시장의 고객층 대부분은 조기 다수 수용층과 후기 다수 수용층이 차지하고 있기 때문이다. 일반적으로 신기술 제품 시장에서 이러한 고객 수용층 사이에 존재하는 간극을 넘지 못하는 이유는 다음과 같다.

첫째, 신기술 기반의 혁신 제품의 경우 고객들은 대부분 해당 제품을 구매하기 전에 제품 후기에 관해 주위 사람들에게 문의하여 강력한 구매 추천을 받으면 구매 가능성이 높아진다. 조기 수용층 고객들의 성향은 해당 분야의 기술에 대한 호감도가 강한 소비자들로 불완전 제품의 리스크를 극복하고 기꺼이 구매하지만 조기 다수 수용층 고객들은 제품의 실용성 관점에서 해당 신제품이 어떠한 문제를 해결하고자 하는지 검토하며 신중하게 구매하는 성향을 가지고 있다. 더욱이 조기 다수 수용층 고객은 입증되지 않은 제품 리스크를 기꺼이 감수하면서까지 신제품을 구매하지는 않으며 또한 적극적으로 조기 수용층의 제품 사용 후기나 제품 자문을 구하려고 하지도 않는다.

그러므로 이들 두 고객층 사이의 단절된 간극의 존재를 이해하고 주목해야 한다. 두 고객층 사이에 존재하는 간극의 극복은 새로운 시장을 여는 중요한 시발점이 되기 때문이다. 간극을 넘어서면 조기 다수 수용층과 후기 다수 수용층 고객 사이에는 상호 신뢰가 존재한다. 후기 다수 수용층은 자연스럽게 조기 다수 수용층 고객의 구매 제품을 신뢰하여 구매하거나 이들이 구매한 제품을 모방 구매하는 심리를 가진 소비 계층이라 규정할 수 있기 때문이다.

무어는 고객 수용층에 존재하는 간극을 극복하는 가장 용이한 방법은 틈새시장niche market에 집중하여 작은 규모로 신제품을 개발하는 것이라고 말한다. 특화된 시장에서 소비자의 니즈를 충족시키는 제품을 개발하여 시장에서 효과적으로 판매할 수 있는 전략을 확보함으로써 목표한 틈새시장에서 성장하고 충분한 숫자의 고객들이 확보됨으로써 보다 큰 시장을 견인할 수 있는 자생력이 생성된다고 말한다.

3.13.3 사업화 추진 전략과 이행

사업 계획서 작성에 있어서 위에서 보유 기술 및 제품이 무엇인지, 응용 분야는 무엇인지 등 주로 '무엇What'이라는 주제를 기술하였다면 이후에는 '어떻게How'라는 주제에 중점을 두고 다루어야 한다.

이 주제는 캠퍼스 스타트업이 어떻게 사업을 추진할 것인가에 관해 설명하는 부분이다. 기업이 제시한 비즈니스 모델 구현을 위해 어떻게 사업화 기술을 개발하고 시장 제품을 생산할 것인가에 중점을 두어야 한다. 어떠한 일정으로 기술과 제품을 개발하고 아울러 어떠한 과정을 통해 제품을 제조 생산할 것인지 등 사업 추진 전략의 관점에서 설명이 필요하다.

기업이 보유하고 있는 기술이나 제품 또는 시장에 따라 세부 주제는 달라질 수 있지만 일반적으로 사업 추진 전략이라는 주제 아래 사업 계획서에 다루어지는 소주제는 다음과 같다.

비즈니스 모델

비즈니스 모델을 다른 표현으로 '수익 모델'이라고도 하는데, 당해 기업이 어떻게 시장에서 고객을 확보하여 제품 판매 또는 서비스 제공을 통해 수익을 창출할 것인가를 기술한다. 앞서 2장의 핵심 주제로 '비즈니스 모델의 정의와 세분화'에서 설명한 바와 같이 많은 유형의 비즈니스 모델이 있다. 비즈니스 모델을 선택하고 사업 전략화하는 문제는 당해 기업의 보유 자원이나 시장에 도달하는 데 필요한 적정 시간 또는 고객의 요구 조건, 파트너 업체 또는 거래 업체와의 협력 조건 등 여러 가지 여건에 따라 전략적으로 결정해야 할 사안이다.

사업 계획서 작성에 있어 사업화 추진 전략 주제는 앞에서 설명한 비즈니스 모델 캔버스의 핵심 구성요소와 연관 분석을 통해 자사의 비즈니스 모델을 검토하고 이를 중심으로 설명한다. 만일 사업 계획서 작성 시점에서 비즈니스 모델이 명확하지 않은 경우 최적의 비즈니스 모델 수립을 위한 핵심 사안이 무엇인지 또한 어떠한 옵션이 가능한지에 관해 기재한다. 바로 이어서 설명하는 제품화 전략은 비즈니스 모델 수립과 아주 밀접한 관련을 가지므로 이에 관해서도 보다 구체적으로 설명할 필요가 있다.

제품 전략

주로 여기서는 기업이 최초로 목표하는 제품 시장 소개와 함께 제품의 출시 시점에 관해 상술한다. 이 주제는 사업 계획서 구성 중 '보유 기술과 출시 제품'을 설명하는 내용에서도 다루어질 수 있다. 단일 제품으로 사업화하는 경우 응용 분야가 비록 다양할지라도 제품 전략은 단일 시장을 대상으로 하기 때문에 상대적으로 단순하다. 이러한 경우 제품 전략은 응용 분야에 적용할 수 있는 패밀리 제품에 관해 집중된다. 그러므로 패밀리 제품의 개발 일정과 시장 출시에 관한 계획을 제시하는 것이 필요하다.

근자에 각광받고 있는 '린 스타트업' 방식의 제품 전략을 활용하는 것도 바람직하다. 이는 최소 분량의 제품을 먼저 출시하여 고객으로부터 제품 만족도 또는 사용 후기에 관한 피드백을 받은 후 제품 출시에 반영함으로써 보다 완벽한 제품을 소비자에게 제공하는 방식이다. 이러한 린 스타트업 방식의 제품 전략은 다수의 제품 시장에도 적용할 수 있다. 예를 들어 틈새시장에 우선 출시하여 고객과 시장의 피드백을 받은 후 이를 발판으로 삼아 보다 큰 시장을 공략할 수 있다.

제품 개발 일정: 타임라인과 마일스톤

제품 전략이 수립되면 이를 추진하기 위한 세부 계획이 수립되어야 한다. 기술 사업화는 일련의 개발 일정에 의해 세부 단계별 목표 달성을 거쳐 최종 생산이 이루어진다. 즉 제품 개발 과정에서 각 세부 단계별로 구체적인 목표 달성이 이루어져야 하며 이를 위한 계획 수립이 필수적인데, 이를 제품 개발을 위한 마일스톤 또는 세부 목표 설정이라고 한다.

제품 개발 일정에 따른 개별 마일스톤 달성 여부를 객관적으로 확인하기 위해 측정 가능한 정량 목표로 설정한다. 예를 들어 '시제품 테스트−1% 미만의 불량률'을 하나의 마일스톤으로 설정할 수 있으며, 추가로 '테스트 완료 일자'까지 목표로 설정한다면 보다 구체적이며 바람직한 마일스톤이 된다. 이러한 마일스톤에 의한 제품의 개발 일정은 사업 계획서를 검토하는 투자자 입장에서 매우 중요한 정보이다. 마일스톤 달성 여부에 따라 해당 시점에서의 기업 가치가 변화하기 때문이다. 마일스톤에 의한 목표가 달성되면 기업의 가치가 상승하지만 반대의 경우 기업의 신뢰도 하락과 함께 경영진에 책임을 물어야 하는 경우도 발생한다. 그러므로 사업 계획서상에서 마일스톤을 제시할 때에는 아주 신중하게 검토하고 달성 가능한 시점과 합리적인 목표를 게재하여야 한다.

제품 개발 계획에 의한 마일스톤 목표 달성을 위해 소요되는 투입 비용들을 제시하되 가급적 상세하고 구체적으로 추정하는 것이 좋다. 스타트업과의 업무 추진 경험이 많은 경영진이나 투자자 또는 컨설턴트는 제품 개발에 소요되는 비용 추정에 많은 관심을 가지기 때문이다. 제품 개발 마일스톤과 추진 일정, 그리고 소요 자금 투자는 사업 계획서의 마지막 주제로 논의될 재무 계획 수립과 밀접하게 연관된다.

일반적으로 제품 전략을 사업 계획서상에 제시할 때 하나의 제품에 대해 구체적으로 집중하지 못하는 경우가 많다. 특히 플랫폼 기술의 경우 다양한 방면으로 제품 개발이 가능하기 때문에 여러 목표 시장을 제시하고 제품 전략이 다양한 형태로 수립된다. 이러한 제품 사업화 전략은 시장 수요의 기근에 의한 실패가 아니라 너무 많은 시장 수요에 의한 정체로 실패 가능성이 오히려 높게 된다. 즉, 선택과 집중이 되지 않은 많은 제품 기회들은 시장 방향성과 추진력이 분산되므로 오히려 실패할 가능성이 높다. 실제 제품 전략에 있어서 선택과 집중력을 높인 회사는 성공 가능성이 높다. 그럼에도 불구하고, 최초 개발 제품의 사업화 실패에 대비하여 옵션 제품 개발을 위한 후보 제품에 관해 언급하는 것도 바람직한 전략이라 할 수 있다.

제조 생산 계획

제품의 제조 생산 계획은 제품 개발 계획과 아주 밀접하게 연관된다. 완제품 출시 관점에서 빠짐없이 제품의 제조 계획과 연관된 내용들을 요약 정리한다. 제조 계획은 회사의 전략이나 시장 여건 등에 의해 다양한 형태로 수립될 수 있다. 제품 제조를 협력업체에 외주하거나 자체 설비 투자를 통해 할 수도 있기 때문이다.

물론 두 가지를 모두 조합하여 일부는 아웃 소싱으로 일부는 인-하우스 제조도 가능하며 제품의 특성과 시장의 여건 등을 반영하여 유연하게 계획을 수립하고 이에 관한 추진 전략을 제시한다. 특히 개발 제품의 제조 계획은 재무 계획에 의해 충분히 뒷받침될 수 있도록 작성해야 한다. 즉 제품 판매를 위한 매출원가 또는 제조비용의 제시는 물론 제조를 위한 주요 협력 업체들의 정보도 함께 공개한다. 사업 계획서 작성 단계에서는 제품 제조 계획에 관한 구체적이고 세부적인 내용 제시가 어렵기 때문에 제품의 제조와 관련된 다양한 가정과 옵션을 제시하고 이에 따른 제조 계획을 추정하는 것이 바람직하다.

3.13.4 마케팅 및 판매 계획: 시장 진출 전략

사업 계획서에 포함되어야 하는 핵심적인 시행 계획으로 마케팅 계획과 판매 계획이 있다. 이는 제품의 마케팅과 판매를 통해 매출을 어떻게 발생시킬 것인가에 관한 실행 계획으로서 시장 진출 전략이라고도 한다. 이 주제에는 출시 제품의 특성과 장점, 그리고 제품의 수용 장벽과 경쟁 구도 등을 고려하여 시장에서 제품 수요를 창출하는 마케팅과 제품 판매에 관한 시행 계획을 구체적으로 제시한다.[34]

---

34 마케팅과 판매는 중첩되는 부분으로 개념적으로 분별하기에는 모호한 점이 있다. 굳이 구분하고자 한다면 다음 격언을 참고할 필요가 있다. "마케팅은 구매력(appeal)을 발생시키지만 판매는 거래(deal)를 종결짓는다."

마케팅 및 판매 계획

회사가 어떻게 제품 수요를 창출할 것인가에 관한 핵심 전략은 마케팅 계획에 포함되어야 할 사안이다. 마케팅 계획은 전략 마케팅strategic marketing과 전술 마케팅tactical marketing으로 구분하여 실행 계획을 수립한다.

전략 마케팅 계획으로 브랜드 전략 및 기업 이미지 제고 전략, 웹사이트 관리 등과 함께 제품의 차별화 전략 또는 포지셔닝 전략, 디자인 전략 등이 다루어질 수 있다. 전술 마케팅 계획은 시장 수요 창출을 위한 보다 구체적이고 현실적인 계획이라 할 수 있다. 예를 들어 어떤 박람회 또는 전시회에 참가할지, 뉴스레터 또는 매거진 등을 어떻게 발행 배포하고 SNS를 어떻게 활용하며, 어떻게 오피니언 리더들과 관계를 설정하여 마케팅 전략을 수행할지에 대해 구체적으로 기술한다.

마케팅 계획이 수립되면 판매 계획도 전략적인 관점과 전술적인 측면에서 고려하여 기술한다. 전략적 관점에서의 판매 계획에는 제품의 직간접적 판매 채널과 관련되는 제품의 가격 또는 할인 가격 전략 등이 주요 이슈가 될 수 있으며, 전술적 관점에서의 판매 계획은 판매량 증가, 판매 영역 확대 및 물류 유통의 효율화 등이 포함될 수 있다. 아울러 판매 계획에 있어서 하나의 특수한 유형으로 사업 개발이 포함된다. 제품의 유형에 따라 판매 계획은 곧 바로 사업 개발과 직결되는 경우가 많다. 예컨대 사업 협력자와의 라이선싱 또는 파트너링 계약 체결 등은 사업 개발이 곧바로 판매 계획으로 이어지는 경우이다.

시장 점유율 및 매출 추정

마케팅 및 판매 계획은 기업이 어떻게 시장에 진출하여 시장 점유율을 확보하고 매출을 발생시킬 것인지에 대한 내용이다. 이러한 매출 발생에 관한 시나리오는 재무 계획 수립에 기초가 되므로 반드시 논리적 근거가 뒷받침되어야 한다.

가장 쉽게 그리고 많이 하는 실수는 시장 규모는 크게 추정하고 시장 점유율은 상대적으로 낮게 추정하는 경우이다. 예컨대 "연간 2천억 달러의 시장 규모에서 최소 1퍼센트 정도의 시장 점유율만 가정해도 연간 매출액이 최소 20억 달러에 이른다"고 추정하는 경우이다. 사업 계획서를 검토하는 대부분의 투자자들은 이렇게 사업 계획서상에 과장된 시장 규모에 대해 너무도 잘 꿰뚫고 있다. 시장 규모를 합리적으로 추정하는 경우라 하더라도 시장 점유율을 지나치게 도전적으로 높이는 경우는 더욱 비현실적 추정이 될 수 있다. "20억 달러 규모의 시장에서 5년 이내에 50%의 점유율을 확보하여 시장의 주도자가 되겠다"고 주장하는 경우가 여기에 해당된다. 기업이 보유하는 판매 영업력과 제조 능력을 객관적인 자료로 제시하는 것은 매우 바람직하지만 위의 사례와 같이 제품의 시장 적용을 통한 점유율에 관한 추정은 상당히 조심해야 할 부분이다.

시장 점유율 추정의 가장 합리적인 방법은 예상 영업 활동을 근거로 추정하는 것이다. 목표 시장에서 특정 기간 내에 현실적으로 판매 예상되는 리딩 고객leading customer의 숫자와 연관 고객의 숫자를 추정한 후, 이들에 대한 마케팅 및 영업 활동을 통해 제품 판매로 직접 이어질 수 있는 전환 비율을 적용함으로써 판매 금액과 함께 시장 점유율을 추정할 수 있다.

예를 들어, 제품이 온라인 판매 방식으로 이루어진다면 고객들의 웹사이트 접속 횟수를 고객 숫자로 추정할 수 있으며 웹 사이트 접속자와 제품 구매자의 비율이 전환 비율conversion rate이 될 것이다. 즉 구매가 이루어지기 전에 얼마나 많은 방문자가 접속하는지 또는 제품 판매까지 얼마나 많은 시간이 소요되는지 확인함으로써 당해 제품의 판매 사이클sale cycle을 알 수 있다. 이러한 정량적 수치 파악을 통해 목표 매출을 달성하기 위해 얼마나 많은 수의 판매 인원을 고용해야 하는지도 추정할 수 있다. 이러한 하부 상향식bottom-up 절차에 의한 시장 점유율 추정 방식은 주관적 또는 개괄적 시장 점유율 추정에 비해 큰 신뢰를 가져다준다.

3.13.5 경영 인력: 경영진과 어드바이저

스타트업에 연관되어 있는 경영진과 어드바이저 인력에 대해서도 사업 계획서 내용에 포함하여 기술한다. 스타트업에 종사하는 인력의 업무 적합성은 사업 리스크를 감소시키는 중요한 요인이므로 스타트업을 평가하는 주요 항목이다. 사업 계획서를 심의하는 투자자는 종업원과 자문 인력이 동일 유사한 업무를 수행한 경험이 있는지, 해당 업무 분야의 전문성을 보유하고 있는지 등을 사업 계획서를 통해 중점적으로 확인한다.

요약하면 투자자는 사업 계획서 내용을 충실하게 시행할 수 있는 경영 인력을 보유하고 있는지에 관해 심사하겠지만, 이보다 더 중요한 것은 만일 사업 계획을 변경하여 추진해야 할 상황인 경우 빨리 현명한 결정을 내리고 이를 무리 없이 추진할 수 있는 능력을 보유하고 있는지에 대해 심의한다. 궁극적으로 사람은 사람에 대해 투자하지 기술이나 제품에 투자하지 않는다는 사실을 명심할 필요가 있다.

스타트업 성장 단계와 변화 과정에 따라 기업에 요구되는 전문 인력의 유형이 달라지고 필요 인원도 달라진다. 투자자는 환경 변화에 따른 인력 유동성에 관한 내용을 잘 알고 있다. 그러므로 현재 시점에서 무리하게 회사의 경영 인력을 과대 포장하거나 필요 이상으로 과장해서 이를 선전할 필요가 없다. 현재 회사에 관여하고 있는 경영 인력들을 적합한 업무상 직책이나 직급으로 잘 분류하여 배치하는 것이 중요하다.

예를 들어 해당 분야 오피니언 리더가 회사 경영에 직접 관여하기로 본인이 확인하기 전까지는 단순히 어드바이저 역할만 하고 있다는 것을 사업 계획서상에 명확히 할 필요가 있다. 왜냐하면 의사결정을 하는 경영진이 누구인지 명확하게 밝히는 것은 매우 중요한 사안이기 때문이다. 즉 스타트업 경영진은 비상근이든 임시직이든 근무 형태에 상관없이 경영진으로서 회사 경영에 책임과 권한을 가지고 일정 부분 역할한다는 것을 인식시키는 것이 필요하다.

이들 경영진들은 그들이 회사 경영에 관여하는 정도에 따라 회사 지분을 확보하고 있는 경우가 대부분이다. 투자자들은 경영진이 어떠한 직책을 가지고 있는지에 관심이 있으며 직책에 상응하는 권한과 책임을 가지고 있는지도 검토 대상이다. 앞서 언급한 바와 같이 스타트업 경영진의 직책은 중요한 의미를 가지므로 이를 남용하는 것은 바람직하지 못하다. 해당 분야의 전문성과 업무 경험을 가진 자에 한해 상응하는 직책을 부여해야 한다. 사업 초기 단계의 스타트업 경영 인력들을 CEO, CSO, CFO 또는 CBO 등과 같이 모두 구색을 갖추는 것은 부담이 될 수 있다.

그러므로 사업 계획서상의 경영 인력을 소개하는 경우 현재 가용되는 경영 인력만을 소개하고 부족한 경영 인력은 향후 채용 예정이라고 표기하는 것이 바람직하다. 만일 경영 인력이 이사회의 인력으로 등재되어 있다면 소셜 네트워크 서비스SNS인 링크드인LinkedIn에서 공개하는 수준의 개별 이력 사항을 소개하는 것이 좋다. 아울러 회사가 최고의사결정기구로서 과학기술자문회의SAB 또는 이사회BOD를 운영하고 있다면 이들의 명단을 공개해야 하며 회사 웹사이트에서 등재되어 있는 명부와 동일해야 한다.

많은 질문 중 하나가 캠퍼스 스타트업에서 연구자 창업주를 어떻게 등용하여 역할을 부여하는가 하는 것이다. 대학 연구자가 창업주로서 스타트업에서 어떠한 직책과 역할을 맡는가는 사업 계획서를 심의하는 투자자 입장에서도 중대 사안이다. 일반적으로 캠퍼스 스타트업 창업주들은 스타트업 이사회 의장이나 과학기술자문회의 의장 역할을 한다. 하지만 때로는 기업 경영진으로서 CEO 또는 CSO 역할을 하는 경우가 있다. 투자 심의 단계에서 대학 창업주가 경영진 직책을 맡는다는 것은 대학의 연구직을 사퇴하고 스타트업의 경영에 전담한다는 의미로 만일 그렇지 않는다면 이러한 행위는 겸직에 해당되는 윤리적으로 바람직하지 못한 행위이다.

이러한 경우 가장 나은 해결 방법은 연구자 창업주가 CEO 또는 CSO 직책을 한시적으로 맡고, 일정 기한 이후 해당 직책을 후임자에게 이양한다는 것을 외부에 명확히 확인시키는 것이다. 만일 공동 창업주가 다수 존재한다면 이들 명단을 창업주로 표기하여 제시하거나 창업주founder 직책을 별도로 표시한 어드바이저 명단에 포함하여 외부에 공개한다. 투자 심의 과정에서의 창업주 역할은 아주 다양하다. 소극적으로 투자 심의 과정에 참여하지 않거나 적극적으로 심의에 참여하여 기술성 입증을 위한 프레젠테이션을 하기도 하는데, 창업주 연구자의 적극적 역할은 기술 개발과 제품 개발 리스크를 완화하는 데 많은 도움을 줄 수 있다.

3.13.6 재무 계획

재무 계획은 일정 기간 동안 기업이 어떻게 돈을 벌어들이고 또한 어떻게 사용할 것인가에 관한 내용이다. 신기술 기반 스타트업의 경우 최초 몇 년간은 자체적으로 매출이 발생되지 않으므로 정부의 연구 개발 과제 지원을 통한 공적 자금 또는 파트너 기업을 통한 자금 지원을 제외하고는 회사 운영 자금 확보가 거의 어려운 상황이므로 벤처 투자자들은 하기 관점에서 사업 계획서상의 재무 계획을 평가한다.

- 기업에 얼마나 많은 자금이 현재 시점과 차기 투자 시점에서 필요한가?
- 투자하고자 하는 자금과 요구하는 투자 금액은 비슷한 수준인가?
- R&D 자금이 과대 책정된 것은 아닌가? 마케팅 자금은 충분한 수준인가?
- 목표 성과 대비 소요 비용은 적정 수준인가?
- 투자 금액을 통해 마일스톤 목표는 합리적인 기간 내에 도달 가능한가?
- 현금 유동성 확보에 필요한 자금은 얼마이며 또한 소요 기간은 어느 정도인가?

재무 계획을 추정하고 이를 체계화하는 작업은 기업의 가치 창출을 위한 마일스톤과 아주 긴밀한 관계가 있다. 재무 계획 수립에 있어 시나리오 구성은 사업화 추진 일정에 따른 가치 창출 마일스톤에 기초를 두고 작성하는데, 사업 계획서상에 제시된 재무적 현금 흐름 숫자보다 더 중요한 의미를 가진다.

다음은 사업화 추진 일정에 따른 기업의 가치 창출 마일스톤 표기에 관한 예시이다.

사업화 추진 일정	가치 창출 마일스톤
10명의 종업원 고용	기술팀장 채용
시제품 출시	시제품 테스트
특허 출원	특허 이슈화
영업 개발 부문 이사 채용	파트너사와의 5백만 달러 계약 체결
고객 시장조사 완료	고객 조사를 통한 시장 교두보 확보
임상 안전성 및 효능성 시험	FDA 신약 승인
제품 생산	최초 제품 출시
1백만 달러 매출 달성	현금 유동성 확보

시나리오 추정에 사용된 가정은 명확하게 기재되어야 한다.[35] 재무 계획은 아주 많은 추정이 필요하므로 이러한 추정을 명확하게 밝히고 그 근거하에 재무 계획이 작성되었다는 것을 표기해야 한다.

투자자는 자금 투자를 통해 기업 가치가 창출되기를 희망하고 창출된 가치는 현금 유동성 확보를 통한 기업의 출구 전략으로 이어지도록 함으로써 궁극적으로 현금 회수를 통해 보상을 받고자 한다. 그러므로 투자자는 자금 투자를 통한

---

35 예를 들어 제품 단가는 a이며, 시장 규모는 b, 시장 성장률은 c%이며 d 판매 기간으로 추정한다는 내용을 표기한다.

기업의 가치 창출 마일스톤에 많은 관심을 가진다.

　재무적 관점에서 기업의 경영 활동을 보여주는 지표는 다음의 세 가지 자료로 구분된다.[36]

대차 대조표 Balance Sheet: 특정 시점에서의 기업 자산을 부채와 자본과의 관계로 분석하여 나타낸다. 기업 결산 시 재정 상태를 한눈에 볼 수 있게 분석한 표로서 기업의 자산을 부채와 자본으로 비교해 파악할 수 있도록 양 변으로 나뉘어 있다.

손익 계산서 Income Statement: 매년 결산을 통해 회사의 이익과 비용을 정산함으로써 회사가 얼마나 많은 손익을 갖는지를 나타낸다. 기업의 경영 성과를 명확히 표시하기 위해 회계 기간의 모든 수익과 이에 대응하는 모든 비용을 기재한다.

현금 흐름표 Cash-Flow Statement: 월별 또는 분기별 등 일정 기간 해당 기업의 현금이 어떻게 조달되고 사용되는지 나타내는 표로 기간별 현금의 유입과 유출 내용을 표시함으로써 향후 발생할 기업 자금의 과부족 현상을 미리 파악할 수 있다. 본격적으로 매출이 발생하지 않는 스타트업의 경우 정식 현금 흐름표를 작성할 수는 없지만 손익 계산서와 연동하여 예상되는 추정 현금 흐름표는 작성할 수 있다. 추정 현금 흐름표를 통해 외부 투자자로부터 투자를 어느 시점에 얼마만큼 유치할 것인지에 관해 계획할 수 있다.

손익 계산서

손익 계산서Income Statement를 이해하기 위해 창업 3년차인 스타트업의 실제 사례를 중심으로 살펴보자. 표 3.9는 이에 관한 예시로 센서를 생산하는 연간 매출액 약 2백만 달러인 기업의 손익 계산서이다. 손익 계산서 검토 시 유의해야 할

---

36 Chuck Kremer and Ron Rizzuto, Managing by the Numbers: A Commonsense Guide to Understanding and Using Your Company's Financials (Cambridge, Mass.: Perseus, 2000).

표 3.9_ 센서를 생산하는 스타트업의 손익 계산서 예시

손익 계산서 (3년차)	금액 (단위: 천 달러)	내용
매출액(①)	2,000	고객으로부터 확보한 제품 판매 대금
매출 원가(②)	900	제품을 생산하기 위한 원가; 부품, 원자재 및 직접 인건비로서 제조 원가라고도 함
총 수익금(③ = ① +②)	1,100	매출 원가 비용을 상계한 판매 수익금으로 이익 또는 마진이라고도 함
마진율(%)	55%	판매 대금 대비 총 수익의 백분율
영업 비용		제품 생산과 무관한 비용
연구 개발비(④)	300	신규 또는 개량 제품 개발과 연관된 연구 개발 비용으로 연구원 인건비 및 연구 기자재 비용 등
판매 및 마케팅비(⑤)	200	제품 홍보 및 판매 비용, 제품 판매 중개비, 박람회 행사 및 광고비 등
일반 관리 비용 (⑥)	350	경영 인력 인건비, 차량 렌트 및 사무실 관리비, 보험료, 법률 자문비, 사무용품 등
총 영업 비용(⑦ =④+⑤+⑥)	850	
경상 이익 (⑧= ③−⑦)	250	총 수익 금액− 총 영업 비용
영업외 이익(⑨)	−25	이자 수익, 세금
순이익(⑩ = ⑧+⑨)	225	

사항이 몇 가지 있다. 먼저 손익 계산서는 상단에서 하단으로 차례로 기재하는데 상단에는 회사의 매출에 의한 총 수입 금액이 기재된다. 그 아래로 매출원가와 영업 비용을 기재하고 총 수입 금액에서 이를 차감하여 남는 이익금을 하단부에 기재한다. 손익 계산서는 크게 두 부분으로 나눌 수 있다. 상단에는 매출과 판매를 통해 얻게 되는 수입을 기재하고 하단은 원가와 비용 등 지출을 기재하여 수입과 지출을 차감한 금액으로 이익금을 명시한다. 수입부에는 주로 제품 판매액이 기재된다. 때로는 회사 수입금이 제품 판매 금액을 초과하는 경우

가 있는데, 이런 경우는 주로 서비스 용역이나 연구 개발 과제 지원금으로 수입이 확보된 경우이다. 회사 제품 판매를 통한 매출뿐 아니라 추가로 서비스 제공이나 연구 과제 수입금도 회사 매출로 포함된다.

예시한 손익 계산서 내용만으로도 다양한 재무적 정보를 주지만 보다 상세한 재무 정보 제공을 위해 다음의 내용이 추가되어 일부 수정될 수 있다. 예를 들어 2백만 달러의 제품을 판매하는 데 있어 제품의 판매 수량은 아주 핵심적인 항목이다.

판매 수량이 파악되면 경영팀이나 투자자는 아래와 같은 질문을 통해 사업 계획과 관련된 중요한 사안을 점검할 수 있다.

- 매출 수량 대비 회사의 인력 수는 적정한가?
- 매출 수량 대비 적정 생산 능력을 보유하고 있는가?
- 매출 성장이 예견 가능한가? 또는 외주 생산이 필요한가?
- 매출 수량 대비 서비스 인력은 적정 수준인가?
- 매출 수량 대비 원자재 구매 자금은 충분한가?

재무제표상의 비용과 제조 원가들을 총매출액 대비 백분율로 환산하여 비교하면 보다 쉽게 기업의 경영 활동을 평가할 수 있다. 예를 들어 표 3.9의 손익 계산서에 의한 매출 원가COGS는 매출액 대비 45%($900,000 \div $2,000,000)이며, 총 마진율GM을 55%라는 결과가 산정된다. 투자자 입장에서는 마진율에 관심이 있으며 이를 동종 업계에서 통상적으로 예상되는 평균 마진율과 비교한다. 일반적으로 유통업은 5~15%의 마진율을 차지하며 제조업은 30~60% 마진율을 차지한다. 보다 높은 마진율을 가지는 소프트웨어 업종은 통상적으로 75~90%를 차지한다. 표3.9의 총매출액 대비 투입 비용 비율은 다음과 같다.

- 연구 개발비: 15%

- 판매 마케팅비: 10%
- 일반 관리비: 17.5%

    추정 재무제표상의 이러한 숫자들은 예상 금액이므로 투자자들의 관점에서 어느 정도가 합리적인지 아는 것이 중요하다. 일반적으로 대기업의 경우 연구 개발비는 매출액 대비 약 10%를 차지한다. 하지만 벤처 스타트업인 경우는 이보다 높은 연구 개발비가 요구될 수 있다. 특히 기술 창업 초기에는 매출 규모가 아주 낮기 때문에 매출액 대비 연구 개발비는 아주 높게 책정될 것이다. 제품 개발이 완료되어 판매가 증대되면 상대적으로 판매 및 마케팅비의 비율이 높아지는데, 통상적으로 매출액 대비 30%에 이른다. 그러므로 표로 예시한 판매 마케팅비 10%는 매우 낮은 비율로 평가될 수 있다.

    표 3.10은 기업의 5개년간 손익 계산서 예시이다. 사례를 통해 알 수 있는 회사 경영에 관한 중요 정보를 정리하면 다음과 같다. 먼저 첫 1년차에는 거의 제품 매출이 없으며 적자로 운영됨을 알 수 있다. 흑자로 돌아서기 바로 직전까지 누적된 적자 금액이 약 145만 달러로 확인된다.[37] 표 3.10 손익 계산서 하단부에 표기된 가상 현금 흐름(현금 잔고)은 적정 외부 투자 유치 시기를 알려주며 투자를 통한 현금 흐름의 개선 효과를 나타낸다. 더욱이 가상 현금 흐름은 수차례 외부 투자자로부터 투자를 받을 필요가 있는 경우 투자 시나리오를 기획하는 데 유용하다.

    또 다른 중요 정보는 마진율에 관한 것으로 시간의 경과에 따라 제품 생산이

---

37   회사 수익성 검토와 관련하여 두 가지 다른 개념의 용어가 종종 사용되는데, '현금 흐름(cash flow) 플러스'와 '손익 분기(break even)'라는 용어이다. '현금 흐름 플러스'란 회사 월별 현금 유출입상에서 회사가 벌어들인 현금 유입이 회사로부터 유출되는 현금보다 더 많아 이윤이 발생된다는 의미이다. 하지만 '손익 분기' 또는 '손익 분기점(BEP, break even point)'은 회사의 누적 현금 흐름(cumulative cash flow)이 제로가 되는 시점을 의미한다. 스타트업의 경우 초기 단계에서 지속되는 '현금 흐름 마이너스'는 어느 시점에 외부 투자(부채)에 의해 충당될 것이다. 향후 외부로부터 유입된 투자(부채)를 상계하여 누적 현금 흐름이 제로가 되는 현금 유입이 이루어지는 경우 스타트업은 손익 분기점에 도달했다고 할 수 있다.

표 3.10_ 완성된 손익 계산서 예시

손익 계산서(단위: 천 달러)								
	1년차	2년차		3년차		4년차		5년차	

	1년차	2년차		3년차		4년차		5년차	
단위 판매 수량		5		16		27		50	
단위 판매 가격		100		125		130		150	
총 매출액	−	500	100%	2,000	100%	3,510	100%	7,500	100%
매출 원가	−	400	80%	1,100	55%	1,575	45%	2,200	29%
총 수익금	−	100	20%	900	45%	1,935	55%	5,300	71%
영업 비용									
연구 개발비	200	250	50%	300	15%	350	10%	400	5%
판매 및 마케팅비	150	200	40%	500	25%	800	23%	1,000	13%
일반 관리비	250	300	60%	350	18%	350	10%	350	5%
경상 수입	(600)	(650)	−130%	(250)	−13%	435	12%	3,550	47%
영업외 수입	−	(25)		(25)		(25)		(25)	
순수입	(600)	(625)	−125%	(225)	−11%	460	13%	3,575	48%
순수입 누계	(600)	(1,225)		(1,450)		(990)		2,585	
현금 흐름(잔고)									
기초 잔액	−	(600)		(1,225)		(1,450)		(990)	
투자 금액	−								
기말 잔액	(600)	(1,225)		(1,450)		(990)		2,585	

효율화되고 원가 절감이 이루어지기 때문에 점차 증가함을 알 수 있다. 또한 시간의 경과에 따라 연구 개발 비용과 판매 및 마케팅 비용은 증가하지만 매출액 대비 상대적인 비용은 모두 감소 추세에 있는 것을 알 수 있다. 또 다른 투입 비용인 일반 관리비에서 가장 큰 부분을 차지하는 경영 인력 인건비는 대부분 회사 설립 초기와 큰 차이가 없기 때문에 거의 동일한 수준으로 유지된다. 하지만

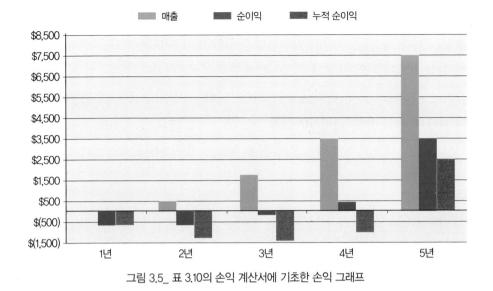

그림 3.5_ 표 3.10의 손익 계산서에 기초한 손익 그래프

시간의 경과에 따라 연간 매출액이 증가하므로 일반 관리비 비율은 상대적으로 감소 추세에 있다.

예시를 통해 설명한 바와 같이 추정 손익 계산서에 기입되는 금액과 연도별 증감 추세는 향후 예상하는 기업 경영에 관한 사항을 반영하여 작성해야 한다. 즉 투자자에게 현금 수익 창출에 관한 재무 구조를 추정 손익 계산서와 현금 흐름표를 통해 논리적으로 제시해야 한다.

과장되거나 비논리적인 숫자나 수익의 증감 흐름은 투자 심의 과정에서 결코 신뢰를 주지 못한다. 만일 발표 심의를 하는 경우라면 표 3.10과 같은 세부적인 손익 계산서를 제시할 필요는 없다. 이는 사업 계획서 또는 프레젠테이션의 부록 자료로 활용하는 것이 바람직한데, 그림 3.5와 같이 핵심 숫자만을 표기한 연차별 손익 비교 차트를 제시하는 것이 좋다. 이러한 개괄적 도표는 투자자로 하여금 투자 금액과 투자 예상 시기를 신속하게 판단할 수 있도록 도움을 준다.

제약업계의 경우 많은 수의 스타트업들은 자체 생산과 판매를 통한 매출 창출에 수년 이상의 아주 긴 시간이 소요되므로 제품 출시 이전에 대형 제약업체와 상호 협력하는 전략을 추구한다. 예를 들어 제약 개발을 완료하더라도 제품 개발을 직접 하지 않고 사전 임상시험을 위한 벤처 캐피탈 투자를 우선 유치하여 임상 완료된 의약품을 대형 제약업체에 라이선싱하거나 스타트업 자체를 매각하는 비즈니스 출구 전략을 구사한다. 이러한 비즈니스 전략의 경우 캐피탈의 자금은 핵심 마일스톤(IND 신청 또는 임상시험 완료)에 맞추어 투자가 이루어지고 벤처 캐피탈의 지원을 통해 제품 개발이 이루어진다.

캡 테이블

'캡 테이블Capitalization Table'이라고 하는 출자금 현황에 관한 도표는 기업의 투자금액과 보유 지분 현황을 파악할 수 있도록 요약한 재무제표이다. 회사의 주식 지분인 소유권을 표시하는 방법에는 여러 가지가 있다. 가장 손쉬운 방법은 원형 파이 모양의 차트를 통해 각 투자자가 보유하고 있는 지분을 도식화하는 것이다. 하지만 사업 계획서에 포함되는 회사 지분 형태는 각각의 투자 라운드가 끝난 이후 소유 지분의 변동을 알 수 있도록 작성하는 것이 바람직하다. 자금 투자를 받지 않는 경우는 표 3.11에 예시한 바와 같은 단순한 형태의 출자금 현황 도표를 구성할 수 있다. 하지만 만일 회사가 150만 달러의 현금 투자 유치를 가정하고 향후 두 차례의 투자 라운드를 예상한다면 지분 변동 시나리오를 표

표 3.11_ 투자 전 단계의 캠퍼스 스타트업 주식 지분 현황 예시

투자자	투자 증액 대금($)	주식 수	지분율(%)
주당 가격($)	–	–	–
창업주 1	–	1,000,000	30.8
창업주 2	–	1,000,000	30.8
창업주 3	–	1,000,000	30.8
대학	–	250,000	7.7
설립 이후 총액	–	3,250,000	100

3.12와 같이 추정할 수 있다. 캡 테이블인 표 3.12를 통해 1차 투자 라운드에서 50만 달러의 현금 투자와 2차 투자 라운드에서 100만 달러의 현금 투자가 이루어졌고, 그 결과 회사 보유 주식의 주당 가격과 주주들의 보유 지분 변동을 추정할 수 있다. 이 출자금 현황표를 통해 1차 투자 라운드 시점에서 CEO와 VP 경영진 채용이 이루어진 것을 확인할 수 있다.

표 3.12_ 캠퍼스 스타트업의 주식 지분 변화 예시

	투자자	투자금($)	주식 수	지분율 (%)		
				설립 단계	1차 증자	2차 증자
설립 자금 (주당 가격 $0)	창업주 1	–	1,000,000	30.8	14.8	10
	창업주 2	–	1,000,000	30.8	14.8	10
	창업주 3	–	1,000,000	30.8	14.8	10
	대학	–	250,000	7.7	3.7	3
	소계	–	3,250,000	100	48.1	33
	설립 이후 총액	–	3,250,000	100	–	–
	투자 전 기업가치(Pre-money Valuation)　－					
1차 증자 (주당 가격 $0.20)	CEO	–	800,000	–	11.9	8
	VP	–	200,000	–	3.0	2
	투자자	500,000	2,500,000	–	37.0	26
	소계	500,000	3,500,000	–	51.9	36
	1차 증자 후 합계	500,000	6,750,000	–	100.0	–
	투자 전 기업가치(Pre-money Valuation)　$ 1,350,000					
2차 증자 (주당 가격 $0.35)	투자자	1,000,000	2,857,143	–	–	30
	소계	1,000,000	2,857,143	–	–	30
	2차 증자 후 합계	1,500,000	9,607,143	–	–	100
	투자 전 기업가치(Pre-money Valuation)　$ 3,362,000					

⬆START UP 3.14
핵심 단계 13: 시드 자금 확보

캠퍼스 스타트업을 설립한 연구실에서 회사 설립과 함께 현금 출자한 최초 자본금은 초기 연구 개발에는 도움이 되지만 향후 지속적인 기술 사업화를 위해서는 본격적인 개발 자금이 필요하다. 즉 외부 투자자로부터 투자 자금의 유치가 필요하므로 이를 위한 사업 계획서 작성에 관해 앞의 단계에서 살펴보았다.

캠퍼스 스타트업의 자금 조달 순서는 프리시드pre-seed, 시드seed 및 투자 시리즈 A, B, C 단계로 구분되며 기업별로 투자 단계에 관한 구분 기준과 판단은 상당히 주관적이라 할 수 있지만 외부 투자자의 투자 규모 또는 방식은 캠퍼스 스타트업의 성장 단계에 따라 일반적으로 정형화되어 있다.

한편, 스타트업의 투자자 자금 유치 방식은 크게 두 가지 형태로 구분할 수 있다. 기업 소유 지분이 투자 자금에 비례하여 희석되는 지분 희석dilutive 투자와 외부 투자금이 기업에 투자되더라도 소유 지분과 무관하게 투자되는 비희석non-dilutive 투자로 구분할 수 있다. 지분 희석에 의한 투자 방식은 벤처 캐피탈 또는 엔젤 투자자가 직접 기업에 현금을 출자하고 이에 상응하는 대가로 스타트업의 주식 지분을 확보하는 방식이다. 비희석 투자는 주로 연구 개발 과제를 지원하는 방식이나 금융기관의 담보 대출 방식으로 기업의 소유 지분과는 무관하게 현금 투자되는 방식이다.

3.14.1 설립 초기 단계의 투자

프리시드 및 시드 투자

프리시드pre-seed는 창업 초기, 즉 스타트업을 설립하고자 하는 단계에서 필요한 자금이다. 통상적으로 이 단계에서 필요한 현금 규모는 약 5천~5만 달러 정도이다. 주로 회사 설립 등기를 위한 행정 비용과 각종 계약 관련 법률 자문 비용,

대학과의 특허 라이선싱 선급금, 특허 유지 비용, 시장조사 비용, 그리고 어드바이저 컨설팅 비용 등에 필요한 자금이다. 대부분 스타트업의 프리시드는 스타트업 창업주인 연구자 개인이나 창업주 가족, 지인으로부터 투자되거나 정부나 대학에서 확보하고 있는 스타트업 설립 펀드로부터 투자가 이루어진다.

창업주가 캠퍼스 스타트업을 설립하고 회사 경영을 시작하면서 기술 사업화 단계의 연구 개발을 위해 외부 투자를 받고자 한다면 통상적으로 이는 시드 자금의 투자 유치 단계에 있다고 할 수 있다. 주로 시드 자금은 스타트업이 기술 사업화를 위해 우선적으로 연구 개발 마일스톤 목표 달성을 위해 필요한 자금이기 때문이다. 연구 개발 마일스톤이란 향후 연속적인 제품 개발 및 사업화 자금을 투자자로부터 지원받기 위해 사전에 협의된 일련의 정량 및 정성 목표와 연계된 연구 개발 성과 지표들로서, 스타트업은 연구 개발 마일스톤의 객관적인 달성 여부를 평가받고 다음 단계의 연구 개발을 지속할 것인지 여부를 결정하게 된다.

BT 분야의 사례를 살펴보면, 캠퍼스 스타트업이 시드 자금 확보를 통해 개발하고자 하는 신약의 주요 특성 시연과 동물 시험을 통한 효능 결과를 제시하기 위한 연구 개발 비용으로 활용할 수 있다. IT 분야의 스타트업은 프로그램 코드 특성 시연과 최소한의 제품 기능을 보여줄 수 있는 소프트웨어 시제품을 개발하기 위한 비용으로 투자할 수 있다.

이러한 초기 단계 스타트업 활동은 향후 기업 특성을 결정한다. 만일 시드 자금의 투입과 함께 진행한 초기 기술 개발의 결과가 시장 제품화로 이어지지 않을 경우 사업을 포기하거나 다른 응용 분야의 제품화로 기술 개발 방법을 강구해야 한다. 하지만 시드 자금의 투입으로 진행한 연구 개발의 결과가 애매모호할 수 있으며 또한 핵심 마일스톤에 도달하기 위해 추가 자금이 투입되어야 할 수도 있다. 이와는 달리 시드 자금 투입을 통한 연구 개발 결과가 고무적이며 우수한 유망 기술로 판단되면 투자자에 의해 향후 추가 개발 자금을 보장받을 수 있다.

일반적으로 스타트업 시드 투자의 규모는 최대 수백만 달러를 넘지 않는 선에서 기업 여건에 따라 다양한 이유와 목적으로 투자된다. 그리 흔하지는 않지만 기술 개발을 통한 제품 사업화 리스크가 작은 초기 단계 스타트업의 경우 투자된 시드 자금을 경영진 또는 컨설턴트 등에 대한 인건비 또는 비즈니스 개발이나 마케팅 자금으로 활용하기도 한다.

시드 투입 단계의 스타트업 활동은 주로 비즈니스 모델 개발을 위한 각종 활동과 사업 유관 분야에서의 협력 파트너 확보, 그리고 사업화 분야의 시장조사 활동으로 시장 성장률, 시장 리더, 변화 추이 그리고 고객 수요 조사 등에 주력하는 것이 일반적이다.

프리시드 단계와 시드 투자 단계에서 벤처 캐피탈(VC) 투자를 위한 스타트업의 기업 가치 평가는 아직은 무리한 상황이다. 판매할 수 있는 제품이 없어 매출이 거의 전무하므로 VC 투자자가 기업 가치를 평가하는 경우 대부분 추정 자료에 의존할 수밖에 없다. 그러므로 투자 심사 과정에서 VC 투자자와 기업은 기업의 시장 가치와 향후 매출 추정 등에 대한 대립이 있는 것이 일반적인 현상이다. 왜냐하면 기업의 입장에서 상대적으로 높은 가치는 투자 대비 보다 적은 지분 희석을 동반하고 상대적으로 낮은 가치는 투자 대비 지분 희석이 많이 이루어지기 때문이다.

대출 및 전환사채

기업의 지분 희석을 방지하는 자금 확보를 위한 대안으로 금융 대출bank loan 또는 전환사채convertible note 방식으로 자금을 유치할 수 있다. 금융 대출은 지분 확보와는 무관한 방식으로 회사 또는 경영진이 보유한 유무형 자산을 담보로 소요 자금을 대부받는 방식이다. 금융 기관은 대출 자금의 이자와 원금을 기업과 상호 약정한 기일에 회수하며 회사가 채무 불이행으로 상환이 불가한 경우 사전 확보한 담보 물권의 집행을 통해 채권을 회수한다.

전환사채convertible note는 사채 방식으로 자금을 대여하고 원리금을 약정하지만 일정 기한 후 자금에 상응하는 만큼의 주식 지분으로 전환하는 방식이다. 통상적으로 전환사채를 통해 주식 지분을 확보하는 경우 할인율은 주식 가액의 약 25% 정도로 사업 리스크가 큰 상황에서 투자하고자 하는 투자자의 기대 수익을 반영한 요율이다. 전환사채에 의해 자금을 확보하는 경우 다음과 같은 장점을 가질 수 있다.

주식 가치 평가 시점의 연기: 가치 평가를 연기함으로써 투자자 입장에서는 성장에 따른 기업 가치 산정이 반영되는 시점의 주가로 지분을 확보할 수 있고, 기업 입장에서는 필요한 자금을 확보할 수 있다.

절차의 신속성과 간편성: 지분 투자 방식은 투자 결정까지 수개월 이상 소요되는 반면 전환사채 방식은 수일 내로 가능하며 법적 부대 비용도 저렴하다.

경영권의 지속 유지: 전환사채 방식은 지분 투자 방식과 달리 투자자들이 이사회에 참석하거나 거부권 행사를 하지 않으므로 경영주의 경영권이 훼손되지 않는다.

3.14.2 정부 및 공공기관 지원 자금

2장에서 설명한 바와 같이 SBIR(또는 STTR) 연구 개발 과제는 지분 희석 없이 정부 또는 공공기관을 통한 자금 조달의 가장 좋은 방법 중 하나이다. 주로 시제품prototype 개발, 사업화 실현 가능성 및 개념 검증 등의 목적으로 지원되는데, 세부적인 진행 절차를 표 3.13에 나타내었다.[38]

---

38 자료 출처: NC Fisher Research, LLC (www.ncfisherresearch.com)

표 3.13_ SBIR/STTR 과제 진행 절차 및 내용

일정(월)	진행 내역
D-6~8(월)	**적격성 검토** • SBIR 과제에 51% 이상 참여율로 연구 과제를 수행할 수 있는 과제 책임자(PI)로 적합한 인력이 있는가? • 신청 회사는 51% 이상의 자기 지분을 소유하는가? • 과제 책임자는 시민권자인가? **회사 보유 기술의 연구 주제 및 과제 관리 기관에 적합성 검토** • NIH: http://grants. nih. gov/grants/funding/sbir. htm • NSF: http://www. nsf. gov/eng/iip/sbir/ **대상 기관의 과제 담당자와 연구 제안서 개념 적합성 여부 사전 인터뷰**
D-3~5(월)	신청서 온라인 전자 문서 제출을 위한 사전 등록 • 미국 정부 과제 신청에 필요한 DUNS 번호(http://fedgov.dnb.com/webform) • 과제 관리 시스템(SAM)에 등록(http://www.sam.gov/portal/public/SAM/) • SBIR 과제 신청 회사 등록(http://www.sbir.gov/registration) • eRA 커먼 등록(NIH 과제)(https://public.era.nih.gov/commons/) • 패스트 레인(Fastlane) 등록(NSF 과제)(https://www.fastlane.nsf.gov/fastlane.jsp)
D-1~2(월)	피드백 확보 편집/수정 검토/교정
제출 일자	전자 접수에 의한 지연을 예방하기 위해 접수 마감일 5일 전까지 제출
제출 이후	• 접수 사이트 'eRA 커먼' 또는 '패스트 레인' 접속 후 진행 과정 모니터링 • 제출 6~7월 경과 후 평가 피드백 확인 가능

과제 평가 및 선정 기준

SBIR/STTR 신청서를 작성하는 경우 먼저 해당 과제를 관리하는 전문 기관의 과제 관리 지침과 평가 기준을 정확히 파악해야 한다. 예컨대 미국립보건원NIH 의 SBIR/STTR 핵심 검토 기준은 다음과 같다.

과제의 의의: 프로젝트가 현장에서의 중요한 문제 또는 기술 진보의 중요한 장벽을 해결하는가? 프로젝트의 목적이 달성되면 과학 지식, 기술 역량 및 임상시험이 어떻게 개선될 것인가? 과제가 성공적으로 수행되면 해당 분야에서 통용

되는 개념, 방법, 기술, 치료법, 서비스 또는 질병 예방적 조치는 어떻게 바뀔 것인가? 제안된 프로젝트가 시장성 있는 제품, 프로세스 또는 서비스로 이어질 상업적 잠재력(개선 및 상업화 가능성)을 가지고 있는가?

잠재 고객의 수요를 충족시키고 혁신 제품(서비스) 창출을 통해 사업화 가능성을 제고할 수 있다는 것을 과제 제안서에 강조해야 한다. 사업화 대상 기술이 어떻게 종래 문제를 해결할 것인지에 관한 구체적 설명과 더불어 가능하다면 이러한 해결 방안이 지원 과제 관리 기관의 미션에 어떻게 연관되는지에 대해서도 서술한다.

과제 수행 연구원: 과제 책임자인 PD program director 또는 PI principle investigator를 중심으로 참여 연구원 및 기타 연구원들이 세부 분야 과제를 수행하며 해당 분야의 전문성을 가진 적격한 연구원들로 잘 구성하는 것이 중요하다. 특히 과제 수행 연구원이 해당 분야에 적절한 경험이 있는지, 전문 교육이 되어 있는지, 그렇다면 그러한 경력을 증빙할 수 있는 객관적인 자료를 과제 신청서에 첨부 제시해야 한다. 만일 연구 개발 과제가 대형 과제로서 다수의 PD 또는 PI가 참여한다면 자신들의 핵심 연구 분야 외의 분야와 융·복합적 공동 개발을 위한 협업 능력이 있는지도 과제 선정을 위한 중요한 평가 요인이 된다.

과제 책임자를 누구로 선정하는가는 SBIR 과제 추진을 위한 가장 중요 사안이며 힘든 결정이 될 수 있다. 현실적으로 대학의 보유 기술 사업화를 위해 해당 기술 개발 분야 전문성을 갖춘 대학 연구자가 가장 유력한 후보가 되겠지만, 연구자가 소속 대학을 떠나 스타트업 주관 과제 책임자로 활동하는 것은 아주 어려운 결정이 될 수 있다.[39] 바람직한 대안으로 박사 연구원 또는 박사 후 과정에 있는 연구원을 과제 책임자로 할 수 있다. 현실적으로 경험은 부족하겠지만

---

39 만일 기업체 소속의 과제 책임자(PI)를 찾지 못한다면 STTR 과제를 추진하는 것이 바람직하다.

지도 교수를 비롯한 전문 컨설턴트의 도움으로 충분히 극복할 수 있을 것이다.

주제의 혁신성: 연구 개발 과제의 주제와 그 추진 방법론은 해당 분야의 기존 시험 결과에 도전하는 데 있어 아주 혁신적이어야 한다. 연구 개발의 목표들은 새로운 시장을 창출할 수 있는 신규성 있는 주제로 도전적인 기술 사업화 목표에 기초한 연구 개발 주제들이 실현 가능성 있도록 설정되어야 한다. 연구 개발 사업화를 위한 성과 목표들은 독창적인 응용 기술로서 종래의 이론적 개념을 보다 전문화되고 진일보한 연구 성과물로 실현될 수 있어야 한다.

SBIR/STTR 과제 평가자들은 과제 수행 주체인 스타트업 등이 해당 과제 수행을 통해 종래의 문제점들을 해결하기 위한 혁신적 접근 방법을 통해 새로운 제품을 선보이거나, 제조 공정의 혁신을 통해 원가를 대폭 감소시키거나, 기존 제품에 비해 현저한 효과를 보일 수 있는 제품 출시를 기대한다. 하지만 SBIR 과제 제안 내용과 기술 혁신 제품 사이에는 엄연한 차이가 존재함을 명심할 필요가 있다. 연구 과제 제안 내용은 제한된 조건하의 대학 실험실에서 입증된 결과를 단순하게 재현하는 것일 수 있다. 즉 연구 개발 과제 제안 내용이 혁신적 개념과 구성이 아닐 수 있지만 이는 혁신 제품을 창출하기 위한 첫걸음일 수 있다. 즉 과제 평가자들은 연구 개발 과제 제안 내용을 심의하는 경우 그 배경이나 성과로서 어떠한 혁신 제품이 연계되어 있는지를 우선 검토한다는 사실을 명심해야 한다.

과제 수행 전략: 과제 수행에 있어서 전체적인 추진 전략과 함께 실행 및 분석 방법이 논리적으로 구성되어 수행 과제의 추진 목적들을 원활하게 달성할 수 있는지 여부가 중요하다. 현실적으로 부각되지 않은 잠재적인 문제는 무엇이며 전략적인 대안은 존재하는지, 개발 과제의 성공을 위해 벤치마크해야 할 내용은 무엇인지, 연구 개발 프로젝트가 기술 개발의 초기 단계에 있다면 사업화 실

현 가능성을 위한 별도의 전략이 수립되어 있는지, 사업화 리스크 관리를 위한 특별한 대책이 수립되어 있는지 등이 중요한 관건이 된다.

만일 연구 개발 프로젝트가 임상 주제이거나 NIH에서 제시한 임상 연구라면 사업 추진 계획서에는 개인 정보 관련 사항들이 특히 강조되어야 한다. 임상 대상으로서 성별, 인종별 또는 연령별 각종 개인 정보에 관한 보안 사항을 연구 개발 리스크에 어떻게 포함하고 이를 관리할 것인지에 대해 설명하여야 한다. 평가자들은 제안서에서 달성하고자 하는 개념의 타당성 평가를 위해 얼마나 합리적으로 임상 실험이 잘 설계되었는지를 중점적으로 검토한다. 예컨대 여기에는 적정한 시약 및 대조군, 통계학적 연구 설계 등이 포함된다.

보유 연구 인프라 기재: 과제 수행을 위한 연구 인프라가 과제의 성공 가능성을 높일 수 있는 수준인가는 과제 선정 시 중요한 고려 사항이다. 연구 과제 책임자가 제안한 과제를 수행하기 위해 조직이나 연구 장비 또는 연구 인력 등 인프라 자원이 충분히 갖추어져 있는지는 주요 평가 기준이다. 즉 과제 책임자가 각종 연구 인프라와 협업 연구 시스템을 잘 활용하여 제안한 연구 과제를 잘 수행할 것인지 또한 연구 인프라 장점들이 과제 수행에 충분히 반영하고 있는지도 평가 기준이 된다.[40]

바람직하게는 상기한 평가 기준에 더해 추가로 다음 사항을 고려하여야 한다.

평가자 수준에서 기재: 대부분의 평가자들은 평가 대상 과제 전공 분야의 전문가는 아니다. 그러므로 평가자들이 제안서 내용에 사용되는 전문 용어 또는 약어

---

40 "Definitions of Criteria and Considerations for SBIR-STTR Critiques," Office of Extramural Research, National Institutes of Health, http://grants .nih .gov/grants/peer/critiques/sbir-sttr.htm (accessed 13 November 2013).

등을 모두 이해한다고 생각하면 큰 오산이다. 제안서 초안이 작성되면 해당 전공 분야 외의 동료 연구원에게 사전 검토를 거쳐 일반적 평가자 수준에서 쉽게 이해될 수 있도록 수정 보완하여 설득력을 가질 수 있도록 해야 한다.

간결하고 명확하게 기재: 과제 신청자들이 가장 많이 하는 말 중 하나는 "평가자가 자신의 기술을 이해하지 못하고 있다"라고 하는 불평이다. 이러한 말을 하는 근본 원인은 평가자 수준에 맞추어 제대로 설명하지 못하고 있거나 설명이 간결 명확하지 못하기 때문이다. 하지 않아도 될 설명이나 초점을 흐리게 하는 설명은 혼동을 초래할 수 있다.

평가자의 이해를 돕도록 기재: 수많은 신청 과제를 검토해야 하는 평가자들로서는 신청 기술의 이해에 많은 시간을 투자함으로써 충분한 검토 시간을 확보하지 못할 수 있다. 평가자들도 심사 평가서를 작성해야 한다. 따라서 심사 평가서를 쉽게 작성할 수 있도록 제안서를 작성하는 것이 좋다. 예를 들어 "본 과제의 중요성은 다음의 이유 때문에 중요하다. 첫 번째 이유…, 두 번째 이유는…이다"와 같이 구분하여 명확히 표현하거나 또는 "본 과제의 핵심적인 연구 성과물은 다음과 같다"라고 표시하여 평가자가 명확히 이해할 수 있도록 기재해야 한다.

연구에 대한 열정: 과제 신청서에는 혁신 창출에 관한 과제 신청 책임자의 열정이 전달될 수 있도록 작성되어야 한다. 이와 더불어 이러한 혁신 창출이 정부 지원 과제 소관 부처 산업에 미치는 파급 효과 등에 관해 언급하는 것이 좋다. 정부 지원 과제 수행을 통해 이루고자 하는 혁신 창출에 관한 열정을 과감하게 표현하는 것이 바람직하다.

　과제 신청서는 요약 및 목표abstract/specific aims, 연구 계획research plan, 예산 증빙 budget justification, 그리고 개인 정보personnel information 등 크게 네 개의 섹션으로 구성된다.

3.14.3 지원 과제 신청서 작성 실무

요약 및 목표

제안한 과제의 주제를 요약하여 작성하고, 달성하고자 하는 구체적인 목표를 제시한다. 연구 계획 수행의 단계별 핵심 내용을 간결하게 요약하여 프로젝트 전반의 내용을 쉽게 파악할 수 있도록 작성하는 것이 중요하다. 다음 사항에 유념하여 요약 및 목표를 작성한다.

- 신청서의 요약 및 목표 부분은 사업 계획서에 비교하면 '사업 개요'에 해당된다. 여기서 과제 수행의 필요성에 대해 강력한 이미지를 줄 수 있도록 해야 한다. 그렇지 않으면 신청서 전반에 대해 약한 이미지로 비춰질 수 있다. 주요 의사결정을 하는 평가자 중 일부는 신청서 전체를 못 읽더라도 요약 및 목표 부분만은 읽어 본다는 사실을 명심할 필요가 있다.
- 과제 수행의 구체적인 목표를 설정하고자 하는 경우 1) 해결하고자 하는 문제를 정확하게 파악하고, 2) 해당 문제에 대한 현재의 해결책을 논의하고, 3) 현재 해결책의 결함과 단점을 지적하고, 4) 해당 문제에 대한 혁신적 해결책을 제시하여 설명한다.
- 제안하고자 하는 목표들을 객관적으로 측정 가능한 정량 목표들로 제시한다. 평가자들은 과제 수행의 성공 여부를 어떻게 측정할 것인가에 관심을 둔다. 예컨대 단순히 '개선'이라는 목표 설정보다 '3배의 개선'이라는 구체적이고 정량적인 목표를 제시해야 한다.
- 목표는 달성 가능한 수준으로 설정하여야 한다. 목표가 적을수록 구체적일 수 있다. 일반적으로 가장 저지르기 쉬운 실수 중 하나가 달성하기에 너무 많거나 어려운 목표를 설정하고 목표 달성에 필요한 시간은 과소평가하는 것이다. 의도된 시간 내에 달성 가능한 두세 개 정도의 목표를 제시하는 것이 바람직하다. 이러한 목표들이 후속의 대형 또는 융·복합의 2단계 프로젝트 제안을 뒷받침할 수 있다.

- SBIR/STTR의 지원은 정립된 과학기술 이론에 기초한 과제로 추정 또는 어떠한 가설의 검증을 목적으로 하지 않는다는 것을 유의해야 한다. 따라서 연구 성과물은 지원의 목적인 기술의 타당성을 입증할 매우 구체적인 질문에 답해야 한다.

연구 계획

SBIR/STTR 신청서의 핵심은 연구 계획 부분으로 목표 달성을 위한 구체적 활동 계획을 요약하여 작성한다. 연구 계획의 세부 목차는 필요성, 성과물, 연구 설계 및 방법 등 세 가지로 구분되는데, 정부 및 기타 기관의 과제 신청서의 구성과 거의 유사하므로 대학 연구자들로서는 계획서 작성에 있어 큰 애로를 느끼지는 않을 것이다. 연구 계획서가 좋은 평가를 받기 위해서는 앞서 설명한 평가자의 평가 기준을 참고하여 무엇보다 연구 목표에 부합되는 구체적 실험 계획이 적절하게 수립되어야 한다. 아울러 연구 수행 과정에서 예견되는 문제점과 해결하기 위한 대안을 적시하는 것이 바람직하다.

예산 증빙

연구 계획서의 특정 목표 달성을 위한 필요 재원들을 중심으로 가능한 빠짐없이 소요 예산을 기재한다. 예산 비목과 소요 경비 작성 시 가장 우선 고려할 사항은 어떠한 것은 허용되며 어떠한 비용은 허용되지 않는가 하는 회계 지침을 확인하는 것이다. 일반적으로 수행 과제와의 연관성을 바탕으로 주관 기관의 내부 회계기준에 부합하도록 예산 계획을 수립하며 통상의 일반 회계기준에 위배되지 않아야 한다. 미연방 조달 규정에 의해 허용되지 않는 경비에는 예컨대 광고료 및 홍보비, 대손 비용, 돌발성 경비, 개인 서비스 비용, 기부금, 접대비, 벌금, 보험료 및 이자 등 금융 비용, 로열티, 특허 경비[41](일부 예외가 있음), 각

---

41 특허 경비는 SBIR 과제 비용에서 허용되지 않는 것은 원칙이나 일부 예외적인 경우가 있다. 보다 구체적인 경우는 과제 담당자에게 문의하는 것이 바람직하다.

종 공과금 및 주류 비용 등이 있다.

다음 단계로 소요 예산 비용이 직접성 경비인지 간접성 경비인지 여부를 확인해야 한다. 직접성 경비란 과제 수행에 직접 연관되어 확인 가능한 비용으로 연구원 인건비, 기자재 비용, 재료비, 전문가 자문비 등이 있다. 간접 비용에는 전기 및 수도료, 전화 요금, 건물 임차료, 보험료, 송달비 등으로 해당 과제의 수행에 직접 연관되지 않는 경비이다. 만일 해당 경비가 직접성 경비인지 또는 간접성 경비인지 여부가 궁금한 경우 관리 기관에 직접 문의한다. 만일 비용 처리에 있어 의문시 되는 경비라면, 해당 비용이 과제 수행에 미치는 영향과 필요한 근거를 제시해야 한다.

소요 예산을 엑셀 시트를 활용해 급여, 연구 수당, 자문료, 재료비, 기자재

표 3.14_ SBIR/STTR 과제의 예산 항목

	항목	내용 및 금액
항목 A 및 B	A: 핵심 인력 비용/임원 인건비	
	B: 기타 인건비	
항목 C, D 및 E	C: 기자재비	5천 달러 이상 기자재는 목록 제시
	D: 출장비	국내 또는 국외 출장비
	E: 교육비/전문가 활용비	
항목 F~K	F: 기타 직접 경비	재료비, 논문 게재, 자문 비용, 정보 서비스료, 기구 및 장비 대여료 등
	G: 직접 경비 총계	A~F 총 합계 금액
	H: 간접비	I단계 과제의 경우는 40%
	I: 직접 경비 + 간접 경비	
	J: 수수료	총금액의 7% 미만
	K : 예산 증빙	A~J 까지 예산 산정한 증빙서류를 1장의 pdf 문서로 작성하여 업로드하고 별도의 세부 추가 예산이 필요하면 별도의 예산 증빙을 하여야 함.

비, 출장비, 시설 및 장비 사용료, 간접 비용 및 수수료 등의 항목으로 구분하여 개괄적 예산 계획을 수립한다. 관리 기관에 따라 다르겠지만 SBIR/STTR I 단계 과제의 경우 통상 약 6개월의 수행 기간 기준 10만 달러 정도, 1년 기준 약 25만 달러 정도로 지원된다. 관리 기관에서는 지원 금액에 관한 가이드라인을 제시한다. 하지만 이는 최소한의 가이드라인으로 만일 해당 과제 내용이 합당하고 상향 제안한 소요 예산이 타당하다면 가이드라인 이상의 지원을 받을 수 있다[42]. 엑셀 시트를 이용한 자체 예산 계획이 수립되면 온라인 과제 신청서의 양식에 맞추어 과제 계획서와 함께 제출한다. 표 3.14는 SBIR/STTR의 온라인 예산 양식으로 세부 항목에 맞추어 소요 예산 내역을 작성하게 되어 있다.

개인 정보

핵심 인력과 사업 계획서상에 등재된 참여 인력은 사전 제공된 이력서 양식(4페이지 이하)에 따라 개인 정보를 제출하여야 한다. 개인 자술서는 과제 수행에 적합한 경험과 지식을 보유하고 있다는 것을 강조하여 작성한다.

추가 서류

필요하다면 과제 신청서에 다음과 같은 추가 서류들을 첨부한다.

동물 및 인체 연구 윤리: 만일 연구 과제 주제가 인간 또는 동물을 대상으로 하는 경우 해당 연구 대상에 관한 세부 정보가 과제 신청서와 함께 제출되어야 한다.

위탁 참여 약정서: 계획서에 의해 참여하고 있는 위탁 기관의 참여 범위 또는 배정 예산 등이 기재된 약정서를 첨부할 수 있다. 위탁 기관은 핵심 기술을 라이선싱한 대학 또는 제3자로 연구소, 소프트웨어 개발자 또는 연구 기자재 제작자 등이

---

42 만일 SBIR/STTR 과제 예산을 25만 달러 이상으로 신청하고자 한다면 I, II 단계를 병합하여 패스트 트랙(FastTrack)으로 신청하는 것이 바람직하다.

될 수 있다. SBIR의 경우 위탁 기관에 배정되는 소요 예산은 총예산의 1/3이하로 책정해야 하지만 STTR은 이보다 좀 더 높게 배정을 할 수 있다.

과제 참여 및 지원 확약서: 과제 핵심 인력과 참여 인력은 과제 책임자에게 과제 수행에 참여하고 이를 지원함으로써 연구 혁신 창출에 적극적으로 협력하겠다는 확약서를 서명하여 제출한다. 물론 확약서에는 서명자의 직책과 서명 일자를 기재하고 해당 과제를 지원한다는 취지를 포함해야 한다.

연구 시설 및 기자재: 과제를 성공적으로 이끌 수 있는 연구 시설 및 기자재가 따로 있다면 이를 증빙하는 자료를 제출하는 것이 바람직하다. 만일 신청 기업이 대학 내 보육센터에 입주해 있다면, 대학의 연구 시설이나 인프라 접근 용이성과 입지에 의한 시너지 효과 등을 부각하면 평가에 도움을 받을 수 있다.

끝으로 SBIR 또는 STTR 과제 신청 시 다음 사항을 유념해야 한다.

- 과제 신청서 준비에 충분한 시간을 할애한다. 연구 계획서 작성에 소요되는 시간은 적어도 70시간 이상 필요하다. 신청 서류 구비에 걸리는 시간만 40시간 이상 추가로 소요된다. 작성된 신청서를 동료 또는 지인으로부터 검토받는 시간은 최소 2~3주 소요되므로 이를 반영하여 최종 검토를 완료하는 시간까지 고려하는 것이 바람직하다.
- 만약 신청서가 마감 시점까지 완성되지 않았다면 과감히 포기하고 제출하지 않는 것이 좋다. 신청서의 완성도를 높여 다음 기회에 제출한다. 서둘러 무리하게 제출하기보다 여유를 가지고 신중히 검토하여 잘 완성된 신청서를 제출하는 것이 바람직하다.[43]
- 사업화 대상 기술이 다양한 응용 분야로 적용 가능한 플랫폼 기술이라면 해

---

43 과제 제출 시한에 관해 유의해야 한다. 예를 들어 만일 NIH 과제 신청의 경우 상반기 4월에 과제 신청 접수한 경우에는 8월의 하반기 과제에 재신청을 금지하기 때문에 1년을 기다려야 한다.

당되는 전문 분야의 관리 기관에 과제 신청서를 각각 제출하는 것이 좋다. 예를 들어 대상 기술이 의약품 분야 플랫폼 기술이라면 국립 알러지 및 감염병 연구소 NIAID, National Institute of Allergy and Infectious Disease와 국립암연구소 NCI, National Cancer Institute에 신청서를 동시에 제출할 수 있다.

- SBIR 보조금 grant 과제 신청이 어려운 경우 SBIR 위탁 계약 contract 과제의 신청도 고려할 필요성이 있다. 다양한 분야의 전문 관리기관들이 중소기업을 대상으로 혁신 제품 개발에 관한 기술 사업화 제안을 받고 있다. 이 프로그램은 중소기업의 혁신 제품 개발에 많은 도움을 주고 있다.

신청서 재제출

SBIT/STTR 신청에 대한 NIH의 거절 이유는 주로 다음과 같다.

- 창의적인 아이디어 부족
- 충분한 실험 데이터 부족
- 관련한 공개 지식의 부족
- 필요한 핵심 경험의 부족
- 미래 방향에 대한 불확실
- 불합리한 실험 계획 접근
- 충실하지 못한 연구 계획
- 과학적 추론과 논리성 부족
- 지나치게 과도한 기대

만일 과제 신청서 심의 결과 지원 부적합으로 통보받았다면 관리 담당자로부터 심사자의 평가 의견을 충분히 검토하고 재신청 여부를 판단해야 한다.

무엇보다도 평가자의 의견을 존중하고 긍정적으로 받아들이는 자세가 중요하다. 과제 부적합 통보에 대한 신청인들의 일반적인 반응은 "평가자가 자신의 기술을 이해하지 못하고 있다"는 응답이 우선적이다. 이는 일부 옳은 지적이기도 하거니와 그 평가 결과에 대한 투명성 제고의 계기로 작용할 수는 있다. 하지만 평가 결과를 겸허히 수용하고 차후의 선정 가능성에 관해 과제 관리자와 진술한 의견을 구하는 것이 바람직하다.

만일 평가자가 구체적 사유를 들어 거절하였다면 수정 후 재신청 여부를 고려할 수 있겠지만 거절 이유가 '전반적인 계획의 명료성 및 접근 방법의 문제' 또는 '혁신 역량의 부족' 등과 같이 구체적이지 않은 사유가 적시되어 있다면 수정하여 다시 재신청하는 것은 그리 바람직하지 않다.

3.15
핵심 단계 14: 비즈니스 공간의 확보

대학 내 창업보육 시설

스타트업이 초기 자본을 투자자로부터 지원받든지, 정부 과제로부터 지원받든지 간에 기업 활동을 위한 업무 공간의 확보는 절대적으로 필요하다. 업무 추진을 위한 공간은 크게 오피스 공간과 연구실 공간으로 나누어 볼 수 있다. 오피스 공간은 사무 활동에 필요한 회의실 등이 갖추어진 공간이며 연구실 공간은 연구 시험 또는 제품 개발을 위한 기자재를 갖춘 기술 개발 및 제품 개발의 공간이다.

많은 대학과 공공기관이 창업 보육 활성화를 위해 창업 공간 임대와 함께 스타트업 성장 지원을 위한 '인큐베이터incubator'와 '액셀레이터accelerator' 사업을 운영한다. '인큐베이터'는 용어 사용 주체에 따라 의미하는 바가 조금씩 다르지만 일반적으로 창업에 필요한 사무 공간 및 공동으로 활용될 수 있는 각종 설비를 지원하는 활동을 의미한다. '액셀레이터'는 공간 및 설비 서비스를 제공하는 인큐베이터 기능에 추가로 스타트업의 보육 성장 지원을 위해 회계 및 법률 서비스를 위한 어드바이저, 벤처 투자자 또는 임시 경영진 등 창업 보육 서비스를 제공하는 지원 활동을 의미한다. 이러한 창업 보육 서비스는 아직 자립 기반을 갖추지 못한 스타트업에게 다음과 같은 이유로 특히 이상적이라 할 수 있다. 첫째, 공간 임대 비용이 아주 매력적이다. 특히 다른 스타트업들과 필요한 공동 시설을 효율적으로 공유함으로써 각종 부대 비용을 최소화할 수 있는 장점이 있다. 둘째, 1년 내지 2년 단위로 임대 계약이 이루어지므로 스타트업 성장후 확장된 다른 공간으로의 이전이 용이하다는 유연성이 있다. 일반 상업 시설에서의 오피스 공간 임대 기간은 장기이므로 이동이 쉽지 않기 때문이다. 셋째, 다른 스타트 기업들과 시설들을 공유함으로써 시너지 효과를 창출할 수 있으며, 각종 정보 교류를 통해 사업 수행에 많은 도움을 받을 수도 있다. 특히 스타트업이 성장 과정에서 필요한 법률 자문, 자금 유치 및 기술 자문 등을 앞선 스타트업으로부터 벤치마킹하거나 가까이에서 실질적인 도움을 받을 수 있다.

대학 내 보육센터에 입주한다면 창업주인 연구자가 자신의 연구실을 활용할수 있으므로 보다 장점이 있다. 보육센터에 입주한 스타트업이 대학 연구실 기자재를 사용하는 경우 소정의 수수료를 지급하고, 연구실 노하우 및 기밀 관리에 각별히 유의해야 한다. SBIR 등의 정부 과제를 수행하는 스타트업의 경우 반드시 연구실이 필요하므로 대학 내부 창업 보육 공간 입주는 가장 이상적이다.

상업 시설 공간 임대

대학 또는 공공기관 보육센터에 입주한 스타트업이 기업으로서의 면모를 갖추면서 성장함에 따라 추가 공간의 필요성과 시장 및 고객 접근성을 위해 상업 시설로의 이전을 고려한다. 상업 시설 공간을 임대하고자 하는 경우 두 가지 접근방법을 취할 수 있는데, 임대업자와 직접 계약하거나, 중개업자와의 위임 계약을 통한 방법이다. 통상적으로 부동산 중개업자와의 위임은 전속 계약으로 약 6~12개월의 기간으로 체결한다. 즉 해당 기간 동안에는 당해 중개업자를 통해서만 임대차 계약을 할 수 있고 다른 중개인을 통해서는 계약할 수 없다. 위임

받은 전속 중개업자는 의뢰인을 대리하여 주어진 전속 계약 기간 동안 부동산 임대업자와 협상을 진행한다. 부동산 중개 수수료는 거래 조건에 따라 달라지므로 중개업자는 최대한 유리한 거래로 성사시키기 위해 노력한다.

상업 시설 공간 임대료는 일반적으로 미국에서는 부동산 재산세, 보험료 및 시설 유지보수 비용 등 세 가지 비용TICAM, taxes, insurance, and common area maintenance charges이 포함된다. TICAM 비용은 통상 임대 공간 면적에 비례 안분하여 다른 임차인들과 함께 공동으로 부담한다. 앞서 설명한 세 가지 비용이 포함된 임대 방식을 네트 리스net lease, NNN 리스 또는 트리플 네트 리스라고 한다. 여기서 트리플 네트 리스 방식이란 유지보수 비용과 보험료 및 재산세 납부 의무를 임차인이 부담하는 임대 방식을 말한다. 임대 공간의 비용이 단위 면적(평방미터)당 '150달러 트리플 네트triple net 리스' 또는 '150달러에 모두 포함all-in'이라면 $300m^2$을 임차하는 경우 매달 지불하는 3,750달러 외의 상하수도 및 전기료 등 별도 요금이 없다는 것을 의미한다. 상기와 같이 TICAM 비용을 건물주(임대인)가 부담하는 방식의 임대차 계약을 그로스 리스gross lease 방식이라고 하는데, 이는 임차인에게 가장 유리한 방식의 리스 계약이다.

임대차 계약을 하는 경우 임대차 계약서에 기재된 항목에 관해 알아두는 것이 중요하다.

계약 대상: 소유주(임대인), 세입자(임차인), 임대차 대상물의 주소, 임대 공간이 표기된 도면과 면적을 기재한다.

임대 기간: 계약 개시 일자와 종료 일자를 기재하고 만일 무상 임대 또는 할인 임대하는 기간이 있다면 명기한다.

임대 금액: 매년 납부해야 할 연간 총 임대 금액을 기재하고 분할 납부하고자 하는 단위 기간을 명기한다(매월 단위 분할 납부 또는 매회 4주차 단위로 분할 납부 등). 필요시 재산세, 보험료 및 유지보수비(TICAM)를 임차 금액과 분리하

여 표기할 수 있다. 만일 임차 금액을 분납한다면 분납 일자(예를 들어 매월 1일자)를 계약서 내용에 표기하고 납부 방식(예를 들어 계좌 송금 방식 또는 약속 어음 발행 방식 등)을 명기한다. 스타트업의 자금 사정에 따라 필요하다면 부동산 소유주와의 협상을 통해 총 임대차 계약 기간 동안 연간 납부해야 할 임차 금액을 연차별로 차등 계약할 수 있다. 대부분 상업 시설은 단위 면적당 임대료를 매년 지급하는 방식으로 책정된다. 예를 들어 단위 면적당 금액이 150달러이고 300m²을 임대한다면 매년 납부해야 할 임대료는 45,000달러(월 3,750달러)이다. 단위 면적당 지급 임대료에 포함되어 있는 비용이 어떠한 것이 있는지 확인하는 것이 중요하다.

리모델링: 임차인이 임차 공간에 입주 전 자신이 희망하는 구조로 변형하거나 리모델링할 필요성이 있는 경우, 임차 공간의 리모델링 작업은 임대인 책임하에 이루어지고 소요되는 비용은 임대차 비용에 포함하여 임대 기한 내에 분할 납부하도록 하는 것이 일반적이다. 그러므로 임대차 비용에 포함되는 공간 리모델링 비용과 편익 비용 등은 임대차 계약의 협상 대상이다. 만일 임차인의 편익을 위해 보다 많은 리모델링 또는 개선 비용이 투입되어야 한다면 보다 많은 임대료를 지불해야 할 것이다. 예를 들어 사무 공간으로서 기본적으로 제공되는 벽면의 페인트 비용 등을 제외하고, 클린룸 시설과 같이 임차인이 특별히 요구하는 구조 변경이나 리모델링 비용은 임대료에 포함된다. 환기용 후드와 같은 특수 시설이나 임차인이 입주 이후 필요에 의해 설치하는 부가 시설에 대한 모든 책임은 임차인이 지며 임대인의 사전 승인이 필요하다.

행위 제한: 임차 공간의 활용에 있어 허용되는 사용 행위와 금지되는 사항에 관해 명기하는 조항으로, 예컨대 연구 개발 행위는 가능하되 제조는 할 수 없다든지 인체 유해 물질 또는 위험한 화학 물질 사용을 금지하는 행위 등을 명기한다.

유지 보수 의무: 임차 공간 시설에 관해 임차인과 임대인이 각각 부담해야 할 유지 보수 의무에 관해 적시한다.

공유 시설: 주차장, 연회장, 조경 공간 등과 같이 임대인 또는 기타 인근 소유자가 임차인의 편익을 위해 제공하는 장소 또는 시설로 입주자가 공동 활용 가능한 장소와 설비에 관해 표기한다.

공용 시설 관리비: 주차장 또는 조경 관리와 같은 공용 시설 유지 보수를 위한 관리 비용으로 임차 시설 유지 보수 비용보다 적게 소요되며 통상적으로 TICAM에 포함된다.

부동산 세금: 지방세 명목으로 지방자치 단체가 건물과 토지에 대해 부가하는 세금이다. 이 조항에서 부동산 세금의 부담자에 관해 명기하는데, 미국에서는 부동산 세금을 TICAM에 포함하여 처리하는 것이 일반적이다.

재임대 및 계약 갱신 권한: 임차인이 계약 기간 만료일 전에 임차한 공간을 재임대하거나 또는 임차권을 타인에게 양도할 수 있는 계약 권리로서, 스타트업에 필요한 매우 중요한 조항이다. 스타트업이 계획한 대로 사업이 잘 추진되지 않아 축소하여 보다 작은 공간으로 이전하거나 반대로 사업 규모가 급증하여 보다 큰 공간이나 제조 설비를 갖춘 공간으로 이전하고자 하는 등 임대차 계약 만료 전에 이전해야 하는 경우, 임대인과 임차인 사이에 약정할 수 있는 여러 가지 옵션 중 하나로 고려되어야 한다.

공공요금: 수도, 전기료 등 공공요금은 임대료에 포함하여 납부하기도 하고 임차인이 사용량에 근거해서 개별 납부하는 방식을 선택하기도 한다.

시설물 확인: 임대인은 임차해준 시설 공간에 대해 임차인이 적합한 용도로 유용하게 사용하고 있는지, 또는 손해를 가하지 않는지에 관해 확인할 수 있는 권한이 있다.

보험료: 임대차 공간 시설에 대해 화재, 도난, 수해 등 재해 발생 시 배상받을 수 있는 보험료의 부담에 대해 명기하는 조항으로, 통상적으로 TICAM에 포함되는 것으로 계약한다.

공간 확보를 위한 임대차 계약에서 또 하나의 옵션은 임차한 시설 공간의 일부를 다른 임차인에게 일부 임차할 수 있는 옵션도 있다. 장기 임대차 계약 기간 중 스타트업이 투자 유치 또는 매출 발생을 통해 사업 확장이 이루어지기 전이라 여유 공간이 남는 경우 또는 임대차 공간 확보에 있어서 초과 여유 공간이 있는 경우, 경비 절감을 위해 이미 확보되어 있는 공간 시설의 일부를 재임대할 수도 있다. 특수한 경우이지만 이러한 경우 민간 상업 시설로 입주하고자 하는 또 다른 스타트업으로서는 아주 저렴한 비용으로 공간을 임대받을 수 있는 기회가 된다.

아웃 소싱에 따른 공간 확보

스타트업의 경우 회사의 특성에 따라 공간 활용 방식을 달리할 수 있다. 기업의 여건에 따라 필요 공간을 임대받는 외에도 일부 사업을 제3자에게 아웃소싱할 수 있다. 스타트업의 개발 자금 절약 방법의 일환으로 제3자를 통한 아웃소싱을 통해 시험 결과를 획득하거나 제품을 개발하는 방식이다. 고가의 연구 개발 기자재 구입 비용을 절감할 수 있을 뿐만 아니라 시험 운전 또는 운영 과정에서의 시행착오에 의한 개발 리스크를 감소할 수 있기 때문이다.

의약품 개발의 경우 초기 연구에서부터 동물 및 임상시험에 이르기까지 전 영역에 걸쳐 임상시험 수탁기관인 CRO Clinical Research Organization를 활용한 아웃 소싱 방식으로 연구 개발 결과를 획득할 수 있다. 하지만 아웃소싱을 통한 제품 개발은 분명한 한계를 갖는다. 창업주의 실험 노하우 또는 연구 설비를 통해 확보될 수 있는 핵심 기술이 있어야만 혁신 창출을 통한 스타트업으로 성장할 수 있을 것이다.

국책 연구 개발 과제의 경우 이러한 아웃 소싱을 통한 외주 개발 방식을 제한하는 경우가 있다. 특히 SBIR 과제의 경우는 연구 개발 성과물의 대부분을 과제 주관 기업의 연구 시설을 활용해서 도출해야 한다는 규정이 있다.

3.16
핵심 단계 15: 성장 자금 유치

앞선 단계에서 스타트업에 최초 시드 자금으로 투자되는 자금 규모는 약 수십만 달러 규모라고 하였다. 이러한 시드 자금은 주로 창업주 지인이나 엔젤 투자자로부터 확보한 초기 운영 자금이 대부분이다. 향후 본격적인 제품 개발, 생산 제조, 그리고 마케팅 및 판매를 위해서는 추가 자금의 유치가 불가피하게 요구된다.

스타트업 성장을 위한 자금 유치 단계에서 투자 주체는 주로 상당한 자금력을 확보하고 있는 기관 투자자로서 벤처 캐피탈이나 엔젤 투자자 그룹이 해당된다. 이들은 자금 투자 시 주로 지분 투자 방식을 취하므로 스타트업 기존 주주들의 소유 지분이 투자자의 신규 지분에 의해 희석되는 것이 일반적이다.

3.16.1 벤처 캐피탈의 투자 기준

캠퍼스 스타트업이 성공적인 성장 자금 유치를 위해서는 사업 전략이 투자자가 계획하는 투자 기준에 잘 부합해야 한다. 스타트업에 성장 자금을 투자하는 데 있어서 벤처 캐피탈의 세 가지 검토 기준, 즉 1) 벤처 캐피탈과의 산업 연관성 2) 스타트업의 성장 단계 3) 벤처 캐피탈과의 지역 연계성에 대해 살펴보자.

먼저 산업 연계성 측면에서 벤처 캐피탈의 투자 매니저 또는 파트너들은 자신이 기존에 투자 경험이 있으며 보다 더 잘 알고 있는 산업 분야의 스타트업에 대한 투자를 희망한다. 투자자가 이해하는 전문 분야와 스타트업 산업 분야와의 연관성은 투자 결정에 있어 무엇보다 중요한 요인으로 작용한다. 예를 들어 일부 벤처 캐피탈은 정보통신 분야 또는 생명과학 분야 등 특정 분야에 특화하여 투자한다. 벤처 캐피탈의 전문 산업 분야를 알기 위한 가장 쉽고 빠른 방법은 해당 벤처 캐피탈이 앞서 투자한 스타트업의 보유 기술과 산업 분야를 확인하는 것이다.

둘째, 스타트업의 성장 단계를 검토하여 투자 규모를 결정한다. 벤처 캐피탈 투자의 특징으로 작은 규모의 펀드는 주로 성장 초기 단계에 있는 스타트업에 투자하고, 상대적으로 큰 규모의 펀드는 사업화 성숙 단계의 스타트업에 투자하는 경향이 있다. 약 1억 달러 규모의 펀드를 운영하는 벤처 캐피탈의 경우 약 10~15차례의 투자가 이루어지는데, 개별 스타트업에 대한 투자 규모는 통상 약 5백만~1천만 달러이다. 예를 들어 성장 초기 단계 스타트업의 경우 시리즈 A라운드에서 2백만 달러, B라운드에서 6백만 달러 규모로 투자가 이루어진다. 스타트업이 보다 성숙 단계에 접어들어 투자 자금에 대한 회수 전망이 높다고 판단되면, 투자 규모가 증가하여 시리즈 C에서 1천만 달러 또는 시리즈 D에서 2천5백만 달러 규모의 투자가 이루어질 수도 있다. 스타트업 성숙도에 따른 벤처 캐피탈의 투자 규모의 상관관계는 현실적으로 분명히 존재한다.

한편 현실적으로 대형 펀드 캐피탈의 경우 투자 심의 과정에서 요구되는 수수료가 적지 않으므로 기업 규모가 상대적으로 작거나 성장 초기 단계에 있는 스타트업에 대한 투자가 어렵다. 만일 천만 달러 규모 투자의 경우 투자 심의 과정에서 요구되는 투자 심의 파트너의 시간 비용, 자산 실사 비용과 법률 비용 등 총 소요 비용이 약 백만 달러에 이른다. 그러므로 큰 규모의 벤처 펀드 투자는 주로 사업화 안정기에 접어든 스타트업을 대상으로 하며 투자 규모가 상대적으로 작은 초기 단계의 스타트업에는 투자를 기피하는 경향이 있다.

그럼에도 불구하고 예외적인 경우도 있다. 일부 대형 벤처 캐피탈은 초기 단계 스타트업 투자를 위해 일정 규모의 투자 자금을 보유한다. 이러한 예외적인 경우는 신뢰성이 확보된 경영 팀이 구성되거나, 스타급 CEO가 사업 초기 단계의 스타트업에 채용되어 스타트업 보유 기술이 해당 산업 분야의 판도를 변화시킬 수 있는 아주 혁신적인 경우일 것이다.

세 번째 검토 기준으로 제시한 지역 연계성이란 벤처 캐피탈의 투자가 자사 지역 중심으로 이루어지는 것을 의미한다. 엔젤과 벤처 캐피탈들은 대부분 자신이 위치한 지역에 있는 스타트업을 발굴하고 투자를 통해 수익 모델을 창출하고자 한다.

그러므로 만일 투자받고자 하는 스타트업이 실리콘 벨리에 위치한다면 몬타나 또는 빌링스에 위치한 스타트업보다 투자 유치에 훨씬 유리할 것이다. 일부 벤처 캐피탈은 대상 지역을 아주 엄격하게 제한하여 투자하기도 한다. 예를 들어 미국 보스턴 지역으로 엄격히 제한한다면 이는 해당 지역 내에 대상 스타트업들이 많아 투자 수요가 충분하기 때문이다. 하지만 남동부 지역 등과 같이 지역을 보다 완화하는 경우는 투자 대상으로 하는 분야의 스타트업 수요가 충분하지 않기 때문이다.

실제로 벤처 캐피탈은 가급적 지역을 한정하여 투자하는 경향이 있는데 여기에는 여러 가지 이유가 존재한다. 첫째, 스타트업 보유 기술을 창출한 대학과 전문 인력, 그리고 협력 기업이 해당 지역에 기반을 두고 네트워크로 연계되어 있기 때문이다. 둘째, 벤처 캐피탈과 지리적으로 먼 거리에 있는 스타트업의 경우 투자 관리상 여러 가지 애로점이 발생하기 때문이다. 현실적으로 투자 심의와 투자 사후 관리를 위해 이사회 참석 또는 경영진과의 면담 등이 수시로 이루어져야 되므로 지역 내 또는 인근 지역에 위치하는 것이 바람직하다. 따라서 해당 지역에 위치한 벤처 캐피탈과 공동 투자 방식인 '신디케이트' 형태로 펀드 투자를 하는 벤처 캐피탈도 있다. 이러한 신디케이트형 벤처 캐피탈들은 지역 펀드 투자를 하는 벤처 캐피탈과의 제휴 협력을 통해 리스크를 줄이고 소기의 목적을 달성하고자 하는 전략을 취한다. 지역에 기반하지 않고 주로 공동으로 투자하는 신디케이트 방식의 벤처 캐피탈 파트너들은 지역 벤처 캐피탈들의 펀드 투자 관련 보도 자료를 통해 종종 확인할 수 있다.

3.16.2 벤처 캐피탈과의 컨텍

투자받고자 하는 벤처 캐피탈 리스트가 작성되면 접촉을 시도해야 한다. 최초의 접촉 대상은 벤처 캐피탈의 투자 파트너 또는 엔젤 그룹의 멤버가 될 것이다.

투자 유치의 가능성을 높이기 위해서는 먼저 벤처 캐피탈 파트너들에 대한 관심 유발이 필수적으로 사업 계획서 제출 이전에 사전 연락을 통해 네트워크를 구축하는 것이 바람직하다. 스타트업 CEO가 투자자를 알고 있다면 직접 접촉을 시도할 수 있을 것이다. 보다 흔한 경우는 친구 또는 지인으로부터 알고 있는 벤처 캐피탈의 투자자를 소개받아 이메일을 통해 접촉을 시도하는 경우이다. 간략한 사업 개요를 이메일에 첨부하여 투자 가능성에 관한 검토를 요청한다. 적극적인 이메일 검토 요청 이후 간결한 전화 통화(최대 15분 이내)로 회사를 소개할 수 있는 기회를 요청해야 한다. 사업 개요에 관한 질의 응답 면접을 요청하거나 엘리베이터 피치 기회를 요청하는 것이 바람직하다. 자기 소개 및 전화 연락의 목적은 투자자와의 새로운 관계를 구축하는 시작점일 뿐만 아니라 사업 소개 발표 및 질의 응답 면접 기회를 얻기 위해 반드시 필요한 절차이다.

최악의 경우는 사전 예비 접촉 없이 벤처 캐피탈의 웹사이트를 통해 사업 계획서를 제출하는 것이다. 이러한 경우 거의 대부분은 블랙홀로 빨려 들어간 것처럼 벤처 캐피탈로부터의 대응을 기대하기가 어렵다. 벤처 캐피탈 파트너들이 투자를 기대하는 수많은 사업 계획서에 치여 매우 과중한 업무를 한다고 보면 특별한 관심이 집중되지 않는 한 연결 가능성은 거의 희박하기 때문이다.

통계적으로 벤처 캐피탈 투자자는 스타트업들로부터 연간 약 수천 건의 투자 검토 요청을 받아 약 수백 건의 프레젠테이션과 사업 계획서를 검토하며 그중 약 5~10건 정도의 사업 계획서에만 투자한다는 것을 염두에 두고 발표 자료 또는 사업 계획서 등 각종 자료를 준비해야 한다.

3.16.3 투자 유치 프레젠테이션

지인의 소개에 이은 전화 연락을 통한 투자 검토 요청 및 미팅에 대해 벤처 캐피탈 투자자는 대부분 응낙하지만 항상 그러는 것은 아니다. 그러므로 소개받은 투자자에게 확신을 주고 투자자의 니즈를 만족시켜야 할 뿐만 아니라 투자자 주변 관계자들에게도 펀드 투자 필요성에 대해 객관성을 가질 수 있도록 피력해야 한다. 투자자는 투자 대상에 대해 자신의 경험에 따른 주관적 관점과 객관적 투자 평가 기준에서 이해하고자 하며, 아울러 투자 기회를 포착하면 잠재적 위험 요인과 기회 요인을 상세히 검토한다.

한정된 시간 내에 투자의 필요성과 중요성에 관해 쉽게 이해하고 판단할 수 있도록 효율적으로 피력하여 투자자를 움직일 수 있도록 프레젠테이션한다. 최초 대면 프레젠테이션의 경우 참석자는 주로 담당 파트너 및 팀원, 해당 제품과 기술 분야의 전문가들이 참석할 수 있다. 회사 발표 소개와 함께 진행되는 최초 대면 미팅은 최대 한 시간을 초과하지 않는 것이 일반적이다.

투자 유치용 IR 자료[44]의 준비

투자 유치를 위한 회사 소개 자료에 대해서는 앞에서 많이 설명했다. 일반적으로 크게 구두 발표 자료인 '피치 데크pitch deck'와 서면 소개 자료인 '리딩 데크reading deck'로 나눠볼 수 있다. 피치 데크는 대면 미팅에서의 프레젠테이션을 위해 작성하는 회사 소개 자료, 리딩 데크는 피치 데크에 추가하여 상세 설명이 포함된 문서 자료이다.

캠퍼스 스타트업의 경우 일반 스타트업과 차별성을 가질 수 있도록 작성하는 것이 좋다. 비록 양자 모두 "펀드 투자를 통해 출시되는 제품이 세상을 어떻게 바꿀 것인가(또는 적어도 어떻게 고객이나 소비자를 더 행복하고 편리하게 할 수 있을 것인가)?", "보유 기술로부터 사업화 제품을 어떻게 개발할 계획인가?", "보유 기술이 가지고 있는 특별한 장점은 무엇인가?" 등을 중심으로 투자자에게 피력하는 것은 동일하지만, 캠퍼스 스타트업의 경우 대학에서의 연구

---

44 IR(Investor Relation)자료는 기업과 투자자를 효율적으로 소통하도록 하는 기업의 마케팅 홍보 자료를 의미하며, 특히 스타트업은 벤처 캐피탈 투자자로부터 성장 자금 유치를 위해 필수적으로 준비해야 할 중요한 회사 소개서라 할 수 있다.

개발 과제를 통해 발견한 과학 기술 또는 발명을 기반으로 사업화하고자 한다는 것을 반드시 부각시킬 필요성이 있다. 그러므로 회사 소개 자료에는 다음의 세 가지 핵심 사안을 반드시 포함해야 한다.

1. 어떻게 보유 기술이 출시 제품에 부각될 것인가?
2. 고객 관점에서 제품과 기술에 대해 경쟁력 있는 장점은 무엇인가?
3. 기술 개발과 제품 생산에 연관될 수 있는 리스크는 무엇인가?

피치 데크 작성을 위한 좋은 제안들이 시중에 많이 소개되어 있다. 그중 베스트셀러 『당신의 기업을 시작하라The art of the Start』[45]의 저자 가와자키Guy Kawasaki가 제시한 10/20/30 법칙이 주목받고 있다.[46] 그는 회사 소개를 위한 파워포인트 프레젠테이션 작성 시 "10장의 슬라이드로 20분간 발표하고 모든 슬라이드에 포함되는 문자 크기는 30폰트 이상으로 작성하라"고 제시한다. 최소한 다음에 설명하는 내용을 포함하되 슬라이드 총 페이지는 15장을 넘기지 않을 것을 제안한다.[47] 슬라이드에 포함되는 내용들은 사업 계획서로부터 추출한 것이어야 한다.

다음은 IR 자료의 구성과 기재되어야 할 항목이다.

표지 및 타이틀: 회사 명칭과 함께 만일 있다면 회사 로고, 슬로건 및 태그라인을 삽입하고 투자자와 향후 연락하고자 하는 담당자(CEO 또는 창업주 등)의 연락처 정보를 가능한 상세히 기재한다.

---

45 김동규 역, 가이 가와사키 저, 랜덤하우스코리아, 2005.

46 "The 10/20/30 Rule of PowerPoint," *Guy Kawasaki* (blog), 30 December 2005, http://blog.guykawasaki.com/2005/12/the 102030 rule .html (accessed 11 December 2013).

47 전체 슬라이드 내용으로부터 현재 설명 내용을 보다 효율적으로 의사 전달할 수 있는 확대 및 축소 기능이 있는 Prezi (http://prezi.com) 프로그램을 활용한 프레젠테이션도 유용하다.

문제점: 현재 기술 사업화 혁신 분야에서의 잠재 수요와 함께 기존 기술의 제반 문제점을 스토리텔링 방식으로 요약한다. '어떻게' 그리고 '왜' 문제점들이 현실에 만연하고 있는지에 대해 명확하게 제기하고 확실하게 요약한다. 문제점에 관한 사례를 들어 표현할 수 있다면 더욱 바람직하다. 하지만 파악된 문제점들을 지나치게 깊이 다루지 않는 것이 좋다.

해결책: 어떻게 하면 문제를 해결하고 고객들이 보다 만족한 세상을 누릴 수 있을 것인지, 이러한 해결책을 활용한 비즈니스는 어떻게 이윤을 확보하여 보다 큰 수익을 창출해줄 것인지에 대해 요약한다. 혁신 제품의 특별한 장점에 대한 강조는 필요하지만 세부 기술 부분은 너무 깊게 다루지 않는 것이 좋다. 세부 기술에 관해서는 별도 슬라이드에서 다루는 것이 바람직하기 때문이다. 예상하는 혁신 제품을 컴퓨터 시뮬레이션이나 목업 이미지를 사용하여 시각적으로 보여주는 것이 좋다. 만일 시제품이 이미 출시되어 있다면 견본품을 사진이나 실물로 보여주는 것이 무엇보다 확실한 방법이다.

보유 기술: 회사 보유 기술 또는 노하우에 관해 언급하되 보유 기술이 어떠한 시장 경쟁력을 가지고 있는지 설명해야 한다. 보유 기술의 특성에 관해 요약하고 이러한 기술 특성이 어떻게 시장에서 고객 편익에 반영되는지 구체적으로 설명한다. 만일 제품과 보유 기술이 밀접하게 관련되어 있다면 보유 기술에 관한 슬라이드는 해결책(제품) 슬라이드와 병합해도 좋다.

비즈니스 모델: 투자자가 특히 관심을 갖고 알려고 하는 부분은 어떻게 수익을 창출할 것인지에 관한 내용이다. 예를 들어 기술 기반 창업 초기 기업인 경우 특히 비즈니스 모델 관점에서 취약할 수 있다. 개발된 보유 기술을 라이선싱을 통해 수익을 창출할 것인지 직접 제품 매출을 통해 확보할 것인지 등 다양한 가치 창출에 기반을 둔 수익 창출 전략을 제안하고, 합리적 비즈니스 모델을 제시함으로써 투자자들을 설득할 수 있다.

307

마케팅 및 판매: 비즈니스 모델 구현 형태에 따라 마케팅 및 판매는 다양하게 접근할 수 있다. 1~2년 이내에 제품 사업화를 기대하는 스타트업은 어떻게 제품을 시장에 진입시키고 판매할 것인지 구체적 시장 진출 전략을 제시한다. 만일 사업화 제품 개발이 3~4년 이상 소요되어 시장 진입에 아주 많은 시간이 필요한 경우 상세 시장 전략을 제시할 필요는 없을 것이다. 많은 스타트업의 경우 제품 마케팅과 판매를 위해 시장에서의 협력 파트너가 필요하므로 협업을 통한 판매 및 마케팅 전략을 제시하는 것이 바람직하다. 여기서는 특히 사업 개발 관점에서의 판매 및 마케팅 전략 부분이 강조되어야 한다.

경쟁력: 자사 보유 기술이나 제품 특성을 타사 제품, 시장 경쟁자들의 보유 기술과 비교하여 도표로 요약 정리한다. 이러한 작업은 생각보다 쉽지 않다. 시장에서의 핵심 경쟁력 분석을 통해 제품 판매와 마케팅 전략의 근거로 활용된다. 시장 경쟁자들과 비교할 수 있는 정량적 근거를 제시하여 경쟁력을 강조한다. 시장에서 경쟁자가 없다는 것은 옳지 않은 주장이며 그다지 현명하지도 않기 때문이다.

인력 구성: 경영 팀 구성 인력과 핵심 어드바이저들의 인물 사진을 게재하고 주요 경력 및 전문 분야를 간략하게 소개한다.

현재 상태: 스타트업의 성장 단계에 비춰 현재 처해 있는 상태와 향후 마일스톤을 제시하는 것은 투자자로 하여금 해당 스타트업의 업력을 신속히 파악하고 이해하는 데 많은 도움이 된다. 즉 스타트업 보유 기술의 사업화 관점에서 과거 마일스톤에 의해 달성한 목표 내용을 요약하여 정리하고, 이를 바탕으로 향후 약 12~24개월 이후까지 계획하고 있는 사업화 마일스톤을 제시한다.

재무 전망: 투자자에게 향후 3년~5년간 예상되는 재무 전망에 대해 정리하여 제시할 필요가 있다. 재정 전망치를 제시하는 수준은 그다지 정교하지 않아도 무방하다. 재무 그래프 또는 차트를 통해 변화 추이를 보여주는 것만으로도 충분

하다.[48] 엑셀 시트에 연차별로 예상하는 재무 수치를 복잡하게 기재하여 제시하는 것은 바람직하지 않다. 불확실한 추정에 근거한 복잡한 예상 수치로 투자자를 설득하는 것은 큰 의미가 없기 때문이다.

요약과 질문: 프레젠테이션을 마무리할 때는 1) 투자받고자 하는 일정 및 금액, 2) 투자금의 사용처 리스트, 3) 투자금과 관련된 마일스톤 등 세 가지 핵심 사항으로 내용을 정리 요약하고 질의 응답 시간을 갖는다.[49]

재무 전망 준비 시 유의 사항

IR 자료에 제시되는 재무 전망에 대해 투자자는 특히 다음의 세 가지 질문에 대한 답변에 관심을 둔다.

1. 연차별 재무 성장 속도가 해당 시장 여건과 사업화 상황에 기초하여 합리적으로 추정되었는가?
2. 해당 시장 분야에서 발생하는 총 이윤이 합리적으로 추정되었는가?
3. 시장에서 매출을 발생시키기까지 얼마나 많은 자금이 필요할 것인가?

세 가지 질문에 대한 답변으로부터 투자자는 해당 기업에 대한 여부와 규모를 추정한다.

재무 전망을 마일스톤에 연계하여 설명하는 것은 매우 바람직한 전략이다. 예를 들어 간단한 손익 계산서 차트를 제시하고 해당 특정 연도에 도달하고자 하는 마일스톤(시제품 완성, 제품 인증 또는 규제 승인 획득, 초도 제품 출시 등)을 표기함으로써 사업화 전략과 연동하여 재무 전망을 제시한다.

---

48 시험 인증 등 제품 개발에 필요한 자금은 재무 전망 수치에 포함되어야 하며, 아울러 3~5년 이후 수익 모델 구현에 의해 예상되는 재무 변화 추이도 논리적 근거에 의해 추정되어야 한다.

49 '요약과 질문'에 관한 프레젠테이션 자료는 프레젠테이션 종료 시점에서 요약 정리하고 질의 응답 시간을 가지는 것이 일반적이지만 전략적으로 도입부에 먼저 배치하여 진행할 수도 있다.

재무 전망은 회사의 특성에 따라 다양하게 수립될 수 있다. 예를 들어 인체 치료 서비스를 전문으로 하는 스타트업의 경우 제품의 시장 매출과 총 이윤과는 거리가 있으며, 이러한 서비스 제공 분야의 스타트업은 매출이 곧 발생할 수 있는 상황이므로 재무 전망은 핵심 마일스톤에 연계되어 있는 비용 절감 항목 등과 연관될 수 있을 것이다.

프레젠테이션 유의 사항

투자 유치를 위한 회사 프레젠테이션에서 해야 할 일과 해서는 안 되는 일들을 정리하면 다음과 같다.

해야 할 일

- 스토리텔링 형식으로 발표한다. 스토리텔링은 발표자의 발표 내용을 청취자가 쉽게 기억하고 함께 공감할 수 있기 때문이다. 문제점을 제시하는 슬라이드를 먼저 발표하고 문제 해결 방법과 비즈니스 모델 등의 순서로 설명한다.
- 종래 기술의 문제점과 현실에 처한 상황을 강조하고 향후 새롭게 제공될 제품과 서비스가 변화시킬 미래 모습을 상상할 수 있도록 구현하되, 가능한 현실적 방법을 구체적으로 설명한다. 현실 상황과 솔루션 및 제품에 의해 변화될 미래 상황을 가능한 설득력 있게 비교 분석하는 작업이 필요하다.
- 교대로 발표하는 태그 팀tag team 프레젠테이션을 고려하자. 만일 기술적 난이도 때문에 설명이 쉽지 않거나 기술책임자의 개발 의지를 확인시키는 데 주안점을 두었다면 기술개발이사 등 과학 기술 분야 책임자가 직접 발표한다. 즉 CEO가 기술 사업화에 관련된 문제와 달성하고자 하는 비전을 발표한 다음, CSO가 기술의 특성과 장점에 관해 설명하고, 마지막으로 CEO가 이러한 비전의 현실화를 위한 세부 전략을 제시한다.
- 주목을 집중시키고자 하는 적당한 이슈에서 1~2분 분량의 비디오 클립을 삽입한다.

- 가능한 한 핵심 내용들은 빨리 마무리한다. 발표가 끝난 후 관심과 질문으로 인해 많은 시간이 소요되기 때문이다.
- 시간을 준수하여 간결하게 발표하고 최대 20분을 넘기지 않는다.

하지 말아야 할 일

- 슬라이드에 너무 많은 내용의 문장을 삽입하지 말라. 발표자가 말하는 동안 청취자가 슬라이드 문장에 집중하면 발표 효과가 떨어진다.
- 슬라이드의 문장을 절대 읽지 말라. 만일 슬라이드를 통해 청중의 주목을 끌고자 한다면 이미지 또는 그래픽을 사용하여 보다 쉽게 이해시키고 가까이 다가갈 수 있다. 슬라이드는 주장하고자 하는 핵심 내용이 청중에 보다 쉽게 이해될 수 있도록 지원하는 배경 화면 정도로 활용하라.
- 슬라이드를 먼저 게시한 후 설명을 시작하는 것은 바람직하지 않다. 청중은 발표 내용에 관심을 두지 않고 슬라이드 읽기에 관심을 가지기 시작한다.
- 투자자들이 잘 모르는 전문 용어와 약어들은 가급적 사용하지 않는다.
- 발표 동안 생산적이지 않은 핵심 주제와 거리가 있는 관심사들로 시간이 허비되지 않도록 한다. 프레젠테이션 과정 중 핵심 주제를 항상 명심하고 일관성을 유지하도록 하라.
- 기술 설명이 제품과 밀접하게 연관되어 있지 않다면 너무 많은 시간을 허비하지 않도록 유의하라. 투자자는 궁극적으로 시장 수익을 창출할 수 있는 제품에 투자하며 기술은 핵심 관심 사항이 아니기 때문이다.

발표와 질의 응답이 끝난 후 구체적인 향후 진행 일정에 관한 협의 없이 "검토 후 연락하겠습니다"라는 투자자의 인사말로 미팅이 종료되는 상황은 아주 바람직하지 못하다는 것을 유의하라. 회사 소개서, 사업 계획서 또는 고객 정보 등 추가 자료가 필요한지 여부를 확인하고 향후 일정을 요청하는 등 투자 유치에 관한 적극성을 보이는 것이 중요하다.

프레젠테이션과 투자 심의

프레젠테이션이 종료되면 대부분 투자자들은 긍정적 반응과 함께 심지어는 열광하기도 한다. 하지만 이러한 열광적 반응이 결코 투자 결정으로 이어지지 않는다는 것을 염두에 둘 필요가 있다. 벤처 캐피탈 투자자들은 수백 건 이상의 아주 많은 투자 설명회에 참석하여 사업성 검토를 하며, 그중 많은 사업화 아이템에 관해 열광하지만 실제 투자 결정으로 이어지는 건 그렇게 많지 않다.

일반적으로 최초 프레젠테이션이 끝나면 대다수 투자자들은 "아주 좋은 투자 기회라고 생각합니다. 투자를 이끌어갈 리더 투자자가 나타나면 연락주세요"라는 정도로 반응한다. 이러한 반응에 대한 해석은 다음 세 가지 중 하나로 귀결된다.

- 투자자 자신은 해당 아이템에 관해 긍정적으로 판단하지만 먼저 나서서 기업 실사와 투자 조건 협상 등을 추진할 만한 시간과 열정은 없다.
- 투자자 자신은 좋은 투자 기회라고 판단하지만 다른 투자자의 검토 또는 확인 등 추가적 검증이 필요하다는 의미이다.
- 사실 그다지 좋은 투자 아이템이 아니라고 판단하여 완곡하게 거절하지만 혹시 다른 투자자들이 투자하는지 여부는 지켜볼 필요가 있다는 의미이다.

일차적으로 사업 계획서를 개괄 검토하는 스크리닝 screening 과정에서 투자 부적격으로 걸러지는 사유는 주로 '경영 팀의 문제점', '사업 전략의 공백', '극복 곤란한 기술 장벽', 또는 '시장의 미성숙 또는 시장의 협소' 등이 있을 수 있다. 그 거절 이유가 무엇이든, 또는 정당하든 아니든 투자자들은 빠르게 다음 단계의 투자 심의를 진행한다. 투자받고자 하는 스타트업 입장에서는 사업 계획서의 스크리닝 과정이 너무 주관적이거나 불합리하며 불공정하다고 여길 수 있다. 하지만 현실적으로 투자자들의 입장에서는 많은 양의 사업 계획서를 한정된 시간 내에 검토하고 다음 투자 단계를 심의해야 하므로 시간적 여유 또는 열정을 가지고 심도 있게 사업 계획서를 검토할 수 없는 상황이다.

정교하지 못한 스크리닝 과정에서 실제 대박을 가져올 수 있는 혁신적인 사업 계획서를 간과할 수도 있다. 그러므로 가능한 스크리닝 과정에서 최대한 옥석을 제대로 고를 수 있도록 보다 많은 수의 투자 검토 인력을 확보하고, 스크리닝 과정의 적격 여부 판단에 대한 신중하고 합리적인 이유를 제시하는 것이 바람직하지만 현실이 그러하지 못한 것 또한 사실이다.

만일 최초 투자 프레젠테이션이 잘 진행되어 담당 투자자 주도하에 본격적인 투자 심의를 시작한다면 통상적으로 벤처 캐피탈 투자자들의 연석회의의 내부 투자 심의 안건으로 상정한다. 투자 파트너들의 내부 심의에 따른 결과로서 투자에 관심 없다는 의미의 '통과pass' 판정 또는 관심이 있지만 추가 정보가 필요하다는 긍정적인 심의 결과를 도출한다. 긍정적인 검토 결과의 경우 앞서 실시한 프레젠테이션 참가 인원보다 많은 투자자들을 대상으로 추가 프레젠테이션하는 경우도 있다.

최초 대면 프레젠테이션 이후 다음 단계로의 절차가 진행된다는 의미는 투자 파트너들의 심의와 최종 결정 과정에서 여러 변수들이 발생할 가능성에도 불구하고, 대상 스타트업에 대해 기업 실사를 개시하는 등 투자 절차를 본격적으로 진행하겠다는 긍정적 신호임에는 틀림없다.

3.16.4 투자 진행 절차

스크리닝 과정을 통해 투자 검토 대상 기업으로 결정되면 투자자는 해당 기업과 아래와 같이 기업의 실사due diligence, 계약 작성 term sheet 및 협상 종료 deal close 등 절차에 의해 협상 및 계약을 진행한다.[50]

---

50 일부 투자자는 초기 단계 스타트업의 경우 기업 실사와 계약서 작성 이전에 '킬러 실험'이라는 절차를 요구하기도 한다. 킬러 실험이란 스타트업 보유 기술을 증명할 수 있는 성과물을 제시하는 데 필요한 실험으로 실험 수행에 필요한 자금은 투자자가 약속어음 등을 발행하여 지원한다.

1단계-실사 개시: 기업 실사란 지분 또는 자본 구조의 중대 변화를 일으킬 수 있는 계약과 관련한 대상 기업의 재무, 영업 활동, 법률, 환경, 지식재산, 인적 자원 등에 대한 조사 업무를 말한다. 투자자는 해당 기업에 대한 실사를 통해 본격적인 투자를 검토하게 된다. 먼저 대상 기업은 법인 관련 정보, 세부 사업 계획서, 재무제표, 보유 기술 특허 정보, 제품 시장성 정보, 영업 활동 정보, 인적 자원 현황 등 구체적이고 세부적인 정보를 투자자에게 제공하고 투자자는 제공받은 정보를 기초로 해당 분야 전문가들의 자문을 통해 투자 대상 기업의 투자 리스크를 추정하고, 자금 투자에 따른 회수 가능성도 판단한다.

2단계-기업 가치 협의: 기업 실사를 통해 투자자는 기업 가치를 산정하여 대상 기업과 협상을 한다. 이를 '투자 전 기업가치pre-money valuation' 또는 줄여서 '프리pre'라고 한다. 투자 전 기업가치를 통해 신주 발행 가격과 투자자가 확보하게 될 투자 지분율을 산정한다.

3단계-약정서 초안 검토: 만일 실사를 통해 대상 기업에 명백한 하자가 없다면 투자자는 투자 조건을 제안하고 이에 관해 상호 협의를 진행한다. 투자자가 제시한 최초 오퍼에는 투자하고자 하는 금액, 회사 가치 산정에 근거한 주당 가격이 포함되며, 투자 계약 진행에 있어 양 당사자의 권리와 의무 관계를 기재한다. 일반적으로 투자자가 먼저 제시한 투자 약정서 초안이 상호 협의를 위한 출발점이 된다.

4단계-추가 실사 진행: 만일 약정서 초안 또는 수정안이 투자자와 기업 간 상호 협의를 통해 합의 단계에 근접하면 보다 심도 있는 실사 작업이 추가적으로 진행된다. 앞선 1단계 실사에서는 그리 많은 시간과 노력이 투입되지 않는다. 투자자와 기업 간 기업 가치에 관한 견해 차이가 너무 크거나 제시한 개괄적 투자 조건에 대해 대상 기업이 거절하면 협상 결렬에 따른 투자자의 손해가 발생하기 때문이다. 이러한 추가 실사 단계에서 추가의 투자자들이 합류할 수도 있다.

5단계-최종 약정서 작성: 예컨대 강력한 경쟁업체가 존재하거나 특허 침해 등의 문제가 드러나면, 창업주 또는 경영진은 계약 내용의 협상을 통해 수정 보완할 수 있으므로 추가 실사 내용을 충분히 이해하고 신중하게 최종 약정서 작성에 합의해야 한다.

6단계-실사 완료: 최종 약정서에 합의가 이루어졌다 하더라도 투자자는 실사 종료 전까지 최종 약정서에 서명하지 않는다.

7단계-협상 종료: 투자자 측 법무 대리인이 최종 계약 서류 준비 과정에서 약정서의 일부 내용이나 문구 수정을 요구할 수도 있다. 이 단계에 오면 투자 협상이 거의 종료된다. 최종 투자 약정서가 출력되고 양 당사자가 서명하면 거래 협상이 종결되었다는 의미로 곧바로 해당 기업 계좌로 투자금이 입금된다.[51]

3.16.5 투자 약정

스타트업이 투자 약정 관련하여 간과하기 쉬운 것 중 하나가 투자 약정서 조항에 대한 면밀한 법적 검토 없이 서명하는 일이다. 투자 약정서 서명 이전에 전문 변호사로부터 계약 조항에 관한 법률 효력 등에 대해 충분한 검토와 자문을 받는 일은 무엇보다 중요하다. 통상적으로 투자 약정서 조항에는 다음과 같은 계약 내용이 포함된다.

주식 가격: 투자자가 투자하는 기업 가치는 투자 총액과 확보하는 주식 수(또는 지분율)의 두 가지 조건에 따라 결정된다. 따라서 약정 주가(주당 가격)는 투자

---

51 양 당사자가 아무리 좋은 거래를 하였다 하더라도 서로 만족하지 못하는 부분들이 남아 있을 수 있다. 투자자는 종종 회사에 자금 투자 이후 첫 이사회에 참석하여 실사 과정에서 전혀 예상하지 못했던 회사 실상을 알수 있었다고 말한다. 이는 의도적으로 스타트업이 투자 실사 과정에서 투자자에게 정보를 감추었다기보다 비즈니스 자체가 다양한 복합성을 내포하므로 실사 과정에서 드러나지 않았던 이슈들이 투자자가 회사 경영에 전격적으로 관여하면서 수면 위로 부상하기 때문이다.

전 기업의 가치를 의미하며 이전 단계 투자 라운드와 비교될 수 있다. 2장에서 설명한 바와 같이(표 2.8 참조) 이 약정 주가는 현재 주식 지분을 소유한 주주들의 지분 희석 비율을 결정한다. 투자 약정 계약을 통해 현재 또는 미래의 종업원을 대상으로 동기 부여하기 위한 주식 지분인 옵션 풀을 포함할 수 있다. 투자자들의 관점에서 옵션 풀은 아주 중요한 의미를 가진다. 만일 기업이 옵션 풀을 적게 배당하였다면 투자자는 투자 전에 보다 많은 옵션 풀 배당을 요구할 것이다. 전체 지분 중 옵션 풀이 클수록 기업 가치는 하락하고, 따라서 투자자로서는 동일한 투자 금액으로 보다 많은 주식 지분을 확보할 수 있기 때문이다. 하지만 옵션 풀이 지나치게 기업 가치를 낮춘다면 기존 주주나 창업주는 프리머니 가치를 높이기 위해 투자자와 협상에 나서야 할 것이다. 이와 관련한 투자 약정서 조항을 예시하면 다음과 같다.

투자 금액: 양 당사자는 _____백만 달러를 당해 기업에 현금 투자함에 있어 종업원 등 회사 인력을 위한 옵션주 포함 희석된 총 주식의 _____%를 투자자의 주식 지분으로 배당하는 데 합의한다. 그러므로 현금 투자가 종료되기 전까지 당해 기업은 옵션주를 포함 희석된 총 주식 수의 _____%를 옵션주로 발행해야 한다. 상기 현금 투자 전에 발행된 종업원 등 회사 인력을 위한 옵션 주식은 향후 이사, 경영진 또는 종업원과 컨설턴트 등 회사의 종사 인력에게 무상으로 배당되는 주식을 의미한다.

주식 가격: 주당 가격(최초 구입 가격)은 _____달러이다. 최초 주당 가격은 투자 전후에 발행된 모든 주식이 희석된 가액으로 '투자 전 기업가치'의 금액은 _____ 백만 달러이고 '투자 후 기업 가치'는 _____ 백만 달러에 근거하여 산정한다. 상기 주당 가격은 회사가 투자받기 이전에 회사에서 발행한 우선주(preferred stock), 현재 보유하고 있는 스톡옵션(stock option)이나 보증 주식, 그리고 회사가 향후 옵션 풀(option pool)로 유보하고자 하는 종업원 등 회사 인력을 위한 옵션 주식 수 _____주가 모두 포함되는 것을 의미한다.

투자자가 제시하는 투자 금액과 주당 가격은 1) 투자자가 대상 기업과 유사한 기업을 얼마나 많이 검토하고 있는가 2) 얼마나 많은 투자자가 대상 기업에

관심을 가지고 검토하고 있는가 3) 투자자는 과거 유사 기업에 얼마나 많이 투자해 본 경험이 있는가 4) 거시경제적 관점에서 투자자가 판단하는 투자 상황과 여건은 어떠한가 등 상황과 여건에 따라 달라질 수 있으므로 특히 유념해야 한다. 이와 관련하여 유명한 투자 자문 변호사이자 벤처 캐피탈리스트 브래드 펠드(Brad Feld)는 다음과 같이 조언한다.[52]

"초기 투자 라운드에 있어 신규 벤처 캐피탈 투자자는 가능한 최저가로 주당 가격을 제시하고자 한다. 이는 기존의 창업주 등이 보유하고 있는 주식 지분 가치를 하락시키는 것이다. 하지만 최초 투자가 이루어진 이후 시리즈 투자 라운드에서의 투자자는 새롭게 투자 진입하는 투자자들에 의해 자신의 보유 주식 지분이 희석되는 것을 방지하고 이를 견제하기 위해 가능한 최고 높은 주당 가격을 제시한다.

만일 시리즈 투자 라운드에서 신규로 투자하고자 하는 투자자가 없는 경우 기존 투자자는 동일한 주당 가격으로 투자하는 플랫 라운드flat round를 주장하거나 앞선 투자 라운드보다 조금 하락된 가격으로 투자하는 다운 라운드down round를 주장할 것이다.

결론적으로 신규 진입하는 벤처 캐피탈 투자자들은 기업 경영진이 생각한 가격보다 항상 최저 가격을 제시함으로써 동일한 투자 조건에서 기존 투자자나 기업 경영진이 보다 많은 투자를 하도록 요구한다. 창업 초기의 기업가는 투자 유치 시 이렇게 상호 이해관계의 상충에 직면한다. 그러므로 스타트업 경영진은 무엇보다 최초 또는 초기 단계에 투자하고자 하는 벤처 캐피탈 투자자들에 대해 확고한 신뢰를 쌓을 수 있도록 신중한 선택이 중요하다. 그들이 궁극적으로 투자 기업을 적극적으로 도와 성공시킬 수도 있지만 그와 정반대의 상황에 이르게 할 수도 있기 때문이다."

---

52 "Term Sheet: Price," *FeldThoughts* (blog), http://www .feld .com/wp/archives/2005/01/term-sheet-price. html (accessed 2 January 2014).

프리머니 및 포스트머니: 투자 이전의 기업 가치를 통상 '프리머니' 또는 '프리'라고 하며, 투자 이후의 기업 가치를 '포스트머니'라고 한다. 2장에서 설명한 바와 같이 투자 전 기업가치에 총 발행 주식 수를 나누면 당해 기업의 주당 가격이 된다. 이 가액을 기초로 투자자는 현금 투자를 진행하고 투자의 대가로 대상 기업의 주식 지분을 확보한다. 투자 협상에서 가장 많이 거론되는 용어 중 하나가 투자 전 기업가치이다. 예컨대 투자자가 "프리 3백만 달러에 2백만 달러를 투자할 의향이다"라고 하면, 2백만 달러를 투자하여 궁극적으로 해당 기업의 지분 40%(소유 지분율＝투자 금액/(투자 전 기업가치＋투자 금액))를 확보하고 싶다는 의미이다.

청산 우선권: 회사가 청산liquidation 절차에 들어갈 때 특정 주식에 관해 우선적으로 청산 절차를 진행할 수 있도록 한 계약 규정이다. 청산 시 우선권이 누구에게 있는지에 대한 내용으로 벤처 캐피탈 입장에서는 무척 중요한 항목이다. 기업 청산은 크게 두 가지로 구분할 수 있는데 인수합병(M&A)이나 기업공개(IPO)에 의한 긍정적 측면의 회사 청산과 경영난의 악화로 인한 파산bankruptcy과 같은 부정적 측면의 청산 절차이다. 청산 우선권liquidation preference 조항에 대해 일부 혼동할 수 있는데, 주식 지분의 청산과 관련하여 서로 다른 두 가지 권리인 우선권preference과 참여권participation이 청산 우선권 시행 과정에서 동시에 발생할 수 있기 때문이다. 청산 우선권이란 우선주 보유자가 얼마나 많은 현금을 청산을 통해 회수할 수 있는지에 핵심이 있으며, 통상 보통주 몇 배의 가치로 우선 회수한다는 약정이다. 예를 들어 시리즈 A 투자 라운드에서 투자자는 시리즈 A 구매가의 두 배를 회사 청산 시 우선 배당받는다는 약정을 할 수 있다. 한편 우선주 투자자는 우선권에 의해 청산이 이루어진 후에는 배당 참여권에 의해 모든 지분에 배당하는 청산 절차에도 참여할 수 있다. 일반적으로 투자자가 제시하는 청산 우선권은 투자 원금을 청산 시 우선 회수하고 남아있는 보통주에 대해 지분율로 나눠 갖는다는 약정을 한다. 선행 투자자가 청산 우선권을 약정

했더라도 후속 투자자가 들어오면 선행 투자자의 청산 우선권을 없앨 수 있다. 일반적으로 후속 투자자의 의결권이 더 크기 때문이다. 우선권과 참여권을 보유한 투자자들은 이익 배당 과정이나 소규모 청산 절차에서 아주 유리한 위치를 차지한다. 청산 우선권 조항을 근거로 창업주와 경영진의 주식 지분에 우선하여 이익 배당할 수 있기 때문이다. 따라서 투자자의 과도한 청산 우선권은 회사 경영진의 사기를 저하시키고 회사 경영에 부정적인 결과를 초래할 수 있다. 브래드 펠드는 청산 우선권에 관해 다음과 같이 정리하였다.[53]

"합리적이고 전문성을 겸비한 대부분의 투자자들은 회사 청산 시 경영진과 종업원의 이익 배당에 우선하는 과도한 청산 우선권 설정으로 회사의 경영 의욕을 저하시키지 않는다. 그러므로 회사 성장 발전과 함께 투자 이익 극대화를 가져올 수 있는 정교한 균형을 이룬 조화로운 투자가 필요하다. 즉, 합리적인 투자자는 최대한의 동기 부여로 최대한의 투자 수익을 추구한다. 궁극적으로 투자자와의 협상 결과는 회사가 가지고 있는 협상력과 자금 지배 구조에 달려 있겠지만 대부분의 투자자와 회사는 합리적인 수준에서 투자 협상을 체결한다. 투자자는 청산 시 우선주를 확보하며 필요시 배당 참여권을 추가로 확보하고자 하거나, 또는 투자 원금 확보와 함께 보통주 전환을 통한 배당에 참여하겠지만, 통상적으로 이 두 가지 모두를 가지고자 하지는 않을 것이다."

보드 시트: 보드 시트board seat 항목은 투자자가 기업 이사회에 참석하여 권한을 행사할 수 있는 지위에 관해 규정한 일반 조항이다. 이 계약 조항에 의해 투자자는 이사회에 참석하여 토론하거나 회사 경영의 주요 사안에 관한 의사결정 권한을 가질 수 있다. 하지만 이사회 구성 상황이나 투자 협상에 따라 완전한

---

53 "Term Sheet: Liquidation Preference," *FeldThought* (blog), http://www .feld .com/wp/archives/2005/01/term-sheet-liquidation-preference.html (accessed 2 January 2014).

의결권을 확보하거나 의결권 없이 이사회에 배석할 수 있는 권리만을 가질 수 도 있다.

UP START 3.17
핵심 단계 16: 제품 개발

기술 사업화를 위한 자금이 확보되면 제품 개발 노력이 탄력을 받는다. 2장에서 설명한 대로 제품 개발은 리스크와 장벽 요인에 의해 서로 다른 경로로 진행된다. 넓은 측면에서 제품 개발은 정부 또는 기관의 승인이 필요한 인증 제품의 개발(예, FDA 승인)과 그렇지 않은 제품 개발로 나뉜다.

인증 제품의 개발

FDA는 신규 의약품과 의료 장비에 대한 각종 검사를 통해 제품의 효능과 안전성을 인증하는 기관이다. 각종 산업 분야별로 이와 비슷한 공공 분야 인증기관들이 신규 제품의 효능성과 안전성을 시험 검사하고, 인증을 받지 못한 개발 제품에 대한 규제를 통해 소비자를 보호하고 있다. 인증이 요구되는 개발은 사전 절차에 따른 규제가 있으므로 보다 신중한 접근과 개발 전략이 필요하다. 예컨대 수술용 장갑이나 가운 등은 암 치료약이나 인체 수술용 장비에 비해 규제가 낮다. 잠재적 유해를 끼칠 수 있는 의약품에 관한 시험 인증 절차는 다음과 같다. 우선 외부 시험관 등에서의 체외 실험인 인비트로 실험in vitro을 통해 효능이 입증된 후 생체 반응 실험으로 인비보 실험in vivo을 하게 되는데, 주로 동물 실험을 우선한 다음 최종적으로 인체 대상 임상시험을 실시한다. 각 단계에서 다음 단계로 진행하기 위해서는 개발 의약품의 시험 결과를 인증기관에 제출하고 승인을 받아야 한다. 각 단계에서의 승인 획득은 개발에 따른 리스크를 감소하고 개발 자금의 추가 유치도 가능하게 한다. 정부에서 규제하는 신규 의약품 개발은 고가의 비용이 소요되고 전문성이 요구되기 때문에 외부와의 긴밀한 협력 관계가 요구된다. 따라서 개발 자금의 투자 유치를 위한 벤처 캐피탈과의 협력 뿐 아니라, 각종 개발 규제나 장애 사항을 극복할 수 있도록 도와줄 수 있는 외부 기관과의 협업이 필요하다.

3.17.1 제품 개발 과정

기술 개발 리스크가 적거나 인증 절차 등 규제 장벽이 없는 일반적인 제품 개발의 경우 고객 요구와 시장 수요적 관점에 보다 치중해야 한다. 그렇다고 해서 앞서 언급한 인증 제품의 개발에 시장과 고객의 관점을 무시해도 된다는 의미가 아니라 개발 리스크 관점에서 기술 및 규제 리스크가 시장 및 고객 리스크에 비해 크다는 의미이다. 스테판 블랭크는 제품 개발과 차별화 강조되는 의미로 '고객 개발'이라는 접근법을 제시한다.[54] 첨단 신기술을 보유한 스타트업은 기술의 사업화를 통해 고객 수요를 창출할 수 있다고 여기는 경우가 많다. 즉 테크 푸시 Tech push 방식을 통한 마케팅으로 신규 제품을 개발하고자 한다. 하지만 이러한 테크 푸시 방식의 기술 사업화는 시장의 고객을 통해 제품에 대한 기술적 검증을 거친 후에야 비로소 개발 과정에 대한 신뢰성을 확보할 수 있다. 이렇게 검증과 피드백을 반복 수행하는 과정을 '고객 개발 과정 custom discovery process'이라고 하는데, 고객 수요와 개발 제품에 대한 시장성 및 사업성에 대해 수립된 가설들을 검증하면서, 필요하다면 반복적으로 수정 보완하는 절차를 의미한다.

1단계: 추정 단계

아래 제기된 각각의 추정에 대해 예상되는 내용을 사실 관계에 기초하여 비교 검토한다.

---

54 Stephen G. Blank, *The Four Steps to Epiphany: Successful Strategies for Products That Win* (cafe press.com, 2006).

개발 제품에 관한 추정: 개발하고자 하는 제품의 장점과 특성, 지식재산 권리, 제품의 출시 계획 등에 관한 전반적인 사항을 추정한다. 여기에는 제품 출시와 관련해 회사가 통제할 수 없는 외부적 요인까지 포함하여 고려하는 것이 바람직하다. 예를 들어 해당 제품과 관련한 정부의 규제 사항은 물론 하드웨어 구동을 위해 필요한 소프트웨어 등과 같이 소비자가 당해 제품을 구매하는 경우 수반되는 부가 제품에 대해서도 예상해야 한다.

고객과 문제점에 관한 추정: 제품에 관한 추정 방법과 유사한 방법으로 대상 고객이 누구이며 시장 고객 관련해 어떠한 문제점들이 있을 수 있는지 추정한다. 대상 고객은 제품의 최종 소비자뿐만 아니라 제품 소비와 직간접적으로 연관되거나 영향력이 있는 모든 형태의 고객들을 대상으로 한다. 이들 고객들이 제품 소비와 관련해 가질 수 있는 모든 문제들을 포괄적으로 추정하고 고객들이 제품 가치를 어떻게 평가하고 있는지에 대해서도 추정한다.

유통 채널과 가격에 관한 추정: 어떠한 경로를 통해 제품이 고객에게 판매되는지 추정하고 고객이 지불할 수 있는 적정 가격도 예상한다. 직접 판매, 대리 판매, 텔레마케팅, 온라인 판매 또는 제3자 위탁 판매 등 각종 유통 채널에 의한 다양한 판매 방식을 추정한다. 또한 유사 특성을 가진 제품이 얼마의 가격으로 시장에 유통되는지 파악함으로써 출시 가격에 대해 추정할 수 있다.

시장 유형의 추정: 시장 유형에 관한 추정이 필요하지만, 특정 시장에 대한 확인은 고객 개발 과정의 마무리 시점에 이루어진다. 대부분의 기업은 다음 세 가지 시장 유형 중 하나를 대상으로 판매한다. 먼저 이미 존재하는 기존 시장이 있다. 그리고 이들 기존 시장들 사이에 존재하는 틈새시장이 있다. 마지막으로 현재 고객의 수요가 없는 신규 시장이 있다.

시장 경쟁력 추정: 만일 이미 존재하는 기존 시장이나 틈새시장이라면 고객은 제품의 특성을 알고 이를 구매한다. 그러므로 제품이 가지는 특성적 관점에서 시장 경쟁력을 추정하는 것은 아주 중요한 요인이다.

2단계: 추정 검증

1단계에서 고객 개발을 위한 추정이 정리되면 실현 가능성에 관한 검증 절차가 진행되어야 한다. 고객 개발을 위한 검증 절차는 잠재 고객들로부터 출시하고자 하는 제품과 해결해야 할 문제들에 대해 피드백을 받아 연속적으로 반복 진행한다. 블랭크는 이러한 검증 절차를 다음과 같이 세분화하였다.

최초 고객 확인: 이 단계의 목적은 잠재 고객을 파악하고 설문조사를 위한 접촉을 통해 그들로부터 수요를 확인하고자 함이다. 이 과정은 아주 중요하고도 어려운 과정임에 틀림없다. 우선 잠재 고객들은 모르는 사람에게 자신의 소중한 시간을 할애하려 하지 않기 때문이다. 설령 잠재 고객에게 접촉하여 인터뷰를 성사하더라도 회사가 원하는 추정 고객을 만나기는 쉽지 않기 때문이다. 이를 위해 자신이 보유하는 인적 네트워크, 예를 들어 친구, 가족 또는 동료들을 통해 잠재 고객들을 파악하고 그들로부터 피드백을 받도록 하는 것이 바람직하다. 추정 내용을 검증하기 위해서는 최소 5~10회 이상 고객과의 방문 상담을 통해 검증하도록 한다.

현안 문제 제시: 개발 제품이나 솔루션에 관한 문제가 아니라 고객이 현재 가지고 있는 문제에 관해 이슈화하는 것을 말한다. 이렇게 하는 목적은 문제를 드러내는 데 있는 것이 아니라 고객으로부터 배우고자 하는 데 있다. 고객에게 현안 문제를 제시하는 프레젠테이션은 다음 3단계 절차에 따른다. 첫 단계로 고객들이 가지고 있는 모든 문제 리스트를 작성하고, 두 번째 단계로 문제를 해결하기 위해 가능한 현재의 솔루션 리스트를 작성한다. 세 번째 단계로 스타트업 회사가 제공할 수 있는 솔루션을 작성하여 시연한다. 여기서 가장 중요한 사안은 프레젠테이션을 통해 제기한 문제점과 솔루션에 관해 고객이 충분히 동의하는가에 있다. 프레젠테이션 과정에서 스타트업 입장에서는 첫 번째와 두 번째 과정, 즉 고객이 가지고 있는 문제점과 현재의 솔루션에 대한 설명은 빨리 넘어가고 마지막 세 번째 단계로서 자신이 제공하는 솔루션에 대해 보다 열정적으로 설

명하고 시연하고자 하는 유혹에 빠질 수 있다. 하지만 청취자인 고객의 입장에서 볼 때 상대적으로 그들이 보유하고 있는 문제 해결에 관한 수요와 욕구들이 간과되고 있다고 생각할 수 있기 때문에, 앞선 첫 번째와 두 번째 단계에서 고객과의 충분한 공감을 얻은 후 세 번째 단계로 진행함으로써 고객으로 하여금 제품을 보다 합리적으로 느낄 수 있게 해야 한다.

고객의 이해: 고객과의 인터뷰 과정을 통해 무엇보다 고객의 업무와 연관된 문제점이나 지식에 관한 이해도를 넓히는 것이 중요하다. 하나의 문제 해결이 또 다른 문제를 만들어 내는 것은 아닌가, 다른 조직에서도 고객이 가지고 있는 유사한 문제를 가지고 있는 것은 아닌가, 고객이 문제 해결을 위한 솔루션 구매를 위해 얼마나 많은 대가를 지불할 수 있을 것인가, 제공하고자 하는 솔루션의 핵심적 특성 이외에 고객의 관점에서 어떠한 특성이 추가적으로 필요한가 등 다양한 관점에서 최초 고객들로부터 정보를 수집하고 고객들의 니즈와 욕구를 광범위하게 이해하는 것이 바람직하다. 또한 최초 고객들은 향후 제품 솔루션 출시 단계에서의 추가 검증을 위해서도 보다 중요한 고객 접점으로 활용될 수 있다. 아울러 최초 고객으로부터 제품 솔루션과 연관되어 활용할 수 있는 추가 고객들을 추천받을 수 있으며, 제품 사용자 관점에서는 물론 제품 개발자 관점에서도 조언자로서의 충분한 역할을 할 수 있기 때문에 많은 대화를 통해 고객 이해도를 넓히는 것이 중요하다.

시장의 이해: 시장을 보다 광범위하게 그리고 세부적으로 이해함으로써 보다 많은 고객을 확보할 수 있다. 해당 분야에서 시장을 선도하는 이들이나 전문 시장 분석가, 그리고 유관 산업 분야 전문가들과의 교류를 통해 보다 많은 시장 정보를 확보할 수 있다. 시장 정보를 효과적으로 확보하고 이해할 수 있는 가장 손쉬운 방법 중 하나는 박람회나 전시회에 참가하는 것이다. 박람회와 전시장에 참가하여 고객들은 물론 경쟁업체, 시장 전문가들을 만나 대화함으로써 보다 현실적이고 구체적으로 시장 상황을 이해할 수 있다.

3단계: 제품 설계 검증

고객 개발을 위한 3단계 과정으로서 제품 설계에 관한 검증이 필요하다. 즉, 잠재 고객들로부터 각종 문제점을 인식하고 제시한 제품 솔루션에 대해 다양한 피드백들을 확보하였다면 이를 제품 설계에 반영하고 검증하는 절차가 필요하다. 블랭크는 이러한 검증 절차는 간단히 정의할 수 없으며 실제로 현장에서 많은 검증이 반복되는 과정이라고 말한다.

첫 번째 현장 검증 과정은 고객들로부터 확보한 각종 피드백을 제품 솔루션의 설계 변경에 반영하는 것이다. 하지만 이는 아주 어려운 과제이다. 잠재 고객들은 서로 다른 관점에서 다양한 피드백을 주기 때문에 서로 상충될 수 있으며 일관된 관점으로 제품 설계에 반영하기 쉽지 않기 때문이다. 그러므로 이 단계에서 우리는 다음 두 가지 중 하나를 선택해야 하는 귀로에 서게 된다. 첫 번째 방안으로 현재 제시된 제품 설계 개념에 중심을 두고 여기에 보다 잘 부합하는 고객 부류를 선택하여 그들의 피드백을 제품 설계에 반영하는 검증 절차를 수행한다. 두 번째 방안으로는 핵심 고객들의 피드백을 중심에 두고 현재 제시된 제품 설계를 고객 피드백에 맞춰 수정 변경하는 검증 절차를 수행하는 방식이다. 두 가지 방안 모두 제품 설계를 고객 관점에서 검증하는 절차로 고객이 보유한 문제점들을 파악하여 솔루션을 제품 특성에 반영함으로써 판매 가능성을 보다 강화시킬 수 있다. 아울러 고객과의 피드백을 확보하기 위한 검증 과정에서 고객으로부터 확보해야 할 또 다른 주요한 정보는 제품 판매와 관련된 내부 고객 정보이다. 예를 들어 제품 구매를 위한 의사결정권자는 누구이며, 구매는 어떠한 과정을 거쳐 이루어지는지, 그리고 가격 민감도 및 지출 비용은 어느 수준인지 등에 관한 정보를 확보하는 것이 매우 중요하다.

두 번째 현장 검증 과정은 고객 피드백이 반영된 제품과 솔루션에 대해 고객과 논의하는 과정이다. 블랭크는 이 과정에서 고객들의 반응은 대체적으로 다음 네 가지 분류 중 하나에 해당된다고 설명한다.

- 해당 제품이 매우 좋지만 현재로서는 그다지 변화를 원하지 않는다.
- 해당 제품은 좋지만 보다 더 강화된 특성이 필요하다.
- 해당 제품은 충분히 이해가지만 그다지 호감을 가지지 않는다.
- 해당 제품에 관해 필요성을 느끼지 않는다.

　만일 고객이 첫 번째 반응을 보인다면 고객 개발을 위한 다음 단계로 충분히 진행할 수 있다. 두 번째 고객 반응의 경우 제품 특성에 관한 별도의 보완이 필요하다는 의미이다. 만일 고객이 구체적으로 특정하여 별도의 개선을 요구하지 않는다면 이를 보완할 때까지 제품 출시가 연기될 가능성이 높다. 하지만 완벽한 제품을 위해 출시를 무기한 연기하기보다는 고객이 만족하는 최소한의 기능을 가진 제품이라면 언제든 출시 가능하도록 하여 고객의 요구에 대응하는 것이 바람직하다. 세 번째와 네 번째 유형의 고객 반응은 주로 기술 기반의 제품 중 특히 마켓 풀market pull 방식보다는 테크 푸시tech push 방식으로 개발된 제품 솔루션에서 주로 많이 볼 수 있는 고객 반응이라 할 수 있다. 이러한 반응을 보이는 고객들은 주로 그들이 가지고 있는 현재의 문제점이나 애로사항에 관해 그다지 인지하지 못하고 있음을 의미한다. 전격적인 기술 밀기 방식으로 개발하여 수요 창출과 기술 사업화에 성공한 제품들도 일부 있지만 이는 아주 드문 경우이다.

　부정적 반응이나 무반응의 고객들에 대해 고객 개발을 시도하는 다양한 방법들이 있다. 그중 하나의 접근 방법으로 블랭크는 고객이 보다 더 쉽게 이해할 수 있도록 보유 기술이나 개발 제품을 재포장하라고 조언한다. 다시 말하면 개발 제품이나 보유 기술을 세분하여 손쉽게 이해되는 특성으로 포장하여 설명하거나, 단순 특성을 갖는 기초적 수준으로 쉽게 사용 가능하다는 점을 강조하여 설명하라고 한다. 또 다른 접근 방법은 고객들이 새로운 기술 제품에 보다 익숙해질 수 있는 교육 환경을 전략적으로 제공하는 것이다. 이는 그다지 이상적인 방법은 아니지만 새로운 제품 교육을 통해 당해 제품이 고객들의 잠재 불편 사항이나 문제들을 손쉽게 해결할 수 있다는 것을 확신시킬 수 있다. 만일 개발 제품이 연구 기자재라면 해당 분야 고객들이 보는 연구저널에 발표하여 교육을 제공한다. 만일 해당 제품이 고객들로 하여금 문제 해결에 도움이 된다면 해당 제품은 보다 효과적으로 고객을 확보할 수 있다.

4단계: 확증 단계

이 단계에 이르면 고객 개발 과정이 거의 마무리되는 과정이라 할 수 있다. 고객이 갖는 다양한 문제들이 파악되고 이를 해결하기 위한 솔루션이 제시되어 최종 검증이 이루어지는 단계이다. 확증 단계에서는 고객들로부터 확보한 정보를 확인하고 추가적으로 필요한 정보나 누락된 정보가 없는지 최종 점검하고 확인하는 단계라 할 수 있다. 만일 고객으로부터 추가 정보가 필요하다고 판단된다면 3단계인 제품 설계 검증 단계를 다시 수행해야 한다.

　고객과 제품에 관한 추정 내용을 확증하는 것보다 먼저 비즈니스 모델에 대한 확증이 중요하다. 달리 설명하면 중요한 것은 어떻게 제품을 판매하여 수익을 창출할 것인지에 대해 기업 스스로 확증할 수 있어야 한다는 점이다. 블랭크는 아래에 명기된 질문에 대한 답변을 참고하여 고객 개발 과정에서 확보한 정보들을 활용하여 제품 개발 계획과 회사의 재무 계획을 재검토할 것을 제안한다.

- 최초 사업 계획서의 제품 가격과 고객 개발 과정에서 도출된 제품 가격이 어떻게 다른가?
- 향후 3년 동안 고객들이 얼마나 많은 수량의 제품을 구매할 것이라고 예상하는가?
- 고객들에게 어떠한 유통 경로를 통해 제품을 판매할 것인가?
- 유통 채널을 통해 제품을 판매하는 경우 비용은 얼마인가?
- 예상하는 매출 발생 주기는 어느 정도이며, 현금 흐름 유동성에 어떤 영향을

미치는가?

- 고객을 확보하기 위해 소요되는 비용(판매 및 마케팅 경비)은 어느 정도인가?
- 시장의 규모는 매출 목표 달성에 충분한 수준인가?
- 제품의 스펙 변경에 따른 비용이 변경되어 반영되었는가?
- 제품 생산을 위한 총비용은 얼마이며, 최초 사업 계획과 비교하여 어떻게 변경되었는가?
- 제품 스펙, 개발 비용과 제조 원가 및 시장 규모에 기초한 수익 모델이 실현 가능한가?

마지막 질문에 관한 답변이 가장 중요하다. 이를 근거로 스타트업은 그 다음 사업화 단계로 진행하여 사업을 지속적으로 추진할 것인지, 또는 시장을 보다 더 잘 이해하기 위해 반복적으로 검증을 추진할 것인지를 결정해야 한다. 다각적인 반복 검증 끝에 수익 모델이 불가능하다고 판단되면 이 시점에서 사업을 포기하는 것이 현명한 결정이기 때문이다.

3.17.2 시제품 테스트

고객 개발 과정을 통해 고객 수요를 파악하고 당해 제품 솔루션이 어떻게 고객 수요를 충족할 것인지에 대한 소중한 정보를 확인할 수 있었다. 제품의 구체적인 특성과 스펙이 이러한 고객 개발 과정을 통해 도출되었다. 최초의 시제품은 이러한 고객 개발 과정을 통해 확보된 제품 스펙을 기초로 제작된다. 대부분의 출시 제품은 시제품 제작 단계를 거쳐 대량의 제품 생산에 이르며 이러한 최초 시제품은 고객이 요구하는 제품의 특성과 효능을 검증하기 위해 제작된다. 소프트웨어 또는 웹-기반 응용 분야에서도 '최소기능제품MVP'인 시제품을 제작하여 테스트한다. 일부 하드웨어 또는 연구 기자재 분야에는 '알파 버전' 또는 '베타 버전'으로 명명된 시제품을 출시하여 테스트를 진행하기도 한다. 일반적으로 시제품 단계에서는 제품의 성능과 효능, 그리고 재현성 관점에서의 테스트뿐만 아니라 고객 대상 제품 테스트를 진행한다. 시제품 단계에서의 제품 성능은 많은 부분에서 아직 미진하며 요구하는 스펙을 충족하지 못하거나 불완전한 상태에 있는 경우가 많다. 시제품 테스트 과정에서의 불완전 부분은 제품 개발팀에게 피드백한다. 특히 고객에 의한 시제품 테스트 결과는 매우 중요한 정보로서 이를 통해 실제 적용 여부가 결정된다. 시제품인 '베타 버전' 제품 테스트는 아직 모든 기능이 미숙한 초기 단계의 제품이므로 주의해야 한다. 베타 버전 제품을 테스트하고자 하는 고객은 반드시 시제품의 특성을 잘 이해하고 있으며 무엇보다 시제품 테스트의 실패 결과에 대해 충분히 인내할 수 있는 사람이어야 한다. 또한 시제품 테스트 과정에서 무엇보다도 테스트를 수행하는 고객과 충분히 소통할 수 있어야 한다. 왜냐하면 시제품 테스트 결과에 따른 성능과 재현성 등 다양한 제품의 특성 정보를 고객으로부터 충분히 피드백받아야 하기 때문이다. 대부분 고객의 경우 테스트 대상인 시제품 가격은 지불하지 않으며 오히려 향후 제품 구입 시 시제품 검사에 투자된 대가를 산정하여 가격 할인을 받는 것이 일반적이다. 하지만 일부 고객들의 경우 첨단 기술 개발 제품의 개발 과정에 직접 참여했다는 것 자체로 만족하는 경우도 많다. 시제품 시험 단계에서 종종 발생하는 리스크는 제품의 특성과 장점에 대한 목표를 과도하게 설정함으로써 고객 테스트 과정에서 비참하게 실패로 종결되는 경우이다. 고객들은 신규 제품 개발에 관심이 크므로 정보 교류 과정에서 시제품 테스트가 실패로 판정되었다는 부정적 풍문이 돌면 향후 수요 확보에 치명적인 결과를 초래할 수 있다. 그러므로 시제품 테스트를 진행하고자 하는 베타 테스트 고객은 아주 신중하게 선택해야 한다.

UP START 3.18
핵심 단계 17: 제품 제조

제품 개발 이후는 논리적으로 자연스럽게 제조 단계로 이어진다. 일반적으로 말하는 제품의 제조 단계란 원 소재로부터 양질의 품질을 가진 신뢰성 있는 제품을 최종 생산하는 모든 과정과 절차를 포함한다.

제품 생산을 개발 단계와 제조 단계의 두 단계로 구분할 때 어느 단계에서 상대적으로 부가가치가 높은지는 제품의 특성에 따라 다르다. 예를 들어 클라우드 방식의 소프트웨어 제품의 경우는 개발 단계에서 거의 모든 부가가치가 발생하며 제조 단계는 단순히 사용자가 소프트웨어 서버에 접속하는 과정으로 이해할 수 있다. 의약품 생산의 경우 제품 개발은 물론 제조 과정 모두에서 부가가치가 발생한다. 하지만 과학 기자재 또는 의료 기기 등은 제품 개발 과정보다 제조 과정에서 보다 큰 부가가치가 발생된다. 어느 과정에서 보다 많은 부가가치가 형성되는지와는 상관없이 기업 입장에서는 모든 제품에 대해 재현성과 고품질을 유지할 수 있도록 표준 작업서를 기초로 제조 생산이 이루어져야 한다.

스타트업의 경우 제품 제조 단계에 이르기까지 수년 이상 걸릴 수 있지만 반드시 제품의 생산 제조 단계를 염두에 두고 사업 전략을 수립해야 하는데, 이는 회사의 경영 인력 고용과 자금 계획 조달 수립과도 아주 밀접한 연관성을 가진다.

제조 생산 비용

제조 경비는 크게 직접 비용과 간접 비용으로 구분할 수 있다. 직접 비용에는 인건비, 부품 및 기자재 비용, 제조 활동과 직접 연관된 오버헤드 비용인 임대료 및 공공요금 등이 포함되며 간접비에는 유통 비용과 영업 활동비 등이 포함된다. 예를 들어 의약품 또는 소프트웨어 제품 제조 원가는 상대적으로 단순히 추정할 수 있다. 의약품의 제조 원가는 재료비와 제조 과정에 투입되는 인건비가 포함되며, 소프트웨어는 제품이 CD로 제작되거나 웹사이트에서 다운로드받는 형태로 제공되므로 통상적인 제조 원가는 아주 적거나 무시될 정도이다. 고객 지원과 데이터 보관, 호스팅 비용 등과 같은 일부 부대 비용은 제조 원가에 포함시킬 수 있지만, 일반적으로 제품 판매 및 마케팅을 위한 광고 비용은 제조 원가에 포함하지 않는다.

제품의 제조 계획 수립에서 가장 중요한 사안은 제품 생산에 소요되는 비용을 추정하는 것이다. 제품 제조에 소요되는 비용을 '매출 원가'라고 하며 COGS cost of good sold라고 표현한다. 제품의 제조 활동 비용에는 인건비, 재료비, 시험 검사비 그리고 운송 및 물류비 등이 모두 포함된다. 특히 재료비에는 원재료 구입비는 물론 제품의 제조 생산에 필요한 중간재 또는 부품 구입비 등이 포괄적으로 포함된다. 제품 생산에 필요한 제품의 생산 제조 원가를 정확하게 산정하는 것이 쉬운 작업은 아니다. 하지만 개괄적 추정이라도 회사 경영진이나 투자자 입장에서 회사의 경영 리스크를 추정하는 중요한 정보가 된다.

특히 캠퍼스 스타트업 창업주들이 제품의 COGS에 대해 잘못 이해하여 연구실 설비 구축에 필요한 비용이나 연구 설비를 제조 원가에 포함시키거나 제품 제조와 무관한 간접비 또는 연구 개발에 투입된 인건비를 포함하여 잘못된 제품 제조 원가를 추정하는 경우도 있으므로 특히 유의해야 한다. 스타트업의 경우 제품의 제조 경쟁력을 확보하기 위해 제품 제조를 대량 생산 체제로 구축하거나 외주 개발을 통한 아웃소싱, 그리고 파트너십 구축을 통한 전략적 아웃소싱도 함께 검토해야 한다.

제조 생산 전략

제품의 제조 생산 계획 수립에 있어 중요하게 고려해야 할 사항은 누가 어느 선까지 제품을 직접 제조할 것인지를 결정하는 것이다. 기업이 개발 제품을 대량 생산을 통해 출시하는 방법에는 다양한 스펙트럼이 존재한다. 스펙트럼의 한 끝단은 스타트업이 제품 개발과 설계를 기반으로 하는 지식재산을 보유하지만,

부품 제조는 물론 완제품 조립까지 일련의 모든 절차를 외주 업체 아웃소싱을 통하는 경우이다. 스펙트럼의 다른 한 끝단은 기업이 제품 개발과 설계는 물론 모든 구성 부품을 직접 제조 생산하고 자체 조립과 검사를 통해 완제품을 시장에 판매하는 경우이다. 두 끝단의 제품 사업화 스펙트럼 사이에는 매우 다양한 방식의 제품 제조 전략이 내재되어 있다. 예를 들어 제품을 개발한 기업이 제3자로부터 핵심 부품이나 중간재를 외주 방식을 통해 조달한 부품들을 자체 조립과 검사를 통해 최종 출시할 수 있다. 이와 달리 자체적으로 제조 생산한 부품의 최종 조립을 제3자 외주를 통해 추진할 수도 있다.

완제품 생산을 위한 부품 조달과 제조 공정에 있어서 어떠한 부품과 공정은 외주를 추진하고 어떠한 공정은 자체적으로 해결할 것인지는 순전히 해당 기업의 전문성과 제품 단가와 밀접한 연관성이 있다.

회사 내부에 개발 제품의 제조 공정과 관련된 전문가가 있거나 자체 제조 원가 경쟁력이 있다면 제조 공정을 자체적으로 구축하여 제품을 확보하고자 하겠지만, 외부에 보다 전문성 있는 인력이 있거나 제조 단가 측면의 경쟁력이 크다면 외주 개발을 통해 조달받는 것이 보다 현명한 방법이다. 부품 조달과 제조 공정에 외주 개발이 필요한 이유는 완전한 제조 공정 라인을 구축하는 데 비용이 매우 많이 소요되기 때문이다. 공장 건물 설립과 조립 라인 구축, 그리고 검사 장비 설치 등 많은 예산이 필요하며, 아울러 제품 판매를 통해 자금을 확보하기 전에 많은 양의 원재료와 부품들을 구매해야 한다는 것도 스타트업의 초기 제품 개발자에게는 큰 부담이 된다.

 3.19
핵심 단계 18: 고객 확보-마케팅 및 판매

지금까지 거쳐 온 앞선 모든 단계들은 최종 목표인 고객을 확보하여 제품을 판매하는 현 단계를 위해 필요한 과정이라고 할 수 있다. 고객 확보는 1) 제품 마케팅 및 홍보를 통해 고객을 발굴하는 단계, 2) 기업과 고객 간의 제품 판매 및 비즈니스 단계로 구분하여 고려할 수 있다.

3.19.1 마케팅 활동

마케팅 활동의 목적은 제품의 수요를 창출하는 것이다. 제품은 절대 스스로 판매되지 않는다. 제품의 존재를 알리고 제품의 특성과 장점을 시장에서 홍보해야만 고객 수요가 창출된다. 오늘날의 제품 마케팅 활동은 주로 온라인을 기반으로 하는 소셜미디어나 각종 광고 매체 또는 전시 박람회를 통해 이루어진다.

일반적인 마케팅 활동은 불특정 일반 대중을 대상으로 하지만 무엇보다 중요한 것은 마케팅 대상은 고객이어야 한다는 사실이다. 초기 단계 스타트업의 경우 마케팅 대상이 되는 핵심 고객은 캐피탈 투자자 또는 해당 기업에서 향후 근무할 전문 인력이 될 수 있다.

웹사이트 운영

회사 웹사이트는 기업과 제품에 관한 정보를 얻을 수 있는 중요한 수단이며 특히 스타트업 투자자 또는 고객들은 회사 웹사이트를 통해 첫 인상을 가지게 된다. 그러므로 가급적 회사 자금이나 전문성이 아직 확보되지 않은 미약한 단계에서는 회사 웹사이트를 개시하지 않는 것이 오히려 바람직하다. 회사 웹사이트는 기업 가치와 이미지 형성에 중요한 역할을 하므로 보다 유용한 정보를 제공할 수 있어야 하며 원활한 접속이 이루어져야 하고 디자인은 직관적이며 심미성이 있어야 한다.

회사 웹사이트를 저렴한 비용으로 제작하고자 하는 경우 웹 호스트가 제공하는 웹페이지 템플릿을 활용하여 사용자가 직접 디자인하는 경우도 있지만, 가급적 경험 많은 전문 웹 디자이너를 통하는 것이 바람직하다. 웹사이트 기획 전문가는 웹페이지 개설을 통해 스타트업이 어떠한 이미지를 창출할 것인지, 제품과 기업을 소개하는 오프닝 문구를 어디에 배치할 것인지, 웹사이트를 추후 어떻게 확장할 것인지, 또는 직관적이고 심미적 관점에서 어떻게 웹페이지를 연동하여 구성하는 것이 좋을지를 전문적으로 판단할 수 있다.

전문 디자이너를 통한 제작은 비용이 많이 들 수 있으나, 이는 많은 비용을 들여 전문 법률 서비스를 받는 것과 같은 관점에서 이해할 수 있다. 일반적으로 자금이 부족한 스타트업이 웹사이트를 구축하는 경우 전문 디자이너로부터 웹사이트의 레이아웃, 사이트 연동 및 그래픽 포맷을 개발하고, 차후 필요한 콘텐츠는 회사 자체적으로 추가 보완할 수 있다.

초기 스타트업의 경우 아주 역동적이지만 추후 경영진과 이사회의 구성 인력이 변화되고 제품 개발과 판매가 이루어지면 사업 전략이 변화되므로, 이렇게 변화되는 회사 정보를 웹사이트에 지속적으로 반영할 수 있어야 한다.

인터넷 및 온라인 마케팅

스타트업이 웹사이트를 갖추는 것은 회사에 대한 정보를 외부에 공시함으로써 투자자에게 보다 신뢰를 줄 수 있는 유용한 수단이 된다. 하지만 웹사이트 운영은 투자자만을 대상으로 하는 것이 아니라 고객을 대상으로 하는 마케팅 활동이 주목적이라 할 수 있다. 검색 엔진을 통한 기업 웹사이트 정보가 검색되도록 함으로써 고객들은 기업이 제공하는 마케팅 정보에 손쉽게 접근할 수 있다. 인터넷을 활용한 온라인 마케팅은 아래와 같은 다양한 형태의 홍보 수단을 통해 마케팅 활동을 효과적으로 추진하고 기업의 브랜드 가치를 제고할 수 있다.

뉴스레터: 온라인 소식지인 뉴스레터를 통해 고객들과 연관 정보들을 공유함으로써 보다 효과적인 마케팅 전략을 수행할 수 있다. 온라인 뉴스레터는 한 달에 한 번 또는 분기별로 한 번씩 제공하되 제품에 관한 업데이트와 함께, 활용 또는 응용 사례, 회사의 주요 소식, 업계의 동향과 고객의 피드백 등 고객들과 함

께 공감할 수 있는 마케팅 정보를 제공한다. 효과적인 뉴스레터는 무엇보다 읽기 쉬워야 한다. 뉴스레터 제목은 간략한 문장으로 구성하고 세부 내용은 해당 제목의 링크를 통해 확인할 수 있도록 한다. 또한 웹사이트로부터 뉴스레터를 확인하고자 하는 회원 가입 방문자들에게 가급적 최소한의 정보만을 요구하고 손쉬운 인증 절차를 통해 서비스가 제공되게 한다.

블로그: 블로그는 뉴스레터의 또 다른 대안이지만 블로그 구조의 특성상 고객들이 관련 정보를 빨리 찾는 데 한계가 있다. 하지만 고객들은 스타트업이 운영하는 블로그를 통해 보다 전문성이 요구되는 보유 기술 또는 신제품 정보들을 구체적으로 파악할 수 있다. 어떠한 마케팅 방법과 수단이 사용되든 고객에게 손쉽게 그리고 신뢰성 있는 마케팅 정보를 제공하는 것이 매우 중요하다.

소셜미디어: 페이스북, 트위터, 링크드인과 같은 소셜미디어는 고객들과의 접점을 만들어 내는 데 용이하다. 예컨대 의료 기기에 관심이 많은 의사는 의료기 회사가 운영하는 트위터 피드를 통해 각종 정보를 제공받을 수 있는데, 이러한 정보는 의료기 관련 유명 저널이나 학술지에 공표되는 정보보다 빠르고 손쉽게 접근 가능하다. 기업은 소셜미디어를 통해 고객과 쉽고 빠르게 마케팅 접점을 형성할 수 있다. 다이어트에 대한 온라인 블로그 운영자가 제공하는 정보가 기업 공식 사이트를 통해 제공하는 정보보다 더 많은 독자들이 이용하고 있는 사실은 소셜미디어에 의한 마케팅 효과를 확인할 수 있는 또 다른 예이다.

오프라인 마케팅 자료
고객 발굴과 제품 소개를 위한 오프라인 마케팅 홍보 활동을 위한 자료로는 다음과 같은 것들이 있다.

브로슈어, 리플릿 및 카탈로그: 회사 미션, 추진 사업 또는 제품 내용 등을 간략하게 소개하는 회사 브로셔, 리플릿 또는 제품 카탈로그 형태의 마케팅 홍보물이 필요하다. 이러한 형태의 마케팅 저작물들은 오프라인에서 대면 상담하는 고객을 위해 배포하는 인쇄물로 주로 불특정 다수 고객들을 대상으로 제품에 대해 개괄적으로 소개하는 마케팅 홍보 자료라 할 수 있다.

SMK: SMK sale material kit는 제품 판매를 위해 필요한 마케팅 자료로서 브로슈어나 카탈로그보다는 더 구체적으로 제품 또는 서비스를 소개하는 자료이다. 고객 발굴을 목적으로 제작되는 판매 홍보용 자료로서 전문적 정보를 잠재 고객이 보다 이해하기 쉽도록 기술 소개서 또는 제품 설명서와 같은 인쇄물로 제작되거나 동영상으로 제작할 수도 있다. SMK에는 보유 기술이나 제품 특징이 중점적으로 설명되어 있으므로 잠재 고객을 대상으로 하는 제품 마케팅 활동에 주로 활용된다.

전시회 및 컨퍼런스 마케팅

전시회 또는 컨퍼런스 참가는 초기 스타트업에게는 자사 보유 기술과 개발 제품을 아주 효과적으로 마케팅할 수 있는 유용한 수단이다.[55] 왜냐하면 전시 박람회장에서 고객들은 물론 경쟁 업체들과 공통된 주제로 자연스러운 분위기에서 만나 정보 교류와 마케팅 활동을 할 수 있기 때문이다. 창업 초기의 스타트업이 마케팅 소요 비용 관점에서 볼 때 어떻게 전시 박람회 또는 컨퍼런스에 참가하여 효과적인 방법으로 소기의 목적을 달성할 수 있는지에 관해 몇 가지 조언을 하면 다음과 같다.

단순 참가: 캠퍼스 스타트업의 창업주들은 주로 대학 연구자 신분으로 과학기술 세미나 모임에 참석한다. 이러한 기술 동향 세미나 참석을 통해 자신이 설립한 스타트업의 기술 사업화에 유익한 많은 정보를 확보할 수 있다. 전시회 또는 박람회장에서 경쟁업체 또는 잠재적 비즈니스 파트너들로부터 개발 제품의 동향

---

55 전시회 및 컨퍼런스는 스타트업이 잠재 고객들을 대상으로 하는 시장조사의 좋은 기회가 될 수 있다.

과 제품 성능 등을 확인할 수도 있다. 또한 해당 산업 분야의 워크숍에 참석하여 경쟁 업체 또는 오피니언 리더들로부터 비즈니스에 도움되는 각종 정보를 확보할 수 있다.

개별 전시: 전시회 부스 설치 운영 비용은 창업 초기 스타트업에게는 부담될 수도 있다. 대안으로 개발 제품이나 홍보물을 전시회 인근 숙박 호텔의 공간을 활용해 개별 전시함으로써 투자자 또는 고객들에게 시연할 수 있다. 개별 전시는 전시 박람회장의 혼잡한 분위기에서 탈피할 수 있으며 별도의 시간에 투자자 또는 고객을 초대하여 편안한 분위기에서 다양한 정보 교환과 함께 개발 제품 마케팅에 치중할 수 있다.

공동 부스: 향후 잠재적 비즈니스 파트너가 전시회에 부스를 운영하는 경우 공동으로 사용하는 것도 좋은 전략이다. 스타트업이 개발한 제품이나 홍보물을 비즈니스 파트너 부스에 함께 전시함으로써 스타트업 홍보는 물론 고객들의 반응을 확인할 수 있는 좋은 기회가 된다.

독립 부스: 전시 박람회에 비용을 투자하여 자체 독립 부스를 운영하는 경우 고객들을 부스로 초대하거나 현장에서 자사 제품에 관심 있는 참관객을 대상으로 적극적 상담을 통해 마케팅 활동을 추진할 수 있다. 회사 웹사이트의 메인 페이지와 마찬가지로 독립 부스의 운영과 그 디자인은 회사의 첫 인상과 직결되므로 보다 전문성이 돋보이도록 해야 할 것이다. 하나의 완전한 팝업 부스로 전문 디자인하고 홍보 설비를 모두 갖추려면 많은 비용이 소요된다. 최소한 몇 개의 홍보 배너와 더불어 부스 내부에 대형 디스플레이 설비를 갖춘다면 더할 나위 없다. 하지만 단순히 안내 테이블 위에 회사 소개용 브로슈어와 홍보 패널만 걸어 놓는 일은 그다지 바람직하지 않다. 부스 운영과 관련하여 유의해야 할 몇 가지 사항은 다음과 같다.

- **부스 내부로 초대하라.** 부스 앞에 서서 대화하는 것은 바람직하지 못하다. 방

문객을 부스 내부에 있는 테이블로 초대하여 자리를 권하고 상담을 하는 것이 예의이다.

- **부스를 비우지 말라.** 박람회는 일반적으로 긴 일정으로 개최된다. 만일 부스가 비워져 있다면 잠재 고객들로부터 박람회 해당 분야에서의 회사의 입지가 무시되고 회사 이미지에도 좋지 않은 결과를 초래한다. 전시 기간 중에는 여러 직원이 교대로 임무를 정하여 부스를 지키는 것이 중요하다.

- **부스 내에서 음식물을 먹지 말라.**

- **부스 내에서 통화하지 말고 컴퓨터 작업을 삼가라.** 방문객이 거의 없는 경우 큰 문제는 되지 않지만 언제나 부스 참관 고객들에게 즉각적으로 응대할 수 있는 자세가 필요하다.

- **타사 전시 부스에 관심을 가지라.** 전시 박람회에 참가하면 자기 부스 이외의 타사 부스에 관심을 가지고 돌아다니며 유심히 살펴 볼 필요가 있다. 당신이 찾고 있는 유망한 우수 고객이 당신이 운영하고 있는 부스 다음 섹터에 설치된 부스에 있을 수 있다는 사실을 항상 명심하라.

- **참관객 정보를 수집하라.** 부담을 줄 수 있으므로 공격적으로 접근하지 않으면서 가능한 부스 방문객으로부터 많은 정보를 확보하고 수집하는 것이 중요하다. 추가 비용이 들겠지만 가능한 참가자 정보를 얻을 수 있는 바코드 스캐너를 갖추고 방문객의 연락처 정보를 확보하는 것이 좋다. 비용은 들어도 잠재 고객 정보를 획득할 수 있으므로 그 만큼의 가치는 있다.

- **인쇄 자료 배포는 관심 고객들을 위해 가급적 절약하라.** 그리 관심이 없어 보이는 부스 고객들에게 마구잡이로 고가의 인쇄물 자료를 배포하는 것은 지양한다. 실제로 필요로 하는 고객이 자료를 받지 못할 수 있기 때문이다. 하지만 일부 고객들은 인쇄 자료에 그다지 관심이 없고 담당자 연락처 정보와 전자 파일 형태의 e-제품 소개서 또는 e-회사 소개서를 확보하고자 하는 경우도 있으므로 이에 대한 사전 준비를 해두는 것도 좋다.

- **명함은 가급적 넉넉하게 준비하라.**

간행물 게재를 통한 마케팅

첨단 기술을 기반으로 창업한 대학의 스타트업은 마케팅 일환으로서의 논문 홍보 전략이 필요하다. 스타트업 보유 기술이 해당 분야 전문가들로부터 과학기술적으로 검증받아 공인된 저널 논문에 게재되면 사업화 가능성과 효용성을 입증할 수 있는 홍보 자료로 활용할 수 있다.

논문은 스타트업에서 제작 배포하는 회사 브로슈어 또는 제품 카탈로그와는 달리 전문 첨단 기술 분야에서의 기술 혁신을 이루는 자사의 경쟁력을 홍보할 수 있는 자료이다. 예를 들어 스타트업의 어드바이저 또는 창업주가 문제 해결을 위해 활용한 핵심 기술 내용이 논문의 실험을 통해 검증되었다는 사실을 홍보할 수 있다. 또한 논문에서 검증된 실험 결과들을 투자자 또는 고객들에게 제시함으로써 생산 부품이나 제조 공정의 신뢰성을 확보할 수 있다. 자사 보유 기술이 소개된 논문을 구매하여 회사 웹사이트에 게재하거나 적극적으로 잠재 고객들에게 소개하는 것도 바람직하다.

학술 논문 이외에도 일반 저널이나 소식지에 게재되는 회사 홍보 소개 자료도 마케팅 자료에 사용될 수 있다. 각종 협회 또는 단체에서 발행하는 정기 간행물 또는 저널에 자사 신제품과 신기술에 관한 홍보 기사를 게재하고 이를 마케팅 자료로 적극 활용할 수 있다. 또한 기술 마케팅을 위해 영리 목적의 저널이나 간행물에 일정 비용을 지불하고 신제품이나 신기술에 관한 홍보 기사를 게재할 수 있다. 이러한 마케팅 비용을 지불한 만큼 고객 개발에 도움을 받을 수 있다. 첨단 기술을 전문으로 소개하는 간행물 편집인들의 기획안에는 많은 스타트업 명단들이 간행물 게재 후보로 예정되어 있다. 그러므로 스타트업은 전문 저널의 편집인들과 주기적 접촉과 홍보를 통해 자사 보유 핵심 기술에 관한 필요한 기술 정보를 제공함으로써 보다 효과적인 기술 마케팅을 진행할 수 있다.

3.19.2 **비즈니스 파트너를 통한 마케팅 판매**

비즈니스의 핵심은 당사자 간에 어떠한 가치를 어떻게 상호 교환하는지에 있으며 이는 거래 계약에 의해 성립된다. 부연하자면 기업은 생산 제품 또는 서비스 가치를 소비자와 현금이라는 화폐 가치와 교환하는 계약을 하는 것이다.

일반적으로 비즈니스 파트너십 계약 관계는 당사자가 상호 거래 과정에 개입되는 정도와 거래 조건에 따라 그 유형이 상당히 달라지므로 다양한 관점에서 고려되어야 한다. 일반적으로 비즈니스 파트너십 계약 관계의 스펙트럼은 아주 광범위한 차원에서 고려된다. 예를 들어 사업 개발이라는 계약은 아주 복합적으로 고려해야 할 것이 많은 반면 인터넷 판매라는 한정된 계약 관계는 상대적으로 단순한 형태로 성립될 수 있다.

비즈니스 파트너링의 유형

많은 수의 캠퍼스 스타트업은 보유 기술을 사업화하여 제품을 출시하기 위해 비즈니스 파트너들의 도움을 필요로 한다. 이러한 비즈니스 파트너들은 그들이 보유한 전문성을 기반으로 제품 개발, 제조 생산 그리고 유통 판매에 이르기까지 기술 사업화의 전 영역에서 스타트업에게 도움을 줄 수 있다.

스타트업이 제품을 출시하는 경우, 비즈니스 파트너 관점과 최종 고객 관점의 두 가지 측면에서 제품의 가치를 고려해야 한다. 예를 들어 광 스위치에 사용되는 반도체용 신소재 물질을 개발한 스타트업은 해당 제품의 사업화를 위해 인텔, 지멘스 또는 시스코와 같은 기업과의 파트너 협약을 체결할 것이다. 이러한 경우 비즈니스 파트너가 고객이 되므로 파트너 사의 관점에서 반도체 부품 소재 가치를 우선적으로 고려해야 한다. 사업 개발을 하는 경우 어떻게 포지셔닝할 것인가는 매우 중요한 사안이다. 앞의 예에서 반도체 부품 소재의 시장은 해당 부품을 사용하여 완제품으로 판매하는 광 스위치 제품 시장과는 연관은 있지만 구분되는 별개의 시장이기 때문이다.

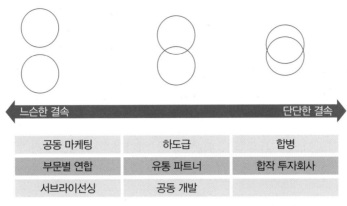

그림 3.6_ 파트너링 유형과 결속을 보여주는 스펙트럼

파트너링 관계는 그림 3.6에서와 같이 스타트업과 파트너 사이의 협력의 결속 강도에 따라 여러 형태로 구분해 볼 수 있다. 먼저 느슨하게 결속되어 있는 파트너 관계인 경우 스타트업과 파트너가 공동으로 제품을 홍보하고 시장을 개척할 수 있으며, 스타트업은 지식재산을 파트너에게 라이선싱 또는 서브라이선싱함으로써 공동 사업 개발을 추진할 수 있다.[56] 보다 더 협력 관계를 강하게 결속하는 경우의 예를 들면 스타트업의 과학 기술 인력이 파트너의 제품 개발 부서와 보다 긴밀한 협력 관계에 있는 경우이다. 가장 강하게 협력 관계를 구축하는 경우는 합작회사joint venture를 설립하는 것이다. 상호 협력 관계의 구축을 통해 하나의 기업이 별도로 설립되는 것으로 기존 두 기업은 합병 절차를 거치게 된다.[57]

---

56 서브라이선싱도 파트너링 비즈니스 관점에서 이해할 수 있다. 파트너링 관점에서 보면 서브라이선싱은 아주 느슨한 결속 관계로 계약에 의해 세부 내용이 달라질 수 있다. 가장 느슨한 서브라이선싱 계약의 경우 일부가 관여된 또는 무관한 독자 제품을 개발할 수 있으며, 만일 서브라이선싱 계약을 통해 양 당사자가 공동 연구를 수행한다면 파트너링은 보다 강하게 결속된다.

57 파트너링 비즈니스 관점에서 볼 때 가장 강하게 결속되어 있는 형태로서 인수합병(acquisition & merge)이 있다. 합병(merge)이란 규모가 비슷한 두 개의 회사를 합쳐 새로운 회사를 만드는 것을 말하고, 인수(acquistion)란 상대적으로 규모가 적은 회사가 큰 규모의 회사에 흡수 통합되는 것을 의미한다.

누구와 파트너 관계를 설정할 것인가? 만일 파트너 관계를 설정한다면 어떠한 협력 관계를 형성할 것인가? 이에 대한 해답을 얻기 위해 파트너 사와의 상호 협력 관계를 구축하고자 하는 경우 비용 대비 수익을 우선적으로 고려해야 한다. 예를 들어 자사에서 제조 생산하는 비용과 파트너 사를 통한 외주 생산 비용을 대비해서 고려할 수 있다. 파트너 관계를 구축함으로써 얻을 수 있는 수익에 있어 일반적으로 간과하기 쉬운 것 중 하나는 파트너로부터 얻을 수 있는 지식재산에 관한 것이다. 파트너 관계를 구축하고자 하는 경우 사전에 양 당사자는 서로 주고받을 수 있는 지식재산의 보호와 활용에 대해 협상 테이블에서 신중히 검토해야 한다.

전략적 파트너십 구축

스타트업이 기존에 사업을 영위하고 있는 기업과 전략적 파트너 관계를 설정하고자 하는 경우 다음의 사항에 대해 고려해 볼 필요가 있다.

자본적 측면: 파트너 기업이 스타트업에 자금을 투자할 수 있는지, 파트너 기업이 시제품 생산 설비나 연구 기자재 등 스타트업에 유용한 자본재와 인프라 설비를 갖추고 있어 이를 활용할 수 있는지 등에 관한 사항을 점검해야 한다.

능력적 측면: 파트너 기업이 보유하고 있는 해당 분야의 지식 자본과 사업 능력이 스타트업에 많은 도움을 줄 수 있는지를 또한 고려해야 한다. 특히 해당 분야 제품의 생산 판매와 관련된 각종 규제에 관한 승인을 획득해본 경험이 있는지, 시장에서의 점유율 확보를 위해 경쟁해본 경험이 있는지, 그리고 실제로 대량 생산 및 판매 능력이 있는지를 파악하는 것이 핵심이다.

기존 시장에서의 선도 기업과 파트너 협력 관계를 구축함으로써 스타트업은 일정 수준의 투명성과 검증을 담보할 수 있다. 파트너 기업에 의해 스타트업에 존재할 수 있는 리스크를 흡수하였다는 것을 보여줌으로써, 스타트업에 대한 해당 시장에서의 투명성 확보와 함께 검증을 통과하였다고 볼 수 있다. 이러한 검증을 바탕으로 스타트업은 투자 유치 또는 다른 기업과의 전략적 파트너 관계를 구축하여 사업 확장을 도모할 수 있다.

기존 시장을 지배하고 있는 파트너 기업의 경우 시장에 신규 진입하고자 하는 스타트업과의 전략적 제휴를 통해 다음과 같은 효과를 얻을 수 있다.

신규 시장 진입: 기존 시장의 많은 선도 기업들은 새로운 시장에 혁신 제품을 통한 빠른 진입을 희망한다. 스타트업과 마찬가지로 이들 선도 기업들도 비용과 수익 측면에서 전략적 제휴를 고민한다. 새로운 혁신 제품을 자체 비용을 투자하여 개발할지, 스타트업의 개발 제품을 확보하여 수익을 창출할지에 대해 저울질한다.

혁신 인력의 수용: 대부분의 스타트업 인력들은 자신들의 전문성을 바탕으로 한 창의적 성향을 가지며 혁신적 환경에 적응되어 있는 인재들이다. 스타트업과의 제휴 협력을 통해 이들 인재들을 수용할 수 있으며 기존 기업의 조직 문화에도 긍정적인 영향을 미칠 수 있다.

우선권 확보 측면: 일반적으로 전략 파트너 관계를 구축하면 선도 기업들은 스타트업으로부터 시장에서 다른 선도 경쟁 기업보다 제품 사업화를 위한 우선권을 확보한다. 즉 스타트업이 보유하는 특허 기술 또는 개발 제품의 시장 판매 등에 대한 우선권을 확보하고 스타트업이 사업화하고자 하는 보유 기술에 그들이 가지는 시간, 인력 그리고 자금을 투자한다. 예를 들어 의약품 개발을 하는 스타트업과 대형 제약업체는 제휴 협력을 위한 파트너 계약을 통해 파트너사인 제약업체는 마일스톤에 의한 임상시험 종료 이후 추가 약품 개발을 위한 라이선스 우선권을 스타트업으로부터 확보할 수 있다는 실익이 있다.

3.19.3 판매

고객과 기업 사이에 발생하는 상호 계약의 유형 중 가장 간단한 형태가 판매이다. 판매는 제품이나 서비스를 재화로 교환하는 법률 행위로서 청약과 승낙이라는 단순한 법률 행위에 의해 이루어진다. 제품 판매의 절차 또는 형태는 제품의 유형이나 가격, 구매 고객 성향 등에 따라 달라진다. 즉 제품 판매의 형태는 핵심 고객과 관련된 판매 방식에 따라 주로 결정된다. 제품의 판매 유통 방식은 회사의 비즈니스 모델에 의해 파악할 수 있으며 일반적으로 다음 질문에 관한 답변 내용을 포함하고 있어야 한다.

"판매하고자 하는 제품을 가장 중요한 고객에게 공급하기 위해 가장 빠르고 비용이 적은 방식이 무엇인가?"

판매 유통 채널의 유형으로는 직접 판매, 인터넷 판매, 간접 판매 방식이 있다.

직접 판매

제품을 해당 기업이 직접 판매하는 방식으로 판매 인력을 고용하여 그들로 하여금 고객을 대상으로 제품 판매를 진행하는 방식이다. 과거에는 내부 판매와 외부 판매로 구분하였다. 내부 판매의 경우 회사 내부에서 전화 또는 이메일 등으로 판매하는 방식이며 외부 판매는 영업 사원이 외부 고객을 직접 방문하여 판매하는 방식이다. 인터넷 대중화와 이를 활용한 판매는 제품 판매에 소요되는 시간과 판매 인력을 절감하게 하였고, 내부 판매와 외부 판매라는 구분도 모호하게 만들었다.

직접 판매의 장점은 제품의 다양한 관점과 판매 과정에 관련된 정보들을 직접 확보하고 관리할 수 있으며, 또한 특정 지역과 특정 고객을 대상으로 시장을 확보할 수 있다는 장점이 있다. 또한 직접 판매를 통해 고객과 보다 원활하게 소통할 수 있으며 고객으로부터 제품과 관련된 피드백을 신속하게 받을 수 있다. 설립 초기 단계 스타트업의 경우 판매 제품에 대한 고객으로부터의 피드백과 조언은 무엇보다 중요하므로 고객과의 직접적인 접점 형성은 아주 중요한 사항이다. 하지만 매출이 발생하기 전에 직접 판매를 위한 판매 인력을 고용하고 판매 거점을 확보하는 것은 부담될 수 있는 부분이다.

인터넷 판매

인터넷은 제품 판매에 유용한 수단으로 활용된다. 제품 판매 과정이 고객의 셀프 서비스에 의해 이루어지므로 제품 판매를 위한 제품 원가가 절감될 수 있기 때문이다. 인터넷상에 제시된 제품을 고객이 구매 의사로 선택하여 승낙함으로써 구매 계약이 이루어지면 판매자는 고객으로부터 대금을 송금받고 제품을 납품한다. 인터넷 판매는 통상 1) 제품을 직접 생산하는 기업의 웹사이트를 통한 직접 판매, 2) 해당 유형의 제품을 전문으로 하는 판매 유통사의 웹사이트를 통한 판매, 3) 아마존과 같은 '대형 유통업체mega-aggregator'를 통한 판매 등 세 가지 유형을 띤다.

인터넷 판매 유형을 선택하는 데 있어 해당 사이트에서 얼마나 많은 고객 주문을 소화할 수 있는지, 얼마나 많은 판매 제품을 해당 사이트에 전시할 수 있는지, 전문 업체의 웹사이트를 통해 판매하는 경우 수수료는 얼마인지, 제품 주문은 어느 정도 예상하는지, 판매 제품을 어떻게 사후 관리할 것인지 등을 고려하여 결정해야 한다. 인터넷을 통한 제품 판매는 아주 효과적인 수단이지만 제품의 민감한 특성과 장점들을 고객에게 통신 매체를 통해 전달하기에는 애로사항이 많다. 그러므로 예컨대 온라인용 브로슈어를 제작하여 배포하거나 동영상 제품 시연, Q&A 게시판 등을 통해 온라인상에서 고객 대상의 적극적인 제품 홍보를 병행하는 것이 필요하다.

간접 판매

판매 유통업자들은 제3자로서 제품의 유통 판매와 사후 관리를 지원한다. 그들은 특정 분야의 산업이나 제품을 특정 지역에 공급 판매하기 위해 효율적인 물류 공급 체계와 고객 네트워크를 확보하고 해당 제품을 전문적으로 유통 판매

한다. 그들의 비즈니스 모델은 광범위하고 다양한 영역에서 제품 판매와 연관된 서비스를 제조 기업들에게 제공하고 있다.

유통업자들은 제품 판매와 고객 지원은 물론 제품 마케팅과 고용 계약을 통한 판매 대리인으로도 활동한다. 유통업자들을 활용하는 가장 큰 장점 중 하나는 시장 진입 시간을 단축시킬 수 있으며 매출을 빨리 발생시킬 수 있다는 데 있다. 예를 들어 의료기기 분야에서 내시경 프로브 신기술 제품을 개발한 경우 해당 제품을 글로벌 시장에 판매하기 위해서는 해당 국가의 내과의사들을 목표 고객으로 해당 국가의 각종 기술 규제 장벽이나 문화적 이슈 등을 넘어야 하므로 시장 진입과 매출 발생을 위한 많은 시간이 필요하다. 하지만 해당 분야의 전문 유통 판매업자들은 그들의 마케팅 경험과 유통 채널, 그리고 네트워크를 활용해 신속하게 제품을 유통 판매함으로써 시장 진입 시간을 단축시켜주는 역할을 한다.

이러한 장점에도 불구하고 유통업자를 통하는 방식의 단점은 무엇보다 이러한 서비스를 대가로 지불해야 하는 수수료가 경제적 부담으로 작용하며 또한 고객과의 직접 접점이 형성되지 않고 유통업자를 통한 간접 방식으로 고객의 피드백을 받을 수밖에 없다는 데 있다.

제품 판매 전략은 기업 상황에 따라 둘 이상이 될 수도 있으며 시간에 따라 변화될 수 있다. 예를 들어 북미 지역에서는 직접 판매 방식을 통해 제품을 판매하고 유럽에는 유통 판매업자를 통해 제품을 판매할 수 있다. 또한 유통 판매업자들을 통한 제품 판매를 제조사의 판매 조직과 인력이 갖추어질 때까지 한시적으로만 활용할 수도 있다.

판매 사이클과 신제품의 시장 적응

스타트업이 가지는 또 하나의 리스크는 판매 사이클 예측이 어렵다는 데 있다. 판매 사이클이란 스타트업이 제품을 고객에게 처음 소개한 시점 또는 고객이 제품에 관심을 가진 시점으로부터 판매 행위가 완료되기까지 소요되는 시간을 말한다.[58] 스타트업의 입장에서는 부족한 자금 여력 때문에 매출이 발생되는 시점인 판매 사이클 예측은 무엇보다 중요한 일이다.

판매 사이클은 스타트업의 판매 및 마케팅 계획은 물론 재무 계획과 밀접하게 관련되어 있을 뿐만 아니라, 판매 사이클이 길수록 보다 많은 자금이 스타트업에 투입되어야 하기 때문이다. 스타트업이 실수를 많이 하는 것 중 하나가 이러한 판매 사이클을 과소평가하여 판매 완료 시점을 잘못 예측하는 일이다.

신제품이 출시되어 확산 적응되는 과정에서 이를 받아들이는 고객 유형에 관해 논의한 적이 있다. 스타트업 신제품이 출시되어 어떠한 고객 유형에 확산 적응되는지는 판매 사이클에 직접적인 영향을 미치므로 이에 관해 면밀한 검토가 필요하다.

무어는 그의 저서 『캐즘 마케팅Crossing the Chasm』에서 신기술 기반 스타트업들이 신제품의 시장 적응과 연관하여 일반적으로 경험하는 한편의 시나리오를 다음과 같이 소개하였다.

"신제품 출시 첫 해는 대부분 알파 버전과 베타 버전으로 이들 제품을 구매하는 고객들은 신기술 자체에 열정을 가지고 있는 '혁신층innovator' 고객이거나 한둘의 '조기 수용층early adopter' 고객으로서 소수에 지나지 않았다. 하지만 스타트업의 모든 임직원들은 이러한 최초 매출에 고무되어 즐거운 마음으로 한해를 결산하며 회사 건물 로비에서 검소하게 임직원들이 각자 준비한 요리로 연말 파티 행사를 진행하였다.

이듬해 2차년에 최종 버전 제품이 출시되면서 추가로 몇 명의 '조기 수용층' 고객들을 발굴하고 이들로부터 많은 수의 주문량을 확보하여 판매 실적을 올리게

---

58 판매 완료 시점은 여러 가지 관점에 의해 달라질 수 있다는 것에 유의할 필요성이 있다. 즉 1) 고객으로부터 구매 오더를 받았을 때, 2)고객에 제품을 배송하였을 때, 3) 고객에게 판매 대금을 청구하였을 때, 4) 고객으로부터 대금을 송금받았을 때 등 다양하게 달라진다. 판매 완료 시점을 영업 담당 또는 CBO의 관점에서는 1)번을 주장할 것이며 CFO 또는 회계 담당의 관점에서는 4)번을 주장할 것이다.

되었다. 제품 판매에 의한 매출 계획이 계획대로 순조로이 이루어지며 임직원 모두는 사세를 확장해야 할 시점이라고 확신하였다. 특히 스타트업에 투자한 벤처 캐피탈은 다음 연도의 매출을 300% 이상 증가할 것으로 예상했다. 일부에서는 이러한 목표 매출이 과연 달성 가능한지 의문을 제기하기도 했지만, 대다수는 제품 확산 추세가 현재 상승 국면에 있으므로 충분히 가능하다고 생각하며 일부 경쟁자들로부터 시장 점유율을 잠식당하지 않도록 노력했다. '쇠뿔도 단김에 빼라'는 말이 있듯이 지금이 바로 모두가 전력투구해야 할 시점이라고 결의를 다졌다. 2차년도의 연말 파티는 고급 호텔에서 고급 와인과 함께 뷔페식으로 진행하였다. 연회 주제는 '회사의 미래 포부'였다.

다음해 3차년 시작과 함께 제품 판매 인력과 조직이 대거 확장되었다. 전략적 제휴 협력 구축과 지역 대리점 개설, 고객 지원 부서 설립과 함께 제품 마케팅 홍보 부분에 투자를 강화하였다. 하지만 당해 연도 절반이 경과하는 시점에 이르러도 매출 실적은 기대와 달리 실망스러운 결과를 나타내었다. 매출은 어렵사리 지속되고 있으나 몇 개의 경쟁 기업이 추가로 시장에 진출한 관계로 고객으로부터 제품 가격 인하에 대한 지속적 압박을 받고 있다. 당해 연도 전체 매출 실적은 예상외로 저조했으며 판매 인력과 마케팅 조직 확장에 따른 투자 비용이 크게 증가함에 따라 회사 경영은 어려움에 처하게 되었다.

이러한 와중에 스타트업 초기부터 진행해 오던 고객들과의 연구 개발 프로젝트들도 시간의 경과에 따라 지지부진하게 되었다. 회사 내부 회의가 개최되면 영업부 직원들은 제품 하자에 관한 생산 라인의 문제를 지적하고 제품 가격이 너무 높다며 마케팅의 애로점을 호소하였다. 하지만 기술부 직원들은 제품 스펙이나 품질에는 하자가 없다고 주장하고, 고객 관리부 직원들은 고객과의 고충 사항을 토로하였다. 경영진은 판매 영업 인력들이 공격적인 마케팅을 하지 않는다며 회사 발전에 전혀 기여하지 못하고 있다고 질책하였다.

결론 없는 소모적 논쟁이 조직 내부에서 지속되었으며 회사는 정책적으로 외과 수술이 필요한 시점에 이르렀다. 3차년도 3분기 매출 실적은 절망적인 결과를 보여주었다. 이사회와 스타트업 투자자, 그리고 창업주와 대표가 판매 책임을 맡고 있는 부사장에게 압박을 가했다. 결국 이사회에서 마케팅 책임자인 부사장이 해임 결의되고 '현실 경영'이 시작되어야 한다는 구호 아래 보다 많은 자금 투자가 이루어졌다.

외부 자금이 전격적으로 투입됨으로써 초기 투자자인 창업주나 핵심 경영 인력들이 소유하고 있던 지분이 엄청나게 희석될 수 있는 시점이었다. 일부 창업주들이 반대했지만 무시되고 투자는 진행되었다. 하지만 6개월이 지난 시점에서도 '현실 경영'이 효과를 보지 못하자 내부 분열이 일어났다. 회사 경영에 획기적인 자문이 필요한 시점이었다. 지금 필요한 것은 국면 전환의 전문가로서 투자자들의 결단이었다. 대폭적인 감원이 뒤따랐다. 그리고 회사는 그렇게 지속되었다. 하지만 회사 수익과 신용도가 점차 하락의 길로 접어들면서 다른 기업으로부터의 합병 시도도 기대하기 어려울 뿐더러, 예측 불가한 벤처 캐피탈의 회계에 예속되어 있어 명예로운 죽음을 선택하지도 못한 채 좀비 기업으로 그저 명목만 유지하고 있다.[59]"

위의 시나리오와 같이 유망 스타트업들이 고객 시장에 존재하는 간극을 극복하지 못한 채 출구 전략에 이르지 못하는 사례들은 주위에서 쉽게 찾아 볼 수 있다. 이는 무엇보다도 고객층 간극을 극복하고 제품을 시장에 확산시키는 판매 전략의 중요성을 상기시키는 중요한 사례라 할 수 있다.

고객 서비스 및 제품 지원

제품 판매 전략에 있어 중요한 측면임에도 간과하기 쉬운 부분은 고객 서비스와 제품 지원 업무이다. 특히 고도의 기술이 요구되는 첨단 제품의 경우 고객 서비스 및 제품 지원은 판매 전략에 있어 중요한 핵심 요소이다. 고객 서비스와

---

59 Moore, *Crossing the Chasm*, 23–25.

제품 지원 업무는 크게 '사전 판매pre-sale'와 '사후 판매post-sale' 두 가지 형태로 나누어 볼 수 있다.

전문 엔지니어와 연구자는 주로 사전 판매 활동으로서 신제품 시연과 함께 다양한 고객의 니즈를 충족시키기 위한 기술 마케팅 활동을 한다. 고객의 다양한 니즈를 충족시키기 위한 제품 설명은 특히 판매 제품이 플랫폼 기술로 응용 분야가 다양한 경우에 중요한 요인이 된다.

제품 판매 스펙트럼에 있어 가장 끝 단계에 사후 판매 활동이 있다. 고객이 제품을 구매한 후 고객 서비스 차원에서 구매 제품에 대해 회사가 사후 관리하는 일체의 활동을 말한다. 판매 제품에 하자가 있거나 사용 중 고장이 발생하면 누군가는 제품과 관련된 고객 불만 사항을 접수하고 온라인 또는 현장에서 고객 상담을 통해 신속히 해소해야 한다. 또 다른 사후 판매 활동으로 판매 제품에 관해 '유지 보수maintenance' 활동 또는 '업그레이드upgrade'도 사후 판매 활동의 한 형태이다.

첨단 하드웨어 장치는 반드시 주기적으로 유지 보수해야 하고 판매된 소프트웨어도 지속적으로 버그를 수정하고 업그레이드하여야 한다. 이러한 유지 보수 또는 업그레이드를 통한 제품 지원 활동은 판매 제품과 연관하여 지속적인 수익을 창출하는 데 많은 도움이 될 수 있다.

배상 책임

대부분의 거래 방식은 기업이 생산한 제품을 소비자가 직접 구매하는 방식이다. 이는 고객이 제품을 구매하면 구매한 제품을 배송하는 방식이므로 거래 과정에서 발생할 수 있는 배상 책임이 보다 명확하게 파악된다. 하지만 간접 생산이나 대리 판매를 하는 경우 외주업체 또는 유통업자 등을 경유하는 거래이기 때문에 복잡한 관계로 인해 배상 책임도 난해해지는 경우가 많다. 예를 들어 의료기 판매 분야에서의 거래 과정은 매우 복잡한 절차로 이루어지는데, 소비자 고객이 직접 의료기 제품을 구매하지 않거나 대금을 직접 지불하지 않는 경우가 많다. 대부분의 경우 보험업체 또는 의료공단이 의료기를 구매하고 의료기 소비자와 함께 대금을 분할 납부하거나 공동으로 납부하는 경우가 많다. 이러한 간접 거래 행위는 제품에 관한 배상 책임을 더욱 복잡하게 할 뿐만 아니라 거래 과정에 있어서 바람직하지 않는 다양한 리베이트 관행을 발생시킨다.

START UP 3.20
핵심 단계 19: 출구 전략

대부분의 캠퍼스 스타트업은 이노베이션을 확보하고 이를 사업화하기 위해 투자 자금을 필요로 한다. 앞서 논의한 바와 같이 스타트업의 자금원은 주로 전문 벤처 캐피탈 투자자들로 이들은 투자의 대가로 기업의 지분을 확보하고 향후 지분 가치 상승을 통한 수익을 목적으로 한다. 스타트업에 대한 예상 투자 수익률은 투자자가 가지고 있는 위험률에 비례하는 것이 일반적이다.

스타트업 초기인 시드 단계에서 투자한 벤처 자금의 예상 투자 수익률은 투자 시리즈 C 단계에서 투자한 예상 투자 수익률이나 은행에서의 자금 대출 수익률보다 크다고 할 수 있다. 벤처 캐피탈 투자자는 최초 투자한 스타트업에 자금 회수와 수익 확보를 위한 출구 전략에 소요되는 기간을 통상 5~7년 정도로 예상한다.

비 금융권 지분 투자자들인 창업주 또는 경영 인력들도 향후 지분 수익 확보를 위해 회사 성장에 많은 노력을 기울인다. 자사주를 보유한 경영 인력이나 종업원들은 스타트업 초기에 겪게 되는 낮은 수준의 급여와 복지에도 불구하고 회사를 위해 정열적으로 일을 한다. 왜냐하면 스타트업의 지분을 보유하고 있는 모든 주주들은 회사가 출구 전략을 시행하면 보유 지분을 현금화할 수 있기 때문이다.

출구 전략을 시행하는 방법은 통상 두 가지로 예상할 수 있다. 회사가 성장함에 따라 시장에서 자금 조달을 위해 주식 시장에 기업공개하는 경우와 타사와의 인수합병의 경우이다.

3.20.1 기업 인수

타사에 의한 기업 인수acquisition 절차는 인수자가 대상 기업이 소유한 주식 지분은 물론 지식재산, 부동산 및 동산 등 모든 기업 자산과 함께 채무 사항인 부채까지 인수하는 절차를 말한다. 기업 투자 협상이나 기술 라이선싱 협상과 마찬가지로 기업 인수를 위해서도 상호 합의된 약정서 작성이 필요하다. 인수합병 약정서 내용은 인수 대상 기업에 대한 자산 실사 후 당사자 상호 합의에 의한 서명으로 효력이 발생하는데, 약정서에 포함되어야 하는 주요 항목은 다음과 같다.

인수 가격: 약정서에는 대상 기업을 인수하고자 하는 가격에 관해 명시해야 한다. 벤처 캐피탈이 스타트업에 투자하는 경우 투자 전 기업가치를 산정하는 것과 마찬가지로 기업 인수 과정에서도 대상 기업에 관한 현존 기업 가치를 산정한다. 인수 과정에서의 기업 가치 산정은 투자 과정에서의 기업 가치 평가보다 더 광범위한 자료들이 필요하며 많은 협의 절차가 뒤따른다. 산업 분야별로 인수합병된 기업들에 관한 시장 가격들의 공개되어 있기 때문에 이러한 기존 거래 자료들이 인수 가격 산정에 있어 중요한 가이드 역할을 한다.

대금 지급 방법: 인수자가 대상 기업에 관해 얼마의 가치로 인수할 것인가는 어느 정도 정형화되어 있는 틀에 의해 결정된다. 인수 가격이 결정되면 인수자는 이에 대한 대가를 어떻게 지급하여야 할지 결정해야 한다. 기업 인수에 대한 반대급부로서 인수자가 상대방에게 지급하는 방식에는 현금 또는 주식 지급의 두 가지 형태가 있다. 피인수자의 입장에서는 모든 조건이 동일하다면 유동성 확보 측면에서 현금을 지급받는 것이 가장 유리할 것이며 만일 주식을 지급받는 경우에는 상장 주식이 비상장 주식보다 유리할 것이다. 일반적으로 기업 인수

에 대한 대가로 현금과 주식이 혼합되는 방식이 사용되며 이러한 지급 방식도 기업 인수 가치 산정에서 고려 대상이 된다. 그러므로 지급 방식에 관해 고려해야 할 첫 번째는 인수 대금으로 지급받는 현금과 주식의 재정 규모 측면이며, 두 번째는 이러한 지급 방식의 현금 유동성 측면이라 할 수 있다.

대금 지급 조건: 대금 지급 조건에는 여러 가지 다양한 형태의 옵션이 있는데, 이는 대금 지급 방식과 밀접한 연관을 갖는다. 예를 들어 대상 기업의 인수 대가로 상장 주식을 지급받기로 결정하였다면 대상 기업의 소유주는 상장 주식을 받게 되지만 지급 조건에 의해 당장 해당 주식을 거래 시장에서 판매하지 못할 수도 있다. 대금 지급 조건에 월 단위로 소유 주식의 몇 %만을 판매할 수 있다는 옵션이 부가될 수 있기 때문이다. 이러한 판매 제한 옵션이 부가되는 이유는 많은 양의 주식이 거래 시장에 한꺼번에 매물로 나와 주식 가격이 폭락하는 것을 방지하기 위한 조치이며, 또한 신주를 취득하는 주주들로부터 회사가 지속적인 기대감과 신뢰감을 확보하기 위한 조치이다. 대금 지급 조건에 제한을 두는 또 다른 형태로 '언 아웃earn-out'이 있다. 인수 대상 기업이 독자적인 사업 수행을 통해 미래의 특정 기간 내에 사전 합의한 사업 성과 목표를 달성하면 합의 대금을 대상 기업의 종업원들이 주로 지급받는 방식이다. 인수 대상 기업의 가치에 관해 매도기업과 매수기업 상호간 큰 견해차가 있는 경우 주로 적용하는 방식으로, 예를 들어 합의 대금을 3년 이내 매출 1억 달러 달성 시 지급한다는 조항을 조건으로 달 수 있다.

인수합병 방식: 기업 인수 이후 인수합병된 회사가 어떠한 방식으로 통합 운영될 것인지는 단기 또는 장기 관점에서 고려될 수 있다. 하지만 일반적으로 서로 상이한 기업이 인수합병을 통해 통합하는 경우 크게 두 가지 유형으로 구분해 볼 수 있다. 먼저 통합된 조직이 자본과 인프라를 상호 공유하지만 양자 기업은 독자의 조직 운영 방식을 고수하는 경우이다. 또 다른 방식은 인수합병된 대상 기업의 운영 방식이 완전히 흡수되어 인수 기업의 조직으로 통합되어 사라져 버

리는 경우이다. 이러한 양사 조직의 운영 체계는 인수합병 이후 물리적 통합과 화학적 통합을 이루는 경영 체계 사이에서 장단기적 관점에서 변화되는 것이 일반적이다. 앞서 설명한 물리적 통합은 '언 아웃' 대금 지급 방식으로 통합하는 경우로 인수합병된 기업 운영 체계가 인수합병 이후에도 독립적으로 지속되는 것을 전제로 한다. 그러므로 이러한 경우 인수합병 이후에도 매각된 기업의 종업원 대부분은 고용을 유지한다. 인수합병된 기업이 사전 합의한 특정 마일스톤에 도달하면 비로소 '언 아웃'이 이루어지고 이에 상응하는 인센티브를 받을 수 있다. 이와 달리 화학적 통합의 형태로서 대상 기업이 완전히 인수 기업에 흡수 합병되는 경우는 인수합병 후 통합된 회사 운영 체계에 있어 중복되는 인력들이 많기 때문에 감원이 불가피하게 이루어진다. 또한 완전한 화학적 통합에 의한 인수합병의 경우 고위 경영자들에게 일정 기간 동안에 조직의 원만한 통합 운영을 위해 인센티브가 주어지는 경우가 일반적이다.

3.20.2 기업공개

또 다른 출구 전략의 한 형태로 기업공개 IPO: Initial Public Offering 방법이 있다. 기업공개란 비상장 기업이 보유하고 있는 주식을 상장 주식으로 전환하는 절차를 말한다. 비상장 기업이 주식 거래 시장에서 자사 보유 주식을 증권회사 또는 투자금융회사를 통해 상장 주식으로 전환함으로써 기업공개가 이루어진다.

기업공개를 통해 상장 주식으로 전환하는 경우 거래 시장을 통해 기관 투자자 또는 개인 투자자들로부터 자금을 유치할 수 있다. 기업 상장을 주관하는 전문 대행사인 증권회사 또는 투자금융회사는 상장 기업에 관한 가치 평가를 통해 최초 주가를 산정한다. 이렇게 최초 산정된 주가는 주식 거래 시장에서 기관 또는 개인 투자자들로부터 검증을 받는다. 주식 거래 시장에 상장된 주식에 대한 일반 구매 수요에 따라 벤처 캐피탈이나 개인 투자자들은 상장된 자사 주식을 구매할 것인지 매도할 것인지를 판단한다. 미국 주식시장에 상장된다는 것은 뉴욕증권거래소NYSE 또는 나스닥NASDAQ에서 주식 거래가 이루어진다는 것을 의미한다. 스타트업 최초 주주들이 보유한 비상장 주식은 상장 주식으로 전환된다. 기업공개의 경우에도 많은 양의 주식이 거래 시장에 한꺼번에 매물로 나와 가격이 폭락하는 것을 방지하기 위해 기업공개 이후 3개월에서 6개월 정도의 일정 기간 동안 주식 판매를 제한하는 것이 일반적이다.

3.20.3 인수합병 Vs. 기업공개

스타트업이 성장하여 자금 유동성 확보를 위한 출구 전략을 검토하는 경우 인수합병 또는 기업공개 방식 사이에서 고민하게 된다. 어떠한 방식을 선택하는가에 따른 장단점은 항상 동일하지는 않겠지만 기업의 현금 유동성 확보라는 큰 틀의 관점에서 인수합병이 파트너와의 협력 관계 구축을 통한 공동의 생존 전략이라면, 기업공개는 독자 생존 전략의 추구라고 볼 수 있다. 출구 전략을 선택하는 데 있어 투자자와 경영자 관점에서 고려되는 주요 사항은 다음과 같다.

투자자의 관점: 투자자가 출구 전략을 선택하는 데 있어 무엇보다도 가장 중요하게 고려하는 사항은 투자 금액에 대비한 회수 금액이다. 인수합병에 의한 출구 전략의 경우 다가오는 장래에 특정한 마일스톤 목표를 거래 조건으로 하는 경우를 제외하고는 대부분 현금 유동성을 단기 관점에서 신속하게 확보할 수 있다는 장점이 있다. 이와 달리 기업공개를 통한 출구 전략은 투자 기업으로부터 유동성 확보까지 통상적으로 약 2년 이상의 긴 시간이 소요되며, 제품 개발 및 마케팅 판매 등과 같은 기업 내부의 리스크는 물론 거시 경제 흐름이나 해당 산업의 경기 동향 등 기업 외부에도 리스크가 존재한다. 그럼에도 불구하고 많은 투자자들은 기업공개를 통한 출구 전략을 선호하며 기업공개를 통한 출구 전략 시행을 투자 성공의 목표로 설정한다. 왜냐하면 기업공개는 투자 자금의 회수

측면에서 투자자에게 보다 큰 이익을 가져다 줄 뿐만 아니라 경제적인 파급 효과도 크기 때문이다.

경영자의 관점: 경영자는 기업의 출구 전략으로 인수합병M&A 또는 기업공개IPO를 선택해야 할 시기에 기업의 경영 상황과 외부 여건에 따라서 선택한다. 경영자 입장에서 내부 요인으로서의 회사 경영 실적과 외부 요인으로서의 시장 동향이나 경쟁 상황에 의해 인수합병을 통한 출구 전략을 시행하고자 하겠지만 이면에는 무엇보다 인수합병을 통한 경제적 이익이나 시너지 효과 창출을 기대하기 때문이다. 합병하는 기업들이 문화적 측면이나 회사의 미션 관점에서 잘 부합될 것인지, 합병된 회사가 어떠한 시너지 효과를 창출할 것인지, 인수합병을 통해 어떠한 리스크가 감소되는지 등에 관해 경영자들은 신중하게 검토하여 인수합병을 추진한다.

기업공개를 통해 유동성을 확보하는 경우 가장 큰 장점으로 주식 거래 시장에서의 자금 조달이 신속하고 쉽게 이루어지고 자금 활용에 관한 유연성도 커진다. 반면에 기업공개를 하는 경우 기존 주주들의 지분이 대폭 희석되는데, 심지어 그 희석 정도가 40%에 이르는 경우도 있다. 아울러 기업공개를 하면 상장 기업으로서의 공적 책임이 강화되고 각종 규제와 함께 내부 시스템 관리도 강화되어야 한다는 장단점이 있다.

3.20.4 출구 전략의 실패 원인

다음은 스타트업이 기술 사업화 과정에서 걸림돌로 예상되는 각종 애로사항이나 문제점에 대한 내용으로 출구 전략을 시행하지 못하는 원인이 되기도 하는 요인들이다.

회사의 자금 부족

기술 사업화 과정에서 걸림돌인 성장 자금의 부족은 대부분의 캠퍼스 스타트업이 경험하거나 스타트업이 실패하게 되는 중요한 원인 중 하나이다. 스타트업이 설립되면 경영 인력을 채용하고 창업주의 대학 보유 기술을 라이선싱 받아 본격적인 기술 사업화가 추진된다. 아직 매출이 발생하지 않고 자체 운영 자금과 개발 자금이 부족한 대부분의 스타트업은 사업 계획서를 기반으로 투자자를 방문하여 본격적인 기술 사업화 자금 유치 활동을 한다.

하지만 투자자는 다양한 이유로 자금 투자를 꺼리는데 다음과 같은 이유가 대부분이므로 이에 대한 사전 대비책이 필요하다.

- 스타트업이 투자자를 잘못 선택하거나 투자자가 스타트업을 잘못 선택하여 투자 업무를 진행하는 경우가 있다. 예를 들어 스타트업이 기술 사업화하고자 하는 세부 산업 분야가 있으며 또한 투자 라운드의 자금 규모와 단계 등이 특정되어 있는데, 이것이 엔젤 투자자의 전문성이나 니즈와 상충하는 경우 후속 투자 업무 진행은 대부분 중도 무산된다.
- 스타트업의 보유 기술이 상용화 관점에서 기술 성숙도가 낮아 사업화 리스크가 큰 경우이다. 이 경우 창업 연구자의 연구실에서 추가 기술 개발이 필요하거나 정부의 기술 사업화 과제 수주를 통해 기술 완성도를 높이고 사업화 리스크를 감소시킬 필요성이 있다.
- 스타트업이 투자 자금을 많이 요청하는 경우에도 난항이 예상된다. 투자자 입장에서 투자 금액이 큰 경우에는 그 만큼 리스크가 커지고, 엔젤 투자자인 경우 투자 여력이 그만큼 되지 않기 때문이다. 그러므로 스타트업의 입장에서 투자 규모를 늘리기 위해서는 한꺼번에 많은 투자 금액을 요구하지 말고 단계별로 나누는 전략이 필요하다. 제품 생산 라인 설치 시점 또는 파트너 사와의 협약 체결 시점과 같이 단계별로 나누어 협상하는 전략이 필요하다. 예를 들어 투자자에게 개발 제품 생산을 위한 500만 달러의 투자를 요구

하기보다 구체적으로 몇 개의 시제품 제작과 더불어 베타 버전의 초도 제품을 출시하고 고객으로부터 피드백받기 위한 50만 달러의 투자 제안을 한다면 현실적으로 성사 가능성이 클 것이다.

대학과의 불협화음

비즈니스 계약을 체결하고 이행하는 데 있어 양 당사자는 불협화음 가능성을 항상 가지고 있다. 대학의 연구 개발 성과물을 사업화하기 위해 대학은 보유 기술을 스타트업에게 기술이전 라이선싱 계약을 체결하고 스타트업의 기술 사업화 과정에 관여하게 되는데, 이러한 계약 이행 과정에서 발생할 수 있는 불협화음의 이유는 다음과 같다.

- 대부분 대학들은 기술 라이선싱 계약의 일환으로 라이선싱 대금의 선급 또는 분납을 요구한다. 대학의 기술이전 사업화 전담조직은 라이선싱 대금 수입을 통해 특허 출원 및 등록을 위한 지식재산권 관리 비용을 확보하고, 또한 대학의 지식재산 권리를 창출한 대학 발명자에 대해 금전적으로 보상해야 하기 때문이다.
- 하지만 일부 스타트업은 라이선싱 대금을 납부하기 위한 자금 확보가 원활하지 않은 경우가 많다. 자금 부족으로 인해 라이선싱 대금을 납부하지 못하고 있는 스타트업이 만일 투자자와 투자 협상을 진행 중에 있다든지 또는 정부 과제가 계류 중에 있다면 이러한 증빙자료를 대학 전담조직에 제시하여 납부 기한을 연장하거나 라이선싱 계약을 수정할 수 있다.
- 일부 사례의 경우 대학 전담조직은 라이선싱 대금 미지급으로 인한 계약 위반을 사유로 스타트업에 경고장을 발송하는 경우도 있다. 하지만 이러한 경고장은 만일 투자자와 투자 협상이 진행되고 있다면 어떠한 측면에서 투자자로 하여금 협상 진행을 촉진시키는 계기로 활용할 수도 있다.
- 라이선싱 지급에 관한 대금 일정은 대부분이 기술 사업화 목표 일정과 밀접

하게 연동되어 있다. 예를 들어 시제품 제작 완료 일자 또는 라이선싱 계약 체결 후 2년 이내 매출 발생 시점 등과 같이 라이선싱 대금 지급 일정을 협약한다. 하지만 약정서에 서명한 대로 기술 사업화 일정이 순조로이 진행되지 않아 라이선싱 대금 지급 일정을 준수하지 못하는 경우가 많이 발생한다.

- 이러한 경우 만일 라이선싱 대금 납부 유예에 관한 합리적인 사유가 있거나 유관 증빙 자료를 제시한다면 대부분 대학들은 이러한 스타트업의 애로 사정을 이해하고 납부 일자를 유예하거나 기존 라이선싱 계약을 변경하여 재계약을 체결한다. 재계약을 체결하는 경우 당해 라이선싱 금액에 해당되는 만큼의 스타트업 지분을 확보하거나 라이선싱 대금을 증액하는 것이 일반적이다.

- 스타트업이 대학 보유 기술을 라이선싱 받아 기술 사업화를 추진하겠지만 창업주 연구자는 대학에서 해당 분야와 연관된 기술을 지속적으로 업그레이드하며 새로운 기술 개발을 진행한다. 대학 연구실에서 라이선스 기술과 연관된 별도 기술이 확보되었을 때 라이선싱 계약의 관점에서 볼 때 어떻게 해석될 것인가? 이에 관한 답변으로 아래 세 가지 견해를 예상해 볼 수 있다.

"대학 연구실이 별도로 확보한 개량 기술은 이미 라이선싱한 기술의 일부분이므로 현재 라이선싱 계약의 대상 기술로 귀속된다."
"기존 라이선싱 계약과는 별개로 대학 연구실이 확보한 기술이므로 별도 라이선싱 계약을 체결해야 한다."
"대학 연구실에서 새로 확보한 기술은 라이선싱 대상 기술이라 할 수 없고 새로운 기술이므로 이는 별도 라이선싱 계약을 체결해야 할 뿐만 아니라 제3자에게도 라이선싱 가능한 신규 기술로 보아야 한다."

- 위 세 가지 경우와 같이 라이선스 대상 기술과 연관되어 대학에서 새로이 확보한 기술에 관해 서로 다른 관점이 있을 수 있다. 그러므로 대학과 스타트

업은 이러한 분쟁을 예방하기 위해 앞서 든 경우의 사례를 예상하고 라이선싱 계약서에 조문화하여 사전 합의하는 것이 바람직하다.

- 스타트업이 보유 기술을 개량하거나 새로운 발명을 창출하고 지식재산 특허를 확보하고자 하는 경우 종종 지식재산 소유권에 관한 권리 분쟁이 발생한다. 특허 받을 수 있는 권리는 발명자에게 원천적으로 귀속된다. 만일 발명자가 회사 종업원이라면 직무 발명을 한 종업원은 근로계약서를 근거로 회사에 특허 받을 수 있는 권리를 양도한다. 하지만 발명자가 회사 종업원 신분이 아닌 대학 교수 또는 컨설턴트로서 컨설팅 계약 내용에 이에 관련된 내용을 명확하게 명기하지 않았다면 특허 받을 수 있는 권리에 관한 문제는 복잡해진다.

- 일부 대학에서는 대학 연구자가 스타트업을 대상으로 기술 컨설팅 활동을 통해 창출한 발명을 스타트업 지식재산 권리로 귀속시키는 일반적인 컨설팅 계약은 인정하지 않는다. 그러므로 창업주 연구자가 스타트업과 기술 컨설팅 계약을 체결하고자 하는 경우에는 대학과의 사전 협의를 통해 지식재산 소유권에 관해 투명성을 확보하는 것이 향후 발생할 수 있는 대학과 스타트업의 분쟁을 방지할 수 있는 방법이다.

- 라이선스 대상 기술을 보호하고 있는 지식재산인 특허를 제3자가 침해하거나 또는 침해의 개연성이 있는 경우 종종 대학과 스타트업 사이에 분쟁이 발생한다. 왜냐하면 스타트업의 라이선스 권리에는 일반적으로 특허 침해에 대응할 수 있는 권리는 포함되어 있지 않고 지식재산의 소유주인 대학이 침해 방지와 침해 소송에 관한 권리를 유보하고 있기 때문이다.

- 대부분의 대학들은 비실시 공공기관의 특성상 보유 특허의 침해 방지 또는 침해 소송 활동에 그다지 적극적이지 않은 것이 현실이다. 하지만 일부 대학의 기술이전 전담조직은 전문성을 확보하고 스타트업과 공동으로 지식재산 보호 활동을 수행하는 데 있어 적극적이며 스타트업에게 특허 침해 방지 또는 침해 소송을 할 수 있는 권리를 위임하는 경우도 있다.

구성원 간의 불협화음

스타트업의 경우 적은 수의 인원이 밀접한 연관성을 가지고 함께 일을 추진하기 때문에 조직 내부 인력들이 모두 하나되는 화학적 융합이 무엇보다 중요하다. 회사 내부 구성원 간에 화학적 결속이 이루어지지 않으면 구성원의 성격 충돌이나 의견 대립으로 인한 불협화음이 지속적으로 발생한다. 이는 회사의 경쟁력과 성장을 저하시키는 중요 장애 요인이 된다. 그러므로 대부분 스타트업은 신규 인력 채용 시 일정 기간 수습 기간을 두어 조직 적응 여부를 판단하고 채용을 결정한다.

한편 회사 조직에서 구성원의 성격 충돌과 무엇보다 밀접하게 연관되어 있는 것은 직업 적성이라 할 수 있다. 하지만 스타트업 경영진과 창업주가 해당 분야의 직업 적성과 맞지 않는 인력의 지속적 고용 유지를 위해 소모적인 노력을 기울이는 경우를 종종 볼 수 있다. 어려운 결정일 수 있지만 직업 적성에 맞지 않는 사람은 자신이 희망하는 길로 가도록 하는 것이 바람직하다. 조직에 적응하지 못하는 사람은 인간성이 나쁜 사람이 아니라, 단지 해당 직무가 그 사람의 적성에 맞지 않을 따름이라는 것을 명심할 필요가 있다.

개발 실패와 판매 저조

제품 개발의 실패 또는 개발된 제품의 판매 저조로 스타트업이 난관에 봉착하는 경우가 많다. 일부 스타트업의 경우 이는 극복하기 어려운 난관으로 결국 실패로 귀결된다. 예를 들어 약품 개발을 위한 신약이 임상시험에 실패한 경우 이러한 경험을 바탕으로 새로운 약품을 연구 개발하기 전에는 극복하기 어려운 상황이 될 수 있다.

제품 개발을 위한 과정에서 실패하는 경우 많은 시간과 자금이 투입되거나 일부 수정 보완 절차를 거치면 해결되는 경우도 있다. 하지만 어렵게 제품 개발이 완성된다 하더라도 출시된 제품이 소비자 외면으로 인해 판매가 저조하다면 이는 곧 시장 실패로 귀결된다.

판매 저조와 연관된 사항은 대부분 제품의 시장 적응에 관한 문제로 고객 수요와 제품의 시장 가치 사이에 존재하는 불일치 때문이다. 이러한 경우 일반적으로 출시 제품을 수정 보완하여 제품의 현존 가치를 변화시키거나 별도의 제품 수정 없이 제품의 이미지 제고를 위한 디자인 또는 광고 마케팅을 강화함으로써 제품 매출을 증대시킬 수도 있다.

하지만 두 경우 모두 스타트업 입장에서는 보다 많은 시간과 자금이 투입되어야 한다. 판매 제조와 관련하여 또 하나 유의해야 할 점은 앞에서 일반적으로 스타트업의 신제품의 경우, 무어의 『캐즘 마케팅』에서 설명한 바와 같이 제품 출시 이후 초기 시점에 조기 수용층에 의한 제품의 시장 진입은 순조로이 이루어질 수 있지만 이후 시점에 존재하는 고객 수요층으로 쉽게 시장 제품이 확산되지 않는 간극이 존재한다는 사실을 유념해야 한다.

3.20.5 사업 방향 전환

통계적으로 정확한 데이터는 없지만 많은 수의 캠퍼스 스타트업들은 제품 출시까지 여러 차례의 사업 방향을 전환하는 피버팅pivoting을 거쳐 기술 사업화에 이른다. 스타트업의 사업 방향 전환이나 궤도 수정을 의미하는 피버팅은 개발 제품 내용이나 응용 분야뿐만 아니라 비즈니스 모델이나 파트너 확보 전략 등 사업 계획 수행에 있어서의 핵심적인 변경이 이루어지는 것을 의미한다.

경쟁사로부터의 침해 경고장의 접수 또는 인증기관으로부터의 불승인 통지 등과 같이 사업 방향 전환에 관한 사유들이 명백한 경우에는 투자자들로부터 별다른 이견 없이 신속하게 진행되겠지만, 사업 방향 전환의 사유가 애매모호한 경우는 투자자와 같은 이해 관계자들과 분쟁이 발생할 소지가 많다.

예를 들어 스타트업이 시장조사 결과 또는 고객 설문조사를 바탕으로 대학으로부터 라이선싱 받은 일부 핵심 기술을 제품 개발에서 배제하고자 한다면, 창업주 연구자의 입장에서는 자신의 보유 기술의 시장 파급 효과가 급격히 감소하게 될 뿐만 아니라 스타트업에서의 입지와 역할이 감소될 수밖에 없다.

또한 투자 유치 당시 제안한 사업 계획을 전격적으로 피버팅하고자 한다면 누구보다도 먼저 투자자와의 불협화음을 예상할 수 있다. 투자자는 스타트업의 개발 제품에 관해 고객의 수요와 시장성을 기반으로 자신들의 관점에서 투자를 결정하였기 때문에, 이를 변경하고자 하는 경우 합리적 사유와 배경을 설명하여야 한다.

투자자와 스타트업 경영진은 사업성을 판단하는 관점이 서로 다를 수밖에 없다. 먼저 투자자는 스타트업이 사업화하고자 하는 분야의 시장 환경 등 외부적 요인에 관한 정보나 각종 비즈니스 사례 및 유형을 바탕으로 사업성을 객관적으로 판단하고자 하지만, 경영진 입장에서는 보다 내부적 경영 관점에 따른 주관적 판단이 앞설 수밖에 없기 때문이다. 하지만 양 당사자가 주주의 이익을 극대화하고자 하는 동일한 관점에 있다는 것은 부정할 수 없는 사실이다. 즉 주주의 이익 확보라는 목적은 동일하지만 이에 도달하고자 하는 수단은 다를 수 있다는 의미이다. 예를 들어 투자자인 벤처 캐피탈의 입장에서는 신속한 인수합병이 투자 자금 회수에 최적의 수단이라고 판단하겠지만, 경영진 입장에서는 인수합병은 시기상조이며 보다 큰 수익을 위해 중장기적으로 기업 가치를 높이는 것이 중요하다고 판단할 수 있다.

스타트업이 성장하여 출구 전략을 시행하는 데 있어 무엇보다 중요한 과정은 기술 사업화를 위한 사전 계획을 수립하고, 이를 달성하기 위한 절차를 성실히 수행하는 것이다. 하지만 현실은 사전 계획한 대로 이루어지지만은 않는다. 그러므로 사전에 예상치 못한 돌발 상황이 발생하면 원활하게 수습할 수 있는 대책이 필요하다.

현실적으로 기술 사업화 과정에서 발생하는 각종 애로사항이나 문제점들은 스타트업이 목표하는 사업 방향을 바꾸게 하거나, 성장 속도를 아주 느리게 하거나, 심지어 시장으로부터 퇴출되는 결과를 초래할 수도 있다.

앞에서 우리는 캠퍼스 스타트업이 대학 보유 기술을 사업화하고 자금 유동성 확보를 위한 출구 전략에 이르기까지 스타트업이 거쳐야 할 핵심 단계들에 관해 살펴보았다. 하지만 모든 스타트업이 앞서 설명한 핵심 단계별로 정형화된 절차를 거쳐 성장하는 것은 아니며 일부 핵심 단계들이 반복 수행되거나 일부 핵심 단계가 간과되기도 한다.

04

사례 연구

3장에서는 대학이 보유하고 있는 연구 개발 성과물을 사업화하기 위해 창업주가 사업화 기회를 포착하고 스타트업을 설립하여 성장시키는 실무 과정들을 19개 핵심 단계를 중심으로 살펴보았다. 여기에서는 핵심 단계를 수행하는 다양한 접근법과 절차들을 보다 확실히 이해하기 위해 세 가지 스타트업 사례를 중심으로 각 단계별로 살펴보고자 한다.

해당 사례에 등장하는 회사는 가상의 기업이지만 각 회사의 특성은 우리의 경험을 기반으로 한 실제 상황을 묘사한 것이다. 제시 사례는 암 치료제 기술(BT), 가스 모니터링을 위한 감지 기술(NT), 그리고 웹 서버 최적화 소프트웨어 기술(IT)에 관한 것으로 이러한 기술이 캠퍼스 스타트업의 설립과 성장을 통해 출구 전략에 이르게 되는 사업화 전 과정을 보여 줄 것이다.

START UP 사례 1.
온코티카

온코티카Oncotica의 사례는 암 치료제의 사업화에 관한 내용으로 그림 4.1에 제시한 바와 같이 궁극적 출구 전략은 대형 제약사와의 인수합병을 통한 매각이다.

데이비스 박사는 대학 소속의 암연구센터에 근무하는 연구자로 종양 세포의 성장 과정에서 암세포 활성과 연관된 새로운 단백질 효소를 발견하였다. 그는 암세포 치료와 관련하여 다양한 연구 그룹들과 협력 체제를 이루고 있는데, 근자에 유전자 복제, 단백질 발현, 효소 항체 개발, 리간드 격리 등과 관련된 연구 인력들과 함께 단백질의 효소 활동을 몇 차례 억제하는 새로운 신약 합성물

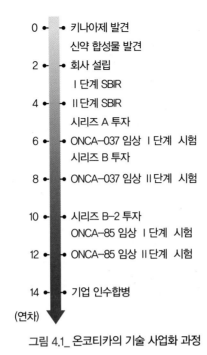

0 ─ 키나아제 발견
    신약 합성물 발견
2 ─ 회사 설립
    I 단계 SBIR
4 ─ II 단계 SBIR
    시리즈 A 투자
6 ─ ONCA-037 임상 I 단계 시험
    시리즈 B 투자
8 ─ ONCA-037 임상 II 단계 시험

10 ─ 시리즈 B-2 투자
     ONCA-85 임상 I 단계 시험
12 ─ ONCA-85 임상 II 단계 시험

14 ─ 기업 인수합병
(연차)

그림 4.1_ 온코티카의 기술 사업화 과정

을 발견하였다. 단백질 효소 활동을 억제하는 시험 결과를 기초로 동물 실험을
통해 최적화된 새로운 신약 합성물 몇 가지를 제안하였다. 이들 신약 합성물 중
하나가 마우스 실험을 통한 암 종양 사전 연구 단계에서 괄목할 만한 암세포 억
제 효과가 있음을 발견하게 된다.

사업화 기회 포착

데이비스 박사는 암세포 치료 약제로서 단백질 인산화효소인 키나아제에 작동하
는 새로운 효능을 가진 신약 합성물을 발명하였을 뿐만 아니라, 암세포 성장을 제
어할 수 있는 여러 종류의 신약 합성물을 추가로 발명하였다. 이를 통해 그는 광
범위한 종양 치료제 연구 분야에서 공로를 인정받게 되었다.

그는 암 종양 치료 연구 대상물로서 키나아제와 이를 억제하는 물질인 신약
합성물 두 가지 물질 모두를 강조한다. 기존의 연구 문헌에 존재하지 않는 사실

로서 단백질 인산화효소인 키나아제가 종양 성장에 관한 메커니즘에 관여하여 마스터 스위치 같은 역할을 한다는 것을 발견하였다. 효소 억제제로서의 새로운 신약 합성물을 발명하여 특허 등록하였다. 하지만 데이비스 박사는 모든 종양에 대한 새로운 신약 합성물의 독성 시험과 효능 시험에 한계가 있음을 알았다. 많은 종류의 종양들 중 어떠한 특정 종양을 선택해 추가로 개발할 것인지도 어려운 문제 중 하나였다. 향후 기술의 사업화 분야는 효능성 측면과 고객의 수요 관점에서 선택과 집중이 이루어져야 할 부분이라 할 수 있다.

발명 신고

데이비스 박사는 미국 암연구학회에 참가하여 새로운 기능의 효소 물질과 이를 억제하는 물질에 관한 발표에 앞서 이에 관한 내용을 대학 기술이전센터에 발명 신고하였다. 대학 기술이전센터의 직무 발명 담당자는 데이비스 박사와의 인터뷰를 통해 다음과 같은 사실을 추가로 확인하였다.

- 대학원생 A가 대상 물질인 효소의 발견, 복제, 발현 및 특성화하는 데 중요한 역할을 하였다.
- 또 다른 대학원생 B가 대상 물질인 효소의 항체를 개발하여 효소의 리간드를 분리하였다.
- 데이비스 박사는 효소 억제에 관한 의화학 분야의 전문가인 스와이처 박사와의 연구 협력으로 이종 이식된 생쥐 실험을 통해 효능이 확인된 일련의 신약 합성물을 제시하였다.
- 신약 합성물은 인도에 있는 한 연구실에서 용역 계약을 통해 제조되었다.
- 모든 연구 개발 성과물은 국립암연구소의 연구 자금을 지원받아 창출되었다.

발명 신고와 관련해 잠재적 다수의 발명자들이 등장한 상황에서 대학 라이선싱 담당자는 경험 많은 특허 법인의 전문 변호사를 통해 당해 발명자들의 권리 지분과 관련된 상담을 진행하였다.

지식재산 출원 및 보호

발명 신고가 이루어진 지식재산의 권리 확보와 보호를 위해 대학 기술이전센터에서는 새로운 암 진단 마커로서 대상 물질(효소)과 이를 억제하는 합성 물질(억제제)에 관해 특허 출원을 검토하게 된다.

발명에 관한 검토: 먼저 암 환자를 진단하는 대상 물질인 인산화효소에 관해 특허 출원 여부를 검토하였으나, 이를 특허로 확보하기 위한 비용이 많이 소요되며, 또한 진단 바이오 마커로서 구체적인 증빙 데이터가 부족하기 때문에 심의 과정에서 발명 대상 기술에서 배제되었다. 신규 합성 물질인 억제제에 관해서는 나노 분자 수준에서 억제 효과가 높은 것으로 검증되었으며, 이는 새로이 창출된 합성 억제제를 핵심 발명 영역으로 라이선싱과 파트너링을 통해 기술 사업화를 추진하는 데 있어 특허로 보호되어야 할 발명 대상 기술로 판단하였다.

발명자에 관한 검토: 발명자 권리에 관해 본격적인 인터뷰가 개시되었다. 주요 발명자인 데이비스 박사와 스와이처 박사를 대상으로 인터뷰를 진행하였으며, 스와이처 박사가 주도한 연구 분야인 인산화효소는 특허 출원하지 않기로 확인하였다. 또한 외부 공동 연구자들과도 발명 인터뷰를 실시하였는데, 이들의 발명 기여도가 각각 다르게 확인되어 모두 공동 발명자로 등재하였다.

마지막으로 이슈가 된 사안은 데이비스 박사가 인도에 있는 합성물 연구실에서 용역 계약을 통해 신약 합성물로 제조한 부분에 관한 내용이었다. 인도의 합성물 연구실과 국제 공동 연구 계약을 통해 신약 합성물을 제조하였으므로 해당 연구실도 연구 성과물을 인도에서 독자적으로 사업화할 수 있는 권리가 있다는 유권 해석이 내려졌다. 한편 인도의 합성물 연구실과 용역 계약을 통해 신약 합성물의 공동 연구 개발을 진행한 스와이처 박사도 신약 합성물에 관한 특허의 공동 발명자로 등재되었다.

향후에 공동 기술 개발에 의해 확보된 지식재산 권리 해석에 있어 일부 문제의 소지가 없지는 않지만, 특허 출원 당시 이 부분은 문제될 소지가 없다는 것을 대학 기술이전센터에서 판단하고 특허 출원을 진행하였다.

어드바이저와 멘토의 확보

데이비스 박사와 스와이처 박사는 인산화효소 억제제와 관련한 연구 성과물에 대해 직접 사업화를 추진하기 위해 스타트업 설립을 논의하였다. 특허 출원 이후 대학 기술이전센터를 통해 제약회사들을 상대로 기술이전 가능성을 타진하였으나, 추가 검증이 필요한 초기 단계의 기술로서 합성물의 동물 독성 시험 데이터 등 보다 구체적인 자료를 요구하며 부정적인 반응을 보였기 때문이었다. 연구자들은 스타트업 설립을 통한 기술 사업화 추진은 연구자들뿐만 아니라 암 환자에게도 의미 있는 좋은 기회라고 생각하고 본격적인 창업 준비를 시작하였다.

스와이처 박사는 몇 년 후면 정년 보장 심사가 있을 예정이어서 창업에 많은 시간을 투자할 수 없는 입장이었으나, 데이비스 박사는 이미 교수 정년을 보장받은 상태이므로 창업을 통한 기술 사업화에 투자할 수 있는 시간이 상대적으로 여유로웠고, 평소 대학이 보유한 기술 사업화를 통한 지역 경제의 기여와 더불어 대학 위상 제고에도 많은 관심을 가지고 있었다.

회사를 설립하기 이전에 데이비스 박사와 스와이처 박사는 암 치료 분야 제약 경험이 있는 인력의 유치가 무엇보다 중요하다는 사실에 공감하여 스타트업의 어드바이저로서 초빙 가능한 인력들에 관한 정보를 조사하였다.

먼저 대학 기술이전센터와 함께 인근 지역에서 캠퍼스 스타트업을 추진한 경험이 있는 대학 교수들에 관한 명단을 확보하였다. 그중 한 사람이 과거 대형 제약업체 근무 경험이 있으며 대학 바이오 스타트업에서 의료 분야 책임자로서의 경력과 임상시험 II-b 단계의 제약 합성물 제조 과정에 참여한 경험이 있다는 것을 알았다. 또 다른 이는 대학 암센터에서 종양 연구를 진행하며 제약업체와 바이오 스타트업 업체를 대상으로 많은 연구 개발 프로젝트에 참여하여 컨설팅을 진행한 경험이 있는 연구자였다.

이들을 만나 데이터를 제시하고 스타트업 설립을 통한 기술 사업화에 관해 의논하였다. 이들은 암 형태를 진단할 수 있는 합성물의 발견에 매우 고무적 반응을 보였으나, 향후 기술 개발, 규제 극복 그리고 자금 조달 측면에서의 리스크가 걸림돌이 될 수 있다며 신중한 입장도 함께 견지하였다.

비즈니스 케이스의 개발

어드바이저들은 발명자 교수들에게 창업을 위한 사업 계획서 작성에 앞서 먼저 비즈니스 케이스를 개발하는 것이 바람직하다고 조언하였다. 발명자 교수들은 이에 동의하였고 제약업체 근무 경력이 있는 어드바이저 앤드류가 함께 도움을 주기로 하였다.

먼저 비즈니스 케이스 개발을 위해 데이비스 박사와 어드바이저가 함께 한 일은 연구 개발한 암 치료제의 적용 분야가 광범위하므로 선택과 집중으로 사업화 가능성을 높이기 위해 적용 가능한 시장 분야를 특정하기로 하였다. 먼저 이들은 해당 암 치료제의 타깃 물질인 인산화효소 키나아제가 대장암과 방광암에서 아주 높은 수준으로 발현되는 것에 주목하였다. 이러한 근거로 최초 목표 시장을 대장 및 방광(GI) 관련 암 치료제 시장으로 한정하고, 대장 및 방광암GI-Cancer 발병률의 통계자료를 확보하여 암 치료제 시장 규모에 관해 조사하였다.

다음 단계로 현재 GI-암 치료를 위해 적용하고 있는 표준화 절차와 구체적인 임상 치료 방법에 대해 확인하였다. GI-암 종양학자와 전문의들과의 면담 인터뷰를 통해 현재 사용되고 있는 치료 방법의 장단점과 효능, 그리고 암 치료 생존율 등에 관해 알게 되었다. 아울러 향후 GI-암 치료제 약품 개발에 필요한 접근 방법에 대해 명확하게 인지하게 되었다.

다음으로 사업화 성공에 가장 걸림돌이 될 수 있는 기술 완성도와 규제 장벽에 대해 고민하고, 이를 해결하기 위한 전임상연구 계획 Preclinical Development Plan을

371

수립하였다. 이를 수행하기 위한 자금으로 데이비스 박사의 자체 연구 펀드와 정부 지원 과제 또는 투자자의 개발 자금 등으로 분류하여 구체적인 사전 임상 계획을 수립하였다.

발명자 교수들은 이미 위촉된 어드바이저에 추가하여 GI-종양 전문의와 임상 CRO 전문가를 초대하고 작성된 비즈니스 케이스 정보에 관한 자문회의를 개최하였다. 비즈니스 케이스에 적시된 기술 사업화 추진 방법에 관해 원론적으로 동의하며 열정과 공감을 함께 했지만 몇 가지 우려 사항도 제기되었다. 우려되는 사항들은 개발 예정 신약이 현재 치료약보다 우수한 효능이 있을 것인지, 그리고 안전성이 얼마나 보장되는지에 관한 것이었다. 이러한 질문에 명확한 답변을 제시하기 위해서는 추가 연구 개발과 함께 임상시험이 이루어져 하므로 당장 답을 구하기는 어려운 상황이었다.

비즈니스 케이스와 연관되어 제기된 또 하나의 질문은 개발 예정 신약이 GI-암 치료제로서 특정 암에만 적용할 수 있는 치료제로서만 개발할 것인지에 관한 것이었다. 왜냐하면 인산화효소 키나아제가 모든 암에서 발현되므로 각종 암의 특성에 맞는 신약 억제제 치료제로서 개발도 가능하기 때문이다. 이에 관한 비즈니스 개발은 최초 제약업체와 파트너 계약에 의해 1차적으로 GI-암 치료제 개발이 이루어진 후 추가로 신약 화합물 성분 개발이 가능할 것이라고 전체적인 의견이 모아졌다.

회사 설립

회사 설립을 위한 임시 자문 그룹을 구성하여 데이비스 박사가 책임을 맡고 비즈니스 케이스 개발에서 함께 일을 추진한 앤드류로 하여금 공동 설립자로 함께 할 것을 제안하였다. 하지만 앤드류는 현재 다른 직장에서 일하고 있어 향후 6~12개월 동안은 전담 근무를 할 수 없는 입장이라 공동 창업자로 함께 할 수 없었다.

데이비스 박사가 회사 명칭을 '키나아제 리서치 랩'으로 하자고 하였으나 자문 그룹의 어드바이저가 연구기관의 이미지가 강하다며 '온코레라'라는 명칭을 제안하였다. 하지만 '콜레라'라는 병명과 어감이 유사하다는 의견이 제기되어 웹 서치 등을 통한 조사와 몇 차례 내부 의견 조율 끝에 '온코티카'라는 명칭으로 최종 결정하였다.

현지 변호사의 도움을 받아 델라웨어 주정부 법에 의해 스타트업 투자자들이 선호하는 C-형 법인으로 설립하였다. 데이비스 박사는 회사 설립에 이르기까지 기여한 모든 사람들에게 주식 지분을 배분하고자 하였다. 대학원생과 박사후 연구원, 연구 협력자들을 포함하여 23명의 기여자 명단을 회사 자문 변호사에게 제출하였다. 하지만 자문 변호사는 소수 기여자들 모두를 발기인에 포함하여 주주 명단에 포함시키는 것은 법인 설립 절차에 있어 복잡성을 야기하고 이후 투자 자금 확보에도 걸림돌이 된다는 사실을 조언하였다. 데이비스 박사는 법률 전문가의 조언을 받아들여 회사 주주로서의 발기인 명단을 대폭 축소하였다. 이에 따라 연구 개발 과정에 핵심적 기여를 한 두 명의 대학원생을 포함시키고 공동 창업주인 스와이처 박사와 지분 배분율에 관해 상의하였다.

회사 설립 초기 단계에서 데이비스 박사와 스와이처 박사는 회사의 지분 배분에 관해 이견을 보였다. 스와이처 박사 자신은 신규 합성물 발견과 연구 개발에 데이비스 박사보다 더 많은 기여를 하였으므로 상대적으로 더 많은 지분을 원했다. 수차례에 걸쳐 이루어진 자문 변호사의 중재와 설득 끝에 지분 배분 문제는 원만하게 합의되었다.

설립 회사의 지분 배분에 관한 논리적 근거로 스와이처 박사에게는 회사 설립까지의 기여도를 주로 고려하였고, 상대적으로 많은 데이비스 박사의 지분은 회사 설립까지의 기여도에 더해 향후 회사의 자문이사회SAB 조직과 경영진 선임, 정부 연구 과제 확보 등 기술 사업화를 주도적으로 추진하는 데 있어서의 노력의 필요성을 감안하여 최대 주주로서의 지위를 인정하였다.

회사 설립 시점에서 데이비드 박사는 스와이처 박사보다 조금 더 많은 지분을 확보하였으며 비즈니스 케이스를 함께 개발한 어드바이저 앤드류도 지분을 일부 확보하여 회사의 자문역으로서 지속적인 도움을 주기로 했다. 추가로 회사의 자문 변호사도 임원 지위를 부여받고 지분을 확보하게 되었다.

표 4.1_ 온코티카의 캡 테이블

주주	주식 수	지분율(%)	지분 귀속 시기
데이비스 박사	4,500,000	45	25%(설립 시)/75%(3년 후)
스와이처 박사	4,000,000	40	25%(설립 시)/75%(3년 후)
대학원생 A	400,000	4	100%(설립 시)
대학원생 B	400,000	4	100%(설립 시)
어드바이저/SAB	500,000	5	25%(설립 시)/75%(3년 후)
자문 변호사	200,000	2	100%(설립 시)
총계	10,000,000	100	

회사 주식 지분의 귀속 시기는 주주에 따라 다른데 그 사유는 다음과 같다. 데이비스 박사와 스와이처 박사는 향후 3년 동안 일정 수준에 이르기까지 설립된 회사의 업무 진행을 지원해야 하며, 만일 회사 경영에 참여하지 않으면 나머지 지분은 확보하지 못한다. 어드바이저에게 배정된 지분도 같은 이유로 3년 후 귀속되는 것으로 약정하였다. 하지만 대학원생 지분은 회사 설립까지의 기술 사업화 연구 성과물 창출에 기여한 가치를 인정해 회사 설립 시점에 지분이 모두 귀속하는 것으로 약정하였다. 자문 변호사의 주식 지분은 회사 설립 등 법률 자문 비용에 상응하는 대가로서 회사 설립 시 귀속되는 것으로 약정하였다.

변호사의 자문에 따라 설립 단계에서 미래 경영진을 위한 주식 지분은 배정하지 않았다. 향후 회사가 투자자 또는 경영진의 지분을 배분해야 하는 경우 기존 주주들의 지분율에 안분하여 소유 지분을 희석화하기로 하였기 때문이다.

경영 팀 구축

온코티카 법인이 설립되면서 회사 설립자들은 최고경영자를 채용하고자 하였으나 자금 여력이 없기 때문에 다른 스타트업과 마찬가지로 큰 난관에 봉착하였다. 바이오 기술 분야에서 풍부한 경험과 능력을 갖춘 경영자를 어떻게 하면 사업 위험성이 큰 스타트업 지분을 받고 근무하도록 할 수 있을까?

차선책으로 영업 부사장을 우선 물색하기로 했다. 스타트업 창업주들은 최근 대형 제약회사에서 사업 개발 경험이 있는 '맥칼리스터'라는 간부 여성이 이직을 고려하는 것을 알고 영업 부사장직에 스카우트하기로 결정하였다. 12개월 이상 근무하면 일정 부분의 회사 지분을 지급하기로 하고 이사회 임원으로 채용하였다. 그녀는 젊고 매사에 적극적이며 제약업계에 꽤 넓은 인맥을 유지하고 있었다. 창업주 이사회 임원들은 사업개발부사장과 함께 비즈니스 개발과 확산을 위해 비즈니스 파트너링 업무를 추진하였다.

이에 따라 최고경영자 영입과 함께 벤처 캐피탈 자금 유치가 본격적으로 진행되었다. 설립자 데이비스 박사는 온코티카 내에 과학기술자문회를 발족하여 암 치료 신약 개발 분야에서 첨단 기술 정보 확보와 함께 신제품 개발 방향에 관한 전문적인 자문 체제를 구축하였다.

지식재산 라이선싱

대학 기술이전센터로부터 사업화 기술을 라이선싱 받기 위해 데이비스 박사는 회사 자문 변호사와 이사회 임원들과 협의하였다. 회사가 기술 사업화 초기 단계에 있기 때문에 라이선싱 받는 권리를 보다 강한 전용 실시권으로 확보하기로 하고, 12개월 이후에 정식 라이선싱 계약을 체결하는 사전 옵션 계약을 1만 달러에 제안하기로 하였다.

데이비스 박사와 스와이처 박사는 옵션 계약에 필요한 펀드를 확보하기로 하고 대학과 옵션 계약 협상을 진행하였다. 하지만 대학 기술이전센터에서는 12개월 이후의 스타트업 가치를 예상하기 어렵다는 이유로 옵션 계약 체결에 난색을 표명하여 양 당사자는 다음과 같이 계약에 합의하였다.

권리 유형/대상 지역/대상 시장	전용 실시/전 세계 국가/모든 질병 치료 분야
선급 라이선싱 대금	0~25,000달러
회사 지분 배분	비희석화 지분 5~15%(1백만 달러 증자까지는 비희석화)
제품 매출 대금의 로열티 요율	1~3%
서브-라이선스싱 수익금의 요율	10~20%
특허 유지 및 관리 비용	현재 비용 포함 대학의 기지급 경비는 180일 이내 납부

〈대학과의 라이선스 계약 조건〉

시장 정보 조사

대장암 치료 연구 분야에서 창업주 연구진이 발견한 합성물에 의한 추가적 효능이 확인되었다. 이에 따라 스타트업은 해당 대장암 치료제 시장 분야에 대한 본격적인 시장 정보 조사에 돌입하였다.

회사 어드바이저, 자문위원 등을 통해 대장암 분야의 연구원 또는 전문의 등을 대상으로 한 심층 인터뷰가 진행되었다. 심층 인터뷰를 통해 대장암 치료에 있어 1차 치료와 2차 치료 관점에서의 장단점, 그리고 치료 비용과 보험 급여 관점에서의 각종 문제점들도 함께 조사하였다.

암 치료 시장과 관련된 보험 급여 체계를 이해하기 위해 데이비스 박사와 맥칼리스터 부사장은 보험회사를 방문하여 인터뷰를 실시하였다. 맥칼리스터 부사장은 대장암 치료제를 개발하는 회사 리스트와 시장에 출시되는 대장암 치료제를 조사하여 도표화하였다. 그녀는 의약품의 임상시험 결과에 관한 정보 공시 사이트 www.clinicaltrials.gov를 통해 현재 시장에서 판매 중인 대장암 치료제를 확인하였다. 또한 특허 만료되어 제네릭generic으로 출시 예정인 제품군에 관한 정보도 확보하였다. 이러한 제품 시장 정보는 향후 회사가 제품 개발 이후 비즈니스 파트너를 확보하는 데 도움이 되는 필수 정보이다.

대장암 치료 전문의와 은퇴한 FDA 전문가와의 심층 인터뷰를 통해 대장암 치료제 개발과 시장 확보에 있어 무엇보다 핵심 요인은 안전성과 효능이라는 사실을 확인할 수 있었다. 즉 성공적인 암 치료제 개발과 FDA 승인을 위해서는 암세포로부터 생명을 구하는 효능적 특성과 치료제 독성으로부터 생명의 안전성을 보호하는 특성 사이에서 적정 수준이 검증되어야 한다는 것을 확인하였다.

향후 특허 만료되어 시장에 출시되는 제네릭 약품에 관한 정보와 자사 개발 신제품의 사업화 예상 기간 등을 종합적으로 고려할 때, 현실적으로 암 치료제 시장에서 자사 제품의 출시 시점을 약 7~10년 사이로 추정할 수 있었다.

비즈니스 모델 정의와 세부 전략 수립

대부분의 제약회사와 마찬가지로 '온코티카'도 신제품 임상시험 단계가 진행 중인 어느 시점에서 파트너 사와 함께 제휴 협력을 추진해야 했다. 일반적으로 파트너와 제휴 협력을 시작하는 시점은 대형 제약사 또는 바이오 회사가 신약 제품에 관심을 가지는 정도에 의해 결정된다. 대다수의 대형 제약사는 인체 시험인 임상 2단계 검증이 완료되어야 비로소 개발된 신약 제품에 확실한 관심을 표명한다. 사전에 대형 제약사가 협력에 관심을 가지는 경우는 예외적인 경우로서, 예를 들면 개발 신약에 대해 미 충족된 시장 수요가 아주 높은 수준으로 존재하고 있어 전략적인 제휴 협력이 시급한 경우이다.

일반적으로 스타트업 유형에 있어 신약 개발을 통해 사업화하고자 하는 스타트업의 가장 큰 문제점은 전임상 단계와 임상 1단계에서 개발 자금 확보에 가장 큰 애로점을 겪게 된다는 것이다. 이 단계에서는 일반적으로 5백만~1천만 달러 수준의 기술 사업화 자금이 투자되며, 이 정도 수준의 연구 개발 자금은 대부분 바이오 전문 벤처 캐피탈이 투자한다.

만일 신약 개발 스타트업이 대형 제약 파트너 사와 상호 협력하게 되면 향후 진행되는 협력 업무는 신약 개발 스타트업의 회사 자금 보유 상황과 제약 파트너 사의 전문성 분야에 의해 결정된다. 예를 들어 신약 개발 스타트업이 충분한 연구 개발 자금을 확보하여 사업화 마일스톤 달성을 독자적으로 추진한다면, 파트너인 대형 제약사는 협력 관계에 있어 단순 자문 역할 정도에 그치지만, 스타트업에 자체 연구 개발 자금이 확보되지 않은 경우에는 파트너 제약사가 주관 기관으로 주도적인 기술 사업화를 추진하게 되고, 신약 개발 스타트업은 파트너사가 주도하는 연구 개발 프로젝트에 참여하는 형태가 될 것이다.

초기 단계의 마케팅

온라인 로고 개발 사이트인 logtournament.com을 통해 회사 로고를 결정하였다. 회사 로고를 결정하는 과정에서 모든 이들이 각자 다른 의견들을 개진하여 열 개의 서로 다른 안이 도출되었으며 그중 하나를 택하기가 쉽지 않았지만 다수결에 따라 하나의 로고를 선정하는 데 합의하였다.

창업주들은 인터넷 도메인 주소 oncotica.com을 확보하고 템플릿을 활용하여 디자인한 홈페이지를 개설하였다. 최초로 개설된 홈페이지에는 창업주와 경영진, 그리고 보유 기술의 소개 및 담당 연락처로 구성된 단순한 형태로 이루어졌다. 한편 보유 기술 소개 페이지에는 링크를 통해 기술과 관련된 특허 자료 및 논문 자료를 다운로드받을 수 있도록 하였다. 웹사이트의 개설 목적 중 하나는 회사 설립 사실을 외부에 홍보하고 필요한 경영 인력과 어드바이저를 확보하기 위한 것이었다.

최초 웹사이트는 향후 회사에 본격적인 투자가 이루어지고 경영 체계가 견고해지면 보다 전문적인 웹사이트로 거듭나게 될 것이다.

사업 계획서의 작성

온코티카의 최초 사업 계획서는 파워포인트로 작성한 20페이지 분량의 슬라이드였다. 여기에는 메인 슬라이드를 보충하기 위한 자료로 통계 데이터, 참조 그래프 및 스프레드시트 등이 포함되어 있다. 사업 계획서 내용에는 몇 가지 핵심 내용에 관해 선택과 집중이 이루어지도록 작성하였다.

첫 번째 내용은 온코티카의 신약이 종래의 암 치료제와는 다르다는 기술 차별성을 강조하는 내용이다. 온코티카의 핵심 기술인 암 치료 메커니즘에 관한 내용을 비전문가라도 충분히 이해할 수 있도록 쉽게 작성하였다. 또한 종래 기술에 의한 암 치료제와 온코티카가 개발한 신약 치료제 기술을 비교 분석하여 요약함으로써 신규 기술의 특이성이 쉽게 이해되도록 작성하였다.

새롭게 발견한 암 치료 메커니즘 설명 자료에는 실험 데이터에 의해 객관적으로 입증된 사실만 제시되도록 각별한 주의를 기울였다. 하지만 동물 및 인체 시험을 통한 효능성과 안전성 입증은 아직 많이 부족한 상황이며 추가 연구 개발을 통해 극복해야 할 과제이다.

두 번째로 사업 계획서에 중점적으로 포함된 내용은 제품 개발과 관련된 부분이다. 동물 독성시험 결과 보고서, 약물 동태학 및 약물학 연구 보고서, 화학 조제 및 약리기전 보고서 등 IND 인증 절차와 관련해 FDA에 제출하는 연구 결과물을 소개하는 내용이다. 사업 계획서 참조 부록 편에는 IND 연구 결과물을 얻기 위해 활용한 CRO 측정 데이터 또는 시험 견적서 등을 첨부하였다.

다음으로 지식재산 관련 내용으로 특허 보호에 관한 내용을 포함하였다. 보유 기술과 연관되어 있는 선행 특허에 관한 조사 내용을 제시하고, 라이선싱 받은 신약 합성물의 특허에 관한 개괄적 보호 범위도 함께 설명하였다. 참조 부록 편에는 특허 출원 목록과 함께 특허청의 증빙 서류 등을 첨부하였다.

이어서 사업 계획서를 통해 강조한 내용은 파트너 전략으로서 향후 가능성 있는 파트너 명단을 제시하고 해당 파트너와의 사업 추진에 관한 배경을 설명하였다. 예를 들어 해당 파트너와의 사업 추진을 통해 신약 화합물에 저촉될 수 있는 특허를 회피할 수 있는 점 등을 강조하였다. 마지막으로 회사 경영진의 약력 소개와 함께 엑셀 자료로 작성된 자금 조달 계획 및 예상 매출 현황으로 마무리하였고 보다 구체적인 참고 자료는 부록에 첨부하였다.

사업 계획서를 통해 특히 강조한 부분은 다음 세 가지 관문 통과를 위한 자금 조달에 관한 부분이다. 첫째, FDA의 IND 동물 시험 과정, 둘째, 안정성 시험 과정인 임상 1단계Phase-I, 셋째, 인체 효능 시험을 통과해야 하는 임상 2단계Phase-II 관문이었다. 궁극적으로 임상 2단계에서의 시험 데이터 결과가 좋다면 온코티카가 새롭게 개발한 신약 화합물은 대형 제약업체들에 라이선싱될 수 있으며 지속적인 로열티 수입이 가능하기 때문이다.

초기 자금 유치

설립된 스타트업이 초기에 외부 자금을 유치하는 방법은 두 가지이다. 정부 지원 과제 SBIR을 신청하여 사업화 자금을 확보하는 방법과 벤처 캐피탈로부터 시드 자금을 유치하는 방법이다. 온코티카는 두 가지 방식을 설립과 동시에 추진하였으나 예상한 바와 같이 벤처 캐피탈에 의한 시드 자금 유치는 난항을 거듭하였다.

회사 경영팀에서 스무 개의 벤처 캐피탈과 접촉을 시도하였으나 여덟 곳으로부터만 응답을 받았으며, 그중 세 개의 벤처 캐피탈에 자금 유치를 위한 프레젠테이션을 할 수 있었다. 경영진이 열정적으로 투자 유치를 위한 사업 설명을 하였으나 벤처 캐피탈로부터 투자하기에는 아직 너무 미숙한 단계이며 보다 많은 데이터가 확보되면 재검토하겠다는 답변만 공통적으로 들을 수 있었다.

다행스럽게 정부 지원 SBIR 1단계 과제를 미국 국립보건원으로부터 지원받을 수 있게 되었다. SBIR 1단계 과제 수행을 통해 달성해야 할 두 가지 마일스톤 목표를 다음과 같이 설정하였다. 첫 번째 마일스톤은 최초로 1차 신약 합성을 통해 열 개의 신약 시리즈를 제조한다. 두 번째 마일스톤은 개발 신약 물질을 검증하기 위한 배지 분석medium-throughput assay을 목표로 하고 대학 보육센터에 입주한 연구실에서 이를 완성하였다. SBIR 1단계 과제 수행을 통해 9개월 이후 도출된 연구 결과에 의하면, 최초 1차 개발 신약은 나노 수준의 약제 효능은 낮은 수치였으나 이를 바탕으로 추가 개발한 2차 합성 신약에 관한 나노 수준의 약제 효능은 충분히 높은 수준으로 확보되었다.

SBIR 1단계 성공을 기반으로 온코티카는 이후 12개월 동안 SBIR 2단계 시험을 진행할 수 있었다. 2단계 SBIR 연구 과제를 통해 나노 약물의 독성 시험과 함께 약물 동태학 및 약리학 연구를 병행 진행하였다.

SBIR 과제 지원 자금은 사업화 제품 개발에 많은 도움을 주었지만 매출이 발생하지 않는 회사를 운영하기에는 역부족이었다. 예를 들어 FDA 승인을 위한 전문가들의 자문 비용 또는 라이선스 비용, 특허 등록 비용과 신규 특허 출원 비용 등을 부담하기에는 많은 애로가 있었다. 추가 자금 확보를 위해 온코티카 경영 팀은 SBIR 과제 수행을 통해 확보된 데이터를 가지고 바이오 전문 벤처 투자자들을 접촉하여 여덟 개 벤처 캐피탈 중 두 곳과 투자 협상 미팅을 진행할 수 있었다.

온코티카는 먼저 FDA로부터의 IND 승인과 추가 운영 경비 확보를 위해 약 250만 달러의 자금 투자를 벤처 캐피탈 투자자에게 요청했다. 이는 FDA의 인체 임상 1단계에서 필요한 사전 승인 절차를 수행하기 위해 필요한 자금이었다.

벤처 캐피탈사 '피크'는 온코티카가 SBIR 과제 2단계에서 진행한 연구 시험 결과를 검토한 끝에 25만 달러의 시드 펀드를 온코티카에 전환사채Convertible Note[1] 형식으로 투자하기로 결정하였다. 이로써 온코티카는 특허 출원 및 등록 유지 비용과 함께 IND 승인을 위한 전문가 자문 비용 등을 지급할 수 있게 되었다.

공간의 확보

온코티카는 이미 대학 창업보육센터에 입주하고 있었지만 벤처 캐피탈로부터의 시드 펀드 투자를 통해 대학 외부에 비즈니스 공간을 확보하게 되었다. 5년 임대 계약한 회사와 2년간의 전대 계약을 통해 저렴한 가격으로 외부 접근이 용이한 비즈니스 지역에 입주하였다. 비록 확보한 비즈니스 공간은 사무실과 회의실만을 갖춘 작은 규모였지만, 사업 추진을 위한 외부인과의 미팅을 용이하

---

1 전환사채 방식의 투자 계약에는 정형화된 계약 조건을 가지고 있다. 향후 지분 투자로 전환하는 경우에 시리즈 A 투자 라운드에서 주식 가액의 25% 할인율로 우선주로 전환되는 조건이 일반적이다.

게 할 뿐 아니라 외부에 회사의 틀을 갖추었다는 것을 알린다는 관점에서도 의미 있는 조치였다.

추가 자금 유치

12개월 경과한 이후에 '온코티카'의 SBIR 2단계 연구 과제를 통해 도출한 암 치료제로서 1차 신약 합성물인 ONCA-037의 시험 결과가 공개되었다. 예상외의 좋은 시험 결과에 회사는 무척 고무되었다. 독성시험 결과는 아직은 모호한 수준이지만 후속 신약 합성물의 추가 연구를 통해 확실히 해결할 수 있다고 예견하였다.

SBIR 2단계 과제를 통해 유망한 성과물을 확보하게 된 '온코티카'는 벤처 캐피탈 '피크 벤처스'와 시리즈 A 투자 라운드 협상을 벌였다. 회사의 자산 가치 실사와 FDA 승인 관련 컨설팅을 통해 개발 신약에 관한 동물시험 IND 연구 완료에 150만 달러, 임상 1단계 시험에 75만 달러, 직원 급여, IP 비용, 임대료, 자문 비용 등 운전 자금 75만 달러 등 총 3백만 달러의 추가 투자가 필요한 것으로 추정하고 투자 약정서에 서명하였다. 약정서 주요 항목은 다음과 같다.

투자 금액: 총 3백만 달러가 투자되며 1차 투자금 2백만 달러는 IND 승인을 위한 자금으로 사용하고, 나머지 1백만 달러는 IND 승인 이후 지급하는 조건으로 합의하였다.

투자 전 기업가치: 자산 실사를 통해 온코티카의 투자 전 기업가치pre-money는 5백만 달러로 평가하였다. 시리즈 A 라운드에서 3백만 달러의 현금 투자가 이루어져 피크 벤처스는 온코티카 지분 1/3 이상을 확보하게 되었다.

스톡옵션: 향후 경영진 또는 종업원의 인센티브 제공을 위한 스톡옵션 1백만 주를 발행하기로 하였는데, 이는 회사 총지분의 6% 정도의 지분이다.

이사회 경영: 온코티카는 아직 CEO를 선임하지 않은 상태로 피크 벤처스의 이사

중 한 명인 댄 리버를 임시 CEO로 선임하기로 합의하였다. 전일제로 근무 가능한 CEO는 FDA에 IND 승인 신청 후 영입하기로 하였다. 만일 동물 임상시험 IND 단계에서 승인 결과가 긍정적이라면 회사로서는 보다 역량 있는 CEO 고용이 가능하기 때문이다.

창업주들은 벤처 캐피탈과의 투자 유치 협상 과정에서 회사 지분 1/3을 투자자들에 넘기는 데 대해 많은 우려를 표명했다. 하지만 무엇보다 투자 유치가 현실적으로 어려우며 임시 CEO를 맡을 투자자 파트너인 댄 리버를 신임할 수 있다고 판단했기 때문에 투자 협상은 성공적으로 귀결되었다. 한편 다른 바이오 벤처 캐피탈들의 투자 사례들을 비교 분석한 결과 현재 투자자가 제시한 펀딩 조건은 충분히 수용할 수 있다고 확신하였다. 더욱이 투자 파트너인 댄 리버는 수년 전 바이오 분야 스타트업을 성장시켜 기업공개까지 이끈 경험이 있다는 사실도 중요 요인으로 작용했다.

제품 개발

투자가 이루어짐에 따라 IND 승인 관련 연구를 완료할 수 있었다. CRO Contract Research Organization 비즈니스 산업의 성장에 따라 회사는 대부분의 연구를 아웃소싱을 통해 진행할 수 있었다. 투자 유치를 통해 연구 인건비가 확보되어 세부 시험 연구 과제를 계획하고 수행하는 프로젝트 매니저 project manager 와 연구개발부 사장 VP of R&D 을 채용하였다.

시험 연구 과정에서 일부 문제는 있었지만 전반적으로 실험 결과는 만족스럽고 확신할 수 있는 상태였다. IND 승인을 위해 확보한 신약의 동물 시험 결과를 FDA에 제출하였다. 이로써 회사는 1차 인체 임상시험에 진입할 수 있는 기초 단계의 완성과 더불어 벤처 캐피탈로부터의 추가 투자 확보를 위한 준비를 마쳤다.

IND 승인을 위한 모든 서류를 FDA에 제출한 이후 회사는 개발 신약의 임

383

상시험 연구를 총괄할 의학전문이사CMO, chief medical officer를 채용하였다. 채용된 CMO는 과거 수차례 임상시험을 통해 신약을 개발한 경험이 있으며 신약 인증 과정에서 극복해야 할 규제와 장애물들에 관해 잘 알고 있었다. 하지만 그는 대형 제약회사에서 근무했던 관계로 스타트업 규모의 회사에서 제한된 예산으로 진행되어야 하는 업무 스타일에 잘 적응하지 못했다. 이러한 이유로 때때로 연구개발부사장과 CEO와 격한 논쟁을 벌이기도 하였다. 회사는 CMO 외에도 임상시험과 규제 관련 업무를 추진할 수 있는 인재를 채용하고자 했으나, 이러한 전문 인력을 초빙할 수 있는 회사 자금은 부족한 상태였다.

고객 확보

사업개발부사장 맥칼리스터는 회사 설립 당시부터 근무한 초창기 임원으로 수년 동안 여러 보직을 두루 겸직하며 많은 실무를 수행해 왔다. 그녀는 회사의 사업 계획서를 작성하고 시장 수요를 조사하거나 벤처 캐피탈과의 투자 협상, 개발 신약의 연구 시험 및 인증 추진 등 거의 모든 실무에 관여하며 핵심 역할을 수행했다. 이젠 벤처 캐피탈로부터 운영 자금이 유입되고 CEO와 연구개발부사장 등 경영진들이 채용되며 본연의 업무인 비즈니스 파트너 발굴과 고객 확보를 위해 제약업계의 잠재 고객들을 대상으로 한 비즈니스 개발 업무에 역점을 두었다.

그녀는 온코티카의 신약과 상호 보완을 통해 상생할 수 있는 바이오 스타트업에서부터 대형 제약사에 이르기까지 광범위한 영역에서 비즈니스 파트너들을 물색하였다. 특히 이들 비즈니스 파트너에는 종양 치료제 제품화 과정에 필요한 특허를 보유하고 있거나 공백 기술을 충족시킬 수 있는 바이오 스타트업들도 포함되었다. 파트너들과의 협력 형태도 공동 개발에서부터 인수합병에 이르기까지 다양한 가능성을 열어두고 추진하였다. 사전 임상시험 단계에서는 일부 파트너들만 관심을 가지고 협력하였다.

하지만 초기 단계에서의 파트너 발굴 노력은 실질적인 파트너 관계 구축이라는 본연의 목적보다는 연구자 또는 파트너 후보 기업들에게 온코티카의 신기술을 소개하고 홍보하는 기술 마케팅의 일환으로서 보다 큰 성과가 있다는 사실에 만족하였다.

임상 1단계에서의 좋은 시험 결과와 파트너 발굴을 위한 적극적 노력에도 불구하고 신약 사업화를 위한 파트너와의 실질적 진전은 아직 이루어지지 않고 있는 상태였다.

추가 제품 개발 및 추가 투자 유치

회사가 보유 자금이 고갈되는 상황에 이르자 다시 피크 벤처스와 시리즈 B 투자 라운드 협상을 추진하였다. 최초 투자자로서 피크 벤처스는 추가 투자 협상에 관심을 보였으나, 다른 벤처 캐피탈 투자자와 함께 공동으로 투자하기를 희망하였다. 공동 투자자 구성에 많은 시간이 소요됨에 따라 기업 입장에서는 현금이 필요한 절박한 상황에 이르렀다. 필요한 자금을 신속히 확보하고 핵심 경영 인력들의 이탈을 방지하기 위해 온코티카는 피크 벤처스로부터 '브릿지 론'[2]을 받아 회사를 유지하였다. 얼마 지나지 않아 다른 두 개의 벤처 캐피탈들이 현금 유동성을 확보한 온코티카에 관심을 표명하여 시리즈 B 라운드에 참여하기로 하였다.

하지만 당시 벤처 캐피탈 시장의 경기는 하강 국면에 직면하고 있었다. 온코티카의 시리즈 B 라운드의 사전 기업 가치는 플랫 라운드 flat round 가액인 8백만 달러보다 낮은 가액으로 산정되었다. 회사 창업주와 경영진의 관점에서 볼 때 이는 아주 실망스러운 결과였다. 왜냐하면 온코티카는 시리즈 A 라운드 이후 사후 기업 가치가 8백만 달러에 이르렀기 때문이었다. 예상 밖으로 저평가된 사전 기업 가치에 의한 지분 희석에도 불구하고 온코티카는 시리즈 B 라운드를

---

2 '브릿지 론'은 일시적 자금난에 빠지는 경우 임시방편으로 하는 긴급 대출을 의미한다. 주로 스타트업의 브릿지 론 조건은 전환사채 조건과 유사한 방식으로 진행되며 다음 투자 라운드에 대출금이 우선주 지분 확보를 위한 투자 자금으로 전환된다.

통해 임상 2단계 시험을 진행할 수밖에 없었다.

신약 개발 제품 ONCA-037의 임상 2단계의 시험 결과는 애매모호한 수준이었다. 왜냐하면 최종 목표로 제시한 결과에는 미달 수준으로 판명되었지만 차선 목표로 제시한 결과는 달성하였기 때문이다. FDA 임상시험 관련 전문가와 어드바이저들과의 컨설팅을 통해 전 임상시험preclinical study에서 바람직한 결과를 보여준 백업 신약 합성물인 ONCA-085를 대상으로 다시 임상시험을 추진하는 것이 바람직하다는 결론을 내렸다. ONCA-085의 안전성 시험 결과는 ONCA-037과 거의 동일한 수준으로 확인되었으나, 치료 생존율인 효능성 결과는 약 40%가량 높은 결과를 얻을 수 있었다. 하지만 ONCA-085의 신약 합성 절차가 매우 복잡한 과정을 거치므로 재현성 있는 임상시험 결과를 얻기 위한 충분한 양의 신약 합성물을 제조할 수 있는지에 관해 회사는 우려하고 있었다.

또 다시 회사는 자금 고갈과 함께 심각한 사업화 위기에 봉착하였다. 더욱이 FDA 임상시험 승인을 위해 새로운 신약 합성물인 ONCA-085의 대량 생산scale-up 리스크 부담은 물론 고가의 임상 1단계와 2단계 시험이 추가로 진행되기 때문이었다. 투자자는 이러한 현실적 상황을 면밀히 검토하여 긴급하게 '브릿지론'을 시행하고 외부 전문가를 통해 임상 2단계에서 실패한 신약 037 테스트 결과를 토대로 전 임상시험 결과를 재검토한 결과, 성공 가능성 제고를 위해 신약 모델 ONCA-085 임상시험을 다시 설계하였다.

이러한 투자자의 결정은 두 가지 측면을 가지고 있었다. 먼저 긍정적인 측면은 그동안의 FDA 임상시험 경험이 축적된 내부 인력들을 그대로 활용할 수 있으며, 외부 전문가 어드바이저들에 의한 신약 ONCA-085 임상시험 지원 체제를 구축하여 보다 효과적으로 승인 과정을 추진할 수 있다는 장점이 있었다. 하지만 또 다른 측면으로 임상시험을 여러 군데에서 진행하면서 규모가 확대되었고, 신약 ONCA-085의 대량 합성 제조에 따른 리스크와 투자자들의 피로도 증가에 따른 부정적 상황도 내포하고 있었다. 최초 투자자인 피크 벤처스의 경우 시드 자금을 투자한 지 이미 5년이라는 시간이 경과한 상태였기 때문이다.

이러한 상황에서 피크 벤처스는 시리즈 B-2 라운드를 통해 추가 1,200만 달러의 투자를 결정하고 다른 투자 파트너를 모집하기 시작했다. 이러한 추가 투자 결정은 자금이 부족한 회사의 입장에서는 아주 다행스러운 소식이었다. 하지만 투자 전 기업가치가 8백만 달러의 매우 실망스러운 금액으로 창업주에게는 매우 쓴 약 같은 처방이었다. 이는 심각한 다운 라운드down-round로서[3] 창업주들의 지분이 아주 큰 폭으로 희석될 위기에 처했기 때문이다. 창업주들은 시리즈 B-2 라운드 추가 투자 유치를 통한 지분 희석화로 회사 경영권을 상실하게 되었으나, 사실 별다른 대안은 없는 상황이었다. 벤처 캐피탈들의 후속 투자로 회사는 보다 유망한 신약 후보 합성물을 제조 시험할 수 있는 자금을 확보하게 되었다.

ONCA-085 신약 합성물에 관한 임상시험 1단계와 2단계에서 아주 고무적인 결과가 도출되었다. 이러한 결과를 토대로 맥칼리스터 부사장을 중심으로 과거 고객 발굴을 통해 확보한 다수의 대형 제약사 파트너들과 본격 협상을 시작하였다. 수많은 전화와 이메일, 40회 이상의 대면 프레젠테이션을 통해 비로소 관심을 표명한 네 개 대형 제약사와 비밀유지협정NDA, non disclosure agreement을 체결하였다. 6개월 후 최종 두 개로 조정되었는데, 소규모 제약사 '볼랜드 바이오 테크'와 중견 규모의 제약사 '포스'였다. 볼랜드는 최근 자체 개발한 대장암 치료제 신약이 임상 3단계 시험에 실패한 어수선한 상황에서 차선의 사업 계획을 검토하고 있는 중이었다. 그들 입장에서는 유망 비즈니스 파트너 확보와 이를 기반으로 한 추가 투자 유치는 무엇보다도 다행스러운 일이 될 것이다.

초기 협상은 대장암 치료제의 사용 허가를 둘러싼 것이었다. 포스사는 현재 시판 중인 대장암 치료제가 5년 내 특허 만료되어 새로운 신약이 필요했다. 포스는 신약 개발 업체의 인수에 관심이 있는 것처럼 보였다. 파트너 후보들과 동

---

3 다운 라운드(down round) 투자 라운딩의 경우 벤처 캐피탈 업계에서는 '헤어 커트(hair cut)'라는 속어 표현을 사용하기도 한다.

시에 거래 협상을 추진하는 과정은 매우 조심스러운 일이었다. 하지만 온코티카 경영진들은 능숙하게 협상을 주도해 나가 궁극적으로 그들을 협상 테이블로 이끌었다. 협상은 당사자들 모두 교묘한 술책 없이 순조로이 진행되어 협상안 제시를 통한 구체적 검토가 이루어졌다.

포스사와의 협상안 도출에 무려 6개월이 소요되었다. 볼랜드사는 온코티카의 신약 합성물을 다음에 명기한 조건으로 라이선싱 받기를 희망하였다. 최종 임상시험을 거쳐 FDA 승인을 확보하면 선급 기술료와 마일스톤 기술료를 지급하고 추가로 매출액 대비 로열티를 지불하겠다는 제안이었다. 포스사는 온코티카 인수를 희망하며 거래 조건을 다음과 같이 제시하였다.

볼랜드사(신약 합성물의 라이선싱)의 거래 조건

선급 대금		5,000만 달러
분납 대금	임상 3단계 시험 완료	1,500만 달러
	FDA 승인	2,000만 달러
판매 로열티		20%

포스사(기업 인수)의 거래 조건

인수 가액	1억5천만 달러	1/2 현금 지급, 1/2 주식 지급
분납 대금	50%	선급 지급
	25%	임상 3단계 완료 시점 지급
	25%	FDA 승인 시점 지급
경영 계약	1년간 경영진들과 컨설팅 계약	
주식 거래 제한	12개월	

출구 전략

협상 파트너들이 제시한 조건들은 온코티카에게 충분히 매력적으로 받아들여졌다. 먼저 볼랜드사가 제안한 라이선싱 선급금 총 8천5백만 달러에 연간 로열티 1억6천만~2억 달러로 특허 유효기한 8년을 추정하면, 총 8억~10억 달러의 로열티 수입이 예상되는 조건이다.

반면 포스사와의 협상에서는 현금과 주식 지분을 포함 총 1억5천만 달러 상당의 금액이 협상 대상이다. 투자자들 입장에서는 비록 내부자 주식 거래 시한에 제약 조건이 있어 현금 회수에 약간의 애로 사항은 있지만 포스의 거래 조건을 선호하는 입장이었다. 왜냐하면 볼랜드의 제안은 장기적 관점에서 사업화 성공 가능성을 조건으로 하는 기대 수익이므로 투자자 입장에서는 보다 단기적 관점에 따른 현실성 있는 포스의 제안을 선호하는 것이었다. 하지만 온코티카 경영진과 직원들은 볼랜드의 제안을 적극적으로 선호하였다. 그들의 신약 화합물은 방광암 치료에 있어 이미 새로운 효능을 검증받았으며, 추가 연구를 통해 볼랜드의 신약 개발 기술이전과 더불어 장기적 관점에서 암 치료 신약을 시리즈로 개발할 수 있다고 판단했기 때문이다.

온코티카 이사회에서 어떠한 거래를 선택할 것인지에 대한 열띤 논쟁이 벌어졌다. 결국 이사회에서 다수 의사결정권을 가지고 있는 투자자들에 의해 포스로 온코티카를 인수합병하는 거래가 결정되었다.

그러면 온코티카를 인수한 포스사는 어떠한 결론을 얻을 수 있었을까? 불행히도 임상 시험을 통과한 신약 합성물은 최종 임상 3단계에서 심각한 부작용이 확인되어 실패로 귀결되고 말았다. 하지만 벤처 캐피탈의 관점에서 온코티카에 투자한 프로젝트는 실패한 프로젝트가 아닌 것으로 판명되었다. 왜냐하면 그들은 총 2천만 달러를 투자하여 6천5백만 달러의 수익을 확보하였기 때문이다. 투자 당시의 기대 수익률 5~10배에는 못 미치는 수준이었지만 그나마 만족할 만한 성과로 판단하였다. 스타트업 창업주들도 적지만 그나마 만족할 만한 수준의 금전적 보상을 받을 수 있었다. 이에 더해 창업주 연구자들은 포스사와 방광

암 치료제 개발에 관한 라이선싱 계약을 체결하고 방광암 전문 치료제 개발을 위한 새로운 스타트업을 준비하게 되었다.

만일 온코티카가 이와 같이 파트너와의 협상을 통한 출구 전략을 신속히 수립하여 추진하지 않았다면 상황은 매우 어려워졌을 것으로 추정할 수 있다. 후속되는 임상 3단계 시험 결과에서 문제가 발생하거나, 경기 상황이 좋지 않아 투자자들이 기업 매물로 시장에 판매한다면 온코티카의 창업주는 물론 경영진들도 많은 애로사항을 겪을 수밖에 없는 입장이었다.

또 다른 시나리오로 온코티카가 파트너들과 협상하지 않고 독자적으로 임상 3단계 승인을 추진한 후, 시험 결과의 실패에 따라 최종적으로 기업을 5천만 달러에 매각한다면, 주주들은 표 4.2와 같이 현금을 회수할 수 있을 것으로 예상된다. 창업주들은 14%의 주식을 확보하고 있었지만 회사 지분에 대한 매각 대

표 4.2_ 온코티카 5천만 달러 매각에 따른 캡 테이블

주주	주식 수	지분율(%)	선불금(달러)
데이비스	5,500,000	9.1	181,818
스와이처	3,000,000	5.0	99,174
대학원생 A	400,000	0.7	13,223
대학원생 B	400,000	0.7	13,223
어드바이저	500,000	0.8	16,529
변호사	200,000	0.3	6,612
대학	1,000,000	1.7	33,058
맥칼리스터	250,000	0.4	8,264
CMO	250,000	0.4	8,264
종업원들	500,000	0.8	16,529
피크 벤처스	48,500,000	80.2	24,603,306
합계	60,500,000	100.0	25,000,000

가로 총 30만 달러만 회수할 수 있을 뿐이다.

이 가정은 우선주preferred stock에 관한 아주 좋은 사례이다. 투자자들이 기업에 지분 투자하는 경우 우선주 발행 조건으로 투자한다. 우선주란 창업주와 경영진에게 배당되는 보통주Common Stock와 대비되는 개념의 주식으로 기업공개 또는 인수합병 등으로 인한 현금 유동성 확보 시 항상 보통주에 앞서 현금을 회수할 수 있는 권리가 주어진 주식이다. 우선주 소유자는 자신이 투자한 현금을 우선 회수한 후 남은 금액을 대상으로 타 지분 소유자들과 함께 배당에 참여하는 권리를 확보한다.

위의 시나리오의 경우 투자자가 총 2천만 달러를 투자하였으므로 캐피탈 투자자는 매각 대금 5천만 달러에서 우선적으로 2천만 달러를 회수하고 나머지 3천만 달러에 대해 투자자들과 보통주 배당에 참여하는데, 투자자 지분이 80.2%이므로 약 2천4백만 달러의 현금을 추가로 회수한 나머지 6백만 달러를 대상으로 보통주 주주들이 배당에 참여하여 현금을 배분받게 된다.

START UP 사례 2.
센서로직스

센서로직스SensorLogix가 보유한 기술 분야는 대기 중의 가스 성분 물질을 탐지하기 위한 폴리머 코팅 고체 센서 제조 기술이다. 그림 4.2는 센서로직스 창업주 연구자가 대학에 발명 신고한 이후 스타트업을 설립하여 최종적으로 파트너 사와의 인수합병을 통한 출구 전략이 이루어지기까지의 개괄적인 진행 과정이다.

고체물리 분야 과학자인 장 팽Xian Fang 박사는 폴리머 화학자인 안젤라 헤론 박사와 함께 폴리머 코팅 센서를 연구 개발하는 과정에서 대기 중의 특정 가스가 폴리머 필름에 침투하여 전기 반응을 발생시키는 현상을 발견하였다. 특히 고체 센서 표면에 코팅된 폴리머 필름의 소재 조성 성분에 따라 필름에 반응하

0 — 발명 신고

1 — 회사 설립

2 — 대학 지원 과제
SBIR 과제 I단계

3 — CEO 채용
SBIR 과제 II단계

4 — 시그마텍 파트너링 협상

5 — 그린필드 파트너링 협상

6 — 시드 라운드

7 — 제품 출시

8 — 인수합병

(연차)

그림 4.2_ 센서로직스의 기술 사업화 일정

는 대기 가스도 달라진다는 사실을 확인하였다.

사업화 기회 포착

팽 박사와 헤론 박사는 시제품 공동 개발에 합의하였다. 팽 박사는 먼저 원격 제어 가능한 통신시스템을 갖춘 전자 부품 센서를 개발하였고 헤론 박사는 폴리머 소재를 연구하여 다양한 대기 가스별로 최적화된 폴리머 필름을 개발하였다. 기술 사업화를 위한 응용 연구 개발의 첫 단계로서 우선 환경 분야에 포커스를 두고 대기 중 이산화탄소(CO_2) 농도 측정을 위한 고체 전자 센서를 개발하기로 하였다. 폴리머 고체 센서는 소형으로 제작 가능할 뿐만 아니라 원격 모니터링할 수 있다는 장점을 보유하고 있었다. 더욱이 고체 센서의 제작 단가는 저렴할 뿐 아니라 광범위한 측정 영역에 손쉽게 설치할 수 있으며, 빠른 반응 시간, 필름 유형에 따른 대상 가스의 선택성, 하나의 패키지에 여러 센서와 필름을 장착할 수 있는 멀티플렉스 기능 및 소형화 특성을 갖는다고 강조했다.

이러한 장점을 가진 원격 통신에 기반을 둔 폴리머 필름 센서 기술은 그 응용 분야가 광범위한 플랫폼 기술로 다양한 산업 분야에 적용 가능한 것으로 판단 되었다. 헤론 박사는 다양한 산업 분야에서의 사업화 가능성을 타진하였다. 특 히 비행기 내부에서의 산소량 측정, 대도시 대기 유해 물질 감지, 그리고 각종 화학가스 모니터링 등에 적용 가능한 것으로 보았다.

지식재산의 보호 및 출원

헤론 박사 연구실 대학원생 중 한 명이 환경 학술 세미나에 참석하여 폴리머 센 서에 관한 포스터 발표를 하였다. 해당 기술에 대해 쇄도한 많은 관심과 문의는 헤론 박사에게 기술 사업화 가능성을 확신시켜 주었다. 그녀가 대학 기술이전 센터에 직무 발명 신고를 하자, 센터는 이미 포스터 발표를 통해 대중에게 공지 된 발명은 신규성 상실에 해당되므로 특허 보호를 위태롭게 할 수 있음을 조언 하였다. 그녀는 논문에 의한 공개가 아닌 포스터 발표에 의해서도 특허 신규성 이 상실될 수 있다는 사실에 충격을 받았다. 센터의 지식재산 전담 변호사와 검 토한 결과 미국 이외의 다른 국가에서도 포스터 발표가 신규성 상실에 해당되 어 특허 보호 일부가 상실된다는 결론을 내렸다.

포스터 발표를 통해 공개된 내용은 여러 가지 대기가스 물질 중 단지 이산화 탄소(CO_2)를 감지하기 위한 센서 필름에 관한 것이었다. 또한 폴리머 필름이 없는 고체 센서는 종래에도 공개된 기술로 이미 특허 공지되어 있는 상태였다. 발명 신고를 받은 대학 기술이전센터는 이산화탄소 이외의 다른 가스를 감지할 수 있는 폴리머 필름형 고체 센서에 관한 특허 출원을 완료하였다.

어드바이저와 멘토 확보

팽 박사와 헤론 박사는 올바른 어드바이저와 멘토를 찾는 데 어려움을 겪었다. 가스 센서 기술은 플랫폼 기술로서 군사, 환경, 항공우주 산업 등 응용 분야가 아주 다양하기 때문에 대상 분야 및 요구사항을 제대로 파악하는 사람을 채용해야 할지, 아니면 센서 기술에 대한 경험을 갖춘 사람을 채용해야 할지 판단이 어려웠다. 헤론 박사는 공항에서의 수화물 감지 센서 관련 개발 업무를 담당했던 짐 위긴스라는 엔지니어를 소개받았다. 위긴스는 실무자로서 임원급은 아니지만 정부와 유관 개발 업무 경험이 있어 군수 분야 응용 제품 개발에 적합한 인재였다. 한편 팡 박사는 여러 대형 반도체 회사에서 임원으로 근무하다 최근 신소재 기술 관련 스타트업에 참여했던 밥 롤프를 접촉하였다.

비즈니스 케이스 개발

밥 롤프와 짐 위긴스를 스타트업 어드바이저로 영입한 팡 박사와 헤론 박사는 본격적으로 비즈니스 케이스 개발을 위해 매월 정기 미팅을 추진하였다. 비즈니스 케이스 개발을 위한 정기 미팅의 목적은 가스 센서 기술을 어떠한 분야에 제품화할 것인지에 대해 초점이 맞추어졌다. 초기 단계의 기술 개발 방향은 지구 온난화와 관련하여 대기 중 이산화탄소 감지에만 해당되었지만, 어드바이저와의 미팅을 통해 다른 산업 분야에서의 가스 감지 센서 응용 가능성에 관해 본

표 4.3_ 센서로직스 제품의 응용 분야와 보유 기술의 특성

응용 분야	특성				
	반응 속도	멀티플렉스	소형화	낮은 가격	원격 제어
열대우림 CO_2 감지용	+	+	++	+++	+++
항공기 내 산소 감지용	++	+	+++	++	+
산업 대기오염 감지용	+	+++	+	++	+++
가정 및 사무용	+	+	++	+++	++
제한 공간의 산소 감지(소방관용)	+++	++	++	++	+++
화생방용	++	++	+++	+	+++

격적으로 타진하였다. 산업 분야의 전문가 자문을 통해 센서 제품의 응용 분야와 보유 기술의 특성에 관한 분류 도표를 표 4.3과 같이 작성하였다.

기술의 사업화 우선순위를 판단하기 위해 MBA 대학원생의 도움을 받아 해당 응용 분야의 시장조사를 실시하였다. 표의 셀에 표기된 플러스 기호는 제품 사업화 중요도를 나타내는 것으로 표식이 많을수록 해당 분야의 사업화 중요도가 증가함을 의미한다. 예컨대 표에서 대기오염 측정용 센서는 고정된 위치에 장착되어야 하므로 크기는 중요도가 높지 않다는 것을 알 수 있다. 반면 대기 환경에서는 광범위한 화학 오염 물질이 발견되므로 다양한 가스를 동시에 감지할 수 있는 다중 모니터링 기능은 중요도가 높다. 이와 대조적으로 화생방 전투용으로 활용되는 감지 센서는 군인들이 착용해야 하므로 장비의 크기가 특히 중요하게 고려되어야 하지만, 특정의 화학적 성분이 화학전에 사용되므로 광범위한 화학가스 성분을 측정하는 특성은 대기오염도 측정 센서에 비해 멀티플렉스 기능은 중요하지 않다는 결론을 내릴 수 있다. 하지만 이 분야에서의 민간시장은 매우 협소하며 거의 정부 공공기관 고객에 의한 시장만이 존재하고 있는 것으로 조사되었다. 그럼에도 불구하고 정부 공공기관으로부터 사업화 과제 자금을 지원받아 일차적으로 대기오염 분야 및 화생방 군수 분야를 먼저 개발한 후, 이를 기반으로 응용 가능한 산업 분야 제품으로 확대하는 것이 바람직할 것으로 판단하였다.

회사 설립

팽 박사와 헤론 박사는 어드바이저와 함께 일을 추진하면서 스타트업을 설립하기로 하고 회사 명칭을 '센서로직스 SensorLogix'로 결정하였다. 법인 형태는 정부 SBIR 과제 자금과 엔젤 자금 유치 시 이중과세 방지를 위해 S형 법인으로 설립하였다. 창업주인 팽과 헤론 박사는 각각 2만5천 달러 규모의 현금을 대학의 특허 라이선싱 비용으로 충당하기 위해 투자하였다. 지분 구조는 다음과 같이 분배하였다.

주주	지분율	귀속 시기
헤론	45	50% 즉시 귀속, 50% 3년 이후 귀속
팽	25	75% 즉시 귀속, 25% 3년 이후 귀속
위긴스	4	4년 이후 귀속
롤프	4	4년 이후 귀속
회사 변호사	2	즉시 귀속
경영진(미래)	20	CEO 등 경영진을 위해 유보함

〈센서로직스의 법인 설립시 지분 구조〉

지분 배분 과정에서 둘 사이에 논쟁이 있었다. 헤론은 자신이 새로운 폴리머 소재를 개발하였으며 기여도 측면에서 팽 박사가 개발한 고체 센서보다 크거나 최소한 동일하다고 생각하였다. 팽은 스타트업 경영에 적극적인 관심이 없었으나 가스 감지 센서 사업화에 있어서는 고체 센서가 폴리머 소재 기술보다 우선 되는 기술 분야라고 생각하고 있었다.

하지만 고체 센서 기술의 대부분은 해당 분야에서 공지 기술 분야이지만, 대학에 발명 신고하고 특허 보호되는 분야는 고체 센서에 적용되는 새로운 폴리머 소재 기술이 핵심이므로 팽 박사도 이러한 부분은 인정할 수밖에 없었다. 결국 팽 박사는 상대적으로 적은 지분을 갖는 대신 지분의 귀속 시기는 헤론 박사보다 빠르게 하는 것으로 합의하였다.

이는 향후 스타트업에서의 자신의 역할을 조기 종료하겠다는 것이었다. 헤론 박사는 안식년 기간을 스타트업 CSO로 근무하며 제품 개발을 병행하기로 하였다. 만일 스타트업에서 안식년을 보내는 동안 제품 개발에 성공하고 자금을 유치할 수만 있다면 대학을 떠나기로 결심하였다. 헤론은 대학에서의 근무보다 스타트업에서의 생활이 보다 적성에 맞는다고 생각한 반면, 팽 박사는 스타트업에서는 어드바이저 또는 컨설턴트로서의 역할로 만족하고 대학에 잔류하는 것을 희망하였다.

경영 팀 구축

센서로직스 이사회 구성은 팽, 헤론, 롤프 및 위긴스 네 명으로 구성되었으며 이들은 제품 개발과 시장조사를 중심으로 업무를 추진하였다. 이사회 구성원 중 위긴스는 특히 기술 사업화에 아주 열정적으로 고무되어 있는 상태로, 야근은 물론 주말에도 함께 일하며 시장조사와 제품 개발 가능성에 관해 고객들로부터 피드백을 받고자 했다. 특히 그는 정부로부터 군용 화생방 장비 개발에 필요한 사업 자금 확보를 위해 많은 노력을 하였다. 하지만 스타트업에서 추가 자금 유치가 이루어질 때까지는 회사에 필요한 경영 인력들의 충원은 미루어야 했다.

지식재산 라이선싱

해당 대학은 라이선싱 계약과 관련하여 정형화된 계약 조건이 이미 규정되어 있었으며 이들 중 몇 개 조항은 사전 협상이 불가한 것도 있었으나 대체적으로 스타트업에 호의적인 조건들로 구성되어 있었다. 또한 스타트업 지분은 라이선싱 대가에 관한 협상 대상이 아니므로 라이선싱 계약은 빠르게 진행되어 대학과 다음의 조건으로 라이선싱 계약에 서명하였다.

지역 및 배타적 권리	전세계 국가 및 전용 실시권
선급 라이선스 대금	0달러
지분	출구 전략에 따른 회사 청산 시 총 주식 지분의 1%[4]
단위 제품당 로열티	1%
서브라이선싱 수입금	15%
특허 비용	총 소요 비용을 월 500달러씩 1년간 납부하되 1년 경과 이후는 잔존 특허 비용과 추가 발생 금액을 합산하여 일괄 납부

〈대학과의 라이선스 계약 조건〉

---

4 인수합병 또는 기업공개 등 출구 전략에 따른 회사 청산 시 스타트업으로부터 확보하는 대학 지분의 평균 수치는 일반적으로 1% 정도이다.

시장 정보 조사

센서로직스는 회사 설립 이후 본격적으로 목표 시장을 군수시장으로 하여 화생방 전투에 필요한 독성 가스 감지 센서 개발을 추진하였다. 군수용 시장은 고객이 제한되어 있으며 또한 시장 규모도 작은 것으로 파악되었다. 하지만 회사는 초기 군수용 센서 제품 개발에 사활을 걸고자 했다. 군수용 제품을 개발하기 위해 정부 과제를 통한 자금을 지원받을 수 있을 뿐 아니라, 제품 개발이 성공하면 추후 민간 시장 제품 개발은 물론 시장 확보에 큰 도움이 될 수 있기 때문이다.

위긴스는 미 육군 신기술 개발 담당자를 만나 가스 감지 센서의 개발 및 판매를 위해 얘기한 나눈 결과, 1) 군수용 가스 감지 센서의 수요 물량, 2) 군수용 개발 자금 확보 방법 및 군납 제품의 인증 체계, 3) 군수용 물품의 조달 절차 등에 관한 시장 정보를 입수할 수 있었다.

한편 위긴스는 항공 산업 분야 업무 경험을 바탕으로 항공기 내부 산소 감지 센서 관리 업무를 담당하는 엔지니어들과의 접촉을 통해 시장 정보를 확보하고자 하였다. 항공기 내부의 산소 감지 센서는 점차 대형화 고급화되면서 고가로 개발되고 있다는 사실을 알았다. 정부가 항공기 제조 시 현재 두 개의 산소 감지 센서를 더 많이 장착하게 할 것이라는 정보도 확보할 수 있었다. 이러한 시장 정보를 바탕으로 자체 분석한 결과 항공기당 다섯 개의 센서를 장착할 수 있는 가격 경쟁력이 있다는 결론을 얻었다.

자사 제품의 사업화 가능성을 높이기 위해 기존 출시 중인 경쟁사 제품에 관한 정보를 수집하였다. 수집된 정보를 바탕으로 경쟁사 제품 대비 자사 제품의 현황과 수준을 파악할 수 있는 몇 가지 형태의 시장 맵market map을 도출하였다. 첫 번째 시장 맵은 화생방 전투용 가스 감지 센서를 대상으로 한 것으로 '판매 가격' 대 '제품 크기'에 관해 비교 분석하고 이를 바탕으로 '판매 가격' 대 '감지 능력'을 분석하였다. 분석 결과에 따르면 경쟁사 제품은 아주 소수이며, 센서로직스의 제품은 경쟁 제품에 비해 판매 가격은 절반 수준이나 감지도 측면에서 수준이 훨씬 떨어진다는 것을 확인했다. 센서 감지도가 고객의 입장에서 얼마나 중요한 문제인지를 인터뷰를 통해 재확인하였다.

이와 더불어 회사는 항공기 시장 확보를 위해 산소 감지 센서의 '제품 크기' 대 '판매 가격'에 관해 비교 분석표를 작성하였다. 항공기 시장에서는 약 12개의 경쟁 업체들이 있었다. 이들 중 한 군데의 제품이 센서로직스가 개발한 제품과 시장 분석 맵상 아주 근접한 위치에 자리하고 있는 것을 확인하였다. 센서로직스는 왜 이 업체가 시장을 적극적으로 확보하지 못하고 있는지에 대해 보다 면밀히 조사할 필요성이 있다고 판단하였다.

비즈니스 모델 수립

센서로직스의 비즈니스 모델은 다양한 산업 분야로 적용 가능하기 때문에 최종 개발 제품의 형태에 따라 다양한 방법의 비즈니스 모델 구현이 가능하고, 또한 최종 개발 제품 시장에서의 파트너 관계의 구축 및 전략 수립 형태에 따라서도 여러 형태의 비즈니즈 모델을 수립할 수 있었다.

비즈니스 모델 관점에서 또 다른 옵션은 개발 제품을 센서 모듈로 제품화하는 것으로, 센서용 반도체 부품은 인근에서 조달하고 폴리머는 자체적으로 합성 제조하여 패키지 모듈로 제조 판매하고 기존 시장에서 유관 제품을 판매하고 있는 업체를 대상으로 센서 모듈만을 판매하는 전략과 동시에 직판 또는 유통업자를 통한 판매 등 다양한 판매 전략을 수립하였다.

창업 초기 시점에서 자금과 인프라가 부족하고 시장 견인력이 필요하다는 점을 고려할 때 제3자와의 파트너십이 매우 중요하다고 인식하였다. 예를 들어 센서로직스가 특정 가스에 반응하는 알람 기능이 있는 군수용 웨어러블 배터리 전원 센서를 개발하여 이 센서를 최종 제품에 통합할 수 있는 업체와 제휴할 수 있다면, 군납용 규격에 부합하고 이미 조달 담당과의 업무 관계를 가지고 있는 해당 업체를 통해 빠르게 군수 시장으로 진입할 수 있을 것으로 판단했다. 하지만 이러한 제휴 방법은 일정 부분의 수익을 파트너와 배분해야 하므로 수익률이 떨어진다는 단점이 존재했다.

이러한 전략에서 출발하여 민간 항공 분야 산소 감지 센서 시장 진출을 계획했다. 군수 시장에서의 매출과 신규 투자 유치를 기반으로 항공기에 필요한 산소 감지 센서를 개발하여 직접 판매하는 계획이었다. 이러한 일련의 과정을 위해 회사는 시장을 아주 잘 알고 있으며 신규 제품 개발과 판매를 위한 해당 분야 비즈니스 개발 전문 인력들을 채용해야 했다.

최종적으로 대량 생산 가능한 제3의 제조업체를 포함하는 사무용 및 가정용 공기 모니터링 제품이라는 새로운 소비자 시장을 위한 비즈니스 모델을 개발하고, 아울러 영업 및 유통 채널을 온라인은 물론 기존의 가정용품 및 사무용품 공급망을 포함하는 일련의 비즈니스 모델을 수립하였다.

초기 단계의 마케팅

경영진들은 시장에 회사를 어떻게 포지셔닝할 것인지에 관해 브레인스토밍을 통한 아이디어를 도출하였다. 특히 응용 분야와 적용 제품이 다양한 플랫폼 기술 사업화에 기초한 마케팅 전략에 많은 아이디어를 수렴하였다. 먼저 센서로직스라는 회사명을 정하고 도메인 주소도 회사명으로 확보하였다. 보유 기술이 응용 가능성이 많은 플랫폼 기술이므로 포괄적으로 홍보할 수 있는 기술 명칭을 부여하고자 하였다. 센스로직스의 기술을 함축하는 명칭은 투자자 및 협력 파트너들이 해당 기술의 필요성을 쉽게 이해하고 사업화 성공 가능성을 높게 판단할 수 있게 해야 했다. '센서 매트릭스', '폴리 센서', '세븐스 센서' 또는 '매직 센서' 등 많은 아이디어들이 도출되었다. 많은 내부 논의를 거쳐 최종 채택된 명칭은 '퀀티플렉스'로 결정되었다. 기술명은 '자사의 퀀티플렉스 기술에 의해 구현된 감지 센서' 등과 같이 제품의 마케팅 카피에 활용하였다. 합성어 '퀀티플렉스'의 '퀀티'는 정량quantitative 감지가 가능하다는 의미이며, '플렉스'는 '멀티플렉스multiplex'의 줄임말로 다중 채널에 의한 감지 기능을 의미한다. 즉 대기 중 다양한 종류의 화학 가스를 정량 감지할 수 있는 기술임을 함축하는 것이다. 경영진들은 사업화의 최초 시장을 어디로 목표하여 제품 개발을 추진할 것인지에 대해 많이 고민하였다. 목표 시장을 대상으로 화생방 전투에 필요한 감지 센서 개발을 추진하고 최종 제품명을 'QIP1000'으로 명명했다. 이 제품명은 기억하기에 썩 좋은 명칭은 아니지만 군납용으로는 적당한 것으로 판단하였다.

사업 계획서 작성

사업 계획서를 준비하는 데 있어 경영진들은 다음 몇 가지 핵심 사항들에 관해 중점을 두었다.

1. 다양한 종류의 가스를 동시에 정량 감지하는 퀸티플렉스 기술의 핵심적 독창성
2. 특허를 포함한 지식재산권과 기술 노하우trade secret를 모두 보유한 경쟁우위
3. 센서 감지용 폴리머 필름의 다양한 합성을 통한 퀸티플렉스 기술의 광범위한 개발 가능성
4. 기술 사업화 전략으로 단기적 목표인 군수용 가스 감지, 차기 목표인 항공기용 산소 감지, 장기적 목표인 가정 및 사무용 공기 감지로 이어질 수 있는 단계적 제품 포트폴리오 개발 전략
5. 미션 및 사업 전략 수립은 충분하지만 해당 전략의 시행에는 아직 불완전한 팀 구성

　최종 완성된 사업 계획서는 스타트업이 효율적이고 체계적인 사업을 추진하기에 충분한 지침서 역할을 했다. 사업 계획서의 추진 일정에 따라 센서로직스 경영진들은 사업화 유망 분야에서 새로운 사업 기회를 창출하기 위해 노력하였다. 기술의 특성과 개발 제품의 가격을 연구 분석한 시장조사 결과로부터 해당 목표 시장에 존재하는 잠재 경쟁자들을 파악하였다. 경쟁 업체들은 향후 시장 개발 과정에서 유망한 비즈니스 파트너는 물론 장기적 관점에서는 자사를 상당한 가치로 인수할 수 있는 파트너가 될 수도 있으리라 예상했다.

　　스타트업 시드 자금으로 40만 달러를 예상하고 제품 개발을 위해 위긴스를 담당 이사로 임명하였다. 하지만 회사가 군용 감지 센서 제품 개발에 본격적으로 착수하게 되면 60만 달러의 자금이 추가로 예상되었다. 회사가 투자자를 대상으로 하는 투자 유치 활동을 위해 준비한 자료는 25페이지 분량의 사업 계획서와 PPT 슬라이드 20장, 2페이지 분량의 사업 개요서 등이었다. 특히 회사 웹사이트에 사업 개요서를 게시하고 자사 사업에 관심 있는 파트너 또는 투자자들의 정보를 얻고자 하였다.

최초 자금 유치

투자 유치를 위해 경영진은 지역 내 여러 엔젤 투자자와 세 개의 그룹을 대상으로 자금 유치 활동을 진행했다. 투자자에게 사업 계획서 및 사업 내용 프레젠테이션을 포함한 투자 상담을 열 차례 이상 진행하였다. 투자 상담 과정의 분위기는 썩 나쁘지 않았으나 대부분의 투자자들은 아직 기술이 사업화하기에는 성숙하지 않았다는 관점을 일관되게 피력하였다. 투자자들의 조언은 많은 도움이 되었지만 경영진으로서는 낙담에 이르는 결과였다.

　　하지만 이를 계기로 경영진은 투자자에게 보다 매력적으로 접근할 수 있는 방법을 모색하게 되었다. 당시로서 투자자에게 보여줄 수 있는 기술은 이산화탄소 감지 기술밖에 없기 때문에 다른 가스 성분도 감지할 수 있는 능력을 개발하여 시연하는 것이 중요하다고 판단하였다. 이를 위해서 대상 가스를 감지할 수 있는 별도의 폴리머 필름 소재가 개발되어야 하며, 동시에 다중 채널로 대상 가스를 감지할 수 있는 전자 센서 개발의 필요성도 대두되었다. 사업화 응용 가능성이 보다 높은 추가 제품 개발이 필요하다고 결론지었던 것이다.

　　위긴스와 롤프는 창업주들과 함께 추가의 상용화 기술 개발을 지원하는 각종 과제에 응모하였다. 초기 기술 개발은 주로 폴리머 소재 분야에 집중되었다. 이 분야 전문가인 헤론 박사는 치열한 경쟁이 예상되었던 대학 지원 연구 개발 과제에 지원하여 팽 박사와 함께 소속 대학 기술이전센터에서 1단계 5만 달러 및

2단계 15만 달러, 총 20만 달러를 지원하는 기술 사업화 지원을 받게 되었다. 헤론 박사는 팽 박사와 공동으로 1단계 과제에서 두 개의 활성가스에 반응하는 폴리머 필름 소재를 개발하고, 2단계 과제에서 반도체 전자 센서와 폴리머 필름의 접합 내구성, 다중 채널 감지도와 감지 가스의 정량 분석, 디바이스 구현 재현성 등에 관한 연구를 수행하였다.

대학 과제 수행과 동시에 센서로직스는 미 국무성 지원 SBIR 과제에 응모하였다. 대학 연구 과제 주제에 해당되지 않는 세부 개발 주제를 지정하여 위긴스가 과제 책임을 맡고 팽과 헤론 박사는 컨설턴트로 참여하였다. 신청한 정부 지원 SBIR 과제가 승인되면 위긴스는 현재 근무하는 직장을 사직하고 정식 임원으로 스타트업에 입사하기로 하였다.

대학 지원 과제 1단계는 승인되었지만 미 국무성에서 지원하는 SBIR 과제는 탈락하고 말았다. 하지만 정부 지원 과제의 평가 결과 신청 계획서를 보완하여 다음에 지원하면 선정 가능성이 높다는 의견을 받았다.

대학 지원 사업화 과제 수주를 통해 헤론 박사는 본격적으로 서로 다른 활성가스에 선택적으로 반응하는 새로운 폴리머 소재 필름을 개발하기 시작했다.[5] 하지만 개발된 폴리머 필름이 대상 성분과 유사한 다른 가스에 반응하면서 소재의 반응도가 그다지 높지 않다는 결과가 도출되었다. 대학으로부터 가스 선택 반응도의 측정 결과가 정량 목표에 달성되지 않은 경우 2단계 과제 지원을 할 수 없다는 통보를 받았다.

이러한 와중에 센서로직스는 과거의 탈락 경험을 바탕으로 미 국방부 지원

---

5 대학으로부터 연구비를 지원받아 개발한 연구 성과물에 관해 일부 논란의 여지가 있었다. 대학원생이 신규 폴리머 합성에 관해 독자 기술을 개발하였으며, 대학에서는 이를 논문으로 발표하기를 원했다. 하지만 위긴스와 롤프는 이에 관해 강한 반대 입장을 표명하였다. 해당 기술은 스타트업의 사업 분야에 직접 연관되는 연구 성과물로 논문 발표를 위해서는 사전에 특허 가출원을 진행해야 하는데, 특허 비용도 부담될 뿐만 아니라, 특허 출원 일자로부터 보호 기간이 산정되므로 특허 권리 기한이 줄어든다는 이유였다. 회사는 해당 기술이 보다 신뢰성 검증되고 제품 상용화 개발이 이루어지기 전까지는 영업비밀로 보호하고자 했다. 대학에서는 해당 대학원생이 주말에 스타트업 회사에서 근무하는 것을 허용하였으며 대학 소유의 특허 출원을 진행하고 센서로직스에 라이선스를 허용하였다.

SBIR 1단계 과제에 재도전하여 최종 선정되었다. SBIR 1단계의 정부 과제로 22만 달러의 지원금을 확보하면서 위긴스는 센서로직스에 입사하여 제품개발이사로 근무하게 되었다.

공간 확보

SBIR 정부 지원 1단계 과제를 수주하게 되자 회사는 지역 산업단지 내에 회사 공간을 확보하기로 하였다. 입지 여건을 고려할 때 좋은 위치에 있는 적당한 임대 공간의 건물주는 5년의 임차 계약을 희망하고 있었다. 사무 공간의 임대료 금액 수준은 별 문제 없었지만 만일 향후 SBIR 정부 과제 2단계를 추가로 수주하지 못한다면 5년의 임대 비용은 상당히 큰 부담이 될 수밖에 없는 상황이었다.

또 다른 문제는 해당 공간이 폴리머 합성에 필요한 후드 배기 처리 설비가 갖추어지지 않았다는 것이었다. 회사는 건물주와의 수차례 협상을 통해 배기 후드 시설을 설치해주는 대가로 임대료 일부 인상에 합의하였다. 또한 5년 임대기간 중 건물주의 동의하에 임차인이 임대 공간을 전대할 수 있는 임대차 계약을 체결하였다.

추가 투자 유치

센서로직스가 국방부 SBIR 과제를 수주하면서 보유 기술이 일정 수준 이상이라는 것이 외부에 증명되었다. 더불어 대학의 기술 사업화 과제를 수주하여 진행함으로써 군수용 센서 제품의 사업화 가능성을 더욱 높일 수 있게 되었다. 이러한 실적을 기반으로 회사는 사업화 성공 가능성에 대한 추가 자금을 확보해야 할 단계에 이르게 되었다.

본격적인 추가 투자 유치를 추진하기 전에 회사는 경영진 공백을 채울 방안을 고민한 끝에 CEO를 영입하기로 결정하였다. 당시 개발이사로 일하고 있던 위긴스는 전 직장 시그마테크의 상사였던 '피터 터너'를 추천하고 함께 일할 수 있는지 타진해보기로 했다. 피터 터너는 시그마테크의 부사장을 맡고 있었으며 화학사 학위와 상위 20대 안에 랭크되는 경영대학 MBA 학위를 보유하고 시그마테크에 7년간 근무하고 있었다. 시그마테크 근무 동안 폭발물 감지 분야에서 괄목할 만한 몇 차례의 성공적인 성과를 이끈 경험이 있었다. 그는 신설 회사의 경영에 적극적으로 도전하고 싶어 했다. 터너는 CEO 채용 조건으로 지분 20%와 18만 달러의 연봉을 희망하였다. 하지만 이사회는 그가 아직 스타트업에 근무한 경험이 없으며 새로운 업무 적응에 문제가 있을 수 있다는 우려를 표시하였다. 터너는 이사회 임원들과의 신뢰 관계 구축이 무엇보다 중요하다는 사실을 인지하고 있었다. 이사회 임원들과 식사하면서 스스로의 경영 능력을 자연스럽게 검증시키고자 노력하였다. 회사 신임 CEO로서의 터너 영입 건은 논쟁이 매우 심했다. 터너가 요구한 지분 20%는 종업원을 위한 총 유보 지분에 해당하는 매우 과도한 수준으로 만일 터너가 요구한 지분 전부를 지급하면 창업주 자신들의 지분이 미래에 상당 부분 희석될 수밖에 없다며 우려를 표했다.

창업주들은 회사가 조만간 SBIR 과제 2단계로 약 1백만 달러를 수주받을 수 있다고 긍정적으로 판단하고 있었기 때문에, 자금은 아직 심각한 압박의 수준은 아니며 터너의 최고경영자 영입이 그다지 시급한 문제가 아니라고 판단했다. 하지만 임원으로 근무하고 있는 위긴스와 롤프는 SBIR 과제가 확보되더라도 이는 군수용 센서 제품에 필요한 것이며 민간용 제품 개발을 위해 투자 유치가 신속히 이루어져야 한다고 주장하였다. 그리고 그들은 시그마테크가 센서로직스가 최종 목표하는 민간 시장의 제품 개발과 시장 진입에 중요한 핵심 파트너가 될 수 있다고 판단하고 있었다. 우여곡절 끝에 터너는 이사회 임원으로 다음과 같이 CEO 고용 계약을 체결하였다.

총 지분	20%	10%		1년 경과 후 4년 동안 귀속
		10%	옵션 1	5%: 최초 50만 달러 투자 유치 시 귀속 5%: 50만 달러 투자 유치 이후 10만 달러 유치 시마다 1%씩 귀속
			옵션 2	5%: 독점 파트너 계약 또는 구매 계약 성사 시 귀속 5%: 매출 100만 달러 발생 시 귀속
연봉				24개월 간 연 12만 달러
직위				최고경영자, 이사회 임원

〈센서로직스의 CEO 채용 조건〉

참신한 CEO를 영입한 회사는 연구 개발 과제를 통해 확보한 새로운 성과물을 바탕으로 신제품 개발 계획과 함께 사업 계획서를 완전히 개조하였다. 이러한 혁신 과정에서 정부 지원 과제 SBIR 2단계에 선정됨으로써 75만 달러의 연구 자금을 지원받게 되었다. 회사의 입장에서 그간의 기술 개발의 결과가 검증되는 아주 중요한 성과로서 추가 제품 개발에 있어 필수적인 자금이었다. 단기적 관점에서 개발 제품의 조기 상용화를 위해 군수용 납품업자에게 감지 센서를 부품 모듈로 납품하고 최종 군납 제품은 파트너사가 센서로직스의 모듈을 활용해 제조 공급하도록 하였다.

한편 CEO를 영입한 센서로직스는 공항 시설 안전 분야의 감지 센서를 개발하기 위해 1백만 달러 규모의 자금을 투자자로부터 유치하고자 하였다. 종래의 감지 센서 기술의 문제점을 해결하고 새로운 방식으로 폭발물을 감지하는 센서로 위긴스와 터너의 과거 공항 안전 실무 경험과 항공기 내부의 산소 감지 센서 개발 경험을 바탕으로 회사는 새로운 프로젝트를 추진하였다. 일차적으로 관심을 보인 엔젤 투자자 그룹 대부분은 지역에서 떨어진 외부 투자자들이었으며 지역 내 투자자는 소형 벤처 캐피탈 회사 한 곳뿐이었다.

경영진은 지역 내부 또는 외부에 있는 엔젤 투자자 그룹들과 벤처 캐피탈을 대상으로 보다 적극적으로 투자 유치 활동을 한 결과, 두 개의 벤처 캐피탈과 엔젤 투자자들이 관심을 보였다. 수차례의 설명회와 미팅을 통해 우여곡절 끝에 궁극적으로 하나의 벤처 캐피탈이 주도하고 다른 엔젤 투자자들이 공동 투자하는 방식으로 투자 협상이 시작되었다. 거래 협상은 기업 가치가 의제로 되기 전까지는 순조로이 진행되었다. 당시 회사의 주주들은 투자자가 제시한 투자 전 기업가치로 1백만 달러는 협상의 파기에 해당될 정도의 터무니없는 금액이라고 주장했다. 하지만 양 당사자는 협상을 결렬시키지 않고 보다 세부적인 실사 과정을 통해 기업 가치를 산정하기로 하고 재협상을 시작하였다.

기업 가치 산정을 위한 본격적인 자산 실사는 벤처 캐피탈에 의해 주도되고 이 방면에 경험을 가진 몇 명의 엔젤 투자자들이 합류하여 진행되었다. 실사 과정을 지켜보는 CEO 터너는 참담한 상황에 놓였다. 여름 한 시즌이 지나 8월이 되어도 투자자들로부터 실사 결과에 대한 아무런 소식이 없었다. 지지부진한 실사 결과만을 지켜볼 수 없었던 터너는 자신이 과거에 근무했던 시그마테크와 공동 연구 개발을 위한 접촉을 시도했다. 새로운 폭발물들이 개발되어 공항에 위협이 되고 있는 시점에서 공항 안전을 위해 신기술 적용에 의한 센서 개발이 필요하다는 점을 강조하며 관계자들을 설득하였다. 터너는 이 분야 시장에 관해 잘 알고 있었다. 현재는 비록 시장 규모가 작지만 향후 새로운 응용 가능성에 의해 시장이 확대되고 회사도 성장할 수 있다고 판단했다.

터너와 위긴스는 시그마테크의 CEO와 개발팀 직원들을 만나 공동 연구 개발에 관한 협상을 추진하였다. 시그마테크의 개발부 엔지니어는 새로운 폴리머 합성 물질이 과연 새로운 유형의 폭발물을 감지할 수 있는지에 관한 개발 리스크를 염려하였다. 수개월에 걸친 연구 개발 실무자들의 미팅 끝에 양 당사자는 다행스럽게도 다음과 같은 공동 연구 개발 계약에 합의할 수 있었다.

기술료 선급금	25만 달러
연구 개발비	연 40만 달러(2년간 인건비 및 기자재 비용)
연구 개발 목표	네 가지 신규 유형 폭발물에 대해 식별 가능한 감지 센서 시제품
기술 라이선싱	• 3년간 전용실시권 허여 • 전 세계 대상으로 공항 보안 응용에 관한 전용 실시 • 제품 출시 단계에 1백만 달러 선급금 지급 • 제품 매출액 대비 3% 로열티 지급

〈시그마테크와의 공동연구 계약 조건〉

파트너 기업과의 공동 연구 개발에 관한 협상 결과와 정부 SBIR 과제 2단계 수주 결과를 투자자들에게 알리고 협상을 지속하면서 빠른 투자 결정이 필요성을 강조하였다.

제품 개발

현 단계에서 회사는 두 가지 유형의 제품을 개발하고 있었다. 그중 하나는 정부 SBIR 과제를 통해 개발 중인 군수용 화생방 센서와 또 하나는 파트너 기업과 제휴하여 개발하고 있는 신규 폭발물 감지 센서였다. 군수용 제품인 가스 센서 모듈 자체는 시험 성능 단계를 통과하고 최종 제품인 웨어러블 장치에 적용하고자 하는 단계였다.

개발한 센서 모듈의 최종 제품 적용에 보다 구체적인 정보가 필요하여 군수 개발 담당자와의 미팅이 추진되었다. 최종 적용되는 제품의 무게는 1파운드 미만이며 전원 충전 후 3일 이상 지속되어야 하는 등 센서 모듈의 무게와 사용 시간에 관한 성능 규제 때문이었다. 군수품 개발 과정에서 가장 문제가 된 사항 중 하나는 센서 오염에 의한 성능 저하 문제였다.

폴리머 필름은 젤 타입으로 표면이 먼지나 이물질에 의해 쉽게 오염될 수 있다는 문제가 있었다. 외부 오염 또는 충격에 의한 폴리머 필름 손상 방지를 위해 보호 필름이 필요했다. 검출 대상 가스가 외부 보호 필름을 통과하여 활성

폴리머 필름에 반응할 수 있는 구조로서 센서 모듈을 디자인하는 과제가 가장 어려운 문제 중 하나였다.

군용 감지 센서가 적용되는 최종 웨어러블 제품 개발 업체와의 협력이 중요한 과제로 대두되었다. '그린필드'는 각종 가속 센서 기술에 기반한 응용 제품을 개발하는 회사로 센서로직스가 개발한 감지 센서와 유사한 제품을 개발하여 군납한 경험이 있는 업체였다. 센서로직스는 그린필드와의 수차례 협상 끝에 다음과 같은 협약을 체결하고 감지 센서가 부착되는 최종 웨어러블 제품의 개발에 착수하였다.

사용 범위 및 용도	• 군수용 및 전 세계 대상
배타적 권리	• 그린필드에 전용실시권 허여 • 센서로직스는 개발 센서 모듈을 타사에 군수용으로 공급하지 못함
연구비 지급	• 감지 센서 시제품 50개와 센서 패키징 개발을 위해 150만 달러 지급 • 연구비에는 센서 필름 오염 방지를 위한 보호막 개발 비용이 포함되고 납품한 센서 시제품의 전원 소비율과 센서 감지율 등이 사전에 합의된 성능 기준에 만족하는 경우에 지급함
그린필드의 인력 지원	• 공동 연구 개발을 위해 비전일제 프로젝트 매니저와 전일제 제품 개발 엔지니어가 지원됨
제조 생산	• 센서로직스는 일차로 시제품 50개를 제조 납품 후 그린필드에 센서 모듈의 제조 생산과 관련된 일체의 노하우를 기술이전함 • 그린필드는 시제품에 대한 최종 제품과의 적합성 테스트에 있어 적극적으로 협조해야 하며, 이를 근거로 제조 생산된 센서로직스의 센서 모듈에 관해 모든 책임이 있음
로열티	• 제품 매출액 대비 1%

〈그린필드와의 공동연구 계약 조건〉

센서로직스의 CEO는 그린필드에게 보다 높은 로열티 요율을 요구하였으나 센서 모듈은 그린필드가 생산 납품하는 웨어러블 장비의 일부에 지나지 않기 때문에 이를 거절하고 상대적으로 낮은 로열티 요율을 주장했다. 센서로직스 입장에서는 군수품이 향후 민수용으로도 응용 가능성이 높기 때문에 비록 낮은 로열티 요율에도 불구하고 제안을 수용하였다. 그린필드와의 공동 개발 협상은 미래 시장 개척에 아주 유리한 결과로 작용할 수 있다는 판단에 따라 자사 보유 기술이 우선적으로 군수 시장에서 검증받아 상용화되는 것이 중요하다고 생각했기 때문이다.

두 협력 업체의 품질 담당은 상호 개발에 합의한 최종 제품의 검수 항목을 확인하기 위해 국방부 해당 분야 조달 담당관을 만나 가스 감지 센서가 장착된 웨어러블 장치의 무게, 배터리 수명, 감지도 및 감별도, 감지 가스의 영역 대역 등 제품의 최종 승인 요건에 대해 재차 확인하였다. 회사는 그린필드로부터 연구비 지원을 받아 웨어러블 장치에 부착되는 화학 가스 감지 센서 모듈의 시제품 개발에 착수하였는데, 실제 앞서 확보한 국방부 SBIR 2단계 과제의 수행 결과물 역시 그린필드의 시제품 개발과 연계되어 있으므로 두 개의 과제가 상호 연관되어 시너지 효과를 창출할 수 있었다.

한편 이 와중에 회사는 시그마테크와 폭발물 감지 센서에 대한 신제품 개발을 추진 중에 있었다. 개발하고자 하는 신규 제품의 기술 사양은 군수용 제품보다는 덜 까다로운 수준이었다. 예컨대 폭발물 센서 개발에 관한 요건은 전원 공급이나 폴리머 필름 오염에 관한 문제가 없기 때문이었다. 시제품 개발이 완성되고 본격 제조 생산 단계에 진입할 무렵, CEO 터너는 시그마테크와 대량 생산과 관련하여 협상하고자 하였다. 앞선 단계에서는 구체적 개발 제품 사양에 관한 합의가 없었기 때문에 제품 개발이 완료되는 시점에 별도의 파터너링 계약을 체결하고자 하였다. 회사는 그린필드와의 계약서 내용을 참조하여 시그마테크와도 유사한 계약을 체결하였다.

고객 개발

당시 시점에서의 회사 비즈니스 파트너이자 고객은 시그마테크와 그린필드였다. 파트너 기업인 시그마테크는 공항공사를 고객으로 하고 있고, 또 다른 파트너 기업 그린필드는 국방부를 고객으로 센서로직스의 감지 센서 모듈을 장착한 제품을 적용해 판매하고 있었다. 파트너 고객들로부터 확보되는 로열티와 연구비, SBIR 연구 과제에 의해 회사는 원활하게 운영될 수 있었지만 센서로직스의 CEO는 독자 제품 개발과 납품을 통해 회사 가치를 보다 더 높게 상승시킬 수 있는 방안을 찾고자 했다.

그동안 회사는 투자 전 기업가치 산정을 위한 여러 차례의 실사 과정과 오랜 기간의 투자 협상을 통해 드디어 엔젤 투자자들로부터 투자금 1백만 달러를 확보하였다. 엔젤 투자 자금은 센서로직스가 소방관용 산소 감지 센서를 자체 개발할 수 있는 새로운 비즈니스 기회를 제공하였다. 투자 자금은 두 차례에 걸쳐 지급되었는데 처음 50만 달러는 제품의 성능 개발과 시제품 제작을 위한 자금으로, 나머지 50만 달러는 초기 생산 라인 구축 비용으로 지급되었다. 센서로직스는 투자 유치를 통해 최초의 자사 독자 제품으로 소방관용 산소 감지 센서를 출시하게 되었다. 센서로직스의 신규 소방관용 산소 감지 센서는 센서로직스 설립 1년 전에 이미 출시되어 각광받은 비행기 내부 산소 감지 센서와 유사한 것으로 보였다.

사전 시장조사를 통해 CEO 터너는 소방관을 위해 제한된 특정 공간에서 산소를 감지할 수 있는 각종 센서 제품을 파악하였다. 또한 이와 연관되어 있는 시장으로서 광산 지하 갱도, 심해 탐사, 그리고 원유 채굴 분야 등 제한된 공간 내부의 산소 감지 센서 시장 수요와 관련된 자료를 함께 조사하였다.

엔젤 투자 그룹으로부터 사업 자금을 확보한 터너는 '존 할러데이'를 사업 개발 및 마케팅 이사로 채용하였다. 할러데이의 업무 영역은 다음과 같이 정해졌다. 1) 종래의 소방관 안전에 관한 문제점 설명과 함께 신규 개발 제품의 필요성을 고객들에게 이해시키고, 2) 고객사의 구매 절차와 구매에 관한 핵심 결정권자를 파악하고, 3) 산소 감지 센서 시제품의 성능 테스트 또는 시연을 원하는 소비자 정보를 확보하는 것이다.

할러데이는 파트너사인 그린필드와 공동 개발한 군수용 가스 감지 센서가 장착된 웨어러블 장치 관련 기술 미팅에 참여하여 개발 전문가들과 정보를 교류하여 독자 추진 중인 소방관용 산소 감지 웨어러블 장치 개발에 많은 도움을 받을 수 있었다. 소방관용 산소 감지 센서 장치는 군용 화생방 가스 감지 센서와 마찬가지로 두 개의 산소 농도를 측정할 수 있는 센서가 부착되는 방식은 동일하지만, 소방관의 특수 용도에 부합하는 기능 확보와 안전성을 갖추도록 별도의 설계가 필요했다. 소방관용 산소 농도 감지 센서가 부착된 웨어러블 시제품을 개발하기 위해 회사는 앞선 단계에서 이미 개발한 가스 감지 센서 제품을 응용하여 두 개의 시제품을 제작하여 성능 테스트하였다. 한 제품은 산소 감지 반응 시간이 수분이나 걸리는 등 너무 느렸다. 이러한 문제는 화재 진압을 위해 소방관이 특정 밀폐 공간에서 다른 밀폐 공간으로 빠르게 이동하기 때문에 문제될 수 있는 것이었다. 나머지 한 샘플에서도 화재 연기나 각종 오염 물질들이 산소 감지 기능을 소실되게 하는 문제가 관측되었다. 터너와 할러데이는 오염에 의한 문제는 산소 감지 센서 반응 시간이 수초 이내로 지나치게 빨라서 발생하는 현상임을 알고, 군용 화생방 가스 감지 센서 개발 과정에서 얻은 기술적 노하우를 활용하여 해결하였다. 이들은 여러 가지 종류의 가스를 동시 감지하는 기능을 추가하기로 하고 일산화탄소와 산소 농도를 동시 감지하는 멀티플렉스 가스 감지 장치를 개발하는 계획을 수립하였다.

독자 개발 예정인 신제품에 관한 기술 사양을 최종 확정하고 터너와 할러데이는 제품 개발 엔지니어로 하여금 '옥시로직스OxyLogix'라고 명명한 신제품의 시제품 생산에 본격적으로 착수하게 하였다. 앞서 항공기용 센서 제품과 군용 센서 제품의 개발 경험으로 인해 시제품은 신속히 완성되었다. 소방안전협회 관계자와 접촉하고 개발 시제품의 안전성 테스트에 관한 협의를 시작하였다. 1차 시제품을 실제 화재 상황과 동일한 모의 상황에서 테스트한 결과 시제품은 고온 환경에서의 감지 성능이 취약하다는 점이 측정되었다. 시험 결과에 의해 제품이 재개발되어야 할 것으로 예상되었으나 다시 협의한 결과 문제가 되는 고온 환경은 거의 소방관들이 노출되지 않는 온도 영역대로 현장 적용에는 큰 문제가 없는 것으로 파악되었다. 이러한 시제품 시험 결과를 토대로 소방 관할 지자체에 안전성에 관한 인증 신청을 하였다. 안정성 인증에 필요한 시험 항목은 주로 가스 감지 시간, 실제 상황에서의 센서 오염도, 장치의 내구성과 감지 센서의 보정 주기 등에 관한 사항이다. 테스트 시험 결과는 긍정적이었고 이를 바탕으로 약 200명 이상의 소방관을 대상으로 베타 테스트 기회를 얻었다.

베타 테스트를 통한 긍정적 결과에 고무된 센서로직스는 폭발물 및 가스전용 감지 센서 개발을 위해 또 다른 파트너사와 협상을 진행하였다. 이러한 와중에 회사는 추가 개발 자금이 필요하여 엔젤 투자 그룹으로부터 라운드 A 투자 협상을 병행하였다. 추가의 신규 제품 개발에 예상외의 많은 자금이 소모되고 제품 개발 일정이 지연됨에 따라 자금 압박을 받게 되었다. 지역 외부의 엔젤 투자 그룹들이 연합하여 센서로직스에게 1백만 달러 자금을 투자하였다. 라운드 A 투자 유치에 성공한 회사는 개발 자금이 충분히 확보됨에 따라 '옥시로직스'라 명명한 주력 제품의 생산 라인을 구축할 수 있게 되었다.

생산 제조 시스템 구축

시리즈 A 투자 라운드를 통해 회사는 폴리머 제조 생산뿐 아니라 대량으로 합성하여 생산된 폴리머 필름을 반도체 기판 위에 증착시키는 자동화 생산 라인을 완비하였다. 옥시로직스로 명명하고 독자적인 기술에 의해 개발 중에 있는 소방관용 센서 감지 센서는 자동화 생산라인 설비를 통해 생산되었다. 반도체 기판 위에 폴리머 물질을 도포하여 형성된 폴리머 필름을 경화 처리하여 최종 패키징하는 공정은 고도의 기술이 필요한 분야로서, 자동화 생산 라인 설비 구축 이전에는 전문 업체 외주를 통해 센서 필름 모듈을 생산하였다. 폴리머 합성의 대량 생산 공정은 실험실 수준과 달라 자동화 생산 라인 구축 시 예상외의 많은 기술적 문제의 해결이 선행되어야 했다.

회사는 자동화 생산 설비 구축을 위해 화학 공정 전문가의 기술 지도하에 약 6개월에 걸쳐 재현성이 확보된 폴리머 소재를 대량 합성하고 생산할 수준에 이르게 되었다. 이후 설비 엔지니어와 화학 엔지니어들의 상호 협력을 통해 적정 두께

413

와 균일성을 갖춘 48종류의 센서 기판에 폴리머를 적용할 수 있는 자동화 제조 공정 설비를 구축하였다. 이와 더불어 엔지니어들은 자체적으로 폴리머 도포 공정 이후에 폴리머 박막을 경화할 수 있는 새로운 장치를 개발하였다.

하지만 군용 화생방 센서와 항공기용 산소 감지 센서들은 파트너 사인 그린 필드 및 시그마테크와 공동 개발한 제품들이 제품의 본격 생산 결정에 몇몇 문제가 발생하였다. 그린필드는 최종 제품 생산 설비 구축과 생산 공정 기술에 따른 문제점으로 인해 최종적으로 조직을 감축하고 타사에 인수합병되었다. 또 다른 파트너 사 시그마테크도 연구 개발 투자 부족과 제품 양산을 뒷받침할 수 있는 공정 기술의 문제점 등으로 인해 제품 출시가 연기되고 있는 상황이었다.

센서로직스의 대표이사 터너와 영업이사 할러데이는 파트너 회사를 방문하여 자사가 보유하고 있는 자동 생산 설비와 공정 기술을 소개하고 기존의 공동 개발 계약의 재검토를 통해 공동 개발 제품의 생산 공정을 센서로직스에서 인수하여 생산할 것을 제안하였다. 하지만 그린필드는 센서로직스가 군수 산업에서 요구하는 엄격한 성능 기준을 만족시키지 못할 것으로 생각하여 제안을 거절했고, 시그마테크는 공동 개발 계약을 재검토한 후 재협상에 합의하였다.

판매 마케팅 체제 구축

회사의 판매 및 마케팅은 세 개 라인 체제로 구축되었다. 두 개의 마케팅 라인은 그린필드 및 시그마테크와 공동 개발한 제품을 각각 판매 지원하는 체제이며, 나머지 하나는 센서로직스 단독 개발 제품 '옥시로직스'의 판매 마케팅을 지원하는 체제로 이루어졌다. 이렇게 다양한 마케팅 활동을 지원하기 위해 터너는 마케팅 판매 유통 분야에 경험 많은 '조안 프레스톤'을 마케팅이사로 채용하였다. 그녀는 항공 산업 분야에서 150여 명의 글로벌 마케팅 조직 책임자로 일한 경험이 있었다. 그녀는 글로벌 대기업에서의 마케팅 조직 관리 업무에 썩 흥미를 느끼지 못하고 새로운 조직을 성장시키는 도전적 업무에 관심이 있어 센서로직스의 경영진으로 함께 하게 되었다. 마케팅 영업 인력들이 보강될 때까지는 그녀 자신이 신제품 광고를 기획하고 전시 박람회에 참여하며 영업 판매 활동을 하는 실무자 역할을 해야 한다는 것을 잘 알고 있었다.

그린필드와 공동 개발한 제품은 군수용 제품이므로 제품 판매를 위한 전문 마케팅 활동과 지원은 그다지 관련성이 없어 보였다. 군수용 제품은 브랜드 가치나 마케팅 요소에 의해 판매가 결정되기보다는 주로 요구 사양에 얼마나 부합하는가에 의해 최종 구매가 결정되기 때문이다. 이와 대조적으로 협력사 시그마테크와 공동 개발한 폭발물 감지 센서는 공항이나 항공 안전 분야에 종사하는 고객들에게 판매하기 때문에 마케팅이사 프레스톤의 역할과 비중이 크게 차지하였다. 그린필드는 신규 제품으로 폭발물 감지 센서 SED-5000을 센서로직스와 공동 개발하여 출시하였다. 그들은 프레스톤이 명명한 '퀀티플렉스QuantiPlex'라는 기술 브랜드 명을 매우 만족스럽게 생각하며, SED-5000 상품 태그 라인에 '퀀티플렉스에 의한 파워powered by QuantiPlex'라는 슬로건을 부착하여 사용하였다.

센서로직스의 독자 제품 옥시로직스의 마케팅을 위해 마케팅이사 프레스톤은 서부와 동부 권역별로 두 명의 판매 담당을 채용하였다. 회사는 시제품 체험에 긍정적 반응을 보인 지방자치정부와 소방 안전 부서를 상대로 공격적 마케팅 체제를 구축하였다. 이러한 과정을 통해 마케팅이사는 1) 제품 판매 사이클은 지방자치정부의 예산 집행 사이클과 밀접한 관련이 있으며, 2) 해당 소방서장의 구매 결정은 소방청장의 승인을 받아 지방자치정부 예산에 반영됨으로써 최종 구매가 이루어지고, 3) 일부 고객들은 이러한 구매 절차와 상관없이 유통업자를 통해 사전 계약 방식으로 소량 구매한다는 것을 알 수 있었다. 비록 고객 수요가 아직은 주문에 적극적으로 반영되지 않았지만 제품에 관해 매우 긍정적인 반응을 보이고 있다는 것을 확인하였다.

자사 개발 제품에 대한 보다 공격적인 마케팅을 위해 연 2회에 걸쳐 소방 안전 전시 박람회에 회사의 공식 부스를 설치 운영하였다. 경영진들과 실무자들은 박람회 참석을 통해 1) 전시 제품의 홍보 및 주문 확보를 위한 상담을 진행하고, 2) 시장에서의 해당 분야 기술 동향과 경쟁 제품에 관한 정보를 수집할 수 있었으며, 3) 자사 제품과 기술에 관심을 가진 잠재적 파트너 사 또는 고객에 관한 정보의 파악은 물론 4) 전시 박람회 주관기관인 무역협회와의 마케팅 관련 업무 협조 라인을 구축하였다.

출구 전략

센서로직스가 최초 자사 브랜드 제품으로 옥시로직스를 출시하여 마케팅 노력을 강화했음에도 불구하고 판매 확산 속도는 더디게 진행되었는데, 복잡하고 까다로운 구매 절차 때문이라고 생각했었다. 하지만 해당 사유를 면밀히 검토한 결과 보다 근본적인 이유는 구매에 관심을 보인 고객은 지방정부뿐이었다는 것으로 파악되었다. 해당 제품이 매우 정교한 감지 센서가 장착된 고가의 장비여서 지방정부로 수요가 제한될 수밖에 없었던 것이다. 설상가상으로 군수용 제품을 함께 개발한 파트너 기업 그린필드가 타 기업으로 인수합병되어 회사의 위기가 가중되었다. 그린필드를 인수한 기업은 센서로직스와의 전략적 파트너 관계를 지속하지 않고 인수합병을 이유로 파트너 계약을 취소하기에 이르렀다. 취소에 따른 위약금은 확보할 수 있었지만 센서로직스는 이후 발생할 군납 매출이익을 포기해야 했으며 또한 군수품 사업과 관련하여 채용한 인력들은 회사의 부담으로 남게 되었다.

다행히도 시그마테크와 공동으로 개발한 항공기 분야 산소 감지 제품은 예상한 바와 같이 지속적 매출 발생에 따른 로열티를 정상적으로 확보하고 있었다. 하지만 소방관용 센서의 매출 한계와 군수용 제품의 파트너 계약 취소로 인한 로열티 수입 감소 등에 따라 회사는 구조 조정의 위기에 이르렀다.

이러한 여건에서 CEO 터너는 몇 가지 방안에 대해 고민하였다. 1) 군수품의 새로운 파트너를 물색하거나 일반 가정용 유해 가스 감지 등 새로운 자사 제품 개발을 위해 벤처 캐피탈로부터 개발 및 경영 자금을 추가로 유치하거나, 2) 회사를 매각하는 방안이었다. 이사회가 수시로 개최되어 경영 위기 상황 극복 방안에 대한 검토와 함께 많은 논쟁이 이어졌다. 터너는 위기 타개를 위해 항공기용 산소 감지 센서와 가정용 유해 가스 감지 센서가 대박 상품이 될 수 있으리라 확신하며, 2백만 달러의 추가 자금을 유치하여 신제품을 개발하는 방안을 주장하였다. 하지만 투자자들은 투자 이후 5년이 경과하였고 유동성 확보가 절실한 시점이라고 주장하며 인수합병을 통한 매각을 주장하였다.

이사회는 터너, 헤론, 팽, 롤프, 투자자 두 명, 사외이사 총 7인으로 구성되었으며, 이들은 향후 6개월 동안 회사에 가장 적합한 인수합병 방식에 관해 검토하기로 합의했다. 이사회 결의가 내키지는 않지만 CEO 터너와 할러데이 이사는 몇몇 가능성 있는 후보 회사들과 만나 회사 매각을 위한 미팅을 진행하였다. 인수 의향을 가진 후보 회사 중 하나는 터너가 과거 근무했던 시그마테크였다. 시그마테크는 최근 기업공개를 완료하였으며 첨단 기술력을 가진 스타트업 인수에 특히 관심을 가졌다. 특히 파트너 협력 관계에 있었던 센서로직스는 인수 대상 후보로 많은 정보를 가지고 있었다. 터너는 시그마테크가 가정용 센서 관련 신규 사업 분야에 관심이 없다는 것을 잘 알고 만일 회사가 인수합병되면 회사를 사직할 생각이었다. 시그마테크도 이러한 사정을 잘 알고 있었다.

터너는 센서로직스를 인수할 가능성 있는 다른 후보 기업들과 적극적인 상담을 시도하였으나 그다지 진전이 없었다. 결국 이렇게 해서 터너는 회사의 유동성 부족과 투자자의 지속적인 압박에 따라 회사 매각 결정에 동참하게 되었다. 이사회 결정을 통해 국방과 항공 산업 분야에 특화된 시그마테크가 센서로직스의 전략 제품과 가장 잘 부합되는 인수업체로 판단되었다. 시그마테크는 매출 1백만 달러인 센서로직스의 최초 인수 가액으로 5백만 달러를 제시하였다. 센서로직스 이사회는 너무 낮은 가격이라며 즉각 반박하고 경영진이 앞장서서 별도의 협상을 진행하도록 요구하였다. 터너는 그린필드와 군납품을 개발하면서 축적한 회사 가치를 강조하며 재협상을 통해 7백만 달러의 선급금과 향후 2년간 실적 달성을 조건으로 하는 마일스톤 대금 3백만 달러에 합의 함으로써 총 1천만 달러의 인수 가액으로 협상을 이끌었다. 센서로직스는 인수 협상을 통해

표 4.4_ 센서로직스의 인수 매각에 따른 캡 테이블

주주	주식 수	지분율(%)	선취금(달러)	정산금(달러)	합계(달러)
헤론	2,250,000	18	1,265,625	542,411	1,808,036
팽	1,250,000	10	703,125	301,339	1,004,464
롤프	200,000	2	112,500	48,214	160,714
위긴스	200,000	2	112,500	48,214	160,714
변호사	100,000	1	56,250	24,107	80,357
터너	1,000,000	8	562,500	241,071	803,571
할러데이	400,000	3	225,000	96,429	321,429
프레스톤	250,000	2	140,625	60,268	200,893
종업원들	350,000	3	196,875	84,375	281,250
엔젤 투자자	6,444,444	52	3,625,000	1,553,571	5,178,571
합계	12,444,444	100	7,000,000	3,000,000	10,000,000

시그마테크로 최종 매각되었다. 인수합병 이후 센서로직스 주주들의 현금 배분 현황은 표 4.4의 캡 테이블과 같다.[6]

2년 이후 마일스톤이 순조로이 달성된다는 가정하에 센서로직스 투자자들은 약 2.5배의 투자 수익을 확보하게 되는데, 이 수준은 대박까지는 아니어도 어느 정도 합리적 투자 수익이라고 판단했다. 경영진들도 어느 정도 수익은 확보했지만 모두에게 만족할 만한 결과를 가져왔다고 볼 수는 없었다. 센서로직스에 합류하면서 임금이 과거 직장에 비해 삭감된 경우는 지분 매각을 통한 현금 보상이 이를 만회할 만큼 충분하지 않았기 때문이다.

어떤 이들은 금전적 가치를 떠나 아주 소중한 경험을 얻는 소중한 기회로 생

---

6 출자금 현황표(Cap Table)에 대학과의 라이선스 계약에 의해 10만 달러가 지급된 내용은 포함되어 있지 않음.

각했다. 특히 연구자 창업주 헤론은 대학을 사직하고 경영자로서 스타트업 설립과 제품 출시 등 기업의 성장과 하락 전 과정의 경험을 기술 사업화에 대한 소중한 교육 기회로 생각하였다.

사례 3.
사일런트

'사일런트_{Cylent}'는 대학이 독자적으로 확보한 이노베이션을 투자 유치를 통해 상용화에 성공한 사례로 해당 기술의 사업화 일정은 그림 4.3과 같다.

컴퓨터공학부 교수 '블라드미르 볼코프' 박사는 대학원생 '슈 카토'와 함께 인터넷 서버에 부가되는 데이터 분량을 제어하는 소프트웨어 알고리즘을 연구 개발하는 과정에서, 해당 서버에 접속된 과거 데이터양과 현재 접속되는 부하 경향 분석을 통해 서버 데이터 트래픽 제어 기술을 개발하였다.

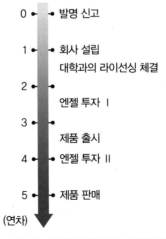

그림 4.3_ 사일런트의 기술 사업화 과정

사업 기회의 포착

볼코프는 서버 소프트웨어 전문가로서 정부 기관이나 민간 기업을 대상으로 한 서버 관리와 관련된 컨설팅 자문 중 트래픽이 서버 소프트웨어의 특성에 따라 급격히 개선될 수 있다는 사실을 확인하게 되었다. 볼코프는 철인 3종 경기를 완주하는 아마추어 선수로 개인적으로 온라인 이벤트 응모를 위해 웹사이트 접속을 시도하였는데 트래픽 과부하로 접속이 지연되고 다운되는 현상을 경험하였다. 이러한 문제를 해결하기 위해 인터넷 서버의 접속 용량 자원을 최적화하는 새로운 소프트웨어 알고리즘 개발을 결심하게 되었다.

대학 발명 신고

볼코프는 정보통신 사업자들과의 인터넷 비즈니스 컨설팅을 통한 많은 경험에서 서버 소프트웨어 프로그램이 인터넷 사용자의 서버 트래픽을 현저히 감소시킬 수 있다는 사실을 알게 되었다. 본격적으로 볼코프 교수는 모 기업과 국립과학재단의 연구 과제비를 지원받아 수행한 인터넷 프로그램 개발 과정에서 서버 트래픽을 감소시킬 수 있는 서버 소프트웨어를 개발하여 이를 대학 TLO에 신고하였다. 미 연방정부의 과제 지원을 통해 기업과 대학이 공동으로 확보한 연구 성과물의 지식재산 권리는 '베이 돌' 법에 의해 대학 소유로 귀속되므로 이를 볼코프 교수가 창업한 스타트업에 라이선싱하였다.

지식재산의 보호 및 출원

독창적인 소프트웨어는 인간이 창출하는 이노베이션의 한 유형으로 지식재산 보호 대상이 된다. 소프트웨어를 특허로 보호하는 데 대해 여러 논란이 있다.[7] 소프트웨어 자체는 특허 보호 대상인 자연법칙을 이용한 기술 사상과는 달리

---

7   미국 대법원 판례에 의해 소프트웨어 특허는 그동안 많은 논란의 대상이 되어 왔다. 소프트웨어가 하드웨어와의 연동성에 의해 소프트웨어 특허, 또는 비즈니스 방법의 특허로 보호받는 방향으로 진화되어 왔다. 미국 특허청 통계에 의하면 1992년에 특허 분류 717에 해당하는 소프트웨어 특허는 34건에서 2002년에 341건, 2012년에는 1,515건으로 지속적 증가 추세에 있다.

인간의 독창적 표현에 관한 것이기 때문에 주로 저작권 보호 대상으로 분류된다. 이러한 이유로 대학 TLO는 발명 신고한 내용을 면밀히 검토하여 인터넷 서버 최적화를 가능하게 하는 소프트웨어 저작권으로 등록하였다.

어드바이저와 멘토의 확보

볼코프 교수는 창업하고자 하는 분야의 광범위한 지식을 보유하고 또한 비즈니스 컨설팅 수행 경험을 가지고 있으므로 굳이 어드바이저는 필요하지 않을 것으로 생각하였다. 하지만 근래에 스타트업 창업을 경험한 동료 교수들은 시장 수요에 적극적으로 대응하고 보다 효율적으로 제품 개발을 추진하기 위해 어드바이저뿐만 아니라 전문 경영 팀이 필요하다고 조언하였다. 볼코프는 정보통신 분야에서 어드바이저로서 활동하고 있는 인력들을 대상으로 함께 할 수 있는 사람을 찾고자 했다. 스티브 험프리는 인터넷 클라우드 서비스를 제공하는 회사에서 제품 개발을 추진한 경험이 있는 인물이고, 슈 클래몬은 인터넷 서비스 사업자internet service provider의 여성 CEO로 최근에 기업이 인수합병되면서 조만간 은퇴를 생각하고 있었다. 그녀는 스타트업의 도전적 업무 특성을 즐기는 스타일로 수차례 볼코프와의 미팅을 통해 창업 아이템에 관심을 보이며 스타트업 합류를 결정하였다. 그녀는 자신의 오랜 경험을 바탕으로 독자적으로 사전 시장조사를 진행하고 이를 사업 전략에 반영시키고자 하였다. 볼코프, 험프리, 클래몬 세 사람은 의기투합하여 사업 아이템인 인터넷 서버 소프트웨어의 특성과 장점에 대해 조사 분석하고 향후 사업 추진 방향에 관한 밑그림을 그리기 시작했다.

비즈니스 케이스 개발

볼코프와 어드바이저들은 해당 분야 전문가들의 의견을 수렴하여 개발하고자 하는 제품 특성에 관해 명확히 정의하고자 했다. 볼코프 박사는 많은 기업들을 컨설팅하면서 직접 확인한 시장 수요에 기반하여 인터넷 서비스 사업자ISP는 물론 클라우드 기반 정보통신 회사들을 대상으로 체계적으로 광범위한 인터뷰 조사를 실시하였다. 이러한 시장 수요 조사 과정에서 볼코프는 중요한 사실 몇 가지를 알게 되었다. 서버 접속 과부하에 의한 성능 저하 문제는 주로 소수의 대형 ISP에서 발생하거나 또는 해당 ISP로부터 서비스를 제공받는 인터넷 통신 판매업체들에 해당되는 문제인 것으로 파악되었다.

볼코프와 그의 어드바이저들이 애초 기대했던 바와는 달리 시장 수요는 그다지 광범위하게 존재하지는 않았다. 그럼에도 불구하고 이들은 이러한 소수 고객에 의한 시장 수요에 관해 구체적 분석 필요성이 있다고 판단하고 이를 기초로 마케팅 전략을 수립하기로 하였다. 특히 '기술 밀어내기(테크 푸시)' 방식과 '시장 끌어내기(마켓 풀)' 방식을 염두에 두고 잠재 고객과 심층 인터뷰를 실시하였다. 고객 인터뷰를 통해 해당 시장은 경쟁이 거의 없는 상태임을 확인하였다. 이는 장점으로 작용할 수도 있지만 한편으로는 단점으로 작용할 수 있다는 사실을 확인할 수 있었다.[8]

결론적으로 사업 추진에 있어 무엇보다 큰 리스크는 개발 예정인 소프트웨어 제품과 관련된 시장 리스크이며 핵심적으로 대두된 문제점은 과연 고객들이 개발 예정인 제품을 선뜻 구매할 것인가에 초점이 맞추어졌다.

소프트웨어 제품의 개발 비용은 상대적으로 저렴하고 큰 어려움 없이 손쉽게 빠른 시일 내에 출시할 수 있다는 특성을 가지고 있다. 볼코프는 이러한 제품 특성을 활용하여 우선 최소의 기능을 가진 소프트웨어 제품을 개발하여 고객들에게 사용하게 하고 구체적인 사용 후기를 고객들로부터 피드백받았다. 이러한 고객 피드백을 기초로 수정 보완을 통해 고객 욕구를 충족시키고자 했다. 또한 비즈니스 확장과 해외 시장 확보를 위한 투자 유치를 적극적으로 검토하기 시작했다. 볼코프는 새로 개발한 소프트웨어의 글로벌 비즈니스 사업 추진을 위

---

8 시장 경쟁자가 없다는 것은 양날의 검과 같다. 한편으로는 시장을 확보할 수 있는 아주 좋은 기회가 될 수 있지만, 다른 한편으로는 제품에 관한 시장 수요가 아주 미약하다는 신호일 수 있기 때문이다.

해 해외 시장을 점진적으로 확보하고자 했다. 헝가리 시장을 대상으로 우선 접촉을 시도했고 다음 단계로 인도 시장을 공략하고자 했다. 사실 대부분의 핵심 소프트웨어 알고리즘의 개발은 거의 마무리된 상태이므로 신규 고객에 적합한 제품으로 최적화하거나 특성화하고자 하는 비용이나 시간은 그다지 많이 소요되지 않았다. 따라서 인건비 등 회사 운영 자금이나 제품 개발 자금 확보를 위해 창업자, 친지 또는 주위의 엔젤 투자자로부터 소규모 투자를 계획했지만 본질적으로는 부트스트랩bootstrap을 시도하고자 했다. 이를 위해서는 무엇보다 추가 직원 고용을 통해 지속적인 성장을 꾀할 수 있는 수익 창출이 요구되었다.

회사의 설립

창업자 볼코프 박사를 비롯한 경영팀 3인방은 소프트웨어 제품의 시장 수요가 충분하다고 판단하고 곧바로 회사 설립에 착수하였다. 회사명을 '사일런트Cylent'로 정하여 LLC 법인으로 설립하였다. 볼코프는 클래몬이 핵심적인 일을 추진하고 있음을 알고 있었으며 앞으로 회사의 최고경영책임자CEO를 맡아 주기를 희망했다. 회사의 지분은 다음 표와 같이 분배하였다.

주주	지분율	귀속 시기
볼코프, 창업주	70%	50%: 현 시점 귀속, 50%: 4년 동안 귀속
클레몬, 창업주 및 CEO	20%	1년 기간 경과 후 4년 동안 귀속
험프리, 창업주 및 어드바이저	5%	2년 동안에 귀속
카토, 대학원생	5%	전부 현시점 귀속

〈사일런트의 법인 설립시 지분 구조〉

대학원생에게 지분을 배분하는 것이 과연 타당한 것인가에 관해 소속 대학 심의위원회에서 문제가 제기되었다. 심의위원회는 해당 대학원생의 연구 활동이 주로 회사의 소프트웨어 제품 개발을 위해 활용되었는지에 관심이 있었다.

하지만 볼코프와 심의위원들은 대학원생의 핵심 연구 활동이 인터넷 서버 최적화를 위한 기초 소프트웨어 알고리즘 개발에 관련되어 있으며 이는 논문으로도 발표된 사항임을 확인하였다. 심의위원들은 대학원생이 자신의 논문 발표 내용 관련 기술을 사업화하는 민간 기업 지분을 확보한다는 것에 불편한 심기를 가지고 있었지만, 향후 그다지 큰 문제점을 야기하지 않는다고 판단하고 이를 승인하였다.

클레몬은 자신의 급여를 연봉 12만 달러로 협상하였으며 매출 발생 시까지 지급을 유예하기로 하였다. 또 하나의 옵션으로 자신의 연봉을 회사와 합의된 주식 가액으로 환산하여 주식 지분으로 확보할 수 있도록 했다. 볼코프는 일과 시간 이후 또는 주말에 일하는 컨설팅 계약을 제안하고 이에 상응하는 보수를 희망했다. 하지만 이러한 제안은 다른 창업주들의 반대로 무산되었는데, 대학으로부터 정당한 급여를 받고 있으며 더욱이 회사의 최대 주주로서 70%의 주식 지분을 확보하고 있기 때문이었다.

경영 팀의 결성

회사 창업주 3인방은 자발적으로 업무를 추진하는 사람들로 구성되었으며, 대부분의 기술적 노하우는 창업주 볼코프 교수가 보유하고 있었기 때문에 CEO 클레몬을 중심으로 구성된 경영팀은 매출 발생 시까지는 별다른 역할 없이 볼코프에 의존적일 수밖에 없었다.

지식재산의 라이선스

저작권은 특허보다도 보호 범위나 실제적인 법적 제재 효과가 약하기 때문에 대학은 다음과 같은 조건으로 소프트웨어 라이선싱 계약을 체결하였다.

창업주는 제품 개발을 위한 초기 자본 외에 추가하여 라이선싱 비용 1만 달러를 부담해야 했다.

계약 항목	합의 내용
독점 실시 유무, 국가 범위 및 적용 분야	전용권 실시 허여, 전 세계, 전 산업 분야
선급 라이선싱 비용	1만 달러
주식 지분	1% 지급
판매 로열티	0.5%
서브라이선싱 수입	15%
특허 비용	해당사항 없음

〈대학과의 라이선스 계약 조건〉

시장 정보 수집

사일런트의 CEO 클래몬은 과거에 인터넷 서비스 기업ISP CEO로 일한 경험이 있기 때문에 해당 업계의 시장 역동성에 관해 잘 이해하고 있었다. 그녀는 많은 중소 ISP들이 기업 고객들에 대한 e-비즈니스 호스팅 지원 시 서버 부하에 의한 트래픽 문제를 경험한다는 사실에 주목하였다. 하지만 일부 ISP 기업들만 이에 관한 심각성을 인지하는 것으로 파악하였다. ISP에서 서비스하는 온라인 홈쇼핑 업체에서 일반 고객들이 제품 구매를 위해 접속하는 경우 서버 부하로 인해 홈페이지 접속 지연이 발생하는 불만이 있었지만 이를 대수롭지 않게 생각하고 있었던 것이다.

클레몬은 많은 ISP 사업자들로부터 그들이 정보통신망 서비스를 제공하는 기업 고객 리스트를 제공받아 해당 기업들의 온라인 판매 사이트에서 발생하는 접속 불만 사항을 조사하였다. 그녀는 다섯 개의 온라인 판매 사이트를 선정하여 보다 세부적으로 문제점들을 파악하였다. 이들 온라인 사이트의 서버 트래픽에 의한 접속 불만 사항들은 ISP 사업자들이 인식하는 것보다 심각한 수준인 것으로 판단되었다.

다섯 개 중 세 개의 온라인 판매 사이트는 과도한 서버 접속에 의해 사이트가 완전 다운된 경험이 있었다. 특히 해당 사이트에서 음악 또는 연극 공연이나 스포츠 이벤트 행사를 위한 티켓 판매 시는 한 시간 또는 두어 시간 정도 접속 지연이 발생하거나 사이트가 다운되는 상황이 다반사로 발생하고 있었다. 온라인 판매업체들과 직접 인터뷰를 통해 문제 상황을 조사한 바에 의하면, 대부분의 대형 판매업체 특히 온라인 티켓 판매사들은 이러한 과부하 접속 장애 문제를 해결하기 위해 ISP 사업자와 긴밀한 협조 체제를 구축하고, 피크 시간대에 추가 서버 용량을 확보하는 것으로 파악되었다. 하지만 중소 규모 온라인 판매업체들은 이러한 사실을 인지하면서도 예산상의 문제로 서버의 추가 용량을 확보하지 못하거나, 별다른 해결 대안을 가지고 있지 않았다. 특히 추가 용량이 필요한 경우는 한 달에 단 몇 시간에 불과했기 때문에 더더욱 그랬다. 클레몬은 자사가 개발한 신제품인 서버 소프트웨어가 이러한 문제점을 해결해줄 수 있는 효과적이고 현실적인 대안이 될 수 있다고 판단하고, ISP 사업자들에게 그들이 서비스를 제공하는 온라인 판매업체의 서비스 만족도를 획기적으로 증가시킬 수 있을 것이라고 제안했다.

사일런트에서 새로 개발한 서버 소프트웨어 제품에 관해 분석한 당시의 시장 지도는 꽤 복잡했다. 당시로서는 인터넷 서버 접속 최적화를 위한 소프트웨어적 개념이 없었으므로 특별히 설계된 소프트웨어를 사용하지 않았기 때문이다. 대부분의 대규모 ISP 사업자들은 자체적으로 최적화를 위한 방법들을 활용하고 있었다. 따라서 엄밀히 평가하면 경쟁을 야기하지 않는다는 초기의 시장 분석 내용은 완전히 정확한 표현은 아니었다.

그럼에도 불구하고 서버 최적화 프로그램은 최적화 방법을 자체적으로 개발해 사용하지 않는 소규모 ISP 사업자들에게는 좋은 기회가 될 수 있으리라고 생각했다. 자체 개발한 최적화 소프트웨어를 사용하고 있는 ISP 사업자라고 하더라도 사일런트의 토털 솔루션으로 전환할 수 있는 대상이라고 생각했다.

비즈니스 모델 수립

비즈니스 모델의 관점에서 사일런트는 몇 가지 옵션들을 가지고 있었다. 먼저 첫 번째 비즈니스 모델은 소프트웨어의 설치와 유지 보수가 가능한 ISP 사업자들을 대상으로 자사의 소프트웨어 제품을 판매하는 것이다. ISP 사업자 고객들은 서버당 하나의 소프트웨어 라이선싱 비용을 지불하며, 라이선싱은 매년 갱신되며 프로그램 업그레이드 서비스를 제공하는 수익 모델이었다.

또 다른 비즈니스 모델로 서버를 자체적으로 운영하면서 해당 소프트웨어를 호스팅하고 고객을 지원하는 서비스를 제공할 수도 있었다. 이러한 비즈니스 모델의 경우 고객들로부터 매달 서비스 이용료를 지불받음으로써 수익 모델을 실현할 수 있다고 판단했다. 두 가지 방식의 비즈니스 모델 모두 매력적이었지만 볼코프 입장에서는 두 번째 모델인 '사스Saas' 모델은 기술적 문제가 있을 수 있고 사일런트 입장에서 새로이 서버를 추가해야 하며, 더욱이 추가 관리 인력이 필요하다는 점이 부담으로 작용되었다. 여러 차례의 토론과 고민 끝에 사일런트는 ISP 사업자들에게 라이선싱을 통해 소프트웨어를 직접 판매하는 비즈니스 모델을 결정하였다. 제품 마케팅 활동은 클레몬이 앞장서기로 했으나 대부분의 ISP 사업자 고객들은 사일런트의 웹사이트를 통해 제품 사양에 대해 인지할 수 있으므로 마케팅 노력은 크게 무리 없을 것으로 인식하였다.

회사 마케팅

창업주들이 제품 마케팅 활동에 큰 비중을 두지는 않았지만, 대신에 출시된 소프트웨어 제품의 자타 식별력을 시장에서 강조할 수 있는 제품명 선정에 무엇보다 심혈을 기울였다. 먼저 제안된 제품 명칭으로 '옵티마이저', '서브맥스', '피크마스터' 등이 있었다. 제안된 여러 가지의 제품명을 놓고 검토한 결과 만장일치는 아니지만 다수결로써 '홍수를 조절하는 수문'을 의미하는 '플러드게이트Floodgate'를 최종 제품명으로 결정하였다.

사업 계획서 작성

사일런트는 외부 자금 유치 없이 자력으로 해당 사업을 추진하는 부트스트랩

bootstrap 전략을 선택하였기 때문에 사업 계획서에서는 외부 펀드 유치를 염두에 둔 일반적인 사업 계획서보다 실질적이고 구체적인 분석을 많이 포함해야 했다. 특히 CEO 클레몬은 시장 상황 분석을 바탕으로 고객의 피드백과 함께 자금 소요 계획에 관한 내용을 충분히 인지하고 있어야 했다.

하지만 제품 출시를 하지 않고는 고객으로부터 피드백받을 수 있는 방법이 없었다. 현실적으로 유용한 피드백은 고객이 제품을 구매하여 사용해 본 다음에야 얻을 수 있기 때문이다. 또 다른 문제점은 최소한 한 명이라도 제품 서비스 인력을 채용해야 했다. 매출이 일어나기 전에 오프라인에서 고객을 만나고 상거래 사이트에서 발생하는 문제점을 서비스를 제공하여 해결할 수 있는 실무 영업자가 필요했다. 제품 출시 시점에서 이러한 기술 서비스 인력이 필요하고, 볼코프가 이를 수행할 시간적 여력이 없다는 점을 고려할 때 인력 채용을 위한 자금이 필요할 수 있었다.

고객 대상 최초의 설문조사를 통해 작성한 사업 계획서의 주 내용은 제품의 특징과 사양에 관한 구체적이고 세부적인 내용들로 구성되었다. 고객들이 직접 소프트웨어 라이선스를 구매하고 엔지니어로 하여금 이 서비스를 활용할 수 있도록 해야 하기 때문에 제품 설명서는 사양에 대해 보다 구체적으로 작성되어야 했다.

사업 계획서의 연차별 소요 자금에 관한 추정표는 매우 중요한 의미를 내포하기 때문에 보다 신중히 검토하여 작성해야 했다. 외부 자금을 유치하지 않고 자력으로 스타트업을 운영하고자 하는 사업 전략의 특성상 무엇보다도 소요 재정을 효율적으로 사용하고 이를 절감할 수 있는 계획을 수립하는 것이 중요했다. 따라서 프로그래머를 정규직으로 채용할 것인지, 임시 계약직으로 활용할 것인지 등과 같은 여러 가지 현안이 주요하게 대두되었다.

하지만 무엇보다 어려운 과제는 사업 계획서상 예상 매출을 추정하는 작업이었다. 제품 출시 이후 계획하는 일정 매출 수준에 도달하기까지 기간이 얼마나 소요될 것인지는 사업 계획서 작성에 있어서 매우 중요한 사안이었다. 사업 계

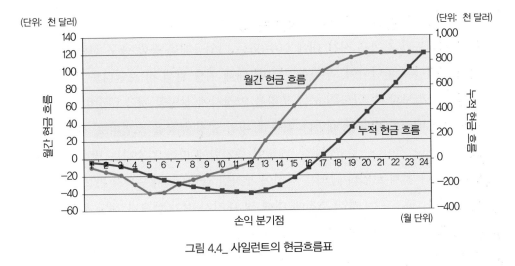

그림 4.4_ 사일런트의 현금흐름표

획상의 재무 수치를 무리 없게 도달한다면 추가로 제품을 개발하고 계획한 대로 직원들 보수 문제도 해결되겠지만, 예상 목표에 도달하지 못하는 경우 펀드 유치를 위해 노력해야 하거나 직원을 감축해야 하는 상황에 직면할 수도 있었다. 특히 투자자들은 회사가 사업 계획서와 달리 재정적 어려움에 처해 있다는 정보를 입수하면 회사의 가치를 낮게 평가할 수 있다는 사실에 유의해야 했다.

최초 자금 유치

사업 계획서상의 재무 추정을 통해 현금 흐름이 약 12개월 이후에는 흑자로 전환될 것이라고 예상할 수 있었다. 하지만 손익 분석을 통해 손익 분기점에 도달하기 위해 최소한 약 25만 달러의 자금이 필요했다.

그림 4.4는 회사 설립 이후 2년간의 추정 현금 흐름을 나타낸 것이다. 그림에서 누적 현금 흐름 그래프의 최저점이 손익 분기점을 통과하는 지점이다. 세 명의 창업주들은 자신들의 보유 지분에 비례해 필요한 소요 자금을 공동 투자하기로 합의하였다. 볼코프가 모기지론을 통해 받은 대출까지 합해, 총 10만 달러가 공동으로 투자되었다. 나머지 부족한 자금은 클레몬이 잘 알고 있었던 엔젤

투자자 짐 코크란으로부터 25만 달러를 투자받기로 했다. 하지만 엔젤 투자자는 사일런트가 가까운 시간 내에 인수 또는 기업공개를 통한 출구 전략을 시행하기 어렵다고 판단하여, 투자한 지분에 대해 매출 발생 시 로열티로 전환하여 현금으로 확보할 수 있도록 하는 조항을 약정서에 삽입할 것을 주장하였다. 소프트웨어 매출이 발생할 때마다 매출액 대비 일정 부분을 로열티로 지급해 줄 것을 요구한 것이다. 로열티율은 매출이 증가함에 따라 감소하는 방식으로 제안하였으나 전체 로열티 금액은 자신이 투자한 금액의 3배수까지 확보할 수 있도록 했다. 볼코프는 계약 조건에 대해 썩 내키지 않아 했으나 해당 분야의 다른 업체로 인수합병될 수 있을 만큼 사일런트가 성장하지 않을 수 있다는 코크란의 주장에 일정 부분 동의하지 않을 수 없었다.

공간 확보

회사 사무 공간의 크기는 그다지 큰 문제가 되지 않았으며 무엇보다 중요한 인프라는 초고속 인터넷 통신망에 접속할 수 있는 환경이었다. 지역에 위치한 비즈니스 보육센터에 두 개의 사무 공간을 임대하여 입주하고 화상 회의를 할 수 있는 회의실을 확보하였다.

제품 개발

볼코프는 인도의 프로그래머를 고용하여 자신이 앞서 개발한 소프트웨어 최소기능제품MVP을 기초로 프로그램 코드를 작성하도록 했다. 프로그래머는 매우 유능하였으나 볼코프는 자신의 연구 그룹들과의 다른 일들로 인해 지속적으로 프로그램 개선을 진행하지 못했다. 또 다른 컨설팅 그룹과의 공동 과제 작성으로 인해 사일런트에서의 프로그램 개발은 지연되었다. 이로 인해 제품 개발에 따른 핵심 마일스톤을 놓치고 있어 창업주들이 문제 해결을 위해 나서게 되었다. 대학원생 슈 카토는 대학원을 졸업하고 새로운 직장을 찾고 있는 중이었다. 대학에서는 대학원생을 대상으로 스타트업에 근무하는 박사후 과정 지원 프로그램을 가동하고 있었다. 볼코프 교수와 사일런트는 아주 밀접한 관계에 있었으므로 카토에게는 무엇보다 좋은 기회였다. 카토는 대학으로부터 박사후 지원금을 받아 사일런트에 근무하게 되었다. 더군다나 볼코프 교수의 연구실에서 함께 개발한 경험이 있어 개발하고자 하는 프로그램에 대해 잘 알고 있었다. 그는 인도에 있는 프로그래머와 연락을 취하며 업그레이드 프로그램 개발에 착수하였다. 또한 웹페이지 디자인에도 재능이 있었기 때문에 사일런트의 홈페이지 디자인뿐 아니라 개발한 소프트웨어 제품의 기술적 특징과 사양을 웹사이트를 통해 고객들에게 효과적인 방법으로 소개하였다.

고객 확보

CEO 클레몬은 자사가 개발 중인 소프트웨어의 베타 버전이 출시되면 이를 구매하겠다는 고객을 확보해둔 상태였기 때문에 프로그램 개발이 지연되는 상황에 실망을 감추지 못했다. 우여 곡절 끝에 베타 버전 제품이 출시되어 세 명의 고객에게 제공되었다. 처음으로 베타 고객에게 제공한 소프트웨어 제품은 서버 호환성 문제로 인해 참혹하게도 실패로 귀결되었다. 하지만 다행히 베타 고객 중 한 고객업체가 소프트웨어의 기술적 가치를 인정하고 서버 호환성 문제가 해결되면 구매를 재검토하기로 협의하였다. 회사 개발팀에서는 주말마저 반납한 채 신속히 호환성 문제를 해결하기 위해 새로운 버전의 소프트웨어를 개발하여 제공하였고, 업그레이드 제품을 검토한 해당 고객은 매우 긍정적으로 평가하였다. 인터넷 통신망의 접속 효능에도 만족하였지만 무엇보다 서버 트래픽 부하를 최적화하기 위한 소프트웨어적 접근 방법은 아주 탁월한 해법이라고 평가했다. 더 나아가 이러한 소프트웨어 접근 방법은 해당 업계의 게임의 법칙을 바꿀 수도 있는 것이라며 중요한 의미를 부여했다. 볼코프와 고객은 공동으로 서버 최적화에 대한 소프트웨어적 접근 방법과 네트워크 부하 감소 효능에 관해 연구 보고서를 작성하였는데, 이는 매우 훌륭하게 활용될 수 있는 마케팅 자료였다.

연구 보고서를 작성한 이후 클래몬은 베타 고객 중 나머지 두 고객사를 방문하여 제품을 시연했다. 소프트웨어 시연은 원활하게 잘 진행되었으나 베타 고객들은 구매 전에 해당 제품에 보다 많은 특성이 포함되기를 요구했다. 베타 고객 기술팀과의 실무 미팅에서는 더욱 강경하게 추가 성능 포함 요구가 제기되었다. 볼코프는 그들이 요구하는 특성들의 필요성에 동의하면서 약 1개월 정도의 시간이 필요하다고 했다. 하지만 클레몬은 요구하는 일부 특성의 필요성에는 동의하였지만 요구 성능을 모두 포함해 납품하기까지 최소 6개월 이상의 시간이 소요될 것으로 추정했다. 한편 그녀는 그들이 요구하는 모든 특성이 전체 소비자들이 필요로 하는 일반적 특성은 아니라고 판단했다. 결론적으로 해당 베타 고객과의 수차례 미팅을 통해 열 가지 요구 사항 중 두 가지를 추가 반영하기로 합의하는 한편, 클레몬은 또 다른 잠재 고객들을 대상으로 추가 특성에 관한 수요 조사를 진행하였다. 고객 수요 조사에 관한 그녀의 목표는 '필요$_{need}$에 의한 특성'과 '요구$_{want}$에 의한 특성'을 구분하여 제품 차별화 특성을 파악하고자 했다. 이러한 특성 유무에 따라 고객 맞춤형으로 제공되는 소프트웨어 제품 가격이 민감하게 변동할 수 있기 때문이다.

제품 개발 과정에서 고객과의 미팅은 소중한 피드백 정보를 제공했다. 클레몬은 볼코프와 주로 동행하여 약 15개 고객사를 대상으로 심층 시장 분석을 실시하였다. 시장조사 과정에서 그들은 자사 제품과 경쟁 관계에 있는 솔루션의 가격과 특성에 관한 많은 정보를 확보할 수 있었다. 또한 네트워크의 워크스테이션 관리의 특권을 부여받은 '수퍼 사용자$_{super\ user}$' 그룹이 요구하는 제품 특성과 '일반 사용자'들이 요구하는 제품 특성을 현장 인터뷰를 통해 구체적으로 파악할 수 있었다.

드디어 사일런트는 자사 제품 '플러드게이트'를 수퍼 사용자들부터 피드백받은 특성을 포함하여 출시를 결정하고 단위 사이트당 월 사용료 59.99달러에 제공하기로 하였다. 월 사용료에는 고객 사후 지원 서비스와 매년 업그레이드 비용을 포함하였다.

제품 출시에 따라 CEO 클레몬은 본격적으로 대량 판매를 위한 마케팅에 착수했다. 온라인 상거래 비즈니스를 하는 기업들을 대상으로 출시 제품의 특성을 직접 홍보하고 판매를 추진했다. 사업 초기 베타 버전 제품을 사용한 고객들과 실전 인터뷰를 통해 작성한 베타 제품의 성능 및 효과에 관한 연구 보고서는 새로운 고객을 확보하는 과정에서 그들이 가지고 있는 유사한 문제들을 해소하고 실제 제품 구매 계약을 이끌어 내는 데 많은 도움이 되었다

비록 많은 시간과 경비가 투자되는 일이지만 CEO 클레몬은 잠재 고객들을 직접 방문하여 마케팅 활동을 추진하였다. 대규모 기업 고객들은 자체 기술팀을 보유하고 있었으며 이들 엔지니어들은 사일런트가 출시한 혁신적인 서버 최적화 소프트웨어와 이를 활용한 서버 접속 트래픽 해결 방안에 대해 기술적으로 충분히 이해하였다. 약 3개월간의 마케팅 활동은 다수의 계약 수주로 이어졌고 회사는 반응에 매우 고무되었다. 판매가 증가하면서 인력 부족에 따른 고객 사후 관리 서비스에 문제가 발생하기 시작했다. 회사는 두 명의 인력을 추가 채용하였는데 한 명은 영업, 다른 한 명은 기술 서비스 인력으로 기술 서비스 인력은 고객 사후 관리 업무, 영업 인력은 클레몬을 도와 마케팅 활동 지원과 함께 웹사이트를 통해 접수되는 제품 특성 또는 구매 문의에 관한 업무를 전담하게 하였다.

비즈니스 시작 1년이 경과한 시점에서 사일런트는 재무제표상 흑자로 전환할 수 있었다. 이는 많은 스타트업의 사례에서도 보기 드문 경우로 괄목할 만한 성과를 거두었다고 자평할 수 있었다.

추가 자금 유치

재무제표상 흑자를 기록한 지 6개월이 경과할 무렵부터 매출이 지속적으로 감소하기 시작했다. 볼코프와 CEO 클레몬은 매출 감소를 타개하기 위해 수차례의 토론과 미팅을 가졌으나 토론의 대부분은 서로의 책임 공방으로 이어졌다. 볼코프는 마케팅 활동 부족이 원인이므로 클래몬이 보다 더 적극적인 마케팅과 판매 활동을 통해 문제를 해결하여야 한다고 주장했다. 클래몬은 매출 하락 요

인을 출시 당시 고객들로부터 받았던 호응이 더 이상 지속되지 않는다는 데 있다고 진단했다. 출시 당시 고객들의 기대치와 달리 출시 제품의 핵심 성능이 지속적으로 좋은 평가를 받지 못하고 있다고 판단한 것이었다. 제품 기능의 내구성 또는 투자 비용 대비 효능성에 문제가 있으며, 이는 지속적으로 성능을 업그레이드하지 못하였기 때문이라고 주장했다. 특히 상대적으로 자금 규모가 작은 소기업 고객들에게는 제품의 필요성이 거의 부각되지 않고 있다고 반박하였다. 이러한 클레몬의 주장에 대해 볼코프는 자신이 직접 개발한 혁신 제품의 특성을 기술 이해도가 낮은 고객들이 잘 이해하지 못하며 고객 교육을 통해 극복할 사안이라고 주장했다.

한편 객관적 관점을 취하던 또 한 명의 공동 창업자 험프리는 이들 주장과는 또 다른 견해를 가지고 있었다. 그는 회사가 출시한 혁신 제품은 고객 시장이 형성되어 있지 않은 제품으로 초기 매출 이후 판매가 급감한 이유로 조기 수용층과 다수 수용층 사이에 존재하는 '고객 간극'(제프리 무어의 저서 『캐즘 마케팅 Crossing the Chasm』 참조)이 존재하기 때문이라고 주장했다. 조기 수용층 고객들은 새로운 소프트웨어 방식 또는 혁신 기술 특성에 기반을 두고 구매하는 소비자들로서 비록 일부 기술 성능이나 제품상의 오류가 존재한다 하더라도 최첨단 기술을 활용하는 대가로 기꺼이 감수할 수 있는 고객들이라 할 수 있다. 하지만 다수 시장을 형성하는 다수 수용층 고객들은 아무리 혁신 기술이나 신규 소프트웨어 제품이라 하더라도 이것이 정당한 구매 사유가 되기 어렵고, 제품 구매를 위해서는 반드시 합리적 성능이 존재해야 하며 재현성, 신뢰성이 확실히 담보되어야 하는 고객층이다.

험프리의 이러한 견해는 출시 이전에 시장 고객을 대상으로 한 설문조사 분석과 일치하는 결과였다. 최초 시장 출시 제품이 일부 상위 고객층을 대상으로 기획되었으며, 이로 말미암아 그들이 예상보다 시장 간극이 크게 존재하고 있어 확산에 문제가 있다는 사실을 뒤늦게 인식한 결과였다.

클레몬은 시장 출시 당시 '플러드게이트'의 성능과 효능을 이해하고 구매에 관심을 보였지만 아직 구매 결정을 하지 못한 고객들을 중점 대상으로 마케팅을 재개하였다. 마케팅 활동을 통해 조사한 시장 자료에 의하면 실제의 고객 수요는 판매 중인 '플러드게이트'와는 좀 다른 격차가 있다는 것을 확인할 수 있었다. 시장조사를 통해 분명히 플러드게이트보다 훨씬 큰 규모의 시장이 존재하고 또 다른 사업 기회가 존재하고 있다는 것을 확인하였다. 하지만 업그레이드된 2차 제품을 개발 출시하기 위한 필요한 자금과 시간이 문제였다. 당시 사일런트의 재무 상태를 고려할 때 2차 제품이 출시되기 전에 자금이 소진될 것임이 분명했다. 경영난을 극복하기 위해 먼저 최근 채용된 두 명의 인력을 감축하기로 결정했다. 하지만 2차 개발 제품이 순조로이 출시되어 정상 판매가 이루어지면 이들은 또다시 회사에 필요한 인력임을 잘 알고 있었다.

클레몬과 볼코프는 외부 자금 유치를 통해 자신들이 보유한 주식이 지분 희석되는 것을 원치 않았다. 또한 회사는 초기 엔젤 투자자 코란과의 거래 협상도 원치 않았는데, 그와의 자금 유치를 위한 협상이 아주 까다롭게 진행되었던 경험 때문이었다. 하지만 신중한 검토 끝에 결국 엔젤 투자자 코란으로부터 20만 달러의 투자를 추가로 받기로 하였다. 다행히 코란이 그다지 부담되지 않은 조건의 투자 라운드를 제시해 지분 희석은 우려할 만한 수준은 아니었지만, 매출 대비 로열티 비율을 높이고 출구 전략 시행 시 3배수 우선주 확보에서 10배수 우선주 확보 조건으로 변경하자는 조건을 내세웠다.

다혈질 성격의 볼코프는 코란의 투자 조건에 대해 정면으로 반박하며 법적 대응과 함께 다른 대응책을 강구하겠다고 맞섰다. 험프리와 클레몬이 투자 조건을 보다 완화하도록 중재에 나서 로열티 비율을 낮추고 우선주 지급을 5배수로 하는 추가 자금 유치 약정에 합의하였다.

출구 전략

추가 자금이 확보되면서 2차 업그레이드 제품인 '로보-게이트Robo-Gate' 개발에 본격적으로 착수하였다. 로보-게이트는 초도 제품 플러드게이트와 달리 복잡하고 다양한 기능을 아주 단순화하고 무엇보다도 프로그램의 내구성과 오류를 감소하여 현장 실용성을 더욱 강화시키고자 하였다. 회사는 시장이 더욱 확산되고 증가할 것이라 기대하며 제품의 판매 가격을 최초 제품보다 저렴하고 합리적인 수준에서 책정하였다. 또한 개별 고객사들에 대한 방문 판매 마케팅 전략에서 벗어나 보다 많은 고객들과 한 번에 접촉하여 판매하는 전략에 초점을 맞추었다.

클레몬은 전시 박람회 등에서의 다수 관심 고객들을 대상으로 하는 설명회 등 마케팅 활동과 더불어 신규 고객 확보를 위해 뉴스레터 및 이메일을 통한 온라인 마케팅을 강화하였다. 초창기와 달리 그리 많은 시간과 노력을 투자하지 않고도 2차 제품의 판매는 꾸준히 증가하였다. 업그레이드된 로보-게이트는 폭발적 수준은 아니지만 출시 이후 2년 동안 꾸준히 매출이 증가되었다. 연간 5백만 달러 수준의 꾸준한 매출에 따라 회사는 10여명의 인력을 고용하고 코란에게 로열티를 정상 지급하면서 안정 경영을 하게 되었다. 회사가 정상 궤도에 올라서자 창업주 볼코프 박사는 대학을 사직하고 전임제 CTO로 합류하였다. 그 무렵 CEO 클레몬도 그간의 경영 활동에 만족하고 여생을 가족과 함께 보내기 위해 회사를 퇴직하였다.

사례 연구를 마무리하며

앞서 살펴본 세 가지 사례를 통해 우리는 캠퍼스 스타트업이 겪는 현실적 문제들과 더불어 다양한 출구 전략을 확인할 수 있었다.[9] '온코티카'와 같은 유형의 제약업계 스타트업 사례는 임상시험이나 FDA 승인 또는 높은 제조 비용 등에

---

9   사례에서 살펴본 세 가지 경우는 모두 성공 사례이다. 하지만 스타트업은 성공보다는 실패 사례가 압도적으로 많다는 사실에 유념해야 하며 실패 사례들로부터 보다 많은 것을 배울 수 있다.

따른 사업 리스크가 매우 큰 경우라 할 수 있다. 하지만 역으로 사업 성공 시 보상도 아주 크다고 할 수 있다. 이러한 큰 리스크를 감수하는 투자자는 벤처 캐피탈이다. 상당한 자금 규모를 가지고 투자하는 벤처 캐피탈에 의한 투자는 이에 상응하는 창업주의 주식 지분을 상당한 수준으로 희석한다. 스타트업 창업주들은 이러한 사실을 반드시 인식하고 대비할 수 있어야 한다. 캠퍼스 스타트업이 오랜 시간에 걸쳐 기술 사업화에 도달하는 과정은 물론 가까운 시점에서 비즈니스 파트너를 물색하는 데 있어서도 캐피탈 리스크에 대해 이해하고 투자에 활용하는 것은 필수적인 사항이다.

파트너를 잘 활용하여 사업화 추진에 성공한 대표적인 사례가 '센서로직스'의 사례이다. 센서로직스는 대상 고객이 있는 군납 시장 진입을 위해 군 당국과의 거래 방식과 경험 그리고 연계성 등에 관해 필요한 유관 정보의 획득과 시장 진입을 파트너사와의 제휴를 통해 이루어냈다. 온코티카 사례에서와 마찬가지로 센서로직스 사례에서도 파트너 사들이 센서로직스에 대한 자금 투자가 이루어짐으로써 리스크를 감수하고 제품이 출시되는 데 핵심적 역할로 작용하게 되었다. '사일런트'의 경우 이와 대조적으로 외부로부터는 최소한의 운영 자금만 투자받은 경우이다. 또한 파트너 사들의 도움 없이 직거래 방식으로 고객을 확보하여 사업화를 추진한 경우이다.[10]

사례 연구를 통해 얻을 수 있는 몇 가지 교훈이 있다. 첫째, 예상하지 못한 돌발 상황이 닥칠 수 있다는 것을 반드시 예상해야 한다. 앞선 사례들에서 살펴보았듯 모든 스타트업은 기술 장벽이건 자금 또는 인력 문제이건 예상치 못한 일로 인해 사태가 악화되거나 심각한 문제로 비화되는 경우가 많다. 기술 사업화로 가는 길에 예상치 못한 장애물이 있다는 것을 항상 염두에 두고 유연한 자세로 이를 대처하고 극복해가는 지혜가 필요하다. 둘째, 스타트업의 성공을 위

---

10 만일 사일런트가 다른 소프트웨어 회사와 파트너링 전략을 적극적으로 활용하여 자사의 소프트웨어 제품을 유통 판매하는 비즈니스 모델을 구현하였다면 보다 더 큰 시장을 확보하였을 수도 있었을 것이다.

해서는 무엇보다도 구성 인력의 화합과 팀워크의 중요성을 과소평가하면 안 된다. 사례들에서는 별로 부각되지 않았지만 스타트업에서 창업주를 포함하여 소수 구성원들 사이에 발생하는 갈등과 대립은 언제나 유념하고 관리해야 할 중요한 사업 리스크이다. 구성원들의 성격이나 견해 차이로 인한 충돌은 다반사로 발생한다. 실제로 인성에 문제가 있거나 업무에 무능하고 부적격한 인력들도 많다. 특히 탐욕스러운 투자자가 스타트업 조직에 함께 한다면 악몽과도 같은 현실 상황이 전개될 수도 있다. 셋째, 시장조사와 고객 피드백은 성공적 기술 사업화에 있어서 매우 중요한 사안이라는 것을 명심해야 한다. 특히 제품의 출시가 가까워 오는 시점에서는 무엇보다 핵심적으로 고객 피드백을 관리해야 한다. 예를 들어 온코티카의 사례에서 시장조사 또는 고객과의 피드백을 통해 맞춤형 치료제 시장이 있다는 중요한 사실을 알게 되었다. 기술 장벽이 상당히 있다는 사실을 확인하고 고객과 이야기하기 전에 먼저 해결해야 했다. 반면에 사일런트의 창업주가 고객 피드백을 일부 무시하였지만, 영입된 CEO가 추가 제품 개발 이전에 우선 핵심 고객의 시장 수요를 조사하고 피드백을 통해 해결 방안을 추진하였음을 확인할 수 있다.

결론적으로 말하자면 투자자의 기대 수익률은 투자 자금의 규모와 아주 밀접하게 연관되어 있으며 아울러 투자자의 리스크 감수 정도에 달려있다고 이야기할 수 있다. 온코티카 사례의 경우 벤처 캐피탈과 대형 제약사가 수천만 달러에 달하는 자금을 투자하는 리스크를 감수하였다. 이러한 높은 투자 리스크의 감수를 통해 높은 수익률을 확보할 수 있었는데, 벤처 캐피탈의 경우 투자 금액의 약 10배에 달하는 수익을 확보할 수 있었다. 센서로직스의 경우는 온코티카의 사례보다 기술이나 시장 측면에서 상대적으로 낮은 리스크를 감수한 사례로 소규모 벤처 캐피탈과 엔젤 그룹이 제품 출시를 위해 필요한 자금을 투자하였다. 투자 리스크가 적었으므로 센서로직스 투자자는 온코티카의 투자자와 비교하여 상대적으로 낮은 수익을 확보하는 사실을 잘 알고 있을 것이다. 사일런트 사례의 경우 엔젤 투자자가 다른 두 사례에 비교해서 상대적으로 적은 금액을 투자하고, 또한 상대적으로 낮은 리스크를 감수한 사례로서 투자 자금 회수가 약 10년 정도의 긴 시점에 이루어짐으로써 보다 많은 인내심이 필요한 경우라 할 수 있다.

05

이해관계자 관점의 스타트업

지금까지 우리는 캠퍼스 스타트업 생태계 특성에 대해 살펴보고 창업주가 대학의 보유 기술을 상용화하기 위해 스타트업을 설립하는 창업 과정과 개발 제품이 출시를 통해 매출로 이어지는 사업화 핵심 단계들과 함께 스타트업의 성장 과정과 출구 전략을 보다 실무 관점에서 이해하기 위해 몇 가지 구체적인 사례들을 학습하였다. 이 장에서는 캠퍼스 스타트업의 지분을 확보하고 보유 기술을 사업화하고자 하는 이해관계자들이 가지는 서로 다른 관점에 관해 알아보고자 한다.

먼저 스타트업의 주주로서 회사 지분을 확보하고 사업을 추진하거나 기술 사업화를 지원하는 주체들은 크게 세 분류로 나누어 볼 수 있다.

첫 번째로 대학 소속의 연구자가 있다. 이들은 대학에서 연구 과제를 수행하는 연구자 교수가 창업주로서 스타트업의 주식을 확보하고 주주가 되는 경우이다. 일반적으로 교수의 연구 주제가 스타트업이 수행하는 사업화 아이템이 되며 주주로서의 역할 이외에도 기업 경영과 관련된 직책을 맡아 스타트업 경영에 참여하기도 한다.

두 번째로 기업 또는 산업체 분야의 전문 인력이다. 이들은 스타트업 주주로서 지분을 보유하는 사업화 주체로, 창업주의 전공 분야와 연계되어 있는 시장 분야 또는 유관 산업계에 종사하는 전문 비즈니스 인력이거나 스타트업에 종사하는 인력이 될 수 있다.

마지막으로는 사업화 자금이 필요한 스타트업에 자금을 투자하고 해당 스타트업의 지분을 확보하는 투자자가 있다. 이들은 보유 기술을 스타트업에 라이선싱하는 연구자 소속 대학, 자체 운영 펀드 자금을 투자하는 대학 법인 지분 투자를 통해 주주로서의 수익 모델을 창출하고자 하는 전문 벤처 캐피탈 회사 등이 포함된다.

5.1
대학 연구자 관점

창업주 연구자는 기술 사업화를 위한 법인을 설립하고 시작 단계에서 중요 역할을 하는 스타트업의 핵심 주주이다. 캠퍼스 스타트업의 핵심 주주이자 창업주인 연구자는 대학에 근무하면서 연구 과제 수행을 통해 스타트업이 사업화하고자 하는 대상 기술을 창출한 자로서 대학이 스타트업에 라이선싱하는 지식재산권의 발명자이다. 또한 창업주는 스타트업 설립 자금 투자를 통해 주주로서의 지분을 확보하고 스타트업 초기 단계에 필요한 경영 인력 확보와 이사회 운영 등에 핵심 역할을 한다. 또한 스타트업 성장 과정에서 의사결정이나 기술 사업화 자금 유치 등에 관여하여 자신이 산파로 설립한 스타트업을 시장에서 가치 있는 기업으로 성장시키기 위한 역할을 한다.

또한 스타트업의 주주로서 연구자는 자신이 설립한 스타트업에서 어떠한 역할을 맡는지도 중요하지만 어떠한 동기에 의해 스타트업을 창업하였는지를 스스로 명확히 확인하는 것도 필요하다. 그리고 주주로서 스타트업의 사업 아이디어를 현재 누가 소유하고 추진하고 있는지, 스타트업을 통제할 수 있는 어떠한 권한을 보유하며 이는 과연 무엇을 의미하는지, 그리고 회사 내부에 어떠한 형태의 갈등 또는 이해관계가 발생하는지 등에 대해 확실하게 파악하고 이해할 수 있어야 한다.

동기 부여와 기대

만일 캠퍼스 스타트업 창업주인 대학 연구자에게 왜 창업하게 되었는지 물으면 돌아오는 답변은 매우 다양해 동일한 답변을 얻기가 어렵다. 이는 창업 동기가 매우 광범위하다는 것을 반증하는 것으로, 대학의 많은 연구자들은 자신의 연구 성과가 현실 세계에서 실제로 활용되기를 희망한다. 일부 연구자들은 금전적 대가를 바라지 않고 오로지 공익과 사회 공헌을 위해서만 연구 사업화를 추구한다고 주장하기도 하지만, 현실적으로 대부분의 연구자들은 자신의 연구 성과물에 대한 기술 사업화를 통해 경제적 보상을 추구한다. 하지만 무엇보다 스타트업 창업주 연구자들의 특성은 새로운 분야에 호기심이 많고 자신의 전공과 관련된 기술 시장의 동향 탐구를 좋아하며, 또한 자신의 연구 성과물을 역동적인 기업가 시장에서 검증받기를 원하고 이를 기꺼이 즐기고자 하는 성향이 있다.

창업 동기는 창업을 통해 얻고자 하는 대가, 즉 기대치와 밀접하게 연관된다. 그러므로 연구자는 스타트업 이전에 현실적으로 창업을 통해 확보하려는 기대치를 실현 가능한 적절한 수준으로 조정하는 것이 중요하다. 그렇지 않으면 기대치와의 격차만큼 창업 과정에서 문제가 발생할 가능성이 커진다. 캠퍼스 스타트업이 중도에 포기되거나 실패로 귀결될 수 있는 요인들로서 연구자가 잘못 알고 있는 몇 가지 통념들에 관해 살펴보면 다음과 같다.

"내가 창업한 스타트업이 대학 연구실에 필요한 자금을 지원할 것이다."

거의 대부분 실현 불가능하다고 보면 된다. 드물게 공고된 연구 과제의 공동 수행을 통해 연구실이 도움을 받을 수는 있지만, 과제별 주관 기관이 별도로 존재하기 때문에 스타트업으로부터 별도의 자금을 지원받기는 어렵다. 하지만 아주 예외적으로 대학 연구실이 기술 전문성을 보유하거나 특수 기자재를 보유하여 특화 연구를 할 여지가 있다면 별도의 위탁 연구 계약을 통해 연구실 기자재 또는 인프라 구축에 필요한 자금을 지원할 수는 있다.

"내가 창업한 스타트업 지분의 최소 절반 이상은 보유하게 될 것이다."

정상 궤도에 올라 안정적 경영 단계에 도달한 스타트업의 지분을 분석하면 예상과 달리 창업주의 지분이 절반 이상인 경우는 아주 드물다. 혁신 기술 기반의 스타트업들은 제품 개발과 마케팅 과정에서 벤처 캐피탈로부터 많은 자금을 유치해야 하기 때문이다. 즉 대부분 스타트업 창업 연구자의 지분은 회사 자금 유치 과정에서 희석된다. 예외적으로 인터넷 기반 스타트업이나 서비스 기반 스타트업의 경우 제품 개발 과정이 짧고 매출이 신속하게 이루어져 창업주가 절반 이상의 지분을 유지하는 경우가 있다.

"스타트업 성공을 통해 아주 풍요로운 노후를 보장받게 될 것이다."

스타트업이 감수해야 할 현실 세계는 냉정하여 생존 경쟁이 치열하며 아주 높은 사업 리스크를 가지고 있다. 통계적으로 예비 창업팀을 포함한 약 천 개의 초기 단계 스타트업 중 겨우 한 개 정도가 성공 확률을 갖는다고 한다. 성공한 스타트업이 적절한 출구 전략의 시행으로 경제적 보상을 받고자 한다면 창업주 보유 지분은 이미 상당히 희석되어 초창기 기대했던 정도의 경제적 보상을 받기 어렵다. 하지만 통상적으로 한 자녀를 대학까지 보낼 수 있는 교육비 정도의 경제적 이득은 확보할 수 있을 것이다.

"나의 기술을 확신하며 노후 자금을 모두 스타트업에 투자할 것이다."

앞서 설명한 바와 같이 스타트업은 아주 높은 사업 리스크를 가진다. 그럼에도 불구하고 창업주 자신의 노후 자금까지 투자할 정도로 기술에 대한 확신을 가짐으로써 타인의 투자를 유도하는 것은 중요한 전략일 수 있다. 하지만 회사 설립 자금이나 특허 비용으로 수천 달러를 투자하는 것과 향후 퇴직연금에 투자한다는 것은 서로 다른 차원이라는 것을 명심할 필요가 있다.

"나는 스타트업의 CEO가 되어 회사를 잘 경영할 수 있을 것이다."

대부분의 대학 연구자들은 CEO 역할을 맡아 회사를 경영할 수 있는 경험이 부족하다. 더욱이 연구자로서 대학에 근무하기 때문에 과외로 CEO 역할을 할 수 있는 시간 또한 부족하다. 과욕을 버리는 것이 바람직하다.

"나는 캠퍼스 스타트업을 통한 수익 창출에는 그다지 욕심이 없다."

이는 사실일 수 있다. 하지만 스타트업의 미션은 새로운 가치를 창출하고 이를 통해 회사 이윤을 창출하는 것이다. 창업주가 수익 창출보다는 제품화를 통해 자신의 연구 결과가 사회에 확산되는 파급 효과만을 고려한다 하더라도, 이 또한 제품이 제조되고 소비자에 대한 판매 활동이 이루어져야만 사회 공헌과 같은 파급 효과도 발생한다.

"나의 연구 결과가 실제로 사업화로 실현되는 것을 확인하고 싶다."

현 시점에서 뒷받침할 객관적인 연구 결과에 관한 설명이 부족할 수 있겠지만 실제로 많은 통계 조사 자료를 살펴보면 성공한 스타트업의 최종 제품에서 차지하고 있는 첨단 기술의 비중은 그다지 높지 않은 것으로 판명된다. 즉 제품 개발 과정에서 실제로 특허 침해 이슈 또는 애로 기술 등으로 기술 적용이나 제품 개발 방향이 달라질 수 있다. 아울러 제품 개발 과정에서 보다 성공 가능성이 높은 인접 시장이 발견되거나 새로운 기회가 주어져 자신의 연구 결과물이 실제로 사업화되는 확률은 낮아진다. 종종 초기 단계에서 목표한 제품 시장과는 완전히 다른 제품 시장에서 기회를 포착하고 사업화에 성공하는 스타트업들도 오히려 많이 존재한다.

결론적으로 대학 연구자 창업주가 스타트업을 창업한 동기가 무엇이든 간에 1) 자신의 창업 동기를 무엇보다 정직하게 인식해야 하며, 2) 창업 동기가 회사 설립과 출범 그리고 성장에 어떠한 역할을 할 수 있는지를 알고, 3) 기대치가 충족될 수 있는 가능성에 관해 지속적으로 평가할 수 있어야 한다.

연구자, 창업주 그리고 비즈니스 리더

2장에서 언급한 바와 같이 창업주의 역할은 전공 분야, 대학 내 신분, 사업화 관심 정도 또는 개인 가정사 등에 따라 많이 달라질 수 있다. 스타트업에서 창업주의 역할을 결속 강도라는 스펙트럼에서 볼 때, 스펙트럼의 한쪽 끝단은 가장 느슨하게 관여하는 경우이다. 이러한 경우 대부분은 하나의 원천 기술을 다수의 스타트업이 분야를 달리해 사업화하는 경우이다. 즉, 대학에서 확보한 플랫폼 기술 또는 원천 기술이 사업화되는 경우 기술을 보유한 연구자가 주로 다수의 스타트업에 각각의 스톡옵션을 가지고 기술이전과 함께 사업화를 위한 컨설턴트 역할을 하는 경우이다. 이러한 경우 스타트업 방향이나 경영에 관한 의

표 5.1_ 캠퍼스 스타트업에서 대학 연구자의 역할 (+=최소 관여: +++++=최대 관여)

고용 상태	창업주의 역할	관여 정도	해당 내용
대학 고용	컨설턴트 (어드바이저)	+ / +++ (가변적)	대학 연구자의 역할은 스타트업의 요구 또는 수요에 따라 많은 차이가 있다. 컨설팅 방식은 공식 또는 비공식적으로 진행할 수 있으며, 공식적인 경우 반드시 컨설팅 과정에서 창출되는 IP 소유권 귀속에 관해 명확히 해야 한다.
	SAB 임원 또는 의장	++	월간 또는 분기별 미팅을 통해 회사에서 필요한 기술 자문을 실시한다.
	이사	+++	매주 또는 월간 미팅에 참여하며 내부 경영팀, 투자자 등과 이메일 업무를 한다.
	전문가	++++	안식년 동안 스타트업에서 약 6~18주 정도의 일을 한다.
대학 및 회사 고용	CSO / CTP	++++	흔치 않은 경우로 대학에서 고용을 유지하고 스타트업에 파트 타임으로 근무하는 경우
회사 고용	CEO	+++++	아주 드문 경우로 대학 연구자가 스타트업 경영에 흥미 있고, 리더로서의 자질이 있어 대학을 사퇴하고 직접 회사를 경영하는 경우
	CSO / CTO	+++++	CEO가 되는 만큼 드문 경우는 아니지만 창업자가 대학의 직위를 포기하고 스타트업에 전업하는 경우

사결정은 외부 창업주에 의해 주로 결정된다.[1]

스펙트럼의 또 다른 끝단으로 창업주의 역할이 아주 강화되어 있는 경우이다. 이러한 상황은 창업주가 당해 기술 시장과 산업 분야를 누구보다 잘 알고 있으며 스타트업의 기술 사업화를 추진하기 위한 어드바이저와 최고경영자(CEO) 채용은 물론 투자 자금 유치에도 적극적으로 관여하여 도움을 주는 경우이다. 표 5.1은 대학 연구자 교수가 캠퍼스 스타트업에서 할 수 있는 역할들에

---

1 이러한 유형의 스타트업의 경우, 사업화 기술이 성숙 단계에 이르러 제품 상용화에 연구원의 기여가 그다지 필요하지 않은 경우이거나 외부 창업주가 사업화 기술을 적용하여 현재 최종 제품을 개발 중에 있거나, 또는 사업화 기술이 최종 제품을 완성하는 데 있어 큰 비중을 차지하지 않고 일부에 지나지 않는 경우라고 할 수 있다.

관해 요약한 내용이다.

표 5.1과 같이 스타트업에서 연구자의 역할은 해당 창업주가 어떠한 형태로 근무하고 있는지에 따라 크게 세 가지 유형으로 분류해 볼 수 있다.

대학에 고용되어 있는 경우, 대학을 떠나 스타트업에 고용되는 경우, 그리고 대학과 스타트업 모두에 파트타임 형태로 고용되어 있는 경우이다. 고용 형태에 따라 연구자 창업주는 스타트업에 할애할 수 있는 시간과 역할이 달라질 수 있기 때문이다. 자신이 창업한 스타트업에서 특정 직무를 수행하기 위해 요구되는 시간이 늘어나게 되면 이러한 직무를 수행하기 위해 통상의 근무 시간 외의 과외 시간을 주로 할애한다. 특히 창업주가 안식년 등의 기간에 일시적으로 대학을 벗어나 스타트업에서 전일제 근무하는 하이브리드 방식의 근무 형태도 많이 볼 수 있다. 안식년이 종료되면 대학으로 복귀하거나 대학을 떠나 스타트업에 고용되어 근무하기도 한다.

또한 표 5.1에서와 같이 창업주의 고용 형태에 따라 일반적으로 스타트업 관련 직책이 달라지는 것을 확인할 수 있다. 창업주가 스타트업 설립 초기에 일시적으로 CEO 또는 CTO 직을 수행하더라도 일정 시간이 경과해 내부 경영팀이 구축되면 그들에게 직책을 인계하는 것이 좋다. 대학 연구자 창업주가 CEO 또는 CTO라는 직책을 사용하는 경우 의도치 않은 혼란이 발생하는 상황을 맞을 수도 있다. 특히 해당 스타트업에 관심 있는 CEO 후보자나 벤처 투자자의 입장에서는 더욱 혼돈스러울 수밖에 없다. 창업주가 대학을 떠나 스타트업 경영팀에 근무할 생각이 없다면 '창업주founder'라는 직책을 갖는 것이 바람직하다. 이렇게 함으로써 현재 스타트업에는 경영팀이 존재하지 않으며 '창업주'가 이들을 물색하고 있다는 신호로 전달될 수 있기 때문이다.

스타트업에서 창업주 연구자의 역할이 변화되지 않고 일정 상태로 오랜 시간 머물 수는 없다. 캠퍼스 스타트업은 신생 조직의 특성상 시간의 경과에 따라 사업 범위가 급격히 축소 또는 확대되거나, 사업 방향이 역동적인 변화를 겪기 때문이다. 창업주의 역할이 스타트업에서 지속적으로 증가하고 있는 경우는 대학을 떠나 스타트업에 합류할 가능성이 증가하는 경우이다. 반대로 스타트업에서 창업주의 역할이 시간이 경과하면서 지속 감소하는 경우는 그 원인이 다양할 수 있다.

스타트업이 창업주에게 요구하는 컨설팅 사항이나 요구 사항이 명확하지 않아 흥미를 잃게 되는 경우도 있다. 일반적으로 불협화음이 발생하는 경우는 예를 들어 1) 회사가 투자 유치를 위한 발표 또는 과제 제안서 작성 등에 대해 창업주에게 도움을 요청하였지만 창업주가 시간이 부족하여 대응하지 못하는 경우, 또는 2) 창업주가 회사에서 보다 적극적인 역할을 하고 싶지만 회사가 창업 당시의 기술에서 벗어나 새로운 기술 분야에 이미 도전하는 경우 등이 있다. 전자의 경우 스타트업을 창업한 연구자로부터 보유 기술에 관한 조언이나 가이드를 받지 못해 펀드 유치에 실패하면 스타트업은 거의 고사 위기에 몰릴 수 있다. 다른 대안들을 찾을 수도 있지만 일반적으로 그 공백을 채우는 일은 거의 없다. 후자의 경우 창업주는 이사회 투표에 의해 지위가 결정되거나 컨설팅 계약이 갱신되지 않을 수 있다. 말할 나위 없이 스타트업의 향후 발전 방향과 일치하지 않는 경우 창업주에게는 최악의 괴로움이다.

또 하나 주목해야 할 관점은 캠퍼스 연구자 창업주들은 주로 자연과학 또는 공학 분야 전공자들로 회사 경영에 있어 비즈니스와 연관된 내부 주체들과 외부 고객, 유관 파트너와의 원만한 네트워크 구축 등에 관한 중요성을 간과하는 경향이 있다. 대부분의 창업주들은 전문 경영인이 새로운 비즈니스를 만들고 이에 관한 무형의 가치를 향상시키는 데 있어 필요한 전문성이나 경험 또는 노하우 등에 대해 과소평가한다. 그들이 가장 중요하게 여기는 분야는 제품 개발에 요구되는 기술성 관련 내용으로 제품이 출시되었을 때 필요한 기술 설명서이다. 창업주들이 공통적으로 잘 이해하지 못하는 부분은 기업가들이 보유한 인적 네트워크의 영업적 가치나 비즈니스 리더들이 경험한 실무 노하우로서의 무형의 중요성이다. 기업가들이 보유하고 있는 인적 네트워크를 통해 투자자 또는 고객 등 스타트업에 절대적으로 필요한 무형의 자산을 확보할 수 있으며, 이는 스타트업의 성장에 있어 아주 중요한 요소이다. 마찬가지로 대다수의 비즈니스 리더들은 기술 관점의 인식이 부족하며 제품을 시장에 출시하고자 할 때, 예컨대 FDA 승인이나 대량 생산 시 발생하는 기술적 장애물들을 과소평가 하는 경향이 있다.

이렇게 상충되는 관점이 창업주와 비즈니스 리더 사이 상호 갈등의 원인이 된다. 초기 단계의 스타트업에서 함께하는 비즈니스 리더와 창업주의 가장 이상적인 파트너 관계는 양 당사자가 보유하고 있는 경험과 노하우를 상호 존중하는 것으로 특히 창업주는 비즈니스 리더에게 비즈니스 리더는 창업주 연구자에게 스타트업의 화합과 성공을 위해 감사하는 마음을 가지는 관계이다.

아이디어, 발견 및 발명의 소유권

캠퍼스 스타트업을 창업한 연구자의 입장에서 쉽게 접근하기 어려운 문제 중 하나가 창출한 발명 특허에 관한 소유권 문제이다. 즉 대학 연구자로서 창출한 발명이 발명자인 연구자 개인의 소유인지, 그렇지 않다면 언제 대학으로 발명을 양도하여 특허 받을 수 있는 권리가 귀속되는지에 관해 의문을 가진다. 하지만 이러한 문제는 일반 기업의 경우에 비유하면 쉽게 이해된다. 기업에서 고용 관계에 있는 종업원과 사용자는 계약에 의해 종업원의 직무와 관련된 모든 아이디어, 발견 또는 발명은 사용자인 회사로 양도하도록 한다. 대부분의 대학들은 기본적으로 이와 유사한 직무 발명에 관한 규정을 가지고 있다. 하지만 이러한 직무 발명에 관한 규정을 위반하는 경우의 제재 규정은 대학에 따라 상당한 차이가 있다.

일부 대학 연구자들은 이러한 직무 발명에 관한 규정이 있다는 사실조차 모른다. 이는 대학에 고용된 이후 각종 이행 사항으로 서명해야 할 많은 규정들 중 하나로 치부되기 때문이다. 일반적으로 고용 계약에 의해 채용된 대학 연구자가 자신의 직무와 관련하여 발명을 창출하는 경우, 대학의 규정에 따라 발명 신고서를 작성하여 대학 내 전담조직에 신고 제출하도록 되어 있다. 만일 대학에 신고한 발명이 국가 기관에서 받은 연구 개발 자금에 의해 창출된 것인지, 민간 기업으로부터 지원받은 R&D 자금에 의해 창출된 것인지에 따라 발명의 소유권 귀속 여부도 달라질 수 있다.

여기서 우리는 발명과 연계된 특허 소유권 문제를 보다 명확하게 이해할 필요가 있다. 원칙적으로 특허 받을 수 있는 권리는 발명자에게 있다. 하지만 해당 발명이 고용 계약에 의해 귀속된 종업원에 의한 발명으로 고용 관계에 있는 사용자의 업무 범위에 있다면, 이는 직무 발명으로 특허 받을 수 있는 권리를 사용자에게 양도해야 한다. 이러한 직무 발명에 관한 양도 계약 조항은 앞서 설명한 바와 같이 고용 계약서에 포괄적으로 포함되거나, 기타 의무 이행 사항에 일괄 포함하여 서명함으로써 구체적 내용을 모르는 대학 연구자들이 많다. 아울러 공동 발명자는 발명의 모든 과정에 관여할 필요는 없으며 발명의 일부 과정에만 기여하더라도 발명자로 특허 서류에 등재될 권리가 있다. 특허 서류에 출원인 또는 양수인이라고 명기된 자가 특허 권리를 확보한다. 특허권자는 특허 받은 발명을 업으로서 '생산, 사용, 양도 또는 대여 및 수입'할 수 있는 배타적 권리를 가지며 이러한 권리를 라이선싱할 수 있다. 다음은 대학의 스타트업 연구자 창업주들이 흔히 발명 소유권과 관련하여 잘못 인식하고 있는 내용들이다.

"발명을 대학이 아닌 집에서 창출하였으므로 개인 소유로 해야 한다."
직무 발명의 여부는 발명의 주제와 관련성이 있다. 만일 발명의 주제가 대학의 업무 범위로 볼 수 있는 연구자의 전공 분야에 연관된다면 해당 발명은 직무 발명으로 계약서에 서명한 바와 같이 대학에 양도하여야 한다. 아울러 대학에서 제공하고 있는 연구 기자재 또는 각종 인프라 자원들을 활용하여 발명이 이루어졌다면 마찬가지로 대학의 업무 범위에 속한다고 볼 수 있으므로 대학에 양도하여야 한다. 비록 대학 외부의 연구 시설에서 발명하였다 하더라도 대학 인트라넷 시스템을 통해 대학이 제공하는 데이터베이스 및 각종 자료를 활용하여 이루어졌다면, 이 또한 직무 발명에 해당되어 사용자인 대학의 소유로 된다.

"발명은 대학에서 하였지만 실제 제품화는 스타트업에서 하였다."

발명은 일반적으로 2단계의 과정을 거쳐 완성된다. 첫 단계는 아이디어를 착상하는 단계이며 두 번째 단계는 아이디어를 구현시키는 단계이다. 발명은 아이디어를 착상 및 구현 가능성을 입증하는 것 만으로도 가능하며 구체적인 제품화까지 요구하지는 않는다. 즉 아이디어를 구현하여 제품화 가능성만 있다면 발명으로서 특허 받을 수 있다. 그러므로 아이디어 발명을 대학에서 하였다면 이는 대학의 직무 발명에 해당되므로 대학의 소유가 된다.

"발명을 대학이 아닌 나의 기업 컨설팅 과정에서 창출하였다."

이 경우에는 관점에 따라 모호하고 다양한 쟁점들이 존재할 수 있다. 대학 연구자들이 어느 정도 규모 있는 기업에 대해 컨설팅하는 경우 연구자는 대학에 외부 기업 자문 신고를 하고 해당 업체와 체결한 자문 계약서를 제출하도록 하고 있다. 외부 업체와 서명한 자문 계약서에는 대학 연구자가 컨설팅 자문을 통해 창출한 발명은 해당 기업의 소유로 하는 것이 통상적이다.[2] 하지만 만일 연구자가 창업주로 있는 스타트업에 자문하는 경우 이러한 컨설팅 자문 계약 방식을 명확히 적용하기 어려운 부분이 있다. 왜냐하면 스타트업은 이미 창업주의 기술에 의해 설립되었고, 또한 캠퍼스 기술을 라이선싱 받아 기술 사업화를 진행하고 있기 때문이다. 대학으로부터 라이선싱 받은 스타트업을 컨설팅하는 과정에서 새로운 개량 발명이 창출되면 대학은 이에 관한 소유권을 주장한다. 왜냐하면 라이선싱 계약의 대상 기술이 개량 발명으로 완성되는 경우 일반적으로 원천 기술 소유자인 대학으로 귀속되기 때문이다. 더욱이 대학 라이선싱 기술을 보유한 연구자 입장에서도 개량 기술을 지속적으로 확보하는 것은 하나의

---

2   이는 2011년 '스탠포드 대 로체' 대법원 판결의 핵심 요지이다. 대학 교수가 발명 양도에 관해 체결한 두 건의 계약이 상호 충돌하면서 발생된 사건이다. 스탠포드대 교수가 '센토스'에서 폴리머라제 연쇄 반응에 관한 공동 연구를 하면서 창출한 발명을 '로체'사에서 양도하였다. 하지만 그는 스탠포드 대학 소속의 피고용인 신분으로 직무 발명은 대학에 양도하기로 동의하였으므로 발명의 진정 소유자에 관한 다툼이 발생한 사건이다. 양도 계약서 문구를 검토한 바 '로체' 사의 양도 계약서에는 'I hereby do assign'(양도함)이라고 명기된 반면 스탠포드대학 양도 계약서에는 'I agree to assign'(양도에 동의함)이라는 표현 차이가 있음을 확인하였다.

의무 사항이기도 하다.

"대학과 어떠한 양도 계약에도 서명한 일이 없기에 발명은 나의 소유이다."

대학과 양도 계약에 서명하지 않아도 대학과 고용 관계에 있는 연구자로서 대학에 근무하면서 발명하였다면, 일부 소수 의견은 있지만 대부분의 법원 판례는 대학의 직무 발명에 해당되어 대학 소유로 판단한다. 종업원이 양도 계약에 서명하지 않았다는 것만으로 직무 발명에 의한 사용자의 소유권을 부정하기 어렵다는 것이 일반적 관점이다.

"자신의 연구실 학생이 창안한 발명이므로 대학이 이를 소유할 권리는 없다."

만일 대학 연구실에서 연구를 수행하던 학생이 발명을 창안하고 다른 대학으로 이전 또는 회사로 취업하여 이후 발명을 완성하였다면 발명의 소유 권리는 학생 개인에게 있다. 하지만 만일 학생이 창안한 발명이 대학 교수 연구실에서 완성되었다면, 대학의 연구 기자재와 시설을 활용하여 창출하였으므로 대학이 발명의 소유권을 주장할 수 있다.

직무 발명과 특허

일반적으로 대학의 연구 개발 과제 또는 통상 연구 활동을 통해 새로이 창출한 발명의 소유 권리는 대학이 갖는 것이 원칙이다. 즉 대학의 직무 발명 규정에 의해 연구자는 자신의 연구 성과물인 발명을 대학의 기술이전 전담조직TLO에 신고하도록 되어 있다. 앞에서 언급한 바와 같이 대학 TLO는 신고 접수된 연구자의 발명을 자체 심의하여 특허 출원 여부를 결정한다. 대학에서 발명을 심의한 결과에 의해 특허 등록 가능성이 희박하거나 기타 사유로 대학에서 승계 불가하다고 판단된 발명은 발명자에게 되돌려준다. 이러한 직무 발명의 반환은 때로는 일부 복잡한 문제를 발생시킨다.

예를 들어 반환된 직무 발명을 보완 개선하여 새롭게 완성한 경우 개량 발명의 소유권은 누구에게 귀속되는지 불명확하며, 또한 반환된 직무 발명을 발명자가 특허 등록받은 경우에 대학이 이를 사용할 권리가 있는지도 쟁점이 될 수 있다. 대학 연구자의 직무 발명의 반환 절차나 법적 효과는 대학의 정책에 따라 다를 수 있다. 어떤 대학은 추가 조건이나 의무 사항 없이 전적으로 발명을 발명자에게 반환하는 경우도 있고, 어떤 대학에서는 예컨대 라이선싱 활용 시 로열티를 대학에 일부 지급해야 하는 의무 조항을 부가하는 경우도 있다. 만일 미연방정부 연구 개발 자금을 받아 창출한 발명이라면 베이-돌 법에 의한 각종 의무 사항의 이행을 전제로 직무 발명을 발명자에게 반환하는 경우도 있다.

한편, 연구자의 직무 발명을 대학이 승계하는 경우 창업주 입장에서 볼 때 여러 가지 장점이 있다. 발명자의 입장에서는 자신의 발명을 대학에서의 특허 출원을 위한 발명 심의를 통해 객관적으로 검증받을 수 있다. 무엇보다도 특허 권리를 확보하기 위한 모든 리스크는 대학이 책임진다. 대학에서 특허 비용을 부담하고 아울러 전문가 도움을 받아 특허 출원을 대학 TLO가 진행한다. 대학 TLO는 특허 출원 등록을 근거로 발명자가 창업한 스타트업과 합리적 조건으로 라이선싱 계약을 체결한다. 더욱이 스타트업과의 라이선싱 계약을 통해 수익금이 발생하면 대학은 내부 규정에 따라 이를 발명자와 배분한다.

기업 소유권, 통제 및 지분 희석

창업주는 스타트업 설립 당시 거의 모든 지분을 확보한다. 하지만 곧 스타트업의 경영과 비즈니스 창출을 위해 스타트업의 경영 인력을 구축하고 투자를 유치하면 이들 주체들과 지분을 공유하게 된다. 회사 지분을 공유하는 경우 향후 회사에 대한 지배 권한을 얼마나 유보할 것인지, 출구 전략의 시행 시 얼마나 많은 경제적 이윤을 확보할 수 있는지 등에 관해 많은 검토가 필요하다.

캠퍼스 스타트업 창업 이후 성장 과정에서 회사 지분을 공유하게 되는데 이러한 경우에 발생할 수 있는 여러 가지 이슈들에 대해 살펴보자. 먼저 스타트업이 가지는 가장 큰 가치는 '미래 성장성future potential'으로 가장 중요한 자산이라할 수 있다. 스타트업이 가진 '미래 성장성'을 공유할 수 있는 현실적 방법은 스타트업 지분을 공유하는 것이다. 예를 들어 기술 사업화 비즈니스를 창출하고 선도하고자 하는 전문 경영인을 스타트업이 처한 현재의 열악한 여건 속에서 채용하고자 하면, 그가 투자할 근무 시간과 경제적 보상 등에 관한 기회비용으로 스타트업의 '미래 성장성'의 대가인 소유 지분을 확보하고자 할 것이다. 마찬가지로 스타트업의 '미래 성장성'에 자산을 투자하는 벤처 캐피탈은 스타트업의 소유 지분을 확보한 이후 출구 전략을 통해 경제적 수익을 추구할 것이다.

이렇게 '미래 성장성'을 담보로 다른 이들에게 회사 지분을 배분하면 최초 창업주가 보유한 지분은 상대적으로 줄어들 수밖에 없는데, 이를 지분 희석dilution 이라고 한다. 즉 하나의 파이를 여러 조각으로 쪼개어 나누면 각각의 몫이 상대적으로 줄어들게 되는 것과 같은 이치이다. 창업주는 지분을 공유하기 전에 다음의 질문에 답해야 한다.

- 영입 주주들이 기여하는 가치가 현재 창업주의 지분 희석에 대응할 만한 가치가 있는가?
- 장기적 관점에서 회사 지분과 지배권이 우리에게 얼마나 중요한가?
- 회사의 발전 단계에서 볼 때 어느 시점에 기꺼이 소액 주주로 남을 수 있을 것인가?
- 스타트업에서 소유에 의한 지배권을 행사한다는 것은 어떠한 모습인가?

전통적으로 회사의 지배력은 회사 지분 소유에 대한 비율이라고 할 수 있다. 주로 창업주가 회사의 대다수 지분을 확보하며 이를 통해 회사의 경영 지배력을 행사한다고 생각할 수 있다. 회사 의사결정을 위한 의결권은 보유 지분에 비례하며 이를 통해 이미 소수 지분의 주주들을 능가할 수 있기 때문이다. 하지만 현실적으로 주주 총회에서의 의결 사안들은 많지 않고 회사를 인수하는 등 핵심 사안이거나 내부 논란이 심해 경영 팀에서 합의를 이루지 못하는 안건을 다룬다. 만일 주주 총회에서 회사 경영에 관한 의사결정을 한다면 다수 의결권을 확보한 소수의 대주주에 의해 모든 결정이 이루어지기 때문에 경영의 관점에서는 그리 바람직하지 않을 수 있다.

결론적으로 회사의 경영 지배력은 의결 권한이나 소유 지분에 의해 결정되기보다 회사에서의 영향력 또는 파급력에 의해 형성되는 것이 바람직하다. 창업주가 자신의 스타트업에서 영향력과 파급력을 통해 회사 경영 지배력을 강화하는 방법은 스타트업의 경영 활동에 적극적으로 참여하는 것이다. 예를 들어 제품 개발 전략을 수립하거나 과제 제안서를 작성하거나 시장조사를 실시하고 사업 계획서 추진에 관여하며 종업원을 물색하여 채용하며 투자자를 물색하여 투자 유치를 추진하는 등 스타트업 경영에 적극적으로 개입하는 것이다.

창업주가 회사 경영에 지속적으로 개입한다는 것은 많은 시간과 에너지가 필요한 일이며 현실적으로 아주 어려운 경우가 많다. 그러므로 창업주는 기꺼이 스타트업의 지분 희석을 감수하고 전문 인력과 외부 자금을 유치하여, 어느 시점에 기꺼이 소액 주주로서 남는다 하더라도 상대적 지분 가치의 상승을 통해 경제적 보상을 받을 수 있게 해야 한다. 즉 외부 투자자로부터 투자를 받음으로써 스타트업 지분이 희석되는 것은 현실적인 일이다. 만일 회사가 투자를 통해 성공한다면 지분이 희석되더라도 회사와 지분 가치가 동반 상승하게 되므로 충분히 만족할 수 있다. 하지만 소유 지분이 희석된 이후에도 회사의 가치가 심각하게 하락한다면 이는 창업주와 회사가 분란과 좌절의 길로 나아가게 되는 원인이 된다.

실제로 투자 유치를 통해 스타트업의 창업주 지분이 희석된 이후에 연구자들이 좌절을 경험하게 되는 경우로 제약 분야 스타트업인 '신토닉스 Syntonix'의 사례를 소개한다.

1997년 4명의 대학 창업주들은 총 90%의 지분을 가지고 스타트업을 설립하였다. 대학 교수인 '릭'과 '라우'가 최대 주주로 64%의 지분을 가지고 창업주 중 다른 두 명의 대학원생에게 26%의 지분을 배분하였으며 나머지 10%의 지분은 대학 본부의 소유로 하였다. 첫 번째 시리즈 투자 라운드 A를 진행한 결과, 창업주 네 명의 전체 지분은 급격히 희석되어 25%('릭'과 '라우'의 합산 지분은 18%)가 되었으며 투자 라운드 투자 주체인 벤처 캐피탈이 29%(벤처 케피탈 1개 사에서 14%)의 지분을 확보하게 된다. 경영 인력과 종업원 지분이 30%가 되었으며, 기타 컨설팅 인력, 대학 본부 및 개인 엔젤 투자자가 나머지 16%의 지분을 가지게 되었다. 연속된 투자 라운드 B를 진행한 결과, 벤처 캐피탈은 무려 70%의 지분을 확보하면서 확실한 대주주로서의 위치를 차지하였다. 초기 네 명의 창업주들은 총 7.4%의 지분만을 보유하고, 경영진과 종업원이 9%, 나머지 관계자와 기관들이 총 13%의 지분을 소유하는 구조가 되었다. 최초 설립자이자 대학 교수인 '라우 블럼 버그'는 다음과 같이 말했다.

"스타트업을 통한 기술 사업화는 정말 고달픈 여정으로 우리에게 남은 것이 거의 없다. 우리는 소중한 회사 지분과 함께 에너지를 모두 스타트업 성장을 위해 투자하였지만 지분 희석 과정을 통해 남은 것이 없다. 벤처 캐피탈은 아주 괄목할 만한 수익을 창출할 수 있겠지만, 그들은 지분 희석을 통해 우리 창업주들을 파멸로 이끌었다."

하지만 신토닉스는 시리즈 투자 라운드 B 이후에도 추가 자금을 물색하였다. 창업주 라우 교수는 연속되는 캐피탈 펀드 유치 과정을 진행하며 다음과 같이 소회를 밝혔다.

"우리는 수년에 걸쳐 다른 자금원을 확보하려고 시도하지 않은 것은 아니었다. 라이선싱 대상 제약사들 거의 모두를 만나서 우리의 신약 기술 라이선싱을 제안하였고, 특히 '암젠Amgen'과 '세로노Serono'에 접촉했지만, 우리의 임상 신약 개발은 그들의 즉각적인 관심을 끌기에는 충분치 않았다. 다국적 제약업체 '화이자Pfizer'가 '엑수베라Exubera'라는 신약 개발을 포기하기 전에는 기술의 성공 가능성에 대해 업계에서 의구심을 자아냈고 우리는 어떠한 추진력도 얻을 수 없었다."[3]

---

3   Raymond M. Kinnunen, Susan F. Sieloff, and Robert F. Young, "Syntonix Pharmaceuticals," North American Case Research Association, Case NA0034, *Case Research Journal* 28 (3) (2008).

일반적으로 제약 분야 스타트업은 제품 개발과 출시를 위해 상대적으로 큰 규모의 자금이 필요하므로 투자 유치에 나서야 하는 상황에 직면하게 되는데, 스타트업의 기업 가치가 낮게 평가되고 상대적으로 규모가 큰 투자를 유치할 수밖에 없으므로 창업주 지분이 상당한 수준으로 희석될 수 있다. 투자 자금 유치 시 지분 희석을 피할 수는 없지만 다음의 내용들이 지분 희석에 대비하여 도움이 될 수 있다. 1) 지분 희석되지 않는 자금을 우선 유치하고 지분 희석 투자 유치는 가능한 나중에 유치하되, 절망적인 상태에 이르도록 미루지는 말라. 기업 가치 하락에 따른 심각한 지분 희석이 일어날 수 있기 때문이다. 2) 현재 진행 중인 투자 라운드에서 가급적 많은 자금을 받도록 하라. 추가 투자에 따르는 다운라운드 가능성을 줄일 수 있다. 3) 보다 우호적이고 긍정적으로 기업을 평가하는 공익 유형의 캐피탈이나 연합 캐피탈 등 또 다른 펀드를 물색하라.

이해 관계의 상충

지난 수십 년간 대학에서 수많은 스타트업들이 설립되었고 대부분의 스타트업들은 창업과 성장 과정에서 각종 이해관계 충돌로 여러 형태의 갈등을 겪어 왔지만 대부분 원만히 잘 해결되어 왔다. 이해관계의 충돌을 모니터링하고 관리할 많은 정책과 가이드라인, 심의위원회 또는 조정위원회가 만들어졌다. 이러한 갈등과 정책은 대학마다 아주 다양하게 나타날 수 있다.

스타트업과 창업주 간의 이해 충돌과 갈등 요인들을 해결하기 위해서는 먼저 스타트업과 창업주의 개인 연구실을 분리시키는 것이 무엇보다 중요하다. 공적인 영역과 사적인 영역의 분리는 창업주가 자신이 설립한 스타트업 사이에 발생할 수 있는 이해관계의 대립이나 신뢰 훼손에 의한 갈등을 사전 예방하는 핵심 사항이다. 예상 외로 많은 대학의 창업주들은 자신의 연구실과 자신이 설립한 스타트업을 분리시키지 못하고 있다. 특히 캠퍼스 스타트업 설립 초기에 창업주들은 스타트업의 상당 부분을 자신의 연구실 공간으로 활용한다. 스타트업의 법적 지위나 설립 목적 그리고 기능은 대학 연구실과는 완전히 다르다는 것을 명심할 필요가 있다.

스타트업의 존재 목적은 제품을 출시하여 가치를 창출함으로써 주주의 이익을 실현시키는 데 있지만 대학 연구 실험실의 목적은 새로운 지식을 연구하고 교육하는 것이다. 즉 대학 연구실은 새로운 지식을 발견하고 이를 사회로 확산함으로써 소기의 목적이 실현된다고 할 수 있으며, 스타트업과 같이 해당 지식을 사회에 상용화에 이르게 할 필요성은 없기 때문이다.

대학에서 연구 기업research enterprise과 수익 기업corporate enterprise을 앞에 설명한 논리를 확장하여 구분할 필요성이 있다. 이는 해당 대학의 규정과 학교 정책, 그리고 해당 기업의 특성에 따라 구분될 수 있다. 대부분의 대학은 공익과 사익을 완전히 구분하는 정책을 가지고 있다. 예를 들어 대학 연구자가 설립한 스타트업일지라도 대학 소유 컴퓨터 시스템에 접속할 수 없고 대학 계정의 이메일도 사용할 수 없도록 하며, 스타트업의 경영 및 개발 업무와 각종 회의도 캠퍼스 외의 공간에서 하도록 구분한다. 스타트업이 캠퍼스 내에서 가능한 활동들을 규정하여 장려한다. 예를 들어 대학 연구실에서의 응용 개발에 대한 연구 수행은 허용하며 이 경우 별도로 면밀히 관리하도록 한다. 제품 상용화 개발을 위한 응용 연구 부분에는 분명히 스타트업과 대학 연구실이 공동으로 함께 수행해야 할 부분들이 있으며 이러한 활동은 적절한 판단과 객관적 검토를 통해 수행되어야 한다.

이해 상충COI, Conflict of Interest이란 연구자로서 스타트업에 재정적 이해관계를 가지고 있으며, 동시에 교직원으로서 해당 이권에 관련된 직무 또는 의사결정을 수행할 수 있는 위치에 있는 경우 발생하는 문제이다. 이해 상충에 관한 노스캐롤라이나 대학의 정책을 예로 들면 다음과 같다.

이해 상충은 대학의 피고용인으로서 연구 및 교육, 그리고 행정 업무를 포함해 각종 책임과 의무를 수행하는 데 있어 금전 관계, 개인의 학연이나 지연 또는 친분 관계에 의해 이해관계가 서로 충돌하거나 잠재적 충돌 가능성이 있는 상황 모두를 포함한다. 이해관계의 상충에 관한 규정이 적용되는 상황은 각종 장비 또는 기자재의 구매 결정, 인사 결정, 강의 교구의 구매, 데이터 수집, 분석 및 해석, 연구 결과 공유, 연구 정책의 결정, 통계 방법 사용, 그리고 학생 과업의 평가 및 지도 등과 같은 상황이 있다.[4]

대학에 따라 COI 정책은 문구나 표현 어휘가 조금씩 다르므로 해당 문구에 상당히 유념할 필요가 있다. 예를 들어 '연관될 수 있거나', '연관될 잠재 가능성이 있거나' 또는 '연관되어 있는 것으로 보이거나' 등과 같은 표현이 이해관계가 상충되어 있는 상황을 서술하는 것이다. 특히 '연관되어 있는 것으로 보이거나'라는 의미는 현실적으로 스타트업과 창업주 연구자 사이에서의 거래 행위가 이해의 충돌로 인식된다는 의미이다.

스타트업 지분을 보유하고 있는 창업주 연구자의 경우 특히 다음과 같은 영역에서 자신이 창업한 스타트업과 이해관계 상충에 관한 이슈가 주로 대두된다.

연구 주제: 초기 단계 스타트업의 경우 창업주 연구실의 대학원생 및 박사 연구원들이 스타트업에서 중요한 인적 자원으로서 역할을 수행하며 기술 사업화와 연관된 연구 실험을 진행하는 경우가 많다. 대부분의 경우 대학원생의 연구 주제는 스타트업의 사업화 기술 방향과 부합하고 연관되어 있다. 만일 〈사이언스〉 또는 〈네이처〉지에 스타트업에서 연구한 논문이 게재된다면 대단한 인지도를 확보할 수 있을 것이다. 하지만 스타트업에서 필요한 연구는 이러한 논문 게재에 필요한 연구가 아니라, 기술 상용화를 위한 재현성 연구나 신뢰성에 관한 연구가 대부분이며 연구 결과 또한 비밀 유지의 필요성이 있어 논문에 의한 공개를 거의 하지 않는다. 스타트업 창업주들은 자신의 대학 연구실 대학원생

4　"University of North Carolina at Chapel Hill Policy on Individual Conflicts of Interest and Commitment," p. 2, http://policies .unc .edu/files/2013/04/Individual-COI-Policy.pdf (accessed 15 January 2013).

이나 박사 연구원들이 대학의 교육 과정에 있다는 사실을 인지하고 만일 스타트업에서 요구되는 연구 실험을 수행하는 경우 자신이 주주로서의 지분을 가지는 스타트업과 이해관계 상충이 발생할 수 있다는 점에 유의해야 한다.

구매 행위: 일부 스타트업의 경우 설립 후 얼마 지나지 않아 제품을 출시하거나 서비스를 제공하기도 한다. 스타트업 주주로서 지분을 소유하는 창업주 연구자가 해당 스타트업으로부터 제공되는 서비스 또는 제품을 구매하고자 하는 경우 이해관계의 상충에 관한 문제가 발생한다.

대학 인프라 사용: 대학 연구 시설, 기자재 등 인프라를 스타트업이 사용하는 경우 이해관계 상충에 관한 문제 발생의 소지가 많다. 특히 캠퍼스 스타트업이 창업주 연구실에서 설립되는 경우 회사와 대학이 체결하는 계약 관계를 엄격히 준수하기 어려운 상황이 발생한다. 창업주 교수가 연구실에서 설립한 스타트업이 대학의 정보통신망과 소프트웨어, 연구 기자재, 회의 공간 등 대학 인프라 사용에 대한 규제가 현실적으로 어렵다. 많은 대학에서는 실험실 공간에서 스타트업을 창업하는 경우 일시적으로 대학의 자산을 활용할 수 있도록 규정하여 허용하고 있다. 하지만 부적절하게 대학의 인프라 시설을 활용하는 경우는 제재하도록 규정하고 있다.

시험 인증: 스타트업이 자체 개발 제품의 상용화를 위한 인증 시험을 진행하고 있고 스타트업에 지분을 가지는 연구자가 해당 제품의 인증에 관여하는 상황이다. 예를 들어 임상시험 계획의 수립, 임상환자의 모집 또는 임상시험 결과의 검토 등과 같이 어떠한 형태로든 관여한다며 이해관계 상충이 발생하는 상황이다. 이러한 경우 해당 연구자가 스타트업으로부터 확보할 이익과 관련되어 시험 결과의 판정에 일정한 영향을 미칠 가능성이 있기 때문이다. 모든 대학은 이러한 상황을 가장 엄중히 다루며 연구자가 자신의 연구 결과의 인증 등에 관련되어 있다면 어떠한 일에도 관여하지 못하도록 규정으로 금지하고 있다.

수익 추구: 대학이 스타트업으로부터 수익을 얻고자 할 때 이러한 문제가 종종 부각된다. 예를 들어 대학이 주주로서 스타트업 지분을 보유하거나 라이선싱 계약을 통해 로열티 수익을 확보하는 경우이다. 대학은 스타트업의 지분 또는 대학의 수익 확보를 위해 스타트업에 영향력을 행사하거나 강요한 적이 없다는 것을 외부에 확신시켜주는 것이 중요하다.

　　일반적으로 이해관계 상충 상황이 발생하면 대부분 개인 문제로 생각한다. 하지만 COI는 대학 차원의 문제로 비화될 소지가 아주 많다는 것을 유의해야 한다. 대학과 외부 기업 간의 재정적 거래는 대학과 외부 기업 공동의 의사 결정으로 받아들여지기 때문이다.[5] 대부분 대학들은 학과 차원에서 COI 위원회를 운영하며 이를 통해 스타트업과 연구자 사이에 발생하는 이해관계 상충에 관한 문제들을 적극적으로 논의한다. 대학의 공공 기능을 확보하고 스타트업과의 이해관계 상충 문제를 원천적으로 해결하기 위해 일부 대학에서는 별도로 학교 소속의 수익 법인이나 지주회사를 설립하여 대학의 지식재산 관리와 스타트업 지분 확보에 관한 전담 업무를 하도록 하고 있다.

　　한편 대학 연구자는 해당 분야의 전문가로 외부 활동을 할 때 대학 피고용인으로서 준수해야 할 의무와 책임 범위를 벗어나 자신이 위임받은 영역 밖의 일을 추진하는 경우가 있다. 이를 책무 충돌COC, Conflict of Commitment이라고 하며 이해관계 상충의 한 유형으로 본다.[6] 여기서 전문가로서의 외부 활동이란 창업주가 대학 연구자로서의 임무를 방기한 채 스타트업 업무를 지원하거나 컨설팅하는 것을 의미한다. 이러한 유형의 이해관계 상충을 방지하거나 해결하기 위한 수단으로 일부 대학에서는 대학 연구자 외부 활동에 소비하는 시간을 예컨대 '주

5　"The University of North Carolina at Chapel Hill Policy on Institutional Conflict of Interest," p. 1, http://policy.sites.unc.edu/files/2013/04/Institutional-COI-Policy.pdf (accessed 15 January 2013).

6　"University of North Carolina at Chapel Hill Policy on Individual Conflicts of Interest and Commitment," p. 5.

당 하루 이내' 등과 같이 명문화하여 제한하는 경우도 있다. 일부 대학에서는 대학 학장의 허가나 위원회 심의를 통해 가능하게 함으로써 제한하는 경우도 있다.

네트워크의 가치

이 책과 더불어 스타트업의 전반적 내용을 제시한 많은 책을 통해 캠퍼스 스타트업에 대한 이해를 하였다 해도 많은 연구자들에게 창업의 세계는 새로운 것이므로 이전 경험자들로부터 배워야 할 중요한 교훈이 있다. 많은 대학에서 실전에 필요한 창업 교육 프로그램을 개발하여 대학 구성원인 학생 및 교수, 연구자를 대상으로 실무 중심의 창업 교육을 실시한다. 대학은 다양한 창업 교육 프로그램 제공을 통해 기업체나 연구원 또는 교수 출신의 CEO 등과 캠퍼스 내부에서 네트워크 구축의 기회를 제공한다.

스타트업 창업을 위해 캠퍼스에서 확보할 수 있는 인적 네트워크 외에도 지자체 또는 지역 커뮤니티에서 개최하는 스타트업 관련 행사에서 다양한 인적 네트워크를 확보할 수 있다. 정부 또는 지자체는 특화 산업 육성을 위해 스타트업 경진대회, 박람회 등을 개최하고 투자자와 기업체를 연계하는 네트워크 행사를 마련한다. 창업주는 이러한 창업 네트워크 행사에 참가함으로써 스타트업의 펀딩, 기술 인증 또는 회계 처리 등에 이르는 다양한 전문가들과 인적 네트워크를 형성할 기회를 가질 수 있다.

많은 대학 교수들은 이러한 비즈니스 네트워크 행사 참가를 도외시하는데, 필요한 상황에 처하면 이러한 전문가들을 쉽게 만날 수 있을 것이라고 자신하기 때문이다. 하지만 대학 연구자가 실제 스타트업 설립을 고려한다면 자신의 전공 학회나 세미나 등에 참석하는 것은 두 번째 우선순위이며, 가장 염두에 두어야 할 것은 기업가 모임이나 투자자들의 모임에 적극적으로 참가하여 인적 네트워크를 사전에 확보하는 것이다.

인적 네트워크의 구축은 인터넷을 통한 온라인 공간에서도 가능하다. 가장 쉬운 방법은 이메일을 통해 추천인을 소개받는 형식이 될 수 있다.[7] 예컨대 SBIR 정부 과제에 필요한 회계 장부 작성을 위해 회계사를 추천받고자 한다면 동료 연구자로부터 알고 있는 회계사를 추천받을 수 있을 것이다. 이메일을 해당 회계사에게 보내 추천받은 사실을 설명하고 필요한 사항을 요청한다면 회신받을 확률이 높아질 것이다.

대학, 아군인가 적인가?

캠퍼스 스타트업 창업 초기에는 필수적으로 대학 당국과 함께 일을 해야 한다. 먼저 대학의 보유 기술을 사업화하기 위해 라이선싱 계약을 체결하거나 대학으로부터 연구 개발 과제를 지원받기도 하며 창업 공간을 대학으로부터 임대받아 사용한다. 이러한 경우 대학은 스타트업에게 매우 우호적 파트너이다. 하지만 복잡하게 얽혀 있는 각종 계약 관계의 이행에 있어 대학은 종종 스타트업에게 생존을 위협하는 적으로 비춰지기도 한다.

일반적으로 스타트업이 대학을 적으로 생각할 수 있는 이유는 몇 가지 있다. 일부 대학에서 산학 협력에 친화적이지 않은 정책을 유지하고 있는 경우가 있다. 대학의 역할에 있어 과거의 교육 중심 역할만을 고수하기 때문이다. 즉 대학이 지역 신성장 동력의 창출과 육성을 위한 산학 협력 친화적 변화를 받아들이지 않고 과거의 패러다임에 머물러 있기 때문이다. 한편 일부 대학에서 스타트업을 보다 적극적으로 도와주지 못하는 이유 중 하나는 대학 공익 시설을 사기업에게 사용하게 하는 것이 일종의 특혜로서 법률에 위반할 소지가 있다고 판단하기 때문이다.

한편 창업주나 스타트업이 대학 당국에 요구하거나 기대하는 수준이 너무 높

---

7 이메일 소개에 관한 일반적 예의는 소개해준 데 대해 감사 메일을 먼저 보내고 그 다음에 소개받은 자를 접촉하는 것이다. 소개받은 이에게 이메일로 접촉하는 경우 '숨은 참조(BCC, Blind Carbon Copy)' 기능을 포함하여 소개해준 이에게 함께 보내는 것이 바람직하다. 이러한 처리 방식은 차후 소개 이후의 진행 사항 등 별도의 확인 메일을 보내야 하는 번거로움을 없앨 수 있다.

아 합리적이지 않은 경우도 종종 있다. 창업주 연구자는 엄청난 열정과 시간을 캠퍼스 스타트업에 투자하였지만 대학 당국이나 TLO로부터 정당한 지원을 받지 못하고 있다고 생각할 수 있다. 예를 들어 대학 TLO에서 예산 삭감이나 각종 규제 등에 의해 해당 연구자가 신고한 발명 특허 등 지식재산 권리 확보가 어려운 경우 연구자는 상당한 좌절과 함께 대학 당국에 불만을 가진다. 대부분의 대학 TLO는 연구 부총장 산하에 소속되어 있고 해당 부서는 수백만 달러 이상의 연구 개발 과제를 관리한다. 하지만 대학 TLO 당국이 이러한 정부 또는 기업체 연구비를 적절하게 확보하지 못해 기술 사업화 과제 지원을 받을 수 없다면 해당 대학 연구자에게는 좌절과 불만의 요인으로 작용할 수 있다.

선배 창업자로부터 배우기 – 경험담과 조언

스타트업을 창업하고자 하는 대학 연구자는 앞서 창업하고 사업화 경험이 있는 동료 연구자들로부터 현실적인 도움을 받는 등 그들의 실전 경험으로부터 보다 많은 것을 배울 수 있다. 캠퍼스 스타트업의 희박한 성공률에서 알 수 있듯 대부분 캠퍼스 스타트업의 경험이나 사례는 부정적이거나 낙담적 내용이겠지만 절대로 의기소침할 이유는 없다. 스타트업의 실패 사례로부터 얻을 수 있는 교훈은 예상외로 많다. 실패 원인을 규명하고 달리 대처할 수 있는 가능성에 관해 연구하여 이를 교훈으로 실패의 전철을 반복하지 않는 전략을 취함으로써 성공 경쟁력을 강화할 수 있다.

　캠퍼스 스타트업 창업주 연구자들을 대상으로 만일 같은 대학의 후배 연구자가 스타트업을 창업하려 한다면 자신의 경험에 근거하여 어떠한 조언을 해줄 수 있는지 인터뷰를 시도하였다. 아래에 비공식적으로 진행한 인터뷰 내용을 가감 없이 사실 그대로 소개한다.

—

조언 1

아무리 혁신적인 아이디어라 할지라도 사업화 과정이 그다지 순조롭지만은 않다. 자신이 내린 판단을 너무 신뢰하지 말고 항상 해당 사업화 과정에 대해 비판적 생각을 가지는 전문가 의견을 경청하라. 나는 대학과 무관하게 스타트업과 연관되어 있는 다양한 사람들로부터 사업화 과정에서 비판적 의견을 청취하였는데, 이러한 자문은 나로 하여금 현실을 돌아보게 만들고 앞으로 나아갈 용기를 주었다.

스타트업은 대학으로 밀고 들어가는 것이 아니라 빠져 나오는 것이다. 만일 연구 결과물의 사업화를 위해 대학으로부터 많은 과제 지원이나 대학이 보유한 자원이 지속적으로 투입되어야 하는 기술이라면 사업화 성공에 의문이 드는 연구 성과물일 것이다. 정말로 성공 가능성이 높고 좋은 기술은 투자자 또는 파트너들이 찾아와 기술이전 및 사업화를 먼저 요청하고, 이러한 경우 협상은 아주 우호적인 분위기 속에서 진행된다.

대학 연구원은 과학자나 엔지니어로서 자신이 가지고 있는 한계를 직시해야 한다. 창업주 연구자로서는 낙담할 수 있는 조언이겠지만 과거 경험으로 비추어 MBA 학위가 있든지 없든지에 상관없이 스타트업의 기술 사업화에 요구되는 전 영역을 모두 커버하면서 스타트업을 이끌 수 있는 적합한 능력을 가진 사람을 아직 본 적 없다. 스타트업의 성공을 함께 만들어 가는 사람들은 자신 만이 가지고 있는 장점 분야가 있다. 그러므로 스스로 보유하고 있는 자신만의 강점을 인지하는 것이 중요하다. 보유 기술에 관해 깊이 있는 이해와 열정이 있는 사람을 우리는 스타트업에서 CSO 또는 CTO라고 하는데, 이들은 보유 기술을 아주 근사하고 설득력 있게 설명하겠지만, 향후 스타트업 경영에 필요한 자금 확보, 인사, 마케팅 및 제품 대량 생산화 등의 비즈니스 전문 영역은 관련 경험이 있는 사람들이 주도하도록 한 걸음 물러서라.

적절한 파트너를 선택하고 서로 다른 과업으로 무장한 경영팀과 투자자들을 모두 한 곳을 바라보도록 묶어내야 한다. 경영팀은 개발 중인 특정 제품에 대한 이해도가 있는 자원들로 가능한 한 개발 제품이 속한 산업 분야의 당업자들, 예컨대 단백질 개발을 한다면 생명공학 업계 경험자들로 묶어내고, 또한 스타트업이 속한 분야에 대해 잘 이해하는 투자자를 찾아야 한다. 미래의 어느 시점에 스타트업의 비즈니스 방향이 변화될 수 있다. 이는 피할 수 없는 운명과 같은 것이다. 하지만 스타트업 창업주인 당신은 회사가 어떠한 방향으로 나아가든 상관없이 편안한 마음으로 지켜봐야 한다. 늘 그렇듯이 험난한 상황이 도래하면 긴급한 관심을 필요로 하는 또 다른 도전 과제가 제기될 것이므로 목표를 재정렬해야 한다. 그러면 부차적인 논쟁은 의미가 없어질 것이다.

당신이 무엇인가를 거저 주면서 제안하면 선뜻 응하는 사람은 응당 있게 마련이다. 업계의 파트너를 구하거나 심지어 투자 유치를 위한 첫 만남에서 자비를 들여 타당성 검증을 해주겠다는 제안을 하는 경우가 종종 있다. 이런 관행에서 빨리 탈피해야 한다. 스타트업 제품 및 투자에 관심이 있는 당사자가 그에 따르는 비용을 지불해야 한다. 비용이 얼마인지에 상관없이 이것이 원칙이다. 비용의 문제가 아니라 거래 신뢰에 관한 문제이다. 단지 "NO"라고 직설적으로 답하고 싶지 않을 뿐, 거의 관심을 가지지 않는 사람을 위하여 소중한 비용과 시간을 투자할 필요는 없다. 한편 모두가 이러한 반응을 보이는 것은 아니다. 어떤 이들은 가능한 많은 스타트업에게 성공의 기회를 주기 위해 함께하기를 원하면서 타당성 검토를 요청하기도 한다. 하지만 파트너나 투자자가 사라진다든지, 재정이 급격히 악화되거나 인지도가 하락하는 경우 다시 요동칠 수 있으므로 이 또한 위험할 수 있다.

나는 대학 연구자가 스타트업을 설립하고자 할 때 다음과 같은 세 가지 사항을 조언하고 싶다. 첫째, 대학에서의 성공과 비즈니스 세계에서의 성공은 완전히 다른 것이라는 것을 명심하고, 아이디어를 사업으로 구체화하는 일은 기대와 달리 흥미롭지도 않을 뿐더러, 많은 번잡스러운 일들을 준비하는 과정이라는 것을 알아야 한다. 두 번째, 해당 업계에 종사하는 기업가 또는 협회 등과 광범위한 네트워크를 구축할 필요가 있으며, 그들로부터 많은 도움을 받을 수 있다. 마지막으로 주식 지분에 과도하게 욕심내지 말고 자신이 CEO가 되겠다는 생각에서 벗어나라. 대학 연구자 신분으로 회사 경영에 투자할 시간도 없을 뿐 아니라 전문 능력을 갖추고 있지도 않다는 것을 스스로 인지해야 할 것이다.

—
조언 2

조기에 임시방편으로 결정한 사안들은 나중에 문제로 대두되는 경우가 많습니다. 특히 스타트업 설립 초기에 결정한 인사, 지식재산권, 라이선스 등에 관한 중요 의사결정들은 나중에 큰 문제로 부각될 수 있습니다. 누구도 이러한 조기 의사결정 모두에 대해 진정으로 이해하려 들지 않으므로, 가능한 시점에 인재들을 영합하여 의사결정에 참여시키는 것이 바람직할 것입니다. 개인적으로 내부 인력 사이의 소통과 화합이 무엇보다 중요하다고 생각합니다. 돈은 무너진 조직을 극복할 수 없습니다. "일부라도 있는 것이 전혀 없는 것보다 좋다"는 말이 있습니다. 어떤 경우 지분 확보나 지분 희석에 너무 많은 시간을 허비한 나머지 회사가 마비되어 어느 곳으로도 나아갈 수 없는 심각한 상황이 발생하기도 합니다. 심지어는 출발조차 못하는 경우도 있습니다. 미래의 이익을 공유하는 방법에 대해 지속적으로 협상하면서 앞으로 나아가야 합니다.

요약하자면, 평범해 보이는 결정일지라도 재능 있는 사람들의 도움을 받아 신중히 검토하십시오. 그렇지만 특히 누가 무엇을 얻는지에 대한 의사결정에 관해서는 지나치게 숙고하지 마세요.

—
조언 3

창업주의 지분은 보통주로 확보하는 것이 전형적인 방식이다. 연속 투자 라운드를 거쳐 창업주의 지분이 희석되면 보상 차원에서 현금 유동성 확보 시 우선권을 부여받을 수 있는 지분으로 전환하는 것이 필요하다. 나도 그러했듯이 대부분 기업 경영 경험이 없는 창업주들은 회사가 도산하거나 매각될 때는 자신의 지분이 우선 정리 대상이 되지만, 기업공개를 통해 시장에 상장되고 주가가 상승하는 경우에는 보유 주식을 통한 현금 유동성 확보 시 우선권을 갖지 못한다. 이러한 사실은 어떤 변호사도 어떠한 회계사도 하물며 대학 당국도 말해주지 않는다. 창업주가 보유하고 있는 지분은 해당 스타트업이 인수되지 않는 한 경제적 수익을 얻기가 매우 어려운 것이다. 결론적으로 창업주가 보유하는 지분은 거액으로 회사가 팔리지 않는 한 무용지물이 되는 것이 현실이다.

대학 당국에서는 스타트업 창업주의 지분을 보호하기 위해 적극 개입해야 한다. 스타트업이 투자자로부터의 투자에 따른 지분 희석은 어쩔 수 없는 일이라 해도, 청산 시 우선권은 최소한 가장 최근의 투자자와 동일하거나 가장 최근의 투자 라운드에 우선할 수 있도록 대학이 창업주 지분을 보호해야 할 것이다.

정말 자질과 능력을 갖춘 CEO를 찾기란 매우 어렵다. 대학 당국에서는 스타트업의 CEO 후보를 발굴 교육하는 프로그램을 운영해야 한다. 나의 스타트업 경험에서 겪은 첫 번째 CEO에 대해 굳이 논하라고 한다면, "관심조차 두고 싶지 않다".

조언 4

결코 "돈하고는 상관없다. 다만 사람들이 내 기술을 활용하기를 바랄 뿐이다"라고 말하지 마라. 스타트업은 비즈니스 측면에서 성공을 위한 발걸음이다.

조언 5

스타트업은 많은 일을 해야 하고 또한 일을 위해 많은 시간이 필요하다.

세미나 또는 각종 온라인 교육 과정을 수강하더라도 과학자, 임상 전문의 또는 연구자로서 알지 못하고 또한 절대 알 수 없는 비즈니스 상황들이 엄청나게 많다. 우리들은 기업인들처럼 생각하도록 훈련받지 못했다. 때문에 당신의 아이디어에 관해 주위 전문가들로부터 많은 조언과 인적 네트워크를 구축해 나가야 할 것이다.

성공적 비즈니스에는 매우 다양한 스킬이 요구된다. 따라서 다양한 스킬을 가진 사람들이 모여 가치를 창출해야 한다. 이러한 조합이 부족하여 비즈니스가 실패로 귀결되는 경우가 많다.

당신이 얼마나 계획을 잘 수립했는지에 상관없이 예상하지 못한 문제들과 마주하게 된다. 항상 유연한 자세를 견지하고 끈기 있게 대응하여야 한다. 때로는 당신의 아이디어를 다음 단계로 옮겨 적용하는 것도 문제 해결의 좋은 방법일 수 있다. 기존의 아이디어에서 보지 못했던 매우 가치 있는 새로운 관점과 기회를 얻을 것이다.

—

조언 6

나의 조언은 별개의 주제로 여겨질 수도 있지만 공통의 주제를 가지고 있다고 생각한다.

나는 발명가는 기술을 회사의 가장 중요한 측면으로 여기며, 그만큼의 가치를 기대할 것이라고 생각한다. 하지만 기술의 가치를 파악할 수 있는 가장 쉬운 방법은 대학에 규정된 라이선싱 조항을 확인하는 것이다. 일반적으로 기술을 창출한 발명자에 대한 보상은 1~2%이며, 나머지 98%는 비즈니스에 있다. 그럼에도 불구하고 '기술'이 실패하면 제품화는 불가능하고, 따라서 비즈니스는 무너진다.

팀의 역할이 있다. 팀의 역할은 프로젝트 수행 차원에서 확인하는 것이 가장 쉬운 방법이지만, 회사의 잠재력과 연계된 팀의 역할에 대해 미리 예측하지는 못한다. 투자자나 제휴 파트너 같은 외부인들은 매일 일어나는 회사의 모든 이슈를 검토할 시간이 없다. 팀의 역할을 평가하는 가장 쉬운 방법은 팀워크를 통해 이루어진다. 만일 외부 투자자 또는 파트너가 '마리'를 알고 있는데, 마침 그녀가 당신의 회사 팀에 관여되어 있다면 이것은 아주 좋은 기회가 되어야 한다. 점차 향상된 팀워크를 축적하여 기업을 일구는 일은 나중에 들어온 팀원들이 이전에 들어온 팀원들을 탐색 평가하여 확신을 얻는 데서 출발한다. 이것은 특히 투자자에게 있어서도 마찬가지여서 그들은 팀워크를 우선 살핀다.

하지만 우리의 경우와 같이 판매 및 유통 분야의 전략적 파트너는 제품 시장의 존재 여부를 중요시 여기기 때문에 이것을 최우선적으로 확인한다.

앞서 얘기한 것처럼 기업의 가치는 볼 수 있는 모든 것을 포함한다. 이러한 수평적 관점은 시간이 지나면서 형성된다. 기술은 보이지 않게 되고 중요한 가치는 지식재산과 제품이라는 사실에 주목해야 한다. 이를 하나의 3차원 그림으로 묘사한다면 지식재산이 가장 전면에 부각되는 그림으로 나타난다. 이 말은 IP 변호사가 우리에게 강조하듯 지식재산이 회사에 가장 중요한 가치를 부여한다는 것이다.

조언 7

비즈니스하는 사람들은 사업 성패가 사업 계획서에 달려있다고 합니다. 하지만 나는 이에 쉽게 동의할 수 없습니다. 사업의 성공은 스타트업이 보유하고 있는 과학 기술에 달려있다고 생각합니다. 당신의 과학기술을 완벽하게 구현하는 데 시간을 투자한다면 나머지 사안들은 저절로 따라올 것입니다.

조언 8

비즈니스 전문가 또는 컨설턴트 등으로부터 확보한 조언들은 모두 모아두고 어떠한 조언이라도 버리지 않되 액면 그대로 받아들이지는 마십시오. 조언으로부터 끌어낸 아이디어들은 당신을 더욱 앞으로 나가게 할 것입니다. 그들의 비판적 조언에 대해 최소한의 회신을 하십시오. 이러한 조언이 훗날 반드시 현실로 나타날 것입니다.

당신은 무에서 유를 만들어 낸 창조자이고 혁신 리더로서 그들이 가지지 못한 것을 보유하고 있습니다. 하지만 그들은 당신이 필요로 하는 자금을 가지고 있습니다. 당신만이 가지고 있는 독창성을 잃지 마십시오. 헌신과 열정을 아끼지 말고 어떠한 상황에 타협하여 목표를 흐지부지하게 만들지 마십시오. 현실적 타협은 결국 그리 가치 있지 않은 일로 종결되기 때문입니다. 항상 인내와 긍정을 가지고 생활하십시오. 일을 하다 보면 아주 많은 어두운 날들이 찾아올 것입니다. 하지만 곧 누군가 나타나 당신이 원하는 바를 들어주고, 당신의 비전

471

을 공유하면서 밝은 세상이 열릴 것입니다.

—
조언 9

제품과 고객 그리고 시장을 이해하기 위해서는 대학을 벗어나야 한다. 창업주들이 거의 100% 잘못 이해하고 있는 것은 자신의 과학적 발견이나 기술적 발명 또는 연구 성과물이 실제 제품으로 출시되어 판매가 가능하다고 착각하고 있다는 사실이다.

누가 이를 구매하고자 하는지, 왜 구매를 원하는지, 얼마나 지불하고 구매할 수 있는지, 성과물의 판매를 통해 회사를 설립하고 생산 라인을 구축해 제품을 출시하는 경우 이를 구매할 충분한 고객을 확보할 수 있는지 등에 답할 수 있어야 한다.

이러한 질문에 확실히 답할 수 있는 유일한 방법은 대학 연구실, 창업보육센터 또는 캠퍼스 울타리에서 가능한 한 빨리 빠져나와 산업 현장과 시장에서 고객과 함께 호흡할 수 있어야 한다. 연구자인 당신이 정말 자신의 성과물을 바탕으로 회사를 설립하고자 한다면 최소한 열 명 내지 열다섯 명 정도의 고객으로 구성된 의사결정권자들과 심각하고 강력한 비판을 통해 검증을 받아야 한다. 그러한 경험이 없다면 지금 당장 이를 실행해야 한다.

당신이 어떻게 생각하건, 조언자인 내가 어떻게 생각하건, 또는 당신의 친구나 동료가 어떻게 생각하건 중요한 사실은 시장은 항상 승자라는 진리이다.

시장 수요가 당신 기업의 성공과 실패를 결정한다. 시장 고객이 무엇을 생각하고 어떤 말을 하는지 확인하라!

—
조언 10

신약 스타트업을 설립하는 순간부터 자유로운 여가 시간은 없다고 생각해야 한다. 대학에서는 여전히 정부 과제의 수주를 종용하고 강의도 계속해야 한다. 만일 임상 교수라면 환자도 돌보아야 한다. 의대에 소속되어 있다면 급여의 8%가

정부 재정으로 지원되기 때문에 일부 시간은 학생 교육에 할애해야 한다. 강의를 위해 연구 시간을 쪼개야 하는데, 그렇게 되면 연구비를 확보하지 못하게 될 수도 있고 급여가 삭감될 수도 있다. 나의 경우는 주당 업무 시간을 67시간에서 80시간으로 늘렸는데, 이 때문에 개인 생활은 더욱 힘들어졌다. 교훈을 하나 남긴다면 "세상에는 정말 공짜는 없다. 항상 대가를 치를 수 있는 마음가짐을 가져라."

사업화 과정에 있어 '죽음의 계곡'은 현실로 나타난다. 단순히 쉽게 넘길 사안이 아니다. 대부분의 벤처 캐피탈들은 독성 연구를 통과한 프로젝트에 투자하기를 원한다. 만일 스타트업이 신약 단백질이나 또는 바이오 로직을 다루고 있다면, 벤처 캐피탈로부터 투자받기 전까지 최소한 3백만 달러의 자금이 필요하다. GMPGood Manafacturing Practices 설비 제조를 위해 1백만 달러, 동물시험에 1백만 달러, 그리고 개념 검증과 MOAMechanism of Action 등의 자금을 별도 넣지 않더라도 추가 자금이 1백만 달러 이상 소요되기 때문이다. 3백만 달러의 자금을 유치하는 일은 결코 쉽지 않다.

우리는 대형 제약사와 파트너 계약을 체결하여 '죽음의 계곡'을 통과할 수 있는 자금을 지원받을 수 있다. 엔젤 투자자들로부터 이러한 자금을 확보할 수도 있다. 하지만 엔젤 자금은 높은 수익률을 지향하고 거래 조건이 스타트업에 아주 불리할 수 있기 때문에 유의해야 할 것이다.

당신의 미래는 오직 당신의 아이디어에 달려 있다. 당신이 달변가라면 정치력을 발휘하여 대형 자금을 모을 수도 있고 행운도 함께 따를 수 있다. 하지만 궁극적으로 정말 멋진 아이디어가 아니라면 임상 2단계인 인체 실험을 통과할 수 없다.

당신이 가진 사업화 아이디어를 높은 단계로 도약할 수 있도록 도와줄 수 있는 사람은 비슷한 일을 시도한 경험이 있는 사람일 것이다. 대학 동료 연구자, 대형 제약사의 전문가 또는 벤처 캐피탈 등과 당신의 아이디어에 대해 많은 대화를 하겠지만, 그들이 어떠한 이유에 상관없이 실제 스타트업을 설립하고 시도해본 경험이 없다면 그들의 조언을 신뢰하지 않는 것이 좋을 것이다. 만일 충분한 여과 과정을 거치고 몇 가지 조건을 단다면 그들의 아이디어도 많은 도움이 될 수는 있다. 하지만 무엇보다 중요한 것은 실전 베테랑들을 사업 멘토로 찾고 그들에게 조언을 구하는 것이 좋다는 것이다.

대형 자금을 확보하여 직접 제품 개발을 진행하기 어려운 상황이라면 많은 개발 컨설턴트와 전문 대행업자들을 활용하여 가상의 방법으로 사업화를 추진해 볼 수 있다. 이 경우 대학 연구실에서 박사 후 연구원과 대학원생들을 활용해 성공했던 방식과는 아주 다른 스킬들이 요구된다. 이 업계에서 오픈 이노베이션을 통해 사업화 성공을 이룬 사례는 거의 없다. 당신만의 사업화 아이디어가 있다면 지금 당신이 그 아이디어를 추진해야 한다. 여기는 대학과 같이 실험이나 연구를 하는 곳이 아니라 기술 응용과 제품 성능에만 관심이 있는 곳이기 때문이다.

주위의 응원은 언제나 새로운 의미가 있다. 하지만 언젠가는 자신을 스스로 응원해야 하는 상황이 온다. 당신은 항상 주도적인 낙관론자이면서 동시에 현실적인 실천가가 되어야 한다.

CEO 선임을 위한 당신의 결정은 무엇보다도 중요하다. 스타트업 경험이 있고 사업화 과정의 장애물들을 이해할 수 있는 사람을 CEO로 발굴하는 데 많은 도움을 구하라. 재무 분야의 경영 전문가는 가능한 상위 1%에 드는 인재를 발굴하라. 당신에게는 전문가가 필요하기 때문이다.

엔지니어 창업자 또는 과학자에겐 일상적인 과학 공식 같이 사소하게 받아들일 만한 사안들도 회사에게는 엄청나게 중요한 영향을 미칠 수 있다는 사실을 알아야 한다. 예컨대 CMC Certified Management Consultant로부터 잘못 작성된 보고서에 의해 내가 창업한 스타트업은 약 75만 달러의 비용을 치러야 했다.

가능한 최고 수준의 특허 변호사를 선임하라. 대학 TLO를 통해서만 추천받지 말고 외부에서도 추천받아 선임하라. 외부에 좋은 로펌들은 많이 있으며 서비스 또한 엄청난 차이를 보인다. 만일 대학 TLO가 추천하는 로펌이나 변호사를 어쩔 수 없이 사용해야 하는 상황이라면 외부 자문 비용만큼은 협상을 통해 절감하도록 하라. 이를 통해 많은 비용이 절감되면 당신의 발명에도 많은 도움을 줄 수 있을 것이다.

돈 버는 것만을 목적으로 한다면 의료 바이오 스타트업을 시작하지 마라. 돈을 벌고자 한다면 이보다 쉬운 방법들은 얼마든지 있기 때문이다.

START UP 5.2 비즈니스 리더 관점

캠퍼스 스타트업의 두 번째 이해 관계자 그룹은 대학 외부에서 합류하는 비즈니스 리더, 또는 비즈니스 전문 인력들이다. 이들은 스타트업이 추진하는 기술 사업화 분야의 비즈니스 경험을 가진 이들로 아래와 같은 몇 가지가 경로를 통해 캠퍼스 스타트업에 관여한다.

- 발명자인 대학 연구자와 함께 스타트업을 공동으로 설립하는 경우
- 창업주 연구자가 설립한 스타트업의 지분을 받아 합류하는 경우
- 대학 기술을 라이선싱 받아 창업주로서 스타트업을 설립하는 경우

비즈니스 리더들은 그들의 전문 지식이나 사업화 경험, 그리고 인적 네트워크 등을 활용하여 기술 사업화를 추진함으로써 캠퍼스 스타트업의 실질적 성장을 견인한다. 이들의 출신 배경과 경험은 아주 다양하다. 기업 임직원 또는 스타트업 CEO 출신일 수도 있고, 스타트업 창업 과정에서 많은 역할을 담당한 컨설턴트가 될 수도 있다. 배경과 출신에 상관없이 스타트업과 함께 함으로써 비즈니스 리더로서의 새로운 도전과 기회를 맞이한다.

대학에서 혁신 기술 찾기

무엇보다도 대학 보유 기술을 직접 사업화하고자 하는 외부 기업인은 대학 TLO와의 업무 협력과 함께 발명자 연구실 인터뷰를 통해 사업화 대상 기술에 대한 높은 이해도를 가지고 있어야 한다. 대학 연구실에서 창출된 연구 성과물은 대학 TLO에 발명 신고하고, TLO는 이를 내부 심의 과정을 거쳐 특허 출원하여 대학 소유의 지식재산 권리로 취득하기 때문에 대부분 대학의 기술이전은 TLO를 통해 이루어진다.[8] 대학 TLO는 대학의 보유 기술들을 웹사이트에 공개하여 열람할 수 있도록 한다.

대학 웹사이트에 게시되어 있는 공개 기술은 대학 TLO에 따라 그 질적 수준이 매우 다양하다. 대학 TLO에 게시된 기술들은 라이선싱에 별 관심을 갖지 않을 아주 오래된 기술에서부터 최근에 업데이트된 첨단 기술까지 그 범위와 종류도 다양하다. 일부 대학 TLO에서는 기술 혁신 세미나 발표 자료와 스타트업이 비즈니스 세미나 등에서 발표한 자료 등을 웹사이트에서 공유함으로써 지역 사회에 신기술 확산에 노력하고 있다.

TLO 라이선스 담당자를 방문하면 스타트업을 설립하여 기술 사업화를 추진하기 위한 관심 기술에 대해 심층적으로 검토할 수 있는 기회를 제공받을 수 있다.

각각의 대학 TLO 담당자들은 특정 산업 분야를 전문으로 하거나 기술분야별로 특화되어 있으므로 가장 관심 있는 과학 기술 분야를 전담하는 담당자를 찾는 것이 중요하다.

대학의 보유 기술을 사업화하고자 하는 비즈니스 리더가 대학 TLO 매니저와 기술 상담을 마친 다음 만나야 할 사람은 해당 기술을 창출한 대학 연구실의 발명 연구자이다. 연구자와의 미팅이 중요한 이유는 여러 가지 있는데 요약하면 아래와 같다.

---

8   대학 교수의 연구 성과물은 직무 발명 신고에 의해 대학에 양도하도록 대부분의 대학에서 규정하여 강제한다. 하지만 대학이 이를 강제하는 데는 애로가 따르는데, 대학 교수 대부분은 자신의 연구 성과물에 관해 사업화 필요성을 그다지 느끼지 못하며 논문 발표를 선호하기 때문이다.

대학 TLO와 연구자와의 관점 차이: 보유 기술에 관해 대학 TLO 매니저와 발명 연구자가 해당 기술과 관련해 서로 다른 관점을 가질 수 있다. 보유 기술의 사업화 가능성, 특장점과 신규성, 그리고 기술 활용성이나 시장성 등 여러 측면에서 서로 다른 견해를 보일 수 있다. 이러한 견해 차이는 연구자가 자신이 창출한 발명 기술에 관해 지나치게 겸손한 자세를 가지거나 기술 사업화 관점에서 자신의 보유 기술이 어떻게 평가될지 이해하지 못했기 때문일 수 있다. 한편 이와 달리 TLO 매니저가 기술 마케팅적 관점에서 해당 기술을 과도하게 홍보하는 과정에 기술의 가치를 과장하거나 부풀려서 설명했을 수도 있다.

최근 연구 개발 동향 파악: 발명 연구자와의 직접적인 기술 상담은 해당 기술과 연계되어 현재 연구 중에 있는 분야의 최신 동향을 파악할 수 있으며, 공개 기술을 보다 더 확실하게 이해할 수 있다. TLO 마케팅 기술과 연계되어 진행 중인 연구 개발 분야에서 보다 큰 사업화 가능성을 발견할 수 있다.

연구실 지원 자금 확인: 어떤 종류의 자금 지원으로 연구실이 운영되는지 알 수 있으며, 대학원생, 박사 및 기술자 등 연구실 인력과 연구 공간, 기기 설비 등 연구 자금 규모를 예측할 수 있다.

사업화 지원 가능성 타진: 발명 연구자가 기술 사업화 과정에서 얼마나 많은 도움을 줄 수 있을 것인지 확인해 볼 필요성이 있기 때문이다. 일부 연구자는 사업화 협력에 높은 관심을 가지며, 일부는 관심은 있지만 시간이 없고, 나머지는 아예 관심조차 없을 수 있다. 연구실 방문은 향후 사업화 예정 기업과 대학 연구실과의 결속 가능성을 평가할 수 있는 아주 중요한 사항이다.

연구실과의 화학적 결합: 대학 기술을 라이선싱 받아 회사를 설립하고 연구실과의 협력 관계를 지속하고자 하는 경우 대학 연구실과의 관계 정립이 중요하다. 공동 목표에 도달하기 위해 개인주의를 밀어내고 서로 진실로 협력할 수 있을지에 관해 점검해 볼 필요가 있다. '앞으로 5년간 함께 긴밀히 협력할 수 있을 것인가?'라는 질문에 대한 현실적 답변을 구하기 위해서도 해당 연구실 방문은 필수적이다.

혁신 기술을 찾는 비즈니스 리더는 대기업을 통해 시장 진입할지 스타트업을 통해 시장 진입할지 여부를 고려할 필요가 있다. 다양한 변수들이 이러한 상황에 개입될 수 있다. 혁신 기술에 거의 관심을 표명하지 않았던 대기업이 어느 시점에 갑자기 라이선싱을 받아 사업화를 추진할 수도 있다. 마지막 수단으로 고려될 수 있는 것은 옳건 그르건 스타트업을 통한 기술 사업화이다. 또한 대학 연구자는 자신의 발명을 스타트업 설립을 통해 직접 기술 사업화하고자 하는 강한 의지를 가지고 있지만, 동시에 대기업도 사업화에 대한 관심을 표명하는 경우가 있다. 이러한 상황은 대학 TLO와 연구 발명자 사이에 미묘한 긴장을 일으킬 수 있다. TLO는 한편으로 '고객 서비스' 관점에서 연구 발명자를 지원하고자 하겠지만, 다른 한편으로는 대기업과의 라이선싱을 통해 거래를 성사시킬 책임이 있다. 캠퍼스 스타트업 설립을 통해 취득할 수 있는 수익보다 대기업과의 라이선싱을 통해 취득할 수 있는 수익이 단기 수익 측면에서 훨씬 유리하기 때문이다.

대학 지식재산 정책의 이해

기업가 입장에서 볼 때 대학의 지식재산을 라이선싱 받아 스타트업을 설립하고 기술 사업화를 추진하고자 할 때, 대학 TLO의 지식재산 정책과 전략을 충분히 이해하고 이를 바탕으로 라이선싱 협상에 임해야 한다. 대학 지식재산을 중심으로 회사 설립을 고려하는 기업가의 입장에서 고려해야 할 몇 가지 사항은 다음과 같다.

우선, 대학 연구자의 입장에서 볼 때 연구 논문은 자신의 성공을 위한 소중한 자산이다. 정년 심사를 위해 중요한 기초 실적 자료이며 전공 분야에서의 탐구 능력과 혁신 가능성을 외부에 나타내며, 연구 자금을 지원한 주체들에게 지원 자금이 적절히 활용되어 사회 공헌에 이바지하고 있다는 것을 증명한다. 또한 이러한 연구 성과물과 논문의 실적은 미래의 연구 지원 근거 자료로 활용된다. 하지만 이러한 연구 논문 발표는 '베이돌 법'에 의해 해당 연구 성과를 지식재산 보호 권리로 확보해야 하는 절차와 균형을 이루어야 한다. 대학은 이를 위해 논문 발표 이전에 발명 신고를 통해 특허 출원할 것을 규정하고 있다. 논문 발표 이전에 특허 출원하는 것은 기술의 성숙도 측면에서 초기 단계이므로 사업화 과정을 통한 제품 출시까지의 기간이 길어짐으로써 권리 보호 기간이 단축된다는 불리한 점이 있다.

둘째, 대학은 특허 출원 시 가능한 우선권을 확보하고자 하는 특성 때문에 발명의 모든 실시 예를 포함하지 않을 수 있다(이와 대조적으로 민간 기업은 가능한 한 오랫동안 특허를 보호받을 수 있도록 가급적 늦게 특허 출원 신청하며, 신청서에는 다양한 실시 예와 광범위한 주장을 모두 포함한다).

다음은 대학에서 지식재산을 관리하는 방법을 보여주는 한 예시이다.

1. 한 대학 연구자가 흥미로운 연구 결과를 확보하고 학회 세미나에서 발표하려고 했다.
2. 그는 세미나 발표에 앞서 대학 TLO에 특허 출원을 위한 직무발명 신고를 하였다.
3. 특허 출원 이전에 발명 내용이 대중에 공지되면 신규성 상실에 의해 특허 받을 수 없으므로 대학 TLO에서는 세미나 발표 일자 이전에 가출원으로 특허 서류를 접수하였다.
4. 1년 후, 대학 TLO는 가출원 내용을 근거로 정식 PCT 특허 출원을 접수하였으나, 발명자로부터 추가된 데이터는 거의 없었고 출원 내용도 그리 변경된 것은 없었다.
5. TLO에서 특허 기술 마케팅과 함께 시장 수요를 조사하였으나 라이선스는 거의 관심을 끌지 못했다.
6. 해당 PCT 특허가 국내단계 진입 기한이 다가왔으나 라이선싱 수요 부족으

로 인해 미국 국내단계로만 진입한 후 특허 심사를 청구하였다.

7. 이러던 중에 해당 발명과 관련한 매우 의미 있는 연구 성과를 추가 확보한 발명자는 이를 근거로 추가 해외 특허 출원과 스타트업 창업을 통한 기술 사업화를 희망하였다.

8. 한 기업인이 해당 특허 기술의 사업화와 관련하여 TLO를 찾았다. 해당 기술의 특허를 확인하는 과정에서 최초의 특허 출원 건이 두 번째 특허의 해외 출원에 있어 선행 기술로 인용된다는 사실을 확인하였다.

9. 기업가는 해당 특허를 활용한 스타트업 설립에 의구심을 갖고 유보하였다.

상기 시나리오는 대학이 보유하고 있는 사업화 대상 기술의 보유 특허와 관련한 현실적인 상황을 잘 보여주고 있다. 대학이 보유한 특허 기술들은 주로 사업화 초기 단계의 기술로서 사업화를 추진한다면 통상 최소 2~3회 이상의 기술 업그레이드 과정을 통해 개량된 기술을 확보하여, 보호 범위가 확대된 특허 포트폴리오의 구축이 필요하다. 또한 TLO의 담당자가 가지는 제한된 전문성으로 인해 어떠한 특허가 대학의 사업화 유망 특허 또는 라이선스 핵심 특허로 활용될 수 있는지를 사전에 예측하는 것도 매우 어렵다.

지적한 바와 같이, 지식재산의 질은 신고 발명과 연관되어 얼마나 많은 데이터 자료가 확보되어 있는지, 사전에 어떠한 특허 전략을 수립하는지, 또한 얼마나 많은 특허 예산이 확보되어 있는지 등 대학의 지식재산 관리 정책에 따라 많은 차이를 가진다. 무엇보다 특허 품질을 결정짓는 가장 중요한 요인은 특허 대리인이 얼마나 발명의 내용을 잘 이해하고 있는지에 있다. 특허 대리인은 발명 주제와 연관되어 있는 장벽 특허들을 파악하고 이를 회피하여 특허 청구범위를 가능한 넓게 확보하는 것이 무엇보다 중요하다. 하지만 일부 대학은 이러한 특허 대리인의 중요성을 잘 인지하지 못한다.

외부 기업가는 자신이 위촉한 특허 대리인과 함께 실제 대학으로부터 라이선싱 받고자 하는 특허에 관해 평가해볼 필요성이 있다. 또한 해당 특허가 아직 출원 중에 있다면 등록 가능성과 심사관의 의견 통지 내용, 그리고 특허 청구범위 등에 관해 자문을 받는 것이 좋다. 대학 TLO에서 의뢰한 특허 대리인과는 별도로 비용을 투자하여 외부 로펌으로부터 해당 분야 특허 전문가를 위촉하여 특허를 검증하는 것은 특허 기술 사업화를 준비하는 과정에서 매우 의미 있고 중요한 일이 될 것이다.

대학과의 라이선싱

기업가 또는 외부인이 대학과의 라이선싱 계약을 추진하는 경우 앞서 언급한 바와 같이 대학 TLO 구성원과 그 특성에 관해 깊이 이해해야 한다. 일반적으로 기업 보유 기술을 라이선싱 받아 사업화하는 과정과 대학 보유 기술을 라이선싱 받아 사업화를 추진하는 방법에는 여러 측면에서 확연히 다른 차별성이 있다. 그럼으로 외부 기업가들은 대학과의 라이선싱을 통해 스타트업을 설립하거나 기존 기업을 통해 사업화하는 과정에서 다음과 같은 여러 가지 사항을 유의해야 할 필요가 있다.

대학 TLO의 라이선스 정책

기업가 등 외부인이 대학으로부터 라이선싱을 받아 창업하고자 하는 경우에도 대학 TLO는 연구자 창업에 의한 라이선싱 절차와 방법들을 거의 동일하게 준용하여 업무 형평성을 맞추려고 한다. 특히 대학 TLO는 연구자의 관점에서 볼 때 반드시 공정하게 처리해야 한다. 왜냐하면 대학 TLO는 연구 발명자를 위해 서비스하는 대학 내 조직이기 때문이다. 또 다른 한편으로 TLO는 효과적인 라이선싱 거래와 협상을 통해 최대한 연구 투자 대비 높은 수익성을 확보해야 한다. 대학이 지향하는 교육과 연구를 통한 공익적 기능과 역할로부터 대학 TLO를 다른 방향으로 견인하는 것은 대학이 보유한 첨단 기술의 사업화를 통해 사회에 잠재한 문제를 해결하고자 하는 대학의 또 다른 미션에 가장 부합하는 것이다.

한편 대학 TLO의 재정 구조는 TLO가 추구하는 라이선싱 전략과 밀접한 연관이 있다. 만일 라이선싱을 통해 확보한 수익에 의해 대학 TLO가 독립적으로 운영되어야 한다면, TLO로서는 라이선스 선납 대금이나 특허 비용 수입 등 단기 수익 획득이 가능한 라이선싱 계약에 중점을 두는 것이다. 하지만 대학 TLO의 운영 예산이 대형 라이선싱에 의한 로열티 수입 등으로 안정적 운영 자금이 확보되는 경우는 주식 지분이나 로열티 획득 등을 통한 장기적 수익이 확보되는 라이선싱 계약을 더욱 선호한다.

대학 당국과의 업무 추진 일정

이 책의 공동 저자 돈 로즈가 기업체에서 25년 근무한 후 대학에서 교수로 근무를 시작할 때, 과거 제약회사 경영자 출신 동료 교수는 농담 섞인 푸념으로 다음과 같이 조언하였다.

> "대학은 기업과 다른 속도로 일한다는 것을 이해해야 합니다. 저는 대학에 온지 200년이나 된것 같습니다. 앞으로 이곳 대학에서 200년은 더 근무해야 할 것 같습니다."

연구 과제 제출 시한을 제외하면 그녀의 말은 정말로 맞았다. 대부분의 기업보다 대학에서의 일처리 시간은 매우 느리게 진행된다. 기술 사업화를 위한 캠퍼스 스타트업을 창업하고자 한다면 무엇보다도 시간이 핵심이다. 대학에서 이러한 현실은 스타트업에게 좌절을 맛보게 할 수 있다. 하지만 이러한 좌절은 대학 현실과 속성을 직시하고 거래 협상을 가능한 빨리 시작하는 등 대비책을 통해 감소시킬 수 있다. 특히 유념할 점은 라이선싱 협상에 있어 핵심 부분으로 누가 계약서에 서명할 책임자이며, 시간이 얼마나 소요되는지 사전에 이해할 필요성이 있다.

협상 불가한 계약 조항

대부분의 대학 연구 자금은 정부로부터 지원되므로 협상이 불가한 계약 조항이 있다. 예를 들어 대학이 연구 또는 교육 목적으로만 라이선싱 기술을 사용할 수 있는 권리가 있다는 것이다. 드물게는 정부가 특정 기술을 활용한 제품의 제조 판매를 통제할 수 있는 권한을 보유하는 경우도 있다. 특히 유념할 사항은 대학이 라이선싱 계약을 통해 실시 권리를 허여하더라도 해당 특허 또는 지식재산 권리와 연관된 분야의 논문 발표 또는 저서 출판 권한을 보유한다는 것이다. 그럼에도 불구하고 대학과 협상을 통해 타협할 수 있는 여지는 있다. 논문 발표 이전에(예를 들어 90일 전) 스타트업이 발표 예정 논문을 사전 검토할 수 있는 권한을 부여받는 것이다. 이러한 절차를 통해 필요시 스타트업은 대학과 협상하여 추가의 개량 특허 또는 실시 권리를 사전에 확보할 수 있기 때문이다.

매우 중요한 계약 조항

어떠한 계약 조항은 스타트업을 파산시키거나 역으로 성장시킬 수 있다. 무엇보다 배타성과 관련된 조항이다. 지역에 따른 배타적 권리는 가능한 전 세계 국가를 포함할 수 있도록 넓게 확보하는 것이 좋다. 투자자들은 해당 스타트업이 전용실시권을 가지고 있지 않은 경우는 거의 투자하지 않는다는 점을 염두에 둘 필요가 있다. 서브라이선싱할 수 있는 권한을 확보하는 것도 중요한 사안이다. 이는 스타트업이 자금 부족 또는 비즈니스 파트너 확보 시 매우 유용한 권리이다. 주로 대학 지식재산권은 응용 산업 범위가 넓기 때문에 협업 분야의 비즈니스 파트너를 찾을 때 서브라이선싱 권한은 필수적이다. 만일 서브라이선싱 허여 조항이 없다면 파트너링 비즈니스가 사전에 배제되는 상황이 있을 수 있다는 것을 염두에 두어야 한다.

또한 대부분 연구자들은 자신의 라이선싱 기술에 대한 추가적인 연구 개발을 지속하므로 계약 체결 이후 창출되는 연구 성과물에 대해 접근 활용할 수 있는 방안을 강구해야 한다. 하지만 대학 TLO는 이러한 개량 발명의 방향이나 가치에 대해 사전에 포착하기 어려우므로, 이를 라이선싱하여 사전에 확보하기란 매우 어려운 일이다. 이를 해결하기 위한 하나의 방법으로 옵션 계약을 체결하거나 추가 개발에 대한 '거부 우선권First Right of Refusal'을 확보하는 방법이 있다. 일부 경우 옵션으로 '파이프라인 계약Pipeline Agreement'을 체결하는 경우도 있다. 제한된 기한 이내에 대학 연구실에서 새로운 개량 발명이 도출되면, 최초 라이선싱 받은 발명과의 연관성 여부에 상관없이 스타트업이 활용 여부를 선택할 수 있도록 권한을 부여하는 계약 조항이다.

라이선싱 대금은 선급금Up-front, 마일스톤Milestone 납부 또는 로열티Royalties 납부 방식 등이 있다. 스타트업의 경우 가급적 초기에 적게 납부하고 차후 매출에 따른 로열티율 조정을 통해 증액하는 조건으로 협상하는 것이 바람직하다. 제품의 개발 일정 또는 사업 목표 일정에 따른 납부 방식이 마일스톤 납부이다. 이경우 마일스톤 확인에 있어 보다 현실적이고 객관적으로 측정 가능한 목표들을 설정해야 한다. 이러한 경우 TLO는 단기 마일스톤 납부 방식을 선호한다. 수년이상 장기 소요되는 마일스톤은 스타트업의 사업화 성공 가능성 및 진척 사항이 없을 수 있다고 판단하기 때문에 장기 마일스톤 납부 방식은 검토 대상이 아니라고 할 수 있다. 라이선스 권리에 제3자에 의한 침해가 발생하는 경우 대학은 특허권자로서 이를 구제할 수 있는 법적 권리를 보유하고 있다.

연구자와 기업가의 관점 차이

대학 연구자와 함께 스타트업 설립을 위해 일한다는 것은 아주 가치 있는 경험이다. 대학 연구자들은 자신의 전공 분야 전문가로서 타고난 호기심과 함께 명석한 두뇌를 가지고 있다. 하지만 그들은 연구 과제 수행, 학생 교육, 그리고 위원회 활동과 정년 보장을 위한 실적 확보를 위해 제한된 시간과 에너지를 사용하며 매우 많은 지식 활동을 하고 있다. 하지만 그들과 함께 일을 진행하다 보면 때로는 이기심에 젖은 모습을 우연히 발견하게 될 것이다. 이러한 성향의 연구자들을 잘 이해하기 위해서는 비즈니스 세계와는 다른 방식으로 갖추어진 대학의 각종 규정과 보상 인센티브 제도가 작동하는 대학 생태계를 이해해야 한다. 보다 확실히 이해할 수 있는 방법은 대학에서 몇 년을 함께 일하는 것이다.

피터 슈에르만은 다니엘 핑크Daniel Pink의 저서 『드라이브: 창조적인 사람들을 움직이는 자발적 동기부여의 힘Drive: The Surprising Truth about What Motivates』을 인용해 대학 연구자와 기업가 사이에 존재하는 동기부여의 차이점에 관해 아주 훌륭한 연구 결과를 제시하였다.[9] 슈에르만의 견해에 의하면 대학 연구자를 동기 부여하는 요인으로 재화의 창출과 같은 외적 인센티브만이 충분한 요소는 아니라고 말한다.

대학 연구자는 '지식 노동자'로서 다음 세 가지 본능적 요인에 의해 동기 부여될 수 있다고 하였다. 해당 요인을 중요도의 순서로 나열하면 다음과 같다.

1 교수 사회에서의 인정을 통한 '전문성'
2 연구 자금의 확보를 통한 '자율성'
3 업적 달성을 통한 '목적성'

반면에 기업가들에 대해서는 해당 요인은 대학 연구자와 동일하지만 중요도에 따른 순서는 다음과 같은 차이를 보인다고 주장한다.

1 제품 및 서비스를 통한 가치 창출에 따른 '목적성'
2 제품 판매에 따른 매출 증대를 통한 '자율성'
3 시장 인지도 달성을 통한 '전문성'

따라서 대학 연구자들은 무엇보다도 자신의 분야에서 '전문성' 확보를 위해 일을 추진하는 반면 기업가들은 무엇보다 제품과 서비스의 가치 창출을 위한 목적성이 있기에 일을 추진한다. 대학 연구자와 기업인의 또 다른 차이점은 서로의 지식과 경험이 다르다는 것이다. 대부분의 연구자는 자신의 전공 분야에는 매우 깊이 있지만 연관 지식에는 그다지 넓지 않은 지식과 경험을 보유하고

---

9 Peter Schuerman, "Aligning Interests between Academia and Commerce," Negotiate the Future: Realizing the Potential of Technology Transfer (blog), 17 March 2014, http://negotiatethefuture.com/aligning-interests- between-academia-and-commerce/ (accessed 14 May 2014).

있다. 이와 대조적으로 기업인의 경우 특정 분야 지식의 깊이는 그다지 심화되어 있지 않지만 제품 개발이나 마케팅, 경영, 그리고 재무 지식 등 다양하고 광범위한 분야에 폭 넓은 지식과 경험을 가지고 있다.

대학 연구자가 비즈니스 세계를 잘 이해하지 못하거나 서로 다른 차이점들이 복합적으로 연계되는 경우 당사자들 사이의 비즈니스 관계는 상호 불신으로 이어질 수 있다. 대학 연구자나 기업인 양 당사자 모두 종종 협상 의제로 올려놓은 상대방의 가치를 처음부터 인정하지 않으려 한다. 무엇보다 기업인이 대학의 보유 기술을 사업화하는 데 있어 해당 연구자와 일정 수준의 신뢰가 확보되어야 함은 물론이고 인내심을 가지고 비즈니스 세계에 관해 교육시킬 수 있어야 한다.

결론적으로 대학 연구자와 기업가는 서로 달리 쌓아온 환경과 배경에 지배를 받아 세상을 매우 다른 시각으로 바라본다. 대학 연구자는 데이터와 지식 세계에서 살아가기 때문에 흑백 관점으로 세상을 바라보며 정교함과 정확성으로 이루어진 세상을 추구한다. 기업인은 미묘하고 혼돈스러운 세계에서 업무를 추진한다. 그들은 자신의 비즈니스 분야에서 대학 연구자들이 전혀 경험하지 못한 불확실성과 위험성을 감수하면서 생존해온 사람들이다.

무엇보다 연구 개발 성과물로서의 '기술 또는 제품'에 대해 기업인과 연구자가 어떠한 관점에서 사고하는지 비교하면 기술 사업화에 접근하는 양 당사자의 관점 차이를 보다 쉽게 이해할 수 있다. 기술 또는 제품에 대해 연구자는 연구 데이터에 의해 검증되는 하나의 가능성이라고 생각하지만, 기업인은 이러한 이성적 관점보다는 감성적 관점으로 설명되는 투자자의 감탄을 얻을 수 있는 노력에 관한 하나의 가능성이라고 생각한다.

상호 다른 점을 부각시키면서 서로를 폄하하기보다 오히려 이러한 차이점들이 양 당사자의 전문성이나 배경 측면에서 상호 보완적 관계를 갖는다는 점을 명심해야 한다. 상대방에게 진심으로 존경을 표하고 협상 테이블에 마주 앉아 서로가 양보의 마음을 가질 수 있을 때 매우 훌륭한 파트너 관계가 정립되며 성공적인 캠퍼스 스타트업을 영위해 나갈 수 있다.

선배 스타트업 기업가로부터 배우기
스타트업 기업가들을 대상으로 질문을 하였다.

> "당신은 대학 기술을 사업화하기 위해 스타트업을 설립하고자 하는 기업가들에게 어떠한 조언을 해주고 싶은가?"

이 질문을 주제로 비공식적으로 인터뷰한 내용을 가감 없이 있는 사실 그대로 소개한다.

—
조언 1
나의 경험을 토대로 기업이 대학으로부터 기술을 이전받는 데 있어 도전적이고 핵심적인 사안들을 중심으로 조언하면 다음과 같다.

1. 대학 연구실의 보유 기술을 모두 이해하고 나서 대상 기술을 취득하고, 특히 상업적 잠재 가치를 창출하기 위해 기술이 어떻게 개발되어야 하는지 충분히 이해해야 한다. 사업화 단계에 이르기까지 얼마나 많은 자금이 투입되어야 하는지, 예컨대 50만 달러, 1백만 달러 또는 5백만 달러 등과 같이 개괄적으로 소요 자금을 추정할 수 있어야 한다.

2. 이전받은 대학 기술로부터 구현할 수 있는 실제 제품에 대해 명확한 가치와 비전을 개발하여 제시하고 고객이 제품 구매를 위해 얼마나 지급할 수 있을 것인지, 그리고 왜 그러한 가치로 고객이 구매하는지에 대해 명확히 답변할 수 있어야 한다.

3. 대학 TLO 매니저는 물론이고 대학 연구소의 스텝과 발명자들과 친분을 쌓고 좋은 관계를 구축하는 것은 매우 중요한 일이다. 그리고 가능하다면 지식 재산 권리를 대학으로부터 라이선싱 받는 과정에서 조언받을 수 있는 대학

의 행정 당국 간부급 인사 한두 명을 소개받는 것이 좋다. 이들은 가끔 초기 단계의 스타트업에서 어드바이저 역할을 할 수 있다.

4. 대학 특허를 라이선싱 받기 위해 필요한 현금 재원을 마련하고 초기 단계의 기술을 보다 업그레이드한 상용화 기술로 개발시킬 수 있도록 연구 과제나 투자 자금을 확보해야 한다. 대학 자체 펀드로 지원 과제, 외부 지원 과제, 정부 또는 유관 기관이 지원하는 기술 사업화 과제들이 많이 있으므로 관련 정보를 미리 파악하고, 제품 개발 마일스톤에 의해 확보해야 할 연구 과제 리스트를 준비해야 한다. 긴급 자금이 필요한 경우를 대비하여 가족이나 지인으로부터 투자 자금 확보 가능성과 개인 부동산 또는 신용을 담보로 금융 대출을 받을 수 있는 방법도 사전에 준비하는 것이 중요하다.

5. 앞서 얘기한 네 가지 사항 외에도 도전적으로 자신의 길을 헤쳐 나갈 수 있는 가능성과 자발성, 인내성을 갖추고 있는지 스스로 먼저 판단하고 이해할 수 있어야 한다.

당신의 노력에 공감하고 함께 일할 수 있는 사람을 찾고 그들에게 성공에 관한 확신을 심어주되 당분간은 가능한 한 대가를 적게 지불하고, 가능한 한 무료로 주위 인력을 활용하는 것이 가장 좋다. 고용 인력을 채용해야 할 상황이라면 최대한 인건비를 절약하는 방향으로 현명하게 채용하라. 채용하고자 하는 인력이 해당 분야에 맞는 적합한 경력과 배경을 갖추었는지를 최우선 판단하고, 단기간에 부여된 과제를 구체적으로 잘 수행해내는지 점검하라. 유능한 인재의 채용에는 시간과 노력이 필요하다. 실수를 제거하는 데는 아주 신속해야 한다. 그 실수가 화근이 되어 모든 것을 무너뜨릴 수 있다.

—
조언 2

1. 의심할 나위 없이 기업가의 길은 정말 힘든 여정이다. 결국 잘못될 수 있다는 생각은 하지 말고 성공에 이르기까지 끈기 있게 인내심을 가지고 나아가야 한다. 성공에는 전략이 필요하다. 하지만 묵묵히 당신의 길을 가다보면

반드시 행운이 찾아온다. 본능적으로 이를 인지하고 그 행운을 잡아 발전시켜야 한다.

2. 당신과 당신 회사 주위에 항상 전문가들을 포진시켜라. 스타트업을 발전시켜나가는 과정에서 필요한 해당 분야 최고수들과 지속적으로 네트워크를 확장하라. 이러한 리더들은 외부에서 회사 가치를 증대시켜줄 수 있는 사람들이며 특히 투자자의 경우는 아주 큰 도움을 줄 수 있다.

3. 투자자와는 최소한 분기별 공식 미팅을 유지하면서 소통하라. 물론 이보다 자주 소통하면 더욱 바람직하다. 원활히 소통되지 않는 경우, 투자자의 우려를 자아내 바람직하지 못한 결과로 이어질 수 있다. 투자자는 대체로 최고경영자 미팅과 질의 응답 등 원활한 소통 과정을 통해 매우 협조적인 지원자가 된다.

4. 경쟁사 CEO와 교류하되 자사의 전략 계획이나 비밀 정보가 누설되지 않도록 유의해야 한다. 이러한 유형의 경쟁사와의 네트워크는 직관적으로는 바람직하지 않아 보이지만 많은 경우 당신에게 도움이 된다. 경쟁사와의 지속적 교류는 외부에 당신의 신임도를 상승시키는 효과가 있다. 특히 경쟁사와의 네트워크를 통해 특정 해결책이 필요한 분야의 문제 발생 현장을 가까이에서 직접 확인할 수 있다. 대학 울타리 밖에서 당신이 전혀 알 수 없었던 것들을 경쟁사 CEO를 통해 배울 수 있다. 경쟁사와의 공동 관심사인 제품 인증 관련 미팅이나 기술 세미나 등 각종 행사 참여를 통한 선의의 경쟁과 정보 교류로 회사 발전을 도모할 수 있다.

5. 벤처 캐피탈은 투자에 있어 위험을 과감히 감수하지 않는다. 항상 단기간 내에 쉽게 성공할 수 있는 투자처를 찾는다. 투자 검토와 실사 과정을 통해 당신의 시간과 비용을 허비하게 할 수 있다. 관심을 표명하는 투자자를 대상으로 하는 투자 검토와 실사 과정에서 무례하거나 오만하다는 인상을 주지 않으면서 당당하게 소신을 보여라. 만일 투자에 대한 당신의 요구사항이나 조건들이 관철되지 않을 것 같다고 판단되면 정중하게 거절하면 그만이다.

6. 어느 누구와도 완전히 단절하지 마라. 세상은 좁고 평판은 성공을 위한 아주 중요한 요소이기 때문이다. 적들에게 모욕을 주고 싶더라도 참고 관용을 베풀어야 한다. 상대를 신뢰하는 자세는 자신을 한 걸음 더 나아가게 하며 반대편과의 싸움에서 항상 이길 수 있게 한다.

7. 만일 당신이 공식 이사회의 결정 없이도 중요한 일처리를 할 수 있다면 가능한 그렇게 하라. 경영진이나 사외이사로부터의 조언은 공식적인 이사회보다 가급적 비공식 채널로 확보하는 것이 좋다. 만일 공식 이사회를 운영한다면 최소한 별도의 이사 한 명 이상을 확보해두어야 한다. 대부분의 투자자는 이사로서 공식 이사회에 적극 참석할 뿐 아니라 이를 통해 사사건건 회사 경영에 관여하기 때문이다.

8. "얼마나 타격을 가할 수 있는지가 아니라, 얼마나 많은 타격을 견딜 수 있는지, 그리고 쓰러지면 일어나고, 또 일어나고…, 그게 이기는 방법이다."

_ 록키 발보아

—

조언 3

바이오 제약 스타트업 창업주로서 다음 목적을 달성하기 위해 가장 필요한 사항들에 관한 질문에 답변하려고 한다.

- 사업 실패에 관해 위험도를 최소화하는 방안
- 명확한 성공 또는 실패를 판명하는 데 소요되는 시간을 최소화하는 방안
- 성공 가능성을 최대화하고 보유 기술을 파트너 기업이 신속히 활용하도록 하는 방안

신약 개발은 돈 먹는 하마라고 할 수 있다. 개발에 성공하기 위해서는 많은 절차들을 통과해야 한다. 기본 절차로서 IND 승인을 받는 데 3백만에서 5백만 달러가 소요되며, 개념 검증 1~2 단계와 1차적인 신약 가치 확보에 추가로 5백만에서 7백만 달러의 개발비가 필요하며, 이후 2단계 임상 효능 및 안전성 검증

에 천만에서 천오백만 달러의 추가 자금이 소요된다. 따라서 신약 개발에 최소 2천에서 2천5백만 달러의 자금이 필요하고, 임상 2단계에서 긍정적 결론이 나오기까지는 적어도 5년 이상의 시간이 필요하다. 하지만 이런 시나리오도 기술 개발 과정이 순조롭다고 가정한 경우로 돌발적인 상황에 의해 자금이 추가되거나 개발 기간이 늘어날 수 있다.

스타트업 설립을 통해 추가 사업화 개발 과정 없이, 만일 연구실에서의 초기 단계 POC Proof of Concept 데이터 또는 명확한 약리학 결과만으로 제약업체의 기술 이전을 통해 제품화할 수 있는 획기적이고 명백한 발명이라고 한다면 대학으로서는 더할 나위 없이 바람직한 일이다.

전 임상시험이나 기초 연구 분야에는 정부 SBIR 과제나 엔젤 투자만의 자금으로도 어느 정도 가능하겠지만 최종 신약을 완성하기 위해서는 벤처 캐피탈 투자를 받지 않고는 거의 불가능하다고 볼 수 있다. 이러한 현실적 여건 속에서 제약 분야 벤처 캐피탈이 어떠한 스타트업 기술에 투자하기를 원하는지 먼저 파악하는 것이 중요하다. 실제로 무엇보다 제약 분야 벤처 캐피탈의 숫자는 매우 드물어서 선택의 폭이 매우 작다. 이들은 주로 보스턴이나 샌프란시스코 등과 같이 해당 산업 지역에 집중되어 있으며, 개념 단계의 기술에는 투자하지 않는다. 개념 검증 단계에 있는 신약 기술들은 벤처 캐피탈의 투자 유치 없이 다른 방법으로 최소한 전 임상 POC를 통과해야 한다. 이러한 현실은 바뀌지 않는다. 부질없는 희망은 전략이 될 수 없다.

만일 벤처 캐피탈이 대학의 보유 기술 사업화 검증을 요청받은 경우 다음과 같이 조언하는 경우가 있다. 먼저 SBIR 과제를 확보한 후 엔젤 투자를 유치하고, CEO를 선임해 다시 방문하라고 하거나 임상 1, 2단계 데이터를 확보한 후 다시 보자고 한다. 벤처 캐피탈의 이러한 조언은 향후 도움이 되고 유용할 것 같이 생각될 수 있다. 하지만 벤처 캐피탈은 찾아온 기업가에 대해 보유한 기술이 그다지 쓸모 없다는 말을 여러 이유 때문에 대놓고 말하지 못할 따름이다. 벤처 캐피탈이 당신에게 엔젤 투자를 찾아보라는 권고는 당신의 기술에 관심이 없다는 말로 받아들여도 무방하다. 신약 개발은 엔젤 투자나 자력으로 절대로 완성될 수 없으며 이러한 사실은 벤처 캐피탈이 누구보다 더 잘 알고 있다.

만일 해당 벤처 캐피탈이 당신의 기술에 실제 관심이 있다면 은밀하게 동종 업계의 관심 있는 투자자들을 물색하여 투자자 연대를 결성하고, 그중 가장 거물 투자자가 앞장서 투자를 진행하는 것이 통상적이다. 벤처 캐피탈이 스타트업에 최초 투자하는 시드 투자인 경우에도 마찬가지로 벤처 캐피탈은 다른 투자자들과 연대하여 투자를 시작한다.

지난 10년에 비교하면 생명과학 분야의 벤처 캐피탈은 그 숫자가 정말 놀라울 정도로 줄어들어 찾아보기도 어렵다. 이러한 현실에서, 초기 투자 자금으로 다년간의 전 임상 연구를 위한 임시방편으로서 가설 연구실인 '스펙 하우스spec house'를 만들어, 2~3년 후에나 투자할 잠재적 벤처 캐피탈 및 제약사를 대상으로 보여주는 과정은 기업가로서 타당한 활동으로 보기엔 리스크가 너무 크다.

이러한 제약 업계의 현실을 토대로 조언하자면, 당신이 독립적으로 스타트업을 운영할 정도의 충분한 재정 상황이 아니라면 성공할 것이라고 예상하지 마라. 연금이나 부동산 대출 또는 기타 개인 자금을 활용해 초기 단계부터 바이오 제약을 개발하고자 하는 시도는 너무 리스크가 큰 사업이다. 최초 시작 단계에서 벤처 캐피탈과 함께 하는 것이 바람직하다. 또한 바이오 분야 벤처 캐피탈이 투자하고자 하는 대상 기술이 어떤 것인지 확인하는 것이 중요하다. 기업가인 당신이 대학 기술을 사업화하고자 하는 경우에 다음 사항을 유의하라.

사업화를 위해 대학 기술을 선정하려면 먼저 지식재산 보호 측면에서 권리 만료 기간이나 권리 강도 측면에서 견고하게 구축되어 있는지 대학에 고용된 특허 변호사와 상담하라. 이런 일은 비용을 많이 들이지 않고도 할 수 있다. 그리고 벤처 캐피탈이 해당 기술에 얼마나 많은 관심이 있는지 측정하기 위해 가상의 '스펙하우스'를 작성하여 투자자에게 제공해 보라. 달리 예를 들면, 월트 디즈니가 환생하여 캘리포니아 사막 한 가운데 앉아 디즈니 월드를 만든다 해도 투자자들이 실제로 계약서에 서명하기 전에 절대 땅을 구입하지 마라.

만일 사업화 기술이 다른 도시에 있다 해도 가능한 보스턴이나 샌프란시스코로 빨리 이사하라. 거기에는 대형 제약회사 스폰서와 바이오 제약 분야의 전문인력, 벤처 캐피탈들이 대거 모여 있고 해당 분야의 비즈니스 인프라가 집적되어 있고 또한 증가 추세에 있기 때문이다.

—
조언 4
스타트업 각 단계에서 다음의 격언들을 생각하라.

스타트업을 설립할 때,
"실패를 두려워하지 마라. 실패하는 것이 진짜 실패가 아니라, 목표를 낮게 설정하는 것이 바로 실패다. 위대한 도전은 실패하더라도 그 자체로 영예롭다."

_ 브루스 리

"생각에 너무 많은 시간을 쏟는 일은 결코 완수할 수 없다. 목표한 일에 적어도 하나의 확실한 행동으로 실천하라."

_ 브루스 리

대학 및 TLO의 미션에 대해 존중을 표시하고 가능한 자주 소통하라.
"존중이란 사랑이 채워주지 못하는 공간을 대신 채워주기 위해 만들어졌다."

_ 레오 톨스토이

"소통에 있어서 가장 큰 문제는 이미 소통을 했다고 착각하는 것이다."

_ 조지 버나드 쇼

스타트업 운영 시,
"매일, 모든 일에서, 모두에게 적어도 한 번은 긍정적으로 대하라."

_ 아닐 고얄

"창업 성공의 척도는 데이터, 자금, 시장, 인력 등 변화하는 환경에 적응하는 능력이다."

_ 알버트 아인슈타인

대학 연구자와의 협업 시,

"자존심은 가능한 접어두고 유연함을 가져라. 열린 마음으로 인내하고 수용하며 항상 배려하라."

_ 라이너 마리아 릴케

자금 유치

"모든 수단(벤처 캐피탈, 과제 지원금, 금융 대출, 대기업 제휴 등)을 확보하기 위해 노력하라. 어떤 것이든 성공한다면, 새로운 데이터와 전략을 가지고 재도전하라."

_ 아닐 고얄

"투자자와 첫 미팅에서 기대하지 마라. 원하는 바는 서너 번째 시도에서 가능할 수 있다."

_ 제임스 미체너

—

조언 5

우리는 자주 유명 대학 연구자들이 '문제 해결을 위한 솔루션'을 발견했다는 소식들을 접한다. 이러한 사실들이 대중에게는 일상적인 일로 받아들여지는데, 그들은 해당 분야 전문가로서 새로운 사실을 발견하는 것이 그들의 연구 목표이기 때문이다. 대학 연구자들은 새로운 발명을 대학 TLO와 더불어 특허 출원하여 지식재산 권리를 확보하고 해당 발명을 사업화할 수 있는 스타트업을 설립하기도 한다. 하지만 이러한 대학의 연구 발명들이 실제로 산업계 고객들이 가지고 있는 문제들을 해결할 수 있을지는 많은 의구심이 든다. 아쉽게도 대학 연구자들의 연구 발명은 현장 소비자가 가지는 문제의 많은 부분을 실제 해결할 수 없다는 것이다.

대학의 연구를 사업화하여 성공한 사례 한두 건 정도는 소개할 수 있지만, 이는 아주 능력 있는 외부 CEO를 영입하여 회사를 설립하고 도출된 문제를 기초로 고객들의 특정한 문제를 해결한 후 인수합병에 성공한 사례 등이다. 하지만 이러한 사례는 스타트업의 전형적 성공 방식을 벗어난 예외적 경우라 할 수 있다.

대학 연구자들이 연구를 통해 창출한 솔루션을 기초로 스타트업 설립 후, 개발된 솔루션을 적용하기 위한 문제를 찾느라 동분서주하는 사례를 많이 보았다. 하지만 그들이 현장에 적용할 수 있는 문제를 짚어내는 유능한 기업가 CEO를 적극적으로 찾는 것은 거의 보지 못했다. 현장 고객의 문제를 짚어내는 것은 건초 더미에서 바늘을 찾는 것과도 같다. 그러므로 보다 큰 건초 더미에서 출구 전략을 수행하고 쉽게 바늘을 짚어내는 CEO를 찾는 것이 무엇보다 중요하다.

그러므로 스타트업의 성공 전략을 조언하자면 "솔루션이 아니라 크고 중요한 문제BIP, Big Important Problem로부터 시작하라"라고 말하겠다. BIP를 파악하고 그것의 중요성을 이미 검증한 기업가는 연구를 통해 문제 해결을 위한 방법을 개발하고 혁신함으로써 해당 솔루션을 독점적으로 확보한다. 이러한 과정 이후 최초 사업 계획이 함께 시행되면서 스타트업 내에 팀이 구성되고, 그렇게 구성된 유능한 인재들은 틈새시장을 향하여 성공을 위해 돌진한다.

유진 클라이너는 실리콘밸리의 저명한 벤처 캐피탈 기업인 클라이너 퍼킨스KPCB, Kleiner Perkins Caufield & Byers의 창업주로, 내가 1986년 설립하여 1995년에 기업공개한 첫 번째 스타트업에 투자한 투자자이다. 유진은 나의 스타트업 성장기에 아주 위대한 멘토로 초기 미팅에서 다음과 같이 조언하였다.

"스타트업이 성장하는 틈새시장에서 독점적 지위를 확보하고 좋은 사람들이 함께 일하고 있다면 그들은 항상 승리한다."

이러한 유형의 회사로 성장하고 싶다면 무엇보다 시장 고객들이나 최종 사용자에게 적용될 중요하고 큰 문제(BIP)를 찾아 이를 출발점으로 시작하라. 먼저 제시된 솔루션을 가지고 시장에서 적용 가능한 문제를 찾고자 접근하면 실패한다.

—
조언 6
창업 초보자들은 다음을 알아야 한다.

1. 당신의 강점과 약점에 대해 솔직해야 하며, 당신에게 맞는 팀을 가져야 한다. 투자를 받고자 하는 경우 당신이 보유한 기술과 더불어 팀 역량도 함께 평가된다. 보유 기술이 우수하다 하더라도 팀의 경험이 부족하면 투자받는데 있어 애로가 있을 것이다. 투자받는 조건으로 팀을 완전히 교체해야 하는 경우도 있다. 이러한 상황에서 어떻게 대처할 것인지 준비가 필요할 것이다.

2. 지금 당신이 대학 연구자와 함께 일하고 있다면, 그들이 회사를 위해 현실적으로 얼마나 많은 시간을 투자할 수 있는지 알아야 한다.

3. 대학은 대학의 스케줄과 업무 방식이 존재한다. 당신의 회사로서는 당신이 최우선이겠지만 대학 입장에서는 그렇지 않다. 대학이 회사 발전에 심각한 장애를 초래하지만 않는다면 대학 입장에 부합하여 원만하게 흘러가도록 하라.

—
조언 7
여기 몇 가지 나의 조언이 있다.

1. 회사는 반드서 시장과 고객이 원하는 것을 판매해야 하고, 회사가 만들 수 있거나 회사가 만드는 것을 판매하고자 해서는 안 된다. 회사 설립을 위한 기초 단계에서 제품과 서비스와 관련된 고객들을 대상으로 반드시 시장조사를 해야 한다. 시장조사 시 자사의 서비스나 제품 관련 특징들의 경쟁력과 함께 현재와 미래에 대체 경쟁 제품이나 서비스에 관해 면밀하게 조사 분석해야 한다. 시장조사에 예산은 그리 많이 필요하지는 않다. 핵심 고객들과의

수차례 현장 인터뷰를 통해 유용한 시장 정보를 확보할 수 있다. 하지만 시장조사는 신중히 잘 기획하여 정직하게 수행되어야 소중한 가치가 있다.

2. 시장 현장에서 귀사가 제시하는 가격대의 제품 또는 서비스와 비슷한 것들이 유통된다면 이것들을 확보하여 당신의 조건에서 이와 경쟁하여 이길 수 있을 것인지 분석하라. 만일 경쟁사 제품 또는 서비스보다 경쟁력이 있다고 판단되면 시장조사에 반영하여 더욱 견고히 할 필요가 있다.

3. 지식재산의 보호와 관련하여 특허 등록 또는 출원 중이거나, 등록 가능성이 강하게 연계되어야 한다. 만일 해당 제품이나 기술이 특허로 보호되어 있지 않거나, 특허 등록된 권리 청구범위가 잘못 설정되어 있어 권리 보호가 어렵거나 권리 존속 기한이 얼마 남지 않은 경우라면, 자금 유치를 위해 친지나 가족 외의 투자자는 거의 만날 수 없다는 사실을 알아야 한다. 특허를 대학으로부터 라이선싱 받아야 한다면, 대학 TLO와 라이선스 기술을 보호하는 특허 청구범위에 대해 확실한 사전 검토가 이루어져야 한다. 투자자는 스타트업이 라이선싱 대금을 마일스톤 납부 방식으로 하는지, 로열티 요율은 얼마인지 등에 관한 사항을 사업 계획서 검토 이전에 알고자 한다.

4. 라이선싱 계약과 관련하여 해당 제품이나 서비스가 시장의 최종 판매 대금에 부과되는 로열티 계약 방식보다는 가급적 당신의 수익에 부과되는 로열티 비율로 계약하라. 현실적으로 당신의 제품 및 서비스가 서브라이선싱에 의한 제3의 회사에 의해 판매될 수도 있다. 그러므로 제3자가 얻는 수익이 아니라, 오직 당신이 취하는 수익에 대해서만 지급을 약속하라.

5. 최근 들어, 엔젤 투자나 벤처 캐피탈 투자를 유치하기 위해서는 신속한 수익 창출을 요구받고 있다. 인수합병에 수년이나 걸리는 출구 전략은 이미 장기 전략으로 인식된다. 최소 2년 이내에 매출을 발생시켜 재무 구조를 흑자로 전환시킬 수 있어야, 투자 유치 가능성뿐 아니라 단기 인수합병에 의한 출구 전략 가능성도 높아진다.

6. 외부 투자를 유치하고자 하는 경우 팀 리더십에 관한 신임도를 무시하지 말

라. 어떤 투자자도 새롭게 시작하는 스타트업 경영 팀이 성공할 능력을 못 갖추고 신뢰하지 못하는 상태라면 절대 투자하지 않는다. 실제로 많은 투자자들은 무엇보다 우선하여 팀 리더십의 강점과 과거의 괄목할 성과들을 중심으로 평가한다.

7. 대학 연구자 창업자가 성공 가능한 CEO가 될 수 있다고 투자자에게 가정하지 말라. 실제 사례에서 이러한 일은 찾아보기 어렵다.

조언 8

대학의 연구자들은 과학 기술자로서 성장하도록 교육 훈련을 받았다. 이들은 합리적이고 이성적인 논리 사고로 실험적 데이터에 근거해 옳고 그름을 판단하는 흑백 사고적인 논리에 익숙해 있다. 이러한 사고방식의 교육과 과학 기술인으로서의 경험은 스타트업에서 각종 실험 데이터에 기반을 둔 합리적 결정을 추진하는 데 있어서는 아주 유용하지만 다른 업무에 닥쳤을 때는 상황이 사뭇 달라진다. 네트워킹, 협상, 투자 유치, 그리고 거래 계약 등과 같은 회사 업무를 추진하는 데는 상당 부분 이성적 측면보다는 감성적 측면이 내재되고, 상호 관계성이나 에매 모호성 등이 연관되기 때문에 이러한 비즈니스 세계는 흑백이 아니라 상당 부분 회색의 관점으로 이루어진다. 이러한 측면에서 스타트업에 관여하는 연구자들이 보다 소프트한 세계로 나올 수 있다면 가능성은 좀 더 높아질 수 있다.

조언 9

무엇보다 먼저 당신은 대학 TLO와 좋은 관계를 유지해야 하는 것을 명심하라. 어떤 경우의 거래 협상에서도 마찬가지지만 상대방의 동기를 잘 이해함으로써 협상을 효과적으로 이끌 수 있다. 기술 사업화 과정은 아주 힘들고 긴 여정이며 특히 해당 기술이 대학 보유 기술인 경우 더 애로사항이 많다. 대학 기술은 응용 범위가 매우 넓고 가치 창출에 있어 큰 잠재적 가능성을 갖지만 기술 성숙도 측면에서는 초보 단계이다. 이러한 이유로 대학 기술의 개념 검증과 사업화 간 극Gap 과정에 벤처 캐피탈의 투자를 활용하지 말고 대학이나 정부 지원 과제 또는 초기 엔젤 자금을 활용하는 것이 바람직하다. 만일 당신이 바람직한 사전 시험 데이터를 확보하고 개념 검증을 완료하였다면 비로소 외부 투자자를 확보하기 위한 단계에 있다고 할 수 있다. 외부 투자 이전에 벤처 캐피탈이 투자를 통해 어떻게 수익을 창출하는지를 먼저 숙지할 필요성이 있다.

벤처 캐피탈의 투자는 연구 과제 프로젝트가 아니라는 것을 명확히 인식해야 한다. 벤처 캐피탈 투자자의 기대 수익률은 은행들이 기대하는 그것과는 매우 다르다. 이들은 투자 원금의 몇 배수 이상의 수익을 기대하고 지분에 투자한다. 벤처 캐피탈의 투자 수익금 회수는 주로 지분 투자한 스타트업의 가치가 상승하여 다른 기업에 인수합병되거나 주식시장에 공개 상장되는 경우 가능하다. 대부분 대학의 사업화 유망 기술은 외부 투자자 또는 기업가들의 투자 대상 기술이다. 그러므로 잠재적 투자자 또는 기술 수요자가 누구인지 미리 파악하고 그들에게 당신이 보유하고 있는 사업화 기술이 어떠한 경쟁력을 줄 수 있을 것인지 설명하라. 기술 세미나 또는 컨퍼런스 등에 참가하여 산업계 수요나 고객이 요구하는 피드백들을 직접 파악하라. 가능하다면 기술 수요자들에게 그들의 피드백이나 기술 수요에 관한 정보를 투자자에게 제공하는 것에 대한 사전 동의도 함께 받는 것이 좋다.

확고한 사업 계획서는 반드시 필요하며 무엇보다 재무 계획에 관한 내용은 가장 핵심이다. 재무 계획은 절대로 복잡할 이유가 없다. 출발선상에 있는 당신에게는 엑셀 시트에 단순히 게재된 예상 매출과 지출 경비, 그리고 현재 보유하고 있는 현금에 관한 내용이면 충분하다.

예상 매출보다 실제 매출이 아주 적게 발생하거나 매출 발생 시점이 예상외로 오래 소요되며, 경비가 예상보다 많이 투입될 가능성이 높다는 사실에 항상 유념하고 준비하라.

내 결론은 다음과 같다.

1. 인내심과 낙관주의는 반드시 필요한 기업가의 덕목이다. 하지만 낙관주의와 현실을 부정하는 것은 다르다.
2. 가끔 무슨 이유인가로 문이 닫힐 수 있다.
3. 당신이 걸어온 길을 비평가들이 인용하지 않게 하라.
4. 우주는 당신의 꿈과 함께 한다는 것을 믿어라.

—

조언 10

대학 TLO를 대하는 일반적 직관과는 어긋날 수도 있지만, 실제로 이들은 대기업과의 라이선싱 협상보다 스타트업과의 라이선싱 협상을 더욱 선호하는 경향이 있다. 스타트업과의 협상에서는 지분 확보가 주요 대상이며 이를 통해 향후 로열티 수입보다 더 많은 자금을 회수할 수 있기 때문이다.

라이선싱 전략은 대학 특성에 따라 각각 다를 수밖에 없지만 공통적으로 로열티 비율, 서브라이선싱 대금, 그리고 지분율에 관해 대학이 주도권을 잡고 협상하려고 한다. 스타트업의 입장에서 라이선싱 조건들이 공정하게 체결되지 않으면 이후 투자자로부터 투자 유치에 문제가 발생할 소지가 있다. 로열티 대금은 가장 중요한 라이선싱 항목으로 만일 비율이 높다면 향후 스타트업을 인수하고자 하는 기업에게는 큰 부담으로 작용할 수 있기 때문이다. 서브라이선싱 비용은 가장 중요도가 떨어지는 항목이다. 대부분의 회사들은 비즈니스 전략에 서브라이선싱을 포함하지 않기 때문이다. 대학과의 스타트업 소유 지분에 관한 조건은 향후 벤처 캐피탈 투자사의 투자 유치 협상 시 문제가 될 수 있는 부분이다. 일반적으로 대학이 스타트업에서 확보하는 지분은 투자자 입장에서는 연구자 창업주의 지분과 동일하게 고려한다.

예를 들어 2% 로열티와 10%의 서브라이선싱 로열티, 그리고 10%의 지분을 조건으로 대학 TLO와 라이선싱 협상을 한다고 하자. 이 경우 전략적으로 법률 대리인을 협상 과정의 악역으로 내세워 협상을 진행하라. 위의 협상 조건에 어느 정도 근접한 경우 당신이 본격적으로 개입하여 협상을 확실히 매듭지어라.

이러한 협상을 진행하는 데 8개월 정도의 기간이 소요되며 2만 달러 정도의 법률 비용이 필요할 수 있다.

TLO의 핵심 목표 중 하나는 통상적으로 협약 이행 6~12개월 후까지 라이선시로 하여금 특허 비용을 납부하도록 하는 것이다 거의 모든 라이선싱 계약에서 이러한 특허 비용이 문제된다. 국내 특허 비용은 그다지 부담되지 않겠지만 국제 특허 비용은 약 3만~6만 달러에 이르며 특허 유지를 위한 연차료는 별도로 납부한다. 스타트업 설립 과정에 있는 라이선시가 특허 비용을 납부할 수 있는 거의 유일한 경로는 연구 과제 예산이다. 하지만 대부분의 연구 과제는 특허 등록료 외의 특허 비용은 납부하지 못하도록 되어 있다. 특허 등록료는 그리 큰 금액이 아니므로 이 예산으로 전체 특허 비용을 납부하기에는 부족하다. 그러므로 대부분의 라이선싱 계약에서 특허 비용 미납에 의한 계약 불이행 상황에 이르러, 라이선시는 불리한 조건으로 재협상을 맞이하는 상황에 이른다. 이러한 상황에서는 로열티 납부 일정이 위반되지 않도록 가급적 라이선싱 계약을 연기하는 것이 좋다. 다른 대안은 특허 비용 납부 일정이 도래하기 전에 자금을 확보하는 것이다. 이러한 경우 좀 복잡한 상황을 맞을 수도 있다. 대학 TLO는 라이선싱 계약을 체결하지 않은 경우 거의 해외 특허 출원을 하지 않는다. 하지만 국제 특허 출원이 배제된 특허의 경우 투자자는 시장을 확보하기에 문제가 있는 권리로 판단하여 거의 투자하지 않는다는 사실을 유념해야 한다. 그러므로 스타트업 설립과 동시에 종합적이고 체계적인 글로벌 지식재산 전략이 우선 수립되어야 한다.

대학에서 라이선싱 받은 기술은 연구실 박사학위 논문 주제에 해당할 만큼 진보된 기술이지만 사업화하기에는 준비되지 않은 상태이다. 연구실 학생들은 자신의 학위 논문 주제와 관련성이 없는 연구 프로젝트는 거의 수행하지 않는다. 예를 들어 유효 기한이 3일인 포뮬레이션fomulation(제재(製劑))은 연구 대상물로 충분하다. 만일 해당 연구 대상 물질이 변질되면 다시 새로운 배치batch를 만들면 된다. 이와 달리 기업에서는 신약 물질 개발을 위한 포뮬레이션의 유효 기한을 최소 6개월 또는 그 이상을 요구한다. 어떠한 경우에는 불순물 제거 프로토콜 개발에만 최소 12개월의 유효 기한이 필요하다. 신약 개발 회사 네 개 중 세 개는 1~2년 이내 기술적인 치명적 결함에 의해 실패하는 것이 현실이다.

첫 번째 실패 사례는 박사학위 주제의 시험 연구 결과를 재현하고자 1년 동안 실증 개발을 하였으나 해당 특허 기술은 사업화를 위한 실증 단계에서 구현되지 않았다. 해당 학생이 실험 데이터를 잘못 획득한 것이 아니라 데이터를 확보하는 감지 프로브에 의해 증폭된 것으로 판명되었다. 실험실 단계에서 확보한 데이터의 신뢰성 문제가 실패 원인이었던 것이다. 두 번째 실패 사례는 대학 연구실 단위에서의 기술 구현은 매우 좋은 성능과 특성이 확보되지만, 양산 단계에서 핵심 기술 특성이 소실되는 경우가 있다. 제품 양산 과정에서 재현성 문제가 실패 원인인 경우이다. 세 번째 사업화 실패 사례는 해당 기술이 버퍼 솔루션에서는 잘 구현되었지만 실제 임상시험에서 혈액에 노출되었을 때 인체에 독성으로 작용하는 것으로 판명되어 실패한 경우이다. 세 가지 사례 모두 저명 연구실에서 박사학위를 받은 대학원생들의 연구 논문 주제로 그 연구 결과는 세상을 아주 놀라게 했던 것들이었다.

대학의 연구 창업자들은 명석하고 창의적이다. 하지만 비즈니스 측면에는 정통하지 못하다. 스타트업이 곤란한 기술적 난관에 직면했을 때 이들은 자신의 진가를 발휘한다. SBIR/STTR 연구 과제 제안서를 작성하거나 과제 관련 개념 검증에 관한 연구 또는 투자자 대상의 기술 신뢰성 등에 대한 설명에서는 진가를 발휘한다. 연구는 박사과정 및 박사후 연구원에 의해 주로 수행된다. 교수는 연구를 관리하지만 학생들은 기술을 습득한다. 대학원생들은 졸업 후 해당 스타트업의 직원 채용을 위한 최고의 후보들이다. 이들은 실무 경험 획득과 연구를 사업화하는 데 많은 관심을 갖는다.

개인적으로 후원 자금에 의해 개발된 연구 성과물이 사업화에 성공한 사례를 본 경험이 없다. 후원 자금은 주로 창업주 연구자들에게 특정 목표 과제를 달성할 수 있도록 수차례 제공되지만, 또한 후원 과제 목표가 성실하게 달성되는 것을 거의 본 적이 없다. 만일 성공이라고 한다면 후원 기업의 직원이 교수 연구실에서 대학원생들과 협력해서 일한 것이라 할 수 있다.

스타트업 또는 대기업과의 라이선싱을 체결한 대학은 해당 라이선스의 성공에 많은 관심을 가지고 라이선싱 기업에 지원한다. 이러한 기업 지원 프로그램 중 하나가 대학 내에 있는 연구 또는 창업 시설을 활용할 수 있도록 시설 계약을 체결하는 것이다. 대학 창업보육 시설에 입주할 수 있으며 대학의 연구 장비와 그린하우스 시설을 저렴한 경비로 사용할 수 있다. 특히 생명공학 바이오 스타트업들이 대학 내에 연구 시설을 활용하는 일은 매우 유용하다. 이러한 고가의 연구 인프라를 갖추기 위한 자금 확보는 매우 어려운 일이기 때문이다. 스타트업 설립과 각종 법률 계약의 체결과 관련해 변호사로부터 자문을 받아야 하는 데 여기 소요되는 비용은 매우 고가이다. 이러한 비용을 절감하기 위해 법률 자문의 대가로 스타트업의 지분을 지급하는 방법도 있다. 자문 비용이 총 15만 달러 이상이면 지분을 지급하는 것이 낫다.

캠퍼스 스타트업 설립 단계에서의 투자 유치는 매우 어렵다. 바이오 스타트업의 예를 들어 연구 개발 자금 확보 과정을 살펴보자. 대학 창업보육 공간에 설립된 스타트업은 지역의 소형 과제와 대출 자금을 지원받고 정부 및 공공기관의 연구 과제도 확보할 수 있다. SBIR 과제는 신청에서 선정까지 약 6~9개월 정도 소요되며 경쟁률은 약 6대1 정도이다. SBIR 과제는 연 3~4회 공고하며 과제 신청을 위해서는 개념 검증 데이터가 필요하며, 주로 창업주 연구자가 작성하여 제출한다. 지분 투자자들의 우려를 감소시키기 위해서라도 지속적으로 정부 연구 과제를 확보하여 사업화 가능성을 제고하여야 한다. 만일 스타트업이 1년 이상 SBIR 2단계 과제를 확보하기 위해 동면해야 한다면, 아마도 숙련된 임직원들은 자금이 고갈되는 시점에서 회사를 떠날 수도 있으며, 이는 회사 생존에 치명적인 결과를 초래한다.

회사 설립 단계에서는 경영진 급여를 지급할 자금 여력이 없다. 스타트업 창업주 또는 사외 이사들은 지분 확보에 대한 대가로 기꺼이 일할 수 있어야 한다. 스타트업 설립 초기 단계에 회사 장기 발전 계획을 수립하고 계획에 부합되는 단기 목표들을 체계적으로 달성해나가야 한다. 외부로부터 투자를 받는 경우 지분 희석 방지를 위해 너무 많이 애쓸 필요는 없다. 기업의 가치 향상을 위해 노력한 지난 과거 실적에 의해 투자 금액과 지분 희석 비율이 결정되며, 또한 시간이 많이 소요된다는 사실과 예상보다 각종 비용이 많이 든다는 사실을 명심하라. 그리고 회사 자금이 고갈되어 재정적으로 어려운 상황이더라도 절대 투자자를 방문해 추가 자금을 요청하지 마라.

스타트업의 핵심 보유 기술은 언제나 회사 내부에 내재화되어 있어야 하며, 외부인에게는 차별화된 기술 창업 회사의 이미지로 각인되게 해야 한다. 향후 스타트업의 핵심 기술은 정부 과제 신청, 특허 출원 및 연구 계획 수립 등에 지속적으로 개발 활용되어야 하기 때문이다.

—
조언 11

자금 조달은 시간과의 싸움이다. 투자자를 전략적으로 접근하고 그들이 보는 관점에서 당신의 기회를 파악하여 당신 또는 투자자 시간이 투자되기에 앞서 투자 가능성과 적합성 여부를 스스로 자문하라.

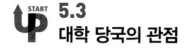

5.3
대학 당국의 관점

이 책의 상당 부분에 할애된 내용은 대학에서 연구 개발을 통해 창출한 이노베이션을 사업화하는 과정에서 스타트업을 설립하고 운영하는 핵심 주체로서 대학 연구자와 기업가들이 어떠한 역할을 해야 하는지에 초점이 맞추어져 있다. 하지만 대학 보유 기술의 사업화는 무엇보다 대학 당국의 창업 정책과 함께 각종 창업 지원 인프라에 많은 영향을 받는다. 그러므로 여기서는 대학 보유 기술 사업화를 위한 캠퍼스 스타트업의 또 다른 주주로서 대학 당국의 관점과 역할에 대해 살펴보기로 한다.

대부분의 대학 TLO는 기존 기업을 대상으로 라이선싱을 추진하고 거액의 로열티 수입 창출을 위해 많은 노력을 하고 있다. 하지만 이런 방식만으로는 현실적으로 기술이전에 의한 산업 파급 효과는 미미하다. 일반적으로 기존 기업을 대상으로 하는 라이선싱은 단일 제품 매출액에 비례한 로열티 확보 방식으로 대학의 재정 수입에는 일부 도움이 되겠지만, 지역 사회의 일자리 창출 및 고용 확산에는 그다지 큰 파급 효과를 기대하기 어렵다. 캠퍼스 스타트업의 기술이전 모델은 종래에 적용하던 기존 기업으로의 기술이전 방식과는 명확히 차별화된다. 이러한 새로운 기술이전 방식에 대해 대학 당국에는 단기적 재정 확보 측면에서 반대 입장의 시각들이 함께 존재하는 것이 현실이다.

대학은 스타트업에 종사하는 인력들에게 보유하는 각종 자원들을 공유하고, 경력 개발 지원과 함께 스타트업 투자자 등 비즈니스 네트워크 지원을 통해 스타트업들에게 창업 보육 환경을 만들어 제공함으로써, 지역 사회의 일자리 창출과 함께 보다 큰 산업 파급 효과를 창출할 수 있다. 이러한 새로운 방식의 기술이전 모델로써 스타트업 설립과 사업화 성공을 통해 창업주와 발명자 인센티브가 직접 연계되도록 함으로써, 특히 대학의 산학 협력 기능을 더욱 강화할 수 있다.

브루킹스연구소 기술혁신센터 월트 발디비아 이사는 대학 당국이 교내 스타트업 설립을 활성화하고 이를 지원하는 방식은 대학 보유 기술을 지역 사회로 확산하기 위해 아주 중요한 방법이라고 아래 내용을 근거로 들어 주장한다. [10]

대학 TLO가 보유하는 특허를 높은 가격으로 라이선싱 받아 사업화하고자 하는 기존 기업을 찾는 데는 많은 자원과 시간을 투자해야 한다는 단점이 있다. 하지

---

10 Walter D. Valdivia, "University Start-Ups: Critical for Improving Technology Transfer," 20 November 2013, p. 2, Brookings Institute of Technology Innovation, http://www .brookings .edu/research/ papers/2013/11/university-start- ups-technology-transfer-valdivia(accessed 14May 2014).

만 스타트업 설립을 통한 라이선싱 전략은 높은 위험성을 가지고 있음에도 불구하고 저가로 특허 기술이전을 원하는 대상을 캠퍼스에서 쉽게 찾아 육성할 수 있다는 장점이 있다. 또한 대학 당국이 스타트업을 창업 육성하는 라이선싱 모델을 중점 추진한다고 해서 현재 일반적으로 추진하고 있는 최고 가액 우선 라이선싱 방식이 대체되는 것은 아니다.

한편 현실적으로 대학 TLO가 캠퍼스 스타트업에 라이선싱한 특허 기술만을 양도받아 별도의 비즈니스를 하고자 하는 사업자를 찾기 어렵기 때문에, 앞으로는 캠퍼스 스타트업을 인수 매입할 수 있는 고객들을 찾는 방식으로 대학 TLO의 비즈니스 모델이 변화할 것이다.

스타트업 설립을 통한 기술이전 모델은 종래의 기존 기업에 대한 기술이전과 비교해 상대적으로 기술료 수입이 지연되는 결과를 초래할 것이다. 새로운 스타트업의 창업 보육을 통한 기술이전 모델은 선급금 또는 경상 기술료에 의한 수익금이 스타트업 매출 발생 시까지 오랜 시간 소요되기 때문이다. 하지만 스타트업이 성장한 이후 출구 전략 이행 시 지분 매각 등을 통한 기술료 수익이 더욱 많이 예상된다.

캠퍼스 스타트업 육성은 대학 TLO 입장에서 볼 때 창업 초기 사업화 과정에서 대학 자체 과제 또는 정부 연구 개발 과제 등을 지원함으로써 그리 많은 자금을 필요로 하지는 않는다. 하지만 향후 엔젤 투자자나 벤처 캐피탈에 의한 투자는 상당히 큰 자금이 필요하며 리스크도 크게 수반된다.

무엇보다도 스타트업 설립을 통한 라이선싱 계약 방식의 장점은 대학이 기술 창업을 통해 지역에서 신규 고용을 창출하고 경제 성장을 견인하는 역할을 보다 효과적으로 가능하게 한다는 것이다. 캠퍼스 스타트업의 라이선싱 모델은 이러한 긍정적 평가 이면에 라이선싱을 체결하는 스타트업 입장에서는 불만 사항들이 존재하기도 하는 데, 대학 TLO와의 라이선싱 협상 시 독소 조항이나 불미스러운 계약 방식에 대한 비난이 있기도 하다.

대학 입장에서 보면 라이선싱 스타트업을 창업 보육하여 수익금을 회수하려는 기술이전 전략은 기존 기업에 라이선싱을 통해 로열티를 확보하는 전통 방식에 비해 시간적 측면이나 비용적 측면에서 투자 위험성이 크다. 하지만 지역 경제 활성화와 사회적 기능 역할이라는 관점에서 대학 신임도는 더욱 강화된다 할 수 있다. 또한 대학은 큰 성공을 거둔 스타트업을 대상으로 지분 매각과 옵션 행사를 통해 큰 수익을 예상할 수 있으며, 스타트업 성과에 일정 부분 관여할 수 있다.

대학이 새로운 기술이전 방식으로서 캠퍼스 스타트업 육성을 통한 기술이전 모델을 적극 장려하고 추진해야 하는 근본적인 이유에 대해, 발디비아는 1) 대학 교수의 채용과 연구 역량을 강화하고, 2) 대학의 연구 자금의 회수 및 재투자를 활성화하며, 3) 지역 고용 창출을 통한 경제 발전을 이루고, 4) 유관 산업 파급 효과와 글로벌 확산을 통해 5) 대학의 공익적 미션을 수행하기 위한 것이라고 한다.

대학 기술 사업화를 촉진하는 프로그램을 개발하는 과정에서 유관 기관 관계자들이 조금씩 다른 입장을 가질 수 있다. 정부 또는 지자체 담당자의 입장에서는 무엇보다 국가 또는 지역의 경제적 파급 효과를 가장 중요하게 고려할 것이다. 라이선싱을 추진하는 대학 TLO는 대학 본부의 미션을 가장 강조할 것이다. 연구자가 소속된 단과대학은 무엇보다도 교수 또는 연구자의 채용이나 근속에 최우선 관심을 둔다. 따라서 대학에서 기술 사업화 프로그램을 개발하고자 하는 경우 이러한 복합적 관점이나 각종 인센티브들을 합리적으로 조정해야 한다.

대학 당국의 스타트업 육성 정책

대학이 정책적으로 연구자와 외부 기업가를 지원해서 캠퍼스 스타트업 창업 보육을 강화시키고자 하는 경우 다음의 사항들에 관해 특히 유념해야 한다.

- 대학 연구자를 스타트업 창업 과정에 참여시키고 상응하는 인센티브 제공
- 대학 외부의 유관 기술 전문가와 회사 경영에 필요한 전문 인력의 연계

- 캠퍼스 스타트업에 우호적인 라이선싱 조건 제시와 정책 자금 연계 지원
- 캠퍼스 스타트업의 창업보육 공간, 기자재 및 유관 설비 등 인프라 구축

대학 기술 사업화 과정에 연구자를 적극 참여시키는 일은 앞에서 설명한 바와 같이 꽤 어려운 일이다. 이들은 기술의 사업화 과정을 전혀 이해하지 못할 수 있다. 더욱이 대학 연구자들은 기술 사업화의 필요성에 전혀 공감하지 못할 수도 있으며, 기술 사업화 과정에 참여하더라도 아무런 보상을 받지 못한다고 여길 수도 있다. 하지만 대조적으로 사업화 과정에 아주 적극적이거나 참여에 동기 부여되어 있는 대학 연구자들도 만나볼 수 있다. 대학이 스타트업을 통해 기술 사업화를 추진하기 위해 연구자의 동기 부여 정도와 대상 기술의 사업화 수준에서 분류해보면 다음 네 가지 중에 하나로 분류할 수 있다.

1 연구자가 기술 사업화에 강력하게 동기 부여되어 있으며 대상 기술의 사업화 가능성이 높은 경우이다. 가장 이상적인 경우로서 캠퍼스 스타트업의 설립과 함께 기술 사업화가 초기 단계가 원만하게 추진될 수 있다.
2 연구자는 기술 사업화에 열정을 가지고 스타트업을 출범하고자 하지만 해당 기술이 그다지 사업화 경쟁력이 없는 경우이다. 이러한 경우에는 주로 연구자와 TLO 또는 외부 기업가 사이에 이견이 발생한다. 특히 대학 연구자가 사업화 대상 기술에 대해 이미 가용한 대학 연구 과제를 모두 소진한 이후에 대학 TLO 또는 외부 기업가로부터 사업화 경쟁력이 없다는 평가를 받으면 더욱 좌절한다.
3 기술 사업화에 동기 부여되지 않아 그다지 스타트업에 관심은 없지만 기술이 사업화 경쟁력을 갖는 경우이다. 이 경우는 외부 기업가 또는 전문가들이 연구자부터는 기술 자문만 받고 대학 TLO와 라이선싱을 체결하여 캠퍼스 스타트업을 설립하여 사업화를 추진할 수 있다. 이러한 경우 주로 대학 연구자는 기술 자문 등 부수 역할을 담당하고 외부 기업가 또는 전문가가 기술

사업화와 경영에 핵심 역할을 맡는다.

4 대학 연구자가 기술 사업화에 관한 동기부여도 없고 기술 수준도 사업화에 못 미치는 경우는 사업화 검토 대상이 될 수 없다.

비록 네 가지 시나리오로 과하게 단순화되긴 했지만 이러한 분류 배경에는 대학이 스타트업을 통한 기술 사업화 활성화를 위해서는 첫 번째와 같이 대학 연구자들로 하여금 기술 사업화에 강력하게 동기 부여되도록 해야 하며, 아울러 기술 성숙도와 시장 수요에 의해 사업화 가능성이 높은 이상적 방향으로 나아가야 함을 강조하고 있다.

대학 당국은 연구자들에게 외부 인력인 기업가, 어드바이저 또는 컨설턴트 등과의 네트워크 활동을 적극 지원하고 연구자의 인센티브를 보다 강화함으로써 동기를 강력히 부여해야 한다. 또한 시장 수요와 제품 시장을 적극 발굴하고 개념 검증 연구, 검인증 시험 및 대량 생산 등을 지원함으로써 사업화 가능성을 보다 효율적으로 강화해야 할 것이다.

연구자 및 학생에 대한 기술 사업화 교육

대학 실험실 학생과 연구자들은 대체로 기술 사업화 관련 비즈니스 실무 교육을 받지 않았으므로 이 분야에서의 역량 강화 교육은 필수적이다. 기술 사업화 교육은 맞춤형 교육으로 진행되는 것이 바람직하며 모든 사람을 대상으로 하는 교육은 피하는 것이 좋다.

교육 강좌: 기업가 정신과 기술 사업화 과정은 주로 경영대학에서 개설되거나 지역 상공인협회에 개설된다. 또한 테크노파크, 창업보육센터 또는 기술이전센터 등 지역 혁신 기관에서도 개설된다. 하지만 이러한 강좌의 대부분은 일반 예비 창업자를 대상으로 이루어지며 많은 대학 연구자들이나 학생들은 이러한 교과 과정을 이수할 시간이 없다. 따라서 대학 TLO가 캠퍼스 스타트업 활성화를 위

한 기술 사업화 교육의 주체로 연구자 및 학생을 대상으로 하는 과정을 개설하는 것이 바람직하다.

워크숍: 단기 과정으로 1~2일 워크숍 또는 창업 캠프 등에 참석하여 지식재산, 자금 증자, 경영 일반, 비즈니스 모델 등 핵심 주제에 대해 실무 교육을 받을 수 있다. 바쁜 일정의 대학 연구자들은 이러한 세미나 과정을 정규 강좌 교육의 대안으로 활용할 수 있다.

웹-세미나: 온라인 강좌의 경우 교육 주제가 기업 옵션, 정부 R&D 과제, 지분 투자, 계약 협상 등과 같이 구체적으로 세분화되어 제공된다. 인근 지역의 전문 가들인 회계사, 법률 전문가 등이 해당 실무를 강의하기도 한다. 녹화가 가능하므로 사후에 복습이 가능하다는 장점이 있다.

출판물: 일부 연구자들은 항상 곁에 두고 참고 가능한 저서나 핸드북을 선호한다. 관련 도서나 보다 간결하게 작성된 팸플릿 등을 참고한다. 대학에서는 스타트업의 기술 사업화 또는 기술이전 관련 기본 내용이나 실무 절차들을 요약하여 가이드북으로 제공하거나, 대학 웹사이트를 통해 관심 있는 연구자와 학생들에게 제공하기도 한다.

웹사이트 및 온라인 뉴스레터: 대학 TLO 웹사이트와 교내 디지털 자원은 쉽게 접속하여 정보를 확보할 수 있게 한다. 특히 대학의 정책 사안이나 사업 절차 등은 주기적으로 업데이트되므로 최신 정보를 확보할 수 있다. 온라인 뉴스레터를 통해 스타트업이 수행하는 과제 정보, 시장 동향 또는 회사 근황과 같은 최근의 관심 정보를 제공할 수 있다. 성공적인 뉴스레터는 적절한 정보를 원하는 고객에게 전달하는 것이다. 연구원 출신 기업가라면 일반적인 특허 등록 뉴스 또는 바이오 회사의 IPO 소식보다는 경쟁 대학의 스타트업 성공 사례나 SBIR 과제 관련 소식에 보다 더 관심을 가지기 때문이다.

대학 외부 인력과의 네트워크 구축 지원

대부분 대학에 부족한 것 중 하나가 캠퍼스 내에 기업 친화적 시스템이 구축되지 않았거나 아직 미비하다는 점이다. 캠퍼스 내 기업 친화적 생태계 조성을 위해 비즈니스 경험이 많은 CEO 또는 캠퍼스 스타트업의 과거 CEO, 컨설턴트, 변호사 또는 회계사와 같은 전문가와 기업 서비스 인력은 물론 해당 영역에 종사하는 대학 동문 등과 대학 외부 인력들과의 교류를 강화해야 한다. 대학과 외부 전문 인력 사이에 연계 교류가 부족한 데는 여러 이유가 있다.

첫째, 외부 자원들이 대학에 접근하는 경로를 모르는 경우가 많다. 일반적으로 외부 자원은 대학 공식 TLO 채널을 이용해 먼저 접촉할 수 있다. 하지만 이러한 대학 TLO 공식 채널을 통한 대학 연구자 또는 스타트업과의 비즈니스 접촉은 양 당사자에게 도움이 될 수도, 또는 그다지 도움이 되지 않을 수도 있다. 또한 외부 인력들 대부분은 대학 내부 조직이나 의사결정 과정에 관해 잘 알지 못한다. 예를 들어 대학에서 단과대학장이 어떠한 지위에 있는지, 부총장은 어떠한 역할을 하는지, 총장과 이사장이라는 직책이 일반 기업에서 의미하는 CEO와 유사 개념인지 등 대학 내부 조직과 운영 시스템에 관해 외부 전문 인력들은 잘 알지 못한다.

둘째, 대학이 외부 전문 인력을 채용하는 경우 통상 어드바이저, 컨설턴트 또는 서비스 제공자 등과 같이 대학 조직 및 캠퍼스 스타트업의 업무와는 직접적 연관성이 없는 유연하고 포괄적인 직책으로 고용함으로써 리스크를 최소화하고자 한다.

대학의 학생 동아리나 동호회들을 자문할 수 있는 외부 전문가를 연계하여 네트워크 결속을 강화하는 것도 하나의 좋은 방법이다. 이러한 과정을 통해 대학에서는 사전에 외부 전문가의 업무 추진 능력을 검증할 수 있으며, 이후 캠퍼스 스타트업 CEO 또는 이사회 임원으로 채용할 수도 있다.

대학 당국이 스타트업 육성 지원을 위해 외부 인력들과의 네트워크 구축을

지원하는 정책 프로그램을 리스크가 작은 것들로부터 나열하면 다음과 같다.[11]

기술 포럼 및 전시 Showcase: 대학이 보유 기술 사업화를 위해 초기 단계 스타트업에 관심 있는 사람들을 모집할 때 주로 활용된다. 예를 들어 '열린 포럼'이라는 이름의 행사를 개최하여 대학이 보유한 첨단 기술을 광범위한 대중에게 공개할 수 있다. 스타트업에 관심이 있는 외부 기업가 또는 컨설턴트 등을 대상으로도 진행할 수도 있다. 간단한 프레젠테이션을 통해 보유 기술을 발표한 후 참석자들과 Q&A 토론으로 진행 가능하며, 또 다른 방식으로 'TED' 형식을 차용하여 진행할 수도 있다. TED 강연 방식은 대학이 보유한 흥미로운 기술을 일반 대중에게 보다 더 확산하여 홍보하는 데 효과적이다. 초기 단계 스타트업이 외부 인력들과 큰 부담 없이 인적 교류를 할 수 있는 행사로 전시회가 있다. 이는 '데모-데이Demo Day' 또는 '피치-파티Pitch Party' 방식으로 진행한다. 예컨대 대여섯 개의 스타트업이 각 10분 정도의 프레젠테이션을 진행하는 방식이다. 스타트업과 함께하는 일에 관심 있는 어드바이저, 기업가 또는 잠재 투자자를 대상으로 네트워크를 형성하고 캠퍼스 스타트업의 기술 사업화 가능성에 관해 토론하는 방식이다.[12]

강연, 코칭 및 멘토링 프로그램: 대학 당국에 의해 외부 전문 인력들이 초기 단계 스타트업과 네트워크를 강화하도록 유도하는 방법에는 여러 가지가 있다. 강의 프로그램이나 패널 토론회에 대학이 지원하는 것도 하나의 방법이다. 또 다른 방법으로 '기업가 라운드 테이블Entrepreneur Roundtable'이나 '런치 엔 런Lunch & Learns'과 같은 행사를 개최하여 교류를 활성화시키는 방법이 있다. 이러한 네트워크 모

---

11 대학 당국의 외부 네트워크 지원 프로그램이 성공하기 위해서는 기존 대학의 TLO 전문 인력에 의한 네트워크 지원 프로그램과 함께 강력한 네트워크를 보유한 벤처 캐피탈 출신의 전문 인력 영입도 필요하다.

12 유의할 점은 다음과 같다. 대부분의 발명자 교수는 전문 기술에 배경 지식이 없는 기업가들을 이해시킬 수 있는 설명이 부족하다. 수차례 반복을 통해 보유 기술에 관해 설명할 필요가 있다. 한편 대학 TLO 매니저가 해당 기술을 세부 전문적인 내용보다도 활용적인 측면에서의 특성과 장점을 부각하여 설명할 수 있을 것이다.

임에서 초기 단계의 캠퍼스 스타트업은 기업가들로부터는 과거 자신의 회사 설립 운영에 관한 경험담을 들을 수 있으며, 회계사로부터 스타트업 설립 시 법인 유형에 따른 장단점 등에 관해 자문을 구할 수 있을 것이다. 외부 인력들에 의한 코칭과 멘토링은 여러 가지 방식과 유형으로 가능하다. 대학의 일부 교과 과정에 팀 프로젝트가 있으므로 이를 통해 숙련된 기업인에 의한 팀 코칭을 할 수 있다. 멘토링 프로그램으로 '기업가 상주Entrepreneur-in-Residence (EIR)' 프로그램을 만들어 지원할 수 있다.[13]

일정 기간 대학 내에 기업가가 상주하는 멘토링 프로그램을 통해 스타트업과 아이디어에 대해 기업가와 연구자 및 학생들이 함께 밀착 멘토링할 수 있다. 대학 외부 인력이 스타트업에 자문하는 경우는 주로 '어드바이저 그룹'을 구성하여 사업화 기술에 관한 피드백을 제시하는 경우이다. 일부 자문의 경우 캠퍼스 스타트업이 가지고 있는 '현안 문제Ad-hoc'에 관한 '어드바이저 패널'을 구성하고 사업화 초기 단계의 기술 사업화를 위해 자문한다. 자문 과정에서 다수의 전문가 패널에 의해 사업화에 관한 다양한 시각들이 제시되기 때문에 보다 사업화 성공 가능성을 높일 수 있다. 캠퍼스 스타트업의 자문 내용은 주로 경쟁력 있는 접근법, 제품 개발 과정에서의 장애 사항, 비즈니스 파트너에 관한 정보 등이 될 수 있으며, 자문 과정에서 애로사항을 해결하는 데 있어 유관 전문가들을 추천을 받을 수 있다면 보다 좋은 정보가 될 것이다. 최초 자문 후 6~12개월 지난 시점에서 지속적인 추진력 확보와 점검을 위해 추가의 미팅을 가질 필요성이 있다. 이 시점에 만일 어드바이저 그룹 중 한 명이 해당 사업화에 적극적 관

---

13 '기업가 교내 거주 프로그램 (EIR)'은 많은 대학 캠퍼스에서 성황리에 운영되고 있으며 진행 프로그램 방식이나 내용도 아주 다양한 형태로 운영된다. 기업에서 자발적으로 참가하는 지원자들이 대학 캠퍼스에서 발명자 교수와 만나서 스타트업 설립에 관한 아이디어를 공유하는 것이 프로그램의 취지이다. 특히 학생들이 스타트업을 창업하고자 할 때 동기 부여에 많은 도움은 되지만 실제 방문 기업가들이 캠퍼스 기술을 활용하여 스타트업 창업을 하고자 하는 경우 현실적인 간극에 의해 많은 고민을 하게 된다. 대부분의 프로그램 참가 기업가들은 일반적인 기술 수준을 보유하고 있지만 대학의 보유 기술들은 세부 특정 분야에 특화된 전문적인 기술이기 때문이다(예를 들어 새로운 광전효과를 사업화하는 기술, 알츠하이머 치료제 분야의 사전 임상 기술 등).

심을 가지고 있고, 현실적으로 중요한 역할을 맡을 수 있다면 CEO 또는 이사회 멤버로 영입도 가능하다.

대학 외부의 자문 그룹들은 대학 TLO와 함께 직접적으로 일한다. TLO는 자문 그룹으로부터 '특허심의위원회' 심의위원을 위촉하여 발명 신고 내용을 검토하고 특허 등록 가능성 또는 기술 사업화 가능성에 관해 자문을 받는다. 특허심의위원회에 위촉된 외부 자문위원들은 대학의 연구 단계에서 제시된 발명을 사업화 가능성 관점에서 면밀히 검토하고, 특허 출원 전략에 관해 의견을 제시하기도 한다. 예를 들어 대학이 감염병 치료에 관한 발명 기술을 보유하고 있는 경우 특허 심의에 참석한 외부 자문위원은 자신의 경험을 바탕으로 어떠한 국가에 특허 출원할 것인가에 관해 조언할 수 있을 것이다.

앞에 설명한 대학과 외부 인력 상호 교류 방식들은 대부분 자발적 의사에 의해 참가하며, 이 과정에서 인건비 등이 거의 투자되지 않는 비용 절감형 방법들이다. 이러한 대학과 자발적인 결속을 위해 외부 인력이 참가하는 배경에는 대학의 첨단 과학이나 기술 개발 현황을 파악하고자 하거나 학교 발전 또는 대학 동문을 돕기 위한 이유 등 다양하다.[14]

외부 인력의 컨설팅 지원: 외부 인력이 제공하는 서비스에 대해 비용을 지불하는 방식이 있다. 대학이 컨설팅 비용을 외부 컨설턴트에게 지불하고 특정한 프로젝트에 관해 컨설팅 받는 방식이다. 통상적으로 컨설턴트는 대학이 대상 고객인 경우 컨설팅 비용을 저렴하게 낮추어 진행하는 경우가 많은데, 특히 캠퍼스 스타트업에 관한 컨설팅이 그렇다. 초기 단계의 캠퍼스 스타트업을 컨설팅하는 경우 주로 제품의 인증, 특허 분석 및 지식재산 전략, 시장 경쟁성 분석 등이다.

---

14 이러한 연계 교류의 대상은 주로 대학이 소재하고 있는 지역 내에 거주하고 있는 기업 인력들이다. 이들은 대학 캠퍼스에 큰 부담 없이 수시로 방문하고 대학 교수와의 미팅을 통해 정보 교류를 할 수 있는 자들이다. 지역 외부의 사업화 대상 인력들과의 교류는 주로 대학 출신 동문 인력들로서 그다지 대학과의 결속력은 없지만 기술 사업화를 위한 정보를 공유할 수 있다. 문제의 핵심은 이러한 외부 인력들을 대학 교수 또는 대학 TLO에서 확보하고 지속적으로 긴밀한 관계를 유지하는 것이 중요하다.

대학에 스타트업의 컨설팅과 연관 있는 '심층분석Deep Dive' 프로그램이 있다. 이 프로그램은 지역의 기업가 출신이나 전문가로 하여금 캠퍼스 스타트업 후보 기술에 관해 평가하고 사업화 가능성에 관한 연구를 지원하는 과제이다. 지원 금액이 건당 5천 달러 규모의 소형 과제로 보유 기술 및 시장 분석을 통해 기술 사업화 가능성을 제시하는 프로젝트이다. 대학이 이러한 프로그램을 시행하는 목적은 두 가지다. 먼저 대학은 기술 사업화 영역에 있는 전문가로부터 실질적 사업화 가치에 관해 평가를 받고자 하며, 또 다른 목적은 스타트업에서 사업화에 필요한 전문 인력을 확보하고자 하는 것이다. 예컨대 과제 수행 책임자가 스타트업을 설립하는 과정에 필요한 전문 인력으로 채용되거나 CEO로 선임될 수 있다.

외부 인력의 상근 자문: 궁극적으로 대학과 외부 인력과의 교류와 결속 활동의 최종 성과 목표는 외부 전문 인력을 캠퍼스 스타트업에 내재화하는 것이라 할 수가 있다. 예를 들어 스타트업의 대표, CEO, CSO 또는 상근 자문으로서 이사회(BOD)나 과학기술자문위원회(SAB)에 합류하는 것이다. 앞서 설명한 외부 인력들과의 결속 활동은 초기 단계 스타트업에 외부 전문 인력을 내재화시킬 수 있는 좋은 계기가 될 수 있다. 언급한 바와 같이 대학은 지역 내 기술 인력들이 대학 연구실 또는 TLO를 중심으로 교류 결속할 수 있는 만남의 수단을 제공하는 역할이 중요하다. 이러한 만남은 지속적인 비공식 미팅이나 공식 자문 계약 또는 컨설팅 등을 통해 이루어질 수 있다.

법인 설립 지원 프로그램

통상적으로 캠퍼스 스타트업을 설립하는 경우 외부 기업가가 공동 창업자로 참가하건 그렇지 않건 대학 연구자가 창업주로서 주체적인 역할을 해왔다. 연구자 창업주가 최대 주주로서 지역 변호사의 도움을 받아 C 형 법인 또는 LLC 형태로 회사를 설립하고 회사 지분을 배분하며, 대학 당국도 라이선싱을 통해 지분을 보유하지만 창업 주주로서의 역할은 거의 하지 않는다. 하지만 최근 들어 많은 대학은 스타트업 육성에 관해 보다 전향적인 입장을 취하며 스타트업이 추진하는 사업화에 많은 관심을 가지고 초기 단계에 이사회 멤버로 참가하면서 필요한 업무들을 적극적으로 지원하고 있다.

예를 들어 펜실베니아대학에서는 'UPStart 프로그램'을 개발하여 창업과 보육을 돕고 있다. 이 프로그램에 의해 설립된 스타트업은 펜실베니아대학의 보유 기술을 라이선싱하여 '델라웨어 LLC 법인'으로 창업하여 대학 당국과 창업주 연구자가 공동 지분을 확보하고, 아울러 대학 TLO 담당관을 이사회 임원으로 포함한다.[15] TLO 담당관은 스타트업 상근 이사로 근무하며 SBIR 과제를 확보할 수 있도록 지원하고, 경영진 물색과 채용, 투자자와 기업 파트너와의 연계 업무 등을 지원한다. 프로그램이 도입된 이후 약 100개의 캠퍼스 스타트업이 설립되었다. 하지만 전통적 관점에서 이를 캠퍼스 스타트업이라고 생각하지 않는 경향이 있다.

스타트업 성장 지원 프로그램

앞서 서술한 대학의 내부 연구 인력에 대한 기술 사업화 교육 프로그램과 외부 전문 인력들과의 네트워크 결속 강화를 위한 실무 프로그램은 스타트업의 설립 및 육성에 있어 핵심적 역할을 한다. 여기에 더해 대학 당국은 다양한 성장 단계별 지원 프로그램들을 추진한다.

캠퍼스 스타트업 자력으로는 연구 설비 및 시험 기자재 확보가 쉽지 않다. 일부의 대학 외부 창업보육센터도 실험실 공간이 협소할 뿐 아니라 기술 사업화 기반의 스타트업들에게 필요한 연구 기자재들을 거의 갖추지 못하고 있다. 초기 단계에 있는 바이오 스타트업이 정부 지원 SBIR 과제 1단계를 확보하여 수백만 달러 연구비를 확보한다 하더라도 과제를 수행하기 위한 고가의 연구 기자재 구매는 현실적으로 불가능하다. 기자재 구입으로 지출 가능한 연구비 규모라야 실험에 필요한 소모용 재료비 정도가 가능할 것이다. 많은 대학들이 이러

---

15   See UPstart's website, http://pci .upenn .edu/upstart/ (accessed 29 January 2014).

한 필요성을 인식하고 대학 공간에서 성장 보육하려는 많은 노력을 하고 있다.

대학의 스타트업 보육 방식은 크게 두 가지 방식으로 나눠 볼 수 있다. 첫째, '임시 보육Ad-hoc Incubation' 방식이 있다. 이는 캠퍼스 스타트업을 창업주 연구자의 연구실에 거주하게 함으로써 대학 연구실의 각종 연구 설비 및 기자재를 충분히 활용할 수 있게 하는 방식이다. 둘째, '전용 보육Dedicated Incubation' 방식으로 동일 보육 공간 내에 입주한 다수의 캠퍼스 스타트업이 공동으로 대학 소유 연구 기자재 및 설비를 공동 활용하도록 하는 방식이다. 두 가지 보육 방식에는 각각의 장점과 단점이 존재한다.

임시 보육Ad-hoc Incubation

장점	• 고가의 연구 설비 및 기자재 활용 가능 • 창업주 연구자의 접근 및 활용이 용이
단점	• 대학과 회사 상호간의 이해 관련성 충돌(대학의 연구 대 기업의 연구) • 지식재산의 누출 위험성(기업에서 학생으로 또는 학생에서 기업으로 누설 가능성) • 연구 활동 관리상의 문제(캠퍼스 연구실에 적용되는 안전 규정 및 실험실 절차 등 관리의 부정확성) • 외부 인식상의 문제(회사 독립성과 신임도에 심각한 문제로 인식될 수 있음)

전용 보육Dedicated Incubation

장점	• 보육 회사들과의 정보 교류 및 시너지 창출 • 사업의 효율적 관리와 회사 경영의 용이성 • 외부 투자자 대상으로 쇼케이스 등 홍보 용이
단점	• 학장이나 총장의 의지 등 공간 확보를 위한 대학의 헌신 필요 • 공동 활용 장비를 기증받거나 구매할 예산 확보가 필요 • 창업 보육 공간 관리 인력과 예산 필요

캠퍼스 내 전용 보육 공간 확보에 있어 문제되는 사항은 대학 내부 공간이 부족할 뿐만 아니라, 전용 공간을 확보한다 할지라도 공간 지원에 따른 수익성이 문제될 수 있다. 대학에서 교수 연구실 용도로 지원하는 공간의 단위 면적당 수익금은 전용 보육 공간으로 지원하는 단위 면적당 확보 수익금에 비해 몇 배나

많은 액수이다.

전통적 관점에서의 캠퍼스 스타트업은 이미 수년 전에 설립되어 캠퍼스 내에 입주한 상태에서 외부 경영진 영입과 투자 유치를 목적으로 보육되고 있는 '보육업체incubation vehicles'를 말한다.[16] 하지만 이러한 캠퍼스 스타트업들은 향후 수개월 또는 몇 년 내에 경영진 영입이나 투자 유치에 실패하면 파산에 이르러 해체의 길로 들어선다.

단기적 관점에서 전용 보육 공간의 확대는 대학 입장에서는 수익성이 없다고 볼 수 있겠지만 장기적 관점에서는 이곳을 통해 성장한 기업체가 대학 재정에 기여하는 등 분명 다른 결론에 도달할 수 있다. 대학의 로열티 수입과 학생 일자리 창출 등은 대학 발전과도 직결되어 있는 중요한 사항일 뿐 아니라 지역 사회 발전을 위한 공익적 책무의 상징이 되기 때문이다. 캠퍼스 스타트업이 대학이 운영하는 창업 보육 기관 내에 입주고자 하는 경우 다음의 사항들에 유의하여야 할 것이다.

임대 기간: 스타트업이 대학 보육 공간에 입주하는 장점 중 하나가 임대 기간을 단기간 또는 유연하게 협의할 수 있다는 점이다. 통상적으로 대학 외부 상업지역 공간을 임대차 계약하는 경우에는 임대료도 고가일 뿐 아니라 법정 임대 기간을 요구한다. 이러한 법정 임차 기간의 의무 조항에 따라 상당한 경제적 부담을 질 수도 있다. 스타트업의 특성상 법정 임차 기간 중 계속 상주할 수 있을지, 또는 또 다른 추가 공간이 필요하여 옮겨야 할지 예측이 사실상 어렵기 때문이다. 대학 창업보육센터를 대상으로 한 비공식 조사에 의하면 임차 기간 2년에 추가 1년 연장 계약이 일반적이다. 임대 계약의 해지는 스타트업의 입장을 감안하여 유리하게 되어있다. 계약 해지일 수개월 전에만 통지하면 남은 임대 기간의 임대료 납부 의무를 면제하는 경우가 일반적이다.

오히려 문제는 일부 스타트업이 대학 보육 공간에 기간을 계속 연장하여 머

---

16 Michael Poisel, UPStart director, personal communication.

물러 있는 데 있다. 창업보육센터를 운영하는 목적이 캠퍼스 스타트업을 일정 기간 보육 성장시켜 보다 대학 외부로 진출시키는 데 있다. 그런데도 일부 스타트업은 정부의 사업화 지원 과제들에만 관심을 가진 나머지 수년 이상을 점유하는 실정이다. 이른바 이러한 '좀비' 스타트업들은 기술 사업화에 관한 의지가 결여되어 있으며, 외부 투자자들로부터도 관심을 못 받는 업체들로서 캠퍼스 보육 공간에서 퇴출되어야 한다. 그럼에도 불구하고 이러한 이슈들이 대학 정책에 적극적으로 반영되기 어려운 이유 중 하나가 이러한 의사결정 권한을 가진 사람들이 창업주 대학 교수들이거나 그들로부터 영향을 받을 수 있는 사람들이기 때문이다.

임대료: 보육 공간의 임대료는 각 보육 기관별로 다양한 차이가 있다. 일부 대학에서는 별도의 자체 규정에 의해 시장 임대차 요율을 적용하기도 한다. 하지만 대부분의 대학은 시장 가격 대비 저렴한 비용으로 임대료 차액을 보조하는 정책을 운영하기도 한다. 한편 공간 임대료는 임차 공간의 넓이에 따라 달라지기도 한다. 예컨대 이제 출발선상에 있는 캠퍼스 스타트업은 2~3평 남짓한 벤치 공간만 임대하고, 주로 창업주 연구실 공간이나 공용 기자재 공간을 함께 활용할 수 있을 것이다.

입주 조건: 일반적으로 캠퍼스 내 창업 보육 공간 입주를 위한 조건은 다음과 같다.

구분	요건	비고
기술 소유	대학 기술을 사업화하고자 하는 업체인가?	서비스업 등 배제 기준
라이선싱	대학과 라이선싱을 체결하였거나 체결할 옵션이 있는가?	
자금	개발 자금을 확보하였는가?	시드 및 SBIR 과제 확보 등
기술 특성	기술 개발 활동에는 문제없는가?	오염 및 방사능 유출 등
회사 구성	경영진은 원만하게 구성이 되어 있는가?	

보육 서비스: 대학 창업 보육 기관은 인터넷, 전기 또는 상하수도 등 유틸리티 서비스를 제공하며 이를 임대 관리비에 포함하여 청구한다. 대학이 입주한 스타트업에 제공하는 또 다른 서비스들은 앞서 언급한 바와 같이 외부 전문 인력들로 하여금 제품 개발에 관한 코칭 및 멘토링 서비스를 제공하고 경영 지원을 위한 회계사, 변호사 알선과 함께 필요시 학생 인턴 등도 알선 지원한다. 만일 다수의 스타트업이 보육센터에 입주하여 일부 동일한 공간들을 공유하면, 경제적 측면에서 연구 기자재 및 설비를 함께 활용하는 것이 바람직하다. 많은 경우 이러한 설비들은 지역 기업으로부터 기증받거나 창업주 연구자이나 대학 관련 인사들이 기증한 장비 및 유휴 설비들이다. 이러한 연구 기자재의 유지 보수에는 비용이 필요하므로 임대료에 반영하여 부가할 수 있다.

안전, 배상 및 면책 규정 관련: 입주 스타트업은 대학과는 법적으로 무관한 독립 조직이므로 대학의 통제가 미치지 못한다. 하지만 캠퍼스 내 보육 공간에 입주해 있으므로 입주 업체들의 개별 기업 활동은 대학에게는 일정한 리스크로 작용할 수 있다. 그러므로 대학 당국은 입주 업체들의 구체적 기업 활동에 개입하고 대학의 안전에 미치는 위험성에 관해 관리하고자 한다. 보육 공간에 입주한 스타트업은 반드시 대학이 가이드라인으로 제시하는 안전에 관한 규정들을 준수해야 한다. 대학의 면책 규정으로 입주 업체 직원이 대학 시설물에 의해 피해를 입었다면, 이는 해당 업체 보험에 의해 확보되어야 한다. 일반적으로 입주 스타트업의 직원 개인 상해 또는 업체 자체의 행위에 의한 문제에는 대학이 법적 책임을 지지 않는다는 면책 조항을 스타트업과의 입주 계약 규정에 둔다.

공동 연구 및 연구 인프라 지원 프로그램

스타트업이 캠퍼스에 입주하는 장점 중 하나는 컴퍼스 내 집적된 연구 지원 시설에 대한 접근이 용이하다는 것이다. 대학의 핵심 연구시설들은 정부 등으로부터의 대규모 자금 지원을 통해 지역과 대학에서 특성화된 연구를 위한 고가의 장비와 연구 기자재 설비를 갖추고 있다.

캠퍼스 스타트업이라 하더라도 법적 주체는 사적 기업에 해당하므로 이러한 연구 설비를 이용하는 경우 일반 기업체와 동일한 사용료가 부가된다. 연구 장비 또는 시험 측정에 따르는 비용은 일반 기업에게는 합리적일 수 있지만 매출이 없는 스타트업 입장에서는 부담으로 작용할 수밖에 없다. 이러한 문제를 해결하기 위해 일부 대학에서는 대학이 스타트업과 공동으로 연구하는 SBIR 정부 과제 수주를 위해 대학에서 대응 자금을 매칭하고 스타트업이 '바우처_{Voucher}'[17] 형태로 대학의 연구 시설이나 연구 지원 서비스를 활용할 수 있게 한다. 정부 SBIR 과제를 확보한 캠퍼스 스타트업이 캠퍼스 내에 있는 핵심 연구센터 시설을 경제적 부담 없이 활용하도록 지원하는 방식이다.

스타트업이 기술 사업화 과정을 통해 새롭게 확보하는 지식재산 소유권을 대학이 보유할 것인지, 또는 스타트업이 보유할 것인지에 관해 불명확한 경우가 많다. 만일 스타트업이 대학에서 받은 라이선싱에 근거한 독자적 연구 개발 과정에서 새로운 발명을 하였다면 이에 관한 소유권은 일반적으로 스타트업이 단독으로 확보할 수 있을 것이다. 하지만 공동 연구 또는 라이선스 기술 기반으로 창출된 발명의 귀속에 관해 이와 상충되는 견해도 있을 수 있다. 그러므로 지식재산의 소유권 귀속에 관한 사항은 사전에 대학과 스타트업이 별도 협의를 통해 약정하는 것이 바람직하다.

라이선싱 기술의 사업화 과정에서 의미 있는 결과로 새로운 발명이 창출된다면, 이를 라이선스 보유자인 창업자 연구자, 대학원생 또는 실험실 연구원 등과 함께 의논하여 보다 강한 권리로 확보하고 권리 귀속 여부를 협의함으로써 향후 지식재산에 관한 불필요한 분쟁을 사전에 차단해야 할 것이다.

캠퍼스 스타트업은 주로 창업주 교수 연구실과 공동 연구를 수행하는데, 이러한 공동 연구는 주로 정부 지원 과제를 수행할 때 이루어진다. 정부 과제를

---

17 바우처란 특정 상품이나 특정 서비스에 대해 지불할 수 있는 인증 권리를 의미하는데, 여기서는 대학 보유 장비 사용료 또는 검사 비용 등으로 활용할 수 있도록 지원하는 것을 말한다.

지원받는 경우 대학 연구 과제 관리를 위한 비용으로 오버 헤드 비용을 부가하는 것이 원칙이지만, 일부 대학의 경우 SBIR 2단계 과제 확보 가능성을 높여주기 위해 SBIR 1단계 과제에는 오버헤드 비용을 유예하는 경우도 있다.

스타트업 우호적 라이선싱

스타트업이 가장 유념해야 할 핵심 사항 중 하나가 대학과의 라이선싱 체결이다. 라이선싱 계약을 통해 캠퍼스 기술로부터 사업화 개발 제품을 생산 판매할 수 있는 권한을 부여받을 수 있기 때문이다. 과거 대부분 대학에서는 사전에 정해진 포맷에 의해 스타트업이나 기존 기업에 라이선싱 조건을 일괄 적용하였다. 하지만 오늘날 많은 대학들은 스타트업에 우호적인 라이선싱 조건을 적용하며, 이를 '익스프레스 라이선스Express License'라고 하여 템플릿 형식으로 홈페이지에 게시하여 알린다. 이러한 라이선싱 방식으로 스타트업의 장벽을 낮추고 소요 시간을 줄일 수 있다.

다음은 캠퍼스 스타트업에 우호적 라이선싱의 주요 항목이다.

선급금의 면제: 대부분의 스타트업은 매출이 발생하지 않기 때문에 현금 보유 능력이 거의 없다. 현금을 일부 보유한다 하더라도 매우 중요한 연구비로 사용되어야 하므로 라이선스 선급금은 큰 부담으로 작용된다. 따라서 라이선싱 계약 시 선급금 면제 조항은 스타트업에게는 매우 우호적인 계약 조건이다.

특허 비용 분납: 현금을 충분히 보유하지 않은 스타트업에 대해 특허 비용을 분할하여 납부할 수 있게 한다. 예를 들어 라이선스에 따른 특허 비용 납부 조건을 6개월 동안 매월 500달러씩 분할 납부하고 해당 기간이 경과하면 추가 인상하여 특허 비용을 납부하게 하는 것이다.[18]

---

18 이 경우 창업주가 투자 유치를 통해 분납 예정된 대학의 특허 비용을 일괄 납부하게 되면 스타트업이 본격적인 사업 단계에 진입했다는 사실을 외부에 알리는 '스킨-인-더-게임(Skin-in-the-game)'의 좋은 계기로 작용할 수 있다.

표준 용어의 사용: 라이선싱 계약에 사용되는 법률 용어와 정의에 관한 논쟁은 때론 매우 아주 복잡하여 협상 지연 또는 불발의 요인이 되기도 한다. 이에 따라 변호사 비용 또한 많이 소요될 수밖에 없다. 모든 변호사는 자신이 사용하는 법률 용어로서 계약서를 작성하고자 한다. 계약서 조항에 사용되는 유사 용어는 의미상 그다지 큰 차이는 없다 해도 식별성은 존재하므로 유의해야 할 부분이다. 법률 비용을 절감하는 한 방법으로 대학이 지역의 변호사와 벤처 캐피탈들이 수긍하는 수준에서 라이선싱 계약서에 표준 용어를 사용하고 표준 계약서 양식을 제공한다.

스타트업에서의 대학 지분 협상: 대학이 라이선싱 대가로 얼마나 지분을 확보할 수 있는지에 대해서는 많은 논쟁의 소지가 있다. 왜냐하면 스타트업의 지분은 스타트업의 기업 가치와 밀접하게 연관되기 때문이다. 현재 시장 매출 또는 보유 자산이 없기 때문에 스타트업의 기업 가치를 산정한다는 것은 아주 어려운 일이다. 관련 시장에서의 사례를 통해 가치를 평가할 수도 있지만 이 또한 광범위하여 유사 사례 발굴이 어렵다. 지분 확보 방법의 하나로 예컨대 5%의 지분율을 규정하여 모든 스타트업에 동일하게 적용하는 것이다. 설립 단계의 캠퍼스 스타트업에 대한 가치 평가의 어려움을 감안할 때 협상이 불가능하며, 이 정도 수준은 대부분이 대학 라이선싱 범위에 들어가기 때문이다.

다른 대안으로서 스타트업이 성장하여 향후 출구 전략을 통한 유동성 확보 시점에 대학이 경험적으로 취득했던 완전 희석된 지분율에 근접한 수수료(예컨대, 현금 유동성 확보 시점에서 총 지분의 1%)를 산정하는 조건이 있다. 이러한 접근은 통상적 기술이전 절차를 벗어나는 방식으로 대학이 스타트업으로부터 기술 가치를 확보하는 또 다른 방법이라 할 수 있다.

대학 TLO의 특허 비용 및 관리 전략

대학 TLO는 캠퍼스 스타트업 설립에 매우 중요한 역할을 하지만 한편으로는 라이선싱되지 않은 특허 출원 또는 등록 특허에 대한 유지 비용을 부담해야 하는 재정적 부담을 가지고 있다. 이러한 재정적 부담 또한 대학 TLO가 대학 연구자들의 발명 특허에 일정 부분 투자한다는 개념으로도 볼 수 있다. 이러한 미활용 특허가 만일 기존의 다른 기업에 이전되어 라이선싱 체결된다면 라이선스 선급금이나 이미 지급된 특허 비용에 대해서도 일괄 회수할 수 있다.

물론 대학 TLO도 대학 구성원에게 서비스를 지원하는 대학 소속기관으로 볼 수 있으며, 이러한 특허 비용 역시 구성원에 대한 서비스 차원에서 매년 소요 예산을 별도 확보하여 관리하는 것이 바람직하다. 특허 예산 확보 시 특허 비용의 회수를 염두에 두지 않고 충분히 확보하되, 만일 특허 비용이 라이선싱을 통해 회수되면 별도 예산으로 편성하여 활용할 수 있도록 하는 것이다. 물론 이러한 방식이 특허 비용의 관리 및 통제에 따른 우려가 있을 수 있지만, 별도의 특허 비용 관리 가이드라인을 통해 충분히 통제 가능할 것이다.

아래 두 가지는 대학에서 특허 비용 통제를 위해 주로 활용하고 있는 정책이라 할 수 있다.

국내 특허로 제한: 특허를 가출원한 후 국내 특허로만 등록받고 해외 특허는 출원을 보류함으로써 특허 비용을 절감할 수 있다. 해외 특허는 해당 국가에 국내 출원일로부터 1년 이내 출원하면 받을 수 있다. 만일 사업화 일정에 의해 해외 시장 진입이 지연될 것으로 예상된다면 PCT 특허 출원을 고려할 수 있다. PCT 특허 출원은 국내 우선 출원일로부터 30개월 시점에 해당 국가로 국내단계 특허 출원을 하면 된다. 대다수 대학 보유 기술의 경우 국내 특허 출원만을 진행하지만, 특히 바이오 제약 기술과 같이 글로벌 파급 효과가 큰 경우는 해외 특허 출원도 함께 진행한다. 라이선싱 받은 기술에 대한 해외 특허 확보가 불가한 경우 투자자로부터 투자 유치에 심각한 타격을 받을 수 있음을 유의해야 한다.

특허 심의위원회: 대학 TLO는 발명 신고가 접수되면 특허 등록 가능성과 기술 사업화 가능성 두 가지 관점에서 심의한다. 일반적으로 TLO의 매니저가 발명자와의 면담을 통해 두 가지 관점에 대해 검토하고 특허 출원 여부와 함께 출원

방식(가출원, 해외출원 등)을 결정한다. 이 경우 해당 연구자가 자신의 발명에 대한 특허 출원을 위해 청탁이나 압력을 가하거나, TLO 매니저가 기술 사업화 가능성에 대한 오판으로 인해 미활용 특허를 양산한다는 비난에 직면할 수도 있다. 이러한 문제를 해결하기 위해 근자에 강화된 대학의 특허 심의 절차에 의하면, 신고 발명의 기술 산업 분야의 외부 전문가가 포함된 특허 심의위원회를 구성하고, 해당 전문가의 기술 사업화 가능성에 대한 의견을 반영하여 특허 출원 여부와 범위 등을 심의 결정한다. 이러한 특허 심의 방식은 기술 사업화 가능성에 대한 사전 검증의 강화라는 목적도 있지만, 앞서 설명한 바와 같이 대학 TLO가 미활용 특허에 대한 책임으로부터 일정 부분 벗어나려는 목적도 있다.

그럼에도 불구하고 이러한 접근 방법에도 보이지 않은 위험성이 내재되어 있다. 첫째, 외부 전문가는 주로 심의 대상이 되는 대학 발명에 관해 장시간 조사 분석하거나 자신이 제시한 사업화 가능성 견해에 대해 책임져야 할 위치에 있지 않다. 단순히 대학 TLO로부터 기술 산업 분야의 전문가 자격으로 초청받아 발명 기술에 관한 소신을 피력할 뿐이다. 좀 더 현실적으로 직시하면 대학의 새로운 발명을 정확히 이해할 수 없는 경우가 대부분이다. 둘째, 외부 전문가가 심의 대상 기술을 이해한다 하더라도, 대부분의 대학 발명은 사업화 관점에서 초기 단계에 있는 기술적 사상이거나, 연구 실험을 통해 이제 막 가시화 단계에 진입한 발명이므로 시장 관련 제품의 사업화 가능성 평가 자체가 불가능할 수 있다. 시장 제품으로의 사업화 가능성은 전적으로 완전한 제품 개발 과정에서 기술 리스크를 어떻게 제거하는가에 달려 있기 때문이다.

초기 자금 지원 프로그램

2장에서 설명한 바와 같이 대부분의 스타트업은 성장 과정에서 심각한 펀딩 간극gap을 경험한다. 스타트업 창업주인 대학 연구자에게 지원되는 정부 연구 자금의 범위는 주로 과학 분야의 발견이나 연구 목적에 제한된다. 즉 연구 성과물의 사업화 과정에서 각종 리스크를 제거하고 실현 가능성 검증이나 재현성, 상

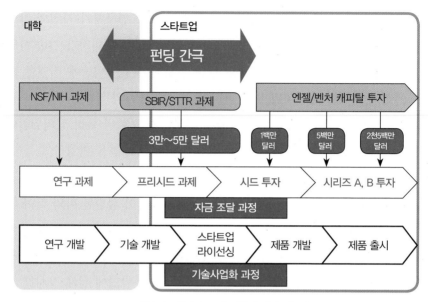

그림 5.1_ 캠퍼스 스타트업의 펀딩 간극

용 기술 개발 등에 필요한 기술 개발 자금은 정부의 연구비 지원 영역 밖에 있다.

통상적으로 엔젤이나 벤처 캐피탈과 같은 투자자들은 사업화 초기 단계에서 요구되는 기술 개발 과정에는 거의 투자하지 않는다. 펀딩 간극이 있는 프리-시드 단계에서 필요한 기술 개발 자금 규모가 그리 크지 않다는 이유도 한몫한다. 즉 이 단계에서는 투자 자금이 필요한 것이 아니라 개발 자금이나 과제 지원이 필요하다고 보기 때문이다.

이러한 프리-시드 단계의 사업화 자금 부족은 스타트업이 현실적으로 반드시 넘어서야 할 펀딩 간극으로 존재한다. 이러한 사업화 간극을 해소하기 위해 아주 적합한 지원 자금이 정부 지원 SBIR/STTR 과제로서, 지원 자금은 스타트업 소유의 지분 희석과도 무관하다. 하지만 경쟁률이 매우 높아 선정되는 과제 수가 그다지 많지 않으며, 또한 신청 이후 선정에 이르기까지 약 9개월 이상 소요될 뿐만 아니라, 일부 유형의 SBIR/STTR 과제의 경우는 사전 데이터 확보가 매우 중요하다. 사전 연구 데이터 확보를 위해 약 3만~5만 달러의 자금이 필요하기도 한데 이 또한 외부로부터 확보하기란 매우 어려운 것이 현실이다.

캠퍼스 스타트업이 겪고 있는 초기 단계의 펀딩 간극을 해소하기 위해 많은 대학에서는 내부 과제 지원 프로그램을 개발하여 지원하는데, 과제 금액은 상대적으로 적다. 스타트업 기술의 사업화 리스크가 커서 프로젝트가 실패로 귀결될 확률이 높고, 또한 초기 단계에서 연구 개발을 수행하기 위한 인프라가 대학에 갖춰져 있으므로 실행 비용이 절감되기 때문이다.

대학의 사업화 지원 프로그램은 스타트업의 펀딩 간극을 전체적으로 채워줄 수 있는 방향으로 기획되어야 한다. 예를 들어 초기에는 다수의 스타트업을 대상으로 소액의 자금을 지원한 후, 1단계에서 설정된 마일스톤을 달성한 스타트업을 대상으로 보다 큰 액수의 자금을 지원하는 방식이다.[19] 지원 프로그램을 통해 확보한 각종 연구 데이터는 일반적으로 초기 특허 출원을 지원하지만, 정부 지원 SBIR/STTR 과제 신청에 필요한 '사전 데이터Preliminary Data'로도 활용 가능하며, 확보한 데이터가 매력적이라면 기존 기업에 대한 라이선싱 가능성도 있을 것이다. 이와 같은 프로그램으로 지원되는 자금을 '기술 개발' 또는 '기술 강화technology enhancement' 자금이라고 하는데, 창업주 연구자들은 주로 대학의 '개념검증센터Proof of Concept Center'나 자신의 연구 실험실에서 과제를 수행하거나 외부 전문 기관과 함께 공동으로 추진하기도 한다.

일반적으로 대학이 초기 기술 개발 명목으로 지원하는 규모는 약 1만~5만 달러 정도로 초기 과업 달성에는 충분한 자금이라고 할 수 있다. 이러한 지원금은 핵심 실험(킬러 실험Killer Experiment이라고도 함)을 통해 보유 기술의 사업화 타당성을 확인하는 특허심의위원회 예산과 결합하는 것도 한 가지 방법이다.[20]

---

19 이 단계는 그림 5.1에서와 같이 대학과 스타트업의 사이에 존재하는 단계로서 과제 지원은 보다 유연하게 운영되는 것이 바람직하다. 스타트업을 대상으로도 과제 지원이 이루어지겠지만 스타트업 설립을 위한 프로젝트 단계에는 연구자를 대상으로도 과제 지원이 이루어 질 수 있을 것이다.

20 대학 TLO는 특허 예산의 절반을 확보하여 유망 후보 기술에 사업화 개발 자금으로 투입할 수 있을 것이다.

하지만 기술 개발 자금 이외의 스타트업 경영에 필요한 각종 자금이 부족한 것이 현실이다. 예컨대 회사 설립, 자문 또는 시장조사에 드는 비용 등 기술 개발비 외에 다양한 용도의 자금이 필요하다. 이와 같은 기술 개발과 무관한 자금도 스타트업에게 중요한 요인임은 분명함에도 불구하고 이러한 자금이 사업화 후속 단계로 진입하는 데 필수적인지, 그리고 지금 스타트업이 중요한 경로에 있는지 여부는 의문일 수 있다.

스타트업에 대한 특허 비용의 지원은 매우 중요한 사안이다. 정부 지원 SBIR/STTR 과제에서는 라이선싱 비용과 관련되어 제한적으로 허용한다. 하지만 대학이 캠퍼스 스타트업의 특허 비용을 지불하기 위해 대학 기금을 사용하는 것은 결국 내부의 자금 순환에 따른 업무의 과부하만 초래할 뿐 그다지 설득력 없는 지원이다.

성장 자금 지원 프로그램

스타트업이 지속적인 기술 개발을 통해 설정 목표에 도달하면 본격적인 기술 사업화를 위해 보다 큰 자금이 필요하게 된다. 특정 기술 개발 목표에 도달한 캠퍼스 스타트업은 더 이상 대학의 과제 지원 프로그램 대상이 아니라 보다 대형 벤처 자금을 투자받아 본격적으로 시제품 출시와 제품 판매를 위한 사업화 단계에 들어선다.

엔젤 투자자나 벤처 캐피탈과 같이 대학에서도 벤처 펀드를 확보하고 캠퍼스 스타트업을 대상으로 사업화 지원을 위한 성장 자금 펀드를 운영한다. 대학이 자체적으로 벤처 펀드를 모금하거나 대학 친화형 벤처 펀드를 확보하고자 하는 데에는 여러 가지 이유가 있다. 무엇보다 먼저 캠퍼스 스타트업이 대학 과제 지원 프로그램이나 정부 과제를 지원받아서 기술 개발을 통해 사업 위험성을 많이 제거하였음에도 불구하고 벤처 캐피탈이나 엔젤 투자자들의 관점에서는 위

대부분 기술이 사업화에 실패하더라도 그 중 일부만이라도 사업화에 성공한다면 라이선스 대금 확보를 통해 투입한 특허 예산은 충분히 환수할 수 있다.

험성이 높아 투자를 꺼려하는 경향이 있기 때문이다. 대학의 벤처 펀드는 외부 투자자로부터의 투자 가능 단계에 이르게 하거나, 매출 발생 단계에 진입하도록 하는 유일한 자금원이 될 수도 있다.

대부분의 정부 사업화 과제, 특히 SBIR/STTR 지원 자금의 경우 기술 개발 용도로만 제한하며, 기술 개발비의 사용 목적 또한 과제를 지원하는 정부 기관의 미션에 부합하도록 강제하고 있다. 기술 개발 비용 이외에 필요한 경영 자금으로 예를 들어, 특허, 컨설팅 또는 경영진 급여 등과 같은 비용은 정부 과제로 지원을 받을 수 없기 때문에 스타트업 경영상 곤란을 겪을 수 있다. 하지만 외부 투자자에 의한 벤처 자금이나 대학의 벤처 자금은 스타트업이 사용하고자 하는 목적이나 용도 면에서 유연성이 있으며 경영 자금으로 활용 가능하다.

대학과 연관되어 있는 벤처 자금의 유형은 펀드의 출처, 투자 대비 회수 기대치, 펀드 운영 전략과 범위, 펀드 구조, 그리고 투자 자금 액수 등에 따라 아주 다양하게 존재한다.

대학 펀드 재원과 수익률

대학 벤처 펀드의 재원과 이와 연관된 투자 수익률은 해당 펀드 유형을 결정하는 핵심 사안이다. 대학의 벤처 펀드는 1) 대학 동문, 대학 지인 등 투자자로서 확보한 투자 펀드, 2) 대학의 발전 기금에 의해 확보된 투자 펀드, 3) 대학 동문이나 지인 등이 기부한 모금으로 형성된 투자 펀드, 4) 대학 TLO 수익금으로부터 확보된 투자 펀드 등으로 분류할 수 있다. 이를 투자 수익률에 대한 기대치가 높은 재원에서 기대치가 낮은 재원 순으로 나열하여 분류하면 다음과 같다.

1)번 재원은 가장 높은 투자 수익률을 기대한다. 만일 개인 투자자가 벤처 펀드에 투자한다면 해당 자금에 대한 투자 수익률에 대한 기대치는 아주 높을 것이다. 개인 투자자들은 다양한 펀드에 투자하며 자신들의 투자 수익을 최대화하기 위해 많은 노력을 한다. 대학 펀드 투자자는 혁신적인 캠퍼스 스타트업이 사회로 진출함으로써 투자 금액에 대한 큰 수익 배분을 기대한다. 2)번의 펀드

재원 역시 일종의 투자 자산으로 인식하며 캠퍼스 스타트업에 투자 시 가능한 높은 투자 수익률을 기대한다. 3)번의 기금은 대학 발전 기금과는 일부 다른 의미를 갖는다. 투자 자금의 성격이 자선기금이라는 성격을 가지므로 투자 수익률에 대한 기대치도 그다지 높지 않으며, 또한 투자 회수 기간도 단기간이 아니다. 대학 자선기금 공여자들은 투자 대가로 세금을 감면받고, 대학 캠퍼스에 기업가 정신을 불어 넣을 수 있는 스타트업을 지원한다는 대가로 만족할 것이다. 4)번의 언급한 재원은 대학 내 이노베이션 활성화와 스타트업 설립을 통한 일자리 창출 등 공익적 목적의 자금이므로 투자 수익률에 관한 기대치는 낮을 수밖에 없다.

처음 두 가지 재원은 투자 자금 회수의 필요성을 분명히 갖고 있다고 이해할 수 있지만, 나머지 재원들은 투자 회수에 관한 확고한 논리는 부족해 보인다. 공익적 의미의 모금이나 공공 자금을 왜 스타트업의 투자를 통해 수익을 창출하고자 하는가? 대학의 과제 지원 프로그램처럼 회수 조건 없이 스타트업에 보조금으로 지원하면 안 되는가? 하지만 대학으로서는 이러한 재원도 투자를 통해 자금을 회수해야 하는 중요한 이유가 있다.

첫째, 가장 중요한 이유로 투자 자금을 회수하여야만 향후 추가적으로 더 많은 스타트업에 투자할 수 있는 재원이 확보되기 때문이다. 일부 투자 과정에서 손실도 발생할 수 있지만 향후 지속적인 투자를 위해서는 투자 자금의 규모가 일정하게 유지되는 '에버그린evergreen' 전략이 중요하다.[21] 둘째, 투자 자금 공여자의 입장에서는 자신이 스타트업 육성을 위해 기부한 자금이 휘발성 자금으로 사용되기를 원치 않는다. 즉 그들은 자신들이 기부한 자금이 투자로 지원되기를 희망하며, 투자 대상 결정 시에도 엄격한 실사 과정을 거쳐 성공 가능성이 높은 스타트업에 투자되기를 원한다.

---

21 펀드 공여자의 운영 취지에 부합하도록 펀드를 운영할 것이며, 투자 금액만큼을 회수하여 펀드 규모를 유지하고 이를 다시 투자 펀드로서 활용한다는 논리는 아주 합리적이라 할 수 있다.

대학 펀드 구조와 운영

대학 벤처 펀드의 구조는 펀드의 투자 결정과 재원 확보 등의 측면에서 운영 주체가 어떠한 권한을 가지고 운영할 수 있는지, 즉 펀드 자율성에 따라 달라진다. 펀드의 자율성에 관한 수준은 펀드의 법적 성격이나 규약 또는 투자 결정 과정에서 펀드 자율성을 확보하고자 하는 의지에 의해 달라진다. 예를 들어 대학의 정책적 압력으로부터 무관하게 투자 결정할 수 있는 펀드 구조로 설정할 수 있다.

한 가지 극단적인 예로 대학 벤처 펀드를 대학 내부 조직인 TLO에서 운영하는 것이다. 이러한 경우 펀드 투자에 관한 의사 결정은 TLO가 외부 자문위원들의 도움을 받아 독자적으로 결정한다. 이와는 반대에 있는 다른 극단적인 예로 대학 벤처 펀드를 대학과는 아주 무관한 전문 투자 기업에게 위탁하여 인센티브를 제공하고 전문가들로 하여금 자율적으로 펀드를 관리 운영하게 하는 것이다. 대학 TLO 또는 대학 펀드 관계자는 투자자문위원회에 참석하여 투자 결정에 있어서 일정 부분 참여할 수 있다. 이 경우 일반적으로 전문성을 가지고 대학 벤처 자금이 운영되므로 기대 수익률이 높아질 것이다.

대부분의 대학 벤처 펀드는 독립된 전문 투자 법인으로 운영하고 있으며, 대학은 기부금, 자선금 또는 TLO 수익금 형태로 다양한 투자 재원을 제공하는 투자 파트너 역할을 한다.

펀드 규모와 각 투자 금액은 수많은 요인에 의해 결정된다. 일반적으로 펀드 규모가 크면 충분한 투자를 할 수 있으므로 성공 가능성이 그만큼 높다. 예를 들어 평균 5천만 달러에서 1백만 달러를 투자해 성공할 확률이 대략 1/10에서 1/20이라고 가정한다면, 만일 1천만 달러의 펀드 규모를 보유하고 각각의 스타트업에 투자하면 다수의 성공하는 스타트업이 탄생될 수 있다. 이런 시나리오에서 10회에서 20회 투자한다고 가정할 때, 한 개 또는 두 개의 스타트업이 대박을 만들 수 있지만 나머지는 실패할 확률을 의미한다. 따라서 만일 펀드 규모가 2백만 달러 밖에 되지 않는다면 투자 수익에 대한 기대는 난망하다고 할 수

표 5.2_ 26개 대학 벤처 펀드와 관련된 통계 자료 (1973–2010)

		미국	유럽	합계
총 포트폴리오 기업 수		258	112	370
총 투자 금액		$424M	$168M	$592M
포트폴리오 기업 수	평균값	23.5	7.5	14.2
	중앙값	7	5	6
펀드 연령(연수)	평균값	17.4	12.4	14.5
	중앙값	9	11	11
투자 금액	평균값	$38M	$11M	$23M
	중앙값	$15M	$4.8M	$6.2M
포트폴리오 기업당 투자 금액	평균값	$2.8M	$1.3M	$1.9M
	중앙값	$1.6M	$1.0M	$1.4M
매니저(경영진) 수	평균값	4.8	4.9	4.9
	중앙값	3	4	4
공동 투자자 수	평균값	4.4	4.1	4.3
	중앙값	5	5	5
공동 투자한 횟수	평균값	22.1	5.8	12.7
	중앙값	7	5	6
현재 기업 상태 회사 수 (총 % 비율)	현재 포트폴리오	55 (21)	105 (94)	160 (43)
	실패	51 (20)	2 (2)	53 (14)
	기업공개	46 (17)	1 (1)	47 (13)
	인수합병	106 (41)	4 (4)	110 (30)

자료 출처 : 크로스 등 '벤처 캐피탈이 대학에 들어가다'로부터 인용

밖에 없다.

안나리사 크로스는 1973년에서 2010년 사이 지원된 26개 대학 벤처 펀드와 관련된 통계 자료를 분석하였다. 이는 〈톰슨 원 데이터베이스〉[22]에 인용된 펀드로 미국 내 11개 대학, 유럽 연합 15개 대학 펀드이다. 표 5.2는 데이터베이스를 분석한 통계 자료이다.

예상 수익률이 스타트업에 대한 투자 전략을 결정한다. 예상 수익률을 높게 가져가기 위해서 투자 위험성은 최소화하고 가장 유망한 투자 기회를 확보하는 전략이 필요하다. 이러한 투자를 위해서는 기술 성숙도가 아주 높고 사업화 과정에서 볼 때, 가장 멀리 그리고 많이 진행된 스타트업이 리스크가 최소화된 기업에 해당된다. 이러한 전략 아래에서 초기 사업화 단계이거나 리스크가 큰 스타트업은 투자 대상에서 사전에 제외된다. 이러한 근거에서 투자하고자 하는 스타트업에 대한 예상 수익률을 보다 낮게 설정하는 경우가 오히려 보다 더 큰 투자 리스크를 부담한다.

대학 벤처 자금의 또 다른 투자 전략으로 공동 투자 영역에서 리스크를 관리하는 경우가 있다. 일부 대학에서는 엔젤 투자자 또는 벤처 캐피탈과 같은 외부 투자자와 함께 공동으로 캠퍼스 스타트업에 투자한다. 일부 대학 벤처 펀드의 경우는 반드시 외부 투자자와 함께 공동 투자한다. 대학이 외부 투자자와 함께 공동으로 캠퍼스 스타트업에 투자한다면 투자 자금이 증액될 수 있으며, 아울러 외부 투자자가 실시하는 별도의 실사 과정이 수반된다. 외부 투자자의 경우 주로 예상 수익률을 높게 설정하기 때문에 앞서 설명한 바와 같이 사업화 초기 단계에 있는 사업 리스크가 높은 스타트업들은 검토 대상에서 제외될 수 있다. 대학 벤처 펀드가 투자하는 범위는 대부분 소속 대학에서 창업한 스타트업을 대상으로 투자를 진행하지만 해당 지역에 보육 중인 스타트업 또는 연관된

22　Annalisa Croce, Luca Grilli, and Samuele Murtinu, "Venture Capital Enters Academia: An Analysis of University-Managed Funds," *Journal of Technology Transfer*, 20 July 2013, http://link .springer .com/article/10 .1007 %2Fs10961-013-9317-8#page-1 (accessed 7 April 2015).

대학에 있는 유망 스타트업에도 투자한다.

맺는 장

미래를 준비하며 오늘을 열심히 살아가는 우리들, 특히 대학 연구자들과 청년 세대들이 갖추어야 할 기본 소양과 경쟁력으로서 기업가 정신이 지속적으로 부각되고 있다. 또한 사회 및 산업계 전반에 그 중요성이 급격하게 확산됨에 따라 새로운 시장을 개척하고 신산업을 선도하는 기술 창업이 중요한 사회 이슈로 제기되고 있다.

기업가 정신은 정부 및 지자체가 국가와 지역의 경제 발전을 지속적으로 이끌어가기 위한 성장 동력의 엔진으로 인식된다. 이러한 사회적 분위기 속에서 지역의 물류 보관 창고들이 기술 창업을 통해 사람이 함께 일하는 사업 공간으로 바뀌고 대학 강연장이나 회의실이 스타트업 공간이나 기업 보육 공간으로 변하고 있다. 기업가 정신이나 창업 실무 강좌는 중고등 과정에서 대학생, 그리고 일반인 창업 희망자에 이르기까지 광범위하게 이루어지고 있다. 특히 대학 및 공공연구소에서 근무하는 교수와 연구원을 대상으로 연구 개발 성과물의 기술 사업화를 위한 캠퍼스 스타트업이 중요하게 대두되며 기술 창업에 관한 동기가 광범위하게 확산되어 있다.

일반인이 창업하는 데 소요되는 비용과 위험성 또한 점차로 낮아지고 있다. 창업을 지원하는 저가의 서비스와 무료 상담을 주위에서 흔히 찾아 볼 수 있다. 시제품 제작에 필요한 비용은 클라우드 서비스와 3D 프린트 기반을 통해 대폭 절감되고 있다. 한편 예전에는 창업에 실패하는 경우 창업주 개인은 경제적 측면뿐 아니라 사회생활의 여러 측면에서 다양한 곤란을 겪을 수밖에 없는 처지에 놓였었다. 오늘날 실패는 통과의례이자 오히려 도전의 명예훈장으로 간주된다.

이러한 기업가 정신과 창업의 열기는 이제 대학 캠퍼스로 완연히 스며들어 있다. 많은 대학에서 기업가 정신과 창업 강좌를 교양과정 또는 정규과정으로 개설하고 캠퍼스 스타트업에 관심 있는 학생들을 대상으로 교육한다. 일부 프로그램은 수강 학생들로 하여금 스타트업 체험과 실무 강화 학습을 통해 창업에 관한 역량을 제고한다. 예를 들어 사업 아이템 홍보와 사업 자금 유치 능력 함양을 위한 '피치 세션Pitch Session'이나 사업 계획서Business Plan 작성과 발표 능력 함양을 위한 '비즈니스 플랜' 경진대회 개최에 이르기까지 창업 관련 각종 실무 프로그램을 교육하고 스타트업 창업에 관한 경쟁 능력을 배양시킨다. 또한 스타트업 합숙 과정을 통해 외부 기업인과의 '멘토 프로그램Mentor Program'이나 프로젝트 실습을 통한 실무 능력 함양을 위한 '메이커 스페이스Makers Space 프로그램' 등을 개최하기도 한다.

캠퍼스에서 창출된 이노베이션이 기술 사업화 과정을 통해 신속하게 사회로 확산되지 못하는 현실적 이유는 다양하게 있을 수 있다. 그중 하나로 대학 기술 이전 전담기구 TLO의 역할과 연관해 볼 수 있다. 대부분의 대학 TLO 스텝들은 스타트업에서 기술 사업화 업무를 추진하거나 기술 창업을 주도적으로 추진한 경험이 거의 없다는 사실이다. 창업에 관한 실무 경험이 없는 대학 TLO 인력이 캠퍼스 스타트업을 제대로 지원한다는 것은 어려운 일이다. 스타트업 실무 경험이 없다면 초기 단계의 스타트업이 갖는 니즈를 파악하기 어려울 뿐 아니라, 어떠한 스타트업 지원 프로그램이 필요한지 또는 프로그램을 어떻게 지원해야 할지 신속한 대응이 어렵기 때문이다. 더욱이 대학 TLO에서는 많은 경우 단기간 내에 기술이전 수익을 발생시킬 수 있는 기존 기업에 대한 라이선싱을 더 선호한다. 이러한 라이선싱 방식은 무엇보다 라이선싱 대금의 확보가 스타트업에 대한 라이선싱 방식에 비해 리스크가 작고 실현 가능성이 높기 때문이다.

시대와 사회는 언제나 역동적으로 변화하고 있다. 제도와 조류의 변화에 따라 대학의 패러다임도 급변하고 있다. 대학의 역할이 교육과 연구 중심에서 지역 산업체와 공동 발전을 모색하는 산학 협력 역할이 보다 강조되고 있다. 캠퍼스 내의 많은 열정적 신진 연구자들은 연구 성과들을 산업체로 기술 사업화하기 위한 연구 개발 프로젝트에 연계되어 있으며, 또한 자신의 사업화 기술들이 캠퍼스 스타트업으로 결실 맺을 수 있도록 다양한 노력을 하고 있다. 사업화 과정에 직접 연계되어 있지 않다 하더라도 전공 분야 수십 년간의 연구 개발 성과물이 지역 사회 공헌 또는 사업화의 수단으로 기능할 수 있다는 점에서 캠퍼스 스타트업의 필요성과 중요성에 공감한다. 대학 당국은 교수 임용과 재임용 심사에 있어 변화된 산학 협력 기준에 의해 심의 평가한다. 즉 교수의 기술 사업화 능력과 기업가 정신 등 산학 협력 실적이 교수 평가에 있어 중요한 기준이 되고 있다.

대학은 연구 인프라 시설에 많은 자금을 투자하고 이에 따르는 대가를 기대하는데, 기존 기업에 라이선싱을 통해 확보한 로열티 수익과 더불어 라이선싱을 통해 설립된 스타트업이 이러한 기대를 충족시킬 수 있는 좋은 대안이 될 수 있다. 정부 또는 지자체도 캠퍼스 스타트업이 지역 일자리 창출과 경제 발전에 밀접하게 관련되어 있다고 여겨 많은 공공 자금을 공익적 목적으로 대학 연구비에 투자하는 등 지원에 나서고 있다.

우리는 캠퍼스 스타트업이 몇 가지 이유로 대학의 이노베이션을 시장으로 확산시키는 가장 중요한 수단이라고 주장한다. 첫째, 대학의 보유 기술은 사업화 관점에서 보면 아직 미성숙 단계에 있는 초기 단계의 기술이 대부분으로 더 개발되어야 할 필요가 있다. 이러한 관점에서 스타트업은 기술을 시장에서 생존 가능한 제품으로 발전시키기 위해 잠재적 리스크가 아주 큰 투자 자금 조성을 통해 이에 상응하는 인센티브를 제공한다. 캠퍼스 스타트업의 이러한 인센티브 시스템은 성공적인 기술 사업화라는 목표 달성을 위해 연구 발명자 및 기업가들이 적극적으로 참여하는 원동력으로 작용한다.

둘째, 대학 보유 기술은 플랫폼 기술로서 포괄적이고 광범위한 경향을 가진다. 캠퍼스 스타트업은 이러한 측면에 적합한 조직으로 다양한 산업 분야에서의 사업화 가능성을 타진하고 유연성 있게 기술 사업화를 추진할 수 있다. 더

나아가 캠퍼스 스타트업은 최초에 대학으로부터 사업화하고자 하는 분야와는 다른 분야에서의 사업화에 성공하는 경우도 많이 있다. 대학 연구자나 TLO가 당초 전혀 예견하지 못했던 분야에서 새로운 기술과 제품 개발을 통해 성공한 사례도 많다. 무엇보다도 중요한 사실은 캠퍼스 스타트업의 성공은 캠퍼스 내부가 아니라 산업 생태계에서 실현된다는 점이다. 그러므로 캠퍼스 스타트업의 성장 과정에서 외부 기업, 자금, 공간 그리고 전문 인력의 연계 결속은 캠퍼스 스타트업의 성공에 있어 무엇보다 중요한 요인이라 할 수 있다.

대학에서 캠퍼스 스타트업의 설립과 보육, 성장에 있어 장애 요인들은 점차 줄고 있다. 캠퍼스 스타트업이 대학이 가지는 본연의 아카데믹 정신을 훼손한다는 시각도 점차 변화되고 있다. 대학에서의 연구를 '현실'로 만들기 위한 수단으로서의 스타트업 역할이 조명되고, 나아가 그 역할을 기대하는 차원으로 변화되고 있다. 이러한 패러다임의 변화는 대학 연구자 교수들로 하여금 캠퍼스 스타트업의 설립과 육성에 적극적으로 나서게 만들고, 지역 기업과 대학 연구자들이 파트너 형성을 통해 적극적으로 산학 협력의 기회를 만들고 있다.

끝으로 상기한 바와 같이 급변하는 시대적 변화에 부흥하여 이 책이 독자들로 하여금 대학 이노베이션을 열어나가는 가치 있는 실무 가이드가 되기를 바란다.

찾_아_보_기

538